在历史巨人身边

师哲回忆录

最新增订本

师哲 口述 李海文 著

九州出版社 JIUZHOUPRESS | 全国百佳图书出版单位

20 世纪 30 年代，师哲（前排右一）在西伯利亚内务部工作时和同事的合影。

1949 年，在西柏坡。图中右起为毛泽东、师哲、米高扬、伊万·科瓦廖夫。

1949年，在西柏坡。图中左起为科瓦廖夫、周恩来、师哲、米高扬、伊万·科瓦廖夫。

1949年6月，毛泽东和柯瓦瘳夫在北京香山双清别墅。

1949 年 10 月，罗申向毛泽东递交国书。图中左起毛泽东、师哲、罗申。

1949 年 12 月 21 日，在莫斯科庆祝斯大林七十诞辰大会上。照片左起：卡冈诺维奇、师哲、毛泽东、布尔加宁、斯大林、乌布利希、泽登巴尔、赫鲁晓夫。

1954 年在日内瓦。前排左起为陈家康、李克农、周恩来、乔冠华、张闻天、王稼祥、师哲。后排左起为黄华、雷英夫、吴冷西。

1984 年，师哲（右三）和黛霞（右二）在延安和当地群众交谈。

1984 年，在中央文献研究室。图中自左至右为吴瑞章、李琦、方铭、师哲、赵仲元。

1991 年夏，本书作序者、开国上将、时任国家副主席的王震到家中看望师哲。

1993 年，后排自左至右为本书作者李海文、杰尼索夫、贡恰罗夫、张希。

1995 年于师哲家中，图中左起为李海文、师哲、本书日文版译者刘俊男。

1995年，九十岁的师哲（日本摄影师新井利男摄）。

目录

序

我与师哲同志相交较久。他自1938年8月起在莫斯科担任任弼时同志的秘书，1940年从苏联回国后，我通过任弼时与他相识。

师哲性格直率，思想开朗而深邃。我们一见面就情投意合，从相识到相知，相处甚笃。

他现已八十七岁高龄，五年前患有脑血栓，但仍然“老骥伏枥，志在千里；烈士暮年，壮心不已”。他在耄耋之年潜心写作，并在中共中央文献研究室的同志们帮助整理下，撰写了自己的回忆录。

这本回忆录重点刻画了毛泽东和朱德、周恩来、任弼时、刘少奇等老一辈革命家的形象，引人入胜，并系统地介绍了师哲所经历的中苏往来关系的发展变化，其内容都是他亲眼所见、亲耳所闻、亲身经历的，所以生动、具体、可信；加之中央文献研究室的同志们帮助查阅了大量档案资料，使其内容更加翔实、准确、可靠。我相信，这本书的出版，当会补充和丰富有关的史书；不仅会受到国内各界读者的重视和喜爱，也会得到国外读者的欢迎。

当接到师哲请我为他这本书作序的信后，我便欣然驱车前去看望。师哲比我长几岁，又半身不遂，行走不便，但他思维敏捷，语言清晰，脑力不减当年。我因国事缠身，他因患病，我们已是多年未相见了。久别战友的重逢，是激动人心的，也是十分欢快的。当年我们受列宁领导的十月革命的影响参加了中国共产党。十月革命开辟了人类历史的新纪元。师哲到列宁的故乡——苏联学习、工作十五年，亲眼目睹了苏联人民在斯大林领导下艰苦奋斗，战胜无数困难，进行宏伟的社会主义建设。苏联日新月异的成就鼓舞着各国的共产党人，也激励着我们中国的同志进行艰苦卓绝的斗争，并取得一个又一个的胜利。

1940年他随恩来、弼时等同志回国后又兼任毛主席的俄文翻译，后任中共中央书记处办公室主任、政治秘书室主任、编译局局长等职，协助主席处理中苏间的事务，一直到1957年他调任山东省委书记处书记，前后历时十八载。他了解中苏关系的历史及其演变、发展的过程，熟知苏联的情况，因而在延安时，我们常常一起纵论苏联的形势和德苏战局。在斯大林领导下的苏联红军反攻终于取得全胜。1944年在延安时，我们出席了塔斯社记者孙平举行的庆祝十月革命节的招待会。会上，毛主席发表了热情洋溢的讲话，大家为苏军的胜利反攻，为即将取得全世界反法西斯战争的彻底胜利而欢庆。

1947年胡宗南进攻延安，我带兵上了前线，师哲留在后委、中央工作。我们时有见面，但戎马倥偬，没有时间畅谈。直到全国解放，我调回北京后我们才得以见面畅谈。

师哲也命运多舛，从1959年起就受康生的迫害，被流放、关押先后达十八九年，1979年末才被调回北京。我熟知他是我们党内少有的“苏联通”，因而向中央组织部建议分配他到中国社会科学院苏联东欧研究所工作。

他历经磨难，非但丝毫未改初衷，而且对共产主义的信念，对党、对毛主席的感情更加深厚。师哲长期在毛主席身边工作，1950年陪毛主席访苏时更是跟随左右、形影不离，对主席不仅了解甚深，而且也体贴入微。主席对他也关心备至。我们一起回忆了主席敏锐有神的目光，深入浅出而风趣的谈话，精辟深邃宏大的思想。我们这代人都是在毛主席培养下成长起来的；中国革命是在毛主席的领导下从胜利走向胜利、不断稳步前进的。

我们不仅回忆往事，而且交换了对当前国内国际形势的看法。我们谈到了以小平同志为核心的我们党的第二代领导集体坚定不移地坚持四项基本原则，坚持社会主义方向的改革开放所取得的伟大成就；谈到了第二代领导集体与第三代领导集体顺利地实现新老合作与交替。以江泽民同志为核心的党的第三代领导集体工作卓有成效，并得到了全党、全军和全国各族人民的衷心拥护。对此，我们感到欣慰。我们还十分关心国际共产主义运动的发展与前途，希望苏联繁荣昌盛，人民安居乐业，生活幸福。

九曲黄河，最终奔注大海。宏伟而壮丽的共产主义事业，不管经过多少艰难曲折，我们始终坚信，一定能取得最终的胜利。

王　震

1991年8月

师哲自序

我的一生可以这样来概括：二十岁以前在陕西省读书；1925年起，在苏联学习、工作共十五年；1940年随周恩来、任弼时等同志回国后，在毛泽东身边工作了十八年；坐牢、受审查、流放共十九年。一直到1982年，才由中组部做出了“经十三年审查，没有问题”的结论。

人生道路虽然坎坷，但我从不后悔。我有幸在毛泽东身边工作，有幸在朱德、周恩来、任弼时、刘少奇、彭德怀、张闻天、贺龙等同志的领导下工作。我的亲身经历和耳闻目睹使我深深认识到，他们都是伟大的、忠诚的无产阶级革命战士。他们虽然先后离开了我们，但他们的音容笑貌却永远留在我们的心中。每当回首往事时，我就有讲不完的话、道不尽的情。在这种浓厚感情的支配下，我作为一个老共产党员，拿起笔，忠实客观地把他们高超的领导艺术和才能、光辉的战略思想、灵活的策略原则、顽强不屈的斗争精神记述下来，献给读者，也算尽了一项义务。

正像俄罗斯谚语所说的“用斧子砍树，难免木屑飞溅”一样，写任何人、任何事同样也会涉及其他的人和事。我只能就我亲身经历、亲眼所见和亲耳所闻，择其要点叙述一下，难免有所偏差或挂一漏万了。

我于1980年从外地回到北京，开始写回忆录，得到朱唯真同志的帮助。1986年患脑血栓，虽然脑力未减，但已行动不便，一切都力不从心了。这时，得到了中共中央文献研究室的鼎力协助，特别是该室的李海文同志受托帮我整理书稿，出力最大。在成书过程中，吴少京、徐及之（即徐永军）同志参加了部分章节的整理和文字工作，并得到了李莎同志的帮助。马列、王焰、何定、张希等同志审阅了有关章节，作了补充，在此一并表示谢意。

师　哲

1991年6月

整理者序

“文化大革命”后期，经博古夫人张越霞介绍，我与师哲的夫人周惠年及其子女相识，并了解到师哲是大革命时期的老同志，在苏联学习与工作十五年，回国后长期在中共中央担任俄文翻译，随毛泽东、周恩来、刘少奇、朱德、任弼时、邓小平、彭德怀等中央领导人出访苏联、东欧、朝鲜，是中共中央与苏共中央之间往来的见证人，便十分想见他。但师哲于 1962 年后一直隔离审查，当时关在秦城监狱尚未出狱。

1975 年 5 月，得知师哲从监狱出来流放到陕西扶风。8 月，听说他为了解决自己的政治结论问题回到北京住在福绥境。我登门拜访。这时他已是七十岁的老人，动作敏捷，头脑清晰，待人热情，我们一见如故。那时正是和“四人帮”斗争激烈的年月，限于当时的政治气氛，我们的谈话没有涉及 50 年代的中苏关系，但是他谈锋甚健，话语中充满乐观、机智。整整谈了一个上午。他送我出门时，叮嘱我说：“年轻人，要警惕啊！”他这句话意味深长，包含了多少经验和教训。这次见面，他那鲜明的性格，犀利的语言，敏锐的目光，独特的看问题的视角给我留下深刻的印象。11 月，政治形势突变，开始反击右倾翻案风，他无果而返，不得已回到扶风。

1979 年听说他回来了，住在万寿路中组部招待所。我去看他，室内陈设十分简单，连坐的椅子都不够，孩子们席地而坐。久别重逢，大家格外高兴。师哲仍然如故，精神矍铄。

1982 年，师哲分配到社会科学院苏东研究所任顾问。他终于有条件可以回溯那段历史。他给党中央总书记胡耀邦写信，提出此要求，得到同意，但是批示上说，写好后存中央档案馆。

回忆录很快写好，交中央档案馆保存。1986 年师哲患脑血栓，脑力虽未减，但行动不便，一切力不从心了。八十一岁高龄的老人希望在有生之年能看到自己的回忆录问世，便将他保存的回忆录的草稿交给我。

原稿有二三十万字，按人物回忆毛泽东、周恩来、刘少奇、任弼时等老一辈革命家的许多重要活动，不少内容是重复的。由于我工作繁忙，延宕到 1988 年才有时间开始整理，将书稿按专题进行分类，按事件发生的先后顺序排列。当时我任周恩来研究组副组长，工作繁忙，整理只能利用工作之余的时间，断断续续进行，主要集中在 1989 年后半年和 1990 年一年，用一年半的时间完成。

师哲耄耋之年，虽患轻度中风行走不便，但是头脑清楚，文思敏捷，一谈就是四五个钟头，滔滔不绝。鲜为人知的细节，独到之见，机智风趣的语言，引人入胜。

我以他的文字和口头的回忆为基础，借中央文献研究室的鼎力相助，得以查阅了大量有关毛泽东、周恩来、刘少奇、朱德、任弼时的档案资料，查阅当年的报刊，核对史实，订正、补充、丰富史实，并对史实进行分析、归纳，增加了历史背景及对人物、事件分析的阐述，使史料更加准确、翔实，增加了系统性和理论性，这也保证了本书的质量。虽然过去了二十多年，现在已公布了大量的档案、回忆录，但是师哲的回忆录仍不失其价值，因而能有第四次出版。

本书是回忆录，首先要尊重史实，保持师哲独一无二的经历、见闻、观点。他受经历所限，只能从一个侧面反映一些重大历史事件。师哲是个性情中人，他时常发表一些惊人之语。我们从内容到叙述都不能求全责备，但是所述事实力求不违背历史；不发表不当的、过激的观点。

我尊重师哲本人历史实际与意见，凡是他不可能知道的事情，即使查到资料也不增加，凡是他不同意的观点和史实都不用。例如：他坚持苏联从未劝过中国共产党划江而治，现已被外交部接受，见《外交风云录》余湛等人的文章。他回忆 1950 年 10 月周恩来访苏，向斯大林提出不出兵朝鲜，已为彭德怀传记组同意。他认为林彪 1942 年回国后直接从西安到延安，而事实是林先回到延安而后才去重庆。对于与事实不符而他又坚持的，我们都尊重他的意愿照实写下来，而在注释中加以说明。

我在文章结构上下了较大功夫，使之前后贯通，成为完整的篇章。同时，注意章节之间的衔接，删掉离题的枝蔓，力求生动，有较强的可读性。

整理好后，将第一稿送师哲审阅。问题少，他自己动手修改。问题比较多或者问题比较大，就同我谈。如他记忆（时间、地点、过程、情节）有误，我拿出档案等文字证据，他都心悦诚服接受。我对某些人物的性格、思想的理解与他不同，他详细地和我谈，为了说明问题一一举例，直到我完全理解为止。他讲的有些观点我虽然不完全同意，但因是他的口述史，作为整理者，我只能忠实原意，照录无误。如此根据他的意见修改、补充后，由徐永军、吴少京抄正，再送他审阅，各个篇章都留下他修改的笔迹。每篇都至少往返两次才能定稿。在此期间，我与师哲交谈了三十余次。

师哲虽然从1962年失去自由、坐牢、受审查、流放共十九年，但是他纵观历史，充分肯定毛泽东的功劳。我根据他的多次谈话，综合他对毛泽东的叙述和看法，花了一个月时间写出了《毛泽东神韵》一章，得到他的认可。

我将第二稿分送周恩来的外交秘书马列，彭德怀办公室主任、彭德怀传记组组长王焰，彭德怀传记组成员、研究朝鲜战争的专家张希，中央文献研究室毛泽东研究组组长赵福亭，刘少奇研究组组长刘崇文，任弼时研究小组组长章学新他们分别审阅了相关的章节。中央文献研究室主任李琦、秘书长何静修审阅了全书。

第三稿偏重于文字的加工润色，核对引文，为了便于读者阅读，还做了少量的注释。人物注释大都由徐永军所写，最后由我定稿。此次出版，考虑到随着时间流逝，一些人物、事件已不为人知，又增加了注释。

但是，之前有的章节没有发表，如：关于师哲在延安保卫处工作期间处理的案件，涉及的人数众多，当时无法一一查证、核实。征得师哲同意暂时不发表。八一厂的编剧郝在今同志用了十四年的时间，看了大量档案，采访了众多当事人，于2005年出版了《中国秘密战——中共情报、保卫工作纪实》①。从他的书中印证了师哲当年的回忆基本正确，因师哲于抗战胜利后离开了保安处，后来有的甄别了，有的有内情。这次，保留原文，只在他记忆不全面的地方加上注释说明。

另外，关于毛泽东与江青的婚事当时整理成文却并未发表。1981年1月中华人民共和国最高法院特别法庭判决江青死刑，缓期两年执行，剥夺政治权利终身。1983年1月最高法院刑事庭改判为无期徒刑，剥夺政治权利终身不变。师哲在此节的文稿上批写："江青是人民打倒、唾弃的一个罪人，不能把这样的人和毛放在一起。"为了尊重师哲，考虑到粉碎"四人帮"的时间仅过了十几年，读者对江青难以接受，鉴于当时的历史环境，没有把这一节放进回忆录中。现在，

---

① 《中国秘密战——中共情报、保卫工作纪实》，郝在今著，作家出版社，2005年。

关于江青与毛泽东的关系成为党史研究的一个热点，并有许多误传，如有人认为江青不是康生介绍给毛泽东认识的等等。师哲是历史见证人，他的看法也是一家之言，为了避免以讹传讹，还原历史真相，现在把当年整理的内容公开，以飨读者。为慎重起见，本节内容已在《湘潮》2014年第七期全文发表。

本书作为回忆录，采用第一人称叙述，“我”即是师哲本人。由于师哲有其独特的语言风格，如半文半白，形容词、定语使用频率高（俄文的特点），倒装句较多、口语化等，我在整理的过程中尽量予以保留，同时力求使本书的语言朴素流畅，采用白描手法，同师哲的身份更加贴切。

他作为参加过大革命的老共产党员，党性很强。在审查时，有人提出删节对一位领导人评介的内容，他一方面尊重组织的意见，另外他专门写了一段话，陈述、保留自己的看法。

我从事专业党史研究三十多年，采访过数百位领导同志，有政治局常委、政治局委员、书记处书记、部长、将军们，当他们谈起在毛泽东、周恩来、刘少奇、朱德、任弼时、彭德怀、贺龙、徐向前、邓小平领导下工作的情景，话语间充满了崇敬之情，往往以仰视的角度回顾历史。师哲则不然，一贯以平视的角度看待、评论老一辈领导人。他在耄耋之年，患轻度中风行走不便，但是精神矍铄，头脑清楚，文思敏捷，一谈就是四五个钟头，滔滔不绝。他常常三言两语、一针见血地勾画出人物形象。他那特有的思路，睿智诙谐的语言，和那随口而出的一个又一个闻所未闻的故事，使我常常听得入迷，忘了记录。

他，1924年加入共青团，1926年加入共产党，是为革命奋斗一生的老同志。这样的老同志很多，到粉碎“四人帮”之后，中国还有大革命时期入党的同志八百多名，为什么他会与众不同？

随着我与他交往越深，对他、对党史越了解，才渐渐找到答案。首先，这固然和他的天性，陕西人倔犟、耿直的性格有关，更主要与他在苏联学习与工作十五年的经历有关。二十岁到三十五岁正是一个人精力旺盛、求知欲强，确定世界观、蓬勃发展的岁月。他长期在国外生活，深受异国文化的影响，养成了西方的思维习惯，这就是民主、平等、开放。

其次，他那独特的视角，与他在共产国际工作、回国后在中央机关工作十八年的经历有关。1938年秋，他任中共驻共产国际代表任弼时的秘书。1940年受共产国际派遣回国参加七大，准备七大后回莫斯科向共产国际汇报。那时，中国共产党是共产国际的一个支部。这年春，他随周恩来、任弼时一起回到延安。因战争原因，七大召开的时间一推再推，他以任弼时秘书的身份留在延安，在毛泽东、任弼时的领导下负责中苏两党往来的具体事务，翻译来往电文。他参加延安整风，在中央社会部、陕甘宁保安处工作，任一室主任等职务。七大后任中央书记处办公室主任，1948 年任政治秘书室主任。这十八年在毛泽东、任弼时领导下工作，近距离观察毛泽东、周恩来、刘少奇、朱德、任弼时、彭德怀、张闻天的工作方法、工作作风，熟知他们的性格、思维特点、行事方法和他们之间关系的微妙之处。

他和中共中央领导人一起经历了中苏关系由蜜月到产生分歧的过程。1956 年中苏关系开始发生分歧，1957 年 1 月他主动向邓小平、刘少奇提出离开中央，到山东任省委书记处书记。拿到火车票，才去向毛泽东主席告别。他对苏联一直坚持自己的看法，有人说他是亲苏派。其实，他对苏联、斯大林既不是完全肯定，也不是完全否定。他因在苏联生活十五年，对苏联的优点、缺点有较深刻的认识。这本书在中苏关系特别好的时候不能出版，因为他讲了苏联的不少缺点；在中苏关系恶化时也不能出版，因为他讲了苏联的许多好话。只有在中苏关系正常化时才能出版。1990 年、1991 年正是恰当的时机，真是天助人也。

第三个原因，他在苏联学习时，能用俄文直接阅读马克思、恩格斯、列宁、斯大林的著作。建国后他担任中央编译局局长、外文出版社社长，领导筹建俄语学院（第一外语学院的前身）。当时，中央编译局的任务是编辑、翻译马列著作，先后出版了《马克思恩格斯全集》（“文革”前印了几十本，没有出全）、《列宁全集》、《斯大林全集》。

建国前由于战争环境十分残酷，全党集中力量打仗，战胜敌人，解决生存问题。由于敌人包围封锁，根据地物资匮乏，中国共产党没有人力、物力出版马、恩、列、斯全集。延安整风时指定全党必读的二十二个文件，马列著作只有很少几篇。那时各个根据地出版的马、恩、列、斯著作的单行本屈指可数。

建国后，有了条件，中央马上着手成立中央编译局。《列宁全集》共三十九卷，到 1963 年才出齐。1962 年，师哲被戴上“修正主义分子”、“苏修特务”的罪名，被软禁在东总布胡同的一栋房子里。他利用受审查的时间，认真研读、校对《列宁全集》中译本。像他这样认真地通读过《列宁全集》的人在党内甚少，就是专门从事理论研究工作的同志也找不出几个。他有深厚的理论修养，这是他能够坚持、敢于坚持自己看法的思想基础。

他流放、坐牢十九年。在牢房里单独囚禁，在穷乡僻壤，他一人枯坐，有时间不断思考、回味、反省。他坚定信仰马列主义，自觉地以马列主义立场、方法观察社会，常年地、不断地总结历史经验，思考政治问题，他虽身处逆境，但一直关注着社会的变化，事态的发展，一直保持着清醒、冷静、敏锐的目光。

1980 年代初，他回到北京不久，出席宦乡召开的研究国际问题的会议。这个会议是为起草党的十二大报告做准备，为报告的国际部分征询意见。他首先发言，直言不讳地提出："苏联不是修正主义。"一语惊四座。他不在乎人们惊异的目光，侃侃而谈，理由充分，难以驳倒。当时中国与苏联的关系还没有改善，对苏联仍然沿用"苏修"的称呼。即使主持人内心认为他讲得很对，也不能违背中央决定，从此会议再没有开过。会后，宦乡登门拜访，当面请教。师哲直抒己见，讲了一天，将这么多年憋在心里的话都讲了出来。1982 年 9 月，胡耀邦在十二大《全面开创社会主义现代化建设的新局面》的报告中，只批评了苏联执行的霸权主义政策，没有涉及理论和意识形态问题，没有再指责苏联是修正主义。

师哲锐气不减当年。有人说他骄傲自大，有人说他固执己见，有人说他坚持原则，有人说他不近人情。不管别人说什么，他仍然我行我素，特立独行。

他二十岁投身革命，经历过战争、肃反、党内争论，也犯过错误。他有过辉煌，也下过地狱，经历丰富多彩，大起大落，命运多舛。从 1959 年起受审查，后下放到陕西扶风农场，1962 年被软禁，1966 年被关进秦城监狱，狱号：6601，是 1966 年关到秦城监狱的第一个人。1975 年出狱后流放到陕西扶风，1979 年才回到北京，住在万寿路中组部招待所。1982 年做了结论："经十三年审查，没有问题。"分配到社会科学院苏东研究所任顾问。坐牢、受审查、流放共十九年，不平凡的经历磨炼了他，使他更加坚强、刚毅，百折不挠。他 1986 年患中风，行动不便。这一个接一个的打击，都没有将他打倒。他永远有老共产党员特有的达观、积极、奋进。真是生命不息，奋斗不已。

以上所说，使他一生一直保持特立独行的个性，犀利的语言，敏锐的目光，真知灼见，形成一家之言。

经过整理后，1991 年，回忆录以《在历史巨人身边》为名在中央文献出版社出版，前后两次印刷，共印六万七千册，引起轰动。一时间以"巨人"为名的书籍、影像不绝于耳。1995 年，在日本由刘俊男、横泽泰夫翻译的日文版问世。

中国、俄国、乌克兰、日本、德国、美国、印度研究中国外交史、关注中苏关系、朝鲜战争的学者纷纷登门请教，各国记者采访，络绎不绝。每次他接受国外学者的采访，总通知我参加。他的观点、史料广为史学界接受。

1998 年，该书增加三万字由中央党校出版社出版。2005 年 1 月当代中国出版社将此书的解放后部分以《师哲口述——中苏关系见证录》为名出版。这两次共印近两万册。

师哲已于 1998 年 8 月去世，他几乎经历了整整一个世纪的风雨。生活在 20 世纪的人中，很少有人像他那样，曾同众多的重要人物、重要事件如此紧密地联系在一起，曾如此直接、如此频繁地接触毛泽东、周恩来、刘少奇、邓小平、斯大林、赫鲁晓夫等中苏领导人。他的回忆录是其他任何一个人所不能代述的。他是一个重要的历史见证人。他以其独特的视角对诸多领袖人物的看法、评价，为研究历史提供了重要思路、借鉴，因而他本人也成为值得关注、值得研究的一个历史人物。一般的书有十年寿命就很不错，而师哲的回忆录经过二十多年的考验，已成为历史文献，成为经典，成为研究这段历史必备的参考书。

我有幸与他结识，帮助他整理回忆录，与他的合作是我历史工作生涯中的重要一笔，特别是我步入史学界仅十余年时，直接得到他的教诲，使我的学识、写作能力、驾驭重大题材的能力得到很大的提高，受益终生。

他一直怀念苏联老朋友，但是行动不便，一直没有机会见面。1993 年 10 月 5 日，我和皮声浩、张希陪同俄罗斯的朋友贡恰罗夫、杰尼索夫看望师哲。师哲一一询问和他一起工作过的老朋友的情况，得知罗高寿的儿子小罗高寿任俄罗斯驻华大使，十分高兴，拿出三本《在历史巨人身边》送给两位俄罗斯友人，一一签名留念，并请他们转交罗高寿大使。那时他已是八十八岁高龄。两年后，他因病逝世。

2003 年 12 月 19 日在俄罗斯大使馆纪念毛泽东诞辰一百一十周年的聚会上，罗高寿大使是晚会的主人，繁忙地接待客人。我想到师哲的遗愿，师哲青年、壮年一直为中苏友好工作，到晚年他以写回忆录的方式依然致力于中俄友好。俄国是他的第二故乡，而他一直没有机会再回到俄罗斯，没有能再见到俄罗斯的老朋友。我主动走过去，向他谈起师哲和《在历史巨人身边》一书。他知道我是这本书的整理者时，热情地同我握手。我知道罗高寿大使借此表达他对师哲的敬意和怀念。我的朋友叶利亚、王元将这个瞬间拍摄下来。

此次出版以1998年中央党校出版社的版本为底本，此本印数较少，市场上难以见到。1991年以来，中国、俄罗斯公布了大量档案，在很多地方同师哲的回忆录都可互为印证，但也有个别不一样的地方，此次出版一一做了注释。我重新看了原稿，进行核对，增加了一万多字，“整风运动”一节请《中国秘密战——中共情报、保卫工作纪实》的作者郝在今审阅。为了便于读者查阅，本次出版根据《俄语译名手册》（辛华编，商务印书馆，2005年版），对俄文姓名进行了校正，第一次公布了由师哲审定、新华社对外部俄文编辑室资深翻译李树华译审校正的中俄文人名、地名对照表，另在书后做了人名索引和大事记。

有的书再版，为了吸引读者，就另起个书名。我主张“行不更名，坐不改姓”，所以仍然用原来的书名。

李海文

2014年12月于北京

在苏联留学

投笔从戎

1925年，我进入二十岁的弱冠之年。这一年正值大革命爆发，我国进入大变革的年代，也是我一生之中关键的一年。我选择了生活的方向，决定了今后一生的道路。任何人的成长都离不开社会环境，特别是青少年，更是受到时代的影响和生活环境的制约，而作为孤立的个体是无法影响、改造社会的。但是，这不等于青少年不能在纷乱的世界中做出自己的选择。

1924年，我在西安陕西第一师范（前身是龙门书院）五年级学习。魏野畴等人在陕西创建了中共支部，一些从日本留学归来的青年搞起了社会主义青年运动。我受此影响，参加青年团。当时党团组织都处于地下，加入团组织有杀头的可能。因而只有勇敢、不怕流血、不怕牺牲的人才能加入。团组织派人将我带到刑场——西安的西北角，在这里军阀刘镇华几乎天天都要处决几个人，地上有一滩一滩的血迹。他们问我怕不怕，还教育我要严守秘密，特别不能将团内的同志泄露出去；教育我“劳工神圣”，青年团是为工人阶级的解放而奋斗的。还带我到西安的东关了解工人的生产、生活情况。东关有火柴厂等工厂，工人大都是妇女，盘腿坐在地上干活，每天干十几个小时。我们试图和她们交谈、做工作，但是很困难。西安有组织的工人很少。我到了开封，见到铁路工人在工会的领导下进行各种活动，才第一次了解到工人的力量。

经过团组织的教育，我想到当时的革命中心上海去报考上海大学以得到进一步的学习和提高。上海大学校长是老同盟会员于右任先生（陕西人）。

1925 年初，同学樊明初要去日本留学，我俩结伴东行。2 月从西安出发，刚行至渭南的某地，就被刘镇华的部属憨玉琨的军队拦住去路，抢走了车马，他们声称：前面（指豫西）正在打仗，道路不通。他们所说的就是豫西战争。

豫西战争是胡景翼和刘镇华的决战。胡景翼和冯玉祥、孙岳是直系将领，他们受孙中山先生的影响，利用直奉战争之机，从前线倒戈回师，发动北京政变，和奉系军阀张作霖妥协，合力夹击直系，使直系吴佩孚的反动势力土崩瓦解；接着，成立了国民军第一、二、三军，并软禁总统曹锟，将清朝最末一个皇帝溥仪驱出皇宫；允许各革命党派合法存在；邀请孙中山北上共商国是。随后，胡景翼任河南督军，率国民第二军南下，在豫西同吴佩孚的部下——实际上是嵩山地区的土匪刘镇华决战。当时，刘镇华任陕西督军兼省长，他率部支持憨玉琨，因此将军阀吴新田部从陕南调到西安，担任陕西督军。刘镇华的部队东移后，西安的革命运动乘势发展起来。

东进的道路不通，我们只得返回西安，仍在第一师范学习。情绪尚未安定下来，3 月中旬又传来孙中山先生逝世的消息。西安各界在莲花池公园举行大规模的追悼会。追悼会持续了数日。引人注目的是中国共产党和社会主义青年团第一次公开活动，在会上发了悼词、唁电，送了挽联等，以志悼念。追悼孙中山的会场上出现的种种新气象，鼓舞着大家。同学们兴高采烈地议论着、交谈着，特别是同青年团有关的青年更是兴奋不已，但是大家心照不宣，谁也不公开这种关系。

4 月间，刘镇华、憨玉琨等军阀在豫西被国民二军打得大败。憨玉琨服毒自杀，刘镇华只身逃到山西运城，投靠军阀阎锡山。消息传来，西安各界发动了驱逐吴新田的运动。

吴新田，外号“汉中王”，是个愚昧无知、昏庸落后的土军阀，盘踞陕南、汉中多年，无恶不作，与土匪毫无差异，军中官兵 80% 以上都吸食鸦片。他借刘镇华部东移豫西之机，在北洋政府的支持下进驻西安。这支土匪部队驻进西安后，从不训练，不整饬军纪，而是一味聚众赌博，绑架勒索，凌辱妇女，欺压青年；还砸毁戏院，强征赋税，各种苛捐杂税有增无减，甚至扣发教育经费，停发教职员工薪金。群众忍无可忍，掀起了抗暴运动。老师罢教，学生罢课，商号罢市，使西安一夜之间成为死城。学生联合会移至渭河以北的三原办公，并选派学生代表进京请愿。岂知北洋政府自顾不暇，无能为力，学生代表不得不转赴上海，向全国学联求援。

罢课后，我与杨福堂、杨华堂等数名同学离校，出西安北门，直奔草滩，渡渭河至三原学生联合会。在联合会和吴芝罘（澄城人，吴壁云、吴壁霞之兄）不期而遇。他刚从山东烟台回陕探亲，向我们介绍了山东，特别是胶东地区日本帝国主义对我国的掠夺、欺压，人民奋起抗争的情况。对于久居内地的我们来说，这些都是新知识，使我们大开眼界，耳目一新。

盘桓几日，我们决定先回家乡韩城。途经澄城某地时，遭到该地驻军的袭击。当时真可谓是军匪不分，土匪遍地。青天白日之下，忽然枪声大作，弹如雨下。虽然我们都是赤手空拳、手无寸铁的学生，但仍不能幸免，不仅被洗劫一空，而且被押到团部。

意想不到，在团部遇到了从西安一中毕业的同学苏孟尼，这使我们绝路逢生。苏孟尼怕我们年轻气盛，讲出抨击匪军的刺耳之言，便很快将我们送走。

当晚，我们住在澄城郊外，夜半时分，狂风大作，刮得地动山摇、树啸壑鸣，犹如万马奔腾，大军袭来一般。我们只好伏息待巳。翌日回到韩城时，已是两手空空，身无分文。

回到家乡，俨然到了世外桃源。韩城靠近黄河，以伟大史学家司马迁的故乡而闻名于世。它地处偏僻，交通不便，消息闭塞。县城里有三所高等小学，一所实业学校，共有师生六七百人，但他们对国家大事不闻不问。我到第三高等小学讲述了西安反军阀运动轰轰烈烈的情况，青年学生们听后甚为激愤，认为校方让学生闭门读死书、死读书，贻误青年匪浅。也有个别学生想免去暑期考试，有意鼓动学潮。

该校校长王茂哉是个恶霸地主。不久前，在本县冶户川镇组建武装民团，横征暴敛，激起民众奋起请愿，而他竟枪杀请愿群众数人，此血案尚未了结。在校内，他横行霸道，毫无威信，全校教职员共五人，其中就有三人反对他。他对学生组织爱国救亡运动、免去暑期考试的要求，采取镇压的办法，因而激起学生反抗。这时，他又借助当地民团的武装和县政府的权力，扣押了两名学生，致使学校停课、停考，暂时解散。

这次学潮与我的宣传鼓动有关。地方乡绅放出许多有关我的谣言，王茂哉更是寻机报复。但因我姑父（又是我岳父）贾乐天（前清举人）垄断着全城的教育，他们不敢贸然下手。我见力孤势单，三十六计，走为上策。走到什么地方去呢？经过一番思考，决定投笔从戎，到河南国民军第二军去。

我同第三高等小学的教员薛志超一起东渡黄河。在运城遇见了同学张继尧，得知韩城学潮已经平息，两名在押学生的释放指日可待。我们的心安了，继续南下，到了平陆县城。这座县城建在高山顶上，因黄河水暴涨，不能行船。只好在平陆小住。

几天后渡过黄河，到了河南会兴镇。恰逢胡景翼先生的灵车西进，沿途各界人士举行隆重的路祭仪式。他的逝世，对国民二军和各界进步人士都是一个重大损失，也在我们的心中引起震动。我们在洛阳稍事停留即转赴郑州、开封，最后到了许昌第四旅的旅部军需处。军需处长秦荩臣是我父亲的同学，也是贾乐天的学生。第四旅旅长田生春，小名叫田葫芦，土匪出身，年迈昏庸，第四旅的实权实际上由秦荩臣掌握着。

夏天酷热，人们难以入睡。半夜时，忽然从后院传来惊恐的惨叫声和哀求声。我正想起床去看个究竟，立刻被秦荩臣的弟弟秦宗礼制止。他解释说：这是在惩治抗捐税的某商号老板，他抗拒税债，不肯解囊。我心头一惊，原来是在用刑逼供，敲诈勒索。这不是绑架又是什么？为什么国民军也这么干？这一夜我辗转反侧，无法安睡。

秦荩臣给我一个排级副官的职位，保荐我到开封军校学习。我和薛志超随秦荩臣坐专车返回开封，在许昌车站上，看到二军军长、河南督办岳维峻（胡景翼病故后，由他接任）的专车风驰电掣般地从北向南飞奔而过。在场的人个个瞠目结舌，不明白这是怎么回事？去年岳维峻随同胡景翼一起倒戈，才打倒吴佩孚，可今日他又去鸡公山与吴佩孚秘密会晤。这个举动究竟只是国民二军私下的勾当，还是也有一军冯玉祥的参与？我顿生疑窦。

我们回到开封时，正值“五卅”事件爆发，工人、学生、市民一齐出动，举行声援“五卅”的示威游行，进行宣传演讲，号召群众奋起抗议英、日帝国主义屠杀中国工人的残暴行为。因冯玉祥领导的国民军大力支持，“五卅”运动迅速席卷中原大地。此时是国民军的鼎盛时期。国民一、二、三军分别占有北京、张家口、绥远、热河、察哈尔，河北、河南、山东，陕西、甘肃等地。国民军广为结交各方进步人士，招贤纳士，在开封，国民二军为接待各地学生代表、苏联顾问及南方知名人士黄绍竑、李烈钧等专门设立了三个招待所；而且允许共产党活动。中共豫陕区委书记王若飞在开封、郑州等地进行活动，革命运动如火如荼地发展起来。

“五卅”惨案的发生又一次增强了我入伍的决心。我的一师的同学张灵甫也到了开封。他找到了于右任先生，由于老先生介绍准备到广州投考黄埔军校，他邀我一起南下。我拒绝了他的邀请，决心参加国民二军。张灵甫与我同窗四年，写得一手好字。他到黄埔后参加了国民党，1947 年在孟良崮战役中被我军陈毅部队击毙。

在秦荩臣的帮助下，我进入河南开封陆军训练处学习，被编入军官三队，薛志超被编入四队。训练处处长姓徐（安徽人），教务长姓杨（陕西商县人），总大队长叫张轸（河南人）。三队的领导将学生出身的人，如：冯升云、任增禄、吴宝贤、冯午天和我等，编为单独的特别班，住在队部，与正副队长为邻。队部每天要编制花名册上报，指定由我负责这项工作，因而免去了我每日午后的操练。不久，各队统一考试，共有四十余人参加，我名列榜首。

到苏联去

胡景翼生前倾向革命，曾通过于右任同李大钊建立了关系，并通过李大钊同苏联驻华大使加拉罕①取得了联系。在国民军中，他最早向苏联提出援助的要求。不但要求苏联派军事顾问到国民军中来，而且要求派留学生到苏联学习军事。虽然胡景翼去世了，但是这个协定仍然有效。根据协定，国民一军、二军将各派二十五人赴苏学习军事。我因考试名列前茅，因而被选中出国留学。

一军派出的多是中下级军官，二军派出的多是学生，如：党秉温（党必刚）、赵光华、冯午天、常秉义、雷放、任增禄、蒙复员、任玉润、冯升云、薛志超、王正基、刘奉学、任子勋、李啸苍、吴宝贤、柳赤哉（朝鲜人）等。后来还加上黄埔军校学生王公亮（他的哥哥是二军督办公署的工作人员），共二十六人。其

① 加拉罕（1889—1937），全名列夫·米哈伊洛维奇·加拉罕，出生在格鲁吉亚。1904 年加入俄国社会民主党，1905 年随家人移居哈尔滨、海参崴。1915 年在彼得堡加入俄国社会民主党（布），被捕流放托木斯克两年。十月革命时任彼得堡革命军事委员会委员，1919 年参与起草苏俄政府第一次对华宣言。1918 年任苏俄副外交人民委员，1923 任苏联驻中国全权代表、驻华大使（北洋政府首都在北京），1928 年任苏联副外交人民委员，1937 年肃反被杀，1956 年后平反。

中有三个朝鲜人。王公亮是共产党员，雷放（原湖南第一师范学生）是国民党员，柳赤哉（朝鲜人）自称是社会民主党人，我是共青团员，其他人都无党无派。

出发前，苏联军医为我们检查了身体，苏联顾问同我们见面并简单地谈了话。军校给我们介绍了苏联一般的概况，大多是皮毛浮浅之词。

督办岳维峻也向我们讲了话。他和胡景冀大不一样，思想愚昧、落后、顽固。他的第一句话就是："这些人个头太小，为什么不挑选健壮的、大块头的？"大队副忙解释道："我们着重挑学历深的、文化高的。"岳维峻无言以对。

他开始讲话，说：你们要努力学习军事，尤其是现代军事知识和战争经验。当然也要调查苏联的政权结构、政策路线、风土人情，但不要参加他们的政治活动，尤其不要搞共产主义宣传，不要搞歪门邪道。他举一例说：陕西有个青年到日本留学回来后到处宣传共产主义。他父亲知道后说，你讲共产，光想共人家的。但是人家更想共你的，你愿意吗？如果你真信共产主义，那么先把你的妻子让人家共一下。保险你不同意。讲得这个青年人哑口无言，再也不敢宣传了。岳维峻说到这里洋洋得意。真是荒谬可笑，愚不可及。

随后，军校给每个人发了一份调查提纲，要求我们在学习期间，调查研究苏联国家结构、政权性质、社会制度、文化、教育、军事、群众组织，以及风土人情等各方面的情况。不少人还未出国就将提纲丢了。我却把调查提纲抄在日记本上，准备照此认真调查研究一番。

7月底，我们一行二十六人从开封出发，经郑州、石家庄抵达北京。因我们身着军装，老百姓一口一个"老总"，毕恭毕敬，卖东西的小商贩甚至不敢收我们的钱。我这才知道了"丘八"的威风。到北京后，游玩了五六天。那时，王府井、大栅栏等商业区不像今天这样繁华、拥挤，北海、故宫等游览区基本上是空荡荡的。

柳赤哉俄文好，同苏联大使加拉罕接洽、交涉，很快办好了手续，领到路费（每人两百块大洋）。大使写了介绍信，请沿途各有关方面为我们安全到达莫斯科提供方便。于是，我们前往张家口与一军的留学生汇合。哪知他们早在一个月之前已乘一军的汽车出发了。一军办事处对我们的吃、住、行一概不管。我们只好换乘从张家口至库伦（今乌兰巴托）的货运汽车上了路。大家坐在货包上，摇摇晃晃走了一个星期才到达库伦，受到二军代表杨杰先生的欢迎，在二军办事处住下。

杨杰先生是云南大理人，1889 年出生，参加过蔡锷领导的护国战争。这时，他从日本留学归来不久，任二军代表，在库伦办理购买马匹等事宜。他虽然早已被授予中将军衔，但平易近人，且正值壮年，精力充沛，对我们青年人更是谆谆诱导，诲人不倦。他与我和冯升云谈得最多。

他向我们介绍了苏维埃政权的性质、新社会的情况和十月社会主义革命的世界意义。他特别指出，所谓军人不干政的说法是荒谬的，是骗人的愚民政策。他说：试问哪部分军队不是为争夺政权、护卫政权而服务呢?！督办讲的不干政，是不要你们参与他们的政治活动和斗争，要你们离开政治，只做他们的工具。我认为，你们在可能的条件下还是要学习、研究政治理论，参与一些政治活动，学习革命经验。这样做不仅是为了你们，更主要的是为了我国的将来。你们到苏联学习，更要在学好军事的同时，学好政治。要好好了解这个新型的社会，因为这个社会是根据马克思主义科学原理进行革命，推翻了沙皇统治后建立的新政权。这个政权的原则将普及到全世界，社会的发展将沿着这个方向不断前进，这是人类社会发展的必然方向和必由之路。

杨杰先生的话同我们在开封军校听到的迥然不同，最大的区别在于杨先生明确指出苏联十月革命是社会主义革命，苏联国家政权的性质是社会主义的，代表了人类社会发展的方向。这些话对我们这些不懂事的年轻军人无疑起到了指导作用，给我留下了深刻的印象，至今难忘。

杨杰先生后来参加了北伐战争，任国民革命军第六军副军长，一直是国民党内的联苏派。抗战时期一度任驻苏大使。他因反对蒋介石的内战、独裁统治，于 1949 年 9 月在香港寓所遭到国民党特务的暗杀。

那时，库伦经济落后，吃饭、住宿、交通都不便利，洗一次澡都很不容易。商店、饭馆、澡堂、戏院的主人及工人全是汉人，经济命脉基本掌握在华侨手中。到 1928 年以后，这种状况才逐渐改变。蒙古人丧葬的习俗是天葬，人死后，将尸体丢到库伦北面的旷野，任凭豺狼和凶鹰吃掉，认为这样才能进入天堂。我们乘车从那里经过时，只见白骨累累，臭气熏天，真是可怕至极。

汽车开到蒙古北部边城恰克图。城里到处是俄罗斯人、汉人。华工将他们劳动所得的卢布同商人私下兑换成银元寄回家乡。苏联在此设有领事馆办理入境签证，并设有国家银行，负责兑换卢布。只要渡过色楞格河，我们就到了苏联的上乌金斯克（现名乌兰乌德）。

渡船虽然很小，仍分为一、二、三等舱。我们坐在三等舱。像任增禄这类大少爷则住在一等舱。这些阔少自己带了不少银元。翌日清晨，船抵上乌金斯克。刚一上岸，风雪交加，冰冷难捱。我们几乎被冻僵，找了一所农民办的旅馆住下后，才渐渐暖和过来。

到了苏联，觉得一切都是新奇的。旅馆里的服务员全都是妇女，态度大方、热情，自由地与我们交谈，这在国内简直不可想象。

上乌金斯克设有中国领事馆。一位自称副领事的山东牟平人氏勾志克来旅馆看望我们，并表示歉意，说他没有接到政府通知，来晚了。我们问他属于哪个政府，他觉得话不投机，不告而别。他所说的政府是北洋政府，而我们拥护革命，反对北洋政府。

在上乌金斯克住了四五天，才买到去伊尔库茨克的火车票。在这几天游览了色楞格河，参观了市容。市区不大，一个华人开的一家西餐馆，是该城最大的餐馆。一些华工、华侨请我们同他们一起吃中餐，才解决了吃饭问题。初到苏联语言不通，适应新的生活习惯是一个大问题。在车站餐厅里，我们本想喝汽水，却稀里糊涂买了几瓶啤酒，刚一进口，就都吐了出来，留下啤酒走开了。几个俄国人拿去痛饮。

去伊尔库茨克的火车都是硬座，无法睡觉。路过贝加尔湖时，不知谁喊了一声：看，山崖上刻着“苏武牧羊处”。苏武被匈奴人囚禁后，确曾在这一带牧羊，但是山崖上并没有这几个字。经这么一喊，大家的心为之一震。在开封时，部队天天唱《苏武牧羊歌》，我们对苏武的民族气节敬仰已久。

到伊尔库茨克后，当地一所军事学校的领导邀请我们到该校参观、访问，召开座谈会互相介绍情况，交流经验，并集体合影留念。学校还帮助我们买到了去莫斯科的火车票。军校的教职员工对我们十分热情，从他们的言谈话语中可以看出，他们非常希望有一个和睦友善的邻邦，并对中国革命寄予很大希望。

当年，伊尔库茨克有不少中国人开的中餐馆，连房子的样式都是中国风格。这里物价比较贵，理一次发就要花几块白洋。有个茶叶厂，专门加工从中国进口的茶叶，采用苏式包装送往商店出售。1930 年代，我曾在这一带工作多年。在 1950 年代，伊尔库茨克是从北京飞往莫斯科的中途一站，我经常在此碰到熟人。

为了过往方便，我们在银行里还立有账号，存折一直由我保存着，但在“文化大革命”中竟被烧毁了。

我们乘坐的是邮政车，每站都停。虽然大家恨不得一下子飞到莫斯科，但也只能随着火车摇摇摆摆，听着单调的车轮声，打发日子。每次到站，我们一般不下车，只是打点开水，买些面包和西瓜。这儿的西瓜特别甜。列车到达乌拉尔斯维尔德洛夫斯克车站时，我见车站很大，山坡下有餐厅，误以为停车时间长，就和薛志超、赵光华下车用午餐。谁知列车竟开走了。我们误了火车，语言又不通，心急如焚。幸而遇到一个华侨商人帮助我们向火车站交涉，站长给我们写了一封介绍信，让我们搭乘另一班车。经过一番周折，我们终于经奥伦堡到达莫斯科。

出了火车站，茫然不知所措。正在发愁，同车的一位莫斯科工程师热情相助，将我们送到中国大使馆。我们虽然不情愿去大使馆，但也只能这样了。

一到大使馆，我们立即要求去找我们的伙伴。大使陈嘉骜会见了我们，他看上去六七十岁，是北洋系统的老官僚。他责怪北京政府未通知他们，现在只有经过苏联外交部的介绍才能到军校去。他随即请我们在来宾簿上签名，并安置我们吃午饭。吃饭时，我们看见厨房里正在为他们准备山珍海味、鸡鸭鹅鱼。不一会儿，来了一位苏联少校，是专来接我们的。他歉意地说没有车子，于是带我们搭乘电车到位于列佛多沃区的莫斯科初等工程兵学校。这时虽是8月底，天上却下着大雪，雪边下边化。真是“胡天八月即飞雪”。

列佛多沃原是沙皇的兵营区，集中着步校、炮校、工程兵学校以及高级步校。工程兵学校的领导很关心我们，专门派团组织的负责人给我们做了一次关于共青团的报告，并请东方大学的几位中国同学接待我们。他们是东方大学中共支部负责人刘伯坚及原青云、曾涌泉、李特、赵秀峰等。他们天天陪着我们，白天带我们在莫斯科市区参观游览，到红场、列宁墓、特韦尔斯卡娅大街（即现在的高尔基大街）、革命博物馆、大戏院、大百货商店、柳克斯楼下大餐厅、中国茶叶店（刘泽荣父子开办的）。那时，苏联国内战争刚刚结束，百废待兴。各个商店商品奇缺，购货不用现钱，特别是服装，都是凭国家发的证券领取。莫斯科只有红场、特韦尔斯卡娅大街一隅较为繁华。傍晚开座谈会、听报告、谈话。

对我们最有益的是听了几次报告，印象最深的是刘伯坚的报告。他介绍了马克思主义的三个组成部分，系统地讲述了第一、二、三国际的历史，巴黎公社和十月革命。他讲话严谨，内容丰富，有很强的感染力。红军长征后，他留在苏区坚持斗争，被俘牺牲。就义前留下了“带镣长街行”的著名诗篇。

其次是原青云讲的课。他是湖北人，稍有些口吃，但不失流利易懂。他着重介绍了巴黎公社的历史和当前国际工人运动的发展形势。后来，大约在 1927 年或 1928 年初，他病逝于国内。

他们的开导教育，使我们受益匪浅，思想认识大为提高。我们在国内时只是追求革命，但是受条件所限对马克思主义和十月革命并不甚了解，另外，当时苏联党内争论很大，斗争很尖锐。他们的报告使我们这些初出茅庐的青年，在政治思想方面刚刚起步，就踏上了正确的轨道。

同来的柳赤哉等三个朝鲜人很快同我们分开，同其他朝鲜同志集中在一起。当时，朝鲜是日本的殖民地，日本曾在远东武装干涉过苏联。所以，苏联当局很警惕，以防他们之中有日本间谍。

在莫斯科的准备工作做完之后，仍由接我们的那个少校陪同，送我们到乌克兰的大城市基辅（现为乌克兰共和国的首都）去学习。

难以忘怀的基辅

我们二十多人由工程兵少校和李特、赵秀峰带领到达基辅后，进入军官联合学校学习。这是中级军官学校，设有步、骑、炮、工兵等科。

中国学生单独编班，共五六十人。除一、二军外，还有少数从黄埔军校来的，他们大都参加了国民党。一军派的学员有：郝鹏举、胡运泰、李汇泉、李海（冯玉祥夫人李德全的亲戚）、田德修（吉合或叫吉洪）、童安远、王智涛、马宗显、卢义才、叶茂奇、刘振泰、庞化儒、李秉钧等。从黄埔军校来的有王公亮、易子奇等。因为初到苏联，语言不通，教官讲课时由李特、赵秀峰等翻译。他们曾在东方大学学习，但时间不长，又不懂军事，因此翻译得很蹩脚，使我们常常不得要领，如陷入九里云雾之中。这种情况在军校时有所见。

军校共有两千多名学员，基本上都是参加过国内战争（即反对帝国主义干涉战争）的中下级军官，大多是排、连、营级干部，也有个别是团级干部。有几位学员，特别是骑兵科的，在国内战争中曾获得苏维埃最高奖励——红旗勋章。学员几乎全都是工农出身，文化程度不高。学员不仅有来自苏联各个民族的同志，还有来自德国、波兰、芬兰、挪威、瑞典、捷克等国的同志。少数民族的学员只能讲些半通不通的俄语，文化教员经常批评他们的俄语水平低，不懂文法，常说些不合语法的错话。他们却说："我讲的话你能听懂不就完了么，还要什么语法呢？"搞得教员哭笑不得，毫无办法。

中国学员集中学习几个月后，学校根据每个人的志愿，将我们按兵种分到各科学习。我被分配到工程兵科。

教官百分之百都是沙皇时代的军官。他们不仅受过严格的军事训练，而且有实战经验，不乏饱学之士。

工程兵科的总顾问西蒙诺夫上将是沙皇时代的老将官，我曾参加过他领导的一次工程兵科的教务会议。他正襟危坐，神色威严，不苟言笑，讲话言简意赅，一字千钧。他对教学计划、训练方法、目的、成效，以及下一步的教程进度、方针提了几点意见后，即起身离席。在座的教官及学校教务处的负责人无不恭恭敬敬、悉心聆听。大概他的高傲自尊、严威可畏的神气决不减沙皇时代。

另一位使我难忘的是工程兵科的主任教官加耶夫斯基中将。

他是工程兵科的最高负责人。当然，也是沙俄时代的将官，工程兵学的一名权威。他从不谈政治，态度和蔼，平易近人。他在担任工程兵科主任教官的同时，还兼任工兵科中国班的教育主任，同中国学员关系较好，尤其对我格外好，常常邀我到他家里做客。他的夫人受过高等教育，很有教养，待人接物彬彬有礼。他们有一个十四五岁的男孩。孩子放学后，在父亲的指导下搞建造、做木工。我每次去，孩子都拿出新的制作给我看。

加耶夫斯基担任工程筑城和爆破两门课的讲授，上课时他从不用课本，不写讲义，而是按自己订的计划，到试验室的沙盘前，或到各种模型前讲解。他讲话简单扼要，同时也要求我们少说话，多动手，多做作业。实践出真知。他讲的理论不多，简浅扼要，但是这些实际操作和初步的实践，加深了我们的理解和记忆。

教桥梁、筑城、道路的教官是德国人，叫施拉木。他是第一次世界大战时的俘虏，后来留在基辅，已是上校军官。他俄语讲得很好，为人处事小心谨慎，工作兢兢业业，一丝不苟，做事按部就班，准确无误，严肃认真，不爱说笑；讲课深入浅出，条理清晰，充分反映出德国人的严谨、踏实的作风。他自己编写教材，简要而通俗易懂。

教俄文的伊万诺夫，是基辅大学的教授，年近六十，是一位温文尔雅，和蔼可亲，循循善诱的忠厚长者。他要求我们在最短的时间内，用最捷便的方法掌握俄语。他自编教材，将讲课的重点放在理解运用单词及基本文法方面，大量地做联句、会话。这种方法简便、易懂、易记、易掌握，是很科学的。只用了半年的时间，我们就可以用俄语直接听课了。

他不仅教会了我们俄文，而且同我们建立了亲密的师生关系。我们在他面前如同孩子一样不拘礼节。有一次，在我们建议下，他请我、常秉义、雷放到他家用茶。他的夫人只有三十几岁，是劳动妇女，性格开朗、热情。我们尚未坐定，她就大声地对我们品头论足，说谁长得漂亮等等。老先生多次制止她，要她不要多嘴。可是她天真而又稚气，始终不理解为何不能畅所欲言。他的夫人就像他的孩子，闲暇时陪他去普希金公园散步。

雷放的英文和俄文都比较好。一次他从《列宁文选》上抄了一句话写在黑板上，然后问教授这句话是否合乎文法。因为他没有讲明出处，教授看了后说：文法不通，俄文不能这样讲。雷放就将列宁著作拿了出来。教授看后面有难色，但他很机敏，回答得很巧妙：话虽然不合文法，我们不可以这样说，但是列宁可以这样说。说得大家无言以对，只好一笑置之。

战术、射击、步枪等课也讲得很好。

另外，我们还上化学、物理、政治等课。这些都是辅助课程。因为我在陕西师范已学过，对这些课程理解也深，所以，老师常常让我用中文向同学们讲解。

教官中有个别人的思想感情、政治立场仍与苏维埃政权对立；极少数的，如教化学的教官和教战术的教官，他们甚至仇视新政权，有时在课堂上发泄对苏维埃的不满，或进行煽动、挑拨。

我们和苏联学员分开上课，但是同在一个操场操练。在操练中可以看出，对我们这些中国学生显然客气，不要求我们做高难动作。操练内容与我们在开封时大相径庭。中国军校重视操典，拔慢步、队列训练占很大的比重。而这里从不搞这套，只是做体操、自由运动，目的在于锻炼身体。在苏联，我们如同上大学一般，按课表上课听讲，做作业，或到阅览室、图书馆读书。中国同学受此熏陶，大多手不释卷，埋头读书。

中国学员在生活待遇上，与相同级别的苏联学员是一样的。我当时的军衔是少尉，每月可拿到八十卢布。按照协定，我们的工资是苏联政府从给国民军的援助中拨出来的，从这个角度讲，是国民军发的。但到1927年大革命失败、国民军叛离了革命后，苏联才开始自行供给我们。我们都是单身汉，相比之下反而比苏联学员还富裕。苏联学员几乎都有家小，常常感到生活拮据。当时，苏联国内战争刚刚结束，从西伯利亚到乌克兰的基辅，遍地可见废墟和被破坏的工厂、桥梁、房屋等等，一切都正在恢复之中。大家的生活都很艰苦。十月革命后，劳动人民迸发出巨大的热情，恢复工作进展迅速，日新月异。比我们早到二十几天的国民一军的学员只能领到旧军装、旧皮靴，而我们到达时就可以领到新军装、新皮靴，每人还能领到一只军用箱子。

我们和苏联学员相处融洽，特别和乌克兰、高加索、格鲁吉亚、阿尔明尼亚等民族的学员交往更多。他们自称都是东方民族，在文化、性格、心理、习惯及情操等方面与我们有相同或有相通之处。说来奇怪，格鲁吉亚人语言中几个字和中文字音相近。我们在一起打扑克或玩多米诺时，中国人互相用汉语暗示出牌，他们也能猜出，特别是对“五”、“七”、“八”等字音很敏感。有一次我到阿布哈兹，在加格拉疗养所，遇到一位格鲁吉亚族的地方干部。我们一见如故，他请我到他家去做客，将他的父老妻女介绍给我。格鲁吉亚人常对我们讲，格鲁吉亚从地理上讲同土耳其一样，都应该是属于亚洲的。而欧洲统治者（帝国主义者）不顾他们民族的感情，硬将欧亚大陆的边界从乌拉尔山起向南延伸，而又将高加索都划在欧洲的境内。

学校位于基辅的伯朝拉区。这个区一边靠近第聂伯河的大渡口，一边邻近铁路干线。革命前，区里曾有很大的兵工厂、铁路附属工厂，内战时期均被破坏无遗。当时正在清理废墟，建设生产机枪、大炮的兵工厂、打靶场和军队医院。到1927年秋天我们离开基辅时，被战争破坏的建筑物还未全部修复。

除我们所在的军校外，近旁还有无线电联络通讯学校。区里还有很多教堂，最大的是建在第聂伯河崖附近的伯朝拉修道院。它的规模很大，驰名欧洲。修道院建有很长很复杂的地下通道，十月革命前是走私贩私、贩卖妇女儿童的据点。革命爆发时，群众从地下室救出数十名被囚禁的妇女。后来神职人员大为减少，再也没有昔日的威风了。

基辅最繁华的地方是克列沙特卡。这是一个小广场，既临近第聂伯河岸，又临近商业中心区和市立大图书馆；一边是普希金公园，另一边是新建的市立公园和沙皇时代的跑马场。这里交通方便，广阔的马路四通八达，升降电车沿山坡上下运行，从山顶到河边，并直通普希金公园，这里是青年人最喜爱游览、消遣的去处。普希金公园里有一座圆形的回转画廊，描绘在罗马时代，基辅与各方部族之间的交际、往来贸易的情景，栩栩如生。1955 年，我陪朱德访问罗马尼亚时曾在基辅停留，我几次提及这座建筑，但已鲜为人知。据说画廊毁于德国法西斯的战火。

基辅有一座东方博物馆，收藏丰富，陈列着不少中国的字画、陶瓷器。可是，在一个大瓷盘子上竟然摆着一个白底蓝花、做工精细的夜壶。讲解员还指着夜壶说：中国文化很高，在若干世纪前已用这样精致的瓷器盛牛奶、咖啡。听到这里，我们都忍俊不禁。两个民族文化的差异之大，由此可见一斑。

第聂伯河右岸有大森林。东到河岸，西北到达尔尼察火车站，南临公路，这是我们军校的野营地。每逢节日，基辅城里及野营地周围村镇的男女青年便来同我们联欢，纵情歌唱欢乐，常常通宵达旦，不知东方既白。基辅是一座古城，名胜古迹很多，旧时代留下的陈旧的建筑、狭窄的街道别有一番情趣。城内布局合理，有不少高大、富丽堂皇的建筑，如大戏院、博物馆、疗养院等。大戏院被命名舍甫琴科，并在附近立有乌克兰著名诗人舍甫琴科的塑像。大戏院不仅演出戏剧，也常举办音乐会，票价昂贵，像我们这样的工作人员是不敢问津的。

基辅，给我留下了深刻的印象，基辅的两年生活使人难以忘怀，尽管当时我们限于俄文水平低下，理解事物的能力差。当我提笔回忆起这段往事时，基辅一处处优美的景致仍历历在目。

乌克兰气候温和、物产丰富，号称苏联的粮仓。人民文化程度高，淳朴忠厚，勤劳勇敢，热情奔放，喜怒哀乐溢于言表。在乌克兰，不仅在校的学员，就连基辅城里的市民、工人、学生、商人及郊区的农民都对我们和悦可亲，对中国人十分友善、同情。他们常常用这样一句话来表达对我们的感情：北京和基辅虽然相隔万里，但是气候差不多。中国人同乌克兰人一接触，很快就相熟、融洽，双方互相信赖、互相理解，毫不装腔作势、盛气凌人。乌克兰人很风趣，善于迁就、退让，从不计较由于不慎而出现的失礼。他们比俄罗斯人更容易友好相处。

在离基辅约二十公里处沿河岸有一个国营农场，位于第聂伯河的上游。我们参观时，工作人员告诉我们这个地方叫“中国”，但谁也说不出名字的由来和它的历史，只是祖祖辈辈这样传下来的。也可能契丹人曾在这里住过。农场境内有一块高地，像是城堡的遗址，面积很小，他们在此建了一个网球场。在山坡上正在建设一座大厦，宽敞、明亮，据说是奶牛棚。农场有很大的果园，种着苹果、梨、李子等。还有种植区，不少神父在农民的指导下耕作。农民说：他们（指神父）才真正是四体不勤、五谷不分的人。现在慢慢地教他们劳动，将他们改造成自食其力的人。但是他们进步很慢，年轻人还可以学会劳动的技能，年老的神父只能量力而行，做一些力所能及的劳动了此终生。我们在“中国”农场受到了热情款待，如同回到自己家里一样。

一次，我同常秉义到市体育场看足球比赛，场间休息时碰到一位十四五岁的女中学生米拉，交谈间得知我们的数学教员正给她们讲课，老师常常在她们面前夸奖中国学生如何努力学习、守纪律、进步快、成绩优良。她像久违的朋友一样，恨不得一口气讲完她对中国人的好感。后来她和她的父母多次邀请我们去她家做客，因为我们是军人，又是外国人，不能到素不相识的人家里做客，只好婉言谢绝。真诚的米拉无法理解为什么会有这样的规定。后来，她还常打电话到学校找我们了解情况，但不久后我们就离开基辅到莫斯科去了。

不仅工人、农民对我们这样热情，就是上层领导对中国学员也是很关心的。如当时的领导普·谢尔盖耶夫、柯肖尔、卡马尔尼克。这些领导同志都是乌克兰人，参加革命较早，后在肃反时被赫鲁晓夫整倒或杀害了。

1925 年和 1926 年欢庆十月革命节时，我们都受到特别优待，被安排在政府领导人观礼台对面的人行道上观礼。（1926 年乌克兰的首都由哈尔科夫迁到基辅。）这一天，千千万万兴高采烈的群众，秩序井然地列队在我们面前通过。我们沉浸在欢乐之中，感受到无比的温暖，情绪激昂，热血沸腾，信心倍增。苏联的今天就是我们中国的明天，中国也在等待着这胜利一天的到来。

1926 年 7 月 20 日，苏共领导人、契卡的创始者捷尔任斯基逝世，全国各地为他举行了隆重的追悼会。按地区划分，军校的师生同一家国防工厂的工人们在一起开追悼会。我们也参加了庄严、肃穆的追悼会。

1927 年秋天，我们离开基辅之前，不断有人来电话，有的甚至一日来数次电话，要求会面、交谈和最后话别。当时由于种种原因未能遂人心愿，至今仍觉得遗憾。

一言以蔽之，基辅是充满活力、民主、热情和朝气蓬勃的城市。在基辅学习、生活的两年是我一生中最愉快、最有收获、最难忘的两年，以至我们到莫斯科后，仍久久留恋着基辅，并要求再回基辅学习。

我常常想，基辅和莫斯科的区别在哪里呢？基辅到处都充满活力，人们热情、活泼、开朗，平易近人。而莫斯科机关多，衙门作风浓，干部爱摆官架子，傲慢不恭，盛气凌人，目空一切。他们常常有一种莫名其妙的优越感："我怎么做，都是对的。""我怎么说，怎么做，你们都要听从。"这些都是沙皇时代的老帝国遗留下来的，也同莫斯科多少年来一直是首都或陪都，是最高统治者的驻地有关。

而基辅则不同，十月革命前一直受俄罗斯民族的统治。十月革命后，在列宁的领导下，各民族结成了联盟，建立了社会主义苏维埃联邦，各共和国一律平等。但老百姓在路上见到军人或官员，包括我们这些穿着军装的外国人，统统要行礼，并问候致意。我诧异地询问俄罗斯族的学员：这是怎么回事？他们解释说，这是沙皇时代立的规矩，一直残留至今。沙皇政府征服了这些地区之后，规定凡见到俄罗斯人都要遵循礼节规范。革命成功已九年了，这个习惯仍保留着。

我们不仅在基辅学习，而且还到克里米亚半岛去休养、参观、游览。沿克里米亚黑海沿岸直到北高加索的西海岸一带，都是游览、避暑、休养的胜地。苏联政府在此建设了海防设施。我们专门去参观正在修建的海上飞机库、海岸炮位和伪装带、设在塞瓦斯托波尔大港湾里的海船兵舰停泊所，以及地下工事等等。这些设施在第二次世界大战曾起过一定的作用，但终被德国兵破坏了。

整个克里米亚半岛是俄罗斯的瑰宝。俄罗斯的祖先由此北上，沿顿河、伏尔加河、第聂伯河一直到基辅、伏尔加格勒（即斯大林格勒）、下新城、莫斯科等地方，然后在那里发展起来。

克里米亚半岛，特别是沿海地区，景色如画，气候宜人，完全可以同法国、意大利的沿海游览胜地相媲美。在沙皇时代，只有贵族、官僚、商人、资本家才能到这里度假。革命后，为劳动者修建了无数个休养所，规模宏伟，设备齐全，宽敞舒适，环境优美。每年从春天到秋天接待众多的游览者和休养者。

我们到达基辅时，前来迎接的除校方行政人员外，还有两位国民一军的学员，其中一位就是郝鹏举。他原是冯玉祥手枪营的营长，即冯的卫士长，是一军留学生的负责人。这个人狡诈多变，思想反动，顽固落后，唯利是图；抗日战争中率部投敌当了汉奸，抗战胜利后又为蒋介石改编，当上了国民党淮海绥靖公署行政长官，被派来进攻解放军并为先头部队。在我党强大政治攻势和军事压力之下，于1946年1月9日宣布“退出内战，拥护民主”，成立华中民主联军，但仍对共产党心怀不满。他曾给我写过一封很长的信，要求扩大联军的驻地。这封信经中共山东省委书记黎玉转到了中央。毛主席看后以我的名义写了一封回信，信中说：没有忘记我们的旧情。现在内战爆发，我们暂时处于困难时期。你老老实实同我们合作，是有前途的。我抄正后寄到山东。1947年初，国民党大举进攻山东，郝鹏举秘密策划叛乱，再次投靠蒋介石。2月，被我山东野战军活捉，后被枪毙。当然这些都是后话，由郝可以看出当年留学生的思想成分是很复杂的。

因为一军所派的留学生多是中下级军官，他们到苏联后仍保持国内的作风和习气，即奴隶式的服从。我们到了之后，一下子就将这些习气给冲垮了。一方面我们有青年学生的朝气，更重要的是他们这一套与苏联军校的校风格格不入，在红军政治工作和铁的纪律面前必然土崩瓦解。很快郝鹏举等人就失去了昔日的威风。

在基辅军官联合学校，除了学习前面所讲的军事课程外，还要学习马克思列宁主义、政治经济学、哲学、时事政治，后来还加上联共（布）党史。毛泽东同志讲过“十月革命一声炮响，给我们送来了马克思列宁主义”。[①]但是在我出国之前，很难读到马克思和列宁著作的译本。除过去有人从日本带回来的《社会主义浅说》和国内翻译的布哈林的《共产主义ABC》等小册子外，没有读过其他的书。在苏联的两年学习中，我明白了一个人生活在世，必须有高尚的理想，这个理想首先应该符合历史发展规律，并同劳动人民的命运相连，与人民群众的利益紧密结合在一起。我由此开始逐步在思想中确立了共产主义的人生观。我最大、最根本的转变，就是有了阶级觉悟，学会了从阶级立场、阶级观点、阶级利益观察、分析问题，并作出决断。这也就是列宁告诫我们的，对每件事、每个问题，在作出自己的决定之前，先要想一想，提出个为什么？这对谁有利？弄明白这个问题后再作决定。这样就会少犯错误。

1925年的某日，李特、赵秀峰以国民党支部的名义贴了一张告示，说他们是国民党员，拟成立支部，凡属国民党员者都应进行登记，以便建立支部，过党的组织生活。

我在陕西时就加入过青年团，由于幼稚无知，到河南时没有带上组织关系介

① 《毛泽东选集》（第2版）第4卷，第1471页，人民出版社，1991年版。

绍信。在莫斯科我曾向曾涌泉谈过，我说，在河南时，陕西团组织曾派人去看我，给我留下两块钱，但没有谈到转组织关系。他回答说，没有组织介绍信，现在又无人证明，不能算数，以后再加入吧。此后，我一直想加入共产党。现在国民党要建立支部，共产党有没有支部？为什么在苏联中共组织还要保密？我在告示板报旁边贴了一份《问难》短文。李特急忙找我谈话，告诉我有中共组织，我加入共产党的申请他们可以考虑，但是对外必须用国民党的名义，以便于日后回国容易开展工作。1926年10月，我加入了中国共产党，并被选为支部书记。当时是国共合作，共产党员可以以个人身份加入国民党。为了便于担任国民党支部书记，所以我对外公开的政治身份是国民党员，国民党支部共有七八个人，大都是共产党员（跨党分子），只有两三个国民党党员。共产党员有：

马宗显，山东潍坊人，原国民一军司号员、排长、连长，在骑科学习。1928年中共六大后，随周恩来回国，在中共中央军委机关工作。山东省委由于叛徒出卖连续遭到破坏，周恩来派他到山东惩治叛徒，他完成了任务。后牺牲于山东。被人称为“伍豪之剑”。

卢义才，外号老太爷，原是国民一军军官，湖南人，后牺牲于中央苏区。

王公亮，回国后叛变，当了国民党的团长。

还有从东方大学来的李特、赵秀峰。

国民党党员有：

冯升云，回国后任南京政府国防部第三厅厅长。

还有雷放、童安远。

1926年初秋，国民一军又派来了十余名新生，全是共产党员和共青团员。为我们增添了有生力量，可惜他们斗争经验不足，思想根底浅，最后除张成功外，其他人大都脱离了革命队伍。

1926年末，我同李特等少数几人拟借放寒假之机到莫斯科汇报工作，这时李特才着急了。在整顿党组织，总结工作的同时，印制党员登记表，进行党员登记，让所有党员（包括早在黄埔入党的王公亮等）一律填写上1926年在基辅军校入党，介绍人李特、赵秀峰或王公亮。此时党员已发展到二十余人。李特亲自携带着这些材料及支部的工作报告，由我陪同，送到莫斯科，交给中共驻共产国际代表团，并在苏共中央海外工作部备了案。1927年秋，为奖励李特、高金（苏联人、中国班主任），中共代表团和苏联军事委员会共同推荐他们进入列宁格勒军政大学深造。但是，他们这种弄虚作假的恶劣作风终究是要暴露的。到列宁格勒不久，高金喜新厌旧，抛弃了自己的结发妻子，致使她自杀身亡，他因此而被开除党籍。李特有一次来莫斯科约见我，我对他以前的工作作风、态度、手法作了批评。据说他 1930 年代初回国后，当了红四方面军的参谋长，参与了张国焘分裂党、分裂红军的阴谋，后在新疆被处死。

在基辅学习的两年，正是中国革命风云变幻的时期。北伐战争由珠江流域推进到长江流域，蒋介石叛变，国共分裂，大革命失败。我们虽然身在国外，但同在国内的革命者一样关心祖国的命运。国内斗争形势的变化也必然影响到我们内部，郝鹏举这些旧军官自不消说，在革命队伍内部也引起了分化，斗争激烈。

因为大家出国前的思想基础不一样，到苏联后表现又不尽相同。大多数人都很用功，也有少数人贪玩，干荒唐事。军校的政治课基本上不涉及中国问题，雷放和广东人林某（共产党员）、李某等收集国民革命军北伐进展情况，国共两党关系等情况，随时向大家公布。

在 1926 年底，中国留学生中出现了裂痕和摩擦。从郝鹏举、王正基、易子奇等诡谲言行中已看出端倪。我曾对李特、赵秀峰等人说，共同合作是十分必要的，但这种合作必须建立在有诚意、团结的基础上。然而国共两党在一切方面都有原则差别，有一定距离。这个距离现在不可能缩短。对于这些差别既不能视而不见、置之不理，又不能混淆是非或者采取和稀泥的态度。应该承认两党代表的阶级利益不同，立场、方针各有不同，产生矛盾、冲突、摩擦是在所难免的，应妥善处理。现在有人抱有成见，甚至藏有祸心，唯恐天下不乱，应引起我们的警惕。

1927 年四五月份，“四一二”反革命政变的消息传到基辅，当时我们正在进行军事野营活动，进行紧张的训练。但是在革命成败的严重关头，大家无法安心学习，国共两党党员的关系也随之尖锐起来，矛盾斗争已到了无法回避的地步，工作越来越难以开展。尽管召开了一系列会议，研究讨论，力图弥合，但是这一切努力都已是徒劳的了。首先是郝鹏举、王正基、易子奇这些人带头挑衅，雷放也暴露了自己的真面目，同郝等站在一起，向共产党进攻。但是他与他们仍有矛盾。冯升云和我们的关系本来不错，也迅速向右转。广东林某又提出退出共产党。除他之外，共产党员都是尽职尽责，认真负责，积极努力，埋头苦干，并发展了一些新的共产党员。为了巩固队伍，我提议将左右派分开，划清界限，另成立组织，并公开中共党组织。而李特对郝鹏举、叶茂奇、蒙复员等右派分子仍抱有幻想，花费了大量精力做工作，结果一个也没有争取过来。到是年秋天，不得不将这些顽固不化的国民党员遣送回国，有：郝鹏举、雷放、叶茂奇、薛志超、任增禄、吴宝贤、王正基、易子奇等十余名。广州起义失败后，国民党杀害了苏联驻广州领事伊万诺夫等，苏联政府也相应逮捕了一批中国学生中的国民党高级官员子弟，不久又将他们释放，一批一批遣送回国。

1927年秋，基辅军官联合学校要改为军政学校，专门培养营、团级以上干部，决定将我们转到莫斯科相应的军校继续学习。我们依依不舍地离开了基辅。

莫斯科军事工程兵学校（初级）

得到通知时，大家虽然对基辅恋恋不舍，但还是愿意去莫斯科学习。认为这样可以直接接触中共代表团，与更多的中国学生交往，并能够迅速得到国内的消息。但是，到莫斯科后由于种种原因，我反而更加怀念基辅，希望回到基辅的念头长时间不能克服，以至引起工程兵学校政委戈卢别夫的批评，并一直对我抱有成见，而且时时找我的麻烦。

10月，中国班全体学生到达莫斯科后，按兵种分到四个军校学习。我进入莫斯科军事工程兵学校学习。步兵、炮兵、工程兵学校均在莫斯科列佛多沃区，唯独骑兵学校在加里宁城。这些都是初级学校，学员是新入伍的士兵、工人、学生。培养方向是排级以下的士官。课程简单，内容浅显。只有战术、筑城桥梁和炮兵三门课程有些新的内容。尽管如此，我们还是得重新学习我们早已知道的东西。这对我们无疑是一个打击。这样做浪费青春年华，而对那些官僚主义者来讲是无所谓的。此外，军纪、校风、待遇也与基辅军校大不一样。

古罗夫教战术课。关于基础单位（连、营、团级）的作战准备、行动（进攻、防御、退却、迂回、侦察）等项作业，以及完成任务的整个过程，他讲得十分细致、明确和有条理。他旁征博引，以种种战术实例说明原则、原理，引人入胜，清晰易懂。他教我们在小沙盘上指挥部队作战，互为对手，由他裁决、评判，非常有趣味。这项作业，对增强我们的想象力和判断力，拓宽思路，开阔眼界，锻炼应变能力，培养机敏灵活的素质，领会战术思想都有着重要的意义。可惜，囿于当时条件，一直没有机会进行实战演习，只能是纸上谈兵。关于战略问题，因不是属于小兵团的任务范围，他只讲了些粗浅的常识、战略原则和一般原理的说明。

教筑城桥梁的波格丹诺夫，原是沙皇军队的上校，民国初年曾任驻华武官。他和他的夫人曾在北京住过一个时期，常常怀念北京，对中国颇有感情。不过，他不愿谈革命前的往事。他教课认真、努力。为了做教学示范，他到陆军大学和军委等部门借来第一次世界大战有关西欧各国关于爆破活动、炸毁的桥梁及各种建筑物的照片，并自己绘制了很多图片，使我们开阔了眼界，增加了感性认识，弥补了实践的不足。

最后，我必须讲到令人难忘的炮兵教官库兹涅佐夫上校。当时他虽然只有五十几岁，但是老态龙钟，两耳失聪，像个七十岁的老人。第一次世界大战时，他是年青的炮兵上尉，四年的日日夜夜均在战场上度过。战争结束时，他已晋升为上校，但两个耳朵全被炮声震聋了。他不仅有丰富的实战经验，而且熟知大战中各次战役的情况。他除了讲炮兵课、工兵筑城（符合炮兵要求的各种筑城）外，还主动每周用两三个晚上，给我们介绍欧战的实例，以说明炮兵的战术和在战争中的地位与作用。在静谧的黄昏，他给我们讲了许多关于战争的故事，使我们不仅学到了炮兵理论，而且对欧战的历史及实战经验也有了全面而生动的了解。

他说各国的炮兵在大战中都发挥了相当大的威力。沙皇军队的炮兵虽然在技术装备上不如欧洲其他国家现代化，但在炮兵学理论的掌握和运用、操作技巧，以及战术的灵活性等方面，都略胜一筹。战术要求在发动进攻前，我方必须做好炮兵准备，即不仅对敌后方远距离的工事、炮兵阵地等必须予以轰击破坏，而且要摧毁敌方阵地，压制敌方火力，以掩护我方地面部队的进攻。这是基本原理。在实战中，交战的双方不单是力量、装备的较量，而更多的是智慧的较量。例如：在罗马尼亚、摩尔达维亚地区战线上，俄国得知德国拟将主力调往西线作战，便想夺回若干阵地，而德国炮兵是最大的威胁。侦察并摧毁德国炮兵阵地的任务交给了俄军炮兵。俄军集中了几十门退役的大炮，于某日清晨浩浩荡荡占领了几个高地，摆开阵势后，随即将人员悄悄撤走。与此同时，俄军在东侧隐蔽了一个炮群。德军不知其中有诈，误以为俄军准备轰炸它的陆军阵地，立即集中力量，开炮射击。这样一来，俄军就发现并掌握了德军炮兵阵地的位置，而隐蔽在东面新服役的大炮马上开火轰击，几乎全部摧毁了德方炮兵阵地。

德军受到重大打击，一退二十余公里，损失惨重。没有炮兵的支持和掩护，步兵也难以取得胜利。

他说，当年俄国大炮性能、质量不如德国，可是炮兵操作的熟练程度和命中率却大大超过德国。这是由于俄国幅员辽阔，一年四季均可进行射击训练。而德国则不然，他们为了不影响农作物的生长，每年只在冬季农闲几个月的时间内训练，必然影响德军的作战能力。

他还讲了一个例子，德军曾制造出特大口径四十二厘米的重炮，利用黑夜向巴黎试射了两发，白天隐蔽在一座人造假山下。巴黎被特大炮弹所震惊，报纸纷纷刊登某街某处被轰炸的详细消息。第二天，德军从火线上买来各种报纸，根据报刊上的消息，查对、修正炮位和标尺，夜间进行正式的射击，使巴黎局部地区受到严重破坏。当然这种把戏不能重复多次。

工程兵学校的政委戈卢别夫的名字直译是鸽子，可他本人却没有鸽子友善的品格。此人出身于俄罗斯农民家庭，受过教育，但是农民意识浓厚，目光短浅、气度狭小、刚愎自用。校长是拉脱维亚人，有高深的军事修养，但因为校长是沙皇时代的老将军，戈卢别夫不信任，不发挥老校长的专长，不让校长干预校内的问题，一切由他独揽。只有在万不得已时，如审查、批准教学计划等，才让校长主持会议。政委同校部其他领导的关系也十分紧张，时常发生争吵，有时从会议室吵到大门口，甚至在大庭广众之中也毫不节制。争吵并无助于事情的解决，只会越弄越糟。其原因是他不引导干部、学生注重学业，提高技术，加强政治，而只是在小事上大做文章。如谁在花园里散步的次数多了，谁谈情说爱，谁的头发长了等等，净注意些鸡毛蒜皮的琐事。1928 年夏，全校正在夏季野营，清党开始了，运动由下而上，最后到领导。领导检查时，不论党员、非党员都可以列席，发言讲明自己的意见。这时，戈卢别夫才有所收敛。由于他的无知、蛮横，致使全校工作落后。在莫斯科的四个军事学校之中，只有工程兵学校死气沉沉，毫无朝气。

因为我在国内时已读到师范毕业班，无论是在基辅，还是在莫斯科学习成绩都是名列前茅，经常被老师叫到讲台上，用中文为大家讲解，帮助老师解释问题。就是在野外作业，如搞测绘，也是边做作业，边辅导别的同学。有一次，测绘教官将我的步行测绘图向校长、教务处长做了汇报，校长命令把我的这件作业装上镜框，在全校展出。校长了解我，有时同我闲谈说，他崇拜拿破仑、俾斯麦、彼得大帝这样的英雄人物，在谈话中常常引用他们的话鼓励我们。我幼稚地问：

“这不是个人英雄主义吗？”他引用拿破仑的名言回答我：“不想当将军的士兵不是好士兵。”当然，这些话都是个人间私下的谈话，若被政委知道了，是要挨批的。在这个问题上，当时苏联主要是宣传集体英雄主义。

莫斯科工程兵学校中国班的主任是加连宁（华林），他原在我国国民二军邓宝珊部担任顾问，在中国化名为华林。我们离开开封前，他和其他顾问曾同我们见面、谈话。

到莫斯科后，由于中国学生多了，苏联人记不住我们的中国名字。为了工作和学习的方便，每个人都起了一个苏联名字，我的苏联名字是卡尔斯基·米哈米尔·亚历山德罗维奇。

1928年起，东方大学军事班的部分中国学员被分到各军校学习，其中工人占多数。大革命失败后，我党强调党员的工人成分，并大量培养工人出身的军事人才，也像大量培养工人出身的政治骨干一样。然而，学习现代化的军事知识必须要有一定的科学文化知识作为基础，而不能仅仅靠决心和勇气。他们限于文化水平，连学习俄语都感到困难，掌握现代军事知识就更加困难了。

其实，在上海时，他们之间的帮会宗派习气很浓，即使在莫斯科，他们中的“老头子”仍然有着很大影响，甚至超过行政领导和党组织的作用，左右着工人学员的思想和行动。中国同学对此是心中有数的，但是苏联人对此却一无所知，也根本无法理解。在工程兵学校的中国留学生中，许多问题的关键在于一位工人学员奈焦诺夫，可惜忘了他的中文名字。他的年龄不大，但在上海时已是他们的“老头子”，并以此为荣。表面上他帮助组织做工作，事事先进，而暗中却把水搅浑，处处掣肘。

另外，他们没有从军的经历，过不惯军事生活，受不了军纪的束缚，常常违反纪律，以至闹事。因而不安心学习，也学不进去。同时，他们之中不少人受到托派或不满分子的挑拨离间，对党的领导不满，有的要求离校回国。这些情况的发生也与国内革命形势处于低潮、社会动荡不安、国民党逐渐取得全国政权有关。

再加上政委对苏联人尚且都是如前所述，对中国学生更不可能探求思想根源，对症下药地解决问题。由于政委的思想方法和工作方法是教条主义、官僚主义的，因而给投机分子以可乘之机。翻译拉比诺维奇就是这样一个人。他是犹太人，以中国通的身份出现，在中国学生中拉一派打一派，挑拨是非，制造争端，使中国学生的情况越搞越糟。

这一切在我们的精神和心理上造成很大的压力，真是一言难尽，感到“侯门深如海”，感到冷漠，因而产生返回基辅——不切实际的要求。

王公亮挑动我们要求回基辅学习，而他却到校方讲自己如何愿意留在莫斯科，因而赢得了政委对他的信赖和赏识。1928 年夏，中共驻共产国际代表团找他谈话，表示愿保送他继续升学，也可以经欧洲送他回国。我、李汇泉、胡运泰因为向校方提过一些意见而受到打击。他们不准我参加 1928 年夏季的野营训练，并将我和国民党员集中在一起准备遣送回国。这引起了其他共产党员的不满，后由于中共代表团的干预才作罢。这样才决定将我留在苏联参加实际工作，继续培养锻炼。1930 年代，拉比诺维奇被派到苏联驻中国的大使馆工作。1940 年我陪同恩来在莫斯科艺术剧院看戏时碰上了他，从他口中得知，王公亮回国后脱离革命，投靠了蒋介石，以黄埔生的资格当上了国民党的上校军官，在南京、上海等地活动。这个伪君子、两面派、叛徒，最终得到了什么结局，就不得而知了。

1928 年夏季野营结束后，我们毕业了。王公亮、胡运泰、李汇泉均回国。中共代表团要我留在莫斯科帮助工作。因为六大决定要加强军事工作，中央决定从上海、广州、武汉等地的工人中选派大批青年学生到苏联学习军事，需要翻译和教官。我留下在工程兵学校担任中国排排长，并兼翻译工作及文化教员。当时各军校毕业生留在苏联的还有田德修（吉洪）、王智涛、李秉钧、常秉义、党秉温、赵光华等。

到莫斯科后，党的组织生活和政治活动同基辅相比有较大的变化。因为大革命失败，国民党屠杀、镇压共产党，我们不再以国民党名义，而正式以中共党员身份进行活动。各校成立了中共党支部，包括已参加苏共的中国同志在内，我们过着双重组织生活：中共党的生活和联共（布）生活。

在莫斯科列佛多沃区有步兵学校、炮校、工程兵学校、高级步兵学校（又名高级射击学校），每个学校都有一个中国留学生支部，四个学校联合成立了中国留学生党委，党委书记是高级步兵学校的支书唐成印（四川人，长征时牺牲）。高级步兵学校学员有刘伯承等。炮校支书是朱瑞，学员有郭化若、王长礼等。工程兵学校支书是滕功成。步兵学校中国留学生最多，有一百多人，伍修权在那里任翻译。中国留学生党委直属中共代表团领导。党委召集过多次党员大会，请周恩来、叶挺、张国焘、余飞等中共领导人作报告。另外，也常请大革命时期在中国工作过的政治、军事顾问和专家作报告，介绍大革命时期的中国政治、军事情况。如安德列也夫，他曾在广州担任鲍罗廷①的助手，那时常来给我们作专题报告。我们还到中山大学听过瞿秋白、苏兆征、李振瀛、向忠发等向全体中国留学生作的报告。

1928年，周恩来到莫斯科出席中共第六次全国代表大会。7月11日会议闭幕后，唐成印根据大家的意愿，代表联合支部向中共代表团提出要求，请来了负责中央军事工作的周恩来作报告。大家认为他是领导过东征、南昌起义的将军，熟悉军事，有指挥作战的经验，除了想听他关于六大的传达报告外，还想聆听他关于国内形势，特别是军事斗争的形势的介绍，以及我党关于军事活动的战略、策略和未来的计划。

8月12日的下午，恩来同志到孔策沃给党员学生作了关于六大的传达报告。那时，高级射击学校刚刚结束野营，苏联学生放假回家了，中国学生留在了野营地孔策沃。参加的人以高级射击学校为主。我当时因要回国，没有参加工程兵学校的野营活动，正住在孔策沃高级射击学校同学处，因而也聆听了这次报告。

恩来的报告从晚上七点开始，一直讲到第二天凌晨一二点钟。他详细地传达了六大的精神，阐述了中国革命的性质、动力、对象和革命转变等问题。我们当时最关心的是革命的性质问题，因为对这个问题争论最大。

他说，六大明确指出现阶段中国革命的性质是资产阶级民主革命，最根本的任务是完成土地改革，实行耕者有其田；工运工作的主要任务是使工人的工作条件和生活条件得到改善；反对帝国主义的侵略和奴役，摆脱受压迫、受剥削的殖民地地位，使民族获得解放和独立等等。

接着，他介绍了大革命失败后的形势，特别分析了国内经济、政治、军事等

① 鲍罗廷（1884—1951），出生在俄国，1920年参加犹太社会民主主义总同盟（崩得），从事推翻沙皇活动。1903年加入俄国社会民主党，先后在瑞士、英国、美国从事革命活动。1918年回国，在外交人民委员部工作。共产国际成立后，以其代表身份在美国、墨西哥、西班牙、德国工作，1923年9月为共产国际驻中国代表、苏联驻国民党代表，同年10月18日被孙中山任命为国民党组织教练员，12月13日被任命为国民党中央执行委员会顾问，1925年广州国民政府成立，任国民政府顾问。1927年参加中国共产党第五次代表大会，大革命失败后，1927年10月回国，受到批判。后从事外文出版工作。1949年受美国作家安娜·路易斯·斯特朗“间谍案”影响被捕，死于西伯利亚劳改营，后平反。

方面的现状。同时，也给我们做了指示，并回答、解释了我们提出的各种问题。会上，有的同志还提出了“江浙同乡会”的问题，要求恩来予以澄清。这个问题我在后面还要详述。

六大后，恩来在莫斯科逗留了一段时间，协助共产国际和中共代表团处理了若干问题，特别是关于从国内继续派遣和培训留学生，分配和安排已在苏联留学同志的问题。那时，多数同志由于革命的失败，思想上有埋怨情绪，急于要求回国干革命。六大期间，共产国际已准备派相当多的同志回国，但准备工作粗枝大叶。究竟哪些人回国，回国后如何安排，都不明确，引起了一些同志的不满。恩来根据国内斗争形势的需要，在调查研究的基础上，作了妥善的安排。决定抽调部分人员回国工作，挑选部分人员分配到苏联各地各机关工作（实习），其余的继续学习。

9、10月间，恩来从加里宁格勒骑兵学校挑选了马宗显随他回国，任他的警卫员。马宗显在莫斯科等候周恩来一起回国时，住在步兵学校。他回国后，先在上海中央军委工作，后在山东牺牲。

到苏联学习的同志除了进军事学校外，更多的是在东方大学、中山大学学习。东方大学的全名是东方劳动者共产主义大学。学员除中共党员之外，更多的是苏联境内东方各少数民族及亚洲各国的共产党员。它建于1921年4月，是培养中国留学生最早的学校。刘少奇、任弼时、萧劲光等都是它的第一批学员。不少旅欧的同志也在此学习过。大家对在东方大学学习的同志十分敬重，认为他们的政治水平高，理论修养远在中山大学的学员之上，并有着严格的组织纪律性。当然，任何人都不是十全十美的，他们中有的人以老革命自居，对其他同志不那么看得起，有些脱离群众。当时大家都是青年人，他们虽然入党早几年，也难免失于幼稚，如：为了锻炼吃苦耐劳的精神，竟不让大家洗手洗脸。尽管他们有这样或那样的缺点，但瑕不掩瑜。王明一伙却夸大、利用他们的缺点，攻击他们，其目的是为了吞并东方大学中国班。

中国留学生最多的是中山大学。这个学校成立于1925年11月，当时正值国共合作时期，为了纪念孙中山，故取名中山大学。该校学生成分复杂，有不少国民党员及其高级干部的子女。如：蒋介石的儿子蒋经国、冯玉祥的儿子冯洪国和他的妹妹，以及后来成为国民党特务头子的康泽和国民党军政要员谷正纲等。也有不少共产党员和共青团员，他们大都是刚刚加入共产党或共青团的青年学生，受到的革命锻炼少。王明这些人聪明、用功、学习成绩好，比较快地掌握了俄文，大都当了翻译。他们读了几本马列著作，就以正统自诩。特别是大革命失败后，他们更加看不起国内从实践中干出来的同志，认为这些同志对革命的失败要负责任，还无端地攻击东方大学的旅俄支部。后来在校长米夫①的支持下，王明一伙经过一番积极的活动，终于在1928年秋天将东大中国班合并到了中大。当然，这与共产国际的态度也有关系。差不多与此同时，因中国大革命失败，莫斯科中山大学改名为“中国共产主义劳动大学”，仍简称为中大。王明在米夫的支持下掌握了中国学生的领导权，在留学生中的地位也随之提高。

他们对于军事院校的人更是不放在眼里，并到处散布：“中国的政治领袖只能从中大培养出来，军人充其量只能当将军，不可能成为政治领袖。中共现在正是群龙无首，急需培养、推举出自己的领袖来。”大有非我莫属之意，政治野心昭然若揭。俄文名字叫扎通斯基的中国人（任俄文翻译）就是这样同我谈的。这个人曾留学法国，当时正在工程兵学校工作。

在留学生中散布的各种议论和流言蜚语都是出自于中山大学。所谓“江浙同乡会”就是由中大传出来的。

据我了解，“江浙同乡会”发生于1927年下半年到1928年上半年之间。事情起因于蒋经国等人。蒋经国原在中山大学念书，那里的江浙同学比较多，相互间关系也较密切，大家常把每月发的津贴费凑起来，十天半月到中国饭馆吃顿饭。1927年10月，苏联从中山大学、东方大学抽调了一部分同志到陆军大学（在莫斯科）、军政大学（在列宁格勒）等军事院校学习。蒋经国同萧劲光、李卓然、曾涌泉等一起到列宁格勒的军政大学学习。这时，蒋经国享受红军军官的待遇，

① 米夫（1901—1938），原名米哈依尔·亚历山大罗维奇·福尔图斯，出生于俄国。15岁参加革命活动，1917年加入俄国社会民主党（布），1918年参加红军，1919、1923年到乌克兰工作。1920年年底进入斯维尔德洛夫共产主义大学学习、任研究员，兼任东方劳动者共产主义大学研究员。1925年底起任东方劳动者共产主义大学副校长、中山大学副校长，《中国问题资料》主编。1927年任联共（布）宣传工作者团团长到中国，王明（陈绍禹）翻译，参加中国共产党第五次代表大会，7月回莫斯科任中山大学副校长，不久任负责人。1929年3月任共产国际东方部副部长，主管中国工作。1931年12月到上海，参加中共六届四中全会，力主王明任中央委员、中央政治局委员，负责中央实际工作，不久回国。1935年12月不再担任东方部副部长，任共产国际总书记季米特洛夫的中国问题政治助理。1936年任东方大学校长兼中国研究所所长。在共产国际刊物撰写了大量关于中国的文章。

每月领津贴费约七八十元。留在中山大学的江浙同乡们给他写信，开玩笑说：你的会费还没有交。意思是向他要钱，也就是要他请客。蒋经国寄钱时也戏称是交会费。这些信不知落在了什么人的手里，便传出他们在搞小组织活动，组织“江浙同乡会”。党的六大前后，这件事在中国学生和驻共产国际中共代表团中成为一个重要问题。因为大家不了解它的实际内容，便要求审查他们是否有小组织活动，是否与托派有关系。当时，周恩来、瞿秋白等同志也参加了这项审查工作。

六大结束后不久，瞿秋白在炮兵学校给各军事院校的留学生作报告，听报告的有几百人。会上，军事院校的同志提出了所谓“江浙同乡会”的问题。瞿秋白在解释时说：同志们，你们要好好学习，管这等闲事干什么！他的这句话，引起了许多同志的不满，加上秋白自己又是江浙人，大家便认为他是和稀泥，有意包庇。后来，周恩来同志比较详细地介绍了“江浙同乡会”的原委，并证明没有什么问题，风波才逐渐平息了。

在莫斯科学习的两年，中国留学生内部的斗争异常激烈。由于大革命的失败，小资产阶级知识分子大批地消极、离队、逃跑，退出了革命队伍。这类似于1905年俄国革命失败后的情况。在革命轰轰烈烈向前发展时，他们来参加革命，高喊革命万岁。而当革命转入低潮，进入困难阶段时，这些人由于自己的社会地位和利害关系受到威胁，或者由于革命失败对共产主义信仰产生了动摇，有的甚至当初就是投机革命，根本没有树立起坚定的共产主义信念，离开了革命阵营，甚至出卖革命。一旦革命胜利了，他们又回来了，还要摆老资格。革命如同大浪淘沙，淘汰了这些同路者、营混子、投机分子，使革命队伍更加纯洁了。从这点来讲是好现象。在我的一生中，见到过很多昙花一现的人物从革命队伍中消失了，这不足为奇。

真正的共产主义者对暂时的失败和困难有独到的见解和科学的预见性，能独立自主地做出自己的判断和抉择。他们坚信自己选定的方向，决不因一时的挫折和失败而灰心，也决不因一时的困难而气馁。他们坚定不移，坚韧不拔、顽强地克服困难，勇往直前，最终实现自己所追求的崇高理想而成为胜利者。共产主义的远大理想要经过几代人不懈的努力和斗争才能实现。任何事情坐而论道容易，躬身力行难矣。但是在中国共产党里，这样的人是很多的。他们是中国的脊梁，是中华民族的精华。

苏共内部的激烈斗争是造成中国留学生思想混乱的另一个原因。当时，托洛茨基及其一派积极活动，提出了一整套与党的方针、政策相左的理论，在党内形成反对派。利用中国革命失败的机会，挑起关于中国革命失败责任问题的争论。他们有组织、有计划地煽动工人、学生上街示威游行，散发传单和文件，张贴标语，甚至进行暴力破坏活动，无所不用其极。军校有严格的纪律，学生同社会上的人来往很少。对苏共内部的斗争只是从偶尔接触到的一些市民口中有所察觉。托派活动疯狂时，见人就拉，有机会就利用，并极力想在军队中活动，搅浑水。有一次，我在工程兵学校后面的溪水边遇见了一个自称是五金工人的中年苏联人。他同我闲谈了几句之后，就开始散布托派思想，对苏共和斯大林进行污蔑和攻击，并挑拨中苏关系。1928 年春，红军军事委员会成员库兹涅佐夫中将到炮校作报告。在报告中，他将工人与农民对立起来，举了好多例子来说明农民是小生产者，自私自利是农民的天性。他们只想发家致富，根本没有社会主义的思想觉悟，是反动的阶级。而工人有集体性、公共性，是天生的、本能的革命者。他认为，农民是工人后备军的说法是指农民不断地分化、破产，而补充到工人阶级的队伍中来。其实，早在 1902 年列宁就指出：“工人本来也不可能有社会民主主义的意识，这种意识只能从外面灌输进去。”“工人阶级单靠自己本身的力量，只能形成工联主义的意识。”① 库兹涅佐夫的讲话是违背马克思列宁主义并富有煽动性的。因为他是高级干部，大家都默然地听着。不久，这个人就消失了。

托派利用中国留学生抱怨、消沉、悲观等不健康情绪进行煽动和非法的组织活动。中国留学生中确有托派，最有名的是刘仁静、王文元（又名王凡西）。托洛茨基被驱逐到土耳其后，中国留学生中有几个人也到了土耳其，刘仁静就是其中的一个。这些托派到土耳其后还不断同苏联的中国留学生联系，并有书信往来。解放后不久，大概是 1950 年或 1951 年，刘仁静到了北京。中央一负责人拟安排他到中共中央编译局工作。我当时任编译局的局长没有同意，其他同志更极力反对。②

托派反对斯大林等苏共中央领导人和他们领导的苏维埃政权。托派进行夺权活动所采用的手法与当年反对沙皇的手法如出一辙，表面上看是权力与个人之争，实际上决非如此简单。托派认为，在一国内根本建不成社会主义，苏联应等待西

① 《列宁选集》第 1 卷，第 334 页，人民出版社，1972 年版。

② 后刘仁静到人民出版社做翻译工作。

欧各国革命的成功，与西欧各国联合建设社会主义。只有这样，社会主义革命和建设才能取得胜利。这个问题不单单是理论问题，而是现实问题。因为那时，西欧各国不存在爆发革命的形势。是坚持在一国内建设社会主义，还是放弃十月革命的成果，丢掉革命的旗帜？这是摆在苏联共产党和苏联人民面前的重大原则问题。按照托派的理论，苏共就只有放弃革命，放弃社会主义事业，使十月革命成为徒劳之举。这才是斗争的焦点。苏共中央和斯大林抓住问题的要害，彻底粉碎了托派的阴谋，保卫了列宁的党，保卫了社会主义。

1928 年，苏共整党、清党，当时加入苏共的中国同志很少。在我离开莫斯科之后，从 1929 年底到 1930 年在中国留学生中也进行了一次清查和整顿。据说有关部门将中国留学生集中到中山大学与步兵学校进行审查。其直接的起因是，在炮兵学校的一位中国留学生处发现了从土耳其寄来的一份传单。传单的第一句话就是："住在斯大林监狱里的同志们，醒来吧！"其内容之恶毒的程度就可想而知了。这位留学生正好是中国学生连的值班员，在夜间值班时看完传单后就睡着了，传单掉在地上，换班时他忘记拾起来就走了。接班的人捡起传单一看内容大吃一惊，马上上交。所以，清党时托派问题成为主要问题，而且看得过于严重。炮校被列为清党的重点。

这次清党工作的方法既简单又粗暴。米夫利用运动的机会，排除异己，扶植自己的亲信势力。他利用肃清托派的口号伤害了一些好人，建立了自己的圈子，王明就是这个圈子里的人。反托派斗争的高潮过后，苏共党内的清规戒律多了起来。这固然是为了适应严酷的斗争形势不得已而为之，但也有做过了头的地方。

中国留学生中斗争复杂的原因，除前面讲到的几点外，还有一点就是苏联克格勃的前身格贝乌的插手。

关于中大内斗争的情况，唐有章同志写的《革命与流放》中已有详细的介绍。因军事学校有严格的纪律，所以我与中大学生的交往较少，1929 年底我到西伯利亚工作，与中国留学生更无交往，有些情况是事后在共产国际工作时才了解到。

关于这个时期的情况，王仁达了解得较为详细。因为他没有参加任何派别，所以他了解的情况比较客观。解放后，我费了很大的劲，将王仁达动员回国。1956 年他回国后，周恩来、李富春等同志接见了他。但我们还未来得及见面，他就突然病逝，使我不胜悲恸。王仁达是周恩来、李富春等同志在法国留学时的同学，对党、对革命一贯忠诚老实，但是命运多舛。他比较早地进入苏联国家保卫局工作，向来沉默寡言，忠心耿耿，埋头苦干，但在 1930 年代中期受到政治迫害，直到 1940 年代末或 1950 年代初才得到平反释放。他壮年早逝，抱恨终天。

在西伯利亚格贝乌工作的九年

初进西伯利亚格贝乌工作

发动“四·一二”反革命政变之后，蒋介石在国内反共，在国际上反苏，致使中苏关系日益恶化。中东路成为南京政府攻击苏联的一个重要目标。

1929 年夏，经济危机席卷整个资本主义世界。帝国主义将经济危机的恶果转嫁于殖民地、半殖民地国家，帝国主义在我国东北的争夺日趋激烈。日本帝国主义者对东北觊觎已久，而今更是垂涎三尺。他们利用蒋介石的反苏反共一边倒的政策，进一步挑拨中苏关系，反对中苏两国共管中东路。这样做，既可以转移中国人民反日的视线，以便占领东北全境，又可达到反对社会主义苏联的目的。

中东路是指西起满洲里，东到绥芬河，北至哈尔滨，南达长春、沈阳、大连的铁路系统。沙皇政府用了三百万两银子买通卖国贼李鸿章，取得了修路的特权，从 1896 年开始修建，1907 年正式通车。它是对中国进行经济、军事侵略的大动脉。1905 年日俄战争中，俄国败北，长春以南的铁路被日本帝国主义夺走。十月革命后，苏俄政府两次发表对华宣言，声明废除沙俄时代一切对华不平等条约。但是，当时的北洋军阀政府仰人鼻息，听命于帝国主义，实行敌视社会主义的方针，拒不承认苏俄政府，失去了谈判的机会。

1923 年，苏联副外交人民委员加拉罕到中国，经过努力，中苏两国于 1924 年建交，并签订了《中俄解决悬案大纲协定》。《协定》规定，中东路是纯商业企业，允许用中国资本赎买该铁路，目前由中苏两国共管。这个协定对帝国主义是个打击，因而帝国主义处心积虑地加以破坏。1929 年 5 月，东北当局在蒋介石和日本帝国主义的策动与支持下，借口苏联利用中东路“宣传赤化”，武装搜查了苏联驻哈尔滨总领事馆，并逮捕了前来领事馆的苏联在华机构的负责人。同时，调集军队到中苏边界进行武装挑衅。7 月，东北军占领中东路，并下令免去中东路的苏方人员职务，同时将苏籍职工驱逐出境，封闭苏联驻哈尔滨的一切外交和商务机关。在这种情况下，苏联政府被迫宣布与南京政府断交。8 月，东北当局自认为稳操胜券，下令进攻苏联边境。苏军在满洲里、绥芬河等地被迫还击，击溃东北军，并俘虏了东北军前敌总指挥梁忠甲及其所部数千人。

为了应付中东路事件，从 7 月起，苏联政府通过共产国际开始抽调一批中国同志到远东工作。其中有刘伯承、徐介藩、任岳、伍修权等。这些同志中，有的参加了苏联远东红军司令部的参谋工作，如刘伯承；有的到内务部做东北军俘虏工作。

10 月，苏共中央机关的一位干部沃罗别诺夫同我谈话。他在十月革命前曾在哈尔滨、满洲里当过工人，略懂几句中国话。他说：“组织上派你去西伯利亚工作，主要任务有两项，一是帮助地方工作；二是在工作实践中经受斗争的锻炼。工作期限最少是两年。”那里条件较差，但共产党员是从不讲价钱的，我高兴地接受了任务。但我没有想到，走上这个工作岗位后，一干就是九年。

我于 1929 年年底到达西伯利亚边疆区的首府新西比尔斯克，中国人通常称为新西伯利亚，被分配在内务部（即国家保卫局，简称格贝乌）第三局工作。这时，张学良已派人到苏联谈判，并达成了协议，苏方已将中方的被俘人员全部遣送回国。

西伯利亚内务部第三局的工作任务主要是对付外国间谍，也包括反对日本帝国主义的侵略阴谋。日本帝国主义一直坚持和推行敌视社会主义苏联的政策。十月革命后，日本出兵进犯苏俄边境，一度占领苏俄远东地区，甚至深入西伯利亚，支持高尔察克等匪帮。1922 年苏军才将日本侵略军赶走。

保卫局有严格的纪律，工作人员之间不能私下打听或者互相交换对方的工作情况，即使是同在一间办公室办公的工作人员也是如此。我们各干各的事，所有的文件、卷宗都是自己保存和管理。

自 1929 年至 1932 年，在西伯利亚边疆区国家保卫局工作的只有我一个中国人。领导对我十分重视和关心，注意给我创造学习、锻炼的环境和条件。特别是扎柯夫斯基部长、扎尔佩捷尔局长（拉脱维亚族人）、伊利英、纳乌伊奥盖伊基斯、马约罗夫等同志。

我到西伯利亚头两年的主要工作是学习、看文件、整理案卷，以便熟悉情况，汲取经验。机关领导为我提供各种机会和方便，使我获得了在课堂上无法获得的知识和实践经验。如，在十月革命节、五一国际劳动节等重大节日里，派我参加警卫工作，特别是对中央政治局候补委员、西伯利亚边疆区党委书记艾希的保卫。在边疆区苏维埃主席格里金斯基会见中国总领事李芳时，派我担任翻译工作。另外，我还经常有出差的机会，到各地了解有关的情况，间或也处理一些案件。

中东路事件时，东北当局拘捕了二百余名苏联人，苏联政府相应地逮捕了一些中国公民（华侨）作为人质。我参与了审查、释放华侨的工作。审查的任务并不重，主要是释放在押人员。中国政府和东北当局释放多少苏联公民，苏方相应地也释放同等数目的华侨。完全是以外交姿态进行的一种斗争。

两年以后，我的主要工作转为审查间谍案。副部长兼第三局局长纳乌伊奥盖伊基斯是拉脱维亚人，有一次他以交流经验和启发的语气坦率地对我说："我们处理的外国间谍案，90% 都是间谍嫌疑案。真正的间谍我们破获得十分有限。真正的间谍大都有公开职业、合法身份作掩护，公开或半公开地进行活动。"这番话是合乎实际的。

在新西伯利亚的日本领事馆中，经常住着四五个情报专家。他们注意的范围和研究的对象并不局限在西伯利亚地区，而是一直延伸到外蒙、阿尔泰、新疆、哈萨克斯坦。他们广泛地收集苏联各种报刊，细密研究，以获取情报。另外，他们还常到各地去作实际调查，但是，手法十分野蛮。如他们看见一座工厂，就要打听这是什么性质的工厂，一旦知道是化工厂，马上又要追问它的规模和具体产品。当然他们得不到具体的回答。

西伯利亚库兹巴斯地区建有大煤矿、化工厂等一系列重要企业。

记得有一次有个日本人不向苏外事代办处打招呼就偷偷地从新西伯利亚直接到那里去进行调查。苏方早有提防，做好了"迎接"他的准备。我们一方面派人盯梢，一方面要地方政府命令通往火车站的一切车辆停开。日本人下了火车，只见车站上一辆汽车都没有，连马车也没有。第二天仍是这样。这个日本人只得在车站吃住，车站的伙食并不好，服务员也不愿招待他。盯梢的人员等得不耐烦了，便上前去问：“你什么时候离开这里回去？”这次，日本人什么情报也没弄到手，待了两天便灰溜溜地返回了新西伯利亚城。

德国领事馆同日本领事馆一样，将注意力放在西伯利亚和远东方向。不过德国人的调查研究、搜集情报的方式和方法比日本人高明得多，所搜集到的情报价值也远远超过日本人，其中不少是日本人想弄而弄不到的。德国人的手法隐蔽，有较高的技巧性。在第一次世界大战时，列宁就说过，德国人不仅知道俄国沙皇有多少兵员，而且知道沙皇的每个士兵身上有几个虱子。由此可见，德国人的工作是如何深入。德国民族的作风一贯认真、准确、严谨。

土耳其在新西伯利亚有一个小小的商业机构，业务极少，实际上它是为英国人搜集情报的。美国也一直在精心筹划，设法打入西伯利亚。

各国在苏联收集情报的内容总的来说包括两个方面：一是了解苏联社会发展动向、政治动态、外交政策的变化和经济、军事建设等情况；二是了解本国革命者在苏联的活动和他们与国内的联系、对国内的影响，以及苏联政府对这些人的态度、政策和使用方式。他们收集情报主要是为镇压本国革命服务的。他们更加防范本国的革命者，害怕苏联革命经验在他们国内传播。当年的日本、德国尤为甚之。

1932 年，中苏两国恢复了外交关系，南京政府在新西伯利亚设立了一个总领事馆，第一任总领事是李芳，他曾给鲍罗廷、孙中山担任过翻译。据李芳说，他想做一些有益于中苏关系的事，但是在南京政府还未下定决心抗日、只是表面上联苏的情况下难以奏效。而且国民党的官员无一例外地无时、无事、无处不在弄钱。为了钱他们内部常常争吵得不可开交，对其他的正事就顾不上了。例如，这个总领事馆设在工人街，是一栋三层的小楼，楼后有一片不大的开阔地，楼前有个小庭院，门前楼后有几十棵参天大树，蔽天遮日。这些树绝非近年栽种的，可领事馆向南京外交部报告财务时，竟说这些树是他们栽的，并为此花了一大笔钱，要求外交部支付。由此可见南京外交官员腐败之一斑，弄钱手法之卑劣；也可以想见南京政府是多么腐败和无能了。

正因为南京政府如此腐败，所以，它的外交官无论是自身的素质，还是搜集情报的方法，都远远不如德国人，比日本人也差了许多。主要表现在他们之间不团结，经常相互拆台，不像日本人那样齐心协力、认真仔细地钻研问题；而且这些国民党外交官工作方法笨拙。例如，同是请人吃饭，日本人、德国人则会绕着弯子设法将被邀请者所知道的掏出来。而中国人往往只是为吃饭而吃饭，甚至有时还被对方所利用。

各国领事馆都有一个相同的任务，就是管理本国侨民，办理本国侨务。但是，在西伯利亚的外国人中，德国人不多，日本人更是屈指可数，主要是中国人。华侨散居各处，大约有七八十万人，最多时达百万人以上。他们大多是小商贩、手工业者、工人等。1928 年以后，在西伯利亚地区的华侨人数锐减，其原因：一是苏联新经济政策结束，取缔小商小贩的私人经营，消灭富农经济；二是中东路事件后，苏联政府对中国小商贩、小手工业者加以各种限制，使他们无法立足，纷纷回国。到 1931、1932 年时，在苏联的华侨减少了三分之二以上。1932 年，日本帝国主义占领北满后，封锁了中苏边界，两国交通就完全中断了。

在西伯利亚的九年间，我去过许多城市和地区。北至托木斯克、那里木，南至阿尔泰山区、中亚、蒙古边界等，东至赤塔，西到秋明，都留下了我的足迹。西伯利亚是苏联欧洲部分及远东的后方。当时苏联的边疆州区域辽阔。西伯利亚边疆区东起赤塔，北至雅古特（雅库茨克）、那里木（托木斯克以北的辽阔地区），西至乌拉尔山东麓，南至阿尔泰山区。

我熟悉并热爱这块辽阔广大、尚未开发的土地。西伯利亚天寒地冻，当年地瘠民贫，物产匮乏，文化落后，工商业不发达，交通闭塞。但是，那里的人民忠厚老实、淳朴、吃苦耐劳、节俭。西伯利亚各主要市区的居民大多都是从沙皇时代起充军流放的政治犯和刑事犯。但是，也正是这些人给西伯利亚这块古老的土地带来了新的文化、科学知识和政治活力。从 1930 年代初起，苏联大量投资开发西伯利亚，在第二次世界大战期间，这个地区起到了苏联后方的作用。随着经济的发展和人口的增加，当年的西伯利亚边疆州现已划为十几个州了。1950 年代访苏时，我不止一次路过伊尔库茨克、新西伯利亚等地，常常碰到从前的老同事、老朋友，我们一起回忆往事，感到格外的亲切。1929 年我到新西伯利亚的时候，全城只有一幢楼房，两条平行的街道，一条是内务部所在的共产主义大街，另一条是工人街。我亲眼看见西伯利亚是怎样成长起来的。从最近的照片看，新西伯利亚又发生了翻天覆地的变化，旧貌依稀可寻，但它比以前更加繁荣和漂亮，更加吸引人了。

第一次回国未成

自1930年起，我一直向中共驻国际代表团要求回国。1931年夏季，我利用到南俄休养路过莫斯科的机会，到共产国际东方部再次要求回国。同我谈话的是负责办理回国手续的工作人员拉祖莫娃和魏金斯基①、马季亚尔。他们都同意我回国，让我回国后直接到苏区找贺龙，留在贺的部队中工作。并要我先去南俄休养，回来就办手续。

大约7月初，我从南俄回到莫斯科，立即办好了一切手续，等待回国。在这期间，我有时住在王友直岳母菲拉托娃·安娜（小名妞拉）家中，虽然房间狭窄，但受到她们热情款待。一天下午，共产国际工作人员通知我不要外出。傍晚时分，果然有一位工作人员乘车来接我。上车后，我看到了王占元（山西万泉人，曾在工程兵学校学习）和另一个同志札伊罗夫（我忘记了他的中文名字），他是四川人，军政大学学员。我们登上开往海参崴的火车时，只有武止戈的妻妹马露霞小姑娘到车站为我们送行。当时，苏联发生大饥荒，经济十分困难，物资匮乏。一路上我自告奋勇为大家采买食品，想方设法保证了大家的安全和生活上的需要。车经新西伯利亚车站时，我电请科长鲁托明斯基给我送来了一二件衣物和一些食品。事后证明我这样做是十分错误的。因为当时他们并不知道我要回国，这引起了他们的不满，而且也招致了我被调回莫斯科的后果。

8月间到达海参崴后，我们住在离市区四十里以外的海洋站的一个招待所里，等待回国的海轮。招待所的工作人员，从所长到招待员全部都是中国人，专门接待过往的中国同志。像这样的招待所在海参崴还有好几处，都相隔不远。

在我们等船期间，不断有从莫斯科来的准备回国的人。其中有：黄文杰（广东人，后在长江局组织部工作，病逝于重庆中共南方局）、河南人齐某和一个女性费侠。费侠是一位二十几岁的年轻姑娘，中山大学学生、青年团员。据说她的

① 魏金斯基（1893—1953），全名格里戈里·纳乌莫维奇·魏金斯基，亦有译法译为维金斯基，中国化名吴廷康、伍廷康，魏琴。出生于俄国，1913年随家人移居美国，1915年加入美国社会党。1918年回国，加入俄国社会民主党（布），派到远东工作。1920年春来华，以共产国际、俄共（布）代表身份指导中国共产党创立和国共合作。1927年参加中国共产党第五次代表大会，大革命失败后回国，先后任国际江人联合会太平洋书记处书记等职。1934年改做研究和教育工作，获博士学位、教授职称，后病逝于莫斯科。

学习成绩不错，人也较严肃。她是招待所住宿中的唯一的女性。她回国后，脱离了革命，嫁给了国民党特务头子徐恩曾。

1931年上半年，由于中央负责保卫工作的顾顺章叛变，上海地下党组织不断遭到破坏，大批同志被捕，地上交通线、接头地点等都被敌人破坏，通讯联系被迫一度中断。我们虽然归心似箭，也只能耐心地等待着。在招待所，大家感情融洽，相处甚笃，也不算寂寞。我们有时上街采买，有时下海游泳或到山林中采蘑菇、野果等以打发时光。我们在这段时间修身养性，锻炼身体，只等机会一到，马上出发回国。不料“九·一八”事变爆发，从东北回国受阻，海路交通也发生了障碍，回国一时无望。正在这时，我突然接到共产国际调我回莫斯科的命令。调令是共产国际主席布哈林签署的，没有任何讨论的余地，我只得告别新结识的朋友们，独身一人返回莫斯科。

这里补充几句，从1930年以后，回国路线一般有三条。第一条是经过欧洲（主要是法国）乘船回国。组织上认为最可靠的、忠诚的、有希望的干部，大半经这条路线送回国内。这条路线比较安全，但也比较费钱、费时。第二条路线是经过海参崴、双城子、黑河或赤塔附近地区进入东北。经这条路线回国的人最多。第三条路线是经过内蒙古、新疆边界回国。行走的办法有三类，对重要的人用较隐蔽的方式护送；其他则采用半公开形式混在过界的侨民中行动；对于那些非党分子、在国内有地位有名望的上层人物，因为他们多有可靠的社会关系，或被开除出党的人，则采用公开遣送的方式，如冯玉祥公子冯洪国及1937年春回国的蒋经国等。

10月，我回到莫斯科，住在国际宿舍柳克斯。柳克斯位于高尔基大街的中心地段，是德国商人修建的七层旅馆。在当时称得上是宏伟高大的建筑。十月革命后，苏维埃政府把它没收，用作共产国际的宿舍。各国共产党人都住在这里。德国共产党领袖皮克的女儿就住在我对面的屋子里。

我曾与李强同住过一室，那时他刚从国内经欧洲到莫斯科，衣着打扮十分入时，相比之下，我们在莫斯科久居的同志显得土里土气。李强是工程师，江苏人，却佯称是从南洋来的华侨。当时，因为我们党面临白色恐怖，在国内处于地下状态，所以，党员必须隐瞒自己的真实身份。

1940年时，我们都已回国，李强在边区安塞兵工厂工作。一天他到延安联防司令部向负责兵工生产的贺龙同志处汇报工作，徐向前也在座，我到联防司令部办事，同他不期而遇。我开玩笑地对李强说："想不到南洋华侨也到了延安。"我俩谈论起这段往事，大家不禁哈哈大笑。

有一次，我在共产国际遇见刚从国内来的李立三。东方部工作人员库丘莫夫客气地接待了他，并向他介绍了有关中国革命形势发展的最新消息，魏金斯基等对李立三却表现出冷漠、疏远的态度。原因是李立三在国内犯了错误。他在莫斯科期间，一直背着犯错误的沉重包袱。王明一伙一直压着他，使他抬不起头来，借此标榜自己，为自己捞取政治资本，刘少奇当时担任中国全总驻赤色职工国际的代表，杨尚昆任他的秘书和翻译。

在柳克斯还碰到曾在高级步兵射击学校学习过的李修业和刘仁静的弟弟刘仁寿等。我们之间发生过激烈的争论，争得面红耳赤。李修业一口咬定"九·一八"事变，只是日本帝国主义的又一次示威，在中国摆摆威风，恫吓恫吓而已，过一两个月就会自动退兵。我因在西伯利亚内务部工作，较了解日本的内情，所以不同意他这种看法。认为整个世界资本主义处于严重的经济危机中，各个帝国主义都为自身找出路，为自身的利益激烈地争夺着，他们首先要把灾难转嫁到殖民地、半殖民地人民头上。1929年中东路事件就有日本人的挑动，结果是中国人吃了亏，日本人得了利。日本人蓄意要使中苏关系恶化，这样才可从中渔利。日本人经过了一年多的精心准备和策划，发动了"九·一八"事变，占领了东北，并对华北，以至全中国虎视眈眈，而决不仅仅是示威而已。后来马占山在苏联时曾对我说："日本人对东北当局这样说过：'你们中国人在中东路事件中吃了亏，这口气没有出。现在我们来替你们报仇，你们应该为我们让路，让我们到北满去！'"日本人煽动、利用反苏情绪，无孔不入地施展帝国主义的侵略阴谋，它的狼子野心就是要霸占全中国。

李修业后来同李培泽（即李培之，王若飞的夫人）一同回国，我将他们送出柳克斯宿舍的大门。那时，我是多么羡慕他们能有回国的机会啊！

1931年11月初，内务部征得共产国际的同意，再次调我到西伯利亚去工作。11月底，我又回到新西伯利亚，并开始新的工作。这时，我的军衔已由上尉升为中校，后来又提升为上校；我的工作任务、性质也发生了很大的变化。

接待过境的我国抗日武装人员

在谈到我的工作之前，先简单地介绍一下当年中苏边境的情况。在1927、1928年之前，中苏边境几乎可以说是完全开放的。由东至西绵亘数千公里的边境线，都是如此。那时，中苏双方边境驻军很少，哨所、关卡也不多，对来往行人既不检查护照、身份证，也不检查所携带的物品，过境人员往来如梭，通行无阻。当时，远东一些城市，特别是海参崴一带的蔬菜、粮食、果品基本上都靠中国农民种植。中国老百姓这手拿着一根棍子，另外一个胳膊上搭着一个褡裢，里面放些家常日用的物品，成群结队地渡过乌苏里江，通过苏联哨卡时，偶尔遇到哨兵的盘问，他们挥挥手，说Непонимаю，意即我不明白，也就过去了。这比抗日时期山西、陕西之间的往来还要自由、随便得多。1930年代初，我在西伯利亚遇到一位奇人，据他说，是山东的农民，从胶东半岛逃荒到东北，然后穿过东三省，到达苏联的远东地区，一直走到西伯利亚的中心地带，前后花了两年多的时间。沿途靠打零工——不论活计轻重，只要有饭吃、有衣穿、有房住，能维持生活就行。由此也可以看出那时中苏边境管理之一斑了。

但是，到了1928年，特别是1929年中东路事件后，情况开始稍有改变。来往虽然不如以前那么自由，但是只要有一定的手续（介绍信、护照）仍可以自由通行。

从“九·一八”事变起，特别是日本占领东北全境后，中苏边境的交通情况进一步恶化。双方从双城子到满洲里一线加强了防范，各自都采取了封锁措施，戒备森严。不久，又发展到凡未经官方正式允准而私行进入对方境内者，一律予以治罪的程度。1932年3月伪满洲国成立，从此，东北的父老乡亲进一步陷入了水深火热之中，灾难困苦不可言状。东北许许多多青年、知识分子，目睹国破家亡，政府腐败，不御外侮，节节退让，认贼作父，把大好河山拱手让人，实在忍无可忍，血性青年怀亡国之恨，自杀绝命者、集体投江者时有所闻；四处逃散、流亡入关者有之；上山打游击，参加中共领导的抗日联军者有之；还有一些人私闯边界，跑到苏联境内。此时，由于边界封锁，除集体有组织过境者，苏方予以接待、安置外，其余过境人员都以非法越境犯处理。苏方把非法入境者大都流放到西伯利亚。因为苏方无法查清这些人的真实身份和背景，所以，不得不对他们严加管理。毫无疑问，这难免伤害了过境的抗日爱国志士。

凡是从中国进入苏联境内的个人或集体，一进入苏联境内首先接触的是苏联边防军。但是转送到后方——西伯利亚，就由内务部管辖了。1931 年底，我返回到新西伯利亚后的工作任务就是接待因日本帝国主义的侵略而被迫流亡到苏联的中国老百姓、义勇军、游击队，以及因战败而被迫退入苏境的国民党爱国官兵和部分地方民团武装组织。他们接连不断地过界，涌到苏联境内要求庇护。这种情况一直到 1938 年我离开西伯利亚还没有停止。其中比较大的部队有，从东线乌苏里江一带进入苏联的李杜、丁超、王德林部；从中线，即伯力（哈巴罗夫斯克）一带进入苏联的吴广义、于九江、赵某部；从西线，即满洲里一带进入苏联的苏炳文、马占山部。他们进入苏联国境后，很快就被转送到西西伯利亚。因为远东、东西伯利亚是边界防区，不便久留。在西西伯利亚设有若干营地，如阿钦斯克、托木斯克等地。对他们不仅要解决住宿和供应问题，还要安排工作，教授技术，让他们学会劳动，自食其力，启发他们的觉悟，以便回国后继续抗日。

李杜、丁超、王德林等部曾被安排在阿钦斯克。由地方安置，而向我汇报。苏炳文、马占山等部被安排在托木斯克。吴广义、于九江、赵某等部被安排在库兹巴斯矿区。这两支部队的人员都是我亲自接待和安置的。

这些部队多半是在日军追击下仓促过境进入苏联的，他们的成分相当复杂。极少数是共产党领导的抗日联军，大部分是反对日本帝国主义侵略、挽救民族危亡的爱国志士；在地方民团武装中有各种帮派、会道门的分子，有的竟是土匪（红胡子）、强盗等等。即使在同一部队内部，人员成分和背景也各不相同。例如，吴广义、于九江是有名的土匪头子，赵某原是大地主，后占山为王。他们手下的人员，除少部分是名副其实的土匪外，大部分是因生活所迫而落草为寇或被挟持的工人、农民等。最难处理的是散兵游勇的土匪部队，以吴义成[①]的部属为多。这些土匪，偷盗、抢劫、嫖娼、赌博无所不为。既然他们都是以抗日救国的名义来到苏联避敌逃生的，不管事实上对抗日、对苏联态度如何，都不能拒之门外，只能一律收留下来，予以庇护。

这些部队，无论是南京政府所属的新式军队，还是帮会、地方的旧式团伙，

---

① 唐有章在回忆录中写为吴光义。

都有着森严的等级，官兵待遇悬殊，差别很大，对名分也十分计较。在苏联，头头们仍像在国内那样，摆官架子，经常训斥、打骂手下人员，企图维持自己的尊严。这给我们的接待工作带来了许多麻烦。为了便于管理，我们不得不把他们的头头和一般人员分开。例如将吴广义、于九江、赵某等上层人物安排在新西伯利亚城，把他们的部属则安排到库兹巴斯的一个煤矿上劳动。但他们一无劳动经验，二无生产技术，我们只得派人教他们掌握采煤技术，并教育他们积极生产，自食其力。据说，他们后来干得很不错，每月挣的钱比一般工人还多得多。

我的工作除了接待、安置上述人员外，还要选择适当的路线将他们遣送回国。这是一个相当复杂的问题。远东满洲一带自然是无法通行的，然而“东方不亮西方亮”。于是我们选择了经过中亚和阿拉木图等地进入新疆的通道。但最为棘手的是南京政府只承认马占山、苏炳文、吴德林、冯锡九等国民党的部队，也同意这些较高级的官员经欧洲回国，中下级官兵只能经中亚、新疆回到内地。而对于其他抗日队伍，南京政府则不予承认，长期拒绝接收。其理由极荒谬可笑，说这些部队或组织在满洲的活动未向中国政府登记。其实，南京政府不愿承担这些部队的费用，更主要的是怀疑苏联会将我党领导下的东北义勇军向中国内地转移，致使这批人员的回国问题一再拖延，长期不得解决。因此，我不得不花费大量的时间和精力来安置他们的工作。这么多的事，仅靠我一个人，无论如何是应付不过来的。于是组织上在 1933、1934 年间调来了唐有章和另一位姓熊的（湖北人）同志帮助工作。唐有章被派到中国士兵所在地普罗柯普耶夫斯克，担任该处煤矿主管中国过境士兵的工程副主任，名义上称士兵劳动团团长。

从 1931 年到 1938 年，苏方前后共接管安置了约一万五千至两万名左右的过境士兵等人员。1934 或 1935 年，苏联中央有关部门拟给参加这项工作的人员予以表扬或嘉奖，让新西伯利亚向中央呈报名单。但名单报上去后，却石沉大海，杳无音讯。后来才得知这是由于门户之见造成的。在苏联，中央政府中是由国家边防系统主管这项工作的，而不是由内务部门管辖。所以，表扬和嘉奖的事也就没有下文了。

在苏联政府一再交涉下，1933 年南京政府终于同意这些部队分批陆续经新疆回国。但是，新疆军阀盛世才不同意高级指挥官同行。这些部队回到新疆后，盛世才不但不欢迎，反而杀害了一些领导人。吴广义就是一例。后来，其余的官兵都散了，或各自行动，或分散成小股，陆续回到内地。但他们仍受到蒋政权的歧视和排挤。蒋介石政府对抗日志士既不欢迎，也不承认，而对来自苏联的人更放心不下。所以，把他们统统遣送到甘肃东部和陕西关中北部韩城、宜川、洛川的深山里开荒垦田。陕西的黄龙山区、白马潭等地就集中了不少这样的人。但也有不少的人回自己的家乡去了。蒋介石曾极力驱使他们反共，然而他们始终未与共产党作对，也没有明确表示拥护蒋政权，只是埋头建设自己的家园。有的人在遣散之后又回到了苏联，也有极少数人到了解放区。1944 年，我在延安中央社会部工作时，碰到一位从胶东来的秘密交通员孙某，他就是从苏联回来后到了山东老家，参加了我党领导的抗日斗争。他冒着生命危险，往返于延安与胶东抗日根据地之间，担任党的秘密交通员，是一位十分难得的、令人敬佩的英雄。

安置抗日将军马占山

“九·一八”事变后，日本帝国主义侵占了我东北领土。东北的各阶层人民为了保家卫国，以各种形式，打击日本帝国主义。不少爱国官兵不顾蒋介石政府的不抵抗政策，奋起抗日。其中黑龙江省马占山、苏炳文将军的斗争最为著名——但他们终因兵力单薄，寡不敌众，被迫于 1932 年 12 月 4 日率部四五千人乘火车从满洲里退入苏联境内。一度投靠日本帝国主义，并任伪满洲国军政部部长的马占山，由于担心受到苏方的冷遇或惩罚，遂冒称王某，装扮成苏炳文的随行人员混在部队中。然而，火车一入苏境，随苏炳文同来的张某（山东商人）便将马占山隐姓埋名的真情如实报告了苏方。

苏炳文部退入苏联境内后，组织上派我专程到伊尔库茨克迎接，并一直将他们送到托木斯克接管处收容下来。

当火车到达克拉斯诺亚尔斯克时，我获悉马占山就在我乘坐的这节车厢里。这节车厢是软席卧铺的国际列车，也是苏炳文及其随行人员的包厢。这时，我已心中有数，只是不明白马占山为什么要隐姓埋名？这样做的本意和目的是什么？他打算怎么办？是主动表明身份，抑或一直隐瞒下去？

12 月 20 日，列车抵达托木斯克城。我把马占山安置在一座单独的院子里，以便照顾他；将苏炳文全家及其随从人员都安置在另一座较大的住宅里。因为从名义上讲，苏炳文是这支数千人军队的统帅。苏方对真实情况是了解的，但故不作声，忍耐等待，看马占山如何表现，并看苏炳文怎样解释和交代这件事。遗憾的是，苏炳文不是一位政治家，也缺少真正军人的气概。他碍于和马占山的友情和其他原故，佯装不知，称部属没有向他汇报过此事，而一拖再拖，完全失去了主动。

苏方派我去看望马占山，希望他自己争取主动。马占山当然早就知道他是无法隐瞒下去的，不如自己主动交代真实身份，恳陈原委，以获得苏方的谅解。所以，我一走进他的卧室，还未说明来意，他就争先表态，马上坦白承认了自己的身份。他说，他马占山宁可死，也不能毁了自己的声誉。并一再声明，他不是汉奸，是坚决抗日的中国军人。并征求我的意见该怎么办理才好。

我说，你应该主动正式地向苏方申明真实情况，争取主动，以表清白；隐瞒身份对你是很不利的。

我向上级汇报了这些情况后，苏方抢先一步，未等马占山的报告送上来，就在一天下午派西伯利亚军区司令部的一位代表前往马占山的住地，向他宣读了苏联国防部长伏罗希洛夫元帅的命令，由我现场翻译。命令说：现查明混入中国部队，继而潜入苏联境内的有伪满洲国军政部部长马占山将军，必须立即将其软禁，不许同外界接触。

其实，向马占山宣读这道命令只是走走形式，为了第二天见报，以对付日本和应付国际舆论，防止有人以此为借口进行挑衅，免除外交上的被动和麻烦。实际上，苏联对马占山的态度依然如初。因为在“九·一八”事变之后，是他在我国东北打响了抗日的第一枪。

但是，马占山将军对这些情况一概不知。在听到命令以后，六神无主，慌了手脚，以为会把他枪毙或关押起来。于是忙把我请去，求我帮帮他，苦苦哀求，以至作揖下跪。

我急忙将他扶起，一再安慰他，并向他解释：苏方绝无杀害他的意思，决不会让他吃苦头；这一切完全是为了对付日本帝国主义可能的寻衅。我还从政治上对他晓以利害，申明大义，告诉他，一定要团结一致，坚持抗日，决不能做汉奸，出卖祖国。马占山虽是土匪出身，但为人豪爽、光明磊落、表里如一，仗义执言，言必行，行必果。听了我的解释后，他才相信苏联政府是支持中国人民抗日的，不会加害于他。在交谈中，他突然猛地推开大烟灯，起身一把拉住我，非要同我交拜，结为盟兄弟不可。他一再声明至死也不忘这份恩情，并说，只要他活着，就要带兵抗日到底，救国救民，与日寇势不两立。他还要求我常来看他，给他讲讲政治时事及世界形势。

以前，我到马占山将军住处时，总有人陪坐，不是翻译就是书记官，再不就是勤务兵时常出出进进。但自此之后，他认为我是他的救命恩人，成了知己。所以，我一到，他就让随从人员各自避开，以便于他开怀畅谈。这样，我们畅谈了若干天，越谈越深入。据他说，他将我视为知己，认作把兄弟，推心置腹，有啥说啥。

后来，他主动讲出了自己的全部经历。他于1888年生于吉林怀德一个农民家庭。因家境贫寒，幼年时就给地主放牧牲口。十八岁时，不慎丢失了地主的马匹，因此外逃，无以为生，被迫上山当了“红胡子”。两年后，他所在的土匪部队被清朝政府收编。辛亥革命后，又被改编为中央骑兵第二旅。1920年他随军赴黑龙江，这时，已升任骑兵团团长。由于他在北满活动多年，颇有势力和影响，“九·一八”事变时，任黑河警备司令。当时张学良率东北军进关支持蒋介石打内战，黑龙江省主席万福麟随军远在河北，不敢回来。国民党政府遂于1931年10月12日任命马占山为黑龙江省代理主席兼黑龙江省军事总指挥。10月20日，马占山到齐齐哈尔就职，随即领导了抗击日本侵略者的江桥战役，打响了中国人民抗日的第一枪，威名大震。

由于蒋介石的不抵抗政策，到1932年日本侵略军轻而易举地占领了东北四分之三的土地。为了侵占黑龙江全省，日本侵略者使用缓兵之计，对马占山软硬兼施，骗他去哈尔滨协商国是，并委任他为伪黑龙江省省长和伪满洲国军政大臣(即国防部长)。他于1932年2月，同意黑龙江挂上伪满洲国的旗帜。

马占山进入伪政府后，才看清楚这个傀儡政府的内幕，才看清溥仪是个地道的儿皇帝，以及各位大臣的奴颜婢膝、种种丑态和卖国实情。溥仪的住地由日军护守警卫。溥仪不仅与世隔绝，就连饮食、起居、行动都没有任何自由，甚至上厕所都有日军监护。马占山费了九牛二虎之力，才见过溥仪两面，但不能谈政治，更不能谈私话。日本人对马占山本人也严密监视，但还没有完全限制他的个人活动。管制方法不同的根本原因不外是企图利用马占山的名义收编满洲各地的中国军队，尤其是北满马的部下。

马知道自己上了当、受了骗，但这时他已是瓮中之鳖，身不由己，不得不采取权宜之计，先答应担任军政大臣，再另作图谋。伪满洲国的国防部设在日军陆军总部里，一切都听命于日本人的指挥。马占山仍是身在曹营心在汉。对于这点，不仅溥仪，就是日本人心里也是明白的。但是，既然让马占山当了部长，马就有权调集部队，布置工作。日军为了利用马的名义招摇撞骗，不得不拨出军费和四个师的装备，并开始将两个师的军火装备先行运到齐齐哈尔。马占山顺水推舟，提出要亲自到齐齐哈尔去监督军队投诚和整编。这就是他在日本刺刀下当了四十一天伪军政部长的经过。

他对答应担任伪满洲国军政部长一事懊悔至极，虽然这只是权宜之计，为了蒙骗日本人，不得已而采取的下策，但也玷污了自己的名声，有损自己的人格和尊严。他对日本侵略者有着不共戴天的刻骨仇恨。他痛心地说，他在哈尔滨已同日本人讲好了收容改编所属部队的事宜，可是他的部属在齐齐哈尔时时受到日军威胁和进逼，毫无安全保障，连军官也不例外。

苏炳文下属的一个团长吴德林（那时已提升为旅长，但还未宣布），某日傍晚外出办事，九时许，在回家的路上刚下电车，日军骑兵巡逻队就从后面追来，也不盘问，举刀就向吴的头部乱砍。吴倒在血泊之中。在他的身旁还躺着两具尸体。数分钟后，又过来一队日本宪兵，他们用脚踢踢尸首，见无动静，便扬长而去。吴德林头部受了伤，并未致死。他强忍疼痛爬起来，尾随宪兵巡逻队，在黑暗中前进，走到离家不远的一个胡同口，拐了进去。这才摆脱了魔鬼，侥幸活了下来。①

日本鬼子不问情由，不分青红皂白，丧心病狂，乱砍乱杀，其种种罪行令人发指，罄竹难书。马占山不无伤感地说，他不过是虎口余生而已，而东北父老乡亲仍生活在水深火热之中。

在那个年代，我从所接待过的成千上万人的口里，听到的日军暴行比这更悲惨，更令人愤慨的事件不知有多少！日军进入北满后，不仅变本加厉地进行大规模屠杀和破坏，而且不断修筑秘密工事，靠边界的许多山崖都挖空了，在东宁、虎林、饶河、抚远、黑河、呼玛、漠河等地区修工事。挖工事的苦力都是中国最贫穷的老百姓。只见一批一批的人被驱赶进山里，却不见有人从山里出来。后来才知道，在工事挖好后，日军为了保密，大发兽性，将工人全部秘密处死。有的被塞进电磨里磨成了肉泥，用水冲入绥芬河，有的被成群结队赶进矿坑里，炸毁

---

① 据吴德林的内侄赵明（公安部离休干部）1993年1月18日致师哲信中回忆，吴是在江桥战役中受伤。

坑道，活埋在坑下。真是惨不忍闻。

围山子地区有一个青年，叫冯治安，中学文化程度，也曾被抓去做苦工。一位老年工人知道迟早大家都要被处死，就设法让他逃出了工地。冯治安后来参加了吴义成的游击队，并随部队到苏联境内避难。

据吴义成部队的人说，日本军官唆使日本士兵杀中国人，他们用刀砍或用板斧劈。有时强迫中国人自己在地上挖五六尺深的坑，然后用枪逼迫他们跳下去，叫另一批人活埋他们。只留一个头露在地面上。就这样，日军活埋了一批又一批的中国人。日军还唆使军犬、警犬咬那些露在地面上的中国人的脑袋，或命令士兵用刀砍，用刺刀戳，以锻炼他们的胆量。杀场上鬼哭狼嚎，惨不忍睹。

任何一个中国人都会奋起抵抗，与日寇不共戴天。1932 年初，一位在哈尔滨车站做生意的小摊贩，被日军诬为坐探而遭逮捕。日寇不但没收了他的全部家产，使他无以为生，而且动用重刑拷打、折磨他，逼他承认是苏联的间谍，把他折磨得死去活来。后来，他死里逃生，参加了抗日部队。每一个有血性的中国人，都不甘在日本铁蹄的蹂躏下做亡国奴，更何况像马占山这样身经百战的将军。

马占山彻底看清了日本人的阴谋，决心伺机反正，并暗作出走的准备。为了严守机密，他对反正的打算秘而不宣，连他的秘书、警卫都不曾告诉。他以整编部队为名，获准离开哈尔滨。日本人为了监视马占山，派了五名日本顾问同行。1932 年 4 月初，马占山到达齐齐哈尔，逮捕了这五名日本顾问，率部反正。马占山退入苏联境内后，将这五名日本顾问装在一辆闷罐车内作为“礼物”交给苏方。当时，天寒地冻，闷罐车内没有任何取暖设备，这五个日本人几乎被冻僵了。苏联不愿与日本的关系进一步恶化，便将他们交还给了日本。日本当局对苏联此举大为感激。

10 月下旬，马占山在扎兰屯与苏炳文会合。[①] 这时，部队的给养和弹药都十分缺乏，加上江河封冻，失去扼守屏障，日军遂乘机从哈尔滨沿铁路进军西北一线，向他们发动总攻。在危急中，苏炳文、马占山讨论部队退守方向。据马占山说，他在这个问题上同苏炳文发生了争论，他主张率部进入北满大森林地带，进行游击战，同日军作长期周旋；而苏炳文主张率部退到苏联境内，以保存实力，

① 实际情况是 1932 年 4 月马占山到黑河，要求取道西伯利亚回关内，遭到苏联领事馆的拒绝。马在黑河重举义旗，后遭日军伏击，马率卫队四十余人进入大兴安岭，10 月到达扎兰屯苏炳文的前方司令部。

待机东山再起。两人争执不下，马占山终因自己寄身于苏炳文军营中，只好依从了。苏炳文声言他已同苏联交涉好了，命令部队沿中东路退却。马占山因当过四十一天伪满洲国的国防部长，摆不脱“卖国贼”的臭名，于是更名改姓，装扮成苏炳文的随行人员，混入苏联境内。

马占山在同我的交谈中，一再表示自己的爱国情感和抗日决心，表示头可断而志不可夺。他说：“我们武器不如人家好，人员不如人家多，训练不如人家过硬，但只要坚定勇敢，再强大的敌人也可以被少数勇敢的人制服。”马占山在北满进行了二十多年的军事活动，有着丰富的经验。在这个基础上，他总结出了抗日的良策：散、合、进、退、奔袭、奇袭的游击战术。我将他的谈话，特别是关于游击战术及战略问题，做了详细的记录，向上级汇报，领导极为重视。

马占山为人朴实，也较能吃苦，不娶姨太太。可惜他大字不识，连自己的名字也不会写。有一次，苏方派人给他送来一笔钱，供他的部队使用。他让我代他签字。我告诉他，收条不能由别人代签。他问，写三个字太多，就写一个“马”字行不行？我只好教他写“马”字。就这一个“马”字，他练了近半个小时，只能照猫画虎地完成。他说，我什么都不怕，就怕秀才缠身。

他由于没有文化，只能凭经验办事。他无法总结以往的政治经历、军事生涯、社会知识，大大妨碍了事业的发展。因为他不识字，也就谈不上学习政治、时事，更谈不上对部属进行政治思想教育。他完全是一个绿林好汉，用讲义气、建立私人感情、联络各种关系来团结人。尤其是对自己的部下，他经常施以小恩小惠，以笼络人心。而且他吸食鸦片，烟瘾很大，这个恶习，更是害他匪浅。

旧中国的军阀、官僚、富翁的人生观，是以钱和享乐作为终极目标。在他们看来，人生中最重要的事情就是弄钱。他们把弄到手的钱大多存到外国银行里，马占山也不例外。有一次，他拿出自己在美国花旗银行的存折给我看，上有两万美元。他说这只是随身携带的。言外之意他还有不少其他的存款。他认为这些存款是必不可少的，可以出国旅游、到租界当寓公，或进行社会活动。韩林（原在收容所里帮助工作的华侨）事后告诉我，马占山回国时，以为我会到新西伯利亚车站迎送，特带了一件皮大衣和一些美元准备送给我。后因我未去车站，他深感遗憾。但使我感到遗憾的是，他到底也不理解共产党人是不接受友人馈赠的。

蒋介石为了哗众取宠，表示自己爱国，装腔作势地反复宣称马占山是民族英雄，是对国家有功的将领。马占山不懂政治，不知蒋介石的“良苦用心”。他说，我不是什么民族英雄，只是一个抗日志士而已。但南京政府就是闭口不谈他是抗日的先锋，救亡爱国的榜样。因为怕“抗日”二字刺激日本。马占山、苏炳文在苏期间，南京政府驻苏大使馆和驻新西伯利亚总领事馆的工作人员，既没有去看望过他们，也没有任何其他接触，对他们不闻不问，以此来表示马占山、苏炳文的抗日行动与南京政府无关，讨好日本人。在马占山、苏炳文的回国问题上，南京政府也是迟迟不表态。后经苏联政府一再交涉，1933 年 2 月南京才准许马、苏所率官兵两千五百多人经新疆回国，但新疆军阀盛世才又百般阻挠马占山、苏炳文等将领进入新疆。所以，他们只好绕道欧洲。4 月 14 日，马占山同苏炳文等二十余人从托木斯克启程，由苏联同志护送到苏波边境，交由波兰当局接待。但波兰当局却将他们当做俘虏看管起来。这时，他们才深深地感到苏联政府对他们的友善和照顾。他们从波兰进入法国，在马赛登船走海路，经苏伊士运河、孟买、新加坡，于 6 月 5 日到达上海。

回国后，马占山仍坚决要求亲赴抗日前线指挥作战，不要什么地位、待遇。但是，南京政府只给了他一个国民政府军事委员会委员的空头衔。后来，他还是到了内蒙古，与他的旧部取得了联系。1940 年我回到延安时，马占山所率的骑兵旅已在内蒙古境内与日寇周旋多年了。那时，他住在东胜，经常派代表到延安来联络，他的儿子也曾两次到过延安。高岗有一次对我说，马占山的代表与我们接洽，而且在战地同八路军相互往来，采取合作的态度，这与蒋军对我们的态度大不相同；马占山部队里也有我们的人，他的情况我们都了解。马占山昧于政见，囿于“正统观念”，一直对蒋介石政治的本质认识不清，抱有幻想。

1949 年 1 月马占山与傅作义、邓宝珊等宣布起义脱离国民党。1950 年 11 月 29 日病逝北京，临终前他给子女留下一个遗嘱：“我亲眼看见我中国在毛主席和共产党之领导下，全国人民获得解放，新民主主义已顺利实行，人人安居乐业。我生平理想中之新型国家，已建设起来。我虽与世长离，但可安慰于九泉之下。我嘱尔等务须遵照我的遗嘱，在人民政府的英明领导下，诚心诚意去为新中国的建设努力奋斗到底，实事求是为人，不可稍懈。”①

马占山将军一生所走过的道路是曲折、坎坷的。但是，他实现了自己的誓言：

① 《人民日报》1950 年 12 月 5 日。

抗日救国到胜利。终于抛弃了国民党而拥护共产党。

跟随苏炳文、马占山到苏联的还有一些高参，他们中有的是知识分子，有的是担任过师、团长的军人，共约三十余人。他们之中有些人知道贺龙、刘伯承等共产党名将，言谈话语之间透露出敬佩、爱慕之情。他们中有一个人，我当年在西安上学时就拜读他的文章，熟悉他的名字——张大同。他是山西人，“五四”前后曾在北京、天津的进步刊物上发表过文章。可是他怎么到了东北，追随苏炳文呢？我接待他们的公开身份是中山大学的学生，化名姓韩，但是，他们从我的举止言谈中看出我根本不是学生。而我越是掩盖自己的真实身份，越使他们心存疑虑，不肯深谈，直到他们离开托木斯克时，我也未能弄清这个问题。

关于杨明斋的点滴情况

1933 年或 1934 年，托木斯克保卫机关负责管理流放犯的同志向我汇报，他们从远东接收了一个流放充军犯——一个叫杨明斋的中国人。杨自述是老共产党员，参加过苏联内战的老游击队员和老布尔什维克。曾于 1919 年至 1920 年回到中国，并曾为国际代表马林、魏金斯基等人当过翻译，是中共的元老。因不愿当亡国奴，于 1933 年私行过界到苏联来，被苏方拘留，当作私行越境犯看待。他写信找过中共驻国际代表，无奈王明、康生不承认他，不予理睬。因而被充军到西伯利亚的托木斯克城。

按规定，他每月都应到内务机关报到一次，表明自己未曾离开过住地，以及报告他本人的情况。托木斯克保卫科室的四个同志（正副科长及两名干事）均同情杨的遭遇，常以帮助的态度对待他。并说，据他们的观察，杨不是一般的越境犯，确实在埋头读书，努力钻研哲学、政治经济学，并在著书立说。

我两次出差到托木斯克，都特地去看望他，顺便了解情况，听取他的意见，并希望能给他一些帮助。但是他性格倔犟傲慢、孤僻，颇难谈拢，更难以谈心里话。

苏方将他安排在市中心区的一幢楼房里，但他却执意要住在底层，因底层是砖地，可以砌灶、劈柴、生火做饭。他仍保留着中国北方农民的生活方式和习惯。我刚走进他的房间，真使我大吃一惊：满屋生烟，遍地柴禾，墙壁、玻璃窗户由于烟熏火燎早已失去昔日的光泽，变得乌黑不透阳光。尤其他在屋内大小便，臭气冲天，令人喘不过气来。床铺不整，衣服不洗。一间很大的房间，既是厨房又是卧室兼工作间，若摆置得当，还是绰绰有余的。但在他手里却被糟蹋得不像样子。

苏联同志一再反映，杨足不出户，不娱乐，不进戏院。自己做饭，十分节俭，每日三餐只生一次火。他们希望我影响杨，要他讲卫生，收拾住房，安排好生活。可是杨对这些善意的劝说毫不理会，只是牢骚满腹，总以为自己属于中共元老辈，组织上欠了他多少还不清的债，高傲自满，听不进任何忠告，也不愿改变自己旧有的生活方式。我两次劝说都是徒劳无功。

杨明斋虽然外表上污浊不堪，不拘小节，但仍不失正人君子的气质。他在苏联生活多年，仍保留着家乡的谈吐和口音。他是山东平度人。他告诉我：早在1919年之前就参加了苏俄共产党，曾到莫斯科东方大学学习过。1920年初随同大批华工回国。到了东北哈尔滨、北京、山东，并回过一次平度老家，然后到上海担任共产国际驻中国代表魏金斯基的翻译。后来又到了广州，会见过孙中山先生。这些工作都是在魏金斯基的帮助和指导下做的。他同陈独秀有过接触，但合不来，相处不那么融洽。言谈话语中他不时流露出对陈很不以为然的冷淡态度。杨认为自己比陈等更早参加了共产党。杨同其他中央领导人相处也不很融洽、和谐。他没有细讲他在中国的业绩，只是说“九·一八”之后他到了哈尔滨，至于是否开展过什么具体工作，他都只字未提。他在东北活动的时间不长，因日寇在东北哈尔滨等地横行霸道，乱抢、乱捕、乱杀，实在无法忍受，他又难以立足，才决定私行过界奔赴苏联。他认为，自己以前不止一次私行过界，往来于中苏之间，从未出过麻烦。根本没有考虑到国内、国际形势已发生的巨大变化。所以这次他一过边界就主动向苏军哨所讲明“我是私行过界的”。不意这次苏联边防部队竟将他收容起来，然后解送到西伯利亚托木斯克。他本想到苏联同中共代表团取得联系，更没想到王明、康生这些人竟对他不予理睬。

我劝他还是要与中共代表团取得联系。其时王明任代表团团长。但他很看不起王明，认为王明是个乳臭未干的娃娃。

我笑着劝他：“我们在莫斯科时，称王明为小鬼，可是他现在担任中共驻国际代表团团长。还是依靠组织解决问题为宜。”

他愤愤地表示：决不愿为五斗米折腰，更不愿向他人求助。他自称为政治经济学教授，正埋头写一本政治经济学著作。后来是否完成就不清楚了。他以前写过一部著作《评中西文化》，有四个部分：一、评中西文化及其哲学；二、评先秦政治思想史；三、农国辩；四、总论。这部著作我未曾读过，只看过目录，对它的具体内容不了解。

根据我对他两次谈话、观察及其他同志的汇报，杨是属于旧知识分子，据他自称是前清秀才，有古文底子。他的晚年孤身一人，无依无靠，处境凄凉，但仍孤芳自赏，朴实好学，是个十足的书呆子。

我离开西伯利亚之前，约于 1936 年接到托木斯克保卫机关的汇报，说杨因病逝于托木斯克。

无独有偶，1943 年我在延安保安处遇见一位与杨明斋生活习惯毫无二致的怪人——赵君实。他也是山东留学生，到过日本，大学文化程度。组织上为了照顾知识分子，给他一间单独的住处。但是，他从来不收拾屋子，而且极爱吃零食，常常单独到市场，不是买羊杂碎、猪头肉，就是买枣糕、烧饼之类的东西吃。从来不洗澡，不折被褥，也不换洗衣服，并在屋内大小便。然而，赵杨二人衣貌虽脏，作风邋遢，但是，同那些相貌堂堂、风雅儒俊的禽兽相比，他们不失为正人君子。

我所知道的苏联 1930 年代的肃反

在西伯利亚的九年间，我一直在内务部工作，与共事多年的战友们团结一致，互相帮助，相互间建立了深厚的感情。当年，不少苏联同志都很关心中国革命，特别是关心中国工农红军的进展情况。这里只提一下西伯利亚军区保卫部的负责人布拉托夫将军。他是热爱、同情、关心中国革命的一个人，他比我小两三岁，是在苏维埃政权的关怀和培养下成长起来的青年干部。我们曾在一个楼里办公，每天一上班，他常常先到我的办公室里来，打听关于中国红军的情况。为此，他送给我一幅中国大地图，要我每天用小红旗标出红军移动的方向和位置。当时，中国红军正在长征途中，人们不能揣摸其动向，也无法了解它的现况，一直到红军抵达瓦窑堡之后，大家才明白了红军是做战略大转移。西安事变发生时，布拉托夫将军又产生了疑问，对某些问题不能理解，来向我质疑，同我讨论。“七·七”抗战爆发后，他兴奋了一阵，很为中国终于开始抗战，抵御外来侵略而高兴。但不久，他被调走，从此我们之间失去了联系，而美好的回忆一直萦绕在我的脑际。

保卫部门的干部都是从苏共党员中选拔出来的忠实可靠、较有能力的优秀干部。为了党和国家的利益，他们都准备随时牺牲自己的一切。这些干部都是忘我的、无私的，果敢的、英勇的。他们个个都好强，自然也有为自己争功的想法，但更多的还是比谁的贡献大、功劳高；在对敌斗争中，谁更勇敢、更坚强和勇于牺牲，谁对党更忠诚。

捷尔任斯基是保卫部门的创始人，也是保卫部门工作人员的典范，关于他的事迹和传奇，在苏联广为流传，人所共知。

在十月革命、内战及其以后的岁月里，在残酷、尖锐的阶级斗争中，保卫部门在镇压敌人和保卫人民这两个方面起到巨大的作用。与间谍、暴徒、破坏分子、反革命分子进行了不懈的斗争，同时，在惩治强盗、小偷、流氓、卖淫者，以及收容、收养孤儿、流浪者，消除社会上的混乱现象，整顿和维持社会秩序等方面都做了大量、卓有成效的工作。因而保卫部门在苏联人民中享有很高的威望。我虽然是中国人，但只要一出示证件，表明身份，就可在各个机关畅行无阻，可以检查任何一件事。当时，我们机关设在共产主义大街，群众一听到是从共产主义大街来的，就敬畏三分。

保卫部门初创时叫非常委员会，缩写为契卡。后来更名为国家政治局，缩写为格贝乌。以后又改称为内务部、国家安全保卫局，最后改为国家安全委员会，缩写为克格勃。这个单位是苏联政府中最大、最复杂的部门之一，不管它的名称怎么改，经管的范围怎么变，其性质和根本任务都始终如一，没有变化。但是，时代的变迁，人员的更替，这个机关也逐渐复杂化、官僚作风多了。机关干部由原来都是从有革命实践经验者中选拔出来的最优秀的分子，变成由一般未受过实践考验的青年工作人员所代替。十月革命后的几十年来，苏联的国内外形势都发生了很大的变化，由革命初期受十四个帝国主义国家的围攻、包围，逐步走向不同社会制度的国家之间的和平共处。随着苏维埃政权的巩固稳定，正常社会秩序的建立和人民生活的安定，与敌人进行武装、隐蔽斗争的任务大大减少，于是处理人民内部矛盾成为大量的、经常的重要工作。在人民内部矛盾占重要地位的形势下，保卫部门如何发挥职能，如何在同隐蔽的、暗藏的敌人做斗争中，既保护人民，又打击敌人，成为一个重要的问题。如果保卫部门的职权不是随着形势的变化而变化，只是一味地扩大，这种不受严格监督的权力本身就是腐蚀剂。再加上工作人员素质下降，那就难免出现滥用职权、贪赃枉法的现象，更难免在工作中混淆两类不同性质的矛盾，扩大打击面，伤害无辜，而引起人民的不满。

1926年夏，捷尔任斯基突然病逝，由敏仁斯基接任了他的工作。敏仁斯基长期担任捷尔任斯基的副手，在群众中虽不甚出名，但在机关内部和干部中却享有很高的威望。后来，他遭到暗害，因药物中毒长期卧床不起，实际工作由雅果达主持工作。刺杀苏共中央政治局委员基洛夫①的案件就是由雅果达处理的，他首先给列宁格勒保卫部门负责人梅德韦杰夫等一批干部以极其严厉的惩处。雅果达的俄文意思是"野红果"，梅德韦杰夫的俄文意思即"狗熊"，所以，当时有人开玩笑说，现在是"野红果"吃掉了"狗熊"。

基洛夫被暗杀的事件虽然发生在万里之遥的列宁格勒，但是在西伯利亚保卫机关也引起了巨大的反响和震动。至今，我还记得那一天的清晨，我们刚刚走进办公楼大厅，就被召集到伊利英部长办公室。部长办公室的气氛格外严肃、凝重，大家坐定后都一言不发，互相观望，彼此猜测，但是谁也不知道发生了什么事。这无疑是一个不祥之兆。

等人都到齐了，部长放下手中的文件，命令大家："起立，为基洛夫同志悼念、默哀！"

这句话如同晴天霹雳！我们都惊呆了……

默哀后，部长以极其悲痛的心情传达了基洛夫被刺的经过。敌人是何等的卑鄙、恶毒、阴险、凶狠、残暴。这时，人人心情沉重，神色悲哀而严肃。这件事的发生是保卫部门的奇耻大辱。尽管我们是在西伯利亚，但是保卫任务从性质上讲是没有时间、地点、界线的限制和区别的。保卫机关的职责不是收拾残局，不是雨后送伞，而应是防患于未然。我们每一个同志都觉得千钧压顶，觉得自己负有无法推卸的责任。

从此以后，保卫部门对各级党政机关、领导干部，特别是中央委员以上的干部采取了一系列十分严密的保卫措施，并对所有保卫人员进行了极其严格的审查、选择和调整，对工作制度严加整顿。1935年1月联共中央在党内发出关于基洛

---

① 基洛夫·谢尔盖·米朗诺维奇（1886—1934），1926年2月起历任联共（布）列宁格勒省委员会第一书记，中央政治局候补委员、委员。1934年起任中央委员会书记。1934年12月1日在列宁格勒被暗杀。

夫惨遭暗杀的秘密信中，认为“敌人的处境愈是绝望，他们就愈想把‘极端手段’作为他们反苏维埃政权斗争的垂死挣扎的唯一手段”。[1] 因而于 1935 年至 1936 年进行了清党，党员重新登记，并换了新的党证。

不久，从莫斯科传来了雅果达犯错误的消息。他被揭发为与托洛茨基—季诺维也夫等有关联的暗藏分子，于 1937 年 4 月被捕。

1936 年 9 月 25 日，联共（布）中央任命叶若夫担任内务部部长。叶若夫的俄文字根是“刺猬”，人们又取笑说，“刺猬”吃掉了“红果”。叶若夫是工人出身，当时已在国家机关担任部长职务，在工人中享有很高的威信。斯大林很器重他，认为他精明强干、年轻有为，但也知道他毫无做保卫工作——对隐蔽的敌人作斗争的实践经验。他一走进机关，就被某些投机分子从“左”的方面所包围所蒙蔽，在“左”的势力的怂恿和推动下，他走上了宁“左”勿右的道路。

当时苏共正在进行反对托派的斗争。1936 年 8 月、1937 年 1 月，苏联最高法院军事审判庭先后审理了“托洛茨基—季诺维也夫反苏联合总部案”和“托洛茨基平行反苏总部案”，将反托派斗争推向了一个新的阶段。1937 年 3 月，斯大林宣布“托洛茨基已不是工人阶级中的一个政治派别”。[2] 认为：在“所有的或几乎所有的组织中”，“都在某种程度上碰到了外国代理人的暗害、破坏和间谍活动，其中托洛茨基分子起了相当积极的作用”。他指出：“一些领导同志，无论中央的或地方的，不仅不善于看清这些暗害分子、破坏分子、间谍和杀人凶手的真面目，而且表现漠不关心、泰然自若和幼稚无知，以至于往往自己就帮助外国代理人窃取了某些重要职位。”[3] 他将形势估计得过于严重。当然，斯大林的讲话是代表苏共中央做的。

在反托派斗争中，叶若夫忠实地贯彻并推行了严厉打击的方针和政策，首先是彻底消灭托派。于是，对季诺维也夫、加米涅夫、布哈林及其周围的人进行镇压，到 1938 年达到登峰造极的地步。结果叶若夫本人在精神上也受到极大的刺激，以至精神失常，一病不治。1938 年 5 月，内务部由贝利亚接管。7 月，叶若夫被调到内河航运委员会，半年后在疯人院自杀。

---

① 《斯大林文选》（上），第 114 页，人民出版社，1962 年版。

② 同上书，第 118 页。

③ 同上书，第 112 页。

苏联的肃反工作是由内务部、检察院、法院等专门机关负责，是有领导、有组织地进行的。但从 1936 年 2 月 26 日到 1938 年 7 月间出了乱子。这段时间，保卫工作紧张到非凡的程度，可以用八个字形容，“日夜不息、兼程并进”。有时，连续几日都离不开工作岗位，甚至整月吃住在机关。就是回到家里也是半夜三更，妻子已酣然入睡。而次日，妻子起床时，丈夫仍在睡梦中。虽然同居一室，时常不得相见，更无暇交谈，彼此只有在桌上留一个纸条，以笔代口。

如果仅仅是工作繁忙、紧张，再苦再累大家也不会有怨言。可那时的气氛使人精神上受到极大的压力，人人顾虑重重，战战兢兢，惶惶不可终日。清党、肃反运动一开始就大张旗鼓、大喊大叫，造成了不容分说的局面。其做法也是这样，只要有人控告，写匿名信揭发，甚至仅仅是提出怀疑，不管你的资格有多老，即使是列宁时代的党员；不管你的地位有多高，即使是中央委员、苏维埃代表、党委书记、部长，还是党外著名人士、有贡献的知识分子——都可能随时被逮捕、关押、审问、判刑，甚至可能被枪决。

这里仅仅举一个小小的例子：1937 年的一天，一位年轻人斯米尔诺夫约我一道去打网球，我换了一身白色的服装，与他一同前往球场。这件事不知被哪位高贵的夫人看到了，马上报告给组织，肯定地说斯米尔诺夫同日本领事馆的官员一道去体育场打网球。言之凿凿。而有关领导没有进行调查就向他提出质问并要他交代。斯米尔诺夫无法回答这个莫名其妙的问题。他意识到事情的严重，一时想不开，就在办公室里抽出手枪自杀了。事后，扎柯夫斯基部长痛心地说，只要不同外国领事拉拉扯扯，只是打打球，又有何妨。

令人震惊的是，一位犹太人拉比诺维奇全家于 1937 年被判处死刑，他年仅十七岁的小妹妹也未能幸免。拉比诺维奇早年随父母在满洲里居住、工作，后迁回苏联上乌金斯克（即今乌兰乌德），被调入保卫部门工作，曾任伊尔库茨克、新西伯利亚、托木斯克及克拉斯诺亚尔斯克等地保卫机关的负责干部。仅仅因为他是从国外回来的侨民而成为审查的对象，被怀疑为日本特务。他知道这种问题难以查清，而按类别惩治，法网难逃，于是自杀了。自杀在当时被认为畏罪而死，也就是自绝于党，自绝于人民。这样，顿使问题更加严重。恰巧他的妹夫也是犹太人，叫别尔满，曾犯有严重罪过，于是别尔满全家七口人都受到株连，而被处死。

这种严重的违反法制的行为，引起广大保卫干部的不满，但在那种情况下，每个人都敢怒而不敢言。我的上级几位处长级干部，扎维金、布多托林、特里亚诺夫斯基对机关出现的胡作非为极其不满，但又都无可奈何。当工作人员向他们请示工作，如何办理某案时，他们总是发牢骚地说："随便吧！对谁都一样，只是不要把自己办进去就行了。"肃反工作中破坏法制、法律程序的现象违背了宪法、法制，必然压制民主，窒息群众的正确意见，使中央无法及时了解和掌握真实情况以防止发生或纠正已发生的偏差。再加之上层领导的官僚主义、轻信，使事态发展到互不信任、互相猜疑、朝不保夕、人人自危的地步，甚至家庭成员相互之间都不敢开诚布公、推心置腹地交谈。违背法制的做法，其结果不能保护诚实的好人，坏人也未必受到应有的惩罚。一些野心家和坏分子利用党内的派别斗争和政治分歧，夸大、虚构和利用矛盾，兴风作浪，借机钻营，公报私仇，搅混清水，唯恐天下不乱。肃反运动的目的是清理、纯洁队伍，可是这种做法本身却导致了同志间的互不信任和互相怀疑、互相推诿，见风转舵、排斥异己等政客作风的蔓延。这些资产阶级政客作风既是腐蚀剂，腐蚀了党的肌体；又是离心剂，破坏了党的优良传统，削弱了党的凝聚力。

社会是复杂的，革命是艰巨的和曲折的，如果不从实际出发，只从主观愿望出发，好心也不一定有好的效果。真理往往再向前走一步就成为谬误，过犹不及。

苏联肃反因是由专门机关做，被关押或被枪决的一般都公布于报端。1935年—1936年清党，1937年—1938年肃反，据我所知，联共（布）1934年1月召开的第十七届代表大会产生的中央委员130多名，其中有98人被捕、被枪毙，占中央委员的70%。参加第十七届代表大会的代表有1966名，其中1108名被捕，占50%以上。军中受清洗的军官35000人。当时共有五名元帅，其中三名被清洗。鼎鼎大名的加伦[①]元帅——远东军区司令员、中央政治局委员也遭枪决。他和扎柯夫斯基同是当年国内战争中西伯利亚游击战争的指挥者和组织者，在西伯利亚威信甚高。加伦从远东到莫斯科去时，多次在新西伯利亚逗留。他在大戏院前的广场上向群众演讲时，我曾参加这方面的保卫工作，有幸一睹他的风采。加

① 加伦（1890—1935），原名布留赫尔，出生于俄国，1905年参加革命活动，1916年加入俄国社会民主党（布）。1918年成为著名的红军军事指挥员，1921年任远东共和国军事部长兼人民革命军总司令。1924年10月到广州任革命政府总顾问，参加第一次东征平定刘杨叛乱，1925年回国。1926年5月再度到广州任军事总顾问，在北伐战争中发挥重要作用。大革命失败后，1927年8月回国。1935年授予元帅军衔，同年被枪决，1956年后平反。

伦元帅是中国人民很熟悉的人物。1924 年，斯大林曾派他到广州担任中国国民革命军军事顾问团的团长。

苏军总参谋长图哈切夫斯基元帅，因斯大林中了德国人的反间计而遭杀害。十一个国防委员会副委员长全部被清洗。基辅、莫斯科军校曾在沙皇时代服务过的旧军官更不在话下。

受人尊敬的中央政治局候补委员、西伯利亚边区党委书记艾希被捕后在莫斯科狱中自缢身亡。我们的部长、内战时期西伯利亚游击队最高领导人之一扎柯夫斯基在列宁格勒被枪决。西伯利亚边区执行委员会主席格里金斯基、市委书记米勒等人也无一幸免。西伯利亚内务部副部长马尔采夫、扎尔佩捷尔、纳乌伊奥盖伊斯基、罗列尔、彼克及以下各级领导人都被捕下狱，其中大部分人被处以极刑。原来领导过我的科长、处长，被调到外地，如下新城等处工作，不久也遭此厄运。1939 年春天，在莫斯科花园街上碰到扎尔佩捷尔等三位的遗孀达索莎放等。她们对自己丈夫的遭遇还一无所知，对未来仍充满憧憬。1935 年—1938 年约有七百万人被清洗，其中党员有一百二十万，被处死的党员约有六十万。

当自己的党、自己的政权把自己的同志当作间谍、敌人，当作反革命分子、人民公敌，而枪杀或送进劳改营，把无辜者当作罪人来镇压，这是多么令人痛心啊！真是仇者快、亲者痛。这是国际共运史上多么悲惨的一页！

贝利亚将高加索的肃反工作情况如实向中央作了汇报，指出冤假错案太多。1938 年初，斯大林下令暂时停止捕人，集中力量清理并结束全部积案。不久，中央发了文件，规定对任何已逮捕或拘留的人犯一定要履行法律手续，经检察机关批准；结案后，一定要经法院或人民法庭公审、判决，并予以公布。凡属错捕、误捕或罪行证据不确凿者，一律予以释放，继续调查。对已处理过的案件应予以清理、上报。同时，中央还挑选了若干重大案件重新审核。这一系列措施初步制止了乱捕乱杀的现象。但是，放人容易，而搞清问题就难了。更困难的是，有若干案件既难以了结，又无法上报，只好拖下来。我在工作岗位上既参加过案件整理工作，也做过善后事宜。

1939 年 3 月，在联共（布）第十八次代表大会上，斯大林已公开谈到肃反中的错误，他说：“决不能说，在进行清洗时没有犯过严重的错误。遗憾的是，所犯的错误竟比原来预料的还多。”①

肃反运动助长了个人迷信的发展。那时人们心目中最正确、最英明、最神圣的人物只有一个，就是斯大林，大家只需鹦鹉学舌般地重复他的话就够了，党内生活不正常。这样斯大林就听不到真实情况的报告，从而他也在被蒙蔽、被欺骗、被吹捧、被愚弄。周围的工作人员对斯大林一味地歌功颂德，拍马奉承，投其所好。人们常说，斯大林在晚年，特别是在临终前，非常孤单和寂寞，指的就是这种情况。

苏联肃反扩大化的原因是很复杂的，与苏联当时的政治形势、经济发展水平、文化素养、民族关系和处在被帝国主义包围的国际环境、历史、社会各方面的原因有关。

斯大林作为最高领导对此应该负主要的责任，这与他个人的特点、修养、个性、作风等有着重要的关系，但是当时在中央领导岗位上的其他同志也负有很大责任。

斯大林虽然犯有严重的错误，但他仍不愧为共产主义战士，伟大的马克思主义者。他坚定地维护了列宁主义原则和十月革命成果；坚持了社会主义建设的路线；领导了击败法西斯侵略的战争，为制止人类历史的倒退，做出了巨大的贡献；保卫了无产阶级的祖国——苏联的独立自主、繁荣昌盛。他的成功给国际无产阶级和劳动人民的解放事业做出了极好的榜样和范例，极大地推动了社会主义事业在全世界的发展。斯大林虽曾陶醉在个人崇拜之中，但他不是个人主义者，他对党、对国家是极其忠诚的；他从没有谋过自己的私利，没有照顾过自己的妻子、儿女、亲友，在处理家庭问题上甚至因有些“无情无义”而遭到非议和诽谤。

前车之覆，后车之鉴。我们应接受历史教训，不让这些悲剧重演。但是当人们过于麻痹大意，失去警觉时，鬼的头角也会刺破天网或从另一个地方冒出来。

在卫国战争结束几年以后，肃反的狂热在苏联又死灰复燃，人们疑窦重开，以为敌人又来暗杀暗害。一些曾被派往国外工作过的部分同志，被列入了肃反名单，如中国人民很熟悉的鲍罗廷。他早年在美国工作，后来仍保持着同美国朋友的来往和联系，因此他受到怀疑，并被枪决。著名的美国记者安娜·斯特朗在苏联遭逮捕后即被驱逐出境。1952 年的“医生暗害事件”牵连到高级医生、医

① 《斯大林文选》(下)，第 457 页，人民出版社，1962 年版。

学教授约九人，其中诺瓦克教授当时正在中国工作，受聘为毛主席医病。大约在1952年秋，我正陪同刘少奇在莫斯科出席联共（布）第十九次代表大会；有一天斯大林告诉刘少奇说，一位苏联医学专家正在中国工作，他是有问题的，被牵连到一个反革命暗害分子的案件中，我们已电令调他回国。如果你们还需要医生，我们当设法另外挑选适当的人去。据我们获得的消息，当斯大林通知刘少奇时，诺瓦克已被从北京送到伊尔库茨克机场。

冤假错案的平反工作，苏联一直在进行。1939年，斯大林已认识到肃反中"所犯的错误竟比原来预料的还多"。二次大战期间，苏联释放和起用了不少被冤枉的同志。苏共二十大后，赫鲁晓夫更是大张旗鼓地给冤假错案平反，对被冤枉的同志基本上都给予了平反或昭雪，并通知了受害者的家属。

但在平反中，他们还是没有脱去旧巢，仍以惩治为主。1950年，我随毛主席访问苏联，途经奥木斯克，因该城有一家军工厂正在为中国生产工业机件，所以毛主席特意下车参观。下车后，我突然遇到我的连襟维特科夫斯基，他是奥木斯克州的保卫部长，前来迎接毛主席。我们两人多年音信不通，这时突然相见，不禁热烈地拥抱起来。但到1960年代，他又遭到清洗。其原因就是1930年代肃反时，他在保卫部门工作，追究他1930年代肃反扩大化时所犯错误的责任。

毛泽东却不这样处理问题。他主张一个不杀，大部不捕。早在1944年总结整风时，他就讲过："关于研究历史经验应取何种态度问题。中央认为应使干部对于党内历史问题在思想上完全弄清楚，同时对于历史上犯过错误的同志在作结论时应取宽大的方针，以便一方面，彻底了解我党历史经验，避免重犯错误；又一方面，能够团结一切同志，共同工作。"他又说："这次处理历史问题，不应着重于一些个别同志的责任方面，而应着重于当时环境的分析，当时错误的内容，当时错误的社会根源、历史根源和思想根源，实行惩前毖后、治病救人的方针，借以达到既要弄清思想又要团结同志这样两个目的。"[①] 毛泽东正是以这样的思想指导了整风运动。尽管康生借机搞了抢救失足者运动，抱着不可告人的目的，施行了种种阴谋诡计，进行暗害破坏，企图将整风引入歧途，但也未能使整风运动发生大的偏差，从而达到了统一思想、团结全党的目的。毛泽东、任弼时等都曾不止一次地纠正过运动中出现的偏差和错误。毛主席曾亲自为我们做了一次非常

---

① 《毛泽东选集》（第2版）第3卷，第937—938页，人民出版社，1991年版。

有益的、也可以说是启蒙式的讲话，使我们受益匪浅。我将在“整风运动”一节中详细介绍。

被迫离开西伯利亚

1938年初，苏联肃反转入以清理积案为主的阶段，但是，在保卫机关内部却实行更为严格的清理和管制。3月，苏共中央下发的一个文件规定：凡非本国民族，而是出生在外国的外族人一律不得在内务部、国防部和外交部系统任职。现在岗位上的这些人员应一律立即办理离职手续。

这个文件我早已看到了，但组织上却没有正式向我提出。财会部门的同志看到这个文件后，就依照文件精神给我办理了离职的经济手续，向我宣布了上述文件的内容，然后问：“干部部门是否已向你宣布？”我冷冷地答道：“没有。我完全不知道。”他们听后显得非常尴尬和紧张，马上请求我不要向任何人提及这次谈话。

原来，副部长马尔采夫想把本机关内的三四名在国外出生的同志作为例外留下来继续工作，没有执行命令，而向中央请示。8月初中央来文责令地方必须不折不扣地执行中央指令，这样，马尔采夫才不得不立即执行。为了郑重起见，马尔采夫亲自找我谈话，向我做解释，再三表示歉意和惋惜。尽管在这种情况下，他仍设法留我在内务部的附属单位——托木斯克劳动教导营担任政委，并说保留原薪。我谢绝了他的好意。

领导和同志们对这种做法十分不理解，同情我的境遇。特别是第三局代局长特雷雅科夫斯基义愤地向我表示：“离开这个部门没有任何损失，对自己只有好处。请你相信，我只要一有机会，也一定离开这里，离开这个岗位。”

我的夫人阿丽雅是苏共党员，她知道这个情况后气愤地说：“他们的良心何在？！”接着，她又说：“天无绝人之路，我们到外县去，到我们家乡去。”她原在阿钦斯克工作，当年我出差到此地，经人介绍与她相识，于1934年5月结婚。此时，我们已有了一男一女两个活泼可爱的孩子。阿丽雅是个有个性、有思想、刚毅、坚强的女人，她的态度使我受到很大的鼓舞。但是，这不是我的出路。我安慰她说：“我自有办法，我要去莫斯科找中共驻共产国际代表团，先同他们谈谈，听听他们的意见。”

马尔采夫同意我先去一趟莫斯科，他说："你先去休息一个时期，回来再说。路费和休假费照发。如果经济上有困难，还可以再给你批一笔款子。"我婉言谢绝了他的照顾，只拿一张到莫斯科的火车票就走了。哪里知道，这一去就是三四个月。等我回到新西伯利亚办理调转工作手续时，马尔采夫已经被捕，并被遣送到莫斯科受审。从此，我就再也没有见过他。

马尔采夫是工人出身的老党员、老干部，一直保持着工人阶级的本色：善良、老实、忠厚，对工作兢兢业业，忍辱负重。领导总是把最困难、最麻烦的任务交给他，把出力不讨好的事推到他的身上，一旦出了岔子，又总将责任加在他的头上。斯大林发动肃反运动的动机是清理、纯洁部队，可是这种做法本身却导致了互相不信任，互相怀疑，互相推诿，见风使舵，排斥异己等政客作风的蔓延。这些资产阶级政客作风是极大的腐蚀剂，腐蚀了党的肌体；是离心剂，破坏了党的优良传统，以至削弱、破坏了党的凝聚力。①

苏联民族政策的变化，特别是对非本国民族的态度的变化是从列宁逝世后开始的。这个政策的变化，不仅影响到我的工作，而且影响到我的党籍转正问题。

在莫斯科时，中共代表团以共产国际的名义把中共党员全体名单转到苏共中央海外部（这是米夫对我说的），同时将在军校攻读的中共党员名单转到苏联军委东方部五局。东方部五局主任是奥洛夫。军委东方部把中国学生党员名单通知各军校，于是我们在军校开始过双重组织生活（支部、小组生活是中共的，党员大会是苏共的）。因为我们的关系在东方部，1929 年，我离开学校时，学校政委戈卢别夫不愿为我出具证明，我又没有苏共的党证。苏共党员都是凭党证建立党的关系。我被调到新西伯利亚工作虽然有上级机关的介绍信，承认我是党员，我也交纳党费，过组织生活，但因没有苏共党证，仍是不合手续的。这样过了两年，1931 年，为了工作上的方便，我不得不重新办理入党手续，成为苏共候补党员（这已经是第三次办手续），领到苏共候补党员证。这种状况一直维持到 1940 年我离开苏联回国为止。我一直没有要求转正，有两个原因，一是主观上我一直想早日离开苏联回国；二是客观上那时他们对外国人参加苏共已不那么欢迎，而且设置障碍，排斥非本国民族加入苏共。

这是斯大林时代不同于列宁时代的一个显明而具体的政策。尽管他们在口头

① 师哲曾说，苏共中央政治局委员、中央委员会书记基洛夫被暗杀后，联共（布）党内开始清党，出现扩大化，随后为了纠偏发动了肃反，又一次发生扩大化。1938 年初，斯大林下令停止逮捕。

上说无产阶级无祖国，国际主义不受国境界线限制，但是种种事实却毫不含糊地告诉我们，自 1930 年代起，与列宁在世时党的组织原则、政策、风格、政治思想教育和各项准则以及工作关系都发生了较大的变化。对外来民族的态度变化突出地表现在对这些民族干部的使用上，就是曾经受沙皇统治过的地区、国家、民族，如对波罗的海沿岸拉脱维亚、爱沙尼亚、立陶宛和芬兰、波兰、捷克、罗马尼亚等民族的同志，尽管许多人早在沙皇时代已取得俄国国籍，但仍因不属于（不被看作）苏联基本民族，一律被当作外国人看待，不能重用。对中国人（非苏联基本民族）更是不言而喻。这涉及整个民族政策问题。

民族问题是一个非常复杂而微妙的问题，特别在苏联这样有近百个民族或部族的国家更为复杂，更加敏感。波罗的海沿岸各共和国如：拉脱维亚、爱沙尼亚、立陶宛，以及与芬兰交界处，在列宁格勒以北的卡累利阿地区则更多地保留了自己的民族习惯、生活方式。这些地区的民族主义情绪也最浓，对外族人，特别是对俄罗斯人很有成见，因为这些地区，还有南高加索地区，如亚美尼亚、阿塞拜疆、格鲁吉亚的人民生活水平、文化程度一般高于内陆地区。他们又与文化较高、经济较发达的西方国家接近、相互交往较多，受到外界的影响也较大，因而其文化、生活习俗、衣着格调、社会风气、人情世故更受西方的影响而与内陆的道地的俄罗斯族区别较大。俄罗斯中央黑壤地带、高尔基城都保留着原来旧有的俄罗斯早期的文化及传统。而东方各族，从高加索东起直至天山山脉北部以及阿尔泰山北部与西伯利亚西南接壤的地区（即中亚西亚、哈萨克斯坦等），其经济文化程度都较俄罗斯落后，十月革命以后，他们的经济、文化有了较大的发展。至于西伯利亚、远东地区则更是如此。如布里亚特地区、雅古特地区的人民生活在十月革命后都有了显著的提高，他们接受了不少俄罗斯的文化、习俗。机关工作人员及城市居民的生活习惯及衣着也基本上现代化西方化了。1930 年代时只有在边远地区、农牧区还保留着本民族古老的习俗。

列宁十分成功地领导了十月革命走向伟大胜利，也与他坚定正确不偏不倚地执行革命的民族政策是分不开的。列宁同第二国际的机会主义做了不懈的斗争，反对他们站在本民族、本国大资产阶级利益上提出保卫祖国（资产阶级的祖国）的口号，反对大国沙文主义。列宁认为：“帝国主义意味着资本的发展超出了民族国家的范围，意味着民族压迫在新的历史基础上的扩大和加剧。”“我们应当把争取社会主义的革命斗争同民族问题的革命纲领联系起来”。[①]“因此，在社会民主党的纲领中，中心问题应该是把民族区分为压迫民族与被压迫民族。”[②]他指出“俄国是各族人民的监狱。”[③]重申马克思和恩格斯讲过的著名论断：“压迫其他民族的民族是不能自由的。”他反对所谓“保卫祖国”的大俄罗斯主义，谴责沙皇“征服波兰、乌克兰、镇压波斯和中国的民主运动。”[④]他遵循马克思主义的民族问题纲领：各民族完全平等，各民族有自决权，各民族工人融合起来。

十月革命成功后，列宁更进一步坚持反对沙俄帝国遗留下的大俄罗斯沙文主义，大力宣传大小民族一律平等，并亲自制定各项有关民族政策的法令，尤其如：惩办反犹太主义的条令等等。这个法令在当时是老幼皆知的著名法令，在现实生活中起过十分重大的作用，保证了犹太人的公民权利，严惩了大国沙文主义、资产阶级民族主义者。由于各项民族政策的宣传、贯彻，大俄罗斯主义才被大大地压抑下去了。连我们中国人也作为少数民族而受到列宁民族政策的保护。

列宁当年十分注意各少数民族的呼声和愿望，并以平等原则合理解决民族问题。1918 年，斯大林奉命在北高加索征集粮食以支持中央和伏尔加格勒地区居民时，在工作中做得过火了，引起当地居民的抱怨和不满。列宁知道后，立即召回斯大林，并作了自我批评，承担了责任，说：不应该派斯大林到他的家乡去征粮。因为既然斯大林到了自己的家乡，又是为了帮助中央和兄弟民族，那怎么能不尽一切努力多征些粮食呢？但是多征了粮食，不照顾当地居民自身的需要，又怎么能不影响当地居民的生活呢？

列宁逝世后的最初几年，一切还是遵循列宁的遗训，大约自 1927 年，特别是 1928、1929 年以后，随着形势的变化，大家渐渐地感觉到在民族问题上已出现了变化。我们这些外族人更为敏感。

这种变化同苏联国内外形势的变化有密切联系。十月革命后，欧洲革命处于高潮，德国、匈牙利、保加利亚等相继爆发过革命，而到 1924、1925 年这些国家的革命相继失败，欧洲革命处于低潮。坚持在一国内建设社会主义已成为现实问题摆在布尔什维克党和苏联人民面前。斯大林在同托洛茨基反对派的斗争中肯

---

① 《列宁选集》第 2 卷，第 695 页，人民出版社，1960 年版。
② 同上书，第 696 页。
③ 同上书，第 700 页。
④ 同上书，第 585 页。

定了“一国建成社会主义”可能性的理论，对坚持社会主义方向，对国际共产主义运动都有极其重大的影响和作用，但同时对处理民族问题却带来了一些消极因素。当时认为世界上只有一个社会主义国家——苏联，国际共产主义运动的中心任务是如何保卫社会主义的基地——苏联。他提出要“绝对地、无条件地、公开地、忠实地捍卫苏联，保卫苏联”。他的原则是要其他各国牺牲自己民族的利益来维护世界上第一个社会主义国家——苏联的利益，为苏联的发展而服务，认为这才是真正的国际主义。实际上这恰恰证明了他的形而上学的思维，各国无产阶级革命运动真正发展起来，取得了胜利，对苏联社会主义才会有更大的支持和帮助。当年以王明为代表的中共中央受斯大林思想影响，在“九·一八”之后提出了“武装保卫苏联”的口号。这个口号严重地脱离中国人民大众。而在苏联，这又使已被批判的、受到压制的大俄罗斯主义以合法形式复活、抬头。沙皇帝国主义不断向外扩张，不断侵略、奴役其他弱小民族。大俄罗斯主义不可避免地保留着沙皇主义的特色，排斥、打击、压制或蔑视其他民族的利益和文化。这显然是不利于团结的。

另外，苏联民族政策的变化也与苏共领导人的处境有关。列宁是俄罗斯族人，能理直气壮、毫无顾忌地大张旗鼓地反对大俄罗斯民族主义，而斯大林自己是少数民族格鲁吉亚人，不能像列宁那样强调反对俄罗斯沙文主义。他从小受的教育是俄罗斯东正教的陶炼，使他崇拜俄罗斯文化，尤其是他要得到俄罗斯人的支持、拥护，所以他不得不表现得比俄罗斯人更加俄罗斯化。

大俄罗斯主义的抬头，影响了民族团结。在肃反中，外族干部大量被清洗，如波兰、捷克、芬兰及波罗的海沿岸三国和罗马尼亚、国内日耳曼族以及东方各族干部也都不能幸免。如对土耳其人、中国人，特别是对日本人及日本的殖民地朝鲜人都曾经给予极为严厉的打击。把非本国基本民族一律看成不忠实、不可靠的动摇或投机分子，给予政治上的歧视、限制和不信任，又予精神上的压抑和打击，重则清洗出党或投入集中营，轻则调离工作。这种做法不仅冤枉大批好同志，反过来，自然也大大削弱缩小了自己的力量。

仅举两例：罗科索夫斯基虽出生在波兰，但他早已成为苏联公民，青年时就一直在红军中服役，也是久经考验的杰出战士。1925 年至 1926 年间，他成功地押送大批军火经蒙古到我国张家口交给国民军。为此，他受到表彰。但是在肃反中却将他判刑、送去服苦役。苏德战争爆发后，才将他从集中营释放出来，派他上前线作战，屡立战功，后被提升为当之无愧的元帅。

我国的唐铎同志，湖南人，黄埔军校学生，自1925年起就在苏联空军中学习。1936年和1937年肃反时被革职，受到极不公正的处分。后来在卫国战争中又被起用，在莫斯科保卫战中英勇善战，多次荣立大功，先后获得五六枚勋章，成为著名的战斗英雄。

中共驻共产国际代表团

初见团长任弼时

1938年9月间，我从新西伯利亚来到莫斯科，想找驻共产国际的中共代表团谈话。未去之前，我心中忐忑不安，好像压着一块千斤巨石。在去中共代表团驻地的路上我一直在想："他们会理睬我吗？会听取我的意见吗？会给我解决问题吗？"因为从1930年起，几乎每年我都到共产国际去找中共代表团，要求回国工作，但每次都碰到王明一伙不可救药的官僚主义分子，他们摆起一副阎王脸，皮笑肉不笑地打官腔、支吾搪塞，拒我于千里之外，使我有话不能说，有苦无处诉。

那时，苏联的肃反运动虽已告一段落，但社会上的政治气氛仍相当紧张，人人自危，颇有朝不保夕之感。人们相遇时常常还是以疑惧的目光望着对方，对许多事情和现象仍怀着猜疑的心理。我这个黄面皮的中国人出现在莫斯科大街上，不能不引起人们的注视。这种情况也使我不能不担心此行是凶是吉。

我先到了一位朋友菲拉托娃·安娜（小名妞拉）家里，她问了我的大概情况后，鼓励我说："你还是去找中共代表团试试看吧！反正都是中国人，见了面总可以说话的嘛！"这样，我鼓起勇气，到了共产国际传达室。待我说明来意后，从院里出来一位女青年娜达莎，把我送到了中共代表团。当我走进首席代表办公室的时候，看见一位健壮的中年人，可又觉得他似乎太年轻了，同我的年龄不相上下。我上前去同他握手，并通报了我的姓名。他也按照外国人的习惯，在握手的同时通报了他的姓名——陈林。我两眼望着他，一边谈话，一边心里盘算着：

他是谁呀？从来没有听说过中共中央有这么一位领导人。他到底是谁呀？

我打开了话匣子，一口气汇报完我的情况和问题，最后要求送我回国，否则就暂时给我安排一个临时工作，以便维持生活（因为一离开工作岗位，就没有工资）。

和以前不一样，我的谈话一次也没有被打断。陈林细心地听着，我讲完以后，他问道："你因为什么被解除了工作？"这个问题我本应主动说明的，但因一时激动而疏忽了。他听完我的回答后，表情有些愕然，沉默地凝视着我，大概在想：你没有撒谎吧？怎么会以民族作为安置和使用干部的前提条件呢？对刚来苏联不久的陈林来说，这件事的确难以置信，因为他没有经历苏联 1936 至 1938 年的肃反运动。

稍微迟疑了一下，他给国际干部处挂了电话，把处长马尔特维诺夫叫来询问详情。马尔特维诺夫肯定了我的话全部属实，并说还有两个干部的遭遇和我完全相同，也来干部处要求解决工作问题。随后，陈林对我说，他将同干部处协商安置我的工作，要我回去静候消息。

这时，我望着陈林，心里涌动着热潮："今天我才遇到了真正的中国共产党党员，他是多么的不同于王明那些'百分之百的布尔什维克'啊！"我觉得自己好似重新回到了母亲怀抱的婴儿，感受到无限的温暖，有着一种说不出的满足感和舒畅感。在返回朋友家的路上，我仍然沉浸在幸福之中。安娜看见我高兴的神情，问道："今天该美餐一顿了吧？我已为你准备好了。"接着她又问道："谈得怎么样？有希望吗？"我不禁脱口而出："一切顺利。"陈林给了我很深的印象，但我一时搞不清他是谁。直到两天后我到干部处谈话时，才弄明白他就是任弼时。任弼时这个名字，我早有耳闻。从东方大学一些学生的口里听说过，从国内来莫斯科的青年们口里也听说过，中国共产党第五次大会时，任弼时反对陈独秀，认为陈是右倾机会主义。我们都拥护。今天，第一次见到他，就给我留下美好而深刻的印象。不久，组织上给我安排了一个临时工作。在这段时间里，弼时请干部处的同志从西伯利亚调我的档案，以便安排我的工作。

莫尼诺——国际第二儿童院

在等西伯利亚寄来档案的这段时间内，弼时派我临时到莫尼诺儿童院工作。

莫尼诺儿童院是一个很大的别墅庄园，位于莫斯科的郊区。它是赤色国际救济会领导的国际第二儿童院。当时，各国共产党都处于无权或白色恐怖统治下，许多共产党员和革命者处于地下状态，他们隐姓埋名，生活动荡，无法抚养子女。为了不使这些孩子流落街头，解除这些革命者的后顾之忧，赤色国际救济会特地在苏联创办了两个儿童院。第一儿童院设在莫斯科以东三百公里的伊万诺沃城。孩子们在儿童院过着集体的寄宿生活，一切费用由赤色国际救济会负担。

莫尼诺儿童院共有四十多个孩子，多是六七岁至十五岁的儿童。他们来自希腊、保加利亚、西班牙、中国。孩子们生活得很幸福，他们无忧无虑，童心舒畅，活泼可爱，但时常惹出一些使人意想不到的麻烦。这些孩子中最淘气的要属西班牙总书记伊巴露丽的女儿。她年龄比其他孩子大些，是个孩子王，很有一股子不把儿童院闹翻天，决不罢休的劲头。老院长感到十分恼火，但无法可施，只好养而不教了。

1937 年中国抗日战争爆发后，共产国际为了支持中国抗战，准备接收更多的中国共产党干部的子女到苏联读书，计划将莫尼诺办成专门培养中国孩子的儿童院。我去莫尼诺的主要任务就是协助儿童院的领导办好这件事。

莫尼诺儿童院的一切对我来说都是陌生的，一切都要从头学起，从头干起。但是同孩子们生活在一起也是我一生中最快乐的一个时期。

莫尼诺的院长是十月革命前入党的、工农出身的老布尔什维克。我到儿童院工作之后，对他说：“你年纪大了，在工作上多指点指点，具体的事由我来办。”这样，大家都称我为副院长。不久，我被任命为副院长兼教务长。

当时在院的各国儿童不到五十人，而工作人员却大大超过儿童的数目，显然人浮于事。我走上新的工作岗位后，首先整顿了教师队伍。将不合格的原教务长及不负责任的教师解聘，又请了一些同志担任教师。精简了工作人员，并节约了开支和各项杂费。其中有一个中国女同志叫方朗。她原是上海纺织厂的女工，受过中等教育，丈夫在国内牺牲了。那时，杨之华（瞿秋白的夫人）、韩铁生等同志经常到儿童院来，同孩子们相处得很熟悉，很亲昵，对孩子们的影响较大。

接着，我们对儿童院的工作进行了调整，将希腊、保加利亚、西班牙等国的孩子送到伊万诺沃国际第一儿童院，将中国孩子集中在莫尼诺的第二儿童院。

王明在共产国际工作时，为了培养自己的干部，将十五岁以上的孩子都送到专设的中学学习。但对他们的教育却很成问题。这些青年虽然都是中国人，可是对中国的历史和革命斗争情况一无所知，只知道一个王明。学校甚至让他们只喊“王明万岁”。并散布只有无产者才能当无产阶级革命领袖的论调。

集中在莫尼诺的中国孩子共有四十多个。他们中年龄较大的有瞿秋白的女儿瞿独伊，蔡和森的儿子蔡博、女儿蔡妮、蔡转，蔡畅的女儿李特特，林伯渠的女儿林玲玲、林利，苏兆征的女儿苏丽娃、儿子苏河清，郭亮的儿子郭志诚，张太雷的儿子张芝明。他们都懂得中文和俄文，而且正在深造中。“七七事变”前，毛泽东的儿子毛岸英、毛岸青，“七七事变”后，刘少奇的儿子刘允斌、女儿刘爱琴、朱德的女儿朱敏等革命烈士和领导同志的子女相继从国内来到苏联学习。

欧洲各国党的干部到苏联工作和学习的机会比较多，也比较容易。在苏联工作期间，他们经常可以看望、照顾自己的孩子。同他们相比，中国孩子远离父母，有的父母回国后多年没有音信，更谈不上团聚。我努力创造条件，使孩子们生活得更好，并教他们学中文，但是，他们年龄参差不齐，比如赵世炎的两个儿子赵令超、赵施格到苏联时只有几岁，基本不会讲中文，而且懂中文的老师又少，尽管做了种种努力，仍然收效不大。记得中央转战陕北时，留在莫斯科的岸青间或给父亲写信。主席收到岸青用俄文写的信，不得不让人到处找我替他翻译，颇感不便，说：“他为何不用中文写信？”我解释说：“他中文没有俄文学得好。”

由莫尼诺儿童院自己独立完成对孩子们的教育是不可想象的，所以，只能将七岁以上的孩子都送到附近一所苏联十年制的学校学习。这个学校的校长曾参加过西班牙内战，帮助西班牙共和国办教育，不仅有丰富的教育经验，而且是个真正的国际主义者。他热情地答应了我的请求，接收中国儿童入学。

孩子们正处在活泼贪玩的年龄，特别是毛岸青等刚从中国来不久，一切都不习惯，所以，我经常到学校同校长一起处理孩子们的纷争，为中国孩子惹下的祸道歉。校长很开朗，他总是笑哈哈地说，没有不淘气的孩子。他对中国学生和本国学生从来一视同仁，相当关心他们的生活和学习。他这种高尚的情操至今铭记在我心中。

年龄稍大一些的孩子，如毛岸英、蔡博、刘允斌、刘爱琴、李特特、林玲玲等都像大人一样，表现得很好，为大家树立了榜样。毛岸英给我留下深刻的印象。

毛岸英的小名叫永福，到苏联后取名为谢尔盖，爱称是谢廖沙。他的弟弟岸青叫永寿，到苏联后取名为果利。1930 年秋他们的母亲杨开慧被捕蒙难时，岸英八九岁，岸青只有六七岁，可是敌人连他们都不肯放过。党的地下组织想方设法找到他们，把他们送到上海。据岸英告诉我，他们在上海到处流浪，只靠哥哥照顾弟弟，兄弟俩相依为命，卖报、捡破烂、给人家打扫屋子挣口饭吃。为了使他们能受到教育，也为了他们的安全计，上海地下党设法找到社会关系，才把他们兄弟二人送进上海基督教圣公会，交给董健吾牧师收养。董牧师并不知他们是毛泽东的儿子。董牧师虽然收留了他们，但也难以资助，强迫他们做力所不及的工作，干不了就拳脚相加。这期间毛岸英兄弟生活十分艰难。岸青因挨打而损伤了脑神经。

显然，此处也非长住久居之地。党组织又经过一定的渠道同共产国际取得联络，托人将他们带到法国。他们乘船到了马赛，共产国际派康生到马赛将他们接到莫斯科。康生把这件事也当作他的一个政治资本。

岸英兄弟到了莫斯科后就被送进莫尼诺儿童院，这已是 1937 年了。

他们在国内养成了隐瞒自己真实身份的习惯，在苏联仍是这样，对我也不讲实情。有一次，岸英和我在谈到毛泽东时，也是直呼其名，好像与他没有什么关系似的。我向他们说明，我知道他们的身世，也知道每个孩子的身世；并告诉他们，苏联是无产阶级革命的祖国，在这里无须隐瞒什么。

在苏联，他们生活得舒展畅快。岸英勤学好问，刻苦钻研，力求上进，不甘落后，有一股不达目的誓不罢休的劲头，所以学习成绩很好，会俄文和英文。岸青的身体也得到恢复，俄文学得也不错。

记得在莫尼诺时，有一次岸英无意中谈到了一个观点，认为无产阶级革命只能由无产者来领导。他还流露出毛泽东不是无产者，所以不能领导无产阶级革命的意思。

我不得不开门见山地同他进行认真的交谈，向他解释：马克思、恩格斯、列宁等都不是无产者出身，但他们确实是真正的无产阶级革命导师和领袖，毕生献身于无产阶级革命事业。岸英终于懂得了这些道理，以后也变得老成多了。

苏德战争爆发后，在苏联的中国学生同样也遭到灾难。岸英积极要求入伍，同时他也受到保护，被送到军校学习。他进步很快，两三年后就获得了苏军上尉军衔。回国时就是戴着上尉军衔见父亲的。

1945 年 10 月，毛泽东从重庆归来后，身体状况欠佳。斯大林派了两名医生

（我们称为米大夫[①]、阿洛夫[②]）来中国为毛泽东诊病，毛岸英也随机回到延安。毛泽东带病亲自到机场迎接儿子和客人，这时他的心情是可以想象得到的。岸英经历了十多年的艰辛和磨练，投入父亲的怀抱，其心情的激动和神态的紧张也是不言而喻的。在机场上，毛岸英也同我握手致意，但第二天早晨看见我时，好像我们是久未见面而首次相遇，他带着惊奇的目光望着我，同我紧紧地握手。可见他前一天，除了父亲以外，对其余一切都视而未见。

岸英回到延安后的最初几天，和爸爸同桌就餐，接着父亲就让他到大灶去吃饭。岸英吃饭回来，主席还问他在哪里吃的饭。岸英如实回答，说在中灶用餐。不料父亲却说："你对革命有什么大贡献？"于是让岸英到大灶和战士们一道用餐，而不是到中灶同干部们一块吃饭。他在生活中一下子发生这样大的变化，很可能吃不消。我深知他肠胃不好，不能适应饮食的痛苦，很想让他同米大夫等一起用餐。但一直没有这么办，因未取得他父亲的同意。

主席不仅在生活上严格要求岸英，为培养他，让他到吴家园子劳动；而且教育他奉公守法。那时，陕甘宁边区已经颁布了婚姻法，规定男满二十岁，女满十八岁方可结婚。当时，岸英已二十六七岁，并养成苏联式热情奔放的性格，不少女孩子都愿意同他接近。但在中国要和女孩子过多地接触，总会引起周围人的议论。尤其是江青最爱注意这些闲事，喜欢在主席面前说三道四。

岸英很钟情一位姑娘——也就是他后来的妻子。他向父亲汇报了这件事，并要求准许他们结婚。

父亲问："姑娘今年多大了？"

他如实回答说："差两三个月就满十八岁了。"

父亲说："这不行，一天也不能差！你应该懂得，政权是我们领导的，婚姻法是在我们领导下制定的，如果我们自己不执行，怎么能让人民遵照执行呢？总之一句话，就是一天也不能差！"岸英无话可说，只好听从了。

1949年12月毛泽东出访苏联时，李克农护送至边境。为在边境与苏方接交方便，李克农带了岸英同行。我陪着毛泽东在前边的车厢里，他们在后边的车厢里。我并不知道岸英也在车上，但主席知道。到了东北后，主席要我注意不让岸

① 米大夫，米尔尼柯夫，内科大夫。

② 阿洛夫，全名安德烈·雅科夫列维奇·奥尔洛夫，将军级的外科大夫。1946年1月到延安，除外科医生外，担负联共（布）与中共中央联络员。1950年代回到苏联后，飞机失事遇难。

英过境到苏联，并要我转告克农，边境接交工作完毕后，一定要把岸英带回去，不要让他过境到苏联。其实他去了对我的工作会有帮助的，但是这是主席的指示，我只好如实照办。

毛泽东在苏联两个多月，一心一意忙于工作，竟没有让自己的儿子岸青和女儿娇娇来看望他一次。我也有一双儿女在莫斯科，很想见见他们，但不好意思提出来。只有一天空闲时，我请假看了我的孩子们一次。

在严父的培养和教育下，岸英对自己要求严格。1950 年朝鲜战争爆发，岸英自告奋勇参加了抗美援朝战争。彭德怀一直把他放在自己身边，这既是因为工作需要（岸英懂得俄语和英语），也是为了便于照顾他。但是不幸的事情发生了，11 月 25 日美国飞机轰炸志愿军总部，毛岸英壮烈牺牲。

岸英牺牲后，有的同志主张暂不要告诉主席。但彭德怀认为不妥，还是他亲自回国到中南海向毛泽东报告了这一噩耗。主席听后沉默不语，呆了好一阵子，然后说："他是国际革命的烈士！"这个话既是表扬儿子，也是宽慰彭总。

有人曾经向主席建议，把岸英的遗体运回祖国安葬，主席听后反问道："你们是否准备把所有在朝鲜战场上牺牲的烈士遗体都运回来安葬？这既然办不到，就不应该有例外！"

毛岸英只有二十八岁，就离开了人间，但他的精神永存！他是一个纯洁、高尚、有作为的青年，他是有志气的热血战士，为祖国、为友邦尽到了自己的爱国主义和国际主义义务和神圣职责。

从大革命失败到抗日战争爆发，前前后后十几年，中国革命的形势发生了很大的变化。革命队伍的成员也发生了很大的变化，有的牺牲了，有的脱党了甚至叛变了。我认为大人的政治表现的好坏，不应累及子女，孩子们不能对父母在革命斗争中的表现负责。但是有些同志常常不能理解这个道理。他们出于对叛徒、脱党分子的义愤，说了些不该说的话，使孩子们之间产生了隔阂，甚至使个别孩子抬不起头来。这也给我们的工作造成了很大的困难。

儿童院有个女孩子叫达雅。她十五岁后被外婆和妈妈接回家住。小达雅同我的夫人阿丽雅、女儿黛霞关系很好，来往密切。达雅的外公是个富农，十月革命期间，他主动将全部家产献给了党，支持革命。为此，列宁曾亲自下令允许他们全家搬到莫斯科居住。达雅的父亲叫王友直，是陕西人，曾走过一段弯路。1931

年从苏联回国后，在党内工作了几年，不久离开革命队伍，当了国民党西安市市长。我得知这些情况后，嘱咐我的妻子不要在达雅面前讲他父亲的长短，以免给孩子纯真的心灵造成创伤。所以，达雅一直不知道他父亲的真实情况。

1940 年我随周恩来回到延安后，恩来让我给王友直写一封信。当时我有些为难，因为虽然当年我们一同走上革命道路，但是现在已走上不同的道路。所以我不肯写。

恩来耐心地对我说，他经常路过西安，每次胡宗南、蒋鼎文等请他吃饭时，王友直也常常在座。对这样的人一定要做工作。

并说，1939 年，第一次反共高潮前，王曾以国民党官员身份到过延安，他与胡宗南那些蒋的嫡系有区别、有矛盾，他不会死心塌地地反对革命到底。

于是我遵照恩来的指示，给王友直写了一封信，告诉了他的夫人和女儿在苏联的情况。是年 5 月，周恩来从延安到西安后，交给了我情报工作负责人吴德峰，王的司机同我地下党有联系，当王从司机手中接过这封信时，惊呆了，半天说不出一句话来。真是百感交集、不堪言念。

解放战争时期，王被列入我党通缉的战犯名单。我军逼近西安时，他随国民党退到成都，投奔了贺龙。重庆解放后，杨虎城将军的儿子杨拯民将杨的遗体装殓起来，护送回西安。贺龙将王交给杨拯民，王随杨一起回到西安，从此就留在西安。

镇压反革命运动兴起以后，当时任西北局第二书记的习仲勋同志给我写了一封信。信中说，出于个人感情，枪毙王并不为过，但是，考虑到他在苏联与蒋经国是同窗，而且他的部属到了台湾，把他留下来可以做一些对台的统战工作。后来，习到北京开会时，又同我谈到王的问题。我同意他不枪毙王的意见。王当时态度也较老实，写了不少材料。

1952 年，我在苏联见到了达雅。她的母亲已在卫国战争中牺牲于莫斯科城下。我告诉她，她的父亲还活着，在中国陕西。1953 年，我帮助他们父女建立了通信联系。达雅当了外科医生，一直在苏联工作，现已退休。

1983 年，达雅第一次到中国探亲。我事先做了王的工作，女儿来了以后，你要老老实实地讲清楚自己在政治上曾走过一段弯路，这样才会得到孩子的原谅。达雅先到北京我家做客。这时我才向她讲了她父亲的历史问题。在苏联，敌我分明，阶级关系简单明了，我担心她理解不了中国的复杂情况，就对她说，见到父亲，不要听风就是雨，他已经走在正道上了。对以前的事，不要追究了。现在他们父女俩常有信件往来。王担任省政协委员，为做台湾方面的统战工作，费了不少心血，是尽心而为之的。

1939年我将莫尼诺儿童院的工作交给了他人，专职担任弼时的秘书工作。我最后一次去莫尼诺是陪周恩来、邓颖超等同志专程看望孩子们，他们夫妇同孩子们谈了很久，并合影留念。

准备大量接收中国儿童入院的工作就绪后，不久新疆军阀盛世才同我党关系恶化，从国内解放区到苏联的交通越来越不方便。不可能再送更多的中国孩子来苏联。我记得从国内来的最后一批孩子是在1941年，共四人，毛主席的女儿毛娇娇即李敏、朱德的女儿朱敏、罗亦农烈士的儿子罗西北、王一飞烈士的儿子王继飞。后来，中国孩子们也被送到伊万诺夫国际第一儿童院。[①]伊万诺夫离莫尼诺二三百公里，那里有正规的学校，住着几十个国家的孩子。

1950年，毛主席、周总理到苏联访问，同苏联政府达成协议。协议规定：凡十八岁以下的孩子都送回中国，十八岁以上的青年由他们自己决定是否回国。这些孩子大多数陆续都回国了。林晓霖（林彪的女儿）、秦吉玛（博古的女儿）年纪最小，回国时只有九岁、十岁。这些孩子既不会讲中文，又不习惯国内的生活。不少孩子的家庭也发生了很大变化，有的父母牺牲了，有的父母离异了。因此，组织上将这些回国的孩子都交给中组部帅孟奇管。可是帅大姐的俄文不熟练，也管不住他们。后来就由冯仲云的夫人将他们带到东北，把年龄稍大的送进大连的苏联中学读书，把年龄小的送到沈阳育才小学学习，使他们渐渐习惯中国生活，学会中文。但某些从小养成的习惯至老难移，他们在生活习惯、心理状态等方面至今还保留着苏联人的作风，一直怀念苏联，将苏联视为自己的第二故乡，有着很深的感情。

共产国际与中国共产党的关系

1. 共产国际初创时期

俄国无产阶级和劳动人民在布尔什维克党和列宁的领导下，于1917年完成

① 莫尼诺儿童院于1937年成立，1940年秋关闭。

了十月社会主义革命。这场革命的意义是国际性的，它标志着全世界无产阶级革命进入新的阶段，“改变了整个世界历史的方向，划分了整个世界历史的时代”，[①]开辟了人类历史的新纪元。在十月革命前后，列宁同第二国际机会主义和社会沙文主义进行了不懈的斗争。与革命的发展形势相适应，在一些国家诞生了共产党组织。1918 年时，建立共产国际的条件与形势已经具备和成熟了，但它的正式成立则是在 1919 年 3 月。那时，我国还没有共产党组织，所以，中国代表是以旅俄华工联合会的名义参加会议的。据记载，是联合会负责人刘泽荣、张永奎出席了会议。

刘泽荣又叫刘绍周。他是广东高要人，幼年随父迁居苏联高加索巴统恰克瓦镇。他的父亲刘峻周是著名的茶商，自己经营茶园，将种茶技术传入苏联，并在莫斯科特沃尔斯卡娅大街（即今高尔基大街）、列宁格勒、海参崴开有茶叶商店，是有名的大资本家。刘泽荣青年时在列宁格勒（当时称彼得堡）大学读书。他发起组织“旅俄华工联合会”（这个机构的原名是“中华旅俄联合会”）。他以旅俄华工联合会负责人的身份列席共产国际第一次和第二次代表大会，曾三次受到列宁的接见。

据苏联同志讲，同刘泽荣交谈，就像同彼得堡的旧知识分子交谈一样。意思是说，刘完全是旧俄罗斯上层知识分子，思想并不先进，并不革命。1920 年刘泽荣回国后在中东路工作，与我党没有任何关系。解放前，他在北平大学、西南联大任俄语教授，后在南京政府外交部任职，担任翻译、驻苏使馆参赞。1949 年 9 月支持陶峙岳将军起义。解放后，他被新中国外交部留用。我组建俄语专科学校时，聘请他为顾问。当时，为了提高大家的俄文水平，以适应形势发展的需要，特成立了俄语教学委员会，刘泽荣是委员之一，我们常在一起研究工作。他曾向我介绍过当年他在苏联的一些情况。1956 年刘才加入中国共产党，是第二、三、四届全国政协委员，1970 年 7 月 18 日在北京病逝。

第一次世界大战期间，有几万华工在俄国谋生。十月革命时期，不少华工参加了苏联国内战争和红军。1919 年后，在苏的华工陆续回到中国。因为他们在苏联生活困难，思乡念亲。当年他们因生活所迫背井离乡，而今渴望回国与家人团聚是很自然的。这些华工把十月革命的消息，以及他们在俄国所了解到的共产

① 《毛泽东选集》（第 2 版）第 2 卷，第 667 页，人民出版社，1991 版。

党（华侨当年称它为“穷党”或“红党”）和它的业绩介绍给了中国人民。但由于他们受文化程度、政治觉悟等条件的限制，除极个别人外，绝大多数没有在这方面产生过较大的影响。

1921年，苏维埃政府正式向中国政府（北洋政府）宣布废除中俄间一切不平等条约，并提出建立正式外交关系。但北洋政府在帝国主义的影响下犹豫不决，迟迟不予答复。于是，根据列宁对孙中山的了解，苏联派出了党、政两方面的代表来到中国，在北京、上海、广州、天津以及哈尔滨等地觅寻和联络开明人士、先进分子、革命志士，向他们宣传十月社会主义革命、共产主义及民族民主革命思想。

那个时期，从俄罗斯涌到中国来的，既有大批白俄（资本家、商人、老官僚、旧军官等），也有党和政府派来的公开的、正式的和非公开的代表、特使，以及移居到中国境内（东北、蒙古、新疆等地）的劳动群众。当时，苏联赤白两种势力之间的政治斗争十分激烈，几乎在所有俄侨聚集的地方都彼此进行着你死我活的残酷斗争。中国反动政府、军阀和地方反动势力，大都同情、支持白俄分子，有的雇佣白俄分子。而群众、进步人士和社会舆论多半同情和支持赤色分子。这个斗争此起彼伏、时紧时松，一直持续到1930年代。

1920年代初，苏俄派到中国来的著名人物有越飞[①]，他1922年来华，同年下半年同孙中山建立了联系。1923年初，他在上海与孙中山举行了为时六天的会谈，共产党员李大钊、林伯渠等也参加了。1月26日发表了《孙文（孙中山）、越飞联合宣言》。接着，越飞担任了苏联驻中国大使。

1924年，国民党在我党帮助下进行了改组，孙中山制定了联俄、联共、扶助农工三大政策，并于1924年1月在广州召开的国民党第一次全国代表大会上正式宣布和确定了上述各项政策。

加拉罕，1923年9月至1926年任苏联驻中国大使。曾与李大钊、国民军首领冯玉祥、胡景翼等有交往。

鲍罗廷，1923年9月至1927年7月任孙中山先生和国民党、国民政府的政

① 越飞（1883—1927），全名阿道夫·阿勃拉莫维奇·越飞，出生在俄国克里米亚。十七岁参加社会主义运动，1903年到德国学医，1908年在维也纳和托洛斯基编《真理报》，1912年被捕流放西伯利亚五年。十月革命时任彼得堡革命军事委员会委员，1938年任布列斯特和谈苏俄代表团首席代表。1922年7月到1923年7月作为苏俄全权代表使华。回国后从事外交活动。后因党内纷争而生病、自杀。

治顾问。

加伦将军，曾任国民政府军事顾问。

伏依金斯基，中国人通常称他为魏金斯基。1920 年至 1927 年，他担任共产国际执行委员会的重要工作，曾以共产国际执委代表的身份参加了中共第四次和第五次代表大会及 1924 年 5 月、1925 年 10 月、1926 年 7 月举行的中共中央全会。1924 年至 1926 年间，他领导了国民军第一、二、三军的苏联军事顾问团的工作。1926 至 1927 年，他担任国际执委驻上海的远东局代表。在 1920 年代初期，他实际上是苏联和共产国际使华人员的总负责人。

马玛也夫夫妻在中国，通过文化活动做了工作。

1921 年中国共产党成立后，对共产国际每届代表大会都派出了自己的代表或代表团。而且随着形势的发展，还派遣了中共驻共产国际的常任代表，但经常易人，前后担任过这一职务的有张太雷、瞿秋白、苏兆征、张国焘、余飞、向忠发等。余飞、向忠发只工作了一个很短时期，并不是常任代表。驻共产国际时间较长、影响较大的是瞿秋白、苏兆征、张国焘等。其他代表驻国际的时间较短，工作也比较具体零碎。除向国际作些汇报、参谋工作或承担质疑外，就是处理一些同中共党员或共青团员有关的事务。

毫无疑问，我党派往共产国际的代表，以及共产国际和苏联政府派到中国的代表、特使、大使、顾问等人，就中国问题向共产国际和苏联都提供过各种报告和材料。不过，那时各方面的知识都还肤浅，并未切实掌握中国革命问题的实质。在 1925 至 1926 年以前，共产国际代表大会及其执行委员会的常委会议，或常委扩大会议，一般把中国问题列入殖民地、民族解放运动的总题目中，与印度、土耳其、埃及等国家并列在一起进行研究和讨论，并只作出一般性的结论、决议等。

1925 至 1926 年，中国革命有了突飞猛进的发展。北伐战争节节胜利，我党也迅速发展壮大。这时，共产国际和苏共中央对中国问题才特别重视起来，不止一次地把中国革命问题作为专题，进行了认真的研究和讨论，作出专门的决议，并就中国革命问题组织过专题报告和专题文章。国际执行委员会第六次扩大会议（1926 年 2 月 17 日至 3 月 15 日）首次把中国革命问题当作专题进行了讨论，并在会议的决议中专列了《关于中国问题的决议》一节。共产国际还发表了《执委会关于中国面临干涉危机告各国工人书》。

在苏共方面，公开地、正式地谈论现代中国革命问题，而且具有影响的是1925年5月18日斯大林在东方大学《东方大学的政治任务》的讲演。1927年春夏，斯大林先后撰写了《中国革命问题》、《论中国革命的几次问题》、《致东方劳动者共产主义大学的学生们》等文，发表了《和中山大学学生的谈话》，并在5月24日共产国际执行委员会第八次全会第十次会议上发表演说《中国革命和共产国际的任务》。从这些文件中可以看出，中国革命在世界革命中所占的地位日益重要；也可以看出共产国际和苏共对中国革命问题的看法，以及对中国革命的关怀与帮助。

当时，在共产国际研究中国问题的人多半是外国人，如伏依金斯基（即魏金斯基）、马季亚尔、米夫、库秋莫夫、安德列也夫等等。李德等人当时只是做些行政事务和技术性的工作，时间也不长。实际上，那一时期有关中国革命问题的事务以及人事等方面的事务，大半都是外国人主持办理的。

魏金斯基于大革命失败后回到莫斯科，在国际东方部工作。1931年夏秋之间，我到国际东方部办理回国手续时曾遇见过他。

他是一位瘦削而矮小的人，态度严肃，机警灵活。当时大家正注意中国革命重心和发展趋势诸问题的讨论，认为中国革命的主要任务是解决土地问题、建立革命的武装力量和根据地，所以，工作重心不能不放在农村。当时，马梯雅尔指责魏金斯基，认为他在自己的一篇论文中对这个问题强调得不够，说他忽略了农民问题的重要性，因而引起争论。

我从切身体验中感到，外国朋友，不论他们关心中国革命到了什么程度，对于中国革命问题的理解好似隔了一堵不可逾越的高墙，谈中国的问题如隔靴搔痒，对中国革命理论的阐释也是似是而非，抓不住要点，缺少说服力。

1925年到1930年间我党所处的艰难环境是：部分马列主义理论基础知识扎实的干部，大多是没有甚至是丝毫没有革命实际斗争经验的知识分子，而具有实际斗争经验和知识的干部又大多是缺乏马列主义理论基础知识的人，所以往往陷于经验主义。后来只有以毛泽东同志为首的部分领导干部逐渐使理论与实践相结合起来，才使中国革命真正走上正轨，领导革命最后取得全面胜利——人民民主革命的彻底胜利，从而为向社会主义胜利过渡打下了牢固可靠的基础。

2. 米夫主持东方部工作时期

1927年苏共在党内开展反托派斗争，也影响到中共，特别是影响到当年在共产国际和莫斯科的中共党员。他们中间曾发生了非常曲折、复杂的斗争，一直到1930年夏，以米夫代表的共产国际支持王明一派取得胜利而告一段落。

在共产国际研究中国问题的外国人当中比较有实力、有权威，且工作时间较久的是米夫。实际上他对中国革命问题一窍不通，因为他从未深入到中国革命的实际中认真调查研究。他和许多西方的专家一样，常常只是根据上海一市的情况来评价中国的现实。

米夫是在1927年至1928年开展的反对托派的斗争中崭露头角的。原中山大学校长拉狄克属于以季诺维也夫为首的反对派分子。1927年12月，拉狄克被解职后，米夫继任校长一职。从此，米夫以共产国际工作人员和中国劳动大学（即中山大学）校长的双重身份，在学校中大力培养自己的势力，即以王明为主，并与王明这伙人互相支持，进行活动。

王明是米夫最赏识的，并一手提拔起来的心腹人物。1928年王明被米夫举荐担任中国劳动大学党委书记，并兼管学校公社委员会（学生自治管理的组织，相当于学生会）的工作。这样，该校党和行政领导大权基本上落入王明之手。王明说，中国劳动大学的党和行政领导工作，既是培养干部和锻炼人才的场地，又是进行斗争的演习场所，将来在中国革命实践中是会发生作用的。王明等认为，中国革命的失败是暂时的，革命高潮不久就会到来。目前最困难的是中国党没有自己的领袖，陈独秀垮了，而新的人物尚未出现，当前最迫切的任务是选择、培养新的领袖。问鼎之野心昭然若揭。从那时起，王明在米夫等人的扶持、提携之下，步步高升，飞黄腾达。虽然他趾高气扬，不可一世，但是他在中国留学生中并没有威信，大家还送给他一个绰号——“小鬼”（即人小鬼大）。

王稼祥、张闻天同王明是不一样的。王稼祥的俄文、英文水平较高，工作活动面广。王明为了抬高自己，千方百计地拉拢王稼祥，还无中生有地到处宣扬他们之间的关系如何如何好。王稼祥不愿同他们闹翻，但始终不承认自己属于所谓的“二十八个半”之列。张闻天曾在美国留学，在到苏联之前已经有了教授头衔。王明一伙出于不可告人的目的，肉麻地吹捧他、利用他。张闻天是正派人，不愿拉拉扯扯搞宗派，但王明一伙总是缠着他，使他不能摆脱。

王明进行活动的方针和原则是“顺我者昌，逆我者亡”。王明迫害过多少好同志，没有人统计过，也没有人知道确实底细。据王稼祥回忆：“他（王明）利用会见斯大林同志的机会来报私仇，说周达文、俞秀松二人是坏人。这以前，王明苦于无机会整垮周、俞二人；不久周、俞二人被捕了。”[①]

王明的法宝就是开展所谓两条路线的斗争，反对“左”的和右的机会主义。不管事实真相如何，他手里总是拿着这两顶帽子，一顶是“托派分子”，一顶是“右倾机会主义分子”。在反托派斗争中，凡是对王明等人表示过不满，提过不同意见的同志，大都被定为“托派分子”；凡是对王明的路线和方针表示怀疑或提出疑问的同志，大都被定为“右倾机会主义分子”。他的秘诀就是，借着政治运动来打击与自己意见相左的同志。至于对谁扣什么帽子，视当时的历史情况和政治气氛而定，所以，被扣上“托派分子”帽子的人远比被打成“右倾机会主义分子”的人多得多。

王明是拉山头、搞宗派的专家，他的宗派活动始终没有停止过。他总是设法纠集部分人拥护他，团结在自己周围，向他们封官许愿，多方支持，给予重要的职务和显赫的地位，当时称为“二十八半”。但是，“二十八半”中，每个人的情况和地位不尽相同，后来的政治表现更不一样。据他们自己讲，他们当中有坐轿的，有抬轿的，有摇旗呐喊的，有当吹鼓手的。王盛荣当年说过，他自己只是给那些人系鞋带的，连抬轿子的资格也没有。

王明对从欧美经莫斯科回国的一些人这样讲过：在中国搞革命活动，领导工作只能从上边来做，从上边去领导容易得多，在下边做实际工作困难太大，有力使不上，有本事施展不开。王明常说，领导革命需要有核心力量，没有这种核心，没有骨干力量支持你，无论你怎么正确，你的主张也推行不开，得不到拥护。领导核心的形成，是从斗争中来的。所以，1929 年王明回国后，不愿意到基层工作，坚持要留在中央机关，一心一意想当领袖。

他既害怕白色恐怖，又害怕做艰苦细致的群众工作。

3. 王明任中共代表时期

1931 年四中全会时，米夫亲自坐镇，帮助王明当选为政治局委员。这样，

① 《红旗飘飘》第 18 期，第 57 页，中国青年出版社，1979 年版。

他就在实际上掌握了中共中央领导权。1931 年 9 月，他认为中共中央领导权已经在握，就又回到莫斯科，① 并以中共驻共产国际代表的身份大肆活动。当共产国际机构改组，取消东方部、西方部等部门后，王明又以中共代表的身份担任了共产国际中国支部的最高负责人，走上了第一线。而原东方部负责人米夫形式上退到第二线，但实际上仍然是王明的后台和灵魂。不过，表面上他不直接处理中国问题，而把事务推到王明的办公室去办。

自 1931 年起，共产国际从苏联各地把中国留学生和已参加工作的中国同志召到莫斯科，又大批地派遣回国。在回国的人员当中，凡是被王明器重的，在莫斯科就被指定回国后到某地，找某人，担任某项工作等等。其实，他们只是熟读了部分马列主义著作，背诵个别词句，对中国革命的实际情况并不了解，又不尊重国内同志的实践经验，当然要犯大错误，使革命受到损失。

1935 年 7、8 月，第七次共产国际代表大会召开，这次大会是成功的，在国际共产主义运动中有特别重要的地位。在这次大会上确定建立世界反法西斯统一战线，决定共产国际一般地不再直接干涉各国共产党内部组织上的事务。这些决定推动了各国共产党的发展。这时王明的羽毛已经丰满，在康生等人的支持和吹捧下，王把中国革命发展的一切成就都记在自己的功劳簿上。为了配合王明的报告，康生也在大会上发了言，他借中国工农红军、游击队和苏区的发展壮大，极力吹捧王明，为王歌功颂德。他竭力想说明，在王明的正确领导下，中国革命迅速向前发展了。在国际第七次代表大会期间，中国工农红军正在长征途中，中国革命处于低潮。而康生却说中共有四十万党员，还说“群众性的农民起义在中国几乎成为日常的事件”。② 几年来，每年参加罢工斗争的工人有几十万，甚至上百万。有的人更加夸大其词地说：“今天苏区占有的土地有二百多万平方公里，人口有五千六百万”，“约有五千万居民的游击区”，“现时的红军有三十万人，此外还有一百多万人加入了游击队”。③1937 年，王稼祥向斯大林汇报说，中央红军到达陕北时只剩下三万人。王明却说红军有三十万人，继续欺骗斯大林。为了给自己捞取政治资本，王明、康生什么坏事都做得出来。

王明和米夫的关系并不是什么神圣同盟。王明平时在米夫面前俯首贴耳，唯

① 王明于 1931 年 10 月 18 日离开上海，11 月 7 日到达莫斯科。

② 《共产国际有关中国革命的文献资料》第 2 辑，第 376 页，人民出版社，1985 年第 1 版。

③ 同上书，第 367 页。

命是从，两人俨然是师生父子。但在1936至1937年米夫被揭发为政治反革命、“托派分子”时，被米夫一手提拔和培养起来的王明立即来了一个一百八十度大转弯，他反戈一击，把米夫揭批得体无完肤。王明这么摇身一变，又成了百分之百的布尔什维克。共产国际执行委员会总书记季米特洛夫感叹道：“王明真机灵！”无独有偶，当我们党内开展整风运动时，被王明一手提拔起来的、曾多次呼喊过“王明万岁”的康生也如法炮制，立即站出来反戈一击，在中央整风小组会上揭批王明，一口气数了王明六十多条罪状。康生摇身一变，成为“一贯正确”的左派。

王明、康生驻莫斯科时，在理论上、政策上招摇撞骗，蛊惑人心；在组织上从事宗派活动，搞小集团，拉帮结派。那时，他们真是肆无忌惮，独霸一方，为所欲为。

王明理论和路线的核心就是听别人的话，按别人的意志办事，为别人的利益效劳。毛主席曾一针见血地指出：“王明对中国革命、对我们自己的事情想得太少了，而替别人想得太多了。”正因为这样，中国人民永远也不能接受王明的那一套理论、路线。

查阅王明、康生在共产国际时发表的文章、讲话，起草的文件、指示，都没有超出上述的范围。就拿王明一向吹嘘由他“制定的”《八一宣言》和他倡导的“建立民族统一战线”来看，也是拾别人的牙慧，根本不是他自己的建树。民族统一战线是共产国际总结了德共“赤色阵线”、法共“人民阵线”的斗争经验而首先提出来的，是为斯大林所赞许的一项政策，是经中共代表团认真讨论修改后，共产国际批准的。关于《八一宣言》诞生的过程，吴玉章同志有专门的回忆，在此不再赘述。至于王明在其中起了什么作用，他回国后又如何贯彻执行，这是全党早已知道的。

4. 康生帮助王明活动时期

1935年7、8月间，在共产国际第七次代表大会上，王明当选为共产国际执行委员会常委、书记处书记，分工管理亚洲和拉丁美洲各国共产党的工作。于是，他把中共驻共产国际代表的头衔给了康生。这样，康生成了正式代表，而王明则成为中共代表的“太上皇”。如果相信康生说自己与王明有矛盾的话，或许就在这一点上。

王明以共产国际执委会常委和书记处书记的身份，组织大批人马，建立了庞大的工作机构。康生作为中共代表和王明的主要助手，替他招兵买马，四处联络。在书记处工作过多年的女秘书耳尔恩（德国人，李德的前妻）曾说，王、康除对在莫斯科的中国同志和学生进行拉拢外，还直接插手东北地区的工作。

王明、康生先后派了不少中国同志到东北做党的地下工作，建立武装组织，也从东北挑选过一批又一批的中国青年到苏联学习。那时，连发往东北党组织和抗日联军的信件都写成"王康指示"，可见二人关系之密切。

那时，王明、康生竭力在中国同志中培植自己的势力。他们以介绍青年同志进入各校学习、安排在苏联各机关工作为诱饵，拉拢他们，建立私人关系。王明、康生曾公开地说，要在中国革命中得到发祥，就必须加入"我们的革命集团"，"集团就是革命核心力量"，"核心力量就是革命的最强的力量"。他们宣扬自己是最革命、最正确的布尔什维克。为了进一步抬高自己、巩固自己的地位，他们给自己树立了一个对立派——"反对派"（即所谓"托派"）。他们拼命地同"托派"斗争，在反托派和肃反斗争中，王明、康生陷害了许多同志。其结果是王明的身价得到大大抬高。他们不愧是"打击别人，抬高自己"的典型。

康生是鬼，不是人。康生一贯弄虚作假，装腔作势，投机取巧，朝三暮四，出尔反尔，曲意奉承、假公济私、无恶不作。王、康沆瀣一气，到共产国际七大时达到登峰造极的地步。

为了在欧洲的华侨中进行活动，康生受王明委派，不止一次地去过德、法等国。在他们的活动之下，不少在欧洲工作的中国同志在回国前夕都要求取道莫斯科回国，以便在莫斯科直接听取共产国际的指示，结识王明和康生。这种做法持续了好几年。

共产国际同国内联系的方法最初是在海参崴设立电台同上海联络，经过上海同中共中央联系。设在赤塔的电台与哈尔滨联系，并建立了经蒙古共和国的陆路交通联络线。1932 年，哈尔滨被日寇占领；1934 年，上海地下党遭到严重破坏。红军长征到达陕北后，1936 年共产国际才同中共中央建立了电台联络。后来又增加了乌鲁木齐—延安这条线。

王明、康生回国前夕，把在莫斯科学习、工作，或临时办事的同志分批送回国。王、康一回国，他们在莫斯科的摊子也就撤销了。据共产国际机关工作人员反映，王明回国后，国际机关里轻松、安静了许多。他们在莫斯科时，机关里来来往往的人不断，一天到晚闹哄哄，搞得大家手忙脚乱。人们忙着交际、应酬、招待，其次就是忙于对领导人衣食住行的安排。王明是开会、谈话的专家，他甚至挤不出时间听取工作人员的汇报。

王明、康生一直想当中国革命的领袖。随着中国农村根据地的扩大和红军的日益壮大，共产国际的同志也知道毛泽东是苏区的创造者、工农红军的缔造者，是中共党内享有盛名的领导人。因而大家认为毛泽东理所当然应该成为中国共产党的领袖。王明知道后，一方面在公开发表的文章中不得不提到毛泽东等一批在国内坚持革命斗争的领导者，一方面又到处散布："毛泽东是精通孔孟之道的人，有这方面的学问，也精通国情，善于在农村活动。所以，他只能用孔孟的所谓'修身、齐家、治国、平天下'的方法去治国办事。毛泽东只能成为苏维埃运动的人物。他的马列主义理论不够，不能成为党的领袖。"言下之意，党的领袖非他莫属。

康生与王明一唱一和，在驻国际的中国同志中间发起签名，要求让王明当中共领袖，高呼"王明万岁！"

季米特洛夫同志深知王明有强烈的领袖欲。有一次，他在同任弼时谈话时说，在王明回国前，他特地提醒王明，虽然你在国际工作了多年，而且又是执委会成员和书记处书记，但你并不代表国际，而且你长期离开中国，脱离中国革命实际，所以，回国后，要以谦逊的态度尊重党的领导同志。中共党的领袖是毛泽东，不是你。但是，王明将此忠告当作耳边风，置于脑后。

5. 中共临时代表王稼祥

1937 年 11 月，王明、康生由莫斯科飞回延安。当时留在共产国际的有陈潭秋、邓发、蔡树藩等人。因王明急于回国，所以他急急忙忙地拉住正在养病的王稼祥，要他接任中共驻共产国际代表的职务。稼祥表示，在自己尚留在莫斯科医病期间，可以暂时代替一个短时期。但要求王明回国后立即向中央讲明情况，他不能久留苏联，病愈后要马上回国，请中央另派人来接替他。

据国际机关工作人员说，尽管稼祥在这里工作的时间不长，但给人留下了深刻的印象。他的工作作风与王、康迥然不同。他接任工作后，首先精减工作人员，只留下几个人，并告诉他们："我是个军人，多年的军事工作养成了雷厉风行的作风，习惯于按军事纪律严格要求。首先，我要求工作效率高，办事不要拖拖拉拉。其次，要准确，一是一，二是二，不要模棱两可，似是而非。我们的一切工作必须做得有条有理，有始有终。”据这些工作人员反映，他们都有些胆怯，深怕做错了事情，人人都紧张而严肃地工作，一改王明时期的散漫、浮夸的习气和混乱的局面。有的青年人说，稼祥对工作要求严格，使我们振作了起来，帮助我们奋发上进。

1920 年代中期，王稼祥到苏联中山大学学习时还不满二十岁，但是他努力学习，埋头攻读，悉心钻研马列主义。这种刻苦的精神使大家十分敬佩。因为他进步快，学习成绩优良，学校较早地让他担任口译和翻译马列主义经典著作的工作。他翻译的作品文字流畅，通俗易懂，颇受中国留学生的欢迎。至少当时与我在一起的同学都喜爱阅读王稼祥的译著。那时有不少翻译人员，其中不乏名人、专家，他们署名时改名换姓，或用笔名，使人无法得知他们的真实姓名，而王稼祥从来没有这样做过。

1937 年 6 月，王稼祥第二次来到莫斯科。这时，他已是我们党的高级领导人，参加过长征、遵义会议，而且又了解“西安事变”始末，以及国内抗日、革命发展的详情。虽然当时在莫斯科还有其他一些同志也了解情况，但毕竟不如王稼祥这样有发言权、有权威。他在共产国际作了关于中国革命形势、长征、抗战以来的情况的报告之后，斯大林特地接见了他。

1938 年 3 月，任弼时到了莫斯科。这样，稼祥就有可能回国了。

在王稼祥回国之前，季米特洛夫同他和弼时谈话。季米特洛夫很关心我党的领导人和党内团结问题，他讲了一段语重心长的话：“应该告诉全党，必须支持毛泽东同志为中国共产党的主要领导人，他是在实际斗争中锻炼和成长起来的领袖。”这证明王稼祥、任弼时十分客观地、准确地向共产国际汇报了中国共产党的真实情况。

王稼祥回国后，在 1938 年 9 月政治局扩大会议上如实地传达了季米特洛夫的讲话，他说：“今天的环境中，中共主要负责人很难在一块，因此更容易发生问题。在领导机关中要在毛泽东为首的领导下解决，领导机关中要有紧密团结的空气。”“在我临走时他特别嘱咐，要中共团结才能建立信仰。在中国，抗日统一战线是中国人民抗战的关键，而中共的团结又是统一战线的关键。统一战线的胜利是靠党的一致与领导者的团结。这是季米特洛夫临别时的赠言。”①

随后，中共中央召开了六届六中全会，王稼祥再次传达了季米特洛夫的临别赠言，对全会基本克服王明右倾投降主义的错误起到了举足轻重的作用。在党的历史发展的重要关头，王稼祥又一次做出了重要的贡献。

我与稼祥相识是1940年代。当时在延安见面的次数不算少，但却没有实质性的接触。直至1949年4、5月间，他从东北被调回北京，我们一起陪刘少奇出访苏联，才有直接的接触。建国后他任驻苏大使，从1951年起又任中央对外联络部部长。从1949年到1957年几乎每年我都陪他出国一两次，受中央委托执行任务。出国前的准备工作多是在他的指导和安排下进行的，在这方面他积累了丰富的经验，对党做出了较多贡献。仅举两例：

1949年陪少奇访问苏联，稼祥对代表团的活动做出全面安排，拟定出具体行动计划，他提出了两项重要的建议，才保证了圆满完成任务。

毛主席首次访问苏联，中苏关系一度未能很好地沟通，也是稼祥想出办法打开僵局。详情我在后面再谈。

稼祥聪敏、灵活、有预见。我们在同他讨论问题时，发现他对待事态反应敏感、迅速，很快就能抓住事件的实质和关键之所在，并能提出自己的见解和意见。他在处理对外事务中表现得有魄力、有气概、有远见、有谋略。和他一起工作过的同志深感他的精明、有办法。

讲到这里，我回忆起了先前一个陈旧的老问题：当年有人说，稼祥是“摇羽毛扇”的人。所谓“摇羽毛扇”无非说他是“智囊”。当然，我不能知道这个说法是诚意的还是假意的，是褒还是贬。但据我同稼祥的接触、相处、共事，他一般对问题的观察、分析、理解，以及对事态的认识与掌握都是比较正确的，提的意见也是有益、有用的。所以说他是“智囊”，对这位忠于党、忠于人民事业的英勇战士也是当之无愧的。他是党的好儿子，是一位有理想、有远见、有高超思想的忠诚战士，他对我党的工作、政策、方针想出过不少办法，提出过重要的意见和有益的建议。1950年2月在莫斯科时，毛主席当着周恩来、王稼祥的面，对斯大林说：他（指着稼祥）曾经犯过错误，但后来改正了，现在工作得很好，

---

① 《王稼祥选集》，第141—142页，人民出版社，1989年版。

是个好同志。即使后来，毛主席、周总理对稼祥都是关心的、爱护的，这点大家都知道。

稼祥本人谦虚谨慎，尤其在遇到重大事件或问题时，他总是要先向领导汇报、请示和协商。不仅如此，在许多重要场合，或者要同重要外宾来往时，他常常也是先向领导汇报、请示，而且往往还请其他同志（如周恩来、刘少奇、邓小平等同志）出面，自己绝不突出个人，不独断专行。例如：他对英共的波立特①、意大利党的代表（以新闻记者身份来华）、南斯拉夫的波波夫，以及后来的日本的德田球一②、印尼的艾地③及其他党的领导人都是如此对待的，他把自己当作一般干部，这是使人十分钦佩的一点。在国外的时候，无论是在莫斯科、布拉格，还是在日内瓦等等地方，他表现得尤其小心谨慎、严守纪律，绝不任意自行其是。

有时稼祥也邀我一道翻译某些文献。无须隐讳，这常常是违背我的意志的，但因为是他接受了任务，为了他，我不能不去协助办理。谈到这里，我回想起一件事：大约 1949 年时，有一次稼祥劝我早点组织俄文翻译工作。我告诉他，我历来没有设想过这件事，而且由于种种原因，我是不能做翻译工作的。他听了后还是劝我说：如果你现在不早点抓这项工作，不组织、不培养这方面的干部，那你就长期无法摆脱这项工作了。你先把工作建立起来，然后再摆脱，那就容易了。在这样的说服和督促下，我竟然挑起了这副担子。1949 年他来北京后，就从东北调来了一批外语干部到京帮助组织、建立翻译机构。后来，当我已离开了编译局时，他还不止一次地要求我去帮助他，而我也曾经诚心诚意地为他多次服务。也许是他为了鼓励我，曾不止一次地夸赞过我。但我知道，在他面前，我永远是个小学生，虽然我的年龄比他还稍大一点。

我同稼祥之间常有往来，有时也有较密切的工作关系，但却极少有私人间的来往。即使在莫斯科、日内瓦时，相处的日子虽然较长，在工作之余也互相接触、交谈、聊天，但在私下却从未谈论过什么政治性、政策性的重大问题，他从不随便发表个人的意见，或谈论他人的是非，就是说，他善于以政治家的风度掌握自己，充分发挥自己的才华。稼祥对事对人的态度一般是平易近人的，但他历来态

---

① 波立特（1890—1960），英国人。1929—1956 年任英共总书记。

② 德田球一（1894—1953），日本人。日本共产党创建人。1945 年 12 月当选为总书记。1953 年 10 月在北京病逝。

③ 艾地（1923—1967），印尼人。1954 年当选为印尼共总书记，同年当选为国会议员。

度严肃，不苟言笑，而且公私分明，落落大方，从不评头论足，不搞小动作。这些虽然可以归为生活细节，但也说明他是有修养、有道德、有高尚品质的端庄正派人。他在工作中是一位能带头领先的人，也是性格爽朗、老成练达的人。他是有较高的马列主义觉悟和修养的人，足以为人之表率的好共产党员。他忠心耿耿、坚定不移、坚贞不屈地为党的事业奋斗了一生，稼祥是我党信得过的领导干部之一。他在我国革命斗争过程中尽到了自己的应尽责任，做出了成绩，他对人民的事业是有所建树、有所贡献的！十分可惜，他过早地离开了我们。

1938 年我到共产国际工作时，负责办理中国事务的机构是共产国际干部部东方处。这个处除办理有关中国的事务外，还负责办理有关日本、朝鲜、印尼等国的事务，但以中国工作为主。东方处处长是马尔特维诺夫。他原是苏联边防军军官，曾随军到过我国新疆。他工作很努力，但对中国并不真正了解。另外还有两名专管中国事务的工作人员：一位是徐介藩，另一位是张至善。

徐是安徽人。1901 年生，比我大几岁，1923 年就加入了中国社会主义青年团。1925 年入黄埔军校学习，是第二期学员。1926 年 2 月加入中国共产党。同年赴苏联。先后在列宁格勒红军航空学校、苏联红军第二航校、莫斯科东方劳动者共产主义大学学习。1929 年被派到远东内务部工作。因他不属于苏联基本民族公民，被内务部解职，和我同时到共产国际工作。我们经历相仿，又同在一个机关工作，常常一起整理档案材料，研究文件，出席会议等，所以有较多的共同语言和彼此交流的机会。我们尽兴交谈，讲述各自的经历和工作情况。当然这种谈话仅限于我们两人之间，从没有向别人流露过。我们对不少事情的认识、体会是一致的。共产国际解散后，他到了苏共中央联络部工作。他参加了苏联卫国战争，并获得苏联卫国战争劳动奖章和保卫莫斯科奖章。1948 年回国，在东北工作。1949 年 6 月，我们一起随少奇到苏联访问，才又见面。他曾担任《毛泽东选集》俄文本的总编辑。徐介藩是个好同志。他已于 1983 年 4 月 16 日在北京逝世。

张至善，大家都称他小张，一直在苏联工作，前几年已在苏联病故。

中共代表团团长任弼时

当莫尼诺儿童院的工作走上正轨之后，我就回到新西伯利亚，把家小接到莫斯科。那时，我同任弼时等同志都住在柳克斯公寓。我一方面管理着莫尼诺儿童院的工作，一方面兼任着中共党校的部分翻译工作。不久，组织上要我任中共代表团团长任弼时的政治秘书。

中共代表团主要负责人是弼时，除我任他的政治秘书外，还有两位苏联同志帮助工作。一位是男同志，叫林佛（苏联人、略懂中文），负责日常事务性工作。一位是女同志，叫娜达莉亚，任机要秘书，负责保管文件。

代表团的工作分别由共产国际几位书记分头管理。那时，每位书记都有一个秘书处。中共代表团的日常行政事宜和党务工作由库西宁[①]书记管，政策方针等政治工作直属季米特洛夫书记管。这样安排是为了使季米特洛夫便于联系和了解各个代表团的工作。另外，我本人还要和共产国际机关党委（苏共党员都归它管）打交道，同时也担任着宣传部、刊物部和干部部的少量工作。如果执委会任何一位书记的秘书处向我们求助，我们都无条件地协助解决，尽力完成。

任弼时是 1938 年 3 月从延安到达莫斯科的，[②]由于路途多有险阻，走了近一个月。他接任王稼祥担任的中共驻共产国际代表团的工作，在这个岗位上，他一直工作到 1940 年春离开莫斯科时为止。

弼时在共产国际工作的时期，正是季米特洛夫同志主持国际执行委员会工作的时期。共产国际第七次代表大会（1935 年 7 月 25—8 月 20 日）后，国际执行委员会把革命的矛头主要指向帝国主义，遏制世界大战的爆发，反对法西斯的侵略和奴役；主张各国共产党在马列主义思想指导下，统一思想认识，力求意识形态达到一元化；而在贯彻执行路线、方针、政策方面实现最大的灵活性，从各国实际出发利用各种组织形式，使工作与斗争的方法具有多样性、灵活性、机动性，充分利用一切有利条件和可能性。当时的国际形势极其复杂、多变、敏感，斗争尖锐而严酷。日本帝国主义向中国发动了全面侵略；意大利法西斯侵占北非（阿比西尼亚，即埃塞俄比亚）；希特勒德国在欧洲不断扩张。那时，苏联的肃反运

① 库西宁（1881—1964），苏籍芬兰人，1921—1939 年任共产国际执委书记。

② 任弼时是 1938 年 3 月 5 日离延安，3 月 16 日到达莫斯科。

动刚刚结束，世界形势使人们产生了很强的危机感，感到战争的危险已经迫在眉睫。一句话，形势极度复杂而紧张。

中国革命是世界革命的一个重要组成部分。这时的中国展开了全面的抗战。任弼时从抗战前线到达莫斯科。4 月 14 日他代表中共中央向共产国际递交了书面报告大纲《中国抗日战争的形势与中国共产党的工作和任务》。5 月 17 日又在这个报告大纲的基础上向国际执委会作了更为详细和全面的口头汇报。汇报时，王稼祥也在座。汇报的主要内容是中国的抗日战争状况、抗日民族统一战线的状况、八路军的状况、群众运动的发展和中国共产党的状况五个部分。这是抗日战争爆发后，中共中央向共产国际作的一个较全面、较深刻的汇报。它比较详细地介绍了中国抗日战争的形势、发展趋势与前途，抗日民族统一战线的基本状况，国共新合作的特点、困难与阻碍，共产党的方针与任务，共产党对八路军的领导，八路军在抗日战争中的作用与任务，群众运动的发展及其在抗日战争中的作用，中国共产党在群众中的活动以及中共在自我建设方面的情况。此外，弼时还单独向季米特洛夫作了汇报，听取了他的意见。共产国际和季米特洛夫在听取了汇报后，对中共党的建设、国共合作以及中国革命提出了一些意见和建议（当然也是苏共中央和斯大林的意见与建议）。[①] 这些意见和建议后来由王稼祥转告给了中共中央和毛主席。

弼时在共产国际工作期间，同共产国际各国共产党的代表建立了广泛的联系。例如：捷克的哥特瓦尔德[②]、西班牙的伊巴露丽[③]、德国的皮克[④]、芬兰的库西宁、意大利的陶里亚蒂[⑤]、法国的马尔梯、苏联的曼奴伊尔斯基[⑥]。他们不仅是各

① 1938 年 6 月共产国际执委会主席团通过《关于中共代表报告的决议案》和《共产国际执委会主席团的决定》，前一个是内部的，后一个是公开的。这两个文件充分肯定“中国共产党的政治路线是正确的”，明确支持和声援中国人民全民族的抗日战争。

② 哥特瓦尔德（1896—1953），捷克斯洛伐克人。共产国际第六、第七次代表大会上被选为共产国际执委会委员、执委会主席团成员和书记处书记。

③ 伊巴露丽（1895—1989），西班牙人。参加领导西班牙人民反对佛朗哥法西斯的斗争。后流亡苏联。1942 年任西班牙共产党总书记。

④ 皮克（1876—1960），德国人。1931 年起任共产国际执委会主席团委员和书记处书记。1935 年任德共主席。1946 年德国统一社会党成立，当选为党的主席。自德意志民主共和国成立起任总统。

⑤ 陶里亚蒂（1893—1964），意大利人。时任共产国际执委会委员、执委会主席团委员、执委会书记处书记。

⑥ 曼奴伊尔斯基（1883—1959），苏联人。1924 年起任共产国际执委会主席团成员，1928—1943 年任书记处书记。

国共产党的负责人，而且也是共产国际执委会委员和书记处成员。弼时尤其同国际执委会主席季米特洛夫和秘书长哥特瓦尔德来往较多。

为了广泛地向苏联人民及世界各国人民宣传中共历史、中国抗战形势和中共现行政策，任弼时不仅亲自动笔，而且指导其他同志撰稿，由他审定后，在《真理报》、《消息报》、《布尔什维克》杂志、《共产国际》杂志上发表。与此同时，他还积极组织力量编译发表我党领导同志的重要讲话和文章。如毛泽东的《抗日游击战争的战略问题》、《论持久战》、《新民主主义论》等。当时，对共产国际震动最大的要数周恩来同志带到共产国际的毛泽东 1939 年 9 月 1 日关于苏德互不侵犯条约对《新华日报》记者发表的讲话。

1939 年 8 月 23 日，苏联和德国签订了互不侵犯条约。这个消息是突如其来的。我当时正参加《共产国际》的出版工作，最新一期都已印好，正在装订。由于这一期的内容都是反对德国法西斯主义的，所以只得全部作废。共产国际的许多同志对苏德条约不理解。如罗马尼亚的安东尼斯库等同志就是这样。只有国际检察委员会书记佛罗林[①]（德国人）异常兴奋。他说 ：“现在世界上有三种力量 ：法西斯主义、帝国主义、社会主义，三者的力量对比如同一个三角形，原来是帝国主义、法西斯主义在上边，把社会主义的苏联压在下边。斯大林签订了苏德条约，把局势转过来了，现在苏联转到上边，把帝国主义和法西斯主义压到下边了。”由于他是德国人，大家对他的解释不以为然。

9 月 1 日，毛主席就苏德签订互不侵犯条约对《新华日报》记者发表的讲话指出 ：“苏德协定打破了张伯伦、达拉第等国际反动资产阶级挑动苏德战争的阴谋，打破了德意日反共集团对于苏联的包围，巩固了苏德两国间的和平，保障了苏联社会主义建设的发展。在东方，则打击了日本，援助了中国，增强了中国抗战派的地位，打击了中国的投降派。在这一切上面，就安置了援助全世界人民争取自由解放的基础。这就是苏德互不侵犯协定的全部政治意义。”[②]

周恩来到苏联时，把这个讲话带到了共产国际。很快，任弼时交给我译成了俄文，并印制成册。共产国际再根据俄文译成德文、法文等各种文字，在国际广

---

① 佛罗林（1894—1944），德国人。1931 年起先后当选为共产国际执委会主席团候补委员、委员、书记处书记。

② 《毛泽东选集》（第 2 版）第 2 卷，第 580 页，人民出版社，1991 年版。

泛传阅，并在《共产国际》杂志上发表。这个讲话震动了共产国际，欧洲共产党人敬佩毛泽东的真知灼见。安东尼斯库对我说："毛泽东比我们高明得多。我们在莫斯科对条约都不能理解，毛泽东远在延安，却能理解得这样透彻。"

任弼时在苏期间做了大量的工作。除上面提及的以外，我记得的还有：

第一，1938年，他花费了大量精力校译谢唯真翻译的《联共（布）党史简明教程》，使其能早日出版。

第二，他领导了一个研究小组，定期研究中国、国际重大政治问题，向中共中央作汇报并提出建议。这个小组由国际干部处和中国驻国际代表团的同志组成。成员大部分是中国人，也有几位苏联同志。1939年夏，根据国际掌握的资料，小组召开了一次分析研究东方慕尼黑危险问题的会议。参加会议的虽然大部分是中国人，但因为他们离开祖国的时间较长，不甚了解国内形势变化的特点，将投降的危险看得过重。会议开了好几天，任弼时鼓励大家畅所欲言，各抒己见。他最后作了总结发言。会后他曾对我说："中国的事，喊叫是一回事，实际上往往是另一回事。此乃雷声大，雨点小。"意思是说，英美想为了自己的利益而牺牲中国的利益，东方慕尼黑的危险是存在的。但因为帝国主义各国（主要是英、美、日）的利益相互矛盾和冲突，它们不容易一致起来。讨论的结果报给了中央，中央很快作出了相应的反应。

第三，秘密交通常从国内带来一些情况动态等材料，由弼时亲自领导，加以整理、翻译和分类。这项工作十分机密，一般不让别人过问。

第四，整顿了中共党校。抗日战争爆发以后，为了方便苏联运送援华物资，从乌鲁木齐到兰州建立了交通线。我党在这两个地方分别设立了办事处。中央通过这条交通线送出了一批病残的负责干部到苏联治病、疗养。如：蔡畅、张子意、贺诚、贺子珍、金维映（阿金）、蹇先任、刘群先、李世英、马明方、刘亚楼、卢冬生、林彪、钟赤兵、方志纯等几十人。弼时将他们组织起来，边医病、休养，边学习。党校设在莫斯科郊外的一所疗养院里，对外仍称疗养院，国际称之为中共党校，有时也用代名称"七部"、"八部"。党校分政治、军事两个班。军事班由伏龙芝军事学院将级教官任教。党校的一切事务由共产国际负责，但教学方针和教学内容则由中共代表团和弼时规划决定。

第五，妥善处理了王明、康生等人遗留下来的诸多问题。由于王明是共产国际执行委员，除负责中国事务之外，还负责处理拉丁美洲各党的问题。因此他在走时，留下了一大堆没有处理的文件和亟待解决的干部问题。王明、康生回国时，将他们喜欢的干部都带走了，而将他们不称心的干部留在了苏联。由于这些干部久居苏联，大家都称他们为“老莫”。比如像肖三这样的老同志，王、康回国前，都不向他打招呼。后在弼时的安排下，肖三于1939年初回到了延安。从东北到莫斯科的同志，如韩光、曾赤、林娜等，也都很快回国了。

特别应提到的是六大中央委员陈郁同志。他因曾反对过王明“左”倾机会主义路线而受到王明、康生的迫害。1931年陈郁到苏联后，被分配到斯大林格勒拖拉机厂做工，一干就是七八年，始终无人过问。他多次要求回国，也无人理睬。王明走后，国际才知道有个中共中央委员在工厂当工人。弼时和国际干部部将他召到莫斯科谈话后，决定让他暂时回厂，有机会即派他回国。在弼时回国前，这些遗留问题都得到了认真和妥善的解决。

弼时在苏期间，中共代表团同共产国际及苏共的关系基本上是正常的。共产国际处理有关中国的事务，无论是方针、政策的研究讨论、对中国同志问题的处理，还是培养中国学生的教育方针、教学计划等，一律以弼时为首的中共代表团的意见为依据。至于要向国内提出任何意见和建议，都是先同代表团协商，取得一致意见后才发表。

1939年秋，周恩来到苏联后，弼时全力协助他工作。

同弼时同志共事以来，总觉得他对党对毛主席无限忠诚，为人谦虚、谨慎、稳重、诚恳，对工作认真负责，对同志和蔼可亲。这一切都给我留下了深刻的印象。从那时起，我就把弼时作为自己敬仰的老师和学习的榜样。

周恩来在共产国际

1939年9月的一天午后，弼时给我打来电话说：“你今天不要走远了，最好不要出门。”下午7时许，他又打来电话，要我立刻到他家去。

我一走进他的房门，很惊奇地看见周恩来在座。弼时向我作了介绍，其实我早就见过恩来。在交谈中，周副主席回忆说：过去我每次来苏联，都要处理有关你们留学生的一些问题。他还谈到曾在孔策沃给军事学校的留学生作传达六大报告的情景。这次，周恩来是到苏联来治疗骨折的右臂。同他一起来的有邓颖超、孙维世、李德等。我们安排恩来、邓大姐、孙维世住在柳克斯公寓。

恩来的右臂是在延安骑马时摔伤的。他同江青一起外出，在路上，江青猛地打马，她的马突然猛冲过来，使恩来的坐骑受惊，因毫无防备被摔了下来。恩来急中生智，用右手护住头，胳膊肘先着地，造成肘部粉碎性骨折。当时延安医疗条件差，没有完全把骨头对好，就打上了石膏。等取下石膏时，肘部已不能活动，右臂肌肉逐渐萎缩。于是，中央建议他赴苏联治疗。为此蒋介石派出自己的专机到延安，把恩来接送到迪化（今称乌鲁木齐）。然后，周转乘苏联的飞机到达莫斯科。

共产国际安排周恩来到皇宫医院（即克里姆林宫医院）治疗，邓颖超、孙维世常常到医院来照料周。由于他们都不会讲俄语，我差不多每天到医院去，给他们当翻译。

苏联请了一批高级专家给周恩来治病，先后进行了三次大会诊，讨论治疗方案。这三次大会诊恩来都参加了。医生们提出两个方案，供恩来选择。第一个方案是把肘骨拆开，另行接骨。其好处是胳膊可以运动自如，缺点是痛苦大，所需时间也较长，而且要冒手术不成功的风险。第二个方案是不开刀，采用按摩等治疗方法。好处是治疗时间短，缺点是胳膊只能活动到一定的角度，不能运用自如。恩来说："国内工作很忙，不允许我长期在国外治病，就选择后一种方案吧。"

在治疗过程中，患者是异常痛苦的。注射麻药后，就硬把胳膊搬到一定的角度，固定起来。麻药效力消失后，疼得恩来豆大的汗珠直往下滚，不由得喊叫，急得我们团团转。然后进行按摩，使萎缩的肌肉恢复生机。这也使他疼痛难忍。按摩的医生是个老太太，她不懂中文，不断对我说：不受这个苦就会前功尽弃，所以，一定要受这个痛苦，将来才有希望使手臂活动得幅度大些，可以梳头、吃饭。

在住院期间，恩来仍坚持工作，着手起草给共产国际的报告《中国问题备忘录》。我劝他说："你是来医病的，还是先把病治好为宜。"但是他说："我这是外伤，不影响我的思考和工作。"

备忘录全文共五万五千字，分三个部分。第一部分全面介绍了中国抗日战争的现状，文中写道：武汉战役以后，中国抗日战争的第一阶段已经结束。

第一阶段的特点是敌人在十六个月中占领中国十四个省，九百多个县。我们在敌后广泛地开展游击战，敌人实际只能控制一百个县。"我们得以保持基本有生力量并逐渐加以补充。我们也得以保持广大作战地区，将主动权夺到自己手里。敌人的闪击战和速胜战破产了。为我长期抗战打下基础。”目前，战争已由敌人大举进攻的第一阶段进入敌我双方相持阶段，即胶着状态的第二阶段。

第二阶段的特征是，敌人将战略重心转移到华北敌后战场，企图消灭中国共产党领导的游击队，在其占领地区进行建设和开拓富源，将重点放在政治进攻和施加经济压力上，迫使中国投降。“中国坚持持久战方针，必须坚决加强团结，反对投降与分裂，主张民主进步，反对倒退，坚持敌后游击战，粉碎敌人妄图消灭游击队的活动，加强前线防御，阻止敌人进攻。”目前我们遇到一系列困难，主要是国民党的反共、投降活动和腐化现象，加上日本侵略者的诱降、英法的妥协活动，致使投降与分裂可能成为这一过程中的主要危险。

备忘录系统地介绍了抗战爆发以来两年半中日战争的情况：日本派往中国一百多万兵力，伤亡已达五十一万，日本政治上“以华制华”，军事上“以战养战”。中国为坚持持久战而斗争，中国农民的民族意识受到空前未有的锻炼，农民在殖民地革命运动中具有伟大作用。

备忘录还列举了蒋介石抗战以来的三次动摇。

备忘录第二部分介绍了中国抗日民族统一战线的形成及其特点。文中说，中国的统一战线没有正式的共同纲领，而参加的各党派也无联合组织，其中心环节是国共合作。按照毛泽东的分析，中国的统一战线是全民的和抗日的，其政治基础是孙中山的三民主义；参加的各党有自己的军队。统一战线是不平衡的；统一战线所处的状况是大部分人民尚未组织起来，处于新的国际形势之下，这些都是中国统一战线的特点。

备忘录指出，由于蒋介石和国民党的基本思想是反共，要统治人民，不愿承认国共合作，所以统一战线将处于更加矛盾的发展之中。备忘录介绍中共在统战中的政策原则和策略方针是：一切服从抗战，三民主义是统一战线的政治基础，国共合作是统一战线的组织基础。国民党进步、中共及其军队的巩固与发展是统一战线的保证。坚持抗战，反对投降与分裂，坚持“人不犯我，我不犯人”，“人若犯我，我必犯人”的自卫原则，争取在中国彻底实现民主共和国。备忘录第二部分还介绍了我党对国民党及其他各党派的政策。

备忘录第三部分系统地汇报了中共各方面的工作和八路军、新四军的工作。中共除西藏和青海外，在各省都建立了自己的组织。有四个中央局（华北、华中、南方、东南），十个省委和区委。党员人数比抗战前增加了六倍，达四十九万八千多人。他特别指出："中共中央从来没有像今天在毛泽东同志领导之下这样统一。"八路军由五万人发展到二十四万人。中共采取各种不同的形式、方式和方法，顺应周围环境，合法开展群众工作。在大城市主要是情报工作和对敌破坏工作。《新华日报》是全国性的党的机关报，目前仅在重庆就发行两万份。毛泽东的著作《论持久战》、《论抗日战争新阶段》发行更广，仅上海一地每本就发行十万册。

最后介绍七大的准备工作。1937 年底已成立了以毛泽东为主席、王明为书记的准备委员会。准备 1940 年三四月份召开。

周一边写，我一边译。我和林佛译完之后，把译稿交给季米特洛夫的政治秘书波诺马廖夫（后任苏共中央政治局候补委员），压缩成二十页的打印稿，再由季米特洛夫将打印稿送交斯大林及国际执委看。翻译工作一直持续到周出院之后。

恩来在医院里住了两个多月，于新年的前几天出院。元旦晚上，他出席了共产国际举行的新年联欢会。

出院后，周恩来在共产国际机关进行了一系列活动。

第一，向共产国际汇报中国问题。首先根据备忘录向国际执委作了一次口头报告，参加会议的有共产国际主席季米特洛夫，共产国际秘书长哥特瓦尔德，书记库西宁、曼奴伊尔斯基、拉科西①、皮克、马尔梯、安东尼斯库、何塞·迪亚斯②、陶里亚蒂、伊巴露丽等。因为是讲抗日战争，所以会议特地邀请冈野进③（即野坂参三）列席。任弼时自始至终参加了会议。还有工作人员。

国际干部处的马尔特维诺夫列席，徐介藩和我担任翻译。

会场上挂着地图和各种表格。周恩来连续讲了两天，周的报告每天长达四五个小时，加上翻译的时间共约八九个小时，比他的书面报告更加详尽。

国际的同志对中国的事情不甚了解，更搞不清中国统一战线形成的来龙去脉和其中的某些奥秘之处。听了周恩来的报告后，他们才心中有了数。当时大家最担心的是中国抗战能不能坚持下去，中国人民能不能战胜日本帝国主义。因为这

---

① 拉科西（1892—1971），匈牙利人。1940 年前往苏联，参加共产国际的领导工作。

② 何塞·迪亚斯（1894—1942），西班牙人。时在共产国际执委会书记处工作。

③ 冈野进（1892—1993），日本人。实名野坂参三，冈野进为笔名。1931—1940 年作为日共代表在共产国际工作。

关系到世界反法西斯斗争的前途问题。

周恩来在报告中引用了大量数字，分析了1937年抗战以来战局的变化情况、中日双方的优劣势和强弱点，讲述了在共产党领导下，中国人民武装英勇战斗的事迹，从而很好地回答了这些问题。结论是肯定的，中国人民一定能够战胜日本帝国主义。大家听了以后，都很兴奋。可是，外国同志对周恩来讲的阎锡山、胡宗南、鹿钟麟等人名和晋察冀、晋冀鲁豫等地名搞不清楚，也记不住。散会时有个同志风趣地说："恩来同志辛苦了，你讲的我们全知道了，但又全不明白。"西班牙的一位同志讲，周的报告使他更加相信，各国的事情只有各国人民自己才能解决。

这两天的报告都由我一个人口译。每次散会后，季米特洛夫就走到我跟前来，诙谐地说：你是活着还是死的，你的头不昏吗？同时他劝我好好休息一会儿，再喝一杯咖啡，可见工作之紧张。

周恩来将二十页的书面报告修改后，以《中国抗战的严重时机和目前任务》为题发表在1940年4月出版的《共产国际》杂志上。

共产国际和斯大林都很重视恩来的报告，经过一二十天的研究、讨论后才作出《共产国际执委会主席团关于中共代表报告的决议》。

2月末，季米特洛夫将这个《决议》交给周恩来。季米特洛夫解释说：恩来的报告斯大林看了，国际执委会关于报告的讨论情况，也向斯大林汇报了，斯大林和苏共中央政治局就中国问题进行了极其严肃的研究和讨论，并且十分审慎地从各方面考虑了中国问题。之所以采取这种态度，是因为中国革命本身具有许多独特的微妙之处，且又在世界革命运动中占有非常重要的地位。本来斯大林很想接见恩来并面谈一切，但是，当时苏联同国民党政府不仅恢复了外交关系，而且往来甚密。这次周恩来是由国际接待的，如果斯大林接见周恩来，就不能回避接见国民党的外交人员，可是他又不愿意接见后者。所以，这次就不见面了，希望恩来谅解。这个《决议》是在斯大林主持之下讨论和草拟的，而且字斟句酌，反复推敲，慎之又慎地选择了措辞。因为既想把问题说明白，使中共能正确理解国际方面的立场、观点、态度和愿望，又不能因决议本身的任何一句话而束缚了中共的手脚，或伤害中共的积极性和创造精神。季米特洛夫接着说，请你们先把《决议》研究一下，如有问题或意见，请提出来，我们再行商量。总之，我们要共同努力，把这个任务完成好。

《决议》文字不长，简明扼要地说明了国际执委会的意见，由我口译，恩来笔记，修改后抄正。后来由恩来随身携带回国，交给中央，即 1940 年 2 月《共产国际执委会主席团关于中共代表报告的决议》。

这个文件很重要，全文是以建议的口气写的，给中共中央很大的回旋余地。中心内容是希望中华民族团结起来，一致对外，坚持抗战，争取胜利，战胜日本帝国主义，解放全中国。以往，国际发出的文件往往因不符合我们的国情，常常引起中央的议论，而中央对这个文件却不曾有过任何不同意见。毛主席在七大的报告中指出这次大会是“团结的大会，胜利的大会”，就是引申和运用了这个文件的精神。共产国际所说的团结，是指党内团结和国共两党之间的团结，毛主席讲的团结是党内团结，也包括与党外人士和人民群众的团结。

季米特洛夫很重视中共内部团结和领导层的一致。一次，他同周恩来单独会谈时问道，王明回国后的表现如何？同毛泽东的关系怎样？他们合作得好吗？

恩来回答说，不够好，甚至有一个时期，王明跑到武汉，企图另外组织自己的班底。

这时，季米特洛夫立即说：“王明回国前，我们曾再三告诫他，不要以为自己是国际执行委员，又是书记之一，就可以翘尾巴，不听话，把自己凌驾于中央、毛泽东之上。须知，毛泽东是在人民群众中、在实际斗争中成长起来的，所以他才是中国人民、中国革命和党的真正领袖，而不是别人。希望王明回国后放下架子，服从党的统一领导。我和斯大林都曾这样告诫他，可是他竟然不听我们的忠告，把这些忠告当作耳边风，使人很失望。他看起来是个精明的人，怎么在实际中又这么愚蠢呢？！”

他继续说：“王明本来是米夫的学生，也是米夫一手培养、提拔起来的，同米夫共事多年。王明是很机灵、精明的，当他一嗅到米夫出了问题时，就立即转过头来同米夫做斗争，而且极力揭发批判他。这样，王明就站在了正确一边，同米夫划清了界线。王明是个很机灵，很会转弯子的人。”季米特洛夫不禁苦笑一番。

第二，参加了国际监委审查李德问题的工作。国际监委佛罗林主席负责处理此事，他是德国人。共产国际是根据中国党的意见对李德进行审查的。刘亚楼等出场作证。

国际给李德作的结论是，有错误，免予处分。其理由是：李德的错误在于不了解中国的情况，出了一些错误的主意，李德无权对中国党的事务作出决定。中国共产党是一个独立的党，对于李德的意见可以采纳，也可以不采纳。李德的错误意见被采纳，这个责任应由中共中央负责，所以李德免于处分。从此，国际不再重用李德，分配他去做出版工作。

第三，看望在苏联的中国同志，并处理了一些有关事务。他首先去看望了中国党校的同志，还多次接见他们，个别解决问题。此外，他还到莫斯科郊区的莫尼诺第二国际儿童院看望了中国孩子们。

周恩来到莫斯科后，还特意了解了陈郁的情况，并把陈调到莫斯科，准备带他一起回国。

第四，同共产国际的领导和部分执委们分别见面、会谈。这些执委都是当时各国共产党的领袖人物，其中有：罗马尼亚的安东尼斯库，西班牙的伊巴露丽，德国的皮克，法国的马尔梯，芬兰的库西宁，少共国际书记米海伊洛夫等人。会见时，双方交换了各自的情况和观点，加强了彼此的联系和了解。建国后我到东欧去时，碰见过这些同志，回忆起当年的情景。他们对恩来是非常敬佩的。

共产国际的工作人员也非常尊重、热爱周恩来，很想见到他。其中不少人要我在周到国际来之前，给他们打个招呼。当他们看到周恩来标准的身材、潇洒的风度、稳重的举止时，都情不自禁地说：真漂亮，是个美男子。

特别应提及的是周恩来同经济学权威、理论家瓦尔加的会谈。周问：中国法币（国民党的币制）日益贬值，这使陕甘宁边区边币也发生贬值，继而又使物价不断猛涨，亦即使边区人民群众生活和我军的处境日益困难。如何解决这个问题？

瓦尔加回答：我这样想，首先应使边币脱离与法币挂钩的关系，使自己独立起来，不受它的影响和牵扯；其次，边币不应成为银行钞票，而只应成为法定的流通证券（以维护它的购买力），并以边区的实物、财富（煤、食盐、石油等等）为保证，而不必以黄金、白银等作银行基金；第三，发展生产（靠自力更生），使边币（财富的代表）独立于内外货币的影响之外。对他这个意见，我们党是十分重视的。

工作之余，周恩来参观了几个博物馆，参加了几次晚会——驻国际各国党的代表组织的联欢会、联谊会。

周恩来离开苏联时，共产国际给我党若干资助（数目不详，据恩来讲数目不大），回国后，在西安八路军办事处留下一部分，其余的带到重庆。

此外，国际建议我们必须建好空中（电台）联络和陆上交通。这项工作由弼时负责。临行时，我跟着任弼时去共产国际机要交通室，室内挂着几道布帘，使来者不知道帘子那边有些什么人、在干什么事。后来在工作中才知道是交给弼时一个联络信号、电报密码本，供与共产国际联系时使用的。回国时弼时随身携带着这本密码，入境时，便放到周恩来的手提包里。因为周在抗战爆发之后被国民政府任命为军事委员会政治部副部长，中将军衔，过境时在两国都有豁免权，不受检查。

随周恩来、任弼时一道回国

1940 年 3 月上旬，苏联派专机送周恩来回国，一直送到兰州。同行者有邓大姐、任弼时、陈琮英、蔡畅、陈郁和我，另外有日本的冈野进，印尼的阿里阿罕，共十个人。共产国际送给周恩来的一部小型电影放映机及电台等器材，也一起带回来了。

我们乘火车从莫斯科到阿拉木图，路上走了两三天。到阿拉木图后我们住在招待所，一面休息，一面交涉乘机事宜。抗战时期苏联援助中国的军火从阿拉木图经乌鲁木齐运到兰州，再运往内地，所以乌鲁木齐、兰州均有苏联领事馆和空军基地。在过境前，周恩来查问了每个人携带的物品，让我们把随身带的文件、信件、钱交给他，由他放到一个小皮箱里。这个小皮箱里还放着从共产国际带回来的文件、电报密码、美钞等。这个小皮箱周恩来从来不离身，也不受检查。周恩来还根据我们的年龄、籍贯，给每个同志设计了一个应付环境的身份。阿里阿罕化名王大才，冈野进化名为林哲，他们的身份是参谋，即卫士。陈郁是副官，我是秘书。我原名叫师一哲，恩来说：西安刚打死一个王以哲，又来了个师一哲，你叫师哲吧。其他的同志的身份都是朋友、随员。

我们乘飞机离开阿拉木图，在伊犁（即今伊宁）稍事停留。检查行李时，周恩来始终拿着那只小皮箱，他对边防官员们说："这个不能检查，其他的东西你们可以检查。"

当天飞机到乌鲁木齐时，盛世才亲自到机场迎接。周恩来、任弼时先到盛世才那里坐了一会儿，尔后回到办事处。我们其余的同志一直等到陈潭秋来了之后才下飞机，坐车直接到办事处。我们在乌鲁木齐停留了一个星期左右，周恩来到盛世才那里去了三次，为我们驻新疆代表团的工作人员和学习的干部解决了一系列迫切的问题。另一方面，他还接见了我党在新疆的干部，分别看望了在装甲兵学校、航空学校以及干部训练班学习的同志们。

飞机到兰州后，我们停留了三四天，住在八路军办事处。办事处主任是伍修权。飞机刚降落在机场，一个国民党上校军官已带着一批人虎视眈眈地准备检查和进行登记，气氛相当紧张。

周恩来沉着冷静地坐在机舱里，命我先下去看看。我下去后，告诉那位上校："机上是周恩来先生和他的家眷及随员。"那个上校的态度立即为之一变，马上声明他是周先生在黄埔时的学生，并表示欢迎周先生。

我把这个情况向周恩来汇报后，他才慢慢走下飞机。那个上校趋步上前，举手敬礼，连连表示他的所有汽车都归我们支配。我们谢绝了他。伍修权早已准备好了车子，把我们接到了办事处。

在兰州，我们换了装，并购置了被褥、被单、脸盆、杯子、毛巾等日用品。周恩来对每个同志都很关心，考虑得非常周到，以至连一块油布、一根绳子都考虑到了。他再三叮咛大家把日用品备齐，以免路上发生困难。恩来做事细致周到，和他一起行动，我总是心中有数，因为每样事情他都预见到、考虑到，事先给你打招呼，你照办就行了。和他一起工作的同志能够镇定自若、灵活机动对付和战胜敌人的任何阴谋诡计。

在兰州，国民党甘肃省主席朱绍良请恩来吃饭，恩来顺便向他借了一辆大型轿车。苏联驻兰州总领事也请恩来吃饭，并进行了长谈。恩来还同我们一起到街上看了一次电影。

从兰州坐大轿车出发时增加了谢觉哉的夫人、孩子和一个警卫员，共十三个人。汽车第一天到达华家岭，这是贺兰山的一个高峰，客店里住满了人，房内又湿又冷，房外天寒地冻。多亏恩来想得周到，让每个人都带了行李，不然这一夜真过不去了。第二天到达平凉。第三天汽车路过大佛寺时，恩来带我们参观了大佛寺，他说，只有了解祖国的文化，才能热爱祖国。

这天晚上[1]，我们抵达西安八路军办事处。

我们在西安停留了三四天，住在七贤庄办事处。处长是伍云甫。这里和乌鲁木齐、兰州大不一样，首先是特务如麻，把我办事处层层包围起来，他们化装成卖糖果的、修鞋的、卖烟卷的、卖报的、玩球的、蹬三轮车的等等各种各样的人物，看守着办事处的前后门。所以我们规定，外出时必须集体行动。

有一次，恩来、弼时同我们一起到珍珠塘去洗澡。那里也布满了特务，他们故意捣乱，等我们刚脱掉衣服进入澡盆时，就拉空袭警报。我赶快去找恩来，他正在理发。我向他汇报后，他若无其事，坦然地说：不理它，等我理完发就去洗澡。他一眼就看穿了这是特务在捣鬼。

恩来同胡宗南、蒋鼎文等人进行交涉，迫使他们不得不发给八路军部分军饷，这也是国民党政府发给我们的最后一次军饷。

从西安出发时已形成一个车队，除了大轿车外，还有四辆大卡车。有两辆卡车坐着八路军战士，押着十几箱法币，这就是国民党交给我们的最后一次军饷。另外两辆卡车上坐的是到延安去的青年人。

那时西安的西门有国民党一个营的兵力守卫，戒备森严。我们的车队刚到达西门时，他们的营、连长就都出来了，大概他们早已得到了通知，准备要认真盘问，检查一番。我跳下车迎了上去，他们厉声问道：什么人？我回答说：周副主席，周恩来中将的车子。他们马上站在一旁，立正敬礼，恭送车队通行，连护照都没有看，并说不必检查了。

离开西安后的第一天，我们行至北同官（今铜川）的北边，哭泉镇的山下。因为山上的冰雪融化，冲坏了一段公路，一个大泥坑拦住去路。恩来同大家一样在路边的草棚子里过了一夜。第二天雇了农民的一头牛把汽车一辆一辆拉过泥坑，大家费了九牛二虎之力才把汽车推上了山。

老牛一到山上就累死了，农民以为我们会像国民党的军队一样，不管他的损失扬长而去，吓得瘫在地上。恩来指示我们赔给他二十万法币，等于买下了这头牛，把牛肉给战士们吃。而牛主买这头牛只花了九万法币（但这时牛价已长了好多）。牛主一听几乎双膝下跪，感谢周副主席，感谢八路军。围观的群众有的喜

① 抵达西安的时间是 1940 年 3 月 14 日。

笑颜开，有的感动得热泪盈眶。在这座山顶上的哭泉镇有个孟姜女庙。传说当年孟姜女从长城脚下搬运她丈夫的尸体回咸阳时，走到这里渴得喉咙冒烟，走不动了，痛哭起来，伤心的哭声感动了天帝，天帝就赐给这里一泉清水，我没有见到这个清泉，但农民群众感激共产党比感激天帝还要实在、真切，我们不仅感受到了，而且至今记忆犹新。

这天晚上到了洛川。我们在饭店吃饭时，两个特务坐在一旁监视我们。我故意大声地给大家讲外国特务的故事，说他们如何下流，如何的坏，把特务骂得狗血淋头，他们坐不住了，一个个溜走了。

因为劳累了一天，大家都早早休息了。到半夜 11 点钟，洛川的县长前来拜访恩来，他自称是黄埔的学生，非要见老师不可。因为恩来已经睡了，他等了好久才见到。在和恩来交谈中他回忆了当年在黄埔的情景，为感谢恩师，非要替我们付房钱、饭钱不可，我们一再解释，钱已经付过了。他谈了一个钟头才走。从一路上的情况看，恩来在国民党人士和广大群众中影响是极大的，威望是很高的。

第三天我们的车队驶过芥子河，进入陕甘宁边区的南大门——茶坊时，人群一下子围住车子，问寒问暖。恩来下车和战士们一起打篮球，根本分不清谁是干部，谁是战士。这天晚上，我们住在甘泉县委里，晚上周恩来和毛主席通了电话，谈了我们一行人的情况。

第四天路过崂山时，恩来给我们讲了他当年在崂山遇险的情景。那时，他在三个同志的掩护下，从西边的大山崖上转移了。他深情地怀念牺牲了的战友。他的名片装在警卫员的衣袋里，这个同志牺牲后，名片掉在地上，敌人以为恩来已被打死，没有再追，否则也是十分危险的。

当汽车开到延安七里铺兵站时，李富春到这里来接我们。因我长期在国外，不了解李富春和蔡畅是夫妻关系，说："中央组织部副部长来接我们了。"

恩来碰了我一下，说我是"土包子"。他和富春开玩笑说："你刚走到七里铺来迎接是不成的，应到二十里铺去迎接才算礼到。"大家见面，说说笑笑，十分高兴。

恩来指示所有的车辆一律到兵站接受登记、检查。兵站的负责同志请恩来的车子先开走，早点回机关休息。但恩来坚持按规章制度办事，直到全部的车子都已登记、检查完毕，分送到有关单位的事彻底办妥后，他才坐车离开兵站。当时我很不理解，问他为什么要这样做，他耐心地解释道："我们自己制订的纪律和规章制度，如果我们自己不能遵守执行，那还怎么能要求人家去遵守执行呢？再说，我们的车队坐着这么多的同志，都是我带到延安来的，怎能不先安置好他们，而自己先乘车离去呢？！”这一席话留给我的印象很深，感受之大，令我至今仍念念不忘。

3 月 25 日，我们抵达延安。中央召开大会欢迎，其盛况当年报纸有记载，我不再赘述了。我们住在蓝家坪，这是党中央所在地，洛甫、弼时、恩来都住在这里。冈野进住在八路军总部，李初梨为他做翻译工作。阿里阿罕仍化名王大才住进马列学院，恩来帮他接通关系后，他于 1943 年经重庆回国了。

任弼时、周恩来是我党中央最后一次向共产国际派遣的代表。此后，我党再未派出代表去“远方”（指共产国际，这是当年党内使用的代语），而国际本身也于 1943 年初解散而不复存在。

初到延安

第一次会见毛主席

我们从莫斯科起身时，共产国际为我们准备了两大箱食品，有奶油、乳酪、各种罐头、饼干、糖果、巧克力、烟、酒等等。在旅途中，恩来同志建议大家一概放弃西餐，改用中餐。他的建议自然得到大家的拥护，但是久居国外的同志不解其意，觉得把这些食品带到延安去，岂不是把石头往山上背吗？

到达延安的第二天清晨，恩来同志亲自检查了食品箱，然后对我说："把这两箱食品交给警卫员，转送到杨家岭（毛主席的住地）去。"这时，我才恍然大悟，敬爱的周副主席心里时刻想着我们的领袖毛主席。这虽是一件小事，但从这里可以看出恩来同志高尚的品格。人们常说以小见大，这句话用在这里是最合适不过的了。

我回到延安，回到阔别十五年的祖国，脚踏在家乡的土地上，每天都听到久违的乡音，处处感到那么亲切、熟悉，又那么新鲜，令人激动不已。祖国啊，我离开你的时间太长了！现在是应该为你作出点贡献的时候了！

我盼望着能早一天见到毛泽东。在苏联，当人们提到中国红军时，必然要提到毛泽东的名字。我在任弼时的办公室里，第一次见到毛泽东的巨幅照片：头戴八角帽，身穿军装，魁梧、年轻、英俊，目光深邃，充满自信。我虽然不好意思开口询问，但心想这一定就是人们所仰望的毛泽东。这时，我顿觉受到了莫大的鼓舞。我们党终于有了自己值得信赖的领袖，中国革命胜利在望。后来我听说了这张照片的来历，它是斯诺在陕北拍摄的，共产国际托苏联驻外使馆花四千美元购得。我到共产国际工作后，同中国同志交往甚多，在处理各种事务和进行各项工作时，人们总是会说：“为了毛泽东。”可见，毛泽东的名字成了革命、奋斗、胜利的象征。对任弼时，人们称之为毛泽东信得过的人；对周恩来，人们称他是毛泽东的使者、全权代表。

这一天终于来到了！

1940 年 3 月底的一个下午，周副主席带我一道去杨家岭拜会毛主席。杨家岭是中央军委的所在地，毛主席是中央军委主席。

春光明媚，风和日丽，毛主席正在窑洞前的土坪上安详地散步，见到我们来了，立即微笑着健步迎了过来，和周副主席紧紧地握手。接着，周副主席将我介绍给他，我握着他那宽大、敦厚的手，心情激动万分。

毛主席明朗慈祥的脸上布满了笑容，亲切、和蔼而又诙谐。他见我有些紧张，便风趣地说，你的面容像某某，风度像某某。但我因为对国内干部情况一无所知，完全不知所云，傻呆呆地看着他。

恩来见我拘谨，急忙解释：“这些人他（指我）都不认识，自然不能理解。”

主席话锋一转，问道：“你是哪里人？”

“韩城人。”

“噢，你和司马迁是同乡。”这句话像一只灵巧的金手，一下子就找到了我们交谈的话题，激起了我万千思绪。

接着，毛主席谈到龙门在韩城县境内，“禹门三级浪，平地一声雷”的出处；讲了黄龙山山脉自西向东，绵延到韩城县境内；解释了黄龙山命名的起因，它的山势、土壤、物产，并指出延安以南的崂山也属黄龙山山脉。

我说：“小的时候听年长的人说过，‘黄龙山是土匪窝子’。”

主席笑了笑，诙谐地说：“杨虎城将军也是黄龙山上毕业的。”

他又询问了我的出身、家庭、经历等等。虽是初次相识，但他将我的情况已全部摸清、掌握了。

毛主席初次和我谈的这一席话，使我感到他明达开朗，学识渊博，思路开阔，博古通今。此外，我还感到主席的这一番话似乎有着更丰富更深刻的意义，需要我去体会和理解，但当时却说不出它究竟是什么。后来，同毛主席接触多了，才逐渐地认识到，这意义就是，毛主席把全部心思和精力都集中在了革命事业上，为了革命斗争的需要，对一切事情总是以严肃认真的科学态度，勤学好问，调查研究，遇事寻根究源、弄个彻底明白，决不浅尝辄止。他善于理论联系实际，这也是他知识渊博，经验丰富，对事物了如指掌，永远立于不败之地的奥秘所在。主席的风度和我见过的领导人斯大林、季米特洛夫、皮克等都不一样。他是一位旷达、开明的人，有一种超然的气概和强烈的自信心。

这天，毛主席设宴祝贺张鼎丞新婚，恩来、我和其他几位同志作陪。因而我结识了张鼎丞夫妇。

晚宴后，恩来陪主席、张鼎丞夫妇等一同到中央党校礼堂看电影。影片和微型放映机都是恩来从苏联带回来的，由恩来亲自放映，我在现场口头翻译，放映的影片是《列宁在1917年》（后译为“列宁在十月”）。

当时的医疗条件有限，周恩来的胳膊不能完全伸直，只能写字、吃饭、梳头，因而苏联医生建议恩来多多活动受伤的胳膊。恩来以放映电影作为运动，常到各个单位放映从苏联带回的影片，我随他到了不少的机关。每到一处，我们都受到热烈的欢迎。

“骆驼”与“毛驴”

回到延安后，恩来、弼时几乎天天在中央开会。会议的内容是听取恩来的汇报，讨论形势等一系列重大问题，并对各项工作进行调整和安排。会议结束后，恩来说：我离开重庆已快一年了，蒋介石早知道我已回到延安，长时间不在重庆的工作岗位上不方便，我打算马上去和蒋介石面谈。大概是5月10日，周副主席带了一批干部离开延安赴重庆。7月底，他又回到延安，并逗留了近一个月。

在延安时，恩来经常深入基层，同干部和群众一起交谈、娱乐或游览。蓝家坪旁边的一个窑洞是大家经常聚会的地方，有人戏称它为“废话公司”，即俱乐部。也有人反驳说，虽是废话，但也是有益于身心的良言佳话。恩来认为，辩证法是革命的，一切也都是辩证的。在闲谈中，大家不仅互相讨论各种问题，交流情况，取长补短，而且交流思想感情，使同志间的关系更加融洽。在延安时，一般看不出谁是大干部，谁是小干部。特别是在恩来面前，大家更是无拘无束，什么话都敢讲。跟他在一起工作、生活，永远不会感到枯燥、寂寞，更不会感到约束、拘谨、畏惧。他永远像冬天的太阳，给人以温暖，使人愿意与他接近。他总是利用一切机会和可能来关心和帮助同志改造思想，提高认识，排除困难，解决问题。他常给大家讲一些趣闻轶事、意味深长的笑谈和故事，引导年轻的同志把使自己烦恼的小事或个人愿望向他倾诉出来。这时，他既能给你提出美好的建议来解开你的思想疙瘩，让你豁然开朗，朝正确的方向去想问题，又善于帮助你解决具体的实际问题。

1948 年夏，一位同志在工作中违背了中央决定的精神，犯了本位主义的错误，苦闷了好几天，不知所措。后来，他鼓起勇气，去找周副主席，老实讲了自己的问题，承认了错误，但却怕中央知道，要求周副主席替他圆圆场，并且为他保密。周副主席冷静地审查了他的问题，弄清了问题的实质，指出他绝对不能对党掩饰自己的错误，而是应该承认错误，改正错误，否则就会错上加错，使这位同志终于解除了顾虑，放下了包袱，愉快地重新走上工作岗位。我还注意到，恩来同志不论是在什么场合，不论谈论什么问题，也不论与自己交谈的是同志、是朋友，还是敌人，在交谈中即使发生了激烈的争论，但到最后，总是能使对方心服口服，感到心情舒畅，似乎得到某种程度的满足。极少出现对立僵持的难堪局面，使任何人都讲不出愤愤不平的气话来。正像一位外交人士说的那样 ：“我本来想要在与他（周）的交锋中赢得上风，但末了却成为他的俘虏、心甘情愿的被征服者。”

40 年代，周副主席经常往来于延安和重庆、南京之间，延安的同志都希望他多回来几次。因为那时，每个同志都十分关心国际国内形势，以及同形势有关的各种问题。对这些问题的解答，周副主席是权威，所以他每次回到延安都要给大家作报告，解答同志们提出的大量问题，澄清各种疑问，鼓舞人们的斗志，坚定胜利的信心。正因为这样，他常常能掌握真实的情况，抓住问题的实质，摸准干部的思想情绪。他在听取汇报或讨论国家大事时，无微不至地关心着所有方面的具体事务和工作。

解放后，身为共和国总理的恩来仍然保持着老传统、老作风。大约是 1955 年春夏之交的一天，总理问我 ：“你参加礼拜六晚上的舞会吗？”我说 ：“没有，没有入场券。”他诧异地沉默了一下，解释说 ：“为干部们组织这种舞会，既是消遣、休息，又是碰头的机会。否则，大家整天蹲机关，忙于工作，下班后又各自回家去了。平常连见面的机会都不多，更别说互相谈心、交流思想了。”几天后，我忽然收到了两张中南海舞会的入场券。这使我既吃惊，又不安。自己为何要讲那两句多余的话，给日理万机的总理增添麻烦呢！他不仅对我如此关怀，而且也关心着其他的同志和朋友。我记得某一亚洲国家的驻华使节在和总理谈话时，提到他很欣赏中国的地毯，认为中国的地毯美观大方、柔软精细、富有弹性，非常希望有一块这样的地毯铺在使馆的客厅里。不料两天后，一块精美的中国地毯送到了使馆。这位大使对我说，这使他很受感动，对周总理更加崇敬，这件事他将永远不会忘怀。

像这类助人为乐的事，总理平生做了不知有多少。无论举出多少例子，也不足以说明总理一生在关怀和帮助同志与朋友时排除了多少困难，解决了多少问题。因为他从青年时代投身革命时起，就下决心把自己的全部身心贡献给党，贡献给革命事业和劳动人民，他是全心全意为人民服务的光辉楷模。他在研究、处理党和国家的重大问题的同时，历来不忽略或放过与工作人员切身利益有关的具体问题，即使是非常琐细的问题也不放过。所以，他能把握住时代的脉搏，了解人民群众的心愿，知道共产党人该为人民解决些什么问题。总理这种平易近人、深入群众的严谨认真的作风，诚恳热情的态度是他对革命事业高度负责精神的具体表现。他做得十分自然、得体，丝毫不做作，从不居高临下、把自己的意见和观点强加于人。大家对他的敬佩是发自内心的。

在延安蓝家坪窑洞里的一次闲谈中，一位同志说："我仔细地研究过骆驼的性格和本领。它的特点是顽强、坚韧、抗寒抗病、忍饥耐渴、吃苦耐劳，同时又有强大的负重力，能长途跋涉，过沙漠，穿戈壁，抵御狂风暴雨，互相团结拒敌，直至获得胜利。因而，骆驼被誉为'大力士'、'沙漠之舟'，这是一点也不过分的。"接着，他念了几句赞美骆驼的诗句，然后说："恩来同志，你就是我们党内和革命队伍里的一头骆驼。"

恩来马上回答说："不，不，我只是一头小毛驴。"大家又纷纷议论起毛驴来了，这个说：毛驴子在陕北人民的生产与生活中起的作用是不可估量的。那个说：毛驴子在支前、交通运输中起的作用也是很大的。又有人说：因为毛驴子为人类服役，大家司空见惯，没有注意到它对人类的贡献有多大，也就谈不上给它作出什么合理的评价了，但是劳动人民是心中有数的。一个同志站起来说："我自觉惭愧的是，我至今也起不到毛驴一条腿的作用。"这时，大家异口同声地说："我们应努力向恩来同志学习，加强锻炼，使自己坚强起来，能为革命挑起更重的担子！"

任弼时担任中共中央秘书长

5 月，恩来离开延安后，弼时和富春一起坐毛主席的汽车到安塞真武洞视察。这辆汽车是华侨募捐送给毛主席的救护车。弼时去真武洞的目的是视察为中国共产党第七次代表大会准备的会址。早在 1939 年底，党中央就决定筹备七大。[①] 原准备于 1940 年春夏召开，我们从莫斯科赶回来也是为了参加七大的。弼时和富春实地考察后，认为安塞离延安远，交通不方便。不久又发生了皖南事变，形势急剧恶化，我党处于抗日战争最艰苦的时期，七大就拖下来了。但是，在弼时、富春的领导下，七大的筹备工作一直有条不紊地进行着。

关于开会地点，除安塞外，还考虑过枣园后沟，并在那里打了窑洞，盖了礼堂。后沟保密条件好，但是地方较小，条件较差，也容不下那么多代表，而且只有一口水井，连水也不够用。最后，将会址定在中央所在地杨家岭。1941 年开始动工修建杨家岭中央大礼堂。因为严格保密，许多人不明白为何在边区经济十分困难的情况下大兴土木。有些人还因此给弼时、富春提意见，认为这是铺张浪费。到七大召开前，大家才明白。

除准备会场外，还要为代表们准备住所。代表来到延安后集中住在中央党校的一部、二部。

更重要的工作是选举大会代表和审查代表资格。当时，我党在全国各地有数十块大大小小的根据地，但是都处于日寇和国民党的层层封锁、分割包围中。代表们要安全地到达延安，一路上不知要通过多少道封锁线，克服多少艰难险阻。在路上少则走几个月，多则一年，最远的海南岛代表走了一年半才到达延安。

代表们到达延安后，都集中到中央党校一、二部学习，进行整风，统一思想认识。所以毛主席说七大实际上从 1942 年就开始了。

审查代表资格是一项既严肃，又复杂的工作。一次弼时同一位省委书记谈话，这位省委书记是七大代表，他的历史有些问题。弼时让我一同参加谈话。在谈话中，我发现这位同志在撒谎，就有些着急，而弼时却不慌不忙地耐心听着。因为

---

① 早在1937年12月23日于延安召开的中共中央政治局会议通过了《关于召集第七次全国代表大会的决定》，并成立了准备委员会，主席为毛泽东，书记为王明。在准备委员会下设秘书处，由毛泽东、张闻天、赵容（康生）、陈云、王明组成。

当时只是怀疑，没有确凿的证据。但在七大之后，经过几次谈话，他最终，承认自己曾被捕过，并在被捕后有自首行为。

弼时为筹备七大付出了极大的心血。

1940 年 5、6 月间，中央政治局决定弼时担任中央秘书长。这个决定没有立即宣布，直到 1941 年 9 月才正式宣布。[①] 弼时早在“八七”会议上就当选为中共中央政治局委员，在历史上曾担任过团中央书记、中共湘赣省委书记、红二方面军政委、八路军总政治部主任，有丰富的斗争经验和组织工作能力。1940 年 10 月、11 月，我随弼时、张闻天等搬到杨家岭，和毛主席住在一起，就是为了便于弼时直接协助主席更好地完成中央领导工作。弼时任秘书长，实际上是负责中央书记处的日常工作。当时张闻天任书记，但他的兴趣在理论研究方面，对日常的组织、行政事务工作是大而化之，不放在心上的。我不止一次地听毛主席讲，凡对事情抓而不紧，就等于不抓。这句话是有针对性的。弼时对张闻天十分尊敬，有事都找张商量，弼时当了秘书长后更是这样，两人相处得很好。1942 年初，张闻天主动要求到基层调查。从此，中央书记处的日常工作全部由弼时负责。他还分管中央组织部、工会、青年团、妇联及西北局的工作。在此期间，他对党的建设做出了较大的贡献。

首先，他整顿和健全了中央机构和工作制度。虽然中央搬到延安已三四年，但是日寇隔河相望，虎视眈眈，敌机不断空袭；胡宗南几十万军队包围着边区，天天制造摩擦，使我们不得不保持高度戒备状态。因而当时各机关时时警惕，保持着某种游击做法。中央机关、组织部、宣传部、统战部、西北局均在蓝家坪，但是当时中央的负责人各管一摊，总书记张闻天管理论宣传、马列学院、中央党校；陈云分管中央组织部；李维汉负责统战工作。西北局的负责人是高岗、贾拓夫。每个人都有自己的工作方式和生活习惯，互不统一。

我们从苏联带回来的书籍、物品都放在我那儿。恩来开单子，让我给谁送去，我就照办。我初到延安时很不习惯，觉得中央怎么没有统一的办事机构，也没有统一的作息制度，甚至连必需的收发制度也没有，送出去的文件和物品找不到下落的情况时有发生。总而言之，一切都不正规，游击作风很浓。仅举一例：我

① 任弼时 1940 年 5、6 月担任的职务应是七大筹委会的秘书长。1941 年 9 月正式任为中共中央秘书长。

们刚搬到杨家岭时，军委一名姓李的秘书派警卫员送来一张条子，条子上写着：“弼时同志，听说英文打字机在你那儿，请速送来。”这种情况在苏联是决不可想象的。我一看条子就火了：“此人真不知天高地厚！”弼时却说：“不理他，过几天他自己会来拿的。”

那时供给制度也不健全，谁抓住什么就拿什么、吃什么。当时流行一句话：“干不干，一斤半（指小米）。”

弼时任秘书长后的第一件事就是成立中央办公厅，弼时兼主任，调中央组织部副部长李富春任中办副主任。富春同志是行政管理的能手。中办下设秘书处，王首道、曹瑛（即石磊）负责；行政处，邓洁负责。弼时很重视党的档案工作，在秘书处下专门设置了材料组。

随后，弼时抓整体设计，富春组织具体实施，建立起干部供给制度，规定每人每年发冬装夏装各一套，制定各级干部的津贴费标准（不过从没有发过）；在中办机关建立了行政制度和工作制度，明确了各个机关之间的相互关系，建立了收发、会客制度；建立了财会制度。

富春负责中直系统的财政，各个单位的费用开支都需经过他批。他几乎天天给毛主席写信，毛看完后交弼时办。弼时将批件让我负责整理、安排、保管。富春遇到困难，弼时总是支持他，出面做工作。中央财政有困难，弼时和富春就设法找各地方、各部队征收。1945 年日本投降后，中央经费开支大大增加了。一是由于中央机关本身开支增加，二是因为中央要派大批人员到东北各地去，经费由中央财政支出。这就使本已短缺的中央财政更加捉襟见肘。这时，各地方为了开展工作，也不能适时拨款支持中央，中央只好找部队想法子。1945 年初春，弼时邀请军委供给部负责人邓典桃和军委秘书长杨尚昆，共商解决中央机关经费困难问题，希望军委能给予支持和帮助。邓、杨很痛快地答应了，并立即采取必要的措施，拨款支持了中央。

由于各种规章制度的建立，各部门的行政关系很快明确了，工作正规化；克服了议而不决、决而不行、行而不果的拖拉疲沓现象；改变了自由散漫、各自为政、无人负责、本位主义、游击习气等作风；大大提高了工作效率。中央和主席对此是十分重视和赞赏的。

中办系统走上正规化后，弼时又抓中央所属各部委。到 1942、1943 年，将各部委领导都集中到杨家岭一带办公，各单位的工作也很快正规化了。

在中直机关的影响下，王家坪八路军总部，萧劲光负责的留守兵团，贺龙领导的联防司令部，高岗、贾拓夫领导的西北局，以及林伯渠领导的陕甘宁边区政府的工作也都逐渐正规化。

为了加强调查研究，将马列主义理论原则与中国的革命实践相结合，弼时在中办成立了政策研究室，王若飞任主任，主要研究政治理论、党的建设等。中办还成立了国际问题研究室，王稼祥任主任。我和王子野等都是该室的成员。毛主席对此项工作很重视，亲自筹备，动员王稼祥担任主任，并出席国际问题研究室成立大会。但是，稼祥对此项工作不感兴趣，这个室的工作基本没有开展起来。

弼时不仅号召、推动大家学习马列主义著作，以提高全党的思想水平、理论修养，而且身体力行，参加学习小组，带头专心致志地攻读经典、研究问题。1940 年到 1942 年间，他每周都到马列学院参加一周一次的哲学讨论会。这个哲学讨论会由张闻天负责，把学者、哲学工作者，如艾思奇等，集中在一起，温济泽任组长。弼时的行动也影响和促进了其他领导同志，如朱德总司令等。

弼时另一贡献是具体指导西北局高级干部会。西北局的工作原由王明负责指导。他的政策、思想脱离实际。西北局书记高岗等曾经向毛主席讲了一句话："原来我们以为苏联飞机给我们带来了什么好东西，却不知道这是祸从天降。"王明于 1937 年 11 月乘飞机回到延安。毛主席因此明白了高岗的意思。从 1941 年起，党中央和毛主席就决定弼时指导西北局的工作。

西北局驻在南门外，我常陪弼时去参加西北局常委会。经过一段筹备，1942 年 10 月 19 日到 1943 年 1 月 14 日召开了西北局高干会，共进行了八十八天。会议规模很大，仅边区党政军民县、团级以上的干部就有三百余人参加，而且中央高级学习组全体同志，在中央党校一、二部的重要干部都到会旁听。中央主要负责人都到会讲话。这是党的历史上一次重要的会议。因此，弼时同志很重视，在开会的前几个月就开始筹备，为了搞好会议的筹备工作，弼时就住在西北局。

高干会主要解决三个重大问题，第一是澄清历史遗留下来的问题；第二是团结和加强党的一元化领导问题，包括西北局本身的团结及其和兄弟单位的团结；第三是方针、政策和策略问题。

为了贯彻中央决定，在各抗日根据地实行党的一元化领导，在会上弼时支持西北局、支持了高岗、批评了某些同志。他说："陕甘宁边区的情形怎么样呢？

应当指出，这种不正常的现象是相当严重的，特别是在边区一级的党政军民学中，都曾经发生过或者还存在着对边区党的领导中心——西北局不尊重和闹独立性的现象。”①

弼时和林老②一起找留守兵团司令员谈话，指出要讲团结，首先要尊重西北局。西北局是中央的代表机关。弼时认为“我们的军队必须和人民结合在一起，依靠百姓才能打胜仗。比如边区的军队，吃饭靠老百姓供给粮食，打仗靠老百姓帮助运输、抬担架和打扫战场，有缺额或扩编时要靠老百姓来补充。我们军队和老百姓的关系是互相依存的，是血肉相连的”。③留守兵团司令员是个好同志，他接受了弼时和林老的帮助。高岗则不然，他说：“留守兵团如果归中央管，那后勤保障我们就不管了。否则，就归西北局管。”当时中央管不了这么多，只能让西北局管。高岗和谁都搞矛盾，只怕贺龙，所以西北局和联防司令部的关系一直不错。

关于西北局今后工作的政策，在这次会议上有个很大的变化。弼时认为抗战以来“我们又是处在一种和平的环境，边区是一个前线的后方，敌人虽然对我们有空袭，有隔河炮击，但它的兽蹄还没有和无力踏进边区来。抗战以来，国共之间的武装斗争已经停止，虽间或有过武装摩擦，但并未破裂两党的抗日合作。这样的和平环境，对于边区是有利的”。“因此，在这样的和平环境当中，摆在我们面前的基本任务，就是建设，就是用我们一切可能的力量来建设这个区域。”④

他还具体指出了怎么建设，应当建设些什么。他说：“边区从旧社会接受下来的遗产太不丰富了，这是一个地广人稀，经济和文化落后的地区。”⑤“我们应当从可能和需要出发，应当根据边区人力、物力、财力来进行必要的建设。在今天说来，最可能与最需要的，就是发展生产。只有发展生产，才能够担负几万脱离生产人员的供给，改善一百四十万人民的生活。因而，发展生产是我们今天全部工作的中心一环。”⑥

弼时将生产建设提到巩固政权的高度来认识。他说：“在我们掌握政权之后

---

① 《任弼时选集》，第 256 页，人民出版社，1987 年版。
② 林老，即林伯渠，时任陕甘宁边区政府主席。
③ 《任弼时选集》，第 267 页，人民出版社，1987 年版。
④ 同上书，第 278 页。
⑤ 同上书，第 279 页。
⑥ 同上书，第 279 页。

的基本任务，除开保持这一政权，使之不受敌人侵袭以外，就是组织人民的经济生活和文化生活，特别重要的是经济生活。只有发展经济、发展生产，使人民丰衣足食，然后政府才能富足，更有力量去进行其他建设事业；也只有在人民更加丰衣足食的基础上，才能更加提高人民的政治觉悟和文化程度，更加发扬人民拥戴这个政权和参加其他建设事业的积极性。”①他表扬三五九旅、保安部、警备一旅的第一团生产抓得紧。他提出建设工作的基本方针是“发展生产、保障供给、公私兼顾、军民兼顾”。弼时的这一讲话，为推动陕甘宁边区开展生产运动，顺利地战胜经济方面的重重困难，起了很大的作用。

由于日夜操劳，弼时的健康每况愈下。1945 年苏联医生米大夫给中央的主要干部检查身体时，发现弼时患有高血压、脑血管硬化。医生专门向毛主席作了汇报，认为弼时的病情非常严重，随时都可能发生危险。胡宗南进攻延安时，他留在陕北，带病坚持工作。

1947 年在山西三交时，贺龙对我说：毛主席讲有的人是向外发展，有的人是向内发展。贺龙举了两个例子，说康生是外向人物，要名誉、要地位，花里胡哨；弼时是内向人物，他是向内发展的，即在自己身上多下功夫，提高思想认识，加强修养，不断地充实、发展、提高自己。

弼时十六岁参加革命，为人民兢兢业业，孜孜不倦奋斗终生。弼时作风沉稳、含蓄、凝重、老成练达。1943 年，我离开弼时处时，他曾同我谈话，批评我锋芒毕露，生硬而不灵活，要我今后待人态度缓和些，处事灵活些。我说：缓和了，刺不痛，有的人皮太厚，没法子。弼时党内斗争、社会经验丰富，因而对我有这样的忠告。

弼时党性强，坚持原则，正直公道，不徇私情。一般地说，在他面前，不正派的人，不懂事理的人，不敢轻举妄动，胡作非为。康生怕弼时，就是怕弼时的一身正气。

江青对弼时很不满意，甚至恨之入骨，但也只能在背后嘀嘀咕咕，不敢拿到桌面上来说。1941 年中直机关搬到杨家岭后，江青嫌人多嘈杂，1943 年江青和毛主席搬到枣园去住。整风时，毛主席把江青送到中央党校，交给中央党校副校长彭真，审查她的党籍。江青老老实实，不敢胡来。七大后被审查的干部都做了

① 《任弼时选集》，第 281 页，人民出版社，1987 年版。

结论，她也做了结论，恢复了组织生活，就逐渐地张狂起来。她这个人刁钻古怪，变化多端，经常提出一些特殊要求。她知道主席的全部心血都用在党和国家大事上，但是为了达到个人的目的，故意又吵又闹，干扰主席的工作。我担任中办主任后，为了保证主席安心工作，不得不满足江青的要求。江青说她身体不好，要穿皮衣、皮裤，而且必须是宁夏出产的滩羊羔皮。当时，宁夏是马鸿逵统治的天下，如到宁夏买东西需动用保安处的外勤。她要吃阿胶，通过关系到山东买了，经过香港、重庆的办事处才运到延安。

弼时两次批评我，说："照顾了主席也就照顾她了。再说也不能只顾她一人，否则蔡大姐、邓大姐、康大姐怎么办？"他坚持不批准江青的分外要求，江青对此怀恨在心。在枣园时，她就经常讲："哎呀，秘书长是当家做主的，弼时同志虽是好人，但暮气得很、做事不爽快！"

抗战胜利后，江青两次到重庆去。第二次去重庆，不知道她买了些什么东西，竟花了几百万法币，要在中央特会科报销。特会科科长赖祖烈来找我审批这笔款项。我坚持不批，说："款项不小，等问题搞清楚了再说吧。"

江青知道后，抱着几百万边币来找我，表示由她个人承担这笔费用。我不要她的钱，而要她讲清楚到底买了些什么，为什么要从党的特别经费中报销。我问她："特别经费是作什么用的，你知道吗？"江青没有回话。当时，毛主席就坐在隔壁窑洞里。江青大吵大闹。我火气更高，也大声地同她吵。这时，主席在我们窑洞前走来走去。我明白了，一气之下将桌子掀翻，拂袖而去，堆在桌子上的边币撒了一地。因为弼时支持我，她也奈何我不得。毛岸英过来收拾了屋子。这件事后来就不了了之了。

江青生性阴险、心地狠毒，谄以貌恭、惯于进谗，不择手段地拨弄是非、挑拨离间、混淆黑白。即使如此，主席对弼时仍是十分信任的。在西柏坡时，主席到弼时住处同弼时长谈过几次。主席访苏时，也专门到皇宫（克里姆林宫）医院看望弼时，并极力安慰他静心养病。弼时去世后，毛主席挥笔题词："任弼时革命精神永垂不朽。"但是，"文化大革命"时，江青得势，弼时的家属、亲戚都遭到了迫害。

弼时一贯耐心、谦虚地听取干部、群众的意见。不管是反映情况、倾诉苦衷或提出建议，也不管你讲得正确与否，他总是诚心诚意地听下去、听完，决不打断你的话。他善于启发你提问题，帮助你打开思路，使你把问题讲得全面、清楚和透彻。有一次我向他反映一个问题，他很细心地听着，在某一点上我讲得有些偏差，他立刻予以纠正。这时，我才知道他对我所反映的问题是完全了解的。我问他："既然对我反映的问题完全了解，为何还要听我的汇报呢？"他回答说："你兴致勃勃地反映情况，我怎能给你浇冷水呢！"我说："你能耐心听，这使我很感动，但这却耽误了你的时间啊！"他解释说："听取下级汇报、反映情况，是领导干部的基本职责之一。"他的这句话有着深刻的涵义，值得我长期深思和领会，同时也值得许多领导干部深思和领会。

正因为弼时善于同干部、群众商量问题、征询意见，采纳别人的建议，所以他的指示和意见较易得到正确的贯彻执行。他信任干部，并放手使用干部，让他们在工作中锻炼发挥自己的才干和创造性。但是，如果发现干部有了缺点，工作中出了偏差和错误时，他总是及时地从正面指出、纠正，使干部易于接受和改正，决不让问题积累成堆，然后算总账。他说，对干部真正的爱护和实际的帮助是：当干部在工作中一切似乎很顺利时，应当给他敲警钟，就像对跑得太快的人大喊一声，让他注意不要跌跤一样。当干部在某件事上有所疏忽，出现了犯错误的苗头时，就及时提醒他，让他自觉地注意，主动地改正自己的做法。这种帮助要比事后替他圆场有益得多！对犯错误的干部，他从不恶言厉色地训斥，也决不冷嘲热讽，更不会斥责谩骂。

十多年间，我只见他生过两次气。一次是对共产国际机关总务处长，因为这个人不关心、不解决中共代表团的迫切问题，弼时斥责他是不可救药的官僚主义者。另一次是他在西北局高干会议期间，对一个不肯讲明事实真相的人生了气，气得小胡子都翘得高高的。他对那人"骂"了一句："我看你就是一个不老实的人！"比这种语气更重的话头，我再也未听到过。

在弼时看来，对任何一位革命同志，不管犯了什么错误，他自己的责任只有一个：彻底弄清问题、分清是非，予以切实解决，帮助干部端正思想，提高认识，改正错误，继续前进；决不随便抛弃他们；决不一棍子打死。许多干部，尤其是犯了错误的干部，遇到困难、陷于窘境的干部，往往都愿意找弼时谈，并要求他帮助解决问题。他对这类问题，不论是排解、调停，不论是批评、纠正，也不论是给予某种处分，总是合情合理、恰如其分。一句话，凡是归他处理、解决过的问题，人们一般都会欣然接受、心悦诚服。经多年的体会，我发现这里有一个十分重要的奥秘，就是弼时对任何一位遇到不幸的同志，不论他的困难有多大、犯的是什么错误、问题多么严重，或他的思想上、精神上有多么沉重的负担，弼时总是，而且首先是不加重他们的包袱，设身处地替他们着想，对他们的处境、问题的性质以及事情发生的原因作深辟的研究、准确掌握真实情况，然后心平气和地分析问题，讲清道理，指出问题的实质之所在和改过自新之路。弼时教诲说：无论对干部或群众都不能使用高压手段、不能威慑，不能使人害怕；因惧怕而畏怯、而疏远，而不讲真话，那你就无法弄清实情和澄清问题了。的确，无论干部或群众都乐于接近弼时同志，说他和气、可亲、可敬，愿意同他谈问题，特别是敢把自己的心里话、难言的苦衷、不便向人透露的私话，尽情地向他倾吐出来，这是多么难能可贵啊！所以大家称弼时是“我们党内的妈妈”！他无微不至地关心、体贴干部、帮助干部解决了困难，但是干部自己往往不知道，因为弼时历来不说这些。

无论弼时走到哪里，总是要作调查、了解情况，倾听群众的呼声，注意他们的疾苦，设法替他们排除困难。这已成为他的习惯。1940 年 5 月间，弼时和富春同车到真武洞去视察七大会址，路经安塞县侯家沟门时，将车子停在一所小学校门前，随即进去了解这所小学的情况。在谈话中，得知该校女教师姓贾，是陕西韩城人，她的女儿叫师秋朗。由于弼时了解我的家庭情况，经仔细分析后他断定，她们就是同我离别十五年，下落不明的妻女，于是把她们带回延安，使生离死别十五载的我们全家得以团圆。自然，我们感激的心情是难以形容的。

弼时总是利用一切机会作调查研究。1946 年秋季的一天，弼时和另外几位同志一起到延安西川去狩猎。到目的地后，大家都忙着去打野鸡，弼时却走进一家窑洞。家里只有一位中年妇女，她见有人来，以为是想找水喝，立刻忙着烧水、洗碗、擦桌子。弼时安详地坐下来，向她问长问短，提了一连串有关生产、生活等方面的问题。那位妇女虽无文化，但对弼时的问题，对答如流，讲得有条有理、清清楚楚，她说：“我家以前是极苦的贫农，缺吃少穿，无米断炊是常事，生活非常困难。但在那年（指 1935 年）土地改革后，翻了身，分得的土地同大家一样多。我家劳动力强，能下功夫、勤劳苦干，生活比以前有了很大的提高，已达到中农水平。一切都是苦干出来的。家里人都下田干活去了，我在家里做饭。农忙时，我也下地劳动，干得不比他们差……”这几句简单朴素的话语，道出了令人深思的大道理：我们党的土地改革政策是完全正确的。

1948 年 3 月，党中央从陕北东迁至河北西柏坡。一路上，弼时作了大量的调查工作。在山西的临县、兴县、神池、五寨、代县，河北的建屏和平山，每到一处他就向干部、群众了解情况，所涉及的问题大多是围绕着土改、生产、群众生活、党群关系，我党各项政策在实际中的贯彻执行情况，以及所取得的成效与反应等。但在这个时期，弼时的健康状况十分不佳，病情极其严重。他忍受着病魔的折磨，酌量进行着工作。就这样，弼时带病不停地工作到生命的最后一息。在他离开人间的前夜，还关心着抗美援朝问题，仍在了解情况，考虑和计划召开工、青、妇工作会议与整顿和解决组织工作方面的问题。

1950 年 10 月 27 日，年仅四十六岁的任弼时被无情的病魔夺去了宝贵的生命。这是新中国成立后，我党遭受的第一个无法弥补的重大损失。

中央书记张闻天

1927 至 1930 年间在莫斯科上学的青年们常常以钦佩的口吻谈到张闻天教授的名字。那时，我们党内像张闻天这样的学者确如凤毛麟角。我常常还联想到山西代县大钟鼓楼上写着“声闻于天”的匾额。而更多的人只知道他叫洛甫，这是从他的俄语姓氏“思梅洛甫”而来的。

到苏联之前，张闻天曾去美国留学，英语娴熟，并获得教授头衔。他刚到莫斯科中山大学时，也同其他学生一道上课听讲。不久，他就被推选进入红色教授学院深造，加之他年龄较大些，且性格沉着、文静、风雅、老练，学者风度十足，因此许多人称他“老教授”。

张闻天勤奋好学，攻读不息。他不仅能熟练地使用英语，阅读英文版的马列主义著作，用英文讲演；而且到苏联后，又很快学会俄语，可以阅读俄文书籍，这样，有了钻研马列主义理论的条件。尤其因为他苦心钻研，勤奋好学，所以在学识上比其他留学生高出一筹。他超群出众的才能给各方面留下了深刻的印象。校方领导、教授和党组织器重他，积极帮助他；进步学生崇敬他，接近他，甚至可以说围绕在他的周围。王明这些专搞派别活动和阴谋诡计的人，由于个人野心作祟，看到张闻天有威信，受人敬重，因而更有意接近他，吹捧他，想把他当作他们的一面招牌和旗帜加以利用。张闻天是一个正派人，没有政治野心，但是在那种情况下，他无法摆脱王明这伙人的拉拢和纠缠。然而，他的思想状态、精神面貌、言行表现、道德品质、党性原则、组织观念、觉悟水平都与王明等人有相当大的区别和差异。这不是根据一般的、表面上的观察，也不是一种推测或想当然，而是根据同他长期的接触、共事和交往等实际生活中获得的印象、得出的结论。

张闻天在党内、在同志中间有比较大的影响和威信，这是与他的品德、智慧和当时在党内的地位分不开的。关于这一点，早在延安时毛泽东就对我说过。他说：张闻天在中央、在相当一部分人中间是颇有影响的人物，不只因为他的地位和身份，而且还有他个人的为人和修养。毛主席说：正因为考虑到张闻天当时在党内的地位和影响，在长征路上，他才用很大的耐心，隐忍着种种痛苦，极力接近张闻天，苦口婆心地开导他、说服他，陈述自己对某些重大问题的观点和想法。毛泽东还说，这是因为只要能说服和争取到张闻天，问题就解决了一大半。通过张闻天再影响、说服别人就容易得多了。这个方针果然灵验。从某种程度上说，遵义会议之所以能够成功地召开，就是因为这一方针所取得的实效。

遵义会议之后，张闻天担任了党的书记，处理中央日常工作。但全党的政治领导主要由毛泽东（当时任党的军委主席）负责。1937 至 1938 年以后，我党的一切大政方针、重要的政策、政治谋略、策略及主要决策基本上都是由毛泽东首先提出，在征求党内其他领导同志的意见后，由毛泽东作出最后的决定。

这是在对敌斗争和党内斗争中客观形成的局面。

张闻天在理论方面有相当的修养，但他在理论与实际相结合的问题上，就是在运用理论指导实践方面，由于对中国社会的实际情况了解不深刻，未能做到尽善尽美，尽如人意。在他的思想中，或多或少地存在着某些教条主义色彩，如在延安主管马列学院和中央宣传部的工作时就是如此。为此，毛泽东曾对他提出过尖锐的批评。这是毋庸讳言的。但张闻天能正视自己的缺点，接受别人的批评，并努力改正之。为什么他在 1942、1943 年深入农村进行调查，解放后他继续做过很多调查研究工作，可以说是他为了克服自己理论与实践相脱节的缺点而采取的行之有效的方法。

张闻天长期做理论工作，受工作实践经历的局限，尤其在领导武装力量、指挥作战方面，无论进行公开的武装斗争，还是隐蔽而残酷的秘密斗争，如保卫工作，他确实难以提出深谋远虑而中肯的方针大计。在政治斗争中，尤其在理论争议中，张闻天掌握得比较好，可是在实际斗争及策略运用方面就略逊一筹了。他一生谦虚、谨慎，平易近人。不少同志愿意接近他，同他谈论问题、交换意见，或向他请教。但在解决实际问题、处理困难而复杂的事务时，大多是不仰赖于他，也不苛求于他的。这或许是由于他的实际斗争经验较少和他那十足的书生气的缘故而造成的吧。

张闻天能够正视自己的不足，更能够从革命的利益和大局出发，尊重和拥护毛泽东的领导。这充分反映出他作为一个无产阶级革命家的胸怀和气概，以及他把党和人民的事业置于个人利益之上的崇高品格。这也是他对革命、对党和人民的事业一贯忠心耿耿的具体表现。

1940 年 3 月，我同张闻天在延安相见，同住在蓝家坪（中央书记处所在地）。这时，他正主管党的理论、宣传教育、思想建设、文化政策等意识形态方面的工作，并兼任马列学院院长。

我回到延安后不久，张闻天抓住我，将莫洛托夫、季米特洛夫等人的文章交给我译成中文发表，又劝我到中央马列学院教俄语。当时我不愿意接受这个差事。但他把我拉到学校，将学员们召集起来，宣布说："这是你们的俄文老师。"这样，我只好承担了这个任务。

马列学院位于蓝家坪对面，教学条件很差，既无教材，又无教室。我要求给我一点时间备课，以订出一个大致的教学原则和拟出一个初步的教学计划，编一本简单的教材或教学大纲。张闻天把手一挥，说：没这个必要，你教就是了。这样，不两天，他就拉着我上任了。

第一堂课是在一个广场上讲授的。讲台是临时搭的，学员都席地而坐，既无桌子，也无凳子。我没有讲稿，学员们也没有课本，根本不像上课，尤其不像上外语课，倒像是大演讲会。我从字母讲起。俄文读音容易，语法难。我每星期上两次课。当时想学俄语的人很多，第一次来听课的足有二百余人。一看到这样大的场面，我就有点懵了。在这种乱哄哄的场面中怎么能学好外语呢？但我也知道，在这种条件下，应该尽量使大家学有所获，得有所用。所幸听课的人一次比一次减少，渐渐地只剩下二三十人了。后来便依靠这些学员的力量在马列学院成立了俄文研究室。

我利用授课之余，找了些材料，编了一本简单的教材，油印成课本，发给学员。改变了过去听"天书"的状况。不少学员进步很快，如唐海、吴良柯、陈波儿、陈戈等等。还有季中权，他既是优秀生，又是印制讲义（课本）的能手。他们学习的积极性很高，经常到我的住处来请教问题。到1940年末、1941年初，好几位同学已可以借助字典做些翻译工作了，而陈波儿竟能把果戈里等文豪的作品译得准确无误、细致入微、惟妙惟肖。这使我惊奇、钦佩，也给了我很大的安慰和鼓舞。在整个教学过程中，张闻天都给予了极大的关怀。他经常询问我教学的情况和学员们学习的进步。这既使我受到鼓舞，也使我感到责任的重大。

张闻天的工作作风很有特点。我们在一起相处的若干年间，几乎天天见面，接触颇多，工作上的往来也不少。休息时，我们常在一起打网球、散步、谈趣闻轶事、回忆在莫斯科的情景、谈老同学、老相识及其后来的发展、变化等，彼此十分了解。然而，遗憾的是，他始终不知道我的姓名怎么写法。有时他写成“施哲”或“斯哲”，有时又写成“司哲”。有一次我纠正他，向他讲明我姓“师”，是“教师”的“师”。但他却不以为然地说：“反正你们的姓名都是假的，只要音相同也就算了。”这件极小的事常常引起我的深思：事情不能这么办，否则问题不能得到解决！

当年，他在延安领导马列学院和中央宣传、教育这方面的工作时，对实际事务就抓得不细不具体，显得大而化之。他很少找人来汇报问题谈工作。别人来汇报时他便听，别人不来，他也不过问。为此，毛泽东曾提出过批评。毛主席说：“凡事抓而不紧，等于不抓。”这就是针对张闻天等人的这种工作作风而言的。但张闻天是个有远见、善于思考和有独立见解的人。他不迷信、不盲从，也不固执。

1930年代后期我在苏联时，就曾听到“钦差大臣满天飞”、“教条主义”、“把鸡毛当令箭”、“宗派主义”等种种有所指的说法和风闻。不久，事态就逐渐明朗化了。我们党内的“宗派主义”、“教条主义”就是指的曾在莫斯科上过学的王明等人，而王明的支持者、后台老板是共产国际东方部以米夫为首的那批人。他们对中国的社会不甚了解，对中国革命问题也始终研究得不深不透、把握得不准不稳。

1940年代初期，在延安，我同洛甫在闲谈中断断续续、有意无意地提到这方面的一些问题，都觉得远方——指共产国际——不太了解中国革命的实际情况。共产国际派驻中国的代表对中国的历史与社会现状都缺乏起码的了解和认识，自然也就抓不准中国问题的实质与特点，可他们对中国革命问题还要出主意、提意见，同时又往往受苏联共产党政策的影响，这就难免使他们提出的建议、政策、方针或意见不仅带有主观性、片面性，带有教条主义、公式化的色彩，而且总是击不中要害、抓不到点子上。

延安整风期间，在一次座谈会上，张闻天说：只啃书本而未经过革命实际斗争锻炼和考验的人，其思想方法往往是简单化的、单纯的或直观的，或者是刻板划一而不辩证的，即只知其一，不知其二；或者是客观形势早已发生了变化，而他还是坚持老一套，至死不变；或者只强调反对本位主义、地方主义、民族主义，却不知道或不能理解一个地区、一个国家、一个民族的革命问题得到正确解决、取得胜利、获得解放，本身就是对国际共运总体作出了有力的帮助和支援。正如毛泽东常说，饭要一口一口地吃，才能吃饱，路要一步一步地走，才能到达目的地，就是这个意思。

1940年代初，中央发出反对主观主义、教条主义的指示，接着提出了反对自由主义和本位主义，最后还提出了反对山头主义。对后一个问题，毛主席当时还提出了一系列准则，即承认之、照顾之、削弱之、消灭之，最后达到统一、一致等实事求是的科学指示。延安充满了生机勃勃的深入实际、调查研究的风气。身为中共中央政治局委员、中共中央书记处书记之一的张闻天在这种气氛中向中央提出申请，组织“延安农村调查小组”，于1942年1月奔赴陕甘宁边区和晋西北农村进行调查研究。在调查期间，他住在农民家里，深入到群众之中，搜集了大量的第一手材料。在这个基础上，整理出了《陕甘宁边区神（木）府（谷）县直属乡八个自然村的调查》和《兴县二区十四个村的土地问题研究》两篇内容丰满的调查材料。1943年3月回到延安后，张闻天又把这次调查的经过，以及调查过程中的一些经验教训向中央作了详尽的报告。这就是有名的《出发归来记》。

张闻天从陕甘宁边区和晋西北完成调查研究工作回到延安后不久，中央就加速筹备召开七大的工作了。同时也开始了总结整风、整党、肃反运动的经验教训等工作。对这个运动毛泽东有个总的评价，说整风学习运动为七大做好了极其重要的准备工作，或者也可以说为代表大会进行了一次预备会议。因为许多带原则性、理论性、历史性的问题，有关方针、政策、路线方面的或策略方面的问题以及许多分歧意见，也都在这次整风学习过程中基本澄清和解决了，或者一般地划清了界线。这是重大的收获、了不起的成绩。

1945年5月2日，在党的第七次全国代表大会上，张闻天发言，进行了反省和自我批评。他真实而诚恳地解剖了自己，实事求是地分析了问题，指出了教条主义思想和作风的危害性。他总结出四点错误，并指出了产生错误的原因。他说，在遵义会议前后，对自己的错误已有了认识，而现在更加明确了。自那时起，他对毛泽东就有了正确的认识、理解和评价，因而事实上从那时起就是在毛主席的领导下进行工作的。然而由于自己对过去的错误认识不够彻底，到达陕北后，对地方上的问题又没有认真弄清，未作根本解决。其次，对进入陕甘宁边区的青年们未抓紧教育，而在六中全会后，对青年的教育方针又是教条主义的，等等。大会对他的发言比较满意。毛泽东也有同样的看法。

七大结束后，中央为了适应客观形势的发展变化和需要，自然，首先是为了便于集中领导，决定将书记处搬到枣园办公。张闻天和彭德怀也被邀一同搬往枣园。他们虽不是中央书记处书记，但常被邀请出席书记处的工作会议。

毛泽东在重庆与蒋介石谈判时，张闻天同李富春等人先后去了东北。

全国解放后，张闻天又回到中央，接着就准备出使苏联，接替王稼祥。在他出国之前，有一次我到景山后街他的住处去拜访他，同他谈了许多问题，特别是有关出国工作方面的事宜。这时我们已经是久别重逢的老相识了，然而我发现他仍然像在延安时那样，谈话总是矜持拘谨、深思熟虑、一丝不苟，看得出他已老练了一些、也世故了一些，更善于听取对方的每条意见、每一句话，并仔细思考其含义。在这次交谈中，他提出了不少问题，我尽所知，一一都予以回答了。

1951年4月，张闻天正式出任中华人民共和国驻苏联特命全权大使。在他驻苏期间，正是中苏关系最为友好亲善、往来密切、工作较为顺利的时期。当时，两国政府和两党中央的往来基本上是通过两国政府或两党中央之间直接接触、协商进行的，很少经过驻外使馆协商办理。在遇到某种特殊问题时，我国代表团，尤其是以党中央名义派出的特命代表团，如以周恩来或刘少奇为首的代表团，往往是在抵达莫斯科后，我大使馆人员才知道的。大使的使命也往往是由代表团团长直接交代的。在这种情况下，工作自然会遇到一些困难，使馆的工作量相对来说却少得多。鉴于这种实际情况，张闻天对当时驻苏使馆的工作人员规定：除完成日常工作外，其余时间全部用来学习，钻研问题，提高自己，并要求大家结合学习搞些调查研究工作。这样一来，使馆的工作人员在理论上长进较大，也比较安心工作了，工作也做得比以前更出色了。

尽管当时出访苏联的有些高级代表团没有事先告知我驻苏使馆，但张闻天在绝大多数场合都参加了双方的会谈。

在张闻天出使苏联期间，苏联外长莫洛托夫很尊重他。他们之间建立了较密切的关系，常在一块交谈，就某些共同关心的问题交换意见。这或许因为他们两人都是高级知识分子、颇有共同语言，或者由于观点相近，语言相通，无需翻译就可以自由交谈的缘故吧。

1954 年在出席日内瓦会议之前，周总理去过莫斯科两次。这时正是赫鲁晓夫跃跃欲试、想一显身手的时候，所以他在中国代表团面前极力施展其本领。1954 年 4 月上旬的一个下午，赫鲁晓夫在克里姆林宫以苏共中央主席团的名义宴请周恩来。张闻天参加了这次宴会，苏方与会者是主席团全体成员。宴会正酣时，张闻天与莫洛托夫离开席位，走到大厅的另一角，来回踱步，互相交谈，显得十分融洽，似有不能已于言者。宴会中，赫鲁晓夫表现得特别活跃，而且用亲昵的语言讲了许多好听的话赞美我党，殷勤劝酒也超出了平常，致使总理饮酒过量。加之赫鲁晓夫、马林科夫、卡冈诺维奇、布尔加宁等人同周总理拥抱、旋舞，周总理显得十分疲劳，身体支撑不住而呕吐。这时，莫洛托夫、张闻天急忙走来慰问，并扶送周总理离席休息。事后，莫洛托夫向周总理表示歉意，承担了责任。他说：“周总理饮酒过量的责任全在我们身上，我们一方应负全责。”

在日内瓦会议期间，周总理经常同莫洛托夫会谈，张闻天作为代表之一，几乎每次都参加了。但他不轻易发言。尽管如此，莫洛托夫还是很重视张闻天的意见，如果他对问题有某些看法的话。我也确知，张闻天言谈直爽、真切、诚恳，也可能正是他的“待人以诚”，深深打动了莫洛托夫的心弦，赢得了莫洛托夫的尊重。莫洛托夫曾说过，在国际斗争中如果有知心朋友相配合、相协作，那不知会增添多大的力量，增强多大的信心，给人多大的鼓舞。张闻天的真诚态度，正好给莫洛托夫增添了这种信心、力量和鼓舞。

4 月 30 日，莫洛托夫征得我方同意后，在他的住处为中英两国首席代表周恩来和艾登①及代表团重要成员举行了一次招待会。这是中英两国外长第一次直接接触。张闻天出席了这次招待会。在宴会后，莫洛托夫、周恩来、艾登在会议厅里座谈。张闻天邀约英国外交部副常务次官卡祺亚到另一间会议室里交谈，我

---

① 艾登（1897—1977），英国人。1951 至 1955 年任英国副首相兼外交大臣。

作为陪客，参加了他们的谈话。张闻天用英语直接同对方交谈，我只能听懂大概，所以张闻天不时给我翻译，介绍他们交谈的大致内容。谈话多是官场上的应酬，海阔天空，不着边际。偶尔也涉及些实质性问题。对于这次谈话，今天我还能记起来的是：这位英国副外交大臣说他 1920 年代后期到过上海。那时他是一个年轻的商人，为了做生意而到中国来的。他说，当年在上海这个世界竞争激烈的市场上活动很不容易。他在上海没待多久，觉得有劲使不上，就回国了。其次，他对张闻天谈到有关英国公务人员外出活动的待遇问题。他说，英国政府对他们外出活动人员的待遇一律采取“包干制”。政府发给外出人员一定的经费，按级别、职务定额，其中包括服装、住宿、饮食、交际、车费等在内，即招待或宴请宾客的费用也都包括在内，不另报销。所以他们都不请客，一般不设宴招待宾客，即使是比较亲密的朋友。不待言，这样节省下来的钱就归他们本人所有了。最后他用半问半答的口气说，这个制度恐怕同苏联和中国的都是不相同的。在整个谈话过程中，他给我们的印象是，他根本不是一位外交官，而是一位善于做买卖、搞交易、满身铜臭味的商人。相比之下，张闻天温文尔雅的学者风度更加鲜明、突出，让人钦佩。

日内瓦会议后不久，张闻天向我政府提出卸任报告，要求回国工作。一般情况下，大使卸任，首先得向驻在国政府领导人或驻在国外交部打招呼。张闻天提出卸任报告后，我政府没有事先征求苏方意见，也没打招呼，就很快同意了他的请求。苏方一时感到意外和很突然。莫洛托夫得到张闻天准备卸任回国的消息后也发了慌，焦急不安，十分想挽留，但又不便开口，而且不知道张离任的原因，更为作难。因此，莫洛托夫让苏联驻华使馆人员打听中国调离张闻天的原因，要求他们摸清是苏联政府对不起张，还是张犯了错误？或者是政府调动他另有任用，还是他自己要求离职回国？有没有继续留任的可能？等等。

1950 年代，我担任中央编译局局长，同时还担任毛主席的俄文翻译。因此同苏联同志打交道的机会很多，与苏联驻华使馆人员也有较多来往。苏联驻华大使尤金在接到莫洛托夫交代的任务后的一天，他请我去吃茶。当时我感到莫名其妙，不知其用意。待见面后，方知他是想打听张闻天卸任的事。我对他说，张的调动是他自己首先提出来的，不是他犯了错误，也不是苏联政府有什么地方对不起他，是属正常的工作调换，没有什么特殊原因。

张闻天离职从莫斯科回国后，我们就很少见面了。后来，我只听说张闻天到各地进行了参观访问，然后埋头理论研究工作。

1940 年代和 1950 年代初，是我同张闻天接触最频繁的时期。

从那时起我就清楚地了解到：

他是一位正派的人、讲原则、有坚强党性、忠诚的共产主义战士。他在大是大非面前严肃认真、绝不含糊地坚持真理，既不妥协、也不采取模棱两可的态度。他在谈论问题、处理工作时，对事不对人，只要发现谁——无论是一般干部，还是领导干部有了不正确的言行，就会不顾情面地、直截了当地指出，从不顾忌因此会受到什么样的批评，甚至打击报复。在延安杨家岭时，我们住在隔壁。因此，我们常有机会在一块闲谈。每次谈话的内容都相当广泛。他那严肃认真的态度使我对他更加钦佩和尊敬。他对我的批评是不要“进一步退两步”，不要走回头路。

他还是一位很稳重的人，好似“任凭风浪起，稳坐钓鱼船”。不管什么事，他都能按原则去办。延安整风后期，他从晋西北调查归来后，看到整风中出现了不少过激的做法，及时向毛泽东反映情况并提出意见。其中不少意见为毛泽东接受和采纳。至于他在 1959 年的庐山会议上坚持原则、坚持真理、直陈“大跃进”的缺点和偏差，为彭德怀辩护则更是尽人皆知的事了。

他是一位对革命、对人民、对党忠心耿耿的无产阶级革命战士。他十分尊重毛泽东及他的领导，由衷地相信他，相信他的领导思想、领导能力、才干、胆略和见识，确信毛的方针、路线、政策、策略的正确性，并自觉地拥护（当然并非盲目服从）。延安时期，他虽身居书记要职、主持中央工作，但中央的各种会议却总是由毛泽东主持召开的，并且都是在毛泽东住所举行的。在会议最后作总结也大多是以毛泽东的发言为准。那时开会方式不拘一格，发言、讨论生动活泼。正如毛泽东说过的那样，既可以互相插话，又可以畅所欲言。形式上七嘴八舌，既无确定呆板的议程，也无专人发表长篇大论，只是围绕某个议题，大家各抒己见，各尽其言。这种生动活泼的会议为决策提供了不少很有参考价值的意见，大大地发挥了与会者知无不言、言无不尽的积极性。自然，召开这种形式的会议，要求会议的主持人，必须善于筛选，具有去粗取精、去伪存真、善于找到和抓住每位同志发言中的合理内核的才能或本领。而这正是毛泽东的拿手好戏。张闻天讲原则、顾大局，心悦诚服地拥护毛泽东的领导，正表现了他作为一个无产阶级革命家的坦荡胸怀和坚定的党性修养。

他是一位认真探讨、钻研问题、具有较高马克思主义理论修养的学者。尽管他一生做过不少实际工作，还担任过多年驻苏大使和外交部副部长，但他在实际工作中的成就与他在理论上的造诣相比，则要逊色得多。他是一位“相才”，而不是一位“帅才”。他一生专心致志、废寝忘食地攻读、研究马克思主义理论著作，对许多问题都有自己的独立见解和独到之处的论述。他不仅本人爱好学习，悉心钻研理论问题，同时也经常关心、督促、推动自己周围的同志学习马列理论，帮助他们提高思想认识和理论水平。无论在延安领导马列学院或在东北工作，还是任驻苏大使都是如此。在为我党培养理论干部方面，他作出了应有的贡献。可以说，他是我党的一位杰出的马克思主义的理论家。他的遗著和笔记是值得加以整理、研究，并向读者推荐的。

敬爱的朱德总司令

朱德这个名字，我在青年时早已闻之，随着革命事业向前发展，我对他的景仰也与日俱增，一直渴望能见到他。

1940 年 5 月，朱德总司令在康克清、黄幼峰、李树槐等同志陪同下，从太行抗日根据地回到了延安，最初住在杨家岭，后来移居王家坪。总司令回到延安时，我们大家都热烈地欢迎他。他给大家讲述了他回延安的一路经过和所见所闻。因为他是南渡黄河，经河南洛阳、陕西西安回到延安的。所以有机会、并利用一切可能观察、了解、研究国民党区的种种现象，特别是揣摩和掌握国民党军政大员的思想、心理状态和精神面貌。概括地说，蒋介石国民党天天都想反共，同时其中不少人天天准备投降日本。但中国人民不答应，抗日的烽火已燃遍了中华大地。正像朱老总在《出太行》一诗中写的：

群峰壁立太行头，
天险黄河一望收；
两岸烽烟红似火，
此行当可慰同仇。

朱老总回到延安的第二天下午就出现在篮球场上。同青年工作人员和战士们一起打篮球。投篮是他的主要爱好。我在旁观看，他坚持要我也参加打球。后来我还常常同他一道参加运动，而且有时也一道出去游览、参观、狩猎等等。总之，无论学习（学哲学）、开会、欢聚、游戏或做其他活动，他历来都同群众亲密地打成一片。大家同朱总司令在一种友爱、欢乐、舒畅的气氛中度过幸福的时光。

总司令常到任弼时家来，或商讨问题、议论大事，或下棋、谈天，他们往来亲密，形同一家。

对总司令熟悉以后，我觉得他与我们当年想象中的朱德完全是两个样子。1925年夏，我正在乌克兰基辅军事野营地受训。这时，朱德从德国经列宁格勒抵达莫斯科，[①]由于工作和学习等缘故，他一直未曾参加公开的社会活动，中共代表团也未透露过朱德抵苏的消息。这件事还是被人们知道了，并引起了大家的关注。尤其是学习军事的我们，更为深切地关注着我党军事领导人才的出现。这一方面因为我党从1924年以来一直重视培养自己的军事干部，发现军事人才；另一方面因为我们这些已经参军，正受军事训练的青年军人，自然更关心我们将在哪位将军的指挥下作战。所以对朱德我们都很想知道得更多一些。

1927年冬，刘伯承来到了莫斯科，进入莫斯科高级步兵学校学习。该校与我们所在的莫斯科工程兵学校仅一墙之隔。我们同刘伯承几乎天天可以见面。不久，叶挺也到了莫斯科，并给我们作了军事报告。由于大家都没有见到朱德将军，而且传说他是一位神秘人物，于是有人猜想，以为朱将军一定是一位相貌堂堂、威风凛凛、不苟言笑、高踞人上、傲慢自负、目中无人的旧督军式的人物。苏联的一家刊物甚至把云南军阀、大革命时任国民革命第三军军长的朱培德当作朱德报道宣传了一番。谁知相见相识以后，才知他竟是这样一位非凡而又平凡的人。他敦厚朴实、谦恭和蔼、平易近人、严肃庄重、彬彬有礼、老成持重、通情达理、宽宏大量、沉着冷静、运筹自如，真是一位德高望重的忠诚的共产党员、英勇的军事将领，同时又是普通的、不失劳动者本色的革命长者。所以，人人都对他尊重、爱戴、信赖、仰望！

朱德是一位久经考验的统帅，又是一位忠厚的革命长者。我曾向他表示，我

① 1925年6月，朱德在德国因组织中国留学生和侨民示威游行，抗议英帝国主义制造五卅惨案而被捕，随后被驱逐出境，7月4日离柏林，赴苏联。后在莫斯科郊外的秘密军事训练班学习了六七个月。于1926年5月离莫斯科，7月回到中国。

对我们的建军、治军经验很感兴趣。因我的一点军事知识是在外国学的，而且也无实践经验，所以一有可能，我就向总司令请教，请他把建军、治军、用军等方面的经验多讲讲。他给我讲过多次，自然内容新颖，饶有趣味，使我很受启发，总之，获益不浅。据我们从欧洲学来的那一点军事常识看，他们军队的兵源、建制、训练、管理、指挥、作战等一切方面都与我国的有所不同。那时，我们尚不可能对外国的军事作较多的研究，因而无从作更多的比较。可是我深知我军在战斗力和作战技术方面都是相当高超、卓越而又令人敬佩的。

朱总司令说，我们的建军原则简单明了：凡是立志革命，愿意为人民服务，为革命出力和品行端正的人，我们都吸收。众人拾柴火焰高，人多势众力量大，这有什么不好。我军对俘虏兵的政策是，凡没有不良嗜好、品行端正、自愿留在我们部队服役者，可以收留；其余一律遣送回家。在这一点上，宁缺毋滥。

在治军方面，他认为首先要信赖干部，放手使用。发扬民主、让人说话，有机会施展才能。总之，使人有用武之地。这是发展壮大我军的重要因素之一。其次，是深入群众、深入基层、相互沟通联系、切实掌握情况、团结一致，及时解决一切迫切的问题，而且要彻底解决，不留夹生饭。

他说：我主张把思想教育放在第一位，即使是军事训练、纪律教育，也要结合思想教育。对任何犯错误的人，他极少用军法制裁，而总是采用教育方式，以理服人。他认为，如果不讲清道理，要人家盲目服从，结果总是压而不服，或貌恭而心不服。指挥员应具备的条件首先是掌握情况准确、精明、果断。对战士的要求主要是勇敢、坚毅、忠诚、机敏，能吃苦、能耐劳、能坚持。勇气可以压倒敌人，也易于取胜。胆怯、畏缩、后退、怕死，则要吃亏，甚至本来可以不死，但由于怯懦，反而难免一死。在战场上，枪对枪、刀对刀，你就不应胆怯或心慈手软。当敌人的枪口对准你的脑袋时，一瞬间的姑息怜悯念头，就可能使你丧生，成为千秋的失败者。当然，这是说的在火线上。在平时，在一般场合，我们革命军人应该遵守纪律、谦逊礼让，有高风格和高姿态。这不仅说明我们革命军人有素养、有文化、有觉悟、有本领，而且也表明我军的严威、英武和具有战无不胜的高超的战斗力。在平时，尤其在战时，必须密切上下之间、兄弟部队之间的相互联系，切实搞好团结、互相帮助、彼此配合、协同动作。总之，要把一切建筑在互利、互助、互相学习、互相尊重、与人为善这个基础上。

有一次，一个战士向朱总司令报告了一个大家都不满意的炊事员的劣迹。朱德听了后有些生气，找来那个炊事员问：炊事员的任务是什么？战士们吃你做的饭，满意不满意？炊事员回答不上来。

朱老总说：如果你的饭做得不好，那就是你把农民辛辛苦苦生产出来的粮食给糟蹋了、浪费了。按我们人民的习惯说法，糟蹋五谷是造孽的、犯罪的。再说，粮食能够增加营养，增进人的健康。可是你的饭做得不好，战士吃后得了病，这不是第二次犯错误，第二次造孽吗？总之，你的饭做得不好，你有过错，知道吗？

这就是我所见到的朱总司令对战士的批评与教育。我想那位战士一定听懂了、明白了道理，也记住了总司令的话。他一定会立即改进自己的工作，力求进步的。这里举的这个例子是极其平常的一件小事，也反映出朱总司令对待同志的诚恳、真挚和诲人不倦的教育方法，这至今仍是值得我们认真体会和学习的。

朱老总历来十分关心党、政、军的建设工作和群众工作，同时也十分关心生产建设事业。无论在炮火连天的抗日战争和解放战争年代，还是在新中国成立以后的日日夜夜，也无论他到了哪里，在延安、在华北或在全国各地，他每到一处，都注意了解调查经济开发和生产发展的情况，研究它们的现状和发展前途。在延安时，他视察了几乎所有的生产部门，如农具厂（实为兵工厂）、化工厂、造纸厂、纺织厂以及南泥湾农垦场等等。住在河北平山西柏坡时，他巡视了石家庄的所有较大的工厂企业，我陪同他去过的地方就有：铁路机修厂、纺织厂、炼焦厂、玻璃厂、面粉厂、卷烟厂等等。他对每个生产单位不仅仔细地了解一番，而且十分关切地同干部们一起研究讨论如何改进和革新，把生产尽快地搞上去，满足国家和人民生活的需要。到北京后，朱总司令又几乎跑遍了所有大型工矿企业，甚至郊区的琉璃河水泥厂、长辛店的机车车辆厂、清河呢织厂、石景山钢厂、门头沟煤矿等处都留下了他的足迹，而且有些企业他还不止视察过一次。此外，他还视察过许多机关、学校和部队。仅中央编译局、外语学院（那时叫俄专），他就视察过多次，并且作了重要讲话。

朱老总每到一处，都给人们带来了喜悦和鼓舞，给干部增添了信心与干劲，使青年学生更加好学和上进。大家是那样热烈地欢迎朱老总，那样乐于同他接近和交谈，因为他和蔼、慈祥、可敬、可亲。他历来平等待人，善意地看待问题，诚意地关心下级。所以人们在他面前，总感到自由和民主，能够畅所欲言。即使讲错了，他也只是纠正，而不会责怪的。

朱老总不仅了解国外情况，而且具有伟大的无产阶级国际主义精神。他决不满足于我国的现状和已获得的成就，不屑于在点滴成绩上津津乐道、沾沾自喜。他多次提倡和号召向先进国家学习，首先是向社会主义国家学习。他说，不能再重复那种害人的教条主义式的学习，而要有批判、有选择地学习和汲取对我们社会主义建设真正有用和有益的东西，以资参考和应用，那是永远需要的。他说，也应该不抱偏见和成见地学习资本主义世界的先进科学、技术成就，为我们祖国建设服务，不应该排斥任何进步的、先进的知识和技术。朱德总司令不仅具有国际知识、国际眼光，他因视野广阔，能重视国际间先进的、现代化的东西，而且历来也不藐视、不排斥、不否认这些客观的实际存在。回想十年浩劫期间，我们却在这方面吃过无数苦头，真是贻害匪浅啊！

朱德是我们党和国家的主要领导人之一。他对党、对人民、对祖国忠心耿耿，为革命事业贡献出了毕生的全部精力。他胸怀坦荡、表里如一、诚恳待人、虚怀若谷、气量宏大。尤其值得人人向他学习的是他最能照顾大局、维护团结，坚定不移地坚持党的正确路线，保护革命的最高利益。他谦虚谨慎，做事全面周到；既有让人之心，又有容人之量，凡事不为已甚。我们知道，总司令对内最能谦让，但对各种错误和机会主义倾向，不论在苏区、在长征途中或在延安和建国以后，总是坚决斗争，对敌人更是寸步不让。朱总司令历来主张任人唯贤，量才使用，辅以指导，帮助他们发挥最大的积极性和创新精神。他历来倡导发扬民主，活跃我们党内、军内的民主生活。1947 至 1948 年间，朱总司令在河北各地区作过多次关于发扬民主生活、发挥群众的积极性的报告。关于这些讲话，那时已整理出了初稿，中心思想是阐明新民主主义阶段的民主。1948 年 5、6 月间，他给我看了那个文稿，内容丰富具体，但尚未最后定稿。[①] 他再三号召要发扬民主，给人民以充分的自由，使已解放了的群众，不再受不应有的束缚，这有利于生产建设，而且这与严纪律、重法制是并行不悖的。

朱德本人同干部、群众的关系是水乳交融的。他确实是与民同乐、与大家同甘共苦。他常这样教育干部说：无论是对下级还是群众，你们都没有任何理由不以平等相对待。每个共产党员和干部都是从人民群众中成长起来的。为什么当了党员、干部就要比人民高出一头，看不起他们呢？甚至官位越高、资格越老，就

① 1983 年由中共中央文献编辑委员会出版《朱德选集》，收录了朱德从 1931—1962 年的讲话、批示、文章。其中 1947—1948 年的文章有十余篇。

越瞧不起下属和群众呢？而最难理解的是，当了大官倒怕起人民来了，一旦外出，就要有人前呼后拥，层层保卫，把自己同人民隔离开，使群众望而生畏，不敢接近。旧社会与人民为敌的军阀这样做，是可以理解的。但在新中国，共产党员也这样做，令人不可思议。如果口头上说自己是从人民群众中来的，而行动上却又站在人民的头上，作威作福，这就失去了共产党员的道德品质，失去了党性。我不相信这号人能真正为人民服务，能对革命事业忠心耿耿、奋斗终生。

朱老总对人谦恭和气、不骄不躁，对事一贯公正、通情达理。力求合情合理，不为已甚。他很欣赏“满招损、谦受益”的名言，常教导我们多忍让、和为贵。他一生对人宽仁厚德，在家庭生活中也是和蔼融洽、亲密无间、相亲相爱、相敬如宾。他同自己的夫人康克清既是同志、战友，又是知心知情的亲人，对孩子们既严格要求，又爱护关怀。而孩子们也尊敬朱总和康克清。家长除指导、帮助、关怀每个成员健康成长外，从未妨碍或限制过他们的正当活动、工作与学习。朱德品德纯洁高尚、廉洁奉公。他地位虽高，但从未滥用过职权。在实行供给制的时候，他严守制度规定，从未多得多占过一分一毫。他在工作之余的消遣和娱乐，就是咏诗、练字、参观、狩猎，偶尔参加舞会、抚育兰花“王者香”。他从上述各种活动中享受到生活的乐趣，欣赏到大自然赐予的人类之福。

朱老总在任何情况下，始终都是心情舒畅、精神健爽、欢欣鼓舞的革命乐天派。他坚信无产阶级革命必胜，共产主义事业必成，革命烈火永不熄灭，我们的伟大事业永远后继有人。

延安时期中共与共产国际、苏共之间的往来

和毛泽东的一次谈话

中国共产党历来将中国革命看作是世界无产阶级革命的一个组成部分。毛主席在《新民主主义论》中详细地论述过这个问题。他不仅认为中国的新民主主义革命是世界无产阶级的同盟军，而且认为这个革命的前途也是属于社会主义范畴的，因为这种革命恰恰是为社会主义的发展开拓更广阔的道路。基于这样的认识，我党和毛泽东本人一向重视苏联革命的发展和经济建设的经验及教训，关心并研究社会主义各个方面的问题。这种了解是不受时间、地点限制的。

1940 年秋，我随张闻天、任弼时等中央书记处的同志搬迁到杨家岭新居以后，同毛主席接触、往来的机会就多了。每天晚饭后，大家都到延河岸边散步，有时在路途中遇到毛主席。他也在散步，并常常利用这个机会与同志们接触、交谈，海阔天空地聊天。谈话常常涉及历史、文学、国际知识、时事政策等问题。

有一次，我路过他的门前，他邀我进去，于是我们就在他的院中闲谈起来了。无意间我向他讲到我在苏联学习、工作和生活的情况。这引起了他的极大兴趣，他提出了许多问题，要我详尽地回答。

他先是问：苏联的哲学课是怎么教的？

我说：苏联中等以上的学校，尤其在成年人的学校中，无一例外地都设有这样四门课程：苏共党史、哲学、政治经济学、列宁主义问题；另外依情况和学校的性质，或者增设职工运动史、西方史，或世界史、经济地理等课程。

毛主席接着说，徐特立、林伯渠、叶剑英等同志从苏联回来后，都给他介绍过学哲学的情况，他自己也听他们讲过唯物辩证法，他特别感兴趣。

我还谈了自己学习政治经济学的收获，我说：通过学习，大大提高了自己的觉悟水平、启发了自己的思想认识，使自己认识到了资本主义的本质，增强了自己的自觉性和要为无产阶级革命事业奋斗到底的信念。更为重要的是，通过学习，我了解到什么叫剥削、压迫，什么叫作工人阶级、劳动人民的彻底解放，为什么说历史是劳动人民创造的等许多问题。

谈到这里，我停了下来。毛主席发觉我的语意未尽，就像鼓励小学生一样要我继续讲下去。

我接着上面的话题说，从这门科学中，我更明白了阶级矛盾的根源之所在，这个矛盾的对抗性与不可调和性的含义是什么，阶级剥削与阶级压迫的实质、阶级利益、阶级矛盾、阶级斗争的不可调和性表现在哪里，以及社会是在阶级矛盾的斗争中发展前进的等等哲学问题。

接着，毛主席又问到苏联的现实情况。我向他介绍了苏联第一、第二个"五年经济建设计划"的完成过程与结果，较详细地介绍了我个人所经历和亲身体验到的种种实际情况。

那时，国际间关于苏联"五年经济建设计划"有两种绝然不同的看法和两种舆论。资产阶级的刊物说"计划"是虚无缥渺的幻想，决不可能实现，而且认为苏联为了实现自己的"计划"，经济已到了崩溃的边缘，人民都快饿死了。但社会主义的朋友们和同情者则又异口同声地唱赞歌。

其实，从第一个五年计划建设开始，包括第二个五年计划实施的前两年，前后大约有六年的时间，苏联全国上下，各界人士的生活水平很低，日子过得很苦。除在苏联工作的外国专家和技术人员外，都过的是配给制生活（城市居民、工业企业职工都只能享受限量供应。农村除外，因为在食品方面是无法给他们规定标准或定额的）。就是说，城市居民，无论工人或机关工作人员，都是勒紧腰带过日子的。然而，那个时期的工人和职员都积极地、忘我地大干特干，一心一意、同心协力地要把国家建设搞上去。在那些年代里，西伯利亚的广阔地区（西自乌拉尔山区，东至赤塔）的各个新开发区我都去过，亲眼看到他们，特别是工人、技术员、工程师和领导干部在怎样艰苦的条件下，奋不顾身、日以继夜地工作。新兴工厂、大规模的住宅区、商业网点以及各类服务设施都拔地而起。劳动人民把这一切都看在眼里，乐在心头，憧憬着未来美好幸福的生活。而资产阶级、富农分子和其他旧势力的残余分子则完全相反，他们叫苦连天，惶惶不可终日。

毛主席不仅注意地听取了我的介绍，而且对我说，他欣赏我的话，因为他很少听到这样介绍苏联。

我说，我在苏联一共生活了十五年，亲身经历了苏联最困难的时期。在那些年月里，我们也是勒紧腰带过日子。我原本很棒的身体，几年下来已是瘦骨嶙峋，皮包骨头了。有一次，医生给我检查身体时说，你如此消瘦，简直像一只榛鸡[①]。

最后我说，现在我国革命的主要任务是打倒敌人，任务是艰巨的。战胜敌人以后，我们的建设任务将会更加艰巨。

毛主席说：好，气可鼓而不可泄。并说他愿意以后同我继续谈下去，他喜欢听这方面的情况介绍。后来我是否系统地向他介绍过有关这方面的情况，记不得了。但因为我与主席后来接触较多，有些问题也就随问随答地谈清了。

同共产国际（即远方）的关系

中国共产党和共产国际从1927、1928年起建立了电讯联系。那时，中央在上海，共产国际在海参崴设立电台，同上海保持联系。设在上海的电台几经破坏，又几次建立，[②]其中一次电台被破坏是1931年6月，在上海公共租界被捕的牛兰[③]夫妇就是共产国际电台的负责人。国民党和英法日等国的国际间谍勾结起来，将他们逮捕，并从他们的住所搜出大量的文件。这些文件《大公报》花了一两个月的时间才公布完。当时，我们在苏联得到这个消息后焦急万分。牛兰夫妇在狱中进行绝食斗争。宋庆龄等人在国内成立了“营救牛兰会”，要求释放他们，但国民党仍判他们无期徒刑。1937年底，中苏关系改善后，牛兰夫妇获得释放，翌年离开中国到苏联。当时，他们的儿子吉米就在我工作的莫尼诺国际儿童院学习。我们曾见过面，谈论过这些事。

中央到达陕北后，于1936年又同共产国际恢复了电讯联系。但是，条件较

① 榛鸡，即松鸡，在生活用语中，用来比喻消瘦的人。

② 1934年夏中共上海局被破坏，共产国际和上海地下党失去电讯联系。

③ 牛兰，即保罗·鲁埃格，波兰人，1930年3月由莫斯科到哈尔滨，经大连抵上海担任泛太平洋产业同盟，即国际红色工会远东分会上海办事处和共产国际远东局秘书。夫人汪得利，帮助中国工人组织了自己的工会。

差，通讯困难。1940年2月，任弼时在莫斯科时，共产国际机要处交给他两套机要密码，由恩来随身带回延安。回来后，任弼时即筹建一个专门机构，负责同共产国际的电讯联系工作。这个机构对外称“农村工作部”，又叫“农委”。1940年11月，农委正式开始工作，经过多次试验，效果良好，通讯准确无误，从此开始经常的通讯联系。1940年末，我们同莫斯科建立了非常可靠的空中联络，但只有毛主席一人有权使用。

“农村工作部”设在延安的小砭沟，靠近中央警卫团的驻地。部长是吴德峰，副部长是帅孟奇。由任弼时直接指导。1943年5月，共产国际宣布解散，电台工作就结束了，资料交给了中央机要局，1944年“农委”亦被撤销。

任弼时在挑选干部、行政管理、解决技术难题，以保证通讯畅通无阻方面，花费了不少心血和精力。但在这方面的工作成绩却鲜为人知，任弼时轻易不同别人谈及这方面的工作。一是因为弼时从不炫耀自己，二是他善于保密，这项工作是极端机密的。我党和共产国际的通讯往来，尤其属于政策、方针等方面的问题，全由毛泽东亲自处理。

我作为任弼时的秘书直接参与了来往电报的翻译工作。这项翻译工作一直持续到1957年我离开中央机关为止，前后长达十八年。只是1943、1944年我到陕甘宁边区工作时中断过一段时间。有若干万万火急电、极端绝密电等是由任弼时亲自翻译、处理，我在事后才知道的。经手办过这方面的机要文件的同志，除我外还有刘义虎和李唐彬。当时刘义虎是社会部的干部，帮助苏军情报组工作，翻译过一些材料。李唐彬是中央机要局的政治指导员，负责保密工作。

1946年初，中央机要局又将全部有关材料（包括机要文件、密码资料等）转交给中央书记处办公室，当时我任办公室主任，由我亲自保管。

1946年12月下旬，即蒋介石扬言要进攻延安时的某天下午，毛主席问我：同远方通讯往来的电稿材料以及密码等保存在哪里？如何管理的？

我回答说：“全部保存在我手里。”他令我全部毁掉。

我问：“可否清理一下，把几份最重要的文件挑拣出来，妥善保管，行军时我随身携带？”

毛主席立即说：“不妥！如果你受伤或被打死了怎么办？你快去把那些文件全部清理出来！”

我回到办公室刚刚找到那大包文件，还未来得及清点，毛主席就跟着来到了我办公室的门口，并要我把有关这方面的全部文件拿出来。他大致上看了一下，要我在火炉旁立即烧毁。他带着李讷在一旁玩耍，其实是监督，最后用小木棍拨弄燃尽的文件，直到确信全部文件化为灰烬后才离开。

对待这一举动，我一方面觉得可惜，认为毁掉了不少珍贵的历史资料，但同时又钦佩主席做事严谨、认真、周到、事事小心、万无一失。随后，中央转战陕北，事实上有许多文件也无法保存，所以从 1940 年至 1948 年秋这段时间里有关这方面的文件大都没有保存下来。

现在要回忆有关这方面的问题和某些事实经过，是十分困难的。我尽力而为，把自己记得的一些情况如实写下。

为了保密，在电报中人名用代号。季米特洛夫的代号是尼克拉耶夫，斯大林的代号有两个，一个是约瑟夫[①]，另一个是菲利波夫。

自 1940 年下半年起，毛主席开始使用“农村工作部”的联络系统同远方通讯。最初，他发出的是一份情况介绍材料，共两三千字，简单地介绍了我党、我军以及解放区（以此为主）的一般情况。

当毛主席确知通讯联络工作已经可靠地建立起来后，他就开始写较长、较具体、较详细的情报了。有的电报长达数千字，甚至万余字。每当这时，一份电报就要分若干次拍发。每次，毛主席把电文送给任弼时，由他交我译出，然后我又同任弼时一同校审，定稿后才发出。来电由我译出后，也是先送任弼时，由他交主席处理。

往来的电讯，不但都由毛主席亲自处理，而且全存在他那里，向谁传达或传阅，也由他决定。据我所知，这类文件一直没有传达过（指作为文件传达），只是涉及重大问题时，由毛主席在书记处或政治局会议上口头介绍一下。就是说，他认为有必要时，才在上述两种会议上谈谈，否则作罢。

电讯的内容涉及的问题很多，范围很广。毛主席发的电报百分之八九十是关于我党、我军和解放区的发展情况，以及工农青妇等各方面的工作及统战工作，也就是向共产国际汇报工作。有时介绍国内各民主党派及其活动、政治倾向与表

---

① 约瑟夫（1879—1953），全名约瑟夫·维萨里奥诺维奇·斯大林，出生于格鲁吉亚。苏联领导人，共产国际领袖。1922 年 4 月 3 日起任苏联共产党中央委员会总书记，长期任苏联部长会议主席（总理）。

现；国民党内部情况、政治动态，主要是有关蒋介石及其政治倾向，对内对外政策的变化，国民党内的派别斗争与政治主张，以及他们同英美等帝国主义的关系，同日本侵略者的关系，国民党同日寇暗中勾结的情况。一般是先讲情况然后分析，最后讲我们的对策和措施。关于各帝国主义，特别是日美帝国主义的活动情况，往往由中央情报部门提供给苏联情报组使用，而不是由他亲自发电报。毛主席有时也对此向共产国际作些评论、分析性的综合报道。

1941 年皖南事变以后，毛主席给共产国际写了一份综合、分析性长电，其大致内容是：

（1）关于新四军的转移和重新部署，以及同国民党长期谈判的前后经过。

（2）蒋介石背信弃义，不择手段镇压人民，使新四军上了圈套。

（3）项英的刚愎自用、轻信敌人、一意孤行、上当受骗，结果，损兵折将，自身不保。

（4）皖南事变对党、抗战和华中地区造成了较大的困难，同时指出了挽救局势、弥补损失和善后的方针等。

在电报末尾，还有这样的话：在总结和汲取血的历史教训时，不得不指出项英同志因轻信蒋而受骗上当，一命身亡；其次，损失是严重的，教训是沉痛的，经验是有益的。这次事件教育了我们全党，我们今后就会更为心明眼亮了。

毛主席的这些话，既是总结皖南事变的经验教训，也是提醒和告诫远方的一些无知、肤浅的人。当时，对于中国共产党如何坚持抗日民族统一战线问题，我党同共产国际的看法不完全一致。我们主张以斗争求团结，而共产国际则要求我们完全服从国民党的领导。

大约自 1941 年 4、5 月起，毛主席几乎每周都要发一次，甚至两次电报，而且电文较长。6 月 22 日，苏德战争爆发之后，我们同共产国际的电讯联系虽然照常，但是分量大为减少了。

1941 年秋冬之际，中央领导同志开始整风学习，总结十年内战时期的经验教训，清算王明等机会主义和教条主义的错误。

关于整风运动，以及有关的种种问题，毛主席定期报告远方，而且用通俗简朴的语言作了介绍和解释。例如：关于什么叫“整风”，毛主席解释说，就是党内政治学习，通过学习端正思想认识。他介绍了整风的对象、方针和方法。他写道：其方法，总的说来是采取和风细雨的方式，学文件，集体讨论，各抒己见，阐明问题，澄清是非；端正思想，提高认识，惩前毖后，治病救人；知无不言，言无不尽，言者无罪，闻者足戒，有则改之，无则加勉，等等。

然而远方老是弄不清整风的真相，总以为是在搞清党运动，甚至是搞无原则的派别斗争。尤其是1942年王明病倒，使远方更为茫然。他们老是啃着一个死公式：国内要团结（指同国民党和其他抗日力量），党内要团结（不搞任何斗争），一致对外，抗击日寇。因此，无论是出现了反摩擦斗争，或党内斗争，他们不分青红皂白地一概认为不利于抗战，使抗战力量削弱或相互抵销。毛主席除多次给远方发电解释外，同时还多次给苏方驻延安情报组的人员作过关于整风运动的介绍和解释。但这一切都是枉然的。因为他们内心里总是抱着自己主观上的看法，加上王明个人的认识和想法，往往使问题弄不清了。

1942年秋，王明病了，当时苏联的一名将军级外科医生安德烈·雅科夫列维奇·奥尔洛夫在延安中央医院工作。我们称他为阿洛夫大夫。苏军情报组的负责人兼塔斯社记者的孙平[①]通过阿洛夫大夫到中央医院看望王明，并听信王明的一面之词，认为他的病是医生对他谋害的结果。

孙平向莫斯科反映，认为中共中央、毛泽东排斥莫斯科派。因为犯王明“左”倾教条主义错误的大多是从苏联学习回来的同志，孙平给他们起名为莫斯科派，其中包括博古等人。他着重介绍了王明的处境。季米特洛夫（一般署名为尼古拉耶夫）以个人名义给中共中央拍来了一封电报，他希望中国共产党不要搞派系斗争。他在电报中为王明讲话，并对康生提出怀疑。孙平没有将电文的抬头和署名给我们，只是将电文正文交给主席，并口头上讲了一下，说这是季米特洛夫给中央的来电。

1943年5月，党中央得到远方的通知，主要内容是：在过去的历史时期，由于客观形势的需要，世界各国无产阶级、劳动阶级的政党曾建立了自己的国际组织中心——共产国际。在那些年代里，当国际工人运动、各国共产党尚处在幼

---

① 孙平（1905—1958），全名弗拉基米洛夫·彼得·巴菲诺维奇，工人。1927年加入联共（布），1931年应征入伍，复员后进入莫斯科纳列曼诺夫东方研究院学习，毕业成绩优异。1938年5月至1940年，1941年4月—8月，两度任塔斯社驻华记者。1942年5月至1945年11月在延安，任共产国际驻中共区的联络员兼塔斯社记者。1946年在苏联外交部任职，1948至1951年任苏联驻上海总领事。1952年任苏联驻缅甸大使。1958年病逝于莫斯科。

年时代时，共产国际对它们起过一定的作用。现在国际形势、各国内部情况变得更加复杂、各国共产党已有了自己的经验，并能根据自己民族特点和历史情况解决自己的问题；可以无需要像共产国际这样的国际组织从旁干预各国党的内部事务，所以共产国际在今天的条件下，已无继续存在的必要了。因而国际执委会决定解散共产国际这个组织，并且取消它的一切附属机构。这个决定应立即通知各国共产党、工人党及全体共产国际成员党和组织。

与此同时，莫斯科发出的另外一个通知说，由于欧洲形势的特殊需要，欧洲各兄弟党决定成立一个情报局（实际上在德苏战争爆发后，国际机关就已变成了情报机关），以研究国际形势，互通情报等等。

5月26日，中共中央作出《关于共产国际执委主席团提议解散共产国际的决定》，完全同意共产国际执委会主席团关于解散共产国际的提议。决定指出：中国共产党在革命斗争中曾经获得共产国际许多帮助；但是，很久以来，中国共产党人即已能够完全独立地根据自己民族的具体情况和特殊条件，决定自己的政治方针、政策和行动。《决定》特别提到中国共产党近年来所进行的反主观主义、反宗派主义、反党八股的整风运动就是要使得马列主义这一革命科学进一步地和中国革命实践、中国历史、中国文化互相结合起来。

1943年末，为召开七大，在酝酿中央委员名单的过程中，毛主席认为犯错误的同志，如：李立三、王明，都可以列入候选人名单。可是李立三于1930年被召到共产国际后一直没有回国。不知什么原因，他还曾于1938年被逮捕过。[①]关于王明问题，季米特洛夫曾来电明确表示了态度，而对李立三的问题却只字未提。因此，毛主席致电莫斯科，说我们正准备召开七大，具体时间尚未最后确定，中央和部分七大代表提议把李立三列入七大中央委员候选人。李在莫斯科的情况如何，我们不知道。据说李在那里坐过牢，不知苏方是否知道李被关的原因和主要情节，他的问题是否妨碍提他做中央委员候选人？请把他的问题的具体情节和你们的意见告诉我们。

---

① 李立三于1930年10月下旬到莫斯科，为中共对应于共产国际代表团的成员，1934年10月为了恢复与中共中央的电讯联系，李立三到阿拉木图建立秘密交通站。1935年7月出席共产国际第七次代表大会，会后到共产国际工人出版社担任中文部主任，同时任《救国时报》编辑。1938年2月23日被捕，1939年11月4日出狱，但是失去党籍，在工人出版社工作，翻译了大量著作。1945年4月23日至6月11日中国共产党第七次代表大会上李立三当选为中央委员，1945年12月31日苏共中央联络部通知他这个喜讯，1946年1月底回到哈尔滨。

不久，莫斯科回电说，李立三在苏联这段时间做了些具体工作，但在工作中有些不检点的地方等。收到回电后，中央很快决定李立三为中央委员候选人。后在党的第七次代表大会上，经过做工作，王明和李立三均当选为中央委员，但是李立三的票数在第十五位，而王明在第四十三位，倒数第二。

毛泽东和斯大林的电报往来 毛泽东给孙平讲课

共产国际存在时期，苏共一般不直接同中共发生关系，有事都通过共产国际联系。苏联为建设社会主义创造有利条件，奉行和平睦邻外交政策，所以，一俟苏联同某国政府建立较好的外交关系时，就不支持该国共产党的活动，尤其是处于非法地位的共产党，以避免造成破坏两国关系的口实。

1937 年 8 月，苏联同中国国民党政府签订了《中苏互不侵犯条约》后，直至共产国际解散前，苏联与中共的往来主要通过共产国际来进行，一般不直接发生联系。

抗日战争期间，苏联派来军事情报组驻延安。情报组设在延安枣园，有一个功率大、效率高的电台。这个电台 1942 年 5 月至 1945 年 11 月间由孙平负责。孙平回国后，由我管理了很短的一段时间。阿洛夫大夫第二次到中国后，由他接手负责。电台后随中共中央迁到北京，一直工作到 1949 年 7、8 月间。毛主席除使用“农委”的电台外，有时也使用苏联情报组的电台。在他认为凡是需要送斯大林的信件都通过这个电台发出去。斯大林的回电也是由这一电台转交毛主席。斯大林回电都用化名。他用过两个化名：亚历山大洛夫和菲利波夫。

1940 年初我回到延安时，康生领导的社会部就已设在枣园。这原是陕北军阀高双成的家园。被没收后，我保卫机关驻此。苏军情报组也驻在枣园的后面。康生把整个这块地方弄得很神秘，不许任何人进入或接近，甚至无意到此地的游人都很有可能被怀疑为敌特、汉奸。这种做法也使得枣园内部的人极少有同外界接触或往来的机会。

在 1942 年以前，苏方人员不多，常以军事记者的身份出现。他们中的多数人都到前方，甚至到战争前沿地区，现场观察了解情况、搜集情报。因为他们都是现役军人，任务只是了解敌情、搜集军事情报，所以考虑问题的范围总是极其单一、狭小而有限度的。例如：一个姓伊万诺夫的团级干部深入到华北太岳、晋绥各解放区了解敌情，搜集情报，但他又常以军事专家的姿态指手画脚，责怪我们没有利用一切条件、机会与可能性去打击敌人，指责我们的作战方法过于原始、落后等等。

伊万诺夫大约于1942年春返回延安。在回国之前，他到杨家岭毛主席住处辞行，并谈了一些前方的见闻。

毛主席对他说：我们还是小米加步枪，我们还是持久战，反正八路军是土八路。我们不行，我们一切都落后。对我们的一切你们都看不惯。但我们却能胜利地抗击数十万敌军，而且能使自己的军力成倍地增长和加强。

伊万诺夫没有听懂毛主席的弦外之音，感到莫名其妙，没趣地离开了。他回国后不久，就牺牲在苏德战争前线。

1940年冬天，苏方为了加强在东方的情报工作，派以基斯林科中将为首的各兵种混合情报组到延安来。毛主席在杨家岭为他们设宴洗尘，来宾共约七八位。

基斯林科一一向毛主席介绍了每个人的姓名、专职、军衔等，然后向毛主席介绍他们的打算：在华北、东北活动，特别是在解放区边沿地带及各大城市建立情报网。

毛主席说，要搞好这项工作，最好是我们两家合作，分享成果。这样，事情也可以办得更好些。如在华北地区，你们也不能派多少情报员，那是我们的势力范围，我们得到的情报可以供我们两家使用。合作的具体办法是：你们出钱，拿出技术来；我们出人出力。在相互合作的条件下，工作既能较顺利地开展，也能做出较好的成绩来。得到情报，我们两家分享，双方共同使用，岂不很好吗！

基斯林科和其他苏方人员都面面相觑，哑口无言，莫知所云，不敢继续谈下去了。不久，他们就正式表示不同意这样做。

由于苏联人坚持己见，不听劝告，忙了几个月，仍毫无所获。1941年2月左右，基斯林科离开延安回国，只留下两三个人，如：斯克沃尔佐夫（我们叫他“思考”）、西索夫等人维持工作。孙平到延安后，他们也于1943年10月回国了。

这里，顺便提一下时隔八年之后发生的一桩事。1950年1、2月间，斯大林在一次招待宴会之前同毛主席、周总理交谈时提出在情报工作中同我方合作的要求。他提出的合作条件与当年（1940 年）毛主席提出的完全相同，而且特别强调，情报材料归双方共同使用，技术和资金他们负责保证。并且指出：苏联在这方面的活动受到极大限制，活动范围十分狭小，可以利用的机会也极其有限；而中国的情况大不相同，你们在海外的活动条件很广阔，而且优越，也比较不受人们的注意和阻碍。斯大林强调，这项工作对他们很重要，希望同我们合作，并希望双方都予以重视。

当时，毛主席、周总理表示愿意合作，并且指出具体问题可由专职人员协商、制定出方案来。至于最后的结局，无须提及了。

现在回过头来再谈谈苏军情报组的情况。

由于当年苏方不同意同我们合作，1939 年至 1943 年苏军情报组在延安曾独自开办了训练班，轮训年轻的情报人员。这批青年都经过中央组织推荐、审查，政治上可靠，文化程度较高，活动能力较强、办事精干，其中多数有条件可以在京、津、太原、东北地区立足和活动。

这批人交给他们直接掌握和使用，我们既不插手，也不过问。然而这批人被派到敌占区后，大多数身份暴露，活动据点也都被日本特务机关破获。日本人一方面利用破获的电台，向苏军情报组拍发假情报，另一方面有意将被捕的工作人员释放，让他们又回到延安。这批人被捕的情况当时无法查清，苏联人因此将他们丢弃不管，推给我方，给我们的工作带来了很多困难和麻烦。对此，康生曾借机发了脾气。大家对苏方这种不负责任的做法也很有意见。

虽然苏联不同意在情报工作中与我们合作，但是我们搜集到的情报材料，仍然提供给苏军情报组，由他们报告莫斯科。

抗日战争期间，我们给苏军情报组提供了一些很有价值的情报。如：国民党同日本的勾结；汉奸汪精卫、陈公博同国民党内亲日派的勾结；日本军部同政界的冲突；日本海军同陆军的矛盾；国民党内各派系的斗争等等。其中一个特别重要的情报是 1941 年 6 月阎宝航从国民党某高级官员那里得知：希特勒德国将于 6 月 22 日进攻苏联。阎立即报告了在重庆的周恩来，周于 6 月 16 日报告了中共中央。中央从香港方面也得到了类似的情报，旋即把这一重要情报转告给在延安的苏军情报组，要他们马上向莫斯科汇报。

苏联政府得到这个消息后，迟疑了一下，没有立即采取对策。他们的根据是：

德国不会撕毁1939年签订的《苏德互不侵犯条约》，怀疑这是英美方面的挑拨。[1]事实证明，我们提供的情报是准确的。6月22日凌晨，德国果真背信弃义地发动了侵苏战争。苏德战争爆发后不久，苏方曾以伏罗希洛夫元帅的名义致电朱德总司令表示感谢。

苏德战争初期，苏军作战十分艰苦，节节后退。德军则气势汹汹，步步进逼。至1941年秋，德军攻到莫斯科城郊。[2]

同时，苏联远东又受到日本帝国主义的威胁，尽管1941年4月13日苏日签订了中立条约（条约的有效期为五年）。苏联政府、斯大林对此条约十分重视，在日本外相松冈洋右签约后离开莫斯科时，斯大林亲自到火车站为松冈送行，并同他拥抱，甚至亲吻。这是破例的、罕有的事。在此之前和在此之后，世界上任何一个国家的政府首脑、外交大员都没有受到过斯大林如此之高的礼遇。但是，日本根本就未准备切实履行这一条约。德国发动侵苏战争之后，1941年7月，日本在中国东北地区举行了代号为"关特演"的大规模演习，并将关东军由十一个师增加到二十个师，总人数由四十万增至七十万。这自然都是针对苏联的。日德两个轴心国有军事同盟条约，苏德战争爆发后，德国不断催促日本早日出兵，与其东西两线合力夹击苏联。

苏联面临着德日夹击的严重的威胁。为此，斯大林致电毛主席，以商量的口吻询问我们能不能抽调若干个旅或团摆在长城附近，牵制日军。毛主席回电说比较困难，因为我们的力量一集结，目标就大了，就会遭到袭击、围剿，会吃大亏。另外，我们武器很差，无法同日本进行大会战。

随后有一个情报说，如果德军攻下莫斯科，日本就进攻苏联远东。1941年

---

① 鉴于英国等国报纸盛传"苏德间行将开战"，1941年6月13日塔斯社奉命发表声明如下：第一，德国并未对苏联提出任何要求及建议缔结任何新协定。鉴于此，苏联方面认为此种谓德国意欲撕毁条约，进攻苏联之谣言，全无根据。第二，至于德军分遣队由巴尔干调赴德国东部及东北部（现正在调动中）与其他动机联系，对苏德关系并无意义。第三，苏联根据其和平政策，遵守并愿遵守苏德互不侵犯条约条文，故谣言所谓苏联准备进攻德军一节为伪造和挑拨。第四，红军后备军之露营训练，以及行将到来之演习，除意在训练后备军而外，别无其他目的，故认为红军此举为仇恨德国一节，其荒谬绝伦，固勿待言。

② 莫斯科战役，1941年9月30日至1942年4月20日。德军调集七十八个师，一百八十万人，火炮一点四万门，坦克一千七百辆，飞机一千三百九十架，向莫斯科猛攻。12月6日苏军开始反攻。此战，德军损失五十万兵力，是进攻苏联后首次遭受的最重大的失败，它宣告了德军闪电战的破产。

11 至 12 月，当德军打到莫斯科城下时，斯大林再次致电毛主席，希望派一部分力量向长城内外方向发展。我们没有给以肯定的回答，只说部队调动有困难。

当时我们确实很困难。1938 年 10 月抗日战争进入相持阶段以来，国民党已发动了两次反共高潮，特别是 1941 年初的皖南事变，使我新四军损失万余人，并宣布新四军为“叛军”。日本侵略军将主要兵力用于对付八路军、新四军。

苏德战争爆发后，国内反动势力更加暴露出反共的真实面目。国民党政府不仅停发八路军的薪饷、弹药和被服等物资，而且调集五十万军队对陕甘宁边区和敌后我军实行军事包围和经济封锁，扬言“不让一粒粮，一尺布进入边区”，断绝对边区的一切外来援助。不独如此，不少国民党党政军要员和部队投降日本，充当伪军，与日军一齐夹击八路军、新四军。有些中间势力也为一时的形势所左右而向右倒。日伪在华北推行“治安强化运动”，以“实行剿共，巩固治安”为重点，对解放区反复“扫荡”、“清剿”、“蚕食”、“铁壁合围”。例如：1942 年 4 月，日寇集中三万兵力对靠近长城东段的冀东根据地进行“扫荡”。冀东主力部队转移到长城以北，热河的南部山区。敌人在长城内外制造东西七百里、南北八十里的无人区，使我部队活动十分困难。加上华北各地连续几年发生水、旱、虫等严重自然灾害，共产党领导的抗日民主根据地从 1941 年起出现了严重的困难局面。这种局面一直延续到 1943 年秋，造成我军减员。1942 年，八路军、新四军由五十万减为约四十万人；根据地面积缩小，总人口由一亿减少到五千万；生产遭到严重破坏，抗日军民几乎没有衣穿，没有油吃，没有纸，没有菜，战士没有鞋袜，工作人员在冬天没有被盖。在这样的情况下，让我们抽调部队离开根据地与敌人硬拼，结果除了惨败、灭亡，很难想象还会有什么好的结局。这无论对苏，还是对我党、我军都是不利的。

希特勒在莫斯科失败后，放弃了全面进攻的计划。集中全力于 1942 年 7 月发动了围攻斯大林格勒的夏季攻势，[①] 企图切断南北水陆交通要道，以窒息莫斯科。此时，日本虽正忙于太平洋战争，但仍有不少传闻，说日本将配合德国进攻

---

① 斯大林格勒战役，1942 年 7 月 17 日德军纠集一百五十万以上的兵力进攻斯大林格勒，9 月 13 日进入市区。10 月初，苏军突破斯大林格勒工业区的包围线，随即德军宣布由攻势转入守势。11 月 19 日苏军开始大规模战略反攻，包围德军二十二个师三十三万人。1943 年 2 月 2 日全歼被围德军。此战历时一百六十天，歼灭德军一百五十万人，成为第二次世界大战的转折点。

苏联。

当时苏联无法确切地判断这些传闻的真实性。为防万一，苏联一方面积极组织斯大林格勒保卫战，另一方面寻求我们的帮助。为此，斯大林曾三次致电毛主席。

在第一封电报中，斯大林要求我们抽调八路军一两个师的兵力到内蒙和外蒙边境地区，接受苏方提供的可装备一两个师的新式武器。

毛主席研究后回电说：武器，我们自然是需要的。但调一两个师的兵力通过蒙古草原到达边境去接受武器却是不可想象的，因为敌人有空军，而我们没有。这样，我们的部队在未到达目的地之前，就会被敌机消灭掉。这个方案恐怕难以实现。

过了一段时间，斯大林第二次来电说，可否分批派出较小型的游击部队到满蒙交界地区轮番接受较小批量的武器，以加强抗敌力量。

毛主席否定了第二个方案。

1943 年初，斯大林第三次来电建议我党中央考虑调若干师团部署在长城内外一线，虽不是为了进行大战役，但也能牵制日军力量，或增加它的后顾之忧。

到 1942 年 9 至 10 月间，我们已大致明白了斯大林的想法：苏方正在部署斯大林格勒战役，准备与敌决战，但又有后顾之忧，深恐在西线与敌决战的当儿，日本乘机出兵苏联远东，配合德军的进攻。但是斯大林始终没有直接向我们讲明他的战略意图。毛主席猜测到斯大林的意图后，就开始把罗瑞卿、杨成武以及吕正操等部部署在长城内外一线，准备伺机向东北腹地渗透。形势的发展证明毛主席的这个战略思想是正确的、很有远见的。它既未暴露自己的目标，没有打草惊蛇，又占据了重要的战略位置。进可以帮助苏联牵制日军，退可以依托敌后抗日根据地，避免我军遭受不必要的损失，而且它还为抗战胜利后迅速进入东北，收复失地做好了准备。

1943 年 2 月，斯大林格勒战役胜利结束。此后，苏德战争前线形势日益好转，红军逐渐转入全面反攻。至 1944 年十月革命节前夜，苏德战局已发生了根本变化，红军步步进逼，使敌人不断后退，喘不过气来。这时，苏军情报组大部分人员已撤走，只留下孙平、阿洛夫、尼古拉·尼古拉耶维奇·里马尔（无线电报务员）三个人。

十月革命节时，孙平等苏联同志在枣园举行了一次大规模的庆祝十月革命二十七周年的宴会。毛泽东、刘少奇、朱德、任弼时、张闻天、林伯渠、高岗、博古、叶剑英、李克农等同志以及在延安的政治局的同志都应邀出席。宴会上的酒菜很丰盛，宴会的气氛更为热烈、高昂。宾主不断致词祝贺。首先，孙平讲话，然后毛主席致答词。大家频频劝饮，为粉碎人类公敌——法西斯，为全世界热爱和平的人们的解放而欢呼、而畅饮，以至在出席者当中，除三个人以外，全都烂醉如泥。高岗回不到南门外西北局去，博古回不到清凉山《解放日报》社去，都住在杨家岭中央办公厅。毛主席勉强回到家，几乎卧床一昼夜。

这里有必要顺便提一下，当苏军大举反攻、敌人节节败退时，出现了一个极其严酷而现实、重大而敏感、原则性很强的政治问题，即如何对待俘虏的问题。这个问题涉及民族心理、伦理、道德等问题。从人道主义和国际公约的原则出发，不应虐待俘虏。只要敌人举手投降，就不应杀害俘虏，不管他们在战争中的行为表现如何。但是，德军在进攻时，对千千万万被俘的苏联公民，不分男女老幼，不分现役军人、学者、干部与和平居民而乱加杀害，激起了苏联人民的极大愤怒。当苏军转入反攻时，想要求苏联广大军民一律以德报怨，以人道主义精神遏制对德军的复仇情绪，实在也是困难的，尽管当时苏联政府和党的领导人一再号召发扬人道主义，遏制复仇主义行为。斯大林格勒战役结束后，孙平曾同我谈到苏联对待俘虏的问题。他当时心情非常激动，对德国法西斯对苏联人民犯下的滔天罪行有着切齿仇恨。但是，苏联政府还是发布了命令，并采取了相应措施，制止了复仇主义的行动。苏联在这一点上做得是对的。

斯大林格勒战役后，斯大林与毛主席之间很少有直接的电报往来。我们的情报仍通过“农委”或苏军情报组的电台发送苏联。有时，毛主席找孙平谈话，向他讲些情况，提些问题，通过他反映给斯大林，然后苏方又通过他把斯大林的意图和他们对我们方针政策的看法与估计暗示给我们。

关于苏联在西线战胜德国后，在东线对日本将采取什么态度的问题，我们从孙平口中得知苏联一定会出兵，但不知苏军的行动计划，也不知其出动的确切日期。对此，苏方后来解释说，雅尔塔会议[①]上苏、美、英三方有个协定，即关于谈判内容及战略意图绝对保密，其目的是防止苏联向中共透露。

苏军情报组的成员一般是两年轮换一次。但在延安待的时间最长的是孙平，前后将近四年。1942 年 5 月他到延安之前，曾以塔斯社驻华记者的身份在西安、兰州做情报工作，那时他就认识了周恩来、朱德、叶剑英、任弼时等同志。

1940 年离开莫斯科回国前，我到内务部向老同事、老朋友告别。内务部的人告诉我，他们在乌鲁木齐、兰州等地都派有情报人员，希望我能给予帮助。我们到兰州时，苏联领事馆宴请周恩来、任弼时等同志。孙平虽不是总领事，但却十分活跃。他用俄文和弼时交谈，弼时知道他的真实身份。当时我们党的方针是掩护、协助他们工作。

1942 年 5 月孙平到延安，他的身份是塔斯社记者、共产国际联络员、苏军情报部情报员。他到延安的主要任务是收集情报，政治、经济、军事各方面的情报都收集，重点是针对日本的军事情报。这同大革命时期在中国工作的苏联同志的任务完全不同。

孙平的俄文名字是弗拉基米洛夫·彼得·巴菲诺维奇。“孙平”是中国同志给他取的中国名字。他是个军人。军人的天职是保卫祖国。一般来讲，军人的民族意识极强，孙平也不例外。因此，他在华期间对中国的许多问题都不能正确理解。仅举一例，我党的一些领导人出身于富有家庭，或本人是知识分子，对此他就很有看法。他认为只有王震这样铁路工人出身的人才是真正的共产党员。

经我介绍，孙平认识了王震。一次王震请我做客，我征得他的同意将孙平带去了。王震为人豪爽，直言快语，易于接近。只谈了两个小时，孙平回身对我说：“这才是真正的无产阶级！”从此他们过往甚密。

苏军情报组在孙平负责时期，由于人手减少，他们的情报主要靠我们提供。经毛主席同意，孙平直接同社会部联系，由后者负责提供情报；同时他还同八路

---

① 1945 年 2 月 4 日至 11 日，苏、美、英三国首脑在克里米亚半岛的雅尔塔举行会议。会议期间，罗斯福和斯大林讨论了苏联对日作战条件，在中国没有参加的情况下，达成了涉及中国权益的秘密协议。协议中规定，在德国投降及欧洲战争结束后两个月或三个月内，苏联将参加盟国方面对日本作战，其条件为：(1) 外蒙古（蒙古人民共和国）的现状须予维持。(2) 1904 年日俄战争中被日本破坏的俄国权益须予恢复，即库页岛南部及邻近一切岛屿须交还苏联；大连商港须国际化，苏联在该港的优越权益须予保证，苏联之租用旅顺港为海军基地也须予恢复；对担任通往大连之出路的中东铁路和南满铁路应设立一苏中合办的公司共同经营之，苏联的优越权益须予保证，而中国须保持在满洲的全部主权。

军总部，同副总参谋长叶剑英、作战部副部长李涛联系，同新华社社长博古，同高岗、林伯渠，以及各部委、西北局、边区政府等许多单位直接联系，从他们那里获得各种情报。孙平懂中文，大致能听懂中国话，毛主席让他多到各县、基层去看看，直接找当地干部谈话。所以他常到各处，如绥德专区、晋西北等地去活动，亲自找人谈话、了解情况、搜集情报。

据孙平自称，在那一时期，博古对他帮助最大，使他弄清了国际、中国国内和党内许多复杂问题的来龙去脉，帮他较好地掌握了动态。这些话孙平讲过不止一次。但实际上，关于我们党内情况、党史上的问题、党内斗争，以及当时党内存在的种种问题、各项主要政策和策略、国内形势、抗日战争的战略、策略与政策、同国民党的斗争等等，都是由毛主席亲自向他介绍和解释的，而且给他讲得也最多。

毛主席对他很关心，帮助很大，对他的任何要求都是有求必应。我们不仅在枣园为情报组盖了漂亮的小洋房，而且在城里、大砭沟都为他们准备了房子，供他们使用。

孙平到延安后，很快博得了毛主席的信任。毛主席有话愿意同他讲，有时简直是无话不谈，很少有戒备。孙平给人的印象是精明干练，机警灵活，总是笑嘻嘻的，一口一个“是的，您说得对”；他忍耐性强，不管是对他语言上的刺激，还是行动上的刺激，他都能忍耐；他善于察言观色，顺着别人的话头讲。毛主席发表意见后，他能作出恰好适合毛主席心情的评语和结论。他尽量施展本领，取得毛主席的信任，目的是从毛主席那里取得更多更重要的情报，获得更多经济生活方面的好处。

毛主席把孙平拉得紧紧的，目的是通过孙的嘴巴把我们的看法汇报给共产国际和斯大林。最后两年，双方越来越亲密，孙平的电台几乎成了毛主席的电台。孙平任何时候都可以到毛主席那里去，毛主席也随时可以叫他来。

此外，孙平还从任弼时、李富春那里得到了许多经济上的好处，如尽量保障他们的供应，用外币兑换边币时给予优惠。从彭德怀和叶剑英那里获得了各种各样的军事情报。毛主席允许他到王家坪我军总部去，他除同叶剑英、李涛谈话外，还可以直接找参谋人员、作战室工作人员交谈，而且可以看作战室地图，参加各种汇报会。他还从博古那里获得了大量的国际国内情报。他在中情部不仅能得到日常的情报，还可得到各种照顾。

1944年6月，中外记者西北参观团一行二十一人来到延安采访，其中有苏联的普罗岑柯。普在孙平的帮助下单独会见了毛主席。毛主席向普罗岑柯谈了党的组织情况、思想教育、党的发展与干部培养等方面的问题。普罗岑柯提出应当考虑抗战胜利后如何进一步发展和培养干部的问题。毛主席认为普有头脑，有见地，继续向他介绍了抗战形势，抗战胜利结束后我们的方针、政策和政治路线、战略意图以及中国革命和党的发展与前途等问题，向他说明即使抗战胜利结束也并非是我国革命的终极目的。

后来，孙平向毛主席说，他很想学习中共党史和中国革命史以及了解我党各个时期的政策问题，并请主席指定一个人同他谈。毛主席表示同意。

过了一段时间，毛主席做了准备，对孙平说，咱们两人共同研究吧。毛主席正想进一步改造和培养他，把他变成我们的朋友，让他宣传我们的观点。

于是，从1944年6、7月开始，到七大召开前，毛主席差不多每隔一周或两周就同孙平长谈一次，有时甚至一周内同他谈两次。每次要花三四个小时，几乎像上党课一样。

谈话内容包括建党以来中国革命发展的各个阶段的形势变化，及我党的政策、方针、路线，我党取得的成绩，遭受的挫折，各个时期党、政、军的发展变化，派别斗争等等。对党内派别（即宗派主义倾向）问题，毛主席讲得比较多，总的意思是，在我们党的历史上，小派别活动曾发生过影响，但未起过决定的作用。孙平从这里学到了许多东西。说老实话，我对党的历史的了解，较全面、较系统的党的历史知识也是在这里获得的。通过这些谈话，我才知道主席在大革命时期曾在国民党中央宣传部工作过；在中央苏区，邓（小平）毛（泽覃）谢（唯俊）古（柏）等同志受到打击和迫害等重要情况。

七大前夕，毛主席把七大的准备工作，《关于若干历史问题的决议》草案的内容都给孙讲了，同时告诉孙，让他作为客人列席七大，并指定由我担任翻译。会后，毛主席还一再问我，各次会议孙平是否都参加了？

七大结束后，毛主席不满足于孙平参加听会，还专门把孙找来，向他介绍了大会的情况。实际上等于给了他一个提纲，让他照提纲向莫斯科汇报。这个提纲的中心内容有三点：(1) 大会是团结的，全党达到了空前的一致；(2) 七大通过的路线、方针、政策是完全正确的，得到了全党的拥护；(3) 大会一致拥护毛泽东和刘少奇作为第一把手和第二把手。

每次从毛主席那里出来，孙平总要同我谈谈他的体会、感想，他同我谈得很好。他很尊敬毛主席。

我同孙平的往来不仅是在主席那里。1944 年下半年，我被调到中央社会部一室任主任。一室专门负责情报工作，冯铉是我的助手。我党通过地下党收集到不少有价值的情报。在上海的潘汉年、刘晓、肖桂昌都曾回到延安参加会议，并到枣园汇报工作。他们向孙平提供的情报我都看过，孙平毕竟是外国人，对中国情况不甚了解。有的情报写得不错，但并不真实，价值不大。因而孙平常常同我一起讨论、研究这些情报的真伪和价值。我的住房和孙平的办公室——漂亮的小洋房，只隔一个小山沟，我们常常站在山坡上，隔沟相对，用俄文交谈、讨论。

建国后，王震到苏联治病。正巧孙平也在皇宫医院住院。王震还去看望过他。

粉碎“四人帮”后，我从陕西省扶风县的农场回到了北京，才见到苏联 1973 年出版的《中国特区》一书。这本书以孙平在延安日记的形式公布了大量“材料”，严重歪曲事实、造谣，任意中伤、诽谤我党和毛主席，令人气愤。孙平，一个老党员，怎么能写出这样的东西？！这样的东西只有伪君子、两面派、没有良心的人才写得出。这与他在延安同我讲的话是完全不一样的。

1990 年，我的女儿黛霞来北京探亲，她带来孙平的儿子尤里·费拉索夫发表的一篇讲话。尤里是一位苏联人民代表、作家。尤里对记者说：1968 年他被叫到苏共中央整理他父亲的档案文件。为了适应当时苏联同中国论战的需要，苏共中央书记处准备以公开的情报资料和他父亲从中国发回的电报为基础出版一本书，建议由他来编撰。他的任务是说明苏中分歧产生的根源。

由此可见，这本书根本不是孙平在延安的日记，而是后来拼凑起来的。当时出版这本书不仅有损中苏两党的关系，而且也丑化、损害了孙平的形象。值得欣慰的是，事实终于得到了澄清。

1944 年 7 月 22 日，美军观察组首批成员在包瑞德上校的率领下到达延安。美军之所以派观察组来，是由于我解放区日益扩大，八路军、新四军、南方游击队的力量日益发展，成为一支重要的不可忽视的抗日力量。而与此同时，国民党的正面战场在日本人的进攻下一溃千里，龟缩在中国的大西南地区。美国人看到将来反攻时，要在中国沿海登陆，必须要有策应才能减少损失，较快取得胜利。这个策应的力量不是国民党的军队，他们离沿海地区太远了；只能是中共领导的军队和解放区的民众。

蒋介石一贯封锁解放区，更不能允许我党和美国人建立直接的关系。1944 年 6 月，罗斯福总统派副总统亨利·华莱士到中国来，华莱士亲自向蒋介石提出此事。在美国政府不断施加的压力之下，蒋介石才不得不同意美军在延安设立观察组。

美军观察组到延安后几个月，即 11 月 7 日，罗斯福为协调国共两党关系，派特使赫尔利到延安来同毛主席、周恩来会谈。会谈是在延安南门外交际处举行的。10 日，周恩来和赫尔利一起乘美机到重庆继续同蒋介石谈判。

苏联人对我们和美国人建立关系、频繁来往也是十分关心的，同时又感到不安，有所疑虑。因此，毛主席和赫尔利会谈后，从交际处回到家，还未进办公室就打电话要我立即请孙平到他的住处去。我和孙平几乎与毛主席同时到达枣园毛的住处。毛主席把他同赫尔利谈话的主要内容告诉了孙平。

据毛主席介绍，谈话的主要情节和经过是这样的：在交谈中，赫尔利非常粗鲁而蛮横地说，中共必须同蒋介石国民党合作，共同建国，绝不要再打内战。如果打起内战来，中共未必能打赢，对中共没有什么好处。如果中共答应不打内战，那么，美国的武器就可源源而来。中国既可恢复经济建设，人民也可安定生活，中美关系自然也会更加友善起来。如果你们打起内战来，那美国人就不能原谅你们。他们就会纷纷议论、批评、责难，甚至骂人，难道你们不害怕这种不利于你们的舆论压力？！

毛主席说，他听了以后，火冒三丈，严辞回答赫尔利说：你们美国人吃饱了面包，喝足了牛奶，睡够了觉，无事可做，天天想骂人，那是你们自己的事，飞机、大炮、坦克、军舰也是你们自己的。我们有的是小米子加步枪、两条腿、两只手，我们自己会处理好我们的事情，我们中国共产党从来就不想打内战。

在同孙平谈话的过程中，毛主席显得很兴奋，有时手舞足蹈。我从未见到过他这样高兴。

众所周知，赫尔利在延安时，在我党起草的《五条协定草案》上签了字。草案内容是：改组国民政府，成立联合政府和联合军事委员会，承认所有抗日党派的合法性。这个草案由赫尔利带到重庆，但被蒋介石否定了。此后，赫尔利的态度也随之发生了一百八十度的大转弯。

毛泽东的神韵

我随闻天、弼时等搬到杨家岭后，和主席接触的机会就多了。接触越多，了解越深，也就越加敬佩他。从各个方面讲，他都是中国人民的伟大领袖。我从他的身上得到的教益终身难忘，至今深深地印在脑海之中，历历在目。

我是由共产国际派遣回国的，任务是参加七大，然后回莫斯科汇报。因为当时派个洋人到延安来执行此项任务实在困难，也几乎不可能。回国之后，我才知七大的召开推迟了。恩来决定将我安置在弼时那里，名义上是弼时的秘书，实际上给主席担任俄文翻译。我的国际身份在中央只有主席、弼时、恩来等少数几个人知道。

1942 年末，苏联的飞机到延安来，捎来共产国际的口信，让我回去汇报工作。那时苏联的飞机差不多是一年来一两次。

听到苏联同志带来的这个口信，主席一愣，眼睛望着我，意思是要我表态。

我马上说："不回去。"

主席说："那好，你和他讲。"

我当着主席的面对苏联同志讲："请你转告季米特洛夫同志，中国局势紧张，任务繁重，我不能回去。"

1943 年 5 月，共产国际解散，我将国际的来电译出之后读给主席听。主席兴奋地说："他们做得对，我就主张不要这个机构。"然后笑着对我说："把你也解放了。"意思是你也不用回去了。

1940 年我回到国内时，毛主席在党内的领导地位已经牢牢地确定了。但他每走一步都要再三试试；对大小事都是如此，都要摸准、吃透，要有十分把握才做。在用人方面尤其谨慎。一定要观察上一段时间，看看你的能力、为人和表现如何，才决定是否起用。主席常讲，看一个人，不仅要听其言，而且要观其行。由于种种原因，张闻天、王稼祥、凯丰、罗迈（李维汉）这些从苏联回来的留学生，当年我都不便过多地接触，对王明、博古就更不待言了。延安整风之后，1943 年 1 月，我到边区保安处去工作，后又被派到绥德、关中。经过几年基层工作的考验，到七大之后，主席大概认为可以使用和信赖我，于是让我担任中央书记处办公室主任。他这样对我说："现在你担任了书记处办公室的工作，我有事就可直接找你，有话也可以找你谈了，比你在弼时同志处工作时要方便得多。"其实我从 1940 年末起一直为他做俄文翻译。

康生很会钻空子。1944 年夏天，他将我从保安处调到中央社会部一室任主任。他告诉毛主席："师哲已调到中央社会部，住在枣园，主席如有什么事找师哲很方便。"康生对别人说是他将我介绍给主席的。其实毛主席早已和我有电话联系，有必要时就找我。

我刚到枣园不久，主席就给我打了个电话。我很奇怪，主席怎么这么快就知道我搬进枣园呢？他将我找去，把事情的来龙去脉原原本本地告诉我。我由此知道康生是一个工于心计的人。

主席和他的战友们

主席很注意团结干部，抗日战争期间他反复地讲对敌要狠，对内要和。

张闻天的理论修养较高，有威信，但对问题的态度有时没王稼祥那样明朗。王稼祥在遵义会议上投的一票起了关键性作用，主席十分重视此事。主席很注意团结他们，请张闻天和中央的五位书记一起住在枣园；整风时让王稼祥当中央高级学习组组长、国际政策研究室主任。国际政策研究室成立时，召开成立大会，主席不但出席而且亲自主持。但是稼祥当时表示对这些都不积极。我在研究室算是王的第一助手，我向他请示工作，他大多不吭声。研究室的工作一直没有开展起来。

主席让他们参加重要的座谈会、出席中央会议、政治局会议。不仅对他们如此，对他们的部下，如中宣部副部长吴亮平等，也吸收列席政治局会议，对他们在生活上的照顾更不消说了。

遵义会议后，对遵义会议决议不理解，顶得最厉害的是凯丰，但主席对他也是采取团结的态度。

1937年底，王明从延安到了武汉。当时，武汉有政治局委员四人：王明、周恩来、博古、凯丰。王明企图搞成第二中央，对这点凯丰是不同意的。毛主席把这些都记在心里。

1942年，主席在延安作《反对党八股》的报告，让凯丰主持会议，并讲话。

凯丰是个有主见的人，头脑清楚，不盲从，不人云亦云。七大闭幕后，军委召开座谈会批评彭德怀，找了许多老干部，特别是苏区的干部，范围较广，连我的夫人周惠年（她在苏区待的时间很短），也接到通知参加了会议。凯丰却不出席会议。一天他到枣园来玩，对我谈了一点情况。他说正在召开的中央军委扩大会议，会上主要批判彭总两个问题，一个是百团大战；一个是说他一贯不听毛主席的话。凯丰讲：百团大战，彭总请示过主席嘛，当时主席也没有讲过什么话。彭总虽然当过旧军队的团长，但这是入党之前的事，是过去的事了。彭总态度有些骄傲，有些过于自信，但是也不能这样搞。凯丰认为，彭总在理论上、出谋定计方面都不如主席，但是他性格耿直，拥护真理、坚持到底的精神是令人敬佩的。即使凯丰有不同的看法，主席仍是团结他、任用他。

主席很重视地方干部，他讲过："外来干部和本地干部必须团结，必须反对宗派主义倾向。"[①] 他也反对"山头主义"："只有外来干部和本地干部完全团结一致，只有本地干部大批地生长了，并提拔起来了，根据地才能巩固，我党在根据地内才能生根，否则是不可能的。"他强调外来干部和本地干部要互相取长补短，他特别讲道："外来干部比较本地干部对于熟悉情况和联系群众这些方面，总要差些。拿我来说，就是这样。我到陕北已经五六年了，可是对于陕北情况的了解，对于和陕北人民的联系，和一些陕北同志比较起来就差得多。"[②] 刘志丹牺牲之后，毛主席召集陕北的老同志开会，征求大家的意见。大家说，刘志丹、谢子长牺牲了，按资历就数高岗了。当时高岗在内蒙工作，主席把他调回来负责西北局的工作。其实高岗的文化水平和工作能力有限，特别是他的品德不好。但主席对此不

① 《毛泽东选集》（第2版）第3卷，第822页，人民出版社，1991年版。

② 同上书，第822—823页。

了解。

高岗担任了中共西北局书记后，经常向主席汇报工作、反映情况。如众所周知的，一个农民说："怎么雷公不劈死毛泽东。"保安处的同志要将这个农民逮捕。高岗反映给主席，毛主席马上命令边区政府减少三分之一的征粮数，以减轻农民的负担，并下令释放了这个农民。高岗也曾向主席反映过整风运动中过激的做法。解放战争中高岗到东北去工作，担任东北局副书记。特别是解放后，由于高岗的表现，主席对他的看法才发生了根本的改变。

主席重视统战工作。皖南事变后，国共关系降到抗战以来的最低点。1942年一二月，林彪从苏联回国。主席让他先不要回延安，径直从西安去重庆见蒋介石，做点统战工作。这是主席的一个策略，以此来改善国共两党关系。林彪具备做这项工作的有利条件。第一，他是蒋介石的学生；第二，他又是举世闻名的平型关大捷的指挥员；第三，他刚刚从苏联回国，有国际、苏联背景。由于我回国不久，对当时的策略不了解，为此，向主席提出疑问。主席坚持他的意见。后来我慢慢才明白，如果林回到延安再去见蒋，蒋会生疑，认为他同中央已研究了对策。林在西安住了较长的时间，有些着急。毛不仅打电报，而且托人捎信，使林安心地住着。①

1942年8月，蒋介石邀请主席到西安见面。出于安全上的考虑，主席不便去，所以派林彪于10月7日到重庆去。蒋介石猜到林彪此行的用意，于10月13日见了林彪一面之后，就不再见他，而且不准他和恩来离开重庆。直到1943年5月共产国际解散后，蒋介石才允许恩来和林彪回延安。临行前，蒋介石又见了林彪一面。

1943年7月16日，林彪从重庆回到延安。②这天一早我从窑洞出来，和主席不期而遇。他正向山下走，边走边说："林彪回来了，我去接他。"

我听后心中一震，心想朱总司令从前线回来，恩来、弼时从苏联回来，主席都没有这样迎接。恩来1940年回到延安的前一天，在甘泉和他通了电话。第二天八九点钟他仍在睡觉，只有李富春前去迎接，而且主要还是接他的夫人蔡畅，过了几天才在杨家岭山下的河滩上开了个欢迎会，还是由中组部主持的。而今天他竟亲自迎接比朱总、恩来、弼时地位低得多的青年林彪。

① 后林彪回到延安，10月从延安到达重庆。

② 此处应是1942年林彪回到延安。

我们在院子里等了一会儿，大卡车才到。林彪一下车，主席迎上去和他握手。林彪转身看见我，把另一只手伸过来，握着我的手。主席很奇怪："怎么，你们也相识？"主席握着林的手回到窑洞去，这等于斯大林拉着一位将军的手一样了不起。主席亲自吩咐伙房为林彪搞饭吃，让林住在杨家岭，靠近他。自然主席也深知林彪其人，但是林听话，又会打仗，联想到二十四年后安排他当接班人，这也就不是偶然的。

林彪在苏联养病期间，由共产国际干部部东方处负责接待，徐介藩具体办理。徐、林都是黄埔军校的学生，徐比林高两期，是二期学员，1925年就到了苏联。可是林却在徐的面前摆架子，让人受不了。徐几次向我讲：林彪自高自大，目空一切，他根本不愿和林彪接触。林彪并没有什么病，却一直住在苏联休养，而国内的抗日战争又那么紧张、激烈，所以斯大林对此都是有些看法的。

徐介藩于1948年回国后在东北外事处工作，是翻译晋察冀出版的《毛泽东选集》的总负责人。解放后，徐介藩的妻子去世，他又与林彪的前妻张梅结婚。"文革"中，林彪、叶群抓住他曾在苏联内务部、联络部工作的历史，无中生有地说他是苏联特务。

张梅是陕北延川县乡村的小姑娘，文化水平不高，林彪把她带到苏联照顾自己。后来她留在苏联学习，1948年回到东北。"文革"期间她也被打成苏修特务。徐介藩、张梅夫妇被关押多年，甚至受到酷刑，身心受到严重摧残。1979年总政治部才做出结论，予以平反。

林彪在杨家岭住了几天，向蔡畅提出，希望她能帮助介绍老婆。蔡畅知道他和张梅关系不好。林彪的要求是对方是大学生，有身份的姑娘。当时我在马列学院教俄文，知道马列学院有两三个姑娘，架子大得不得了，叶群是一个。林彪打听到叶群，看上了。林彪先向任弼时讲。那时林彪那么高的地位，叶只是马列学院的学生。这件事老虎吃天，无从下口。他和任弼时谈完了从我门口过，将皮带歪搭在肩上。陈琮英告诉我，林去找老婆了。

但是，叶群不买账，不答应。林彪又到王家坪找朱德、康克清大姐说。朱德说：这好办。过了几天，以康大姐的名义请叶群到八路军总部王家坪来。叶群乖乖去了。朱德和叶群聊天。摆开桌子吃中饭时，朱德说：今天我请叶群，还有一位客人林彪。他刚从苏联回来，还没有请他吃过饭。朱德当着林彪的面说：叶群，你年龄也不小了，应该找对象。我听说我们林彪将军喜欢你。你还看不上，你还想什么？

这样林彪和叶群前后不到一个月就成功了，是朱总司令帮的忙。我对朱德说：朱总司令，你打仗向部队下命令有力量。我没有想到你对一个女孩子下命令也这么厉害。

相比之下，毛主席对李立三是冷淡的。1946 年初，李立三从苏联回到东北，5 月，他利用参加东北三人小组谈判工作的机会飞到延安，住在中组部。他给我打电话，要求见主席。我考虑到他与主席都是湖南人，早在五四运动之前就在一起从事学生运动，是多年不见的老朋友；再者，李立三曾任中共中央第一把手，自 1930 年出国至今，才第一次回到中央，于是就很痛快地答应了："可以，待安排好后即通知你。"

我去请示主席，没有想到主席淡淡地说："好啊，他在哪儿？明天上午见他吧。"当时主席住在王家坪，主席什么也没有准备，只和勤务员打了一个招呼："客人来了，倒杯茶。"

见面后，主席平淡地说："你回来了，好。你在东北的情况怎么样？"立三满腔热情，一心想好好汇报汇报，讲讲自己的情况，但是看见主席不怎么爱听，也就讲不下去了。主席心中有数，不能鼓励立三的激动。更奇怪的是，立三穿一身美国军衣，那是美国的救济物资。主席看了，也不高兴，事后让后勤部发给他一套干部服。主席进了北京，住在香山时，立三从东北来看主席，依然如故，又穿了一身缴获的呢制服，神气十足。林彪、饶漱石也是如此，主席一见就不高兴。

主席看人不仅从大处着眼，而且也注意一些小事，观察你的衣着、表情、言谈和举止，以了解你的思想、品德和行为。比如，我在国外住得较久，养成打手势的习惯。西方人认为打手势可以加重语气，主席对此却不以为然，认为年轻人在年纪大的人面前、在长辈面前不可手之舞之，足之蹈之。

解放后，立三对总理讲：师哲在苏联做保卫工作的，讲话用辞一贯粗鲁。总理转告主席。主席一听心里自然明白，说：我还是用师哲当翻译。主席用人考虑很周到，不仅看你的表现、才干，还要看你的历史、社会关系、工作态度以及所能起到的作用。因李立三在苏联受过冤枉，坐过牢，他如果用李立三当翻译，苏联会怎么想。我出国时，主席请刘亚楼做翻译。

主席深入群众，调查研究

主席历来很重视调查研究。“没有调查就没有发言权。”[①] 这是他的至理名言。他不但反复宣传，而且身体力行。早在中央苏区戎马倥偬，他做过多次调查，后将调查报告汇集成册，在延安出版。他认为：“要了解情况，唯一的方法是向社会作调查，调查社会各阶级的生动情况。”[②] 他走到哪里，调查到哪里。重庆谈判归来后，他在柳树店原中央后勤疗养院养病，只住了一周，就将柳树店前前后后的村庄都跑遍了，和各村的群众都谈过话。

我怕在安全方面出事，提醒他：“主席，这个地区不会有特务，但是对当地老乡的情况我们没有研究，也不十分清楚，最好不要到处走动。”

主席说：“难道我住在一个地方，连周围的情况都不能知道？”

毛主席深入群众、深入实际调查研究的作风和本事，实在令人敬佩。

他提倡理论联系实际，就是将马列主义的普遍真理和中国革命的具体实践相结合，对于言必称希腊，夸夸其谈的作风十分反感。

我碰到这样一件事。主席很重视理论研究，希望有个人能在理论工作上做他的助手，就是说希望找一个对他的理论研究能起到帮助作用的人。中央党校推荐了一位同志。这个人是研究苏共、中共党史的专家，1920 年代曾在苏联留学，回国后一直搞理论工作，是位饱学之士。

他从中央党校搬到杨家岭离主席不远的地方住下，但是主席只见了他一次面。情况是这样的：主席约他谈谈有关马列主义、联共党史等方面的问题，他却如同在党校讲课一般，不问情由，滔滔不绝，一套一套地讲得十分得意。主席实在听不下去了，问：“《联共党史》你通读过了吗？”

他不明其意，回答说：“通读了三五遍。”

毛主席说：“我一遍也没有读过，只是将每章的结束语都读了。书，既要会读，更要会用。我没有通读，可是会用。你讲的这些离中国革命太远了。你讲的这些都很对，但对目前的问题一个也没有涉及，没有解决。我们学习马列主义是为了解决中国实际问题。好了，好了，你自己去吧，我这里容不下你。”

---

① 《毛泽东选集》（第 2 版）第 3 卷，第 791 页，人民出版社，1991 年版。

② 同上书，第 789 页。

主席对教条主义深恶痛绝。1942 年 2 月 1 日，他在中央党校开学典礼上作《整顿党的作风》的报告，指出："我们如果仅仅读了他们（指马、恩、列、斯）的著作，但是没有进一步地根据他们的理论来研究中国的历史实际和革命实际，没有企图在理论上来思考中国的革命实践，我们就不能妄称为马克思主义的理论家。"① 他很形象地说："有些同志则仅仅把箭拿在手里搓来搓去，连声赞曰：'好箭！好箭！'却老是不愿意放出去。这样的人就是古董鉴赏家，几乎和革命不发生关系。"②

要做好调查研究，主席讲得好："第一是眼睛向下，不要只是昂首望天。没有眼睛向下的兴趣和决心，是一辈子也不会真正懂得中国的事情的。"③

主席对劳动人民的感情深沉而真挚，发自内心，没有任何矫揉造作，返璞归真。杨家岭沟口住着一家姓杨的贫农，他们的窑洞像那时陕北一般穷苦人家的窑洞一样只有门，没有窗子，里面黑洞洞的。这位杨家一做饭，满屋子都是烟，烟熏火燎，墙壁变成了烟黑色。门口有个碾子，杨家的婆姨经常在门口推碾子，她有三十几岁，不仅手很脏，连脖子都是黑油油的。他们看见毛主席走过，经常向他打招呼。主席也亲切地向他们问长问短，有时还到屋前站站。他很有感触地对我说："老百姓不懂得什么叫卫生，也没有条件洗澡。他们辛辛苦苦劳动，还被人们看不起。"

主席《在延安文艺座谈会上的讲话》中讲过自己对劳动人民感情的变化，他说："我是个学生出身的人，在学校养成了一种学生习惯，在一大群肩不能挑、手不能提的学生面前做一点劳动的事，比如自己挑行李吧，也觉得不像样子。那时，我觉得世界上干净的人只有知识分子，工人农民总是比较脏的。知识分子的衣服，别人的我可以穿，以为是干净的；工人农民的衣服，我就不愿意穿，以为是脏的。革命了，同工人农民和革命军的战士在一起了，我逐渐熟悉他们，他们也逐渐熟悉了我。这时，只是在这时，我才根本地改变了资产阶级学校所教给我的那种资产阶级的和小资产阶级的感情。这时，拿未曾改造的知识分子和工人农民比较，就觉得知识分子不干净了，最干净的还是工人农民，尽管他们手是黑的，脚上有牛屎，还是比资产阶级和小资产阶级知识分子都干净。这就叫感情起了变

① 《毛泽东选集》（第 2 版）第 3 卷，第 814 页，人民出版社，1991 年版。

② 同上书，第 820 页。

③ 同上书，第 789—790 页。

化，由一个阶级变到另一个阶级。”① 每当我读到这段话，特别是最后几句“最干净的还是工人农民，尽管他们手是黑的，脚上有牛屎，……”都备感亲切，毛主席在杨家岭沟口和老乡攀谈的神态又出现在我的眼前，主席对我讲的那几句话又响在耳畔。

主席对高居群众之上的知识分子很不满意。一次，我陪他从杨家岭出来，在延河滩上散步，碰上一位作家从城里回来。他手里拿个拐杖边走边在空中打转转，见到主席打了个招呼，手中的拐杖仍不停地挥舞着；遇到驮盐的毛驴队，仍然如是，将老乡和毛驴队挤到一边。主席气愤地说：“这是流氓行径，目中无人。他看不起劳动人民，只是因为他认识几个方块字，就不把老百姓放在眼里，坐在人民的头上显威风。他们只比老百姓多这么一点知识，就骄傲自大，目空一切，摆臭架子！”

和主席在一起，每次同他谈话都像是上一堂生动的课，使人获益匪浅。

主席生活朴素、随便，能深入群众。他经常带着一两个警卫员，有时还带着女儿李讷，到处走走，到处看看，随便和群众攀谈。在延安时，无论他住在杨家岭、枣园，还是在王家坪，逢年过节总是将左右邻居的老乡们请来一起欢度佳节。在他的领导下，陕甘宁边区做到了耕三余一，丰衣足食，因而老百姓自发地将他看成从东方升起的红太阳，称他为大救星。这种爱戴是发自内心的，是淳朴农民的心底话。

主席不仅尊重群众、向劳动人民学习，而且在党内作风民主，有一套工作方法。

我调到中办后担任政治局会议的记录。记录的任务很难完成，因为主席主持会的方针是各抒己见，集思广益。他常常不规定会议的中心议题，让大家随便发言，无论讲什么，他都耐心地听，从不打断。因而会场气氛十分活跃，大家都是敞开思想，各抒己见。主席将大家的意见反复比较、吸收、消化，集思广益，有了成熟的意见后才拿出来。

主席在下面和我个别谈话时，常常讲讲他正在思考的问题，他的分析及打算，是比较随便的。只有形势、时局发展到了他所预想的程度时，他才将这些想法、打算拿到书记处会议上。一开始我不理解，时间长了我才明白：主席对我讲讲不

① 《毛泽东选集》（第 2 版）第 3 卷，第 851 页，人民出版社，1991 年版。

成熟的意见，我不会传出去，也没有贯彻执行的任务。而过早地向书记处的同志讲，可能会影响大家的思索；另外，作为领袖应是一言九鼎，可是战争的形势千变万化，条件不成熟、想法不成熟就拿出来效果反而不好。这种做法并不是对人不可全抛一片心，而是留有余地，是出于高度的责任感。

从1940年我到主席身边，主席一连四五年常常提到邓小平1938年讲过的一句话："一切都是辩证的，一切都是发展变化的。"他认为这句话很厉害，抓住了马克思主义的实质，富有哲理。现在回想，他常常提及是以此为鉴，提醒自己。因为任何事情都是发展变化的，在一定条件下，坏的可以变成好的，好的也可以变成坏的。时时警惕争取事物不向坏的方向发展，而争取向好的方向变化。

这些仅仅是主席领导艺术的高超之处，当然我的体会是浮浅的。

正因为毛主席来自人民，热爱人民，有高超的领导艺术，才能领导中国共产党、中国革命走向胜利；如果没有毛主席，那我们还不知要在黑暗中摸索多久。可以肯定地讲，我国不会在1949年10月获得彻底解放，建立起中华人民共和国。

主席炯炯的目光

我在主席身边工作前前后后、断断续续共约十八年之久，从未看到他发脾气以至到了拍桌子打板凳的程度。他是很有涵养的。有一次，我对他说："主席，我很佩服你的沉着冷静，有涵养、不发大脾气。"

他说："我不是不生气，有时几乎气炸了肺。但我知道应该尽量克制容忍，勿现于辞色。"这就更不容易了。

主席的目光炯炯有神，非常敏锐。他狠盯你一眼，就能使你知道自己错了。他讲话很注意逻辑，也很注意分寸。我在他面前讲话，有时讲错了一句话或一个词，他就用眼睛盯着我，说："你再讲一遍。"就这么一句话，便能提醒我，使我马上发觉自己讲错了，赶快纠正。

我们住在枣园时，时常到杨家岭礼堂看戏。主席坐宋庆龄送的一辆救护车。许多青年人向车上爬，凡是挤上来的都可以去礼堂，主席从不干涉。大家坐定了，在路上，有时主席问问他们，是哪个单位的，叫什么名字。讲话时，他的眼睛注视着对方。事后，这些年轻人对我讲：“我看见主席就害怕。他望着我，几乎要把我看穿了。”

主席的厉害也就在这个地方，他把什么事都要看穿，弄个明白。他的眼睛炯炯有神，目光专注，入木三分。

主席对干部是爱护的，特别是对他身边的工作人员。你做了错事，他要是处罚你，就表明这件事已经结束了，他不再记在心上。初进中南海时，我去丰泽园，偶尔看到有的工作人员站在院子里晒太阳，满头大汗，却一动不动。别人告诉我：“你不要管，这是主席罚他们呢。”主席不是朝三暮四的人，干什么事一定要干到底，要干出个结果来。如果被罚站的人中途走开，那，主席就不能原谅了。主席处罚人就是这样，处罚了，很快也就原谅了。

主席生活简朴，从不挑剔。只是爱抽烟、喝茶。偶尔搞到鲍鱼、鱿鱼，可以吃；没有，不吃，也没关系。他进了城，生活改善了一点，也就是每周吃一两次红烧肉。

主席自己有个小灶，有炊事员专门给他做饭。他的作息时间与众不同，大多是白天睡觉，夜里工作。有一段时间有人要求中央领导人过集体生活。办公厅决定首长们都到饭厅吃饭。主席来了吃了几口米饭，说：“这是什么东西？稀饭不是稀饭，米饭不是米饭。”

我说：多数人都要求把饭做得软些。

他说：“那要牙齿干什么？！”就吃了这么一次，他再也没有来过。主席吃饭十分简单，生活一贯简朴，他的炊事员、理发员、司机一直跟着他，都从陕北到了北京。

我在中央书记处办公厅工作时，对首长的警卫员不从警卫团里挑选，而是从前方野战部队选调，先送进中央党校学习、培训，然后直接分配到各个首长身边。这个规矩从在枣园定下后，一直沿用到进城。主席对警卫员的态度是很好的，经常关心他们的学习、生活，甚至连他们的婚事也都管。阎长林、李银桥等同志都有回忆录，我不再赘述。

主席一生不爱钱，一贯不摸钱。他的津贴、工资、稿费等都是由秘书或警卫员管着。他从不让孩子沾光、享受特别待遇。进城后，李讷从学校回到家里，很少同他一起吃饭，都是和工作人员一样到大灶食堂吃饭。他对儿子毛岸英的培养倾注了大量的心血，也对他寄予厚望。但是，朝鲜战争爆发后，前线急需俄文翻译，主席就将爱子岸英送到前方。岸英牺牲后，主席悲痛万分，但是指示把岸英安葬在朝鲜。

主席一心为公，身体力行，不仅将全部的精力献给中国人民的革命事业和中华民族的繁荣、强盛、独立、自由、自主的事业上，而且在他的影响下，他的弟弟、妹妹、妻子及其他亲属参加革命，为革命献出了六个人的宝贵生命。这种情况不仅在党的高级干部中，就是在全党党员中来说也是少有的。毛主席就凭这几点：一、绝不爱钱，不为私；二、不让亲属子弟沾公家的光；三、全心全意奉公；四、牺牲自己及亲属。我们还能再说什么，还有什么苛求的？！！

"人非圣贤，孰能无过？"主席也有弱点、错误，这完全是可以理解的。他的弱点是出国次数少，对国外、国际间的事了解得少些。他总是以中国人的意识、思维方式进行逻辑推理，这是不够的。只有我们俩人在一起时，我才用聊天、讲故事的方式谈出我的想法，用以提醒他体察国外的风俗人情。但我从不坚持己见，他能听多少就算多少，就事论事地谈谈。须知主席是位个性十分倔强的人，好胜的人，从不服输的人。列宁讲得好："鹰有时可能比鸡飞得低，但是鸡却永远飞不到鹰那么高。"①

主席的婚事

1940 年我从苏联刚回到延安不久，就听到一些同志们对主席和江青的婚事有些议论。因为当初决定我还要回到莫斯科向共产国际汇报情况，康生、江青钻空子主动向我介绍一些情况，澄清事实，表现自己，希望我在国际方面为他们讲好话。

江青是 1937 年秋冬到延安的，进鲁迅艺术学院学习。江青和主席认识是康生安排的。

1937 年 11 月 29 日康生夫妇随王明从苏联回来。康生在上海大学读书时和曹轶欧是同学，相熟而结婚。曹轶欧给鲁迅写过信，收入鲁迅书信集中。回到延安后，康生在组建中央社会部的同时兼任中央党校校长，曹轶欧担任中央党校干

① 《列宁全集》第 13 卷，第 151 页，人民出版社，1959 年版。

部处处长。中央社会部在离延安城西北八公里外的枣园村，原是陕北军阀高双成的庄园。[1]

江青与康生同是山东诸城人。

江青本姓李，家住在县城东门外，家境中下，生活不富裕。父母将大女儿留在家中，缠足裹脚，待机出嫁。二女儿即江青，自幼聪慧，身材修长，面容姣好，是个窈窕淑女。父母把她送到城内东街南区的聊城小学读书。她每天上学都要经过东街的张家。

张家是从胶东迁来的富户，在东街买了一座四合院，坐西朝东，大门向东开，南房是客房，东西厢房是儿孙们住。张家的第三代是康生。康生亲口对我讲过：江青每天上学从他家门前过，他是目迎目送。[2] 1957 年我到山东担任省委书记，专程到诸城考察，果然康生没有骗我。陪我的县委书记并不知我的用意，但他主动介绍了江、康两家的情况。从县委书记介绍的情况来看，江青上学是要经过康宅的门前。

康生原姓张，名字换过几个，张耘、赵溶，最后定名为康生，这个名字译成外文，很像外国人的姓，响亮，上口。1920 年代康进上海大学学习，结识了同学曹轶欧，由朋友结为夫妻。曹轶欧为人厉害。康生与江青到上海后没有什么来往。

江青十几岁时因家境困难外出学艺。后在上海，以蓝苹为名演戏，拍电影，参加进步活动，坐过牢。

康生先请江青到枣园玩，这是很特殊的。康生立了很严格的规定，未经许可，任何人从中央社会部的门口过都不行。不久，康生将江青从鲁艺调到中央党校学习，专门组织了一个小班，有江青、张茹之、许明等五六个女同学。这个班直接由曹轶欧管。

康生让江青主动去找主席。没有康生的指示，江青也没有这么大的胆子。没有康生的安排，江青也无法进入主席的住地。

---

① 陈君聪主编：《革命圣地揽胜》（下册），第 523 页，光明日报出版社，1992 年版。

② 康生（1898—1975），1918 年入山东诸城教师讲习所学习，毕业后在诸城县立高等小学任教，1924 年夏入上海大学学习，1925 年加入共青团，1925 年 4 月转为共产党员。历任上海总工会干事、上海大学特支委员会书记、上海沪中、闸西、沪东等区委书记、江苏省委委员、常委、组织科科长、组织部长，中央审查委员、中共中央组织部部长，1934 年到苏联列宁学院学习。江青 1914 年（一说 1915 年）生人，1929 年春在济南加入山东试验剧院。

我回国不久，康生就同我讲：在中国要搞好社会关系，建立友谊，有两个法宝：一是教书，当教员，可供桃李满天下。中国人是“一日为师，终身为父”，学生自然要拥护你，不像苏联人师生关系淡薄。二是当月下佬，为他人介绍老婆。他也曾主动地为我介绍爱人，一开始介绍某领导人的女儿，我一口回绝，干部子女一律不要。最后将他的秘书介绍给我，这已是 1945 年的事了。这就是他的为人之道。

江青告诉我，是康生找她谈话，说：主席一个人，生活上没有人照顾，你去关心关心。

此时，主席的夫人贺子珍已到西安、新疆不回来，准备去苏联。主席做工作，贺子珍执意不回来。有人告诉她，别人抄了你的老家。她不管，仍要去苏联治病。1938 年秋，她到苏联不久生了一个男孩，很快夭折。

江青第一次到主席那儿，主席望望她说：“你对我能有什么帮助？”

“我可以管生活、家务。”

“你能负担得起吗？”主席又问。

“能，试试看。”说完，她就帮助主席打扫屋子，把桌面收拾干净、整齐。收拾床铺时，不仅将床单扫净，连褥子都扫净，重新铺了。这些事都是警卫员做的。警卫员都是来自农村的毛头小子，扫不了这么干净。

主席没有留她吃饭，她也比较拘谨，干完活就走了。

过了两三天，江青又去了，主席的屋子经过几天又乱了。她仔仔细细地打扫一番。之后，见主席衣服的胳膊肘破了，主动地说：“我给你缝缝。”

这次主席说：走这么远的路。留她吃了饭才走的。

当时主席住在北门内凤凰山麓的李家窑洞。中央党校在延安城东北五公里处的桥儿沟镇。

不知从何时起，她就住下不走了。主席说：“不走了，好嘛，有地方住。”

当时主席住着三间石窑洞，左边是书报室，中间是会客室，右边是主席的办公室和寝室。①

江青经常到主席那儿的消息很快传开了。大家议论纷纷，多有微词。中央党校的学员们集体签名给党中央写信，坚决反对主席与江青结婚。不仅中央党校的

---

① 陈君聪主编：《革命圣地揽胜》（下册），第 515 页，光明日报出版社，1992 年版。

学员写了信，当时刘晓领导的上海市委亦打来电报反对此婚事。我记得王世英[①]参加了签名。当时在党校学习的人不少都是从白区来的，知道江青的底细和为人。江青是演员，多次婚变发表于报端。而且她在狱中的表现，如何出狱的，引起人们的怀疑。中央党校的学员们写了两次信，要求中央书记张闻天转给毛主席。张闻天是留学生，受西方文化的影响，不干涉私人生活。中央党校的学生见写信不奏效，又派代表来见张闻天，说：这不是私人的事情。中国和西方的习俗不一样，在中国，领导人的婚姻必然影响到政治。一定要张闻天向主席转达大家的意见。不得已，张闻天挑了一封口气较缓和的信转交主席。主席是不认输的人，很生气，决定和江青正式结婚。

不久，由主席设宴，款待大家。连张鼎丞都请去了，唯独不请张闻天夫妇，就是因为张闻天转了那封信。

1940 年她在中央医院生了李讷。不久，她就把输卵管扎了。金大夫[②]为她做的手术。江青本姓李，因而女儿也随她姓李，名字也是江青起的。她对李讷是疼爱的。李讷住的窑洞有地炕，怕苍蝇进去，门口有拐道。后来李讷搬走，我搬进去住，主席开玩笑说：你升级了。这是李富春非让我住进去不可，我不得不搬进去。

1941 年中直机关搬到杨家岭后，江青嫌人多嘈杂，1943 年江青和毛主席搬到枣园去住。

整风时期，江青在中央党校学习。主席把她交给中央党校副校长彭真。当时

---

① 王世英（1906—1968），山西洪洞人，1925 年加入中国共产党，同年入黄埔军校学习。大革命失败后长期在上海、南京、天津、北京从事兵运、统战情报工作，曾任代理上海临时中央局军委书记、北方局华北联络局负责人。1936 年到陕北向党中央汇报工作，1938 年 1 月进延安马列学院（即中央党校）学习，同年 8 月任八路军驻晋办事处处长。历任陕甘宁晋绥财经委员会委员、吕梁行政公署主任、八路军总部副参谋长、华北军区副参谋长兼敌工部部长、解放后历任山西省委第一副书记、副省长、省长、中央监察委员会委员。“文化大革命”受迫害而死。

② 金茂岳（1906—1987）山东泰安人。1938 年 1 月在延安的边区医院担任妇科主任，1939 年 10 月奉调中央医院创建妇产科，先后担任外科、妇产科主任、医务部副主任等职务，为毛泽东等中央领导同志担任保健工作。

主席兼着中央党校的校长。中央党校审查江青的历史，她的党籍都有问题了。[①]因而她比较老实。到七大之后，她才有了组织鉴定。有了结论，她非常高兴，来找我。我是支部负责人。这样她才恢复组织生活。

她的生活习惯和主席的不一样，爱挑剔。在延安的时候，江青在政治上的表现还是拘谨严己，在公开场合不露面，不敢露峥嵘，顶多就是提出要买些东西。如做皮衣，一定要买宁夏的滩羊羔羊皮。吃药，要从香港买药。买山东的特产阿胶等等。当时国民党封锁我们，要办到这些事都是比较困难的。到1947年撤离延安时，她拿出一大筐阿胶要求处理，后来都送到延安的药房去了。

江青知道主席的全部心血、精力都用在考虑我党、国家的大事上，但为了达到她个人的目的，她故意干扰毛主席的工作。为了保证主席安心工作，我们不得不满足江青的一些不合理要求。为此任弼时批评我两次，说：大姐那么多，女同志那么多，对江青不应该搞特殊，照顾了毛主席就照顾了她了。

高岗陪江青出巡到绥德调查，有一段时间不在延安。我批评高岗：你把延安丢了，跑到哪里去了。他赶快讲了实话，说这是为了照顾主席，他才去的。他说："我不能得罪她。"

中央转战陕北时，中央书记处三位书记留在陕北。周恩来的夫人邓大姐、任弼时的夫人陈琮英，都到了河东后委，只有江青这位夫人留在陕北。她的职务是协理员，也做不了什么工作，还给机关添了不少麻烦。

转战陕北之后，她自认为有了政治资本。中央领导到香山后她去了一趟苏联，开国大典前回到北京。开国大典时，她想上天安门，毛主席不同意，她气得要死，但也无可奈何。

她后来逐渐越来越不像话。"文革"期间她当了中央文革小组副组长，政治局委员，飞黄腾达，不可一世，无法无天。不少当年反对她婚事的同志都受到迫害，这都是江青一手导演的，这个账应记在她的身上。

① 《中国共产党历届中央委员会大辞典》介绍江青是1933年入党。1972年8月江青和维特克的谈话，由参加接待的张颖等同志根据录音整理成文。但是这些同志认为江青谈话内容不实，大家一致向周总理反映记录不适合给维特克。1972年岁末，周总理召集参加接待的同志开会，宣布：已经请求毛泽东，记录不必送给维特克。维特克当时也做了笔记，1977年写了《江青同志》，她在书中写：1933年的2月江青在山东青岛由李大章介绍入党。当年"晚春"到上海，"江青说离开青岛后失去党的身份关系"（范思翻译，2005年香港星克尔出版有限公司出版，第70页），后在"教联"领导下工作，"与党中断一年多的关系得到恢复"（同前引书，第81页）。

毛主席将事情想得简单了，没有想到江青会是这样。主席并不了解二三十年代上海滩的情况。

毛主席对江青并不满意。从后来公布的材料来看，从 1974 年起，毛主席严厉地批评了江青多次。毛主席没有把权交给江青，从这点证明他是一个头脑清醒的伟大的政治家。

整风运动和七大

整风运动的顺利进行

1942 年 2 月 1 日，毛主席在中央党校开学典礼上作《整顿学风党风文风》（后收入《毛泽东选集》时改名为《整顿党的作风》）的报告。在报告中，毛主席提出“反对主观主义以整顿学风，反对宗派主义以整顿党风，反对党八股以整顿文风。这是我们的任务。”[①]2 月 28 日，中央通过《关于在职干部教育的决定》，强调贯彻党的整风精神。从此，由党中央的整风学习逐渐形成为全党的整风学习运动。整风运动既有长远的战略意义，也有当时的策略意义。它对我党进一步团结统一和加强一元化集中领导；对广大党员群众政治觉悟水平的提高、党员思想认识的统一、党的战斗力的增强，都起到了空前重大的作用。

整风是我党的一次思想解放运动，是全党学习马克思主义的运动。在整风运动期间，毛主席发表了《改造我们的学习》、《整顿党的作风》、《反对党八股》等一系列文章，从思想上总结了过去的党内路线斗争，分析了党内的小资产阶级思想作风。他说：“有许多党员，在组织上入了党，思想上并没有入党，甚至完全没有入党。这种思想上没有入党的人，头脑里还装着许多剥削阶级的脏东西，根本不知道什么是无产阶级思想，什么是共产主义，什么是党。”“因此我们党、我们的队伍，虽然其中大部分是纯洁的，但是为要领导革命运动更好地发展，更快

① 《毛泽东选集》（第 2 版）第 3 卷，第 812 页，人民出版社，1991 年版。

地完成，就必须从思想组织上认真地整顿一番。而为要从组织上整顿，首先需要在思想上整顿，需要展开一个无产阶级对非无产阶级的思想斗争。”①

毛主席在整顿三风的报告中除阐明了整风运动的目的、任务和方针以外，还一再强调整风是为了分清路线是非，澄清问题，端正思想路线和工作作风，而不是为了整某个人，追究什么人的个人责任。因此，在整风运动中学习的材料是比较多的，除规定的二十二个必读文件外，还有《六大以前》、《六大以来》、《两条路线》、六本“干部必读”等书。

整风学习运动开始时，大家严肃认真地集中思想和精力学习文件，研究关于政策、方针、路线等各方面的问题，并展开讨论。大家学习的态度很好，很认真，既做笔记，又写自我检讨。整风初期，运动进行得比较正常，各级干部在学习中提高了思想认识，纠正了一些同志的错误思想、糊涂观念、不正确的小资产阶级的思想作风和工作作风，从而使党内出现了更加团结一致的局面。

但是，大约在 1942 年 5 月间，冒出了一股蛊惑人心的阴风，说对党内历次错误的发生要找根寻底、追查责任。就是说，要查明哪份文件是谁起草的，起草人的动机与意图，如何犯这样或那样的错误？关于这个问题，在中办支部（杨家岭）叫得最响亮的是一个叫“小米”的人，我忘记了他的名字。后来在肃反中查明他是隐藏在党内的一个叛徒。我当时感到很困惑：这样一来，岂不是扭转了运动的方向？！但有人随声附和跟着他跑。

一天清晨，毛主席出来散步，凑巧我们在山坡上相遇。我借机顺便问毛主席关于我党整风学习的方针、任务与目的，并且向他反映了一些情况。向他请教：“有的干部不知听了谁的话，或受了谁的影响，不是认真钻研文件，弄清历史，提高思想认识，而是去调查所学习的文件中的哪件或哪篇文章是谁写的，哪个文件（决议、决定、宣言等）是谁起草的等等，这是企图扭转学习方向。这样做，对吗？”

主席听罢，立即回答说：“整风学习的主要目的，是弄清问题，澄清思想，分清是非，辨明真伪，提高认识，而不是追查个人责任。那样做是不对的！”

毛主席斩钉截铁的回答，使我顿时心明眼亮，信心倍增。这个时期，在总结

① 《毛泽东选集》（第 2 版）第 3 卷，第 875 页，人民出版社，1991 年版。

我党历史经验教训，澄清我党各个时期的路线、战略、策略、政策等方面，毛主席付出了极大的心血，做出了显著的成绩，也获得了丰硕的成果。

当年，毛主席考虑最多的是关于爱护、保存、发展和科学合理地使用革命的有生力量，大量地培养、提拔干部，放手地任用他们，尽可能地把每个干部都使用到适当的工作岗位上，以充分发挥他们的主观能动性。这是充实我党干部队伍的重要方针。那时，他是把这个问题当作我党革命斗争中的一项主要战略问题对待的，所以关于这方面的问题，他一般持慎重的态度，本着较合理的方针、政策来处理的。

整风开始后，中央领导做了分工：康生、李富春负责中直机关的整风学习；王稼祥、陈云负责军委直属机关；任弼时、高岗负责陕甘宁边区系统。毛主席亲自抓文艺界的整风运动，这就是他《在延安文艺座谈会上的讲话》的由来。

康生任总学委会副组长

1942 年 6 月 2 日，党中央成立了总学习委员会，毛主席为组长，康生为副组长，领导全面的整风运动。这个学习委员会是在 1941 年 9 月 26 日成立的中央（高级）学习组的基础上产生的。中央（高级）学习组的组长是毛主席，副组长是王稼祥。由于康生回国以后，当上了中央党校校长和中央社会部部长，掌握了教育、审查干部的一部分权力，同时，康生又善于耍两面派，见风使舵，做出忠心耿耿和“一贯”批判王明路线，与王明路线作斗争的样子。最典型的是，康生在莫斯科时高喊“王明万岁”，初回延安时仍竭力吹捧王明的《为中共更加布尔什维克化而斗争》的小册子。但到整风运动期间，他却摇身一变，说王明的小册子是“为中共更加布尔什维克化而斗争”。就这样，他当上了中央总学习委员会副组长。并且取得了毛泽东的信任，中央总学习委员会成立以后，毛泽东对康生说过：总学委会的实际工作由你做。曹轶欧告诉我：在莫斯科认为王明是领袖，1937 年 11 月，他们从苏联回来，一下飞机，就感到变了。看到毛泽东身边站了一大排将领，就知道毛泽东才是领袖。曹轶欧和我讲这个话后不到半年的时间，康生专门到西北局作了一次报告。正好那天我也在西北局办事，留下来听他讲什么。他报告的内容就是与王明划清界限。

康生提出要中央政治局委员的政治秘书们帮助他做工作。党中央同意了。当时中央政治局委员的政治秘书是：胡乔木（毛泽东的秘书）、黄华（朱德的秘书）、师哲（任弼时的秘书）、王鹤寿（陈云的秘书）、廖鲁言（王明的秘书）、陶铸（王稼祥的秘书）、匡亚明（康生的秘书）等同志。康生要求上述同志作为他的助手，分别向各有关单位了解整风学习的进展情况，并向中央总学委会汇报。

康生要随便使用这些同志也是不容易的。因为这些人各有自己的首长，要完成自己首长交办的各项任务。所以，除了我和廖鲁言以外，基本上没有看见过他们与康生有多少联系。大致上，胡乔木随毛泽东主持文艺界的整风运动；陶铸、黄华随王稼祥、朱老总管军委系统的整风运动；我和廖鲁言去边区联系中央西北局和联防司令部有关整风的事务。此外，我还有最重要的工作就是随任弼时一起参加 1942 年 10 月 17 日至 1943 年 1 月 14 日召开的西北局高干会议。

匡亚明是康生的政治秘书，但是却没有给他分配具体任务。匡亚明是康生在上海大学的同学，1925 年同康生一起入党，后来还在特科一起工作过。中共特科不知何故怀疑匡亚明有“问题”，于是派人枪击匡亚明。匡亚明中弹未死，被救活，从此同党失去了联系，但是革命意志始终未变。后来匡亚明听说康生回到延安，就到延安来找康生。康生送他一首诗：“故人不相见，相见仍如故，威武不能屈，挥之不能去。”匡亚明资格老，就让匡亚明做康生的政治秘书，但是康生并不把他当做政治秘书使用。有一次匡亚明对我说：我在工作中看文件受到很多限制，康生的许多文件我不能看。这种情况也让机要秘书和其他同志为难。审干中康生还借故整了他，将他关起来。

1942 年 12 月，刘少奇回到延安。毛主席让刘少奇主持中央总学习委员会。但是刘少奇因自己刚到延安，对延安的整风和中央机关的情况都不大了解，很少管事，实际上还是康生在主持这方面的工作，这也是他求之不得的。虽然毛主席、刘少奇同康生都住在杨家岭，但是有关整风的一些汇报会刘少奇不常参加，有时毛主席也不去参加，那就只有康生一人了。这样，康生就成了中央总学习委员会的实际负责人。对于整风、审干中的一些问题，康生既可以向毛主席汇报，也可以向刘少奇汇报。但有些问题康生并不向毛、刘汇报。这种情况给康生钻空子创造了条件。

整风运动开始不久，中央研究院被作为整风运动的重点。后来审查干部又把中央党校作为重点，都不是没有原因的，也不是与康生本人无关的。

3 月 16 日，中央研究院召开院务会议，决定进行全院大检查。20 日，研究院停止一切日常工作，专门从事“学风、文风、党风”的检查。

当时把中央研究院看作是教条主义的“大本营”。中央研究院的前身是马列学院，从马列学院到中央研究院，院长是洛甫（张闻天）。[①] 当时，马列学院学习马列主义的空气是很浓厚的。无论是教员还是学员，他们学习马列可以说大多数都是好样的。他们熟悉马列主义著作，自然，不少人只是会背诵而已，还没有使理论与实践结合起来。然而，这能不能说马列著作读得过多了呢？以后可以不学马列著作了呢？实际上，当时我们对马列著作的翻译和出版还很不够，研究得更不够，哪里谈得上读得太多了呢？！当然，把马列主义看成教条是要反对的，但反对教条主义，并不是连马列的书也不读了，只能学习毛泽东著作。整风以后的确注意学习毛泽东著作，并且也开始把毛泽东与马恩列斯并列。

中央研究院国际问题研究室主任柯柏年的英文水平较高。他翻译过很多马列著作。但是，整风开始后，柯柏年竟因为翻译过一些马列著作，而被指责为“教条主义者”，似乎还因此而受到批判。于是柯柏年发誓以后再不搞翻译工作了。毛主席后来也知道了这件事。一次在王家坪毛主席对柯柏年说，你还要翻译啊！柯柏年坚持说，再不搞翻译了。对于这些问题，回过头来再想一想，是很值得深思的。

整风运动中的这种偏向与康生是有直接关系的。康生后来说过，批判教条主义是“破坏”，学习毛泽东著作才是“建设”，只破坏不建设，只能给三十分。

整风开始以后，康生以为整风就是对付所谓“二十八个半”的，所以选择中央研究院作为整风运动的重点，并亲自插手中央研究院的运动，把运动的矛头指向一些党内的老同志。后来因为毛主席强调整风是为了弄清问题，分清是非，提高认识，不是为了追究个人责任，才把康生的这一套压下去。

康生并不甘心罢手，更上一层，把党内的思想斗争变成了一个“整人”的运动。1942 年 5、6 月，康生亲自策划在中央研究院批判王实味。王实味是中央研

① 马列学院成立于 1938 年 5 月 5 日，马克思诞辰一百二十周年，党员大都在抗大、陕公、党校等校毕业后经考试录取。1941 年 5 月毛泽东发出“改造我们的学习”的号召后，同年 7 月，马列学院改组为马列研究院。同年 8 月中共中央发布《关于调查研究的决定》，要求“向各级在职干部与培训干部的学校，进行关于了解各地情况（敌我友三方）的教育”，“使这种了解情况，注意政策的风气与学习马列主义理论的风气密切联系起来”，马列研究院又改组为中央研究院。院长仍由张闻天兼任，副院长范文澜，下设九个研究室，俄语教研室主任是师哲。1941 年 12 月 17 日中共中央发布《关于延安干部学校的规定》，决定“中央研究院为培养党的理论干部的研究机关，直属中央宣传部”。

究院研究室的研究员，1942 年 3 月 13 日、23 日在《解放日报》发表了《野百合花》，在《谷雨》一期四卷上发表了《政治家、艺术家》等杂文，后来又在中央研究院的《矢与的》壁报上发表了几篇短文。在这些文章中，他指责延安的干部与群众之间隔阂很大，干部以不平等态度待人，对人缺乏关怀、爱护，“到处乌鸦一般黑”。而有的干部却认为延安的黑暗面“算不得什么”，“天塌不下来”。文章还指责延安有等级制度，“衣分三色，食分五等”，而竟有人认为合理，说不能提倡平均主义，并且以李芬烈士的牺牲和前线“第一分钟都有我们亲爱的同志在血泊中倒下”来衬托延安“歌啭玉堂春，舞回金莲步的升平气象”。

王实味的这些文章所取的立场和态度是不正确的。为此，1942 年 3 月 31 日毛主席曾不反映名地批评过王实味，指出在整风运动中，有些人是从不正确的立场说话的，这是绝对平均的观念，并采用冷嘲暗箭的办法。近来有些人要求绝对平均，这是一种幻想，不能实现的。批评应该是严正的、尖锐的，但又应该是诚恳的、坦白的、与人为善的。只有这样批评，才对团结有利。冷嘲暗箭的办法则是销蚀剂，是对团结不利的。显然毛泽东的批评是善意的，并不是把王实味当作敌人来对待的。

但是，康生在 4 月下旬召开的中央社会部的干部会议上说，王实味《野百合花》在国民党的报纸上发表，要中央研究院组织批判。5 月 27 日至 6 月 11 日在中央研究院召开了清算王实味斗争会，参加会议的人员最多达一千人，延安七十多个机关学校都派代表参加了，康生多次出席这种批判大会。虽然王实味到延安之前，同托派分子有过来往，但 1940 年他已向中央组织部做过交代，可根据康生的调子，这次会议把王实味写成了托派分子、暗藏的国民党探子、特务。

在毛泽东作整顿三风的报告以后，中央政治研究室从事经济问题研究工作的成全（即陈传纲）给毛泽东写了一封信。这封信我看过，信中提出在延安除了整顿三风以外，还要“整顿人风”。成全所谓的“人风”，无非是“衣分三色，食分五等，有人骑马，有人走路……”等“不平等”制度。信中对陈伯达提了一大堆意见，把中央政治研究室副主任陈伯达说得一钱不值。与此同时，枣园的工作人员于炳然也给任弼时写了一封信，这封信我也看过，信中给陈伯达提了许多意见，也把陈伯达说得一钱不值。

成全的夫人王里（即王汝琪）在中央妇委从事妇女运动的研究工作。她是王昆仑的堂妹，王昆仑的夫人曹孟君与王实味是北京大学的同学。成全夫妇和王实味有来往。潘芳、宗铮夫妇同是中央研究院研究员，与王实味是邻居，宗铮与王里是复旦大学的校友，这样王实味与成全、王里、潘芳、宗铮有较多来往。在把王实味定为托派后，将成全、王里、潘芳、宗铮与王实味的关系定为托派关系。康生亲自策划先在枣园批斗于炳然，通过于炳然，又在中央政策研究室批判成全、王里，在批判成全、王里的基础上又批判潘芳、宗铮。从 8 月到 10 月先后召开七十二天大会，把这些人打成“五人反党集团”。康生对王实味的案子不断升级，10 月 23 日中央研究院常委开除了王实味的党籍。年底，康生下令逮捕了王实味。

10 月，在中央党校斗争皖南事变中突围出来，辗转回到延安的吴奚如，被打成叛徒、特务。

11 月，康生等在西北公学把张克勤（原名樊大畏）打成特务。张克勤是甘肃地下党的党员，那时可能才二十岁。他父亲在兰州开了一个照相馆，光顾照相馆的什么人都有，当然国民党军官、特务也去。据此康生就说张克勤父亲的照相馆是一个“特务联络点”。张克勤的父亲就是“特务”，而张克勤就是他父亲派到延安来的“特务”。康生逼迫张克勤承认，张克勤不承认，他便组织人批斗了他七天七夜，用假枪毙相威胁。最终，张克勤做了交代，承认自己是特务。既然张克勤承认自己是特务，必然要交代出特务活动和特务关系，于是就逼出一个“红旗党”。所谓“红旗党”，就是指我们的一些地下党组织，挂的是共产党的红旗，实际成了国民党的特务组织。

当时谢觉哉就不相信，认为张克勤的父亲是进步的，因为谢觉哉在兰州办事处工作时，张克勤的父亲和谢觉哉有联系。粉碎“四人帮”后，据张克勤给中央纪律检查委员会的信中说，当时他并不知道“红旗党”、“国民党的红旗政策”这一类词，是审讯他的人提示他承认的。

康生在 1942 年搞的那一套，实际上是在整风运动中的写检查、反省、坦白交代的历史、思想、政治观点、立场、态度、社会关系中找刺，作为“审干”、“抢救运动”的思想准备和组织准备。接着他就制造、宣扬“特务如麻”的舆论。

1942 年 12 月，康生在西北局高干会上作过一个报告。报告的题目就叫《关于锄奸问题》。这个报告就是宣传延安“特务如麻”。报告认为，一种是打进来的，例如戴笠派来的特务；还有一种是拉出去的，也就是在我们的队伍里发展了他们的人。

康生利用汉中特务训练班一案，即“戴案”，开始制造“特务如麻”的舆论。

“戴案”确实是一个特务案件。这是陕甘宁边区政府保安机关在整风运动开始以前就已破获的，并且已经处理完毕。1940 年末，边区保安机关在关中地区发现个别人的特嫌问题。1941 年，保安处派布鲁去关中马栏镇进行调查处理。

最先向我们自首的是曾参加过那个特务训练班的吴南山。吴南山说，戴笠在汉中办了一个特务训练班，训练了一批青年，派进陕甘宁边区从事特务活动，这个训练班有四十六七人已进入边区。后来，保安机关根据吴南山提供的线索进行了深入调查。结果绝大多数人都被查出，其中有的已向我们秘密做了坦白交代。

这个工作做得很顺利，原因是这些人都是青年人，家都在西北或在邻近边区的边境线上。他们想，如果现在不坦白交代自己的问题，一旦被发现，全家都要受牵连。同时，当时党实行宽大政策，如果特务分子自首坦白，就不抓不杀。这样，这批人也就一个一个地都分别处理了，并允许他们照常工作。当然，对他们也予以必要的监视、考察，以掌握其动向。毫无疑问，这些人是国民党的特务。他们不仅受过特务训练，而且混进边区来也是带了具体任务的。当然，到了边区以后，是否从事过特务破坏活动，危害程度如何？这又是另一个问题。

最初，康生并不知道这个案子，事后才知道，于是要走了卷宗、档案材料，进行了了解，据此，他向毛主席作了汇报。康生说过，“毛主席很重视这个案子”。还说，这个案子说明了很多问题：这一案四十余人都是青年，因此，我们“审干”的重点对象也应该是青年，首先是外来的青年。其次，他们渗入到了边区各个部门、各种工作岗位。可见他们的活动是深而广的。面既如此之广，“审干”、肃反也要做得广些。康生说：“毛主席说要是我们有像布鲁这样的干部，我们的肃反工作就好做了。”康生在“审干”、“抢救运动”中确实把矛头对准了青年，几乎把外地来的青年都打成了“特务”或给加上“特嫌”标签。

康生说，“‘戴案’给我们敲了一个思想上的警钟。”康生的所谓“特务如麻”就是由此而来的。

从 1942 年 12 月，康生作《关于锄奸问题》的报告以后，延安少数单位开始审查干部。

康生与“审干”、“抢救运动”

1943 年康生就说，“整风必然转入审干”、“审干必然转入肃反”。这两句话实际上是康生在整风运动中杜撰的一种别有用心的“理论”，作为他推行一条错误路线的根据。

4月3日中央发出《关于继续开展整风的决定》，文件指出："整风的主要斗争目标，是纠正干部中的非无产阶级思想（封建阶级思想、资产阶级思想、小资产阶级思想）与肃清党内暗藏的反革命分子。前一种是革命队伍中无产阶级思想与非无产阶级思想的斗争，后一种是革命与反革命的斗争。”“自抗日民族统一战线成立与我党大量发展党员以来，日寇与国民党都大规模地施行其特务活动，我党各地党政军民学机关中，已被他们打入了大批的内奸分子，其方法非常巧妙，其数量甚是惊人，这在延安的整风运动中已经证明。”认为："一年的经验证明：整风运动不但是纠正干部错误思想的最好办法，而且是发现内奸与肃清内奸的最好办法。”因而决定整风运动再继续开展一年。

在中央决定发出的前两天，1943年4月1日，康生要边区保安处抓人。理由是胡宗南的秘书胡公冕要来延安，怕一些在审查干部中发现有问题的人与胡公冕“联络”，因此要抓一批人。康生把陕甘宁边区保安处处长周兴和我叫去了。1943年1月西北高干会结束后，我被调到陕甘宁保安处一局任局长。

一天晚上，康生手里拿着一个名单，一边同我们谈话，一边在名单上做记号，又圈又点，说这个是“复兴”，是“CC”，那个是“特务”，是“汉奸”，是“叛徒”，是“日特”等等。最后叫我们把打了“○”的人都抓起来；打了“·”的送进边区行政学院。

我问："要抓的这些人有没有材料？没有确切的材料，我们怎么抓人？怎么审问？”

康生说："有材料还要你们审问干什么？！”

从这一天晚上一直忙到第二天，整整一夜没有休息，一夜之间抓了二百六十多人。同时，李克农、汪金祥（中央社会部二室主任）负责抓中央直属机关的嫌疑分子。

在这次抓人后，1943年4月11日，中央正式宣布普遍开展“审干”。康生在中央大礼堂向中央直属机关的干部作动员。当康生宣布延安已逮捕了二百多人时，许多同志吓得脸色青白。

紧接着康生叫假特务张克勤到中央大礼堂、边区政府礼堂等若干单位作报告。康生拍着张的肩膀说：你要好好坦白，感召失足者。你成了名人。后来康生又说：

在所有的案子中值得注意的是张克勤提出了“红旗政策”。张克勤提出了“红旗政策”，使我们对国民党特务政策有了新的认识，使我们对大后方的组织不能不重新估计，使得我们对延安的特务分子活动的数目得到一个解答。据此，康生把甘肃、四川、湖南、湖北、云南、贵州、浙江等省的地下党都宣布为“红旗党”。因为西北高干会刚刚结束不久，中央已对陕西党的历史做了结论，康生不敢说陕西的党是“红旗党”，只说关中、汉中是“红旗党”。

为了证实“特务如麻”的主观主义估计，康生在审查干部、“抢救运动”中使用了各种各样的逼、供、信手段，要阴谋权术。主要有：

一、动刑。通过用刑、逼供达到目的。1943 年 5、6 月间，康生叫许建国、谭政文、周兴、周同、钱益民、李克农、汪金祥和我搞一个审讯条例。在起草过程中，有人主张在条例上规定可以动刑、逼供。另一部分人坚决反对，发生了争论。康生为此大发脾气，说：不用刑，怎么审讯？所以在“审干”时、“抢救运动”中用刑非常普遍，最普遍是打人骂人。进行“车轮战”、“疲劳战”甚至搞假枪毙，要荷枪实弹的战士把人架走，进行威胁，逼他交代。

二、互相“揭发”。康生说：如果你不把党里的自由主义思想清除掉，那内奸就清不出来。这个自由主义我们说是奸细活动的营养剂。我们的经验就是哪个地方的自由主义特别多，那个地方的奸细也就特别多。康生所谓反自由主义实际上是取消同志们的起码的实事求是的精神和互相信赖，要大家捕风捉影地进行所谓“揭发”。康生不仅叫一般同志互相“揭发”，还利用夫妻之间的矛盾，让他们“咬”。然后根据这种“揭发”抓人、关人，进行逼供。康生采取这种种手段，不仅伤害了同志间的感情，破坏了党内的团结，而且离间了许多夫妻，造成他们之间不和睦，甚至感情完全破裂。

三、审查档案，无限上纲。康生要各机关单位的组织部门翻阅干部档案，从档案中找问题。康生把这叫做调查研究的“新创作”。他说：刚来时写的自传，整风时写的自传，到反省机关后写的自传，把这几种自传一对照，矛盾百出，有怕出毛病怕斗争的，先留下一个大纲，有了大纲写一百遍都不错。你就叫他当面写自传，在我们这里写自传，他的大纲在家，在这里写就有漏洞。康生善于玩弄这些把戏，从中找出漏洞，抓住后进行逼供。

四、利用特务。康生把它叫做“以毒攻毒”。康生说：利用反革命分子进行锄奸工作，张克勤打了头一炮。

五、“引蛇出洞”。康生在“审干”开始时，专门部署一些人，故意说过头话、错话，甚至发表反党的言论，把另外一些“引”出来，然后，再揪住他们的辫子，整人。

与上述各种逼、供、信活动相配合，康生歪曲党的宽大政策，制造特务“光荣”的空气。你不坦白，就关起来，不给吃饱，甚至批斗、拷打等，你一坦白，马上给你自由，给好吃的。像张克勤那样的人更受优待，戴大红花，骑大洋马，开会坐主席台上。这样就使一些人为了不吃眼前亏，一个一个假坦白，出现了大批冤假错案。

总之，康生的这一套做法，搞乱了整个“审干”的运动，使运动走上歧途，其用意何在，实在令人深思。

1943 年 7 月，蒋介石阴谋进攻陕甘宁边区时，“审干”运动转为肃反运动，即“抢救失足者运动”。15 日，康生在中央直属机关大会上作出了《抢救失足者》的报告。他第一句话就是“今天的大会，是紧急时期的会议，是军事动员时期的会议。”他说 :“从四月十号起到今天为止，已经有四百五十人向党坦白悔过了。”他将受审查的干部称为“失足者”。他说 :“一个小孩子失足河中，如果是平时还可以从容地去救，如果是涨大水的时候就要抢救，这是不说也懂的简单道理。可是，自然界的失足者，主要是靠外边的人来救，而政治上的失足者，遇到要抢救的时机，却主要是依靠自己。因此，我们号召来坦白的人赶快地坦白，不要放松一秒钟的时间，失掉了这个最宝贵的时机，将永远陷于万劫不复的境地。”

8 月 15 日，中共中央发出《关于审查干部的决定》，决定开宗明义，第一句话就是“特务之多，原不足怪”，并说 :“特务是一个世界性群众性的问题，不认识此点，就不能采取正确的方针。”《决定》指出 :“这一次我党在整风中审查干部，并准备进一步审查一切人员，不称为肃反，不采取将一切特务分子及可疑分子均交保卫机关处理的方针，而采取首长负责，自己动手，领导骨干与广大群众相结合，一般号召与个别指导相结合，调查研究，分清是非轻重，争取失足者，培养干部，教育群众的方针，就是因为这是一个群众性的问题。”文件规定，在延安由普通（即指各个机关）、反省、保卫三种机关进行“审干”工作。

10月间，我从绥德回来时，延安受审查的人更多了。这些人集中在两个地方 :一个是边区保安处，一个是社会部（枣园后沟）。这两处关押的都是涉及重大案件的人。另外还有一些人集中在中央党校、边区行政学院（这里主要是边区系统的）和西北公学学习、反省。西北公学名义上是社会部在枣园办的一个训练班，实际上是集中中央直属系统和军委直属系统受审查的干部。这两处有近千人，还有第三种人，有问题但不严重，或者有某些嫌疑的，大多留在本单位进行“劝说”，促其“坦白”。

任弼时时刻警惕、注意研究事态的发展，有时把我找去，了解情况。当他发现这种种错误做法造成是非颠倒、以至可能引起的严重后果时，就向毛主席汇报，反映情况，提出立即制止错误做法的意见。毛主席采纳了任弼时的意见，并纠正了那些错误做法。当时了解情况的大有人在，但多是敢怒而不敢言。但是毛主席认为不能给群众泼冷水。运动已搞成这个样子，纠正起来也不是一日之功。此后，情况虽然稍稍缓和了一下，但事态并未彻底扭转过来。

到 1943 年 9 月末，“抢救运动”已无法再搞下去了。“抢救”和被“抢救”的双方到了极度对立的程度，再也无法继续进行了。康生又要了一个花招，提出所谓“自救运动”。这是康生自己后来对我说的。他说：“在中直大礼堂，人们斗中央统战部副部长柯庆施（柯曾是北平地下党的工作者，在北平地下党遭到破坏后，绝大部分党员被捕，恰好柯庆施去了绥远，没有被捕。根据这一事实就怀疑柯庆施是叛徒，要他坦白）的时候，双方出现了僵局，十分对立，弄不下去了。我到会，提出了‘自救运动’的口号。我说，今天晚了，大家累了，你们还没有吃饭，也喝不上水，关于他的问题，我们有个办法，我们不抢救他，让他自救吧，大家同意不同意。从今天起‘抢救’告一个段落，以后要靠他们‘自己救自己’了。”所以从此刻起，就开始了“自救运动”。这样，给这项僵持不下的会议找了个出路。这次将柯的老婆逼得自杀了。从 1943 年 10 月起，“抢救”变成了“自救”。其实“自救”不过是“抢救”碰壁之后的一个转弯，形式上缓和了一些，其实，运动并未停止下来，问题也并没有解决。

当时，党对“失足分子”采取宽大政策，就是说，特务分子坦白得好，就可以变成自己人，可以宽大，不但不当特务看待，而且还给以优待。譬如：原来关押的马上就释放，给好吃好喝。假典型张克勤到处作“坦白”报告，他戴大红花、骑大洋马、坐主席台十分光荣。这样做的结果使一些人迫于被关押的苦处，互相串联，对口供，进行假坦白，制造了很多的假案。几个人一起互相串联，说是属于一个什么什么特务案，你什么角色，他什么角色，我又是什么角色。然后有一个人先作“交代”。材料到了审干人的手里，就找另外的几个人来对证。这几个人都一一进行“交代”，“交代”的材料基本相符，审干人信以为真，接着就放了这些人，并且给以优待。结果愈弄愈离奇，越弄越假，最后到了不可收拾的地步。这种假坦白的典型，除了张克勤，还有万良才、段源、秦凌等。

1943 年底，我去关中地区，1944 年 2、3 月返回延安。这时，康生还要我们把犯人的口供送党中央、毛主席。同时，康生还叫我们准备一个关于边区系统“审干”、肃反的总结报告。我和周兴起草的报告，以实事求是的精神如实地叙述了肃反运动的经过，承认了许多错误，但是康生拿去压了好多天，说不能用，也就没有用。

1944 年 3 月 29 日，康生在西北局高干会上作了《关于反奸斗争的发展情形与当前任务》的报告。在这个报告中，他不但不承认有什么错误，而且还摆“功”。康生说 ：“在这一年另两个月的工作中，我们清出了许多暗藏的侦探奸细，进一步巩固了自己，创造了新的反奸路线，获得了巨大的成绩。”又说 ：“我们在党组织内清出了托派国特王实味等内奸分子，在政权系统中，清出了王毓琪、吴南山、樊作材 ；在军队清出了吴奚如、许遇之等暗害分子。民众中清出了杨宏超[①]、邓应贤等特务分子及其组织。在学校系统中，清出了栾丁生等特务分子。工厂系统揭破了张志刚等特务分子。”在上述名单中，除了吴南山是戴笠派进来的特务，杨宏超是军统的（邓应贤、张志刚两个我不知道情况）以外，其余大都是冤假错案。在这个报告中，康生把逼供信的错误做法的责任推到别人身上，他说 ：“有些同志，以‘特务如麻’的主观主义，代替群众性的正确认识，不晓得提出某些人有特务嫌疑时，必须慎重，许多人只是有些可疑，但不能确定为特务。如果以为某人既有可疑，定是特务 ；既是特务，在我区定有庞大组织 ；既有组织，

① 师哲并不知道杨宏超的真实背景。其实，杨宏超是陕甘宁边区保安处关中外勤组派到国民党特务机关中的情报员。按照组织部署，杨宏超向中统汇报假情报，这就赢得中统信任当了专任调工。杨宏超打入中统后获悉中统对边区的派遣计划、活动对象名单，经边保批准为特别共产党员。康生检查工作时批评关中的假特情给高了，连县委书记都说成了国特，这是壮大敌人力量，必须撤掉。关中地委和外勤组研究决定，由新正县委书记李科等人在报纸上发表声明辟谣。这样，杨宏超在中统那边就有些被动，送来的情报越来越少。关中外勤组发现一个文彬策反，自称是杨宏超派来的，这就引起对杨宏超的怀疑。后来就发生了师哲秘密逮捕杨宏超的事情。

杨宏超被捕后，成为抢救运动中特务坦白的典型人物，还进入了巡回展览会。杨宏超的叔叔杨远耀是陕北的老党员，此案又牵扯到陕西党。延安“审干”的甄别阶段查明，中统派遣文彬策反，杨宏超当时曾向边保报告，但由于联络困难情报没有及时送到相关人手中，所以引起误解。杨宏超当时得到平反，建国初期任陕西公安厅处长。“文革”期间遭受迫害，1980 年代再次平反纠正。

定有头子；既有头子，定有领导机关；既有领导机关，必有下层组织，因此，对每一个被提出的人，一定要逼出庞大的特务组织系统，一定要求他供出许多特务关系。一定要信以为真，不准怀疑，如果是这样（确有许多地方是这样），那是错误的。如果有了这种主观推论的方法，必然产生扩大化的结果，产生逼供信的各种形式。”这一大段话完全是自我解嘲，是“此处无银三百两”，好像康生是正确的，其实这无异是自我暴露。因为这样做的人，正是康生自己。康生的这个报告，虽然提出了要彻底纠正逼供信的错误和进行甄别工作，但是整个报告的基本调子是肯定成绩，反对“极右”。康生在报告中说：“我们这次反奸工作，并未完结，仅仅是从坦白运动开始转入了甄别工作。在过去坦白运动阶段中，我们突破了特务，巩固了自己，在思想上消灭了被资产阶级同化的危险，在组织上保障了内部的纯洁，在反奸工作上创造了新的路线，得到很大成绩，如果不进行这个工作，就会使党受到很大损失。在这一点上如果有人怀疑，那就是极右的观点。”按照康生的这种观点，纠正逼供信和甄别工作实际上也就无法进行了。

值得庆幸的是，毛主席亲自抓了这个工作，及时补救，拨正了运动方向。

处理绥德、关中“特务案”

抢救运动发生一些偏差也与当时阶级斗争异常尖锐、复杂和敌人的破坏有关。

“绥德特务案”也是反特务斗争中的一个假典型。案子是 1943 年 5、6 月破获的。说绥德特务分子在国民党榆林总部指使下，在 4、5 月间决定了一个大阴谋计划，企图暗杀绥德分区书记习仲勋和专员袁任远，在绥德造成了一个大的混乱局面，以配合国民党对边区的进攻。案子破获后，逮捕了很多人，弄得人心惶惶。于是绥德有些人跑到延安来找边区政府副主席李鼎铭（绥德人）和边区参议员安文钦（米脂人）。李鼎铭先生找边区政府主席林伯渠，要求制止捕人。西北局和林伯渠向党中央反映。

1943 年 7 月，我同布鲁、薛克明等四五个同志受组织委派去绥德。为了工作方便起见，我任绥德分区保安处处长。康生在我们出发之前，对我们说：“绥德非常乱，特务如麻。”我们到绥德后，经过初步了解，发现有些错捕、乱捕的现象。经过初步清查放了一些人。许多被捕的人甚至都不知道为什么被逮捕。我们放人之前告诉他们要随叫随到，继续接受审查。另一些人总是比较复杂，继续扣留下来。经过两三个月的审查、整顿工作，形势渐渐稳定下来。

绥德原由国民党统治，1939 年底反击第一次反共高潮后，我们才将国民党派的专员赶走。[①] 绥德有一些小偷、二流子、吸食鸦片犯，扰乱社会治安，危害群众。我们将这些刑事犯集中于二郎山，让他们劳动。那些吸食鸦片的人，烟瘾一上来，哭哭啼啼。但是经过两三个星期就戒掉了，吃得白白胖胖。等他们改邪归正后，释放时，都是连声感谢边区政府救了他们一条命。

后来林伯渠对我说："李鼎铭先生说，你去了之后，再未出现乱捕乱押，情况稳定多了。"但是运动还在继续，就是没有出现再大批抓人。党政系统的领导部门各机关各学校的"抢救运动"还在进行。9 月 13 日开始，在绥德召开近一星期的各界民众控诉国民党特务罪行大会。这次大会是"抢救运动"中的一个典型，既是"抢救运动"的高潮，也是"抢救运动"走向尾声的一个步骤。延安《解放日报》1943 年 12 月 2 日报道了这次大会的简要情况。报道说，大会上坦白最好的白国玺，他揭发了"六县特务头子"栾丁生，并且在两天内"挽救"了二十二个人。主席当场宣布白国玺不再是特务，称他为同志，照旧做他的工作。

白国玺是绥德实验小学的老师。其实，事情就是坏在他身上，只要有人揭发某某是"特务"，他就出来"作证"，并且能说出一大套证词。栾丁生是绥德师范的语文老师，平时很少说话，因抽大烟懒惰之至。白国玺得知栾丁生被隔离审查，便揭发了一大篇，把栾说成是"六县特务头子"。由于栾丁生又牵连了绥德师范的一大片师生。整个绥德师范才三百五十多名师生，失足者就有一百六十二人，占学生人数的半数以上。其中还有十三四岁的娃娃，也承认自己是"国民党"、"三青团"、"特务"。

在大会上坦白的王毓琪，原是国民党绥德县县长，一个花花公子，只知吃喝玩乐。只因担任过县长，说他是特务，他只好承认。另一个坦白的是朱紫贵，是

① 绥德专区即陕西省第二行政区，共辖绥德、米脂、佳县、吴堡、清涧五县。1939 年 1 月国民党五届五中全会原则通过"要限制异党活动"，4 月秘密颁布《防制异党活动办法》的训令。国民党顽固派先后调集三十余万武装，从北、西、南三面包围陕甘宁边区。1939 年 8 月中共中央军委命令一二〇师主力从冀中返回晋西北，三五九旅返回边区驻绥德警备区。（黄）河防属于陕甘宁边区留守兵团防守，绥德的河防由三五九旅担任，地方政权由国民党委派专员何绍南，各县有保安大队。何绍南制造事端（诬蔑、暗杀等），迫使我军三五九旅离开警备区。1940 年 1 月何绍南纠集五个县保安大队企图包围袭击三五九旅，未遂。何绍南又煽动清涧等地保安队进攻八路军的河防部队。三五九旅以自卫原则，英勇反击，从此将何绍南赶走。

绥德一个书店的经理。这个书店是 1937 年办起来的，当时为了表示反抗日本帝国主义，书店起名为“抗敌”，经常售一些进步书籍。1939 年以前绥德是国民党统治的地区，于是说他把书店起名为“抗敌”，是因为国民党把共产党看成“敌人”，“抗敌”就是反对共产党。现在绥德成了边区的一部分，你的书店仍叫“抗敌”，不是对抗共产党，又是抗什么？！这样把他打成“特务”。

有一个叫李化南的河北人，五十多岁，是个老医生，医术较高，开了一家私人诊所。因为边区缺医少药，药品很难搞到。当时我们的医院连凡士林都没有，可是他那里一桶桶的。这是他设法从北平、天津等敌占区弄来的。因为他能从敌占区弄到药，就说他是“汉奸”、“通敌”，也上台坦白。

被打成“特务、汉奸”的还有马炽蕃，说他“拒不交代”。他是一个地主老财兼商人，六十多岁，文化水平不高，但有些名气，是边区参议会的议员。为什么说他也是“特务”？因为绥德原是国民党专员何绍南的驻地。1939 年三五九旅进驻绥德后，何绍南搞摩擦，1940 年才把何赶走。马炽蕃与何绍南部有些来往，何部被赶走后，他自己不再出来做买卖。但仍和一些商人搭伙到太原、天津敌占区做买卖。有的商人不敢去，马炽蕃给他们出主意，并利用自己边区参议会的议员的身份给那些商人办一些事。故此，说他“通敌”，是“特务”、“汉奸”。这个人本质不好，是投机分子、守财奴、吝啬鬼。他到处放债，却不让儿孙知道，也不给他们享用。我们把马炽蕃抓起来后，他的儿子、孙子都跑来告他的状。他一害怕，自杀了。我们当时觉得不太好处理，跟他家里联系，但是他家里人都恨他，连他的尸体都不愿意要。

康生十分欣赏这个案子，不仅在延安到处推广绥德的“经验”，而且通过新华社广播发到各个抗日根据地。但是，“绥德特务案”到 1945 年也甄别平反了。

1962 年 9 月，我被捕，1970 年、1971 年康生组织人审问我关于绥德的各项案情。审问人说：在延安整风、肃反揭发出来的人大部分都没有错。“文化大革命”查出来这些人大部分都有问题。你在整风中包庇了多少反革命，要老实交代。后来又说，在延安你放走的不说，绥德的由你负全部责任，还说马炽蕃是“特务”，他一自杀，“特务”线索就被你弄断了。他们逼了我七八次。真是随心所欲，胡言乱语。

1943 年底，从西安来的情报获悉，地方特务向西安报告，在关中发展特务顺利，人数颇多，甚至地委书记都上了他们的特务名单，军区司令员的老婆、妻弟等都上了特务名单等等。我到关中马栏调查案情时，中央转来的材料上仍有早已调走的地委书记向特务提供了情报等内容，这更加引起我的怀疑。经过一两个月的调查，得知西安情报的来源是出自住在边区境外的织田镇一个特务据点，即国民党特务专员杨宏超之手。所以，要弄清问题，必须设法抓获杨宏超。

我们决心拔掉这个钉子，组织了一个班，由王天民队长率领，趁夜色，通过封锁线，奔袭织田镇，把杨宏超抓回边区来。借我情报员的帮助、带路，顺利地通过了国民党封锁线的炮楼。

半夜 12 点时，杨宏超才回家。我们的内应将事先准备好了的肉扔给杨家的狗，使其不吠，然后把门打开。战士们一闪而进，将杨和他的老婆的嘴都堵上。要他老婆将孩子看好，抓获了杨宏超。织田镇离边区只有十几里路，我在县署等候消息。仅两个多小时小分队就回来了。战士们给杨宏超戴上手铐后押到马栏镇。

我先回到马栏，同地委书记张德生商量好审讯计划。

杨宏超三十多岁，身材魁梧。战士将他带到房子里，我叫警卫员把手铐、脚镣向他面前一丢，并厉声地说："你怎么办，是讲真话，还是顽抗？！"

他摸不着底细，很快就交代了。他的老家在边区，因而对边区情况很熟悉，为了领赏弄钱，就造假情报，说他花多少钱买通了什么样的干部。被收买的干部级别越高，国民党的奖励就越多。他在织田镇胡编乱造，西安的特务机关都信以为真，而且十分重视。

抓住了杨宏超的第二天，西安就知道了，国民党第一战区司令蒋鼎文专门派了一个师长到织田镇调查此事。西安向重庆呈报，特务专员杨宏超被共产党逮捕，言之令人痛心！这个电报也被我们的情报人员送到延安，康生特地给我看过，但他却无任何表情。

杨宏超被抓后，关中地区许多问题迎刃而解。①1944 年 1、2 月间，我回到延安，任弼时、西北局、中组部对我的工作都表示满意。

① 杨宏超已平反，他是派出去的。

毛主席主持甄别工作

“抢救运动”的错误是康生一手制造的。康生对于特务问题主观主义的估计和当时的一些重大斗争，也为党中央、毛主席所认可。张克勤的假口供在中央传阅过，毛泽东也看过。王实味案也是毛主席认可的。1942 年 12 月，毛主席在西北高干会上作报告说，我们党内包括一部分反革命奸细、托派反动分子，以党员为招牌进行他的活动，吴奚如就是这样一个人。他是文化人，参加高级学习组的人，皖南事变时，国民党把他抓住了，以后又把他放出来，叫他到这里来闹乱子。王实味最近也被发现了。怎么发现的呢？他是以共产党员的资格在这里讲话，他们五人就组织了五个人反党集团。这些人就是王实味、成全、王里、潘芳、宗铮。现在证明有两个反革命，一个叫吴奚如，一个叫王实味。在延安反革命，以共产党员的招牌在共产党的党报上发表他们的文章，其余是不是还有第三个吴奚如？第四个王实味？这是应该审查的。

但是，真正纠正逼、供、信错误和进行甄别工作的还是党中央、毛主席。

早在 1943 年 7 月 1 日，毛主席写信给康生，指出，“防奸工作的两条路线：正确路线是：‘首长负责，自己动手，领导骨干与广大群众相结合，一般号召与个别指导相结合，调查研究，分清是非轻重，争取失足者，培养干部，教育群众。’错误路线是：‘逼、供、信。’我们应该执行正确路线，反对错误路线。”但是康生不执行正确路线，仍然搞他的一套逼、供、信。

1944 年 4 月，毛主席找李克农、周兴和我谈话。

毛主席看见我们就说：“你们送来的口供，我还没有看完，你们那里还有没有这样的供词？”

我们说：“还有三四十份。”

毛主席又问：“你们觉得口供的真实性如何？”

我们说：“基本上没有错，个别的话，个别地方可能有偏差。”

在从城里保安处去枣园的路上，我和周兴还商量汇报什么内容，后悔没有带上材料。见面后没想到毛主席会提出这样的问题，真是老虎吃天无处下口。

毛主席看出我们一时转不过弯来，就从江西苏区肃反讲起，开导我们。他说：“江西肃反的经验、教训是十分沉痛的。”

我对此一无所知，摸不着头脑。而李克农、周兴都是过来人，他们不作声，一边听，一边点头。

毛主席见我不明其意，举了一个例子，说：“反AB团时，每个犯人也都有口供。半夜三更，我睡不着觉，悄悄地走到审问犯人的地方，用舌头将窗纸舔了一个洞，偷偷地看，看见审讯人员在上面栽了一个木桩子，比人高一点，顶上削得尖尖的，用麻绳把犯人的手指扎起来放在木桩上，让木桩尖端从扎紧的手指缝扎出来，这叫‘打雷公’。犯人疼得受不了，就承认是AB团，是反革命。把手放开了，又不承认了。如此反复多次（审讯人员正在搞逼、供、信）。我才知道了AB团是怎么来的。”

毛主席讲完后问我们：“你们有没有搞这一套的？”

我回答说：“没有。我不会审案子，总是审不出问题来。”

“审问犯人的是谁？”毛主席问。

“负责人是审讯科长叶运高[①]。他有办法，一审准能审出来。”我答道。

毛主席再次问道：“有没有这样审问犯人的？”

周兴说：“审讯科长是从江西来的。他在江西就搞过这一套。这些口供都是他送来的，但不知道是如何审出来的。”

毛主席说：“你们送来的六份口供，我只看了一份，第二份我就看不下去了，以后也不要再给我送来了。”

这句话给我的打击很大，无异是泼了盆冷水。

毛主席顿了顿又说：“为什么不想看？我看这些材料像是写文章，不像是口供，有些话不实在。你们怎么看的？”

李克农、周兴不吭声。我从未想过这个问题。我在苏联时见到的都是犯人为自己辩解，从没有主动讲自己是特务、叛徒的，因而说：“他自己讲自己是特务，怎么会自己污蔑自己呢？我还没有见过这样的人。”

毛主席仍说：“总而言之，我看不下去，像写文章、小说，不像是口供。你看完，觉得怎样？”他这是冲着我说的，我没有作声。他见我的思想仍转不过来，又问：“这些口供，每一句话、每一个字都是真实的？没有一句话、一个字是错的？”

---

① 审讯科的韩继恩对审查对象进行逼、供、信，对女审查对象行为不轨，后受到处分，在1947年胡宗南进攻延安时叛变。

我回答说："一句两句错，恐怕难免，但这无关紧要。"

毛主席听了我的话后，耐心地解释说："如果有一句是假话，会不会有十句假话？有十句假话，会不会有一段假话？有一段假话，会不会全篇都是假话？我写了一篇文章，不到一千字，贴到墙上，每天改几个字，一个月后就改得面目全非。这还是自己写的，自己和自己打仗。他们写的全对吗？写口供不是写小说，不能编假的。你们回去对犯人说，一个字如果是假的，就改正一个字；一句话是假的，改正一句话；一段话是假的，改正一段话；全篇是假的，那就全部推翻。你们把他们的口供交给他们，叫他们自己去改，要说明一个字、一句话都不要假的。"

毛主席的一席话，使我茅塞顿开。

毛主席最后说："我们要弄清的是真反革命，不是假反革命；要的是真材料，不是假材料。你们要搞清楚，口供是从哪里来的，绝对禁止用刑逼供。"

周兴忙说："审讯科长在江西打过人，在这里是否打过人，还不知道。"

毛主席让我们回去了解了解，并斩钉截铁地再次强调说："要让犯人讲真话，绝不允许讲假话。保卫工作要坚持一个不杀，大部不抓。你们要把好关，不要冤枉一个好人。"

毛主席同我们从上午九点多一直谈到十二点，并留我们吃午饭。回来的路上，我同周兴边走边谈，原计划那天夜里要枪毙三个人，我说，应该赶快改变决定。

按照毛主席谈话的精神，我回来就同一位年纪较大的犯人谈了一次话。我问他："所交代的材料是不是自己写的，真实不真实？"

我的话音未落，他就哭了起来。

这样，我才明白其中有假。又问他："当时为何要写假口供，用意是什么？"

他说："吃好饭，戴红花。"最后，我叫他把口供拿回去修改。他说，"我要它干吗，全是假的！"

从 1944 年 4 月以后，对各种案子开始进行甄别工作。一边甄别，一边平反。这个工作做得时间较长，大部分在七大以前甄别、平反完毕。有的一直拖到解放初。极个别人的问题一直未彻底解决，在"文化大革命"中又挨了整，直到十一届三中全会后，才得到彻底平反。而这些同志已由二十来岁的青年人成为两鬓斑白的老人。在政治上审查干部，一定要慎之又慎，绝对不能使用逼、供、信的办法。这不仅是对干部本人负责，而且是关系到党的事业是否能兴盛发达的问题。

对于“抢救运动”中的错误，毛主席在七大以前已向被搞错的同志赔礼道歉。毛主席到延安南门外陕甘宁边区行政学院（当时是西北局和边区系统受审查的专员、县长集中学习的地方）承认“抢救运动”搞错了，他说：“我向大家赔个不是。”并向大家脱帽鞠了个躬。毛主席还说了一句：“一人向隅，满座为之不欢。”后来听说，毛主席在其他场合也作过同样的赔礼道歉。这使干部群众十分感动，许多受过冤屈的人都摆脱了精神负担，心情也舒畅起来了。

我们从枣园回到延安城里保安处后，周兴打电话向康生作了如实汇报。

原来，毛主席先找康生谈过，指出要纠偏，康生却置之不理，所以毛主席才直接找我们谈。康生为什么压住毛主席的指示，不向下传达呢？因为他正想借机准备整别的高级干部，如叶剑英，说他的夫人有特嫌。康生暗地里收集材料，抓住一些生活琐事，无限上纲，弄成政治问题。这些都是他偷偷摸摸地干的，不敢如实向毛主席汇报。我曾对他说不要捕风捉影，他很生气，批评我将消息透露出去了。

毛主席对叶剑英很器重，多次讲过他是“吕端大事不糊涂”。毛主席有时还让我打电话给叶剑英，提醒他应该注意的事情。叶剑英非常尊敬毛主席，执行任何任务从不打折扣。

康生的做法与毛泽东思想是相对立的。在康生领导下搞肃反，就只怕没有口供（不分真假），有了口供以后，又最怕翻案。康生始终没有承认过自己的错误，从未作过检讨。相反，还想乘“文化大革命”之机进行翻案，洗刷自己。这个不可救药的坏分子对党对人民犯下了滔天大罪！康生对“抢救运动”的错误负有不可推卸的主要责任。

康生的错误绝不是偶然的，他平常就是两面三刀，挑拨同志间的关系。李克农因病休养后，他对我说，李的身体不好，你要准备做副部长代替他。另一方面又对李克农讲，师哲这个人有野心，想将你挤走等等。搞得我和李克农的关系很不自然。

刘少奇和王前夫妻间关系不好，康生则乘机讲王前不像样子，配不上刘少奇等等。最后刘少奇跟王前分了手。

康生很不喜欢我，认为我不听他的话。

有一次，他让我去抓人，我说：“要有证据，光凭传说没有证据不行。”

他马上回敬我说：“你若认为他没问题，你就签个字。”

我不了解情况，当然无法签字。他就是用这种办法“将军”，使你不好不执行他的意志。但是他碍于我在弼时处工作，对我还是比较客气的。

当时我很奇怪，他也是政治局委员，为什么如此惧怕任弼时？对这个问题，后来我曾问过他，康生这样解释：“我在上海大学读书时，弼时是我的老师。”现在想来，恐怕更重要的原因是任弼时一身正气，康生不敢触犯，更不敢得罪。在那个时期，人们注意到康生只怕两个人：一个是任弼时，另一个是毛主席。但他也只是不敢在任弼时、毛主席面前拨弄是非而已。

任弼时在整风中两次向毛主席进言，对于甄别工作起了很大的作用。

岁月悠悠，一晃几十年过去了，值得欣慰的是1982年2月中央组织部《关于潘芳、宗铮、陈传钢、王汝琪等四同志所谓“五人反党集团”问题的平反决定》。1986年中央文献研究室注释组的同志在查阅了大量的档案，调查了众多当事人后在1986年8月出版的《毛泽东著作选读》关于王实味的注释写道：“关于他是暗藏的国民党探子、特务一事，据查，不能成立。”对王实味一案的平反起到了实际作用。经过数年的努力，公安部终于于1991年2月7日作出《关于对王实味同志托派问题的复查决定》。历史终于恢复了到头来的面貌。

第七次代表大会的召开

1943年10月，党的高级干部开始重新学习党的历史和路线问题，整风运动由普遍整风转入总结党的历史经验阶段。

整风运动就是要使共产党的队伍更加整齐，步调一致起来，兵是精的，武器是好的。那么，任何强大的敌人都会被我们打倒的。总结历史经验的过程，就是统一全党，特别是党内高级干部的思想，使大家的政治水平得到大大提高。这在思想上为七大的召开准备了条件。

在审干中，七大代表集中的中央党校成为重点。代表资格的审查更是一件棘手的事。

1944年7、8月间，任弼时向毛主席反映了这个情况，并说：如果不承认所谓有问题人的代表资格，要各个地区重新选举代表，那么，新的代表到达延安，最远的地区代表在路上需花一年半的时间。这样做，七大就会被推迟，不知什么时候才能召开。这个问题不解决，无法召开七大。希望中央研究讨论。

毛主席当机立断地说：“开会，代表全部出席，不再审查了。”

任弼时的汇报和毛主席的决断加速了审干的甄别工作。因而原来选出的代表全都出席了党的第七次代表大会。

接着，中央准备了《关于若干历史问题的决议》草案。在制定大会议程时，是准备将《关于若干历史问题的决议》提交大会讨论的，后来为了慎重起见，在七大之前的七中全会的最后一次会议上，1945 年 4 月 20 日通过了这个决议。

1945 年 4 月 21 日，七大的预备会议召开，任弼时作了七大准备工作的报告，他说：七大早应举行，但因战争关系，交通阻隔，迟延至今才召开。这固然是个缺点，但也有积极意义：(1) 准备了和发展了我们的力量。1937 年 12 月会议决定召集七大时，党员只有五六万人，军队不超过十万人，根据地只有陕甘宁、晋察冀。现在党员已有一百二十万人，军队近百万人，根据地人口近一万万。这时召开七大，意义非常重大。(2) 党的思想更加成熟、一致。经过整风、路线学习、审查干部，党内思想更加一致，小资产阶级思想的地盘缩小了，组织更加纯洁，又通过了《关于若干历史问题的决议》，全党达到空前的团结。

我作为代表和工作人员出席了七大。当时为了开好这次大会，工作人员一律驻会，只有我和陈刚两个人因工作需要不能离开机关，所以每天都从枣园到杨家岭开会。来回往返，使我们更加繁忙。

4 月 23 日，七大在杨家岭大礼堂隆重开幕。大会期间，毛主席作《论联合政府》的政治报告，朱德作《论解放区战场》的军事报告，刘少奇作修改党章的报告。周恩来、陈毅、高岗、张闻天、博古、康生、陈云、彭真等都结合自己的工作作了专题发言。博古发言的内容是关于第三次“左”倾机会主义路线的萌芽、形成、发展和破产，他做了深刻的自我批评和检讨。大会进一步清算了王明的路线错误。

王明错误的实质到底在哪里呢？ 1945 年 6 月的一天，我跟毛主席从枣园出来，赶赴杨家岭参加七大会议。在延河岸边，我们边走边谈大会上的种种情况，随之谈及王明错误的实质。相互议论间，涉及到他的这点或那点错误性质，然而仍未超过我对各项文件所谈及的那几点。

毛主席从我的话里揣摩出了什么，摸准了我的思想不明亮的关节所在，于是只用一句话就打开了天窗。他说：“王明问题的关键、症结之所在，就是他对自己的事（指中国革命问题）考虑得太少了！对别人的事却操心得太多了！”

我一听这话，茅塞顿开，思想豁然开朗。觉得这句话真是一针见血。

毛主席历来认为：中国是中国人民的，中国共产党首先要研究解决中国的问题，思考分析中国的革命实践。对于处在被压迫被奴役地位的中华民族来讲，爱国主义和国际主义是一致的。“中国胜利了，侵略中国的帝国主义被打倒了，同时也就帮助了外国的人民。因此，爱国主义就是国际主义在民族解放战争中的实施。”① 毛主席不止一次地同我谈过，他非常清楚而毫不含糊地说：要得到兄弟党的帮助，首先就要帮助兄弟党的进步、发展、壮大，而不是一味要求兄弟党单方面作出牺牲。丢失自己的利益而去援助别人，这实际上不是真正的帮助。因为既没有真正的帮助朋友，反而削弱了自己。

毛主席的谈话深入浅出，使我受到很大的启发，引起我的深思。主席的谈话充满辩证法，与我在苏联学习时受到形而上学的影响是多么的不同呀！

考虑问题的出发点不同，这就是毛主席同王明的根本区别，王明对共产国际采取盲从、教条主义式的、生吞活剥的态度，盲目接受共产国际的一切指示，他是到斯大林那里领钦令、接圣旨，硬套到中国问题上。如果说斯大林对中国许多问题没有弄清楚的话，倒不如说王明从未介绍、解释清楚；反而将斯大林的指示不加分析地生搬硬套，不问情况照办。而毛主席则不是这样，他对斯大林的任何意见或建议，都要经过自己的头脑思考，酝酿成熟后才表态。毛主席致力于马列主义普遍真理同中国革命具体实践相结合，将马列主义中国化。用今天的话讲，就是有“中国特色”。因此，毛主席，也只有毛主席才能领导中国革命走向胜利。

在选举新的中央委员会时，毛主席一再地做大家的工作。5 月 24 日，他代表主席团作关于选举方针的报告时说：犯过路线错误的同志要不要选？从党的历史经验来看，对过去犯过错误的同志，不应当一掌推开。只要他承认错误，并决心改正错误，大会还可以选他。

在他一再做工作后，大会选举李立三、王明为中央委员。

在谈到中央委员的代表性时，毛主席说，由于中国革命走的是农村包围城市的道路，从第二次国内革命战争到抗日战争，建立了许多革命根据地，散布在各

---

① 《毛泽东选集》（第 2 版）第 2 卷，第 520 页，人民出版社，1991 年版。

地，有许多军队和山头。要缩小山头，消灭山头，就首先要承认山头。要使七大选出的新的中央成为缺陷最小的中央，就要从组织成分上反映各方面的力量。他还讲道，任何一个人都不可能通晓各方面的知识。一个人通晓一方面或者稍微多几方面，把这些人集中起来，就变成通晓各方面的中央委员会。

在这样的思想指导下，大会顺利地选出了新的中央委员会。

6 月 11 日，大会圆满结束。毛主席在闭幕会中讲道 ："我们开了一个胜利的大会，一个团结的大会。""许多同志作了自我批评，从团结的目标出发，经过自我批评，达到了团结。这次大会是团结的模范，是自我批评的模范，又是党内民主的模范。"①

事实证明，经过整风运动，全党思想达到了新的团结。所以，在以毛泽东为首的中央委员会的领导下，抗日战争胜利后，只用了三年半的时间就打败了蒋介石，取得了全国的胜利。

整风运动和七大的历史功绩是伟大的、丰硕的，是永远不可磨灭的。

① 《毛泽东选集》（第 2 版）第 3 卷，第 1101 页，人民出版社，1991 年版。

记三位元帅

八路军副总司令、军委副主席彭德怀

彭德怀给我留下的第一个永不消失的印象就是：良师益友。

那是1943年10月的一天上午，我在延安杨家岭任弼时同志的办公室（窑洞）里，遇见一位陌生人；他同大家一样，身着一般干部服，虽然未戴军帽，也未佩戴“八路军”徽章，但一眼就可看出是一位英武威严的军事将领。他的雄姿与神采深深吸引着我的注意力，一瞬间，在我的脑子里闪现出了传统戏曲中关云长的形象。弼时向我介绍说：“他是彭副总司令，刚从前方回来。”彭德怀谈话不多，看得出他不大愿意多聊闲天。然而在短短的交谈中，使人感觉到他是一位沉着冷静、能够深入思考的人。

此后，我在弼时同志的院子里常常遇见他，多半是在午后休息时间里，有时他和弼时交谈或讨论问题，有时在一块儿下棋。我很不通走棋之道，但爱看别人在棋盘上厮杀。当我发现他们双方都是那么聚精会神、严肃认真地思考每步棋路，小心翼翼、一丝不苟地对待“敌手”时，就又一次肯定了我在初次见到彭总时所形成的印象，而且当他们为了一兵一卒之得失，或走错一步棋子，竟要争执很久，就更使我意识到，这不是游戏中的一般争强好胜，而是革命者所具备的顽强斗争精神和不屈不挠的意志与毅力的表现。这种性格实在令人钦佩、仰慕。是的，为了真理，为了正义，也为了胜利而坚持，顽强斗争到底，甚至对待一件小事也一丝不苟，认真对待，这不就是一个革命者、军事家、政治家所应具备的重要条件和素质么！我心里暗暗在想："他的言行表现，不仅已为我树立了榜样，而且他一定会是我的一位良师。"

后来的事实证明我的想法是对的。

过去，在战争年代，人们习惯称呼我们的将军们为"某老总"。"老总"，这里面有很深的敬仰和亲昵的含义啊！当人们称彭德怀为"彭老总"时，他是接受了，从未因此责备过什么人，但我察觉到他心里对这个称呼并不太赞成。

有一次我同他议论这个问题，他这样说："'老总'这个词儿，是旧时代老百姓对所有当兵的、拿枪杆子的、无法无天的人的一种'尊称'，因为那时候老百姓既不能知道，也不会称呼他们的军衔，又不敢问他们的姓名，叫错了，怕冒犯他们的淫威，所以使用了这个笼统而词意不通的'尊称'，以免遭意外之祸。老百姓实在是聪明的。我们同志之间使用这个通用的旧称呼也没有任何贬意，可我是有名有姓的人呀，可以称名道姓嘛……"

这以后，我虽然照旧称呼他"彭老总"，也同样如此称呼其他的将军们，可是内心却深深感到，彭德怀思想境界里有一种令人钦佩的见解，反映出他思考问题非常细致和深入。

彭德怀有许多事情都给我留下了深刻印象，其中一件使我最难忘的事，是他1945年在党的七大上的发言。

1943年10月间，彭德怀从前线太行山回到延安时，整风运动已进入高级干部总结历史经验教训的阶段。调他回延安，并非与此无关。[1] 总之，回延安后不久，他就参加王家坪八路军总部的整风学习运动。为了便于分清是非、讲明问题，在王家坪成立了一个特别小组，通过整风形式，总结、检查了若干军事方面的问题，主要是围绕"百团大战"的战略思想、战役中的成败与得失等等是与非的问题进行了讨论和评价。

1945年5、6月间，在中共第七次代表大会上，彭德怀作了专题发言，总结了八路军抗战的伟大成绩和几点经验教训，除谈到他个人方面的问题外，检讨了"百团大战"的得失，承担了责任。他敢于自我批评，不但严于解剖自己，问题谈得深刻，而且态度谦虚，严肃认真，既无矫揉造作之态，也无哗众取宠之心。

---

① 1943年8月1日，中央政治局致电太行等分局：党的第七次代表大会决定在年底举行，彭德怀、罗瑞卿、蔡树藩、薄一波、聂荣臻、吕正操、朱瑞、苏振华诸同志来延安出席大会。

一个人对自己的缺点错误敢于正视，勇于揭发，能够实事求是地说出心里话，这是难能可贵的共产主义品格，实在值得我们青年一辈虚心学习。当时，我也确是第一次听到像他那样的负责干部对自己的缺点错误所作的那样严格的自我批评。他的发言给了我很大的启发，使我认识到，每个人对自己都必须经常进行一分为二的剖析，就像彭总一样严于律己，不断检查自己的缺点错误，并随时坚决地改正，不断鞭策自己前进。

他讲话的两天后，从枣园到杨家岭开会的途中，我遇到了毛主席。于是我们边走边谈。

主席首先问我："彭德怀那天在大会上的发言你听了没有？有什么认识、有什么感想？"

我诚心诚意地回答："他的发言我注意听了，觉得还好，谈到实质性的问题，作了自我检讨，承认错误的态度也是诚恳的……"我的话还未讲完，毛泽东就不高兴了，说："但他承认错误的态度十分勉强！也难说他是心悦诚服的。"

他这句话堵住了我的思路，我不知道如何才是。然而我心中却在盘算：一个领导干部，作为八路军副总司令，前方总指挥，即使有了错误，而且也并非全错，现在对自己的思想已作了检讨，承认了错误，承担了责任，并且是在这样的大会上，向全党、全军公开地作了自我批评，也就够可以的了。

大概主席从我的表情上察觉到了我的心思，于是又补充了两句："此人刚愎自用、目空一切。"这个话题没有再说下去，慢慢地转变了话题。

所以七大闭幕后，中央军委召开座谈会继续批评彭总不是偶然的。

早在井冈山时期，彭总已成为一个军事家，主席一直偏重于做宣传、农运工作，对军事并不很谙熟，从那时起俩人产生一些芥蒂。主席认为彭总高傲。有人说1959年在庐山会议上提意见，如果不是彭总，也不是那种硬性方式，可能结局会不同于此。这话也不无道理。毛主席对彭总常常委以重任，并写诗称赞："山高路远坑深，大军纵横驰奔，谁敢横刀立马？唯我彭大将军！"解放战争期间彭总在西北独当一面，指挥一切。建国后，彭总率志愿军援朝，这都表明了对他的最大信任。

1945年时，我还担心，这样做，是否会影响彭总的威信？！其实不然，事实证明，一点也没有影响到他个人的威望，而是赢得了更多的同情和尊崇。彭总又当选为中央委员、政治局委员。七大一开完，人们就把这件事遗忘了。自然，这里还有一个重大的客观原因，就是国际、国内都发生了巨大的变化：希特勒法西斯德国投降了，接着日本帝国主义侵略者也投降了，而国内情况却更加紧张起来了。

因为国际、国内形势的急剧变化，工作上的需要，中央根据毛主席的意见，请张闻天、彭德怀两同志搬往枣园，同书记处的同志们住在一起，朝夕相聚，共商国是。这样，书记处的会议，大多也邀请张、彭两位参加。此后，形势日趋紧张，战事频繁，就在枣园设立了作战室，王政柱任主任，协助彭总在中央工作。

彭总搬到枣园后，我同彭总的接触、来往才多了。彭总为人耿直，心直口快，坚持真理，一心为革命。他出身贫寒，没有念过多少书，但是才智过人，爱钻研问题，又爱学习，他常讲只要持之以恒，也可水滴石穿。

有一回，我们在果园散步聊天的时候，彭总给我讲了有关他在革命活动中经历过的两桩极其惊险的遭遇。

第一次是在 1921 年，他担任旧军队的代连长，部队的驻地有一恶霸，彭总为民除害，将此恶霸秘密枪决。事发后他被押到长沙。途中他使出全身力气，猛然挣脱，推倒了两边押解的人，撒腿跑掉了。押解的士兵从内心里同情他，向天放了几枪。

第二次是他在湘潭家乡时。一天，他的家突然被武装军警包围，而这时他正在家里，看来逃脱出去是不可能了。然而，车到山前必有路，正在他思索对付敌人的办法时，猛抬头，看见屋顶的大梁，于是立刻爬上去，紧缩着自己的身子，巧妙地隐蔽在上面。这时，三四个武装敌人推开房门冲了进来，吵吵嚷嚷搜索了一阵，环顾四周，空空荡荡，既无人迹，也无声息，一无发现，最后只得嚎叫着走了。

我当时听着，心头很紧张，替他捏了两把汗。

彭总接着说，这两次的脱险，都是侥幸而侥幸的事，虽然凭着一心为人民而贡献出自己一切的精神，置生死于度外，然而这却不是克敌制胜的方法。要战胜敌人，说到底，必须拿起武器，和敌人斗争。

有一次，彭总在枣园同几个青年工作人员谈话，问他们的志向和抱负是什么？有的说，想继续学习；有的说，愿意做群众工作；有的说，如果能抓好一个县的工作，做出点成绩，摸出点经验来，也算不错了。

听了他们的回答，彭总又问："谁去解放我们的祖国呢？为了解放国家，既要打仗，就会有流血牺牲；为了解放全国，就得从大处着想，你们都仔细思考过这些问题吗？"被彭总这一问，几个同志不免有些惭愧，因为大家确实都没有认真想过这些大问题。

有个同志回答说："我们的思想太狭窄了，过多地从个人前途、爱好、兴趣和得失考虑问题，没有把革命和国家的大事摆在首位，这是错误的、不对的。"

彭总马上高兴地说："你们有了这个认识，就是觉悟有了提高，那我同你们的谈话，也算有了收获，达到了目的。"这样简单的几句谈话，说明了彭总对青年同志的关怀和循循善诱的教导。彭总特别希望青年具有雄心壮志和埋头苦干的劲头儿，有为共产主义事业奋斗终身的勇敢战斗精神。

彭总对我们后辈抱着极大的期望，非常关怀和热情。有人曾说，彭总不喜欢小孩子，我却不以为然。他常常因工作忙，没有时间同小孩子在一块儿消磨时间，或者不善于引逗小孩子玩耍，可能是事实，然而他在杨家岭、枣园住的时候，他对当年的一些小孩子如任远、师乃博等，是经常注意和关怀的，事实上，他不仅对小孩子感兴趣，而且孩子们也给他增添了欣慰。记得每当傍晚，他出来到果园散步的时候，往往要我们把乃博抱出来让他看看，玩耍一会儿，逗着笑一阵，有时还要抱抱这个刚满两周岁的孩子。有一次他笑着说，他过去从未抱过小孩子，抱乃博还是第一次呢。

当谈到孩子们的发育、成长和对他们的教育时，我说，现在的孩子比起当年我们幼小时要聪明、活泼和调皮多了。彭总立刻说，每个孩子都应该比他们的父母更聪明、更能干、更有作为些；他们应该比我们高强得多，这不只是我们的期望，而是一种规律。为了培养和促进孩子们健康成长，使他们的智力和体质大大超过前人，我们要努力为他们创造条件。

彭总搬到枣园后，1945、1946 年阿洛夫主动找彭总谈过两次，请彭总介绍战局。当时我党正在同国民党谈判，是和是战，局势发展难以预料。所以彭总同阿洛夫谈得很简单，前后几个月，只谈了两次，每次都不超过二三十分钟。国民党进攻宣化店后，毛主席召开了中央会议，明确了坚决自卫反击的方针。

大约在 1946 年的初冬，彭总向阿洛夫详详细细地介绍了一次全国各主要战区和各条战线上的基本情况：军事部署、军力对比、战略、战役意图以及若干部队的行动计划、已进行的各战役的结果与收获等等。彭总在军用地图前边，作了两个多钟头的介绍，这大概也是事先协商好的：苏方曾希望较多地了解一些实际情况的变化，而毛就委托彭作了一次较全面的介绍。重要的不是具体战役行动或战术方面的问题，而是我们的战略意图和总的谋略、战略思想和最终目标等方面的问题。他们（苏方）十分关心这方面的问题。

彭总非常会讲话，他对阿洛夫说：前两次对你谈得较简略，可能没有帮你了解较多较全面的问题。因为那时对你还不甚了解。现在知道你是一位可靠的好同志，能保守机密，所以我才畅快地同你谈话。

听完了彭总的介绍后，阿洛夫对彭总的才干佩服得五体投地。而且也只是经过这次谈话后，他才真的弄清有关中共中央的方针政策等基本问题，以及国内战争形势的全面情况、发生、发展的来龙去脉。

阿洛夫满面笑容，想称赞、恭维和感谢彭总的时候，彭总截住了对方的话头，说："我今天给你讲的，全都是毛主席的战略思想、战略意图和他亲自考虑的战役与战略部署。我军在战争中的一切胜利都是在毛主席的军事战略思想指导下获得的。"

彭总的原则性和严肃而又谦虚的作风给人们留下了极深的印象。

当时，一些外国记者来到延安，总是要宣扬原子弹的威力多么大，想以此来恐吓我们；有的人还借此说我们不能同国民党打仗，因为有原子弹的美国会帮助它，而我们只能向国民党求和。

有一次，一个外国记者找彭总谈话，问彭总：

"美国在日本的广岛、长崎投下的两颗原子弹，威力简直是毁灭性的，给日本造成的损失太可怕了，实在无法形容，你听说了吗？"

彭总以极其轻蔑的口气反问："有这桩事吗？不知道。"

这位记者没领会彭总的意思，惊讶起来："哎呀呀，你怎么这样闭塞，这样无知，连这么大的事都不知道？！"

彭总微笑着说："不是我无知，而是你太愚蠢了；你的愚蠢，才是我真的不知道，甚至是没有料想到的……"

彭总作风艰苦朴素，要求自己严格是有名的。1946 年到 1947 年期间，陕甘宁边区和革命圣地延安，面临着数十万蒋胡匪军大举进犯的形势。而我们西北野战兵团仅有两三万人，是敌人的十分之一。当时我军的物质条件也非常差。这是一场严重的、决定性的大搏斗。彭总一再表示，要不惜付出任何代价，取得这场斗争的胜利。他对胜利充满了信心。

胡宗南进攻延安时，彭总是西北野战兵团的司令员兼政委。他指挥延安保卫战，抗击敌人的进攻，是在毛主席之后最后一个撤出延安的。他向东北方向走山路到青化砭，指挥青化砭战役。首战告捷，极大地鼓舞了广大军民的斗志，证明我们可以在陕北坚持，胡宗南也是可以打败的。

临撤离延安之前，我为彭总专门配备了一个精干的警卫员小杨，他不仅有作战经验，而且会料理生活。彭老总也很喜欢他。

1947 年 3 月，在最后撤离延安之前，我特意嘱咐小杨："不仅要提高警惕，保卫好首长的安全，而且要从多方面关心照顾首长的生活，尽可能地保证首长吃好，睡好，休息好，尤其是彭总，他有胃病，而且经常要在前线活动，十分劳累艰苦，所以只要有可能、有机会，就要设法改善他的伙食，给他增加些营养，保证他的健康。"但是没有把话讲得太清楚，没有介绍彭总的个性为人。

转战陕北时期，我们坚壁清野，部队天天吃小米干饭。警卫员怕长此下去，彭老总的胃受不了，炖了一只鸡，端着给彭老总送去。没有想到彭老总神色严肃地问："哪来的？"

"买的。"

"这是干什么？"

"改善一下生活……"

还不待警卫员把话讲完，彭总生气了："不吃！拿回去。"

这位青年不知道是怎么回事，看见彭总不高兴就将鸡端下去了。彭总仍天天吃他从大灶（战士灶）打来的小米干饭、白萝卜。警卫员恪尽职守，他想临来时组织上有过交待，彭总有胃病，一定要照顾好首长的身体，才能对得起组织，问过良心。过了一两个星期后，他又给彭总做了一只鸡端去。

这回彭总发了脾气："你怎么又搞这一套！你干什么？！"（意思是你专给我找麻烦！）

年轻警卫员不太了解彭总的心思，十分委屈，申辩了几句。

彭总说："你原来是从哪个部队来的，你还是回哪个部队去吧，我这里不用你了。"

那时的青年人个个争着上前线，一听到让他回部队，心想：“我这么关心你，照顾你，你还发脾气。既然要我走，我就走。”

他原来的部队正在山西某地打仗。他从陕北向东走，拟渡黄河，我向西走，在佳县境内的路上我们不期相遇。6、7月骄阳当头，那年陕北大旱歉收，庄稼长势不好。我很奇怪他为何向东走。他伤心地说：“彭总把我赶走了。”

他把前后经过一五一十地讲述了一遍，最后很委屈地说：“我还不知道是怎么回事。”

我劝他：“原因很简单，彭总不愿搞特殊，彭总考虑更多的是问题的另一面。在前线指挥作战的指战员，谁不辛苦，谁不劳累，谁无困难?！彭总认为，在艰苦的条件下，大家只能过同样的生活，只能同甘共苦，不管自己有什么个人困难，都应当忍耐，克服；特别是负责干部，更要时刻检点自己的言行与生活细节，绝不容许自己与大家有任何不同、任何特殊的地方。不仅如此，作为领导者，他认为，在一切方面、一切场合都应该吃苦在先，享受在后，都要以身作则，做出榜样来。”我又对他鼓励了一番，说他没有错误，只是方法欠妥。他听后，如释重负，高兴而去。

但我对这件事的深刻认识和真正理解是在那不久以后的日子。大约是1947年7、8月间，在陕北某地，王震旅长到我处来玩。我与王震很熟，常有交往，有时同居一室、共眠一床，情同手足，大家称他为“王胡子”，他也自称为“王胡”。我知道他转战陕北各地已近半年，打算做点可口的饭慰劳慰劳他。

他也不客气地说：“这个时期只有高粱、小米、缺油少菜，吃得人胃里发烧，太缺少脂肪，实在想吃肉了！”

我说：“你们天天在广阔的农村转，难道买不到一点儿鸡或羊肉吗？这也花不了多少钱啊！”

将军立即回答我说：“嗨，彭总不吃嘛！”这句话真是意味深长极了，它替我打开了窗户，揭开了长期埋在我心里的谜。

从王胡子的话里，我才真正地体会到什么是无声的命令。这首先就是处处以身作则，身先士卒！司令员生活简朴，旅长、师长们自然也不敢特殊化。彭总吃大灶，和战士们吃的完全一样。在战争年代，打仗行军，常常饱一顿饥一顿，无论生活多么艰苦，战士们却没有任何怨言，上下齐心，专一作战，能不战胜敌人吗?！

这就是无声命令的威力！

不仅吃饭是如此，就是衣着、举止、作风，彭总都是和群众打成一片。我在绥德郝家渠东北一个乡村里碰到一位军事干部，他给我讲了这样一件事：

10月中旬清涧战役[①]后，我们将战役中俘获的国民党师长廖昂及其他军官和县长、专员等人从清涧、绥德往山西解押时，下午两三点钟走到清涧和绥德交界处有个平坝子，在河边有一棵大树，我们让俘虏们坐在树下歇息。这时遇到彭总从此地经过。

从西边走来两个人，前面是一个青年军人，背着短枪，牵着马；后面数十步外走着一位五十岁左右的中年人，他光着头，帽子抓在手里，脚上的布鞋已破烂得穿不住，用麻绳绑在脚面上，但走起路来稳健有力。

当时有一个挑水的农民在树荫下憩息。那位中年人笑嘻嘻地走近农民问："你给家里挑水啦？我想喝你几口水，行吗？"

农民一见是咱们自己部队的同志，自然同意，说："你尽量地喝吧。"

那位同志随即俯下身子，就着桶沿狠喝了几口，随后又前进，追赶前面的警卫员去了。

俘虏们见中年人的一身军服和士兵毫无两样，甚至脚上的布鞋已磨破用麻绳捆着。但是，前边还有个牵马的走过去，而且中年人的风度也不像一般人。他们到底什么关系，心中正犯嘀咕。

这时，押解俘虏的同志有人认出彭总，互相小声地说："看，彭总，那是彭总。"

这话被俘虏们听见了，他们立即站起来直身观望。

有的人竟惊恐地叫起来："我们就是败在他的手下，当了他的俘虏，真可怕！"

更有人说："完了！国民党完蛋了！非彻底失败不可，天有眼！天下哪有我们立足之地！"

古人讲过一段话："吏不畏吾严，而畏吾廉；民不畏吾能，而畏吾公；公则民不敢慢，廉则吏不敢欺，公生廉，廉生威。"这些俘虏们看到彭总的装束、举止自然明白国民党腐败，一定失败，共产党一定胜利，因而悲哀、懊恼、绝望！

---

① 1947年10月10日西北野战军攻克清涧，歼敌六千多人，俘敌整编七十六师师长廖昂。

惊恐万状！

1947年，我们同彭总的住地有时相距不远，常见面，但却不曾有机会谈较多的话，更没有时间坐下来聊天。那几年，大家的工作和生活都是很紧张的，特别是彭总，肩负直接指挥大西北地区的全部战争的责任，具体地贯彻执行毛主席的战略意图，战略部署，需要深入思考，精确计算，准确判断，正确调配和部署，精细妥善而又明确地规定各个部分、各个方面的任务。彭总把他的全部心血和精力都用在军事指挥上了。

西北地区较大的、可以说是决定性的一次战役——宜川瓦子街的战斗①胜利结束后，人们都向彭总祝贺胜利，称赞战果辉煌。彭总回答说："你们祝贺解放军，我表示感谢。这次胜利的确是重大的，有重要战略意义，但我感到有美中不足之处：我们打死了刘戡，而没有把他活捉住；我原来是想活捉他的。遗憾！"

1949年4、5月间，中央临时住在香山时，彭总从西北前线来到了北京向中央和毛主席汇报工作，并研究一些要解决的问题。

有一次，在周总理的办公室里，我见到了阔别数年的彭总。他的朴素的衣着和疲劳的面容，说明他在辽阔的大西北地区转战和奔波的辛苦。谈话中，他说，西北地区，特别是新疆和青海，幅员广阔，地貌奇异，自然资源丰富，但基本上还是未开发的处女状态。他还叙说了许许多多奇特而珍贵的动植物，指出这些地方的形势和问题也都具有一种畸形的复杂性。当时敌人的武装力量还未完全被消灭，暗藏的反革命势力更是远远未被肃清，人民生活十分艰苦，党政军各方面的工作任务还很重很重。

讲完这段话后，就对我们先进入城市的同志提了些意见，指出干部的办公室里一般都摆着沙发，铺着地毯，又是茶几、花盆、盆景、鱼缸等等，最后对总理说："前方干部的生活情况与工作条件还极其艰苦，我想说的不只是他们可能看不惯这里的这些情况，而主要的是恐怕进了城的同志会忘记乡下和边远地区的劳动人民，同他们的感情淡薄起来。我察觉到你们住在城里的人对农村开始有点生疏，可是时间如此短暂，就出现了这种苗头，日子长了，会怎么样呢？"

总理很重视彭总这段话，并以赞许的口吻说："讲得好，意见提得及时，很

---

① 1948年2月23日西北野战军发起宜川战役，采用围城打援的战术，28日在宜川西南瓦子街消灭国民党军整编二十九军四个师，乘胜攻克宜川，消灭一个旅。歼敌一个军部、两个师部、五个旅，共三万余人。从根本上改变了西北战场的形势。

值得警惕，中央将会注意这些问题。目前，我们既要打仗，消灭敌人，又要生产建设；既要接收好并学会做城市工作，又要把农村的事情办好，把城乡两方面的问题都解决好。”

恰好这时又走进来一批同志，他们是从东北一些城市和石家庄等地来的，也是进城较早的一些人，于是也参加了议论。他们肯定说，进了城市以后，不知是因为工作关系，还是生活条件的变化，总觉得离群众远了，离乡村农民更远了，而且同志间的往来关系也和在延安时期大不一样了，见面的机会，交换意见的机会也都少了。回忆延安时期的工作、学习、生活，相互交往与互助合作的精神，同志间的团结友爱，以及互相关心照顾的真挚感情，大家都很向往。联系到毛主席向全党全国提出的关于学习延安时期艰苦朴素作风的教导，大家更认识到彭总刚才那段话的意义。

在基本上完成了解放大西北的任务后不久，彭总又接受了中国人民的重大委托，担任了抗美援朝的中国人民志愿军司令员。

1956 年 9 月，我有幸随同彭总访问了朝鲜民主主义人民共和国。在访问期间，彭总每到一处，都受到朝鲜人民群众的热烈欢迎。

一次，在马路旁边遇到一位农民模样的中年男子，他看见彭总，立刻站住，向彭总深深鞠了一躬。

彭总问他：家在哪里？做什么活计？

他回答：他本是平壤郊区的一个农民，原来在卫国战争期间，侵略者的炮火毁灭了他的家，只留下他和一个小男孩。说他们父子能活下来，多亏中国人民志愿军，因为是志愿军战士从弹坑里把他们刨出来救活的。

彭总无论是走上牡丹峰还是走在城镇街头，人们都把亲昵、热情、爱戴和感激的目光投到他身上。一天，我们到山间某湖畔的一个休养所里休息，一些青年女服务员都走出来向彭总问寒问暖，热情攀谈；大家一起回忆战争年代的破坏和苦难，谈起人民军与人民志愿军紧密合作，并肩战斗的情景，以及战后朝鲜人民在劳动党和金日成同志领导下，克服困难，努力建设社会主义祖国的辉煌成就。由于彭总熟悉朝鲜民族的风俗习惯，特别是在三年战争中同朝鲜人民群众结成的深厚情谊，简直像在自己家里一样，举止自如，同那些青年谈笑风生，诙谐戏谑，悠然自得，风趣极了。这说明，彭总和朝鲜人民的关系是多么亲密无间啊！

在和彭总多年的接触和相互交往中，使我对他产生了深厚的感情。我尊敬他、爱戴他，相信他对党、对革命、对人民始终忠心耿耿，对以毛主席为首的党中央的领导是完全信任、坚决拥护的。我深深体会到，彭总胸襟开阔、正直、坦率、爽朗、公正，光明磊落，大公无私，表里如一，言行一致，忠诚老实。彭总对同志，总是关怀、爱护、鼓励。

他曾对我说：人必须有勇气，有朝气，有雄心壮志，有顽强不屈的斗争精神，有明确的目标，走正确的道路，有远大的革命理想和自强不息的品格。他极不喜欢人在困难面前低头，慑服，认输，后退。他说："自暴自弃就是自我毁灭，自我背叛，是极其可耻的。"

彭总平常谈话不多，但他的话总是令人深思。有一次，他向我介绍了山东在军事战略上的重要地位，尤其是胶东半岛在地理上对保卫京津、旅大、上海的重要意义。他说：不要把山东孤立起来只作山东来看待。胶东地区像我国美丽的大好山河的每处一样，都是伟大母亲身上的一块血肉。这些话虽然是在旅途休息中闲谈时说的，但却富有远见和启发性。我常常思索、揣摩这些话语中所包含的深远意义。

1978 年胡耀邦主持中央组织部工作，开始平反冤假错案。12 月 6 日我获准离陕西扶风县回北京，当地一些基层干部和群众知道后，都来委托我和其他同行的同志到京后，如果见到彭总，一定替他们问好，告诉他："我们都想念他！"

我十分犹豫不安和极其尴尬地接受了他们的委托。因为当时在场人很多，我不便多讲什么话，直待大家走后只留下一位青年时，我才对他说了实话。

当那位青年听说彭总已经永远离开了我们时，吃惊地呆望了我好长时间，他眼含泪花怀疑地问我："哪儿来的这个消息，确实吗？这是什么时候发生的事啊？"

是的，这消息对他们是太突然太不幸了，对他们思想上、心理上和感情上的打击太重了。但我不能不对他说明真相并告诉他，中央很快就会给彭总平反昭雪。

基层许多干部和群众都希望彭总健在，尤其在西北地区，当年参加过解放战争的人很多，有的直接参加过战斗，有的抬过担架，转运过伤员，有的搞过交通运输，有的则送过情报，当过向导，带过路。总之，凡是帮助过解放军，支援过前线的人，他们回忆起自己当年的活动时，自然地联系到对蒋介石胡宗南军队的作战，以及自己家乡和整个西北的解放经过，也就自然地联系到西北地区的第一野战军及其指战员，特别是彭老总。我亲耳听他们讲过许许多多的战斗场面、歼敌故事，也听到过他们提出的无数问题：在解放战争时期，是谁直接指挥解放军第一野战军在西北地区转战各方，消灭了占绝对优势的蒋胡匪军，收复了延安、西安、兰州、西宁、银川直到乌鲁木齐整个大西北的？解放后又是谁直接指挥中国人民志愿军协同朝鲜人民军一起击败了美伪侵略军的？很明显，他们这些问题都是向林彪、“四人帮”提出的质问，是对林彪、“四人帮”的诛伐和控诉。讲这些话，提这类问题的人并不都是干部，更多的还是劳动人民啊！

那时，人们常常带着怀念的情意和最美好的愿望谈论彭老总。有的说，彭总还在大三线指挥建设，有的说，他到南方去工作了，还有的说他在沈阳，各说不一，彼此争执不下，谁也不肯让步。其实，大家之所以这样争论，主要是谁也不愿相信彭总已经离开了人间。直至 12 月 6 日傍晚，还是这样争论不休。

第二天，12 月 7 日，组织上正式传达了中央文件，即邓小平同志的谈话精神，谈到了彭老总去世的事。当时在干部和群众中引起的反响之大，震动人心之强烈，是难以形容的。彭总已经于 1974 年 11 月 29 日含冤永远离开了我们。这消息对全国人民，尤其对西北劳动大众，简直是一声霹雷，是一个沉痛的打击，它浇灭了人们长期以来的心愿和希望。唯一的、最大的安慰，就是伟大的中国共产党将为彭德怀同志平反昭雪，恢复名誉。

1978 年 12 月 24 日，邓小平同志在彭德怀同志追悼大会上致悼词说：“彭德怀同志在近半个世纪的革命斗争中，在伟大导师毛泽东同志的领导下，南征北战，历尽艰险，为中国革命战争的胜利，为人民军队的成长壮大，为保卫和建设社会主义祖国，作出了卓越的贡献。他的一生，是革命的一生，是忠于党、忠于人民的一生。他的不幸逝世，是我党我军的重大损失。”

党中央对彭德怀同志全面公正的评价，充分表达了广大人民，特别是西北人民的心愿。

为人民革命事业作出了卓越贡献的彭德怀同志将永远活在人民心中。

陕甘宁晋绥联防军司令员贺龙

“你今天怎么了？”——一天我刚刚踏进贺龙的房门，他抬头只望了我一眼，就这样问。

他这一发问，使我愣住了，心想：“你怎么一眼就看穿了我的心事？我该怎么回答才好呢？”对他我绝不能隐瞒心事，绝不能说假话。于是决定把我心中一件小小不愉快的事情告诉他。但我还是先反问了他一句：“你怎么一眼就看出我有心事？”

“你今天的表情有些异乎寻常，神情有点不安，是有苦衷、有解不开的问题，还是碰了什么鬼？”——贺老总这样回答我，“你是一切都现于辞色的人。像我一样。”

“老总，我怎么敢同你比？！你的经验多么丰富，知人之明多么高强！”

这段对话约发生在1943、1944年延安整风运动进入后期，即将展开甄别、平反的时候，这次同他的会面，既是我有意求见，也是他约我去的，要我参加他召集的一次会议。贺龙当时是联防司令部司令员，兼管财经方面的工作。① 他召开这次会是为了解决两个大干部在工作中闹矛盾的问题。在会上，双方各自都说明了事情的经过和问题之所在。当然，公说公有理，婆说婆有理。展开讨论后，大家都觉得问题越谈越多、越复杂。其实，并不是什么原则性问题，只不过是他们之间有意见，各不相让，使问题不好处理。到底怎么办呢？

最后，贺老总讲话了。他说：“你们双方谈的都是自己对，对方不对。而且是自己一切都对，对方却一无是处。你们两个都是我领导的，现在发生了问题，这首先是我的责任，我应该对你们双方负责。事实上，这只能说明我不好，我有责任。”

他这么一讲，闹意见的双方都坐不住了，心悦诚服地接受了会议的决定，问题顺利解决了。

这是我第一次参加贺龙主持的会议，第一次看见他解决团结问题，所以印象特别深，受益也很大。贺龙的一席话和他解决问题的方式方法，对于干部确实有

① 1942年6月4日，陕甘宁晋绥联防军司令部和财政经济委员会成立，贺龙任司令员和副主任，统一领导陕甘宁和晋绥两地区的军事指挥和财政经济建设。

启发性和教育意义。工作中发生了问题，领导首先应多负责——毛泽东的这个教导，贺龙在自己的实践中身体力行了。

早在1925至1927年在苏联留学时，我们就听到过贺龙这个名字，特别是关于他在北伐战争中英勇作战的事迹。我们作为军人，对北伐战争十分关心，听到的较多，研究的也多。从那时起，贺龙就闻名国内外。在苏联的国际新闻报道中常常可以看到贺龙的名字。有关他的报道内容总是新颖的、动人的，是作为中国革命、工农红军的某种象征或具有代表性的事件而报道的。无论是朋友还是敌人，一谈及贺龙，总是带有各自的倾向和心情。1928至1930年，有关贺龙及其部队活动的报道所给予读者的印象和感染力无异于标志着中国革命的成功或失利。的确，那时在国外，一读到贺龙及所部也像读到涉及中国红军其他各部队的消息一样，总是牵动着我们的心：是胜利、是进展，就会使人振奋、欢欣鼓舞；是失利，是挫折，就会使人难过、沮丧。然而在那些年代里，所有资本主义国家关于中国红军的新闻报道，无不带有偏见，而且十之八九都是捕风捉影，或是根据国民党的造谣中伤、荒谬绝伦的捏造而编排出来的。但是读者心中却是有数的！

1931年“九·一八”事变后，东北军马占山、苏炳文部队的许多将领愤懑、悲观，但是，多寄希望于贺龙。1932年他们暂居苏联时，有人这样说：“东北亡于不抵抗，但江西、湖南还存在。我们虽然不认识贺龙，但却熟知他的事迹。我们愿意投奔他，为祖国的生存而战！”

1931年夏，共产国际的工作人员同我谈话，问：“你认不认识贺龙？”

我答，“只听说过，不认识。”

然后他们说：“准备派你回国去。要你到贺龙同志那里去。他是一位杰出的、有经验的将军，他所率领的部队也是一支坚强的武装力量。那里需要补充、增加干部。”

可是由于国内交通受到破坏而未能成行。

我希望看见贺龙的心愿，终于在1940年夏秋之际实现了，他从晋绥边区回到延安，来到蓝家坪探望他的老政委任弼时。他们离别三年。我到弼时的住所时，他正在海阔天空地开怀畅谈，我注意地听他同弼时谈论前方情况、对敌斗争、发展抗日根据地，还谈到关向应政委的病情等。

我仔细地端详贺龙的相貌、身材、举动、表情、风度，觉得他本人要比那些小说、报道中所形容的，比故事、传说所描绘的，比我们想象得更为魁梧、更为威武、更为英俊。关于他的容貌、仪表，不必多谈，人们那么熟悉、了解他。他是一位杰出的将军、精明的指挥官，又是一个勇敢的战士。

我敬重他，愿意和他接近，我们很快相互熟悉起来，常常在一起聊天，无所不谈。最有意义，并给我留下深刻印象的是贺老总参加革命、成为共产主义战士的过程和史实。他大半生的活动、所遇到的曲折、坎坷和种种奇特的事件，使我又钦佩又惊奇。他征服了我的心，我由衷地敬佩他，信赖他。

他说："我带领军队的时候，正是血气方刚的青年，自然，也曾有过自己的抱负。那时一些进步的、革命的同志向我宣传，要站在人民一边，为人民服务。我想：当镇守使和带兵不就是为人民办事吗？为人民服务同这不是一回事吗？心里嘀咕了多时。

后来他们又给我讲，要为劳动人民、为穷苦大众谋福利。这些话进一步启发了我，也同我的思想感情更接近了。

"最后我遇到了一些真正的共产党员，如恩来同志，他的话对我的启发最大，对促进我的觉醒起了决定的作用。他给我讲人类的阶级性，人要有阶级觉悟，要懂得无产阶级的阶级性，要从这个阶级的利益出发考虑问题、办事情。这就是说，首先要有阶级观点、阶级立场，还要具备善于运用阶级分析方法来认识问题的本事。阶级觉悟是根本的觉悟，有了阶级觉悟，才具备了成为共产党员的基本条件。就是这样我成为共产主义者。

"还有一个问题，就是人们说的举义旗的事。我认为义旗就是红旗，红旗是象征革命的。我牢牢记住了，要永远高举红旗、始终不渝、坚持到底！这既符合我的要求、我的性格，也符合我的思想和心愿。"

贺老总在长期的武装斗争中积累了极其丰富的军事经验，尤其十分熟悉游击战术和游击战的规律。他讲过许多对敌斗争的成功经验、战术中的灵活性、技巧和妙法。我非常乐意和饶有兴趣地听他介绍如何设法摆脱险境，成功地给敌人以打击、歼灭，取得胜利。

贺龙一生中经历了无数次极其曲折的、错综复杂的斗争，终于成为坚定不移、不屈不挠、忠诚的共产主义者，成为毛泽东的战友和好学生。

贺龙首先同旧社会、旧习惯势力进行了大搏斗，使自己成功地摆脱了那个罪恶的大泥潭。同时也同自己身上残存的旧思想、旧意识、旧作风作了无情的斗争，使自己成为无产阶级的革命战士，全心全意站在无产阶级、社会主义革命一边，为摧毁旧中国、建设新中国、为劳动人民的利益而无畏地奋斗到底。

贺龙也经历了党内严酷的斗争。有一次贺龙同我长谈1930年代初期湘鄂西苏区的肃反情况。

他说："1931年四中全会后，王明路线已统治中央，我们湘鄂西苏区开始了肃反运动，反对改组派。接着从中央来了一位夏曦，他带来了加强反对所谓右倾机会主义的政策和路线。这两个斗争结合起来，声势浩大，来势凶猛，把许多干部打倒了、肃掉了，弄得风声鹤唳、人人自危、朝不保夕。"

"对于我呢，"贺龙说，"他们一伙执行了一条两重性的政策。"

夏曦等人表面上同我开会，共同讨论方针政策，一起商议实际工作中的重大问题，处理日常工作中的事务。但在肃反形势日趋严重，大批干部被搞掉，而我又丝毫无力扭转那种悲惨局面的情况下，他们开始在我身上打主意了。我觉察到事态的严重性，并且确实掌握了一些情况后，不得不采取自卫的措施。当时，武装力量本来归我领导，但他们提出要由他们自己（假借党委名义）来指挥。我自然是服从这个决定的，但我也十分明白他们的真正意图是什么。在这种情势下，我采取了安全措施：挑选约一营精悍的战士，加以整编，归我直接指挥，并把它部署在我的住地周围，以应付突然事变。

"那个时期的所谓肃反工作可真厉害哪！一些干部，特别是知识分子干部，一转眼就不见了，成了反党、反革命分子。真是令人寒心！折腾来折腾去，最后，夏曦自己也成了孤家寡人。肃反给革命根据地带来的损失是很大的，弄得人们互相猜疑、互不信赖、各存戒心、人人自危。结果，我们的政权削弱了，根据地缩小了，军队战斗力降低了，党组织涣散了。我明白，我是侥幸活下来。当时只要你被扣上反革命的帽子，就很难逃出被戴上手铐，投入监狱的厄运。夏曦是在上海参加了四中全会，根据王明的指示来湘鄂西苏区执行王明路线，所以他对肃反错误应负重大的责任。"

贺龙的斗争精神是非凡的，而且表现在革命工作中的一切方面。他说："我在战场上、在敌人面前历来是勇敢的，对敌斗争是坚决的、无情的。可是在革命队伍里，对自己人，我几乎是软弱的。"

贺龙是党的高级领导干部，是威震四方的英勇将领。但他平易近人，同群众关系密切，同谁都谈得来，无论是同干部、战士、炊事员、饲养员或普通群众，都有话说，都愿交往。他的话能谈到点子上，谈到他们的心坎上。他熟悉他们的生活和工作，他谈的是内行话，所以人们喜欢同他接近。

1947年夏贺龙住在山西临县沙园村时，一天下午他到邻近一个村子检查一个后勤单位的情况。工作完毕后，将要离开该地时，一个正在挑水的、约四十岁左右的农民立刻放下水担，前来要替贺老总牵马。

老总坚辞说："谢谢你，我历来都是自己牵牲口。"农民还是抓住缰绳不放，说："我要送你一程，走出这个山村。"

贺龙立即意识到这话里有话，于是让他牵马。

在行走中，农民先低声问："你贵姓？"

老总答："我姓贺。"

农民问："你认识贺龙司令员吗？"

老总说："不认识。"

农民说："他是我们这里的司令员，有名望的大官。你会听说过他的。"

老总答："听说过，但他不是大官。"

农民说："嗯，他是大官。我有几句话，不知当讲不当讲？我看你也是一个干部，所以想对你说说。可以吗？"

贺龙爽快地回答："当然可以。有什么话尽管说吧！"

农民小心翼翼地说："住在我们这里的那个单位，人不多，但占用的房子多了点，使用的家具（箱子、柜子、桌子等）多了点。如果住的时间长，会给我们的生活带来不便。你看，如果不碍事的话，请你相机提醒他们一下，把多余的或暂时不用的东西退还给群众。日后需要时，就随时说，随时拿好了。老贺，你看我的意见对不对？不过，你不要批评那些干部，只要提醒他们一下就行了。你看怎样？"

贺老总对这件事很重视，立刻就纠正了这些干部的做法，但他更重视并使他感动的却是那农民同他谈话的方式和提意见的方法。他深有感慨地说："在这些方面，农民比我们干部要高强得多。他们很会有分寸地提意见、说话，丝毫不生硬、不伤人。群众是我们真正的老师！你说，难道我们的干部不应该向那位农民学习吗？"

这是贺龙遇到这件事的第二天给我讲的。这件事情本身并不复杂、也不奇特，但贺龙对农民的谦虚态度，倾听群众意见的好作风，严肃认真地对待群众意见的负责精神，是很感人的，值得我们好好学习。

1947 年 7 月，贺龙从山西临县三交镇出发，带着米大夫渡河到陕北，赶赴小河参加中央会议。从三交到小河约三百余华里，他只用了两天多的时间就赶到了目的地。

当时，我正在子洲县马蹄沟西北局所在地。米大夫从小河返回后，讲述了他跟随贺老总奔波的经过和他个人的感受。他的话我至今记忆犹新。

他说："头一天下午我接到通知，说是第二天要同贺龙同志一道到陕北去，并说，除必需的医药用品、洗脸用具和更换的衬衣外，其余什么都不要带，越轻装越好。第二天清早在双塔集合，从那里出发。随行共五六人，都乘马。贺老总身材魁伟、体壮力强。警卫人员给他准备了两匹马，供他替换着骑。但他拒绝了，不带陪马。可是走完八十余里，到达第一站时，他的乘马已精疲力竭，驮不动他了。他不得不在兵站换马，并通知沿路各兵站，准备几匹骏马，以供替换。就这样，每日驰骋约一百五十里左右，终于在第三天清晨抵达中央所在地。

"我在同他接触的短暂时间里，他给我留下很多极其深刻而难忘的印象，但最主要的是：他身体健康，不知疲倦，生活朴素，心地善良，待人以诚。他不择饮食，吃饭时狼吞虎咽，吃饱就退席。休息时，一上床就能入睡，一有动静就醒，警觉得像只老虎。一觉醒来就起床，动作敏捷迅速，真是久经锻炼的战士、英武干练的将军。

"他对所有下级干部和老百姓都一视同仁、一样地亲热、和蔼，畅所欲言，干部和群众没有不尊敬和爱戴他的。沿途所遇到的干部都知道贺老总是身负重任的首长，但却不了解他急于赶路、心急火燎的心情，所以都是劝他多休息会儿再走，甚至还要求他留宿，第二天再走。贺龙同志自然是婉言谢绝，而且总是说：'回头过来，一定到你们这里来。'总之，无论走到哪里，我们觉得都像回到自己家里、遇见亲人一样亲热。"

这一切使我不断思忖，米大夫深情地说："上下团结一致，军民关系亲如手足，这种鱼水之情就是最大、最雄厚的力量，谁能战胜它呢？！蒋胡匪军闯进陕甘宁边区，岂非白白来送死么！"不到一个月，我军就取得了沙家店战役的胜利，粉碎了敌人对陕北的重点进攻。这些想法都变成了现实。

在小河会议期间，国民党和外国通讯社传出了这样一条谣言，说贺龙等人在陕北被俘，并已解送到西安等等。消息是新鲜的、惊人的，但全属谎言、荒谬绝伦。可是在国外引起震动，甚至连苏联朋友也信以为真，焦急地查询真相。消息可以捏造得有头有尾、有板有眼，但假的毕竟是假的，永远也真不了。一位将军正在指挥部队惩罚罪犯时，罪犯却说俘虏了将军，而他倒是胜利者。国民党反动派、蒋介石多么可笑、可悲。

1947 年，在陕北羊马河战役、蟠龙战役和清涧战役中，我军俘虏了好几个国民党的将级军官和专员、县长，如廖昂、李昆岗、李纪云等。这批俘虏从陕北陆续转送到晋西北。这些将军俘虏们自知已被我军打得落花流水、溃不成军，个个垂头丧气。但武人残留的半分骄气还未完全消失。

他们被解到山西临县后，其中有人要求当地最高长官赏光赐见，于是贺老总见了他们。俘虏们倒算有几分军人素养，在院中整齐列队，站得笔直对贺龙行了个鞠躬礼。

贺老总说："你们进行不义之战，祸国殃民，既无出路，也没有好下场。你们和你们的同僚，都应早日觉醒，放下屠刀，停止内战。如果再执迷不悟，国人将不容许，而你们也将死无葬身之地。"

俘虏中有人狡辩说："打内战是上级（指蒋介石）的责任，停战也是他们的事。"

贺老总马上指出："发动战争是你们上级决定的，不是你们，但是你们在前线上的表现是与你们上级的决定相一致的。你们不是起义，不是投降，而是被我军彻底打败后被俘的。"

战俘廖昂狂妄而轻慢地说："你（指贺龙）在长征途中，1936 年秋到达陇东地区时，差一点被我捉住。"

贺老总哈哈大笑了一声，盯着廖昂说："收起你的梦呓之谈吧！你还算是个军人，竟不知假设和幻想是多么没有实际意义！你记住，差一点是不能算数的，而今天才算数。"

贺老总的性格是坦荡、爽朗、率直和坚强的，他具有坚韧的意志，有好胜精神和取胜的决心和信心，有不达目的，斗争不已的坚毅精神。

1940 年代，在延安、绥德、米脂的杨家沟、山西临县的三交镇和沙园村、兴县的蔡家崖，我们常同贺老总一起学习、开会，也常常在一块娱乐。在一切场合，他都表现出认真的态度，好强、好胜的心情和顽强斗争的精神。好几次他说：游艺中的胜负，并不具有什么原则性的意义，但为争取胜利的认真态度和顽强坚持的斗争精神却是不可少的。这标志着人们的意志和毅力，同时又是对人们战胜困难、克敌制胜的一种锻炼。即使在打牌、下棋时，坚持斗争、夺取胜利的劲头也是绝不可少的。他说，他发现许多年轻人在一些场合中表现出的斗志往往不如老一辈人。他批评这些青年人说：你们看，林老（林伯渠）在同我们做游艺时是多么认真、一丝不苟、力争胜利、不甘败北。林老精神可嘉！老人尚且争雄、争胜，青年人怎可以不争、不夺、不战而降？！

1947 年初秋，中央军委总卫生部部长苏井观和我在山西临县贺龙处做客。一天午后，我们一起出去游猎，走进一个小山沟，很快打到了山鸡（又名石鸡）、野鸡（雉鸡）、鸽子等。一直走到沟的尽头，再前进就是悬崖峭壁。我们打算沿原路往回转，贺老总不同意，一定要攀登悬崖。

我们说："两丈多高的石崖，连搁脚的地方都没有，怎么上得去呢？"

贺老总走近前去望了望说："有了！你们看石崖上有一条一二寸宽的裂缝，崖顶旁边还有一棵小榆树；这就是我们可以攀登上去的条件嘛。"

他在困难面前决不低头！于是他决定：搭罗汉梯，先把我托上去。

我个小体轻，带上两条皮带和一支卡宾枪。上去后，抓住小榆树作依靠，接好两条皮带，把它同枪带连结在一起，用手牢牢抓住枪，把皮带放下去。我在上边拉，下边用人梯顶，用手托。贺老总也上来了。当时贺龙还患有肝炎，但他把这都置之度外。

他的体重比我大得多，下面四五位战士搭成人梯把他往上顶、托。我紧紧依靠榆树，用力把他向上拉。他一面向上爬，一面问我："你抓得牢靠吗？拖得动吗？我用力拉时，会不会把你拖下来？你要抓紧呀！"

贺老总一上来，我们就基本胜利了。我们俩在崖顶上合作，没费多大劲儿，就把苏井观拉上来了。而其余几位青年战士在我们的帮助下，像猛虎添翼一样，很快都"飞"了上来。

崖上是一片开阔的倾斜地带，向四面八方伸展开。此刻大家分享着无限的胜利喜悦，顿觉心旷神怡。这个成功是在贺龙组织计划和鼓舞下取得的。我们继续前进，寻找猎物。贺老总的一个警卫员是百发百中的神枪手，他们狩猎兴致勃勃，不停脚地前进、搜索、追击。可是苏井观和我过了不多久，就都感体力不支，只好提前返回。贺龙一直狩猎到日落西山，才尽兴而归。

从 1942 年 6 月起，贺龙在陕甘宁和晋绥边区负责生产、财经、贸易等项建设工作。他多次在陕甘宁边区干部会上作报告。

号召组织、发动群众，展开生产运动，大刀阔斧地完成中央下达的任务。

他善于讲演，语言流利，生动活泼，充满了激励人心的鼓动力量。

他说：生产，就是为了达到丰衣足食的水平；节约，就是节流，防止浪费，同时还必须开源。否则光节流也不能增加更多的积累。他一直是这样主张、这样号召的。

关于财经工作，他反复多次向干部们介绍了自己过去在这方面积累的经验。对贸易，贺老总出力最大，花费的心血最多；这是当时开展和搞好对外（对边区外）贸易工作的重要因素之一。那时的对外贸易，虽然主要是以货易货，但却进行得轰轰烈烈、兴隆、昌盛。我们主要是出口石油、煤炭、食盐、皮张等物资来换取钢铁、器材、棉布、棉花等边区所缺少的物资。

1947 年至 1948 年边区军民抗击蒋介石、胡宗南的进犯，贺龙又全力以赴领导后勤与支前的供应工作。这个时期的任务非常繁重，工作极其艰巨。为了保证战争的胜利进行，不仅动员、发动了整个陕甘宁边区的人力物力，而且也动员了晋绥的潜力。这样重大的任务，非贺龙难以完成得那样出色。举两个事例：

陕北瓦窑堡以东有一个小村子，叫高家埝。村内有一户农民，全家四口人。1947 年 3 月，我们借住在这里。婆媳挤在一间窑洞里，其余的窑洞都让给我们住。

两天过去了，没有看见男人回来。我诧异地问："你家老头儿哪去了，怎么未见他回家来？"

老太太回答："他抬担架去了。现在前方。"

"你儿子呢？"

"参军了，现在前方作战。"

"那你们婆媳二人天天磨面，能吃那么多吗？"

"嘿，这是我们婆媳的任务，都是给咱部队磨的面。你看，面多白，多细啊！给咱部队吃，就得把最好的面粉送去！"老太太心情舒畅、兴高采烈地说。多么可尊可敬、可亲可爱的边区人民呀！老太太还补充了一句："你知道，听说这任务是贺老总交下来的，一定要完成好。”

我问：“打仗，你们不害怕吗？”

老太太说：“害怕什么？！听说毛主席、贺老总都在陕北。我们军队一定能打胜！”

由于胡宗南烧杀抢掳，到 1947 年秋至 1948 年春粮食极其困难。不仅陕北作战部队的供应需要外援，甚至陕北沿河各县群众的口粮都成了问题，也要靠山西支援了。我们在黄河东边的许多村庄里亲眼看见群众论升论合、计斤计两地征集粮食，集中待运。离河岸较远的地方，则用牲口把粮食运到河边或河西，供应部队。帮助和支援群众的谷物，则一般留在沿河附近的村庄，让河西群众自己过河来背运。河东群众在交谷米时，不论多少，都是拿出新的、质量较好的粮食来，因为“贺老总说的‘要问过自己的良心！’要‘保质保量。’”——群众给我们这样解释。

贺龙也同任何人一样，不是完美无缺的完人。他具有许多突出的、显著的优点、特点和美好的品德。首先，是他对党、对革命、对人民一贯忠诚，始终如一。在革命斗争的各个阶段，他总是紧紧跟着党、听党的话；在各个时期都为革命、为人民建立了不朽的功绩。但他也有自己的弱点、缺点，有时也有不正确的地方。然而后者在他的一生中毕竟只占极其次要的地位。

贺龙是一位杰出的军人、将才；作为一个元帅，他不仅受到全国人民的尊敬，而且在国际上也享有崇高的声誉。但是，他却不是道地的政治家。虽然他懂政治，熟悉政治，做政治工作，也领导政治活动。他爱护战士和青年，关心他们的学习、提高。有一次，他做自我批评，说：我在青少年时期，由于种种原因，没有抓紧时间好好学习。结果，误了我一生。所以，今天我对青少年的第一个忠告，就是要抓紧学习，力求上进！

虽然，贺龙不甚爱读书，但是他从善如流，从不固执己见，善于接受别人的意见，特别尊重毛主席的意见。1948 年夏，贺龙从西北来到中央所在地河北平山县西柏坡参加中央召开的财经工作和政治局会议。当时，他住在任弼时的院子里，我们有机会天天见面，互相交谈。贺老总到过的地方不少，经历的事情非常多，经验也极其丰富。这次他从西北地区来，也带来了西北地区的经验。自然，根据西北地区的经验来判断全国性的问题和事态的发展，就不够了。有一次，在食堂里谈论关于对待富农的政策问题时，毛泽东指出，贺龙同志对某一问题的看法有片面性，不正确，并希望他好好地、全面地考虑问题的实质。过了几天，贺龙到毛主席处去深谈了一次。待毛主席彻底弄清了全部问题和贺龙的思想情况后，就一再对同志们说："贺龙是一位聪明的同志。尤其是他坦率、直爽、不隐讳；知错就纠，知过就改。"毛泽东说这番话，不只是在称赞贺龙，而更重要的还是为了教育大家。所以一直到进入北京后，他还重复说过："贺龙是一位聪明的同志。"

1930 年代末、1940 年代初，延安的体育活动较少、气氛不太活跃。贺龙积极领导开展体育活动，并组织了一次运动会。大家在大砭沟开辟了一个运动场，进行比赛。他的倡议和号召不仅活跃了边区体育活动，而且也发现了不少具有一定水平的体育运动员。中华人民共和国成立后，贺龙满怀热情，更加积极、认真地领导了新中国的体育运动。他对新中国体育事业的发展做出了空前巨大的成绩，并使我国开始在世界体坛上赢得盛誉，为祖国增光。这些成就既是体育界全体同志努力的结果，也是与贺龙分不开的。毛泽东、刘少奇、周恩来、朱德和全党同志都曾称颂、赞扬过贺龙和全国体育运动员与工作人员所做出的努力和贡献。

贺龙善于创业，也乐于创业。他在各个时期，总是能按照事物的发展规律，从无到有，从小到大，由简到繁，循序渐进。他不辞辛苦，不厌其烦，兢兢业业，不断前进。他做事总是雷厉风行，大刀阔斧。他在创业中有恒心、有耐心，是不屈不挠、顽强斗争、坚持到底的人。

无论是在开创革命根据地、建立武装力量、进行财经建设方面，也无论是在做后勤、供应工作或领导体育运动方面，他始终表现出对革命事业的耿耿忠心，尽其全部智慧和精力为完成自己所肩负的使命而努力奋斗。贺龙就是这样奋不顾身地为党、为革命奋斗了一生。但在"文化大革命"期间，竟遭到林彪、"四人帮"的恶毒诬陷、折磨、摧残，以致惨遭迫害而亡。人民悼念他、怀念他！他忠于党和人民事业的无产阶级革命战士的高大形象永远矗立在人们的心中！

徐向前二三事

我最早听到徐向前的名字是在苏联。那是 1937 年至 1938 年间，从苏联的报纸上看到中国红军一将领率部从湖北向川北陕南挺进。这位将领的名字俄文译音是“徐向坚”。直到1940年我回到延安以后，才知道他的确切姓名是徐向前。

1942年6月，中央成立陕甘宁晋绥联防司令部，贺龙任司令员，徐向前任副司令员。我作为任弼时的政治秘书，负责同他们联系，开始同徐帅有了接触。

1942年延安整风期间，由我联系西北局和联防司令部。我向徐向前说明我是中央派来的联络员。他很重视整风这项工作，向我仔细了解了中央的意图，并全力帮助我了解联防司令部的学习情况，认真地领导整风学习。在这个过程中给我的印象是：这位将军很像个大知识分子。他阅读文件非常仔细，对重点都作了摘录，还记录下自己学习的心得和体会。他领导整风学习的办法也多，加上自己的表率作用，整个联防司令部的整风是很认真的。我向中央及时汇报了这些情况。

1943年7月，我被派到绥德专区去工作，在那里又遇到了徐向前同志。他正在那里创办抗大二分校。当时的时局很严峻——国民党借口加强河防，把抗日前线的部队调了许多到宜川、韩城、郃阳一带，构成了对陕甘宁边区的严重威胁——南面是胡宗南，西面有马鸿逵，北面是邓宝珊，东面隔黄河是日本侵略军。在这种情况下，我们既要备战，又要把自己内部整顿好。这时，由徐向前、习仲勋、袁任远和我（我临时任绥德警备区保安处代处长）组成领导小组，徐向前同志担任组长。这使我对他那军事家的风度和胆略有了较多的感性认识。开始，我们对所处的形势很担心，他却坦然地说：“没有关系，我们离开公路，在沿黄河的清涧、延长、延川一带活动，尽够我们回旋的，把敌人全部吸引过来也应付得了。”他部署了对这个地区的侦察工作，很快掌握了地形和供给情况。我提出机关、学校、家属等怎么办？他胸有成竹地说：“好办，把他们都改装成农民，分散开就是了，战争过后再集中。”他那不慌不忙、稳操胜券的样子给了我深刻的印象，赢得了大家对他的尊敬。

党的第七次代表大会前夕，徐向前同志被调回延安，并当选为第七届中央委员。但他的健康状况一直欠佳。当时中央书记处的同志都集中在枣园，我这时任中央书记处办公室主任。不久，毛主席和朱总司令要我把徐向前也请到枣园来住，并要我照顾好他的生活。朱德同志特别交代：“生活待遇要和我们差不多。他是有代表性的人物（指四方面军——笔者注）。”

中央书记处开会，时常请张闻天、彭德怀参加。徐向前同志住到枣园以后，有时也请他参加中央书记处的会议，但他在会上很少说话。他是个谦虚谨慎的人，不真正了解情况，便不发言。对于枣园的警卫、勤务人员，徐向前始终谦逊、和蔼，和他们相处得十分融洽，很受同志们爱戴。

“七大”以后，代表们纷纷回到各自的工作岗位。接着，日本投降，毛主席一连好几天在枣园礼堂坐在乒乓球台子前，日以继夜地调兵遣将。然而眼看着一员员战将兴高采烈地得了“令箭”离去，却迟迟没有给徐向前任务，他再也忍不住了，走到毛主席面前说：“还有我哩。”

毛主席望望他，和蔼地说：“我没有忘记你，可是你现在有病，需要休息，先把病治好。”

徐说：“我的病不严重，不要紧。”

主席说：“你别着急，山西、太原这一坨子给你留着哩。”徐向前高兴了，不顾自己的身体，急急忙忙跑到山西去整顿军队，并在那里待命。

解放山西是关系全局的战役，解放军南下，中央进北京，都需要肃清山西的敌人。阎锡山和日本人勾结在一起，仗着日军的势力与八路军为敌。所以仅就山西来说，抗日战争的胜利和解放战争已不可分地连在一起了。

阎锡山盘踞山西几十年，他的反动本质的确很顽固。尤其是残留的日本军人负隅顽抗，在最后一个据点面粉厂，日本人战至最后四五个人，硬是不投降，我军只好消灭之。不管敌人怎样拼死挣扎，还是被徐帅完全、彻底地歼灭掉了。要知道他是带病指挥的。

徐向前同志为人民立下的丰功伟绩是永垂青史的！

重庆谈判的前前后后

抗日战争胜利　全面收复失地

1945 年，党的第七次全国代表大会胜利闭幕后，各地代表立即返回本地区、本单位，只有极少部分干部因故在延安逗留数日。这时，外电传来消息——8 月 9 日，苏联军队从远东的双城子至西伯利亚的赤塔一线全面出击，向日本侵略军展开猛烈进攻。战斗一开始就很激烈，日军顽强抵抗，双方都有众多伤亡。但苏军仍然势如破竹，所向披靡。仅几天的时间，8 月 14 日日本天皇便宣布愿意放下武器，正式投降。毛主席说："看，美国在广岛、长崎投了原子弹，日本没有投降，而苏军一出兵，日本就投降了。"

日本投降的消息传到延安，延安全城沸腾了！以延安城为中心的几条辐射形山沟中，满山遍野红旗招展，锣鼓喧天，爆竹齐鸣。人们欢呼雀跃，把衣服帽子抛向天空。卖水果的老乡把筐里的苹果、梨送给近旁不相识的人。不管认不认识，互相拥抱，大家拉起手来扭秧歌。当天夜晚，满山遍野是火的海洋、欢乐的洪流！狂欢持续了三天。

八年的艰苦抗战，终于胜利了！

在这历史的转折关头，我党、我军上上下下都处于极其繁忙而紧张的工作之中，党中央领导同志尤甚。毛泽东、周恩来、刘少奇最忙；朱德总司令历来表现得不慌不忙，优哉游哉，事情却处理得从容不迫，井然有序；而任弼时同志当时重病在身，力不从心，只是着急。

毛主席恨不能把一天当十天用。工作量之大，速度之快，达到了空前的程度。他把办公地点移到枣园的小礼堂，为的是一面处理事务，一面接见各地、各级来请示工作的领导和将领。他一面同这些同志谈话，一面挥笔疾书——发布命令、写委任状、发表文告、声明、宣言等等，每天要在办公室连续工作十个小时以上，而夜里读书仍然不可或缺。有时忙得无暇进食、饮茶。幸而适逢延安瓜果成熟的季节，所以工作人员挑选了最好的瓜果送到毛主席的办公桌——乒乓球台子上。台子中央摆着笔墨纸砚，别无它物。主席在工作时顺手抓起瓜果来解渴、充饥，或时而啃几口馅饼或面包。主席吃西瓜也是很有特点的，他将西瓜抓在手中，如同风卷残云一般，一口一片。

小礼堂的周围摆放着一圈长条靠背木椅，干部们坐在那里等候命令和指示。愿意吃什么，自己到主席的"办公桌"上取了就吃。领到委任或指示的人，精神振奋，立正、敬礼，各自离去。

刘少奇在自己的窑洞里悉心研究各种文件、各地来电等，或者同出发到前方去的同志谈话，只有遇到重大问题才同毛主席商量、研究处理方案。他首先关注到东北方面的形势和我们应采取的方针。

在苏军进入我国东北之前，我们并不知道苏军的动向，不管是苏联方面，还是在苏军中工作的我方人员——如刘亚楼、周保中等同志，都没有向我们透露过任何消息。看来苏联是认真遵守同美英达成的秘密协定，即只同中国国民政府打交道。

8 月 14 日，莫洛托夫同国民党外交部长王世杰在莫斯科签订《中苏友好同盟条约》，其中规定：苏联的援助完全给予国民党政府，苏联尊重中国在东北三省的完全主权及领土行政之完整。同日，斯大林发表声明，苏军在日本投降后三个月内全部从东北撤军。同时，国民党政府同意苏军使用旅顺口海军基地、大连港国际化、中苏双方共同经营中长路的要求和承认外蒙古独立。因而苏军把东北的大城市交给国民党，同意他们派市长接收。

然而，我军在东北的抗日力量早已存在，尤其在山海关至张北一线的长城内外，部署了贺龙、李运昌、吕正操、曾克林等部。在苏联对日宣战之后，上述所属部队及山东解放区的萧华等部便全面向北进击，深入东北腹地，配合苏军作战。中央也从华北、华中调动一部分部队向东北进发。

苏联为遵守国际协议，极力设法尽快地将南满辽沈等地移交给国民党政府，以便早日脱身，撤回自己的部队。而蒋方部队抗战期间躲在大西南，虽有美国提供的飞机、轮船、汽车等现代化交通运输工具，怎奈他们自己不争气，忙于“劫收”，因而机械化赛不过土八路的两条腿。美国军队 9 月 30 日才在秦皇岛登陆，在美军的帮助下，11 月 16 日国民党从我们手中夺走了山海关。蒋介石好不容易到 1946 年 3 月下旬才将他的精锐部队新一军（军长孙立人，副师长贾幼慧）运去接管苏军移防的沈阳。

苏军按规定时间撤离后，东北只留下国共两家的武装力量。[①] 双方互不相让，寸土必争。我们的方针仍然是抢先占领广大的农村，并尽可能地占领一些中小城市；在解放了的地区，发动群众彻底翻身，保卫自己的胜利果实。

对东北方面，1945 年 8 月刘少奇向毛主席谈了自己的见解和设想——苏联军队虽然没有积极支持和帮助我们，却也没有阻拦我们，估计也不至于对我们背后开枪。那么，我们在东北也就赢得了战略上的胜利，即北面没有敌人；西面蒙古、东面朝鲜都是友邻，我们可以集中力量对付一个方面的敌人。有了这样一个有利的战略地位，就有了取得胜利的基础。

毛主席听着刘少奇的陈述，一直默不作声，也没有停止自己手里的事情——写文告、调兵遣将、发布命令、交待任务。最后才提到林彪，给他的任务是：去东北，掌握这一重要的战略重地。林彪十分满意，欣然接受，昂扬而去。[②]

周恩来则独当一面在外线作战，既忙于同国民党、蒋介石打交道，还要对付帝国主义的种种阴谋。

当时，国共虽无战争，但各自的神经都绷得很紧，形势很微妙。毛主席将每一步都把握得很准、很稳。

毛主席飞赴重庆

蒋介石为了维护他的地位，提出所谓维持国内和平的条件，要统一军令、统一政令、统一国政、取消特区（即陕甘宁边区和各解放区）。这就使问题大大复

① 苏军在国民党两次请求下推迟了撤离时间，至到 1946 年 5 月，苏军才全部撤出东北（大连、旅顺除外）。

② 开始中央决定林彪到山东，林彪于 1945 年 8 月 25 日乘美军观察组的飞机由延安飞往太行山长治，在途中中央又决定派他到东北工作。

杂化了。美国出面搭桥引线，极力促成国共举行最高级会谈。8 月 14 日，蒋介石来电邀请毛主席到重庆“共同商讨”“国家大计”。20 日、23 日又连来两电。

这时，斯大林通过苏军驻延安情报组转来一份电报，内容主要是：中国不能再打内战，要再打内战，就可能把民族引向灭亡的危险地步等等。这电文引起了毛主席的极大不快，甚至是很生气。他这样说：“我就不信，人民为了翻身搞斗争，民族就会灭亡？！”

过了两三天，斯大林又来了第二封电报，主要内容是说：世界要和平，中国也要和平，尽管蒋介石挑衅想打内战消灭你们，但是蒋介石已再三邀请你去重庆协商国是，在此情况下，如果一味拒绝，国内、国际各方面就不能理解了。如果打起内战，战争的责任由谁承担？你到重庆去同蒋会谈，你的安全由美、苏两家负责等等。

开始时，毛主席本想派周恩来代表他去谈判，已于 8 月 22 日电告蒋介石。后来考虑到蒋介石不会满意，而且又不足以充分表示我方的诚意，于是决定他本人去重庆同蒋介石会面。

8 月 27 日，美国驻华大使赫尔利和张治中专程从重庆到延安来迎接毛主席。

赫尔利粗鲁而不识事体。1944 年他第一次到延安来调停国共两党关系就食言而肥。

28 日，毛主席、周恩来、王若飞在张治中、赫尔利的陪同下，同机飞离延安去重庆。当天到机场送行的各级干部约千人，但所有到场的干部表情沉闷，心事重重，大家都沉默不语。看来，他们所考虑和担心的都是同一个问题——毛主席的人身安全有保证吗？尽管张治中一再声言，他对主席的安全负有绝对不可推卸的责任，可是一贯背信弃义的蒋介石心里究竟作怎样的打算，谁能知道呢？

最使人心情不愉快，并极其反感的是，毛主席等人刚登上飞机，赫尔利最后一个爬上舷梯，当他一只脚踏上舱门，另一只脚还悬在空中时，双手抓住机门框，头往后仰，怪声怪气地大吼：“哎，咦、呀！”

这一怪声大叫立时引起所有在场的同志们的不满、气愤和疑虑，纷纷质问在场送行的美军联络组组长包瑞德上校：“赫尔利的表演是什么意思？”

包瑞德回答说：“赫尔利是牧羊娃出身。这可能是他早已养成的在欢快时的一种得意表现吧。”

飞机起飞了，人们带着沉重的心情返回各自的机关去了，为主席的安全，谁也没有放下心来。

毛主席赴渝前，不仅起草了《中共中央关于同国民党进行和平谈判的通知》，还同刘少奇整整谈了一天一夜，面授机宜。大致意思是：我在重庆期间，前方和后方都必须积极活动，对蒋介石的一切阴谋都要予以揭露，对蒋介石的一切挑衅行为，都必须予以迎头痛击，有机会就吃掉它，能消灭多少就消灭多少。我军的胜利越大，农民群众活动越积极，我的处境就越有保障、越安全。须知蒋委员长只认得拳头，不认识礼让。

在后来事态的发展中，许多干部产生了疑虑，不得已，刘少奇才向大家透露了上述毛主席的指示，大家才放下心来，天天盼着毛主席归来。

苏军代表飞抵延安

在毛主席离开延安约半个多月后的一天，即9月15日上午，延安机场突然降落了一架小型军用飞机，机上走下来我八路军沈阳市卫戍司令部司令员曾克林和苏军一位上校卫斯别夫、一位少校翻译谢德明。

曾克林是李运昌部冀热辽军区的十六军分区负责人。他接到中共中央的命令后，北进和苏军一起收复山海关，于9月5日到达沈阳，在苏军的支持下成立了沈阳卫戍区。

苏军驻长春的总司令马利诺夫斯基元帅要同中共中央联系，派苏军军官和曾克林到延安来。这位苏联军官对我八路军总部有一种神秘感。他们根本不了解延安的情况，也没有通讯联络，仅凭曾克林的口头介绍，便飞来了。飞机一降落，就受到杨尚昆和伍修权的迎接和招待。第二天下午，彭真带他们到军委和八路军总部所在地王家坪，会见了朱德总司令。

接着，刘少奇主持中央政治局会议，听取曾克林介绍东北情况。曾克林就八路军进入东北、进驻沈阳的经过、部队的扩大以及苏军的态度等作了详尽的汇报。会议根据国内外形势提出“向北发展、向南防御”的方针，并决定成立中共中央东北局，[①] 速派十万部队和几万干部进入东北。由于我们动作迅速，很快建立了东北根据地。

---

① 中共中央东北局，彭真、陈云、程子华、伍修权、林枫为委员，彭真为书记。

17日清晨，彭真告诉曾克林，他和陈云、伍修权等要搭乘他们的飞机去东北。17日下午，他们同机离开延安，到山海关降落，然后转乘火车到达沈阳。

很快中央又陆续派出张闻天、李富春、罗荣桓、萧劲光、程子华、谭政等二十位中央委员、候补中委到东北，加强那里的领导工作。

重庆谈判之后

10月10日，国共双方的代表签订《政府与中共代表会谈纪要》（即《双十协定》）。11日，毛主席仍由张治中陪同乘飞机返回延安。到机场迎接毛主席的干部有四千余人，主要是边区系统的。因为这时中央机关干部基本上都离开延安去了前方。

我上前迎接毛主席，并请他给大家讲话。主席的讲话很简短，大意是说：这次到重庆同蒋委员长会谈，涉及到各方面的问题，日内就要发表一个文件，叫“双十协定”。这是初步的收获，但还有许多问题没有谈到，更有许多问题没有解决，就是说以后应做的事情还多着呢！总之，打开了局面。

毛主席讲完后又转向我说：“你请张先生讲话。”

我走向张治中先生，请他给大家讲话。

张治中拍着胸脯说：“我把毛主席迎接到重庆去，今天又负责把他护送回来，这对得起大家。兄弟的责任是尽到了，我也感到光荣。谢谢大家！”

机场上，干部和群众向毛主席热烈欢呼。之后，毛主席回到枣园住处，张治中则到王家坪八路军总部休息，第二天乘原机返回重庆。

毛主席回到延安后有些疲劳，但因他离开期间，许多事情都有了变化，所以他没有休息几天，便开始过问工作。首先他要了解前方各部队的部署和移动情况，哪些地方同国民党军队发生了冲突，我们如何对付的等等。其次，当他听说张闻天、李富春等都去了东北，有点不高兴，但没有说什么；听到高岗也离开延安去了东北，便表示了极大的不满，私下对我说：“西北这么大的地方，该做的事情又那么多，为什么要往东北跑？把自己的事情丢下不管，都要进大城市，只想过好的生活，不想吃苦，这算什么态度？！”

过了几天，毛主席在中央党校礼堂作了个大报告。他的话简洁明了，深入浅出，使干部的思想豁然开朗，澄清了一些糊涂认识，大大振奋了精神，增强了信心，提高了斗志。他说：抗战八年，蒋委员长躲在峨眉山上养尊处优。现在桃子成熟了，他要下山来摘桃子了，这要看桃子是谁栽的，谁浇水、施肥培植的。人民培植成熟了的桃子，蒋委员长把手伸得长长的来抢收桃子，所以一场斗争是免不了的。

虽然苏联政府、斯大林曾极力劝说我党、毛主席去重庆同国民党、蒋介石谈判，共商国是，但无论在谈判期间，还是毛主席等一行离开或返回延安时，苏方人员都不曾出面。在延安工作的苏军情报组人员，对于国共谈判也从未发表过任何意见，没有表示过什么态度。原因是他们既不敢说出任何违反他们最高领袖意图的话来，又不能违心地承认中共应该相信蒋介石的声明或诺言。他们心里明白，国民党是腐朽堕落、每况愈下、日益走向穷途末路的；而共产党是朝气蓬勃、蒸蒸日上、有发展前途的，但力量暂时薄弱、经验不足，一时还不能战胜国民党。这是他们情报小组当时对中国局势的看法。

以孙平为首的苏军情报小组在日本刚投降后，就打算离开延安回国，但莫斯科却要他们留在延安，直到10月底。这可能是为了观察和了解国共谈判进展情况和延安总部的动态。孙平在最后离开延安的前夜（10月25日或26日），专门拜访毛主席，并向他告别。

孙平说：总部来电召唤我们结束在延安的工作，最近将派飞机来接我们回国，我们特向你告别，并感谢你和中国同志们对我们的关心、照顾和在工作上的帮助；我们没有什么可以留作纪念的东西，只有自己备用的四挺自动步枪（即手提机枪），愿全部赠送给你们。

毛主席非常笼统地对孙平谈了重庆谈判的情况。毛主席说，谈判有收获，对有些问题有所确定，但双方在许多问题上有分歧，没有达成协议，大部分问题没有解决。国内是否会出现和平，还要看；这需要双方的努力，且具有诚意，孤掌难鸣。我们不要内战，历来主张和平建国，但看蒋委员长的样子，不会停止进攻；他进攻，我们就不能不招架；看来，和平是较难的。

这次谈话，双方言语都不多。这主要是毛主席从重庆回到延安后非常疲劳，健康状况不佳。此外，重庆谈判的具体情况苏联驻重庆大使馆已知道得非常详尽。

毛主席生病　斯大林派医生和毛岸英赴延安

11月，毛主席的身体状况越来越令人担忧。我每天要看他几次。他有时躺在床上，全身发抖，手脚痉挛，冷汗不止，不能成眠。他要求用冷湿毛巾敷头，照做了，却无济于事。

这时延安的各主要医院已全部撤离，留在延安的医务人员仅有傅连璋、金茂岳和黄树则。他们都先后给毛主席看过病，但谁也没能解除毛主席的病痛。在无可奈何之际，我提议向斯大林求助。本来苏联医生阿洛夫对毛主席和其他中央领导同志的健康状况是很熟悉的，可是在毛主席从重庆返回后，他同苏联情报组的成员一起赶回国参加庆祝十月革命节去了。

经请示毛主席同意，我给斯大林发了一份电报，说明毛主席的病情，希望他们给予医疗方面的帮助或提供一些医疗意见。

他们回电说，从电报上他们的医学专家无法诊断毛主席的病情，没法提出任何治疗方案或建议，所以关于毛主席的健康问题还得另想办法，并采取切实可靠的措施。他们表示：如果需要，他们可以派医生去延安为毛主席担任医疗护理工作。

我接到回电后，就向毛主席汇报，征询他是否同意苏联派医生来延安为他和中央其他领导同志担任医护工作。他同意了。我很快给斯大林回电，请他们派医生来延安。

但过了大约两个小时，毛主席又叫我暂时不要给苏方发电报。然而，为时已晚，电报已经发出去了。

毛主席说：“做得太快了，你这样着急干什么？！”

我心想：这还不急！嘴上只好说：“我的性格就是急，历来如此。”

他再没有说什么。

毛主席生病的时候，江青到处指手画脚，把我这个中央书记处办公室主任拨弄得团团转。她要我找个安静的地方，让毛主席离开枣园去休养。我找了许多地方，比如安塞真武洞，但那里条件太差，不适宜；又跑到柳树店附近联防司令部修建的干部疗养所，这里倒是完全空出来了。于是请毛主席去了疗养所。

在柳树店一个多礼拜的时间，毛主席在身体状况好些的时候，总要出去访问，把那里的干部和附近的群众差不多访问遍了，完全掌握了周围的情况。

几天以后，毛主席又觉得离机关太远，看不到文件，听不到消息，很着急。我每天去看他时，他都要问许多的问题。哪个部队来了电报，哪个部队驻在哪里，他问得很细。他天天在考虑面对蒋介石的进攻，我们的部队是否守得住。而我连部队番号都不清楚，这些问题不是我所能回答得了的。不几天，他再也待不下去了，要求搬到王家坪的桃林去住。

王家坪桃林有窑洞，也有平房，地方很宽敞，又同军委、解放日报社、新华社等单位靠近，他就安居下来。请了黄树则同志负责毛主席的医疗和护理。但是缺少医药，“巧妇难为无米之炊”呀！

正在为难之时，12 月初，苏方来电说，他们拟派两名医生——一名内科、一名外科，不日飞抵延安，同行的还有毛主席的长子毛岸英，要我们做好准备。我把这份电报内容向毛主席作了汇报。他听后十分欣喜，并表示，到时他将亲自到机场去接。

苏联派来的医生就是阿洛夫和米尔尼柯夫大夫（大家简称为米大夫）。阿洛夫是苏联红军的将级外科医生，米大夫是苏联地方上的内科医生。阿洛夫到延安后还负责孙平留下的电台。这个电台是归苏联红军情报系统管的。阿洛夫是个外科医生，并不懂政治。因为他的职务高，掌握电台，主席时常找他谈话。

阿洛夫是故地重游，对延安很熟悉，飞临延安上空，他就看到了宝塔山上的“延安宝塔”，准确无误地判断出了机场的跑道走向。飞机着陆了。

毛岸英身着苏联陆军上尉军服走下来。毛主席走上前去，紧紧地抱住岸英说：“你长得这么高了！”接着同来宾一一握手。然后请他们都到王家坪休息。

傍晚，毛主席设宴招待苏联医生、全体飞行人员和毛岸英等。宴会后，他请机长——一位苏军上校到他的住处座谈，并当场要我给斯大林写一封感谢信，说明阿洛夫、米尔尼柯夫大夫、他的儿子毛岸英等均已安抵延安，望勿悬念，对送给他的礼品表示谢意。这封信是他亲自交给上校带回莫斯科上交斯大林的。

阿洛夫、米大夫被安置在王家坪毛主席住处的后排房间里，既有工作间，又有医务室。他们的主要任务是负责对毛主席的医护工作。从这个时候起，毛主席的心情、精神状态和健康状况都显著地有了好转。自然，这不只是因为有医生专门护理、诊病，使用各种最新出产的特效药物为他进行医疗、保健，更重要的可能是久别的长子毛岸英回到了身边。

大革命失败，毛主席领导秋收起义后率部队上了井冈山，岸英随母亲杨开慧回到长沙板仓老家。杨开慧牺牲后，党组织将岸英及其两个弟弟送到上海，1936年岸英、岸青两兄弟从上海经法国到了苏联。一别就是二十年。父子相见倾心交谈、日夜不离，这无疑给了毛主席不少安慰，增添了他的喜悦。

同时，也给毛主席带来了一些麻烦。岸英回来时已二十二三岁，他在苏联长大，养成了苏联人的习惯，中国人接受不了，江青再吹耳边风，毛主席甚感烦恼。岸英回到延安，又引起美军观察组的关注。岸英会讲英语，于是每次周末舞会包瑞德必到场，而且总是扯住岸英讲个没完。同时，毛主席为培养岸英，要他接触实际，熟悉国情，因而要他到农村去参加农业生产、劳动锻炼。

岸英在延安期间，有些翻译工作由他替我代劳了，减轻了我不少负担。

江青疑神疑鬼，一天中午，要我约阿洛夫到一间空房子里谈话。她说，主席在重庆中了毒。要阿洛夫注意检查。阿洛夫解释，任何毒性物质都不可能在人体内潜伏两个月才发作。阿洛夫和米大夫二人对主席的身体进行认真、全面的检查，认为他身体基本是健康的，只是由于操劳过度，负担繁重，精神过于紧张所致。现在要让他好好休息，安静地休息，精神和缓下来，就可以恢复常态。为此，要使他暂时少操心工作，放开国家大事，少管或不管，使神经尽可能松弛下来，也不要用琐细事情去麻烦他。希望多多调养，让他好好休息。

阿洛夫和米大夫还劝毛主席多走动，到野外新鲜空气中去活动。于是在1946年初春的一天，为毛主席组织了一次春游。同行者有蔡畅。

毛主席在蔡畅一行陪同下到了延安南郊二十里铺附近，下车后在丛林中漫步。但毛主席总是一刻不停地在寻访。他把周围的碑文都仔细地看过之后说："延安在明朝以前就有较高的文化，大概是由于交通不便，渐渐落伍了。"大家请主席聚餐，他吃得很少。忽然，他发现大路西边有一所小学，于是就到该校去参观。一会儿，主席找我，说："快来，你的乡亲，司马迁的弟子在这里，你们认识一下。"不错，该校教师是韩城西南塬上的人，是鲁迅师范的毕业生。他告诉主席：鲁迅师范的学生有一半以上是韩城人，人称"韩城师范"。主席说："我也曾遇到过几个小学教师都是你们韩城人。"

这次春游虽然有些累，但心情舒畅，精神振奋，尽欢而归。此后，主席的健康状况日益好转，精神渐渐恢复了正常。

毛主席觉察到苏联医生把注意力全部集中到他一个人身上了，于是对他们说："有时间你们可以到各机关、各单位去走走、看看，包括西北局、边区政府等单位，顺便也给各负责同志看看病、检查检查身体。中国人说：'乐善好施'、'治病救人'、'妙手回春'都是褒奖你们医界人士的，希望你们不要把注意力只集中到我一个人身上。"

此后不久，米大夫向毛主席汇报了他的工作：他把各地来延安的负责同志和常驻延安的领导同志的身体状况都做了一次检查，都还算健康，唯有任弼时同志一人堪虑。他脑血管硬化，影响到双目视力，这不是好兆头，表明他的病已经到了相当严重的程度。毛主席听后，深深地叹了口气，再没有把话说下去。

有一次，米大夫同我闲谈中说：他在同中共领导人的接触中，深深体会到只有毛主席才是真正强有力的领导者，他有钢铁般的意志，超人的毅力，坚强的信心和铁的手腕，对大小事情都十分认真，抓得很紧，一丝不苟。总之，在任何问题上，无论任何人，都休想骗得过他。

毛主席在卧室接见阿洛夫

国共双方在重庆谈判后虽然签订了《双十协定》，1946 年 1 月又签订了停战协定，召开了政治协商会议，2 月底签订了《整军协定》，但是国民党从未停止过军事挑衅，并逐渐由关外扩展到关内。美国人穿梭于国共之间，妄图用武力威胁与和平欺骗这两手，迫使我们就范。3 月 5 日美国总统特使、国（民党）共（产党）美（国）三人委员会主席马歇尔来到延安，美军驻延安观察组也活跃起来。为了招待马歇尔，我方用总部外事招待处的名义，在王家坪的大礼堂举行了一次隆重的大型招待宴会。

次日清晨，毛主席尚未起床，就令我找阿洛夫到他的住处。阿洛夫来到，毛主席才慢慢地下床，还没穿好衣服。

阿洛夫见到这种情景，以为是请他来看病的，急忙表示抱歉地说：走得太急，忘了带听诊器来。

毛主席和蔼地笑了。他请阿洛夫就座，令勤务员倒茶，然后边穿衣服边对阿洛夫说："昨天举行了一次隆重的招待会，宴请马歇尔。这件事你也知道了吧？！气氛相当热烈。但是马歇尔只能在礼堂里做客，却不能像你今天这样坐在我的寝室里同我聊天。尽管我这个屋子里对你没有举行任何欢迎仪式，但这正是我们对待你们和对待他们的实质性差别。”毛主席最后说：“我的体力直到今天还没有完全恢复过来，现在又感到累了。我想你已明白了我的意思，无需再多作解释了。”

从当时的表情看，阿洛夫似乎已懂得了毛主席的语意和表情；但却没有找到恰当的语言回答主席，沉思了片刻便告辞了。但毫无疑问，他会把这种奇特的场面和谈话的内容向莫斯科汇报的。

1946 年 6 月 26 日，国民党三十万大军分四路向中原解放区的新四军第五师和三五九旅部所在地宣化店发动大规模的进攻。这就给我党、我军以行动的自由，我们可以放手反击了。主席的病马上好了。

主席对此十分重视。7 月，召开了一次中央会议，分析形势，检查和总结了我党前一阶段的工作。主席在会上指出：不应忽视宣化店事件，因为它事实上意味着全面内战的开始。应该从中汲取严重的教训。主席的讲话，大大扭转了《双十协定》发表后在党内产生的某种和平幻想。此后，中央工作的指导方针、路线，正是按照上述指示贯彻的，各个解放区开始自卫反击，抗击国民党几百万军队的全面进攻。

毛主席同阿洛夫谈话，提醒他注意中国问题的本质及其复杂性。他说：宣化店事件非同小可，它是一个严重的信号，是国内和平彻底破坏、国内战争全面开始的第一枪。但蒋介石装着若无其事，毫不在乎，那是因为他得手了。然而人民却不是这样想的，也不可能不在乎。须知若干年前的平江惨案、皖南事变，人们并没有忘记，而今天又来了宣化店事件。这一事件是蒋介石预谋策划的，是给我们的又一次教训，实际上他给我们的教训够多的了！难道可以不记取吗？！毫不夸张地说：这一事件是全面内战的开始！是蒋介石对我们的挑衅和正式宣战！我们能不提高警惕，能不防范吗？！

毛主席的这番话，显然是回答斯大林的。

1946 年初冬，中共中央军委副主席兼总参谋长彭德怀和阿洛夫长谈，详细地介绍了我党关于自卫战争的战略战术方针等重大问题及各战区的详细情况。阿洛夫由此对全局有了详尽的了解。我想，他都会如实汇报给莫斯科的。

刘少奇主持中央工作时期

在延安主持中央工作

我早在苏联时就听说过刘少奇这个名字。1930 年夏至 1931 年秋，他在赤色职工国际工作，担任赤色职工国际执行委员会委员，杨尚昆担任他的秘书兼翻译。

转眼十年过去了。1943 年 3 月，少奇同志从华中新四军回到延安之后，我才第一次见到他。他住在杨家岭，一回到延安就同弼时一起参加了西北局正在召开的高干会议。那时，延安只有一辆大卡车，少奇、弼时和同志们一起挤在卡车上，到西北局南门外开会。

过了不多天，他在边区高干会议作了一次较长的报告，即已收入《刘少奇选集》的《六年华北华中工作经验的报告》。这个报告不仅是工作经验的总结，而且对干部的思想政治教育与提高认识都有很大的作用，尤其对实际工作者更有较大的帮助和启发。

当年，他主要负责党内的工作，在对外活动中很少出头露面。虽然在公开场合与苏方人员，如孙平等，有过接触，但没有实质性的来往。在党的第七次全国代表大会上，少奇代表中共中央作了修改党章的报告（后叫《论党》），并当选为中共中央书记处书记。

七大闭幕后，刘少奇搬进了枣园。此后，我们才有了较多的接触。

没有共产党就没有新中国。在创建新中国的伟大斗争中，刘少奇同志作为中国共产党的重要领导人之一，发挥了杰出的作用。他的伟大功绩永远留在人们的记忆中。

1945 年 8 月 28 日，毛主席在周恩来、王若飞的陪同下去重庆谈判时，绝大部分中央同志已到前方各地区去了。毛主席离开延安前，不仅向少奇面授机宜；而且谈得非常详尽和周到，同时，中央政治局举行扩大会议，确定由少奇代理党中央主席职务，就是说，中央的工作暂由少奇主持。这段时期，他既要抓好中央直接领导的工作，又要配合好毛主席在重庆同蒋介石集团面对面的斗争，还要沟通东北、华北、华中、华南等地区我军的互相联系与协同动作，指挥好前线的斗争。这段时期可以说是少奇一生中为党为革命事业，工作最繁重、最劳神、最紧张的一个时期。

这段时期的重大工作有以下几项：(1) 及时指导全国各地党、政、军、群运的全面工作；(2) 果断处理解放区附近地区的日军投降及有关事宜；(3) 坚决回击国民党的一切破坏和挑衅活动，并加强壮大我们的实力；(4) 依形势的发展变化，坚决迅速地调整和积极部署我军主力，争取战略优势；(5) 大力发动农民群众进行土改，努力做好城市接管工作；(6) 尽力做好统战工作，等等。少奇按照毛主席的意图，严肃认真，小心谨慎地处理了这些方面的一件件大事。

毛主席在重庆谈判的日子里，国民党军队对解放区的挑衅活动大大增多了，而我军给予对方的回击和惩罚也异常及时而凌厉，每次都以彻底粉碎蒋军的进攻而告终。在双方矛盾、冲突日趋尖锐化的情况下，有些同志曾担心毛主席在重庆的安全是否有保障。对这个问题，少奇按照毛主席的意思作了精辟、明确的解释，他说：“蒋介石只懂得拳头，不懂得道理。前方对他的打击越坚决、越沉重，在实际行动中越能显示出我们的力量，他就越不敢轻举妄动，不敢触动毛主席一根毫毛，毛主席的安全就越有保障。”他还说：“这是毛主席临动身前给我的指示和交待，我在坚决按照毛主席的意旨行事。”

毛主席于 1945 年 10 月 11 日从重庆回延安后，健康状况一直不大好，所以，从那时起，直到 1946 年秋由少奇协助毛主席领导党中央的全面工作。这个阶段是我们革命力量将在全国范围内与反革命势力进行大决战的极其重要的准备和动员时期，这个时期我党的全面准备工作做得很好，是和少奇的努力分不开的。这个时期的形势是复杂而多变的，少奇成功地，卓有成效地完成了党和毛主席给他的重托，给全党树立了光辉的工作范例。

关于党的建设

少奇一贯重视党的建设。对此，他有专门的论著，如《论共产党员的修养》、《论党内斗争》、《论党》。这些著作作为党的重要文件在党内广泛流传，对我党的建设起到了很好的作用。

七大刚结束，少奇就依据抗日战争即将取得完全胜利的新形势，认真地考虑过党的建设工作中两个重大问题：一是关于健全、发展和巩固党组织的问题；一是正确处理意见分歧和保持党的团结统一问题。

他说：七大开完了，而且开得很好，现在就应该注意怎样更好地贯彻七大精神，使已经确定的路线、各项方针、政策，真正能体现在我们的实际活动与工作中，让它开花结果。关于第一个问题，他说，应当力求使党首先成为一个团结统一、上下一致、用马列主义武装起来的强大堡垒。同时要根据毛主席曾经指出的对待“山头主义”、“地方主义”的方针，即“承认之、照顾之、削弱之、消灭之”的原则，来解决党内可能出现的妨害党内团结统一的某些现象。

他指出，经过1942年至1944年的整风运动后，教条主义、宗派主义、主观主义大大削弱了，但并没有完全消除掉。因为我们常常遇到的“本位主义”、“地方主义”、“帮派习气”等等，这些是它们的孪生兄弟或靠山。这里所说的，还包括老同学、老相识、老同事、同乡、亲友等关系，也包括某些常常为人们所忽视的旧社会长期存在的道门帮会活动等影响或习气的反映。在旧社会，人们为了自卫、斗争和抵抗压迫，或者受结党拉帮、借势发迹等落后思想的支配而搞帮派、帮会，那是可以理解的。把这种帮派习气带进党内来也是难免的，但却是不能容忍的。这种落后意识是妨碍和削弱党内团结统一和工作顺利开展的极大消极因素。对于这个问题之所以应特别引起我们的注意，还因为在某些落后地方，特别是在乡村，有些要求入党的人的想法与对加入会道门的认识和想法是极相似的。就是说，他们竟把我们党当作会道门一样看待，所谓加入党组织，有时甚至是以本家、亲属，甚至同族、同乡作为介绍入党的条件和对象来建立关系。抱着这种念头和认识加入党，那自然就会把帮派习气带进我们党内来。这种会道门、帮派习气对我们是一种腐蚀力量、消极因素，它妨害、破坏我党的组织原则的坚持贯彻和思想政治工作的顺利进行。

他指出：对这些现象必须予以注意，并应以毛主席指示的对待“山头主义”的原则去对待之。总之，他要求全党认真地从组织上、思想意识上、作风上逐渐克服这些有害的习气，使我党从政治上、思想上、组织上真正达到钢铁般的团结统一。

在解放战争拉开序幕以后，为着提高党的战斗力，少奇又特别注意加强党的团结统一。1946 年冬季的一天，少奇同志专门谈了处理党内意见分歧的方针和方法问题。他说，对一般问题，在日常工作中发生了意见不一致，互相争论，力求辨明是非，这是正常现象。在党内生活中，这种现象不仅是允许的，而且是有益的。因为经过辩论、争议以后，认识才能达到真正的一致。对任何问题，在一开始就要求人人的看法绝对一致，那是不可能的。在重大原则问题上，经过酝酿、讨论和研究后，如果仍不能达成一致认识，这就意味着发生或已形成了意见分歧；如果难以互相迁就、互不相让、各执一端，而成见又愈来愈深、愈益定型化，这样，问题就更加复杂了、严重了。因为重大原则性的意见分歧不仅是反映思想认识问题，而且也往往反映出党的组织不纯、不统一、不团结等内涵因素。所以，要解决这样的意见分歧，就不应单从分歧点上去看、去找、去认识，而且还必须从它产生的根源上分析事态发展变化的本质，找到实质性的根本原因和解决问题的切实办法。表面上的平静并不等于没有不同的意见，也不等于真正的一致。

现在全党在中央、毛主席的领导下，精诚团结，上下一致，集中精力对敌进行着较顺利的斗争，就更不至于有较大的原则性分歧。然而，为了保证党的统一、巩固、团结，就不能不随时注意各方面的不同意见，并沟通各方面的看法，使它们互相了解和一致起来，更加有力地表达出党的意志，发挥党的战斗力。如果不能及时、灵活而妥善地解决原则性的意见分歧，不能统一思想认识，那就不仅会影响团结，而且发展下去，还可能产生分裂。这个道理是容易理解的。党内不容许意见分歧长期存在下去，一致与统一如果长时间达不成，结果就可能引起分裂。这是有历史经验的。这对革命来说，确实是危险的，可悲的，十分有害的。所以，必须时时刻刻注意，防患于未然。只要我们警惕了，注意了，有了精神准备，也就可以做到“有备无患”。

分歧与分裂往往发生在这样两种情况下，一是党和革命不论客观环境或主观条件都是处在极端艰难困苦和最危急的关头；一是党和革命处在极其顺利的环境中，而且比较轻易地取得了胜利的时刻。如果有人被胜利冲昏头脑而想入非非，比较容易出现分歧，由分歧而发展到分裂。分裂自然有大有小，有全面与局部之别。

分裂虽然不是好事，但也不可怕，因为分裂对党对革命既可带来消极因素，也可造成积极效果。问题在于弄清意见分歧的性质，引起分裂的根本原因以及分裂带来的利害得失的关系。例如，俄国的多数派（布尔什维克）和少数派（孟什维克）的分裂，对革命事业就带来了好处，使党更加坚强、团结一致，保证了十月社会主义革命获得成功。中国的张国焘不也从党里分裂出去了么，但他只是孤家寡人而已，并没有丝毫影响到我们党。我国的现实和革命实践要求我们全力以赴维护党的团结统一，预防和制止可能的分歧而发展到分裂。因此，处理意见分歧、甚或分裂现象的方针方法，必须是灵活的、妥善的、实事求是和有实效的。目前，我们党内没有原则性的意见分歧，也没有出现任何分裂的苗头，但为了维护党的团结统一，我们却不能有丝毫的麻痹大意，失去应有的警惕性。

刘少奇对党的建设和发展，是有贡献、有建树的。对此，我们党的干部无疑都是了解的，就是国内外的朋友也是承认和注意到了的。例如，一位国际友人在同我们接触中，有一次就讲出了她对少奇的观感。那是 1946 年在延安枣园举行的一次联欢晚会，欢迎周恩来从重庆回到延安。安娜·路易斯·斯特朗女士也被邀请参加，并同诸位领导同志跳了舞。休息时，她曾说：刘少奇是一位杰出的党务工作的领导者、精悍的组织者、意识形态方面的工程师。周恩来听了很赞赏这种说法，说她讲得准、贴切、客观。

领导土地改革

土地问题是我国民主革命运动中的一个最关键的问题。

抗日战争爆发后，我党为了团结国民党共同抗日，将没收地主土地改为减租减息。随着日本侵略者的投降，阶级矛盾逐渐上升为主要矛盾。为了适应国内形势的需要，1946 年 5 月 4 日，中共中央发布指示（即《五四指示》）决定把减租减息政策改为没收地主土地分配给农民的政策。少奇认为这项工作具有极其重大的战略意义，抓得很紧。

当时在干部中出现了这样一些议论：一种是说，目前正在大力动员和组织练兵、备战、支前、生产，再搞土改实在顾不过来；另一种是说，抗日战争时期有些地方已经进行过土改，就不要再搞了。针对上述议论，少奇在一次小型座谈会上作过非常精辟的阐释。

他讲话的大意是：现在与抗日战争时期的形势比已经有了根本不同的变化，必须首先认清这一点。现在实行土改政策，使耕者有其田，这是民主革命时期的基本任务和主要内容。就是说，在这个阶段上它是势在必行的一项不可动摇的大政方针。我们今天的具体环境是解放战争，其基本内容仍然是民族民主革命，因而坚定不移地贯彻执行党的土改政策，既符合现阶段革命的基本任务，也符合客观实际的要求。一句话，解放战争是革命战争，它不仅不同于过去中国任何一次军阀战争，也不同于前一阶段的抗日民族解放战争。

大家知道，过去军阀混战，除了给人民群众带来破坏和痛苦外，没有任何好处，所以群众反对它、厌恶它、痛恨它，更谈不上人民群众对它的支持了。我们的解放战争是革命的正义战争，是为解放广大劳动人民而战，必须解决与大多数人的切身利益相关的紧迫问题，其中包括农民最关切的土地问题。我们必须懂得，要保障前方战争胜利进行，就要有可靠的后方供应和有力的支前工作，这主要是要依靠广大农民群众的力量来完成。因为我们的兵源和物资供应、交通运输、联络、救护、民兵、担架队的组成等等全都依赖农民的支援。

这样，摆在我们面前的问题自然就清楚了：我们必须把农民的根本问题——土地问题解决好，使他们得到主要利益，他们才会跟我们一道走。土改问题解决得越好、越彻底，农民得到的利益越多，他们拥护、支持我们的决心和劲头就越大，从而我们的力量也就越雄厚，越不可被战胜。同时，农民为了捍卫他们的既得利益，就会越坚定地站在我们一边，团结在我们周围、拥护我们，积极地支援前方作战，全力以赴地保卫我们各地区的政权，后方就更巩固。这样，我们将有更大的把握获取更多的胜利，而胜利本身也会更加稳固、更加有保障了。坚决做好土改工作，将是我们的一项极其重大的战略任务，是保证我们立于不败之地的决定性条件之一。

这里所谈的仅仅是关于土改工作与当前我们的战斗任务有关的一些问题，至于土地改革在我们整个革命全过程中所占的地位和政治意义，以及对革命前程的影响和战略意义，那比我们这里所谈到的问题更重要、更伟大得多了。

至于第二种议论，说什么某些地方过去已经进行过土改，就不要再搞了，或因某种情况可以缓搞等等，那都是站不住脚的。况且事实上一些地方虽然搞过土改，但当时做得既不彻底，而后来又发生过种种变化，或者过去农民已分得的土地又被地主、豪绅、恶霸夺了回去，那自然更需要加以复查重分，或予以调整。总之，凡是农民群众要求土改迫切的地区和条件成熟的地方，以及靠近前方的地区，依情况而稳妥地进行土改工作，对我们是有利的。这个道理不必多讲，也可以自明了。

为击退国民党的进攻做好准备

1946年1月10日国共双方签订了《停战协定》(即《关于停止军事冲突的协定》)。1946年2月1日中央发出了《关于目前形势与任务的指示》。随后，少奇在延安干部会上作了中央上述指示的传达报告。在报告中，他要求大家认清时局的变化，要善于掌握局势的发展和适应形势的变化。同时强调指出，我们要有两手准备，既要学会在和平形势下的工作，即进行公开的、合法的斗争，也要准备对付意外，即当敌人向我们发动军事进攻，或进行突然袭击时，给予坚决的反击。他把应付和平与战争的两手准备工作概括为：练兵、减租、生产三大任务。这是完全符合中央指示精神的。这种部署就是为了全党在日常工作中做好两手准备，特别是为了应付敌人可能发动战争的准备。在备战工作中，他尤其注意调整华东、中原地区我军的部署，以防备敌人发动突然袭击，并注意加强华北和东北的军力与干部的配备。

不久，大约7月间，毛主席在中央的一次会议上分析了形势，检查和总结了我党前一段的工作。毛主席指出，不应忽视宣化店事件，因为它事实上意味着全面内战的开始，应该从中吸取严重的教训。少奇完全同意毛主席的分析和估计。此后，中央工作的指导方针、路线，正是按照上述指示精神贯彻的。毛主席在那次会议上的讲话，大大扭转了“双十协定”发表后在党内产生的某些和平气氛。

以后，少奇在一次谈话中说道，应该充分认识和估计到，我们目前不仅在政治上，而且在军事战略上占有有利形势。我们可以毫无后顾之忧地以全力对付正面的敌人，就是说，可以放心地把注意力集中使用在一个方向上，对付主要敌人。两翼虽有敌人的威胁，但危险不大，因为他们的力量较弱，又受到牵制。我们的后方是稳固的（只是在东北地区要加紧剿匪、肃清内部敌人），必须认清这个局势，决不可丢失这个良好时机和有利的战略形势。

1946年夏，在国民党发动内战以后，少奇多次告诫说，如果展开全面内战，那就可能出现类似十年内战时期的那种艰难的局面，国内可能出现非常复杂、恶劣的形势，在白区的党组织又将会完全转入地下状态。但愿历史不会重演。可是我们在思想上、精神上对可能出现的最坏情况，应该有所准备，必要时也就可以从容不迫地应付时局了。为此，他多次向一些同志介绍他在白区工作时的斗争经验。

他指出，要时刻抓好革命斗争中两个方面的主要问题：

一是要发动、组织、领导好群众性的革命活动和斗争。为此，首先必须切实了解和掌握好实际情况，依具体形势，随时随地机动灵活地变换斗争的方式方法、策略战略，千万避免使群众吃亏、吃败仗、遭打击、受挫折，切忌使群众丧失信心。

二是要在各种斗争场合，各种运动与活动中，细心发现进步的、勇敢的、较积极较有觉悟的、有正义感的、能联系群众的、较有威望的、有革命要求的先进分子，即那些可成为我们发展对象和骨干力量的人。他举了许多例子，其中一个就是林枫。说林枫曾经常替他外出活动，同有关方面联系、传递消息、转达意见，替他应付局面，同外界进行各种周旋，想方设法保证党的工作顺利进行。这样，林枫在实际工作中得到了很大的锻炼，对他也给予了极其有力的帮助。他也大力帮助林枫在实际工作中迅速成长，后来成为独当一面的领导者。

少奇就是这样孜孜不倦地向我们传授革命工作经验，谆谆教导我们如何在艰苦的秘密条件下做好革命工作和在恶劣环境中同奸险的敌人作斗争。

少奇对干部不仅作原则性的指导，而且切实地、具体地关心干部，帮助他们解决各种实际问题。例如：1946年11月和12月，当延安的疏散工作已经完成了一大半的时候，他要我去检查一下对赵世兰、帅孟奇、张秀岩、夏之栩、张越霞、李培之等大姐，以及老弱病残人员的疏散和安置工作，特别关照一定要给他们配备一个勤务员，行军时拨给一两匹牲口，并要我直接关心、过问，认真检查一遍。

事后我向他汇报检查结果，说大姐们和病残人员已经基本疏散完毕，也安置好了，我看没有什么问题了。少奇听到这里，立刻打断了我的话，说："你在任何时候，对待任何事情，都不应该认为'没有什么问题'。你如果这样想，那就一定会出问题的。因为你只要一有这种思想，就会麻痹大意起来的。这样的思想方法和作风是错误的、危险的，会使你吃苦头的。你应该时时刻刻考虑，并细心察看、检查在某处、某个环节上是否可能出现什么岔子，并及时采取预防措施、堵塞漏洞，这才是有益的。你无论何时，对任何事情，都不要认为‘没有问题’！事态没有表面化时，并不是不存在问题。”他抓住这个具体问题对我进行的教诲和启示，具有非常重大的实际意义。事情虽然已经过去四十多个年头了，但言犹在耳，我永远不会忘记他对我的这番亲切的教诲。

少奇对工作、对事、对人历来是考虑周到全面、小心谨慎、一丝不苟和严肃认真的。他不但对自己严格要求，并以诚恳切实的态度帮助周围的同志解决困难和问题。当身边的工作人员每次向他汇报工作时，他不仅细心听取汇报，而且对每件事情的来龙去脉，都要加以了解、推敲和仔细考虑，然后又以商量的口气同你探讨问题的实质，寻求解决的办法，最后才作出决定。而决定则是断然的、明确的、坚决的，并且是一定要贯彻执行的。

转战陕北

主动撤离延安

1946年6月下旬，国民党反动派以围攻鄂豫边中原解放区为起点，相继在晋南、苏北、鲁西南、胶东、冀东、绥东、察南、热河、辽南等地，向各解放区发动了全面进攻。蒋介石在他的高级将领会议上狂妄叫嚣："不消灭共匪，死不瞑目"，并要在"三个月消灭共军"。气焰十分嚣张，不可一世。

7月20日，党中央发出《以自卫战争粉碎蒋介石的进攻》的党内指示，明确指出："只有在自卫战争中彻底粉碎蒋介石的进攻之后，中国人民才能恢复和平。"并要求全党认识到"我们不但必须打败蒋介石，而且能够打败他"。事实正是如此。从1946年7月至1947年3月的八个月时间里，我解放区军民英勇奋战，共歼敌七十多万人，从而彻底粉碎了蒋介石国民党军队的全面进攻，迫使蒋介石不得不改变战略，将全面进攻改为向陕北和山东两解放区的重点进攻。陕北是我党中央所在地。早在1946年10月，蒋介石就准备进攻陕甘宁边区，提出"打到延安去，活捉毛泽东"。但由于准备工作未做好而推迟，直到1947年3月胡宗南才令二十九军等部十五个旅共十四万余人，伙同马鸿逵、马步芳及邓宝珊的部队共约三十四个旅二十三万余人向陕甘宁边区进犯。

为了粉碎敌人的企图，我党从1946年下半年起，一方面，在延安周围地区加紧部署力量；另一方面动员群众和部分中央机关开始疏散。至今我还记得这样一件事：1946年10月间，延安劳动模范杨步浩[①]前来拜访毛主席，兼送代耕粮[②]。毛主席同他进行了长时间的谈话。

毛主席问："你们的战备工作是怎样做的？"

杨步浩回答："首先是坚壁清野，使敌人得不到粮食和衣物等，甚至把各种用具等都藏起来了。我们这些强劳力都组织起来，敌人来了就进山打游击战——敌来，我走；敌驻，我扰；敌疲，我打。总之，要把我们过去的游击战术和经验全都用上，使敌人得不到一日安宁。"

主席听了连连称赞。这件事证明了毛主席常说的"陕甘宁边区群众条件好"。

但是，当时我在陕北只有两万多人，仅及敌人的十分之一，敌我力量相差十分悬殊。于是中央决定主动撤离延安，紧急疏散各个机关及老百姓，给敌人留下一座空城。因而命令西北野战兵团在延安以南进行七天的顽强阻击。

延安是世界闻名的红色首都，我们在此生活战斗多年，一想到要放弃延安难免心情沉痛。当时，我是中央书记处办公室主任，管着中办的家务。中办管着不少大姐，老老少少，如何转移，少奇专门指示给每位大姐配一头牲口，一位警卫员。但是，向何处转移？有人估计敌人占领延安后，只会走大路，说大姐和孩子们体弱年小，不宜长途跋涉，就地转移离大路二三十里远的地方。事后证明这种估计是错误的。

在延安保卫战打响后的一天晚上，我特地从枣园骑马急行几十里赶到王家坪去见毛主席。到了王家坪，已是夜深人静，毛主席还在工作。

我忧心忡忡地问主席：备战工作到底应该怎样做？一定要疏散吗？可否设法保住延安而不撤退？例如，我们集中一部分兵力，部署在大道两侧，待敌人进入边区，到达富县甘泉一线时，予以迎头痛击，消灭他部分力量让敌人知难而退，这样，延安不就保住了吗？

毛主席听到这里，转过身去——我感到他在笑。我想："你还笑得出，真莫名其妙！"

主席点燃了一支烟，转过来微笑着打开了话匣子："你的想法不高明、不高明。不应该拦挡他们进占延安。你知道吗？蒋介石的阿Q精神十足，占领了延

---

① 杨步浩是延安著名劳动模范，共产党员，当时是柳树店乡乡长。

② 1942年大生产运动开始，每人每年交一定数量的公粮，毛主席和中央负责同志也无一例外。毛主席和朱总司令的公粮任务，由劳动模范们争相代耕。

安，他就以为自己胜利了。但实际上只要他一占领延安，他就输掉了一切。首先，全国人民以至全世界就都知道了是蒋介石背信弃义，破坏和平，发动内战，祸国殃民，不得人心。这是主要的一面。

“不过，蒋委员长也有自己的想法：只要一占领延安，他就可以向全国、全世界宣布：‘共匪巢穴’共产党总部已被捣毁，现在只留下股“匪”，而他只是在“剿匪”，这样，也就可以挡住外来的干预。不过这只是蒋委员长自己的想法，是他个人的打算，并非公论。但此人的特点就在这里。他只顾想他自己的，而别人在想什么，怎么想的，他一概不管。另外须知，延安既然是一个世界名城，也就是一个沉重的包袱，他既然要背这个包袱，那就让他背上吧。而且话还得说回来，你既然可以打到延安来，我也可以打到南京去，来而不往非礼也嘛！”

啊，原来是这样！后来我们在转战陕北时果然针锋相对地提出了“打到南京去，活捉蒋介石”的口号。

毛主席接着说：“你懂得拳击吗？收回拳头，是为了打出去得更有力！”

他又说：“陕北群众基础好，周旋余地大。他从南门进，我从东门出。”

毛主席胸有成竹，他不是害怕蒋介石进攻延安，而是害怕蒋介石不来进攻。他的一席话，使我茅塞顿开，似乎明白了一切，思想顾虑一扫而光，精神百倍。于是我扬鞭策马。马儿也像是知道我的心情脚下生风，急速转回枣园。我加快了布置疏散和撤退的准备工作。为防万一，遵照中央决定，首先派人把米大夫等送到山西临县的三交镇。那里是我们的后方。

在疏散之前，任弼时找阿洛夫谈过一次话，向他解释我党中央撤离延安的原因、理由和必要性。任弼时说：由于战略上的需要，为了更便于同敌人周旋，我们必须放弃延安。这是主动放弃，不是败退，也不是被人赶出延安。对于我们放弃延安，外国人如何报道，那是他们的事。当然，美国人的报道是不会说我们的好话的。既然主动撤退是一种策略，那么总有一天我们还会回来的。

最后，弼时同志暗示他就我撤离延安问题应向苏方汇报。阿洛夫是否明白了弼时的意思，并向莫斯科汇报，就不得而知了。

我和阿洛夫、任弼时等同志先行离开延安到子长县（瓦窑堡）以东的任家山一带。而毛主席一直留在延安，直到胡宗南进来的前一天才安然撤退。

根据我保留的笔记记载，3 月 18 日，胡宗南的军队逼近延安的南郊，枪声也越来越近了。傍晚 6 时，毛主席等一行人从王家坪出发，乘坐汽车抵达延川县永坪镇以南几里地的小山村刘家渠休息。第二天上午 9 时许，敌机来袭，主席的汽车——即宋庆龄送的救护车——遭到敌机扫射，挡板被击穿，但人员没有任何损伤。

21 日傍晚，毛主席经清涧高家埝，抵达子长任家山——事先准备好的地方。[①] 中央书记处的同志都住在这里。毛主席在这里组织了 3 月 25 日的青化砭战役。在这第一次激战中，彻底消灭了敌人先遣部队 31 旅旅部及一个团。整个战斗只用了两个小时，不仅俘获了全部敌军及旅长李纪云，并将战场打扫得干干净净，这样使进驻延安的敌人在数日之内找不到先遣部队的下落。我军初战告捷，士气大振。为这次漂亮的胜仗，毛主席发出了嘉奖令。

就在 3 月 25 日，敌人约一个旅的兵力直奔延川县城北的拐峁。这里距清涧县城仅六十华里，而且是平川，似有奔袭清涧以截断我东去之路的意图。清涧县城是通往绥德到山西的交通要道。当时中央分析，敌人企图占领清涧县城，意欲切断我们去山西的道路，以便把我们围困在山沟里进行围剿。所以，当天夜间通知我，要立即布置和组织各单位迅速东进，在敌人占领清涧之前，绕过它北上，经过九里山，到石嘴驿及以东几里地的小山村枣林沟。接到命令后，我马上组织中央机关分几批撤退，首先用六辆吉普车把中央五位书记及其工作人员送到枣林沟，在路上只走了两个多小时；留下的人骑马，走了一天半；其他单位，如第三局等，走了整整三天。

我们到达枣林沟后，[②] 敌人仍驻在拐峁未前进。直到 4 月上旬，毛主席、任弼时转移到了靖边县青阳岔后，敌人依然停留在拐峁，没有东进占领清涧。这时主席分析，敌人不占领清涧的目的是给我们让出一条东去山西的道路，把我们赶到河东山西去。这样他们就可以吹嘘说他们在陕北获得了全胜。所以，无论战事多么激烈，主席一直留在陕北，同陕北人民同甘共苦。

这是毛主席领导艺术的高超之所在，是神来之举。

中央到枣林沟后召开了会议，决定组织前委、工委、后委。前委，即中央，由毛主席、周恩来、任弼时三人组成，继续留陕北代表中央指挥全国的革命战争；

---

① 《毛泽东年谱》(1893—1949) 第 3 卷，第 176—177 页，中央文献出版社，1993 年版。认为毛泽东 21 日由徐家沟到子长县的高家埝，24 日到任家山，25 日到王家坪和朱德、刘少奇、任弼时会合。

② 《毛泽东年谱》(1893—1949) 第 3 卷，第 177—178 页，中央文献出版社，1993 年版。认为毛泽东 28 日到枣林沟。

工委，由刘少奇、朱德组成，驻河北省平山县西柏坡，领导全国群运、土改和建设根据地等工作；后委则由叶剑英负责，驻山西临县三交镇附近。

这次的中央会议，总结了这次行军的教训，决定精简中央机关，只留下最必要的人随前委行动，而将大部分人送到后委所在地。留下的同志按军事序列行动，代号为三支队，任弼时任司令员，陆定一任政委。到青阳岔后，为了保密，中央首长都用化名，毛主席化名李得胜，周恩来化名胡必成，任弼时化名史林，陆定一化名郑位。

会议还免去了我中央书记处办公室主任的职务，决定由我陪同阿洛夫等到三交镇去，即后委所在地。在撤离延安时，中央就曾决定把阿洛夫、米大夫送到三交去，米大夫已先行去了三交。这样做一方面是出于对他们安全的考虑，更重要的是毛主席坚持不要带他们行动，毛主席认为，尽管阿、米是医生，但人家会借口说洋人参与中国的内战，传到世界各国去影响不好。但阿洛夫对此不理解，一再坚持要跟着中央走，这也是我被免职的原因之一。如果我不去三交，更难说服他。

在撤离过程中，我们对他特别照顾，配备了相当强的军事保卫和工作人员，尽一切可能地为他提供了独立自主行动的方便。在战争年代的行军途中，汽车很少，只能骑马。鞍马劳顿，总有种种不便。阿洛夫对此一直不能谅解，并且表示出不满。他要求自己的待遇与中央领导同志相同，甚至还要超过中央领导同志，这使我很为难。一路上，他多次对毛主席说我对他不关心，把他丢了不管。在永坪（即刘家渠）时，他向毛主席说了我许多坏话，还无理取闹，引起毛主席的不快。因此，枣林沟会议再次决定把他们都送到后方去。此次决定后，阿洛夫没有再表示不同意见。

山西三交镇

3 月 31 日，中央继续向西北移动，到达田家坪（田庄）。[①] 在此稍事休息，即与工委分手，各奔东西。刘少奇、朱总司令离开陕北，经山西临县三交镇去河北平山县西柏坡。我和阿洛夫随他们一起坐汽车到黄河渡口，过黄河后直抵三交

① 《毛泽东年谱》（1893—1949）第 3 卷，第 179 页，中央文献出版社，1993 年版。认为毛泽东 31 日离枣林沟，经田庄到子洲县邱家坪。

镇。我们住在三交，便于中央随时调我们回去。我曾陪阿洛夫和米大夫去陕北好几次。总之，经常来回跑。这一年我大约渡黄河八九次。

叶剑英安排我住在三交镇附近一个小山村——武家沟，恩来也住在这里。①

我们刚一到三交就碰上恩来。他很奇怪，问："你是中央书记处办公室主任，怎么来这里了？"

我说："主席正等着你回去。主席、你、弼时代表中央，就等你回去了。"

他说："这边的事情还很多。"当时，他正在三交镇组织后委和党委的工作，特别是对外事、统战、群众运动，妇女、青年等方面的工作布置。他又问我对河西那边的工作还要做些什么事。

我说："已决定不要庞大的办公室系统，但警卫工作要有专人负责才好，建议你把汪东兴带上，让他负责警卫。"

当时，恩来就把李克农找来，要他马上把汪东兴找来，准备带他到河西。汪东兴当时在社会部二室工作，我曾在社会部负责党委工作，对他有些了解。他是从中央苏区来的老红军，经过二万五千里长征，打过仗，办事认真。

恩来在三交，大力整顿、组织后委机关的工作和进行人事安排，使后委的工作有条不紊地走上轨道，保证了前委的各种需要。此后，恩来很快就回陕西去了，于4月10日，在靖边县青阳岔和毛主席、弼时会合。因军委总参谋长彭德怀在前线，周恩来实际负军委总参谋长之责，②成为毛主席的第一助手。他们共同商议、起草指示，每天通过电台和各地联系，指挥全国战事。

大约4、5月间，不知何人命令中直各机关人员一律离开三交前去河北平山西柏坡地区，向中央工委靠拢。经几天的准备后，大队人马浩浩荡荡出发了，队伍拖了数十里长。先头部队到达临县以东时，突然接到中央命令："就地宿营，不要前进，等待新的指示和安排。"两天后，全体人马又回到三交。我们全家回到武家沟，这才有了固定的地方住。

米大夫已随少奇、朱总到河北去了。6月，中央来电要米大夫从西柏坡返回三交镇。叶帅接到电报后立即通知了工委。

我将阿洛夫安顿好。只身一人带着警卫员离开后委过河到子长县马蹄沟西北局的住地。

---

① 周恩来于1947年3月29日或30日离开枣林沟赶赴三交。中央于30日正式决定成立中央工委。

② 1947年8月1日正式任命周恩来为代总参谋长。

当时联防司令部司令员贺龙、陕甘宁边区政府（主席林伯渠）、绥德地委（书记张邦英）、绥德县委（书记张方海）都在这一带，我同他们都保持联系，有时作为客人轮流到他们那里去访问，有时帮助他们工作。自然，我也经常参加边区召开的各种干部会议，于是几乎天天和西北局书记习仲勋，联防司令员贺龙，边区政府主席林伯渠、王维舟、张经武、贾拓夫、周兴等同志会面，并经常在一起开会、座谈，研讨日常事务、对蒋作战等问题。毛主席时常派人到西北局来找我，要我回忆某个文件或替他起草信件、找人谈话等。

毛主席从枣林沟到朱官寨

4 月 5 日，毛主席到达靖边县青阳岔，等候周恩来从山西回来。9 日，毛主席在青阳岔向全党发出了《中共中央关于暂时放弃延安和保卫陕甘宁边区的两个文件》（即《1946 年 11 月 18 日的指示》、《1947 年 4 月 9 日的通知》）。主席在文件中指出，国民党进攻延安“丝毫不是表示国民党统治的强有力，而是表示国民党统治的危机业已异常深刻化。其进攻延安和陕甘宁边区，还为着妄图首先解决西北问题，割断我党右臂，并且驱逐我党中央和人民解放军总部出西北，然后调动兵力进攻华北，达到其各个击破的目的”。[①]

10 日，周恩来到达青阳岔和毛主席、任弼时会合。12 日，中央转移到王家湾，在这里驻留了近两个月。在此期间，组织了 4 月 14 日的羊马河战役，全歼敌一三五旅，俘虏敌旅长麦宗禹以下四千七百余人。5 月 4 日，我军在蟠龙大捷，全歼敌整编一六七旅，俘敌旅长李昆岗以下共六千七百余人。两役及其它战斗共计俘敌一万五千多人。

5 月 14 日，陕甘宁边区军民在真武洞（属安塞县，当时西北野战兵团司令部所在地）举行庆祝三战三捷大会。周恩来代表中共中央向全体军民致贺，并宣布：党中央、毛主席从撤出延安后，一直在陕北与边区军民共同奋斗。陕北军民十分振奋。

6 月 7 日，中央从王家湾向西北方向转移。[②] 8 日到达靖边县小河村。这时敌

---

① 《毛泽东选集》（第 2 版）第 4 卷，第 1220—1221 页，人民出版社，1991 年版。

② 《毛泽东年谱》（1893—1949）第 3 卷，第 197 页，中央文献出版社，1993 年版。认为毛泽东是 6 月 8 日离开王家湾，9 日到小河，10 日到天赐湾。

人被我牵着鼻子到达王家湾。敌军长刘戡住进毛主席住过的窑洞里，不过他们自己并不知道。敌人抓住了一个七十来岁的老汉和一个十岁左右的女娃娃，逼问他们毛泽东曾住在哪个窑洞里？到哪里去了？老汉和女娃娃都闭口不言。敌人把老汉吊在树上猛抽，女娃娃吓得又哭又叫，但他们始终没有吐露一句实情。

9 日，毛主席一行由小河继续向西北方向的天赐湾前进。因遇大雨，向导迷失方向，一夜只走了几里路，直到 9 日黄昏才抵达天赐湾。这里只有七户人家，而敌人又正在奔袭小河，大家劝毛主席再向前进，而毛主席就是不走。大家都为毛主席的安全捏着一把汗，毛主席却成竹在胸。

他对敌人奔袭小河一线的行动是这样解释的："这次敌人从延安、安塞出动，奔袭小河一线之役，是蒋介石亲自部署的，而胡宗南、刘戡等仅仅是执行者。所以，只要他们的部队到达小河一线，就算执行了命令、完成了任务。至于结果如何、有什么收获，那他们就不管了。只要能向蒋介石交差就行了。其次，敌人到达小河，也不得不立即后撤，原因是他们只准备了四天的口粮。如果再驻下去，几个师的人马吃什么？"

事情的发展正是如此。毛主席的确摸透了蒋委员长的脾气和他部下的特点，敌人就像是在毛主席的调遣下行动似的。

毛主席在天赐湾住了一周，于 6 月 17 日又返回小河，[①] 在小河住了一个多月。中央于 7 月 21 日至 23 日召开了一次重要会议，即小河会议。晋绥、西北等解放区负责人彭德怀、贺龙、习仲勋等参加了会议。毛主席还特意要贺龙把米大夫从三交镇带去，为中央同志检查身体。米大夫在小河住了半个月后又返回三交。

这时，我正在子洲县马蹄沟西北局所在地，同西北局副书记马明方、副秘书长曹力如等商量如何抢运留在延安以东的部分物资，突然接到中央的电报，要我星夜赶到山西临县三交，在地方党组织的帮助下动员力量，迅速在临县、兴县或岚县等地设法修整或新建一个简易机场，以便迎接苏方的飞机。[②]

我接到中央命令的当天就赶了一百四十里路，到达黄河岸边，第二天赶到山西三交镇。刚到达三交时，我又收到任弼时发来的一封急电，令我暂停前进，等

① 《毛泽东年谱》（1893—1949）第 3 卷，第 197 页，中央文献出版社，1993 年版。认为毛泽东是 6 月 16 日离开天赐湾返回小河。

② 1947 年 6 月 27 日，毛泽东致电贺龙、李井泉，"即日动工修理岚县飞机场……"

候新的指示。

几天后我才明白，原来斯大林从巴黎获悉国民党宣传机构散布的“八路军在陕北大受挫折，损兵折将，溃不成军，高级将领，如贺龙，甚至毛夫人江青都被俘虏，已被解到西安……”等等谣言，便信以为真，着了慌，一方面调查、打听，同时又想派专机来接毛主席等主要负责同志去苏联。

8 月，米大夫从陕北小河转回山西三交后转述了中央和陕北的实际情况，阿洛夫立即报告给莫斯科，说米大夫不久前同贺龙一起到了陕北，在那里给毛主席等中央领导同志检查了身体，还见到了江青。现在，他又随贺龙回到了山西。指出他们从西方通讯社得来的消息，全属捏造，无需置信。

事情很快得到澄清，一场虚惊过去了。我又回到子长县马蹄沟参加土改工作。

这一阶段我军在陇东、三边打了两个战役。为了吸引敌人向北，8 月 1 日，中央从小河出发，经绥德于 13 日到达阎家岔（地图标明的是延家岔）。敌人与中央相距一两天的路程。十五日，敌占绥德。

8 月 17 日，中央向佳县白龙庙前进，当天到达佳县，这时，敌人离中央驻地只有 15 里。毛主席下令向西北方向的佳芦河前进。在白龙庙渡过佳芦河，摆脱了追赶的敌军。

8 月 19 日到达梁家岔。毛主席亲自到前线布置沙家店战役。这时我军主力已由榆林地区转回米脂前线。沙家店战役，是一次具有决定意义的战役。8 月 20 日的这次战斗全歼敌三十六师师部和一二三旅全部、一六五旅大部，俘虏敌旅长以下六千余人。

战役胜利结束后，8 月 23 日中央到了朱官寨，在这里住了一个月。毛主席在此写了《解放战争第二年的战略方针》，指出第一年作战，“正确地采取战略上的内线作战方针”，已歼敌一百一十二万人，“并且在东北、热河、冀东、晋南、豫北举行了战略性的反攻，收复和新解放了广大的土地”。

文件规定“我军第二年作战的基本任务是：举行全国性的反攻，即以主力打到外线去，将战争引向国民党区域，在外线大量歼敌，彻底破坏国民党将战争继续引向解放区、进一步破坏和消耗解放区的人力物力、使我不能持久的反革命战略方针。”[1]

毛主席让我将此文翻译成俄文后交阿洛夫转发斯大林。

毛主席在神泉堡给斯大林写信

9月21日，中央离开朱官寨，23日到达离佳县十几里的神泉堡。毛主席在此先后住了三十六天，写了《中国人民解放军宣言》、《中国人民解放军关于重新颁布三大纪律八项注意的训令》。毛主席在《中国人民解放军宣言》中第一次正式提出“打倒蒋介石，解放全中国”的口号。因为是10月10日发布的，又称为《双十宣言》。

9月25日，毛主席致电杨尚昆，“请要师哲偕阿兄来佳县西南十五里之神泉堡（我们前日移至此地）。”10月上旬我和阿洛夫赶到神泉堡。这时，毛主席的健康状况良好，心情舒畅，谈笑风生。毛主席把我党、我军自3月间撤出延安至沙家店战役结束这一段做了个总结。对沙家店战役的开始、战局发展、变化、结局、收获及总形势，以及国内局势的变化作了分析和评价。此外，在谈话中还对若干问题的细节作了介绍和解释。

毛主席和阿洛夫进行了两次谈话，供其参考。这时，毛主席对于米脂沙家店战役虽尚未作出最后的全面评价，但已指出了这次战役本身战略意义的重要性，认为整个战局有了转变，我已争取到主动权。

此外，毛主席还亲自给斯大林写了一封较长的信，对中国解放战争总的形势以及陕北、山东战况作了总的描述和初步估计。毛主席说，虽然国民党对山东的压力仍然很大，但形势已有很大的变化，已形成对我比较有利的局面。在陕北，由于我西北野战军在沙家店的胜利，敌人已没有力量进行大规模的进攻了。我军事力量不断扩大和加强。总之，解放战争已有了很大转折，已进入了一个新的阶段。这封信由我译成俄文后用电报发出。

这时，毛主席还忽然记起我在延安时向他提的问题。在给斯大林发电报两天之后，他问我：“你把问题都弄清楚了吗？”接着他说：“沙家店战役后，敌人不仅缩回延安，我看他们连延安也守不了多久了。”随后他又说：“从今以后，敌人

---

① 《毛泽东选集》（第2版）第4卷，第1229—1230页，人民出版社，1991年版。

可能再也无力进行大规模的进攻了。”

我当时对全国的战况不甚了解，只知道一个沙家店大捷，所以一面听，一面犯疑，心想：一个胜利的沙家店战役能有这么大的作用?

毛主席觉察到我内心的疑窦，可是他既不介绍情况，也不再作分析解释，只是说：“这只是我的一个看法，稍等等，形势就会明朗化的。”

后来我才知道，那时全国总的形势是：陈毅部队在山东展开全面反攻，并向豫皖苏进展，而那里的敌人也只有招架之功了；刘邓大军已南下进入大别山，直接威胁长江以南地区；陈赓部队挺进豫西，直逼潼关，威胁西安；敌人只能缩短战线，由进攻转入守势，西北战场我军已完全掌握了主动权。所以，事态的发展，正如毛主席所料，沙家店战役之后，延安的敌人再也没有北进，苟延残喘到1948年4月22日便全部撤走了。

在神泉堡期间，毛主席曾外出参观。10月17日到佳县。18日到谭家坪，参观了峪口造纸厂。21日到南白云山脚下黄河边上的村庄南河底住了一周。这里风景气候都好。随后又游了白云山庙会。尽管主席头戴草帽，完全是农民装束，还是被群众认了出来。一时间“毛主席来了”像春风一样吹遍庙会，人群一窝蜂地拥过来，围住自己心目中的大救星。

能不能胜利　敢不敢胜利

11月14日，中央离开神泉堡经乌龙铺、阎家峁于22日到达米脂县杨家沟，在这里住了将近四个月。

我随毛主席一同到了杨家沟，并请米大夫从河东过来，再次为中央负责同志检查身体。主席留我列席十二月会议，学习会议文件。

这里的居住、生活条件比较优越，是几家马姓大地主聚居的地方，但他们家族中也出了共产主义战士，例如马玉璋同志、邻村的马明方同志等。

毛主席和中央决定在这里休息若干天，并召开几个重要会议。先召开准备会议。[1]会议的秘书长是任弼时，会议先分小组讨论，我和贺龙、林伯渠、张宗逊

① 准备会议于1947年12月7日召开。

等同志在一个小组。

一天，我随毛主席散步。他边走边谈，他往往在此时说出自己正在思考的问题。他说："现在的问题是能不能胜利，敢不敢胜利。"

刘邓、陈粟、陈谢三支大军打到外线后，形势发展很快，沙家店战役后陕北战局的胜利已成定局。10月，中央不失时机地以人民解放军发表宣言的形式提出"打倒蒋介石独裁政府，成立民主联合政府"的口号，所以对能不能胜利在党内已没有异议。但是毛主席为什么提出敢不敢胜利，我不解其意，问："既然能胜利，怎么还会不敢胜利？"

主席解释说："我们长期在农村打游击，我们敢不敢进攻大城市？进去之后敢不敢守住它？敢不敢打正规战、攻坚战？我们这么大的国家，这么多的人口，要吃、要穿，面临着这么多的问题，我们共产党敢不敢负起责任来？革命党就是要引导人民前进，争取全面的胜利。"

杨家沟召开的十二月会议，重点就是解决敢不敢胜利的问题。毛主席先将他的报告《目前形势和我们的任务》发给大家，让大家分组讨论。我读了文件后才理解了主席的话。

主席的报告开宗明义第一句就是"中国人民的革命战争，现在已经达到了一个转折点。这即是中国人民解放军已经打退了美国走狗蒋介石的数百万军队的进攻，并使自己转入了进攻。"报告从军事原则、土改政策、党的建设、统一战线各方面阐述了我党的政策，这就是取得胜利的政治保证。报告的最后一段对国际形势做了精辟的分析后，指出"我们自己的命运完全应当由我们自己来掌握。我们应当在自己内部肃清一切软弱无能的思想。一切过高估计敌人力量和过低地估计人民力量的观点，都是错误的"。"我们是完全能够超越任何障碍和战胜任何困难的，我们的力量是无敌的"。①这些论述极大地鼓舞了全党。

为了进一步说明要敢于胜利，主席特地将他在1946年4月写的《关于目前形势的几点估计》发给会议各组研究。这篇文章实际是回答了1945年8月斯大林的来电，斯大林在电报中认为：中国不能再打内战，要再打内战，就可能把民族引向危险的灭亡。毛主席认为：目前人民民主力量超过了反动的力量，美、英、法同苏联不会破裂，迟早会妥协，他在文章中明确指出"美、英、法同苏联

① 《毛泽东选集》（第2版）第4卷，第1243页，人民出版社，1991年版。

之间的这种妥协，只能是全世界一切民主力量向美、英、法反动力量作了坚决的有效的斗争的结果。这种妥协，并不要求资本主义世界各国人民随之实行国内的妥协。”[①] 在会上，毛主席提出加强纪律性，上下团结紧，革命无不胜。

在 12 月 25 日至 28 日举行正式会议时，毛主席仍让大家提意见，他当场回答。由于酝酿充分，大家思想一致，顺利地通过了《目前形势和我们的任务》。随后中共将文件发到全党和全国各个地区，统一了全党的思想，大大推动了革命的进程。

会议期间，毛主席又给斯大林发了一份电报，其主要内容与《目前形势和我们的任务》中的若干基本点相同，其重心是补充说明在神泉堡时发出的那个电报，强调了我国革命战争的进展已经达到了一个转折点，即中国人民解放军已经打退了国民党反动军队的总进攻，并使自己转入了反攻阶段。这是目前中国革命战争中所起的根本变化，这是一个历史性的转折点。

每当历史处于转折的紧要关头时，毛主席都能把握住方向不失时机地提出新的战略口号，引导革命走向胜利。他是目光远大的战略家，魄力非凡的决策者，才华出众的政治家，当之无愧、令人信服的领袖。

为了具体地指导革命，毛主席在杨家沟共写了二十一篇党内指示、通报和指导性政策的文件等，召开了军事会议，着重研究了土地改革问题，并委托任弼时草拟关于土改问题的纲要。这二十一篇文件除上面已提到的《目前形势和我们的任务》外，还有《关于建立报告制度》（1948 年 1 月 7 日）、《关于目前党的政策中的几个重要问题》（1 月 18 日）、《军队内部的民主运动》（1 月 30 日）、《在不同地区实施土地法的不同策略》（2 月 3 日）、《新解放区土地改革的重点》（2 月 15 日）、《关于工商业政策》（2 月 27 日）、《关于民族资产阶级和开明绅士问题》（3 月 1 日）、《评西北大捷兼评解放军的新式整军》（3 月 7 日）、《关于情况的通报》（3 月 20 日）等，提出了一系列的方针、政策，对指导战争顺利进行，土地改革健康发展起到很大的作用。

虽然陕北环境艰苦，但是主席意气风发，精力充沛，心情愉快，思路敏捷，指挥若定。转战陕北的这一年，也是毛泽东思想大发展的一年。

---

① 《毛泽东选集》（第 2 版）第 4 卷，第 1185 页，人民出版社，1991 年版。

以革命的人道主义精神瓦解敌军

1948 年 2、3 月间，我军转入外线作战。在宜川县境内与敌人展开了一场激烈的战斗，于 3 月 1 日至 3 日，全歼敌五个旅，共三万余人，击毙敌军长刘戡。这次战役不仅是军事上的胜利，而且彻底动摇了西安，敌人从精神上瓦解了，完全到了惶惶不可终日的地步。这次战役的直接指挥者彭德怀对战果是满意的，但仍觉得美中不足，主要是没有捉住活的刘戡。他说："在战场上只留下刘戡的一具死尸，这有多大的价值呢?！"但在西安的胡宗南等却大为震惊。对他们来说，不仅事出意外，而且也难以向蒋介石交代。在他们还未找到出路时，使他们更加难堪的局面出现了：刘戡的家属全体出动，哭哭啼啼向胡宗南要人，还上街游行，闹得西安全城不安。正在这时，我们通知刘戡的家属来认领遗体。由于我军完整地保存了刘戡的尸体，才平息了西安的事态。这既表现出我党的人道主义政策，也反映出彭老总的宽宏大量。

不仅彭总如此，我们党的其他领袖，如毛主席也是这样。在这方面我有许多切身体会。

中央 12 月会议结束后，我离开杨家沟回到西北局，住在边区保安处，协助周兴等同志处理了若干案件，其中最主要、最典型的是叛徒魏明问题的处理。魏明原是陕甘宁边区自然科学院的工作人员，1946 年前被派到榆林做地下工作，1947 年叛变投敌，他随即写了一本小册子，所谓揭露共产党的黑幕种种（书名已忘记)，极尽造谣、诬蔑之能事。由此他得到国民党的赏识，被召到西安。在胡宗南进攻延安时，委任他为绥德、清涧地区专员。后在清涧被俘，他对以上罪行供认不讳。群众义愤填膺，要求公审他。边区保安处向上级做了汇报、请示，在同西北局研究处理时，认为当前我军节节胜利，向前进展的形势下，每项工作都必须紧密配合全局工作，以期产生更好的效果。请西北局书记习仲勋借到中央开会之机，顺便请示毛主席。很快得到答复：对魏明不要公审，不必判刑。只要他彻底交待了问题，就宽大处理，可以释放。并对他说明，他已获得人身自由。如愿意留在边区，可以；愿意到国民党区，也可以，来去自由。边区领导执行了毛主席的指示，对瓦解敌军产生了一定的影响。

发动土改

为了满足广大农民群众对土地的强烈要求，又为了保证解放战争的胜利发展，中共中央于1946年5月4日发布了《关于土地问题的指示》。文件指出："解决解放区的土地问题是我党目前最基本的历史任务，是目前一切工作的最基本的环节。"《指示》将减租减息政策改为耕者有其田，将地主的土地分配给农民的政策。并要求"务必在今年年底以前全部或大部获得解决"。[①]《指示》下达后，各个解放区都积极贯彻、执行，进行土地改革。即使国内战争爆发后也未停止，而更加加紧进行。

1947年5至6月间，我到陕北，在西北局、绥德地委帮助工作，主要也就是进行土地改革。我和地方干部深入到基层农村，到农民群众中了解情况摸底，以便更好地发动土改运动。可是出人意料，群众的兴趣并不大，他们说，已进行过几次土改了。早在红军时代就进行过土改。现在是战争年代，我们分了土地，敌人来了又会将分的土地收回去。另外经过我党在陕甘宁边区十几年的工作，老百姓安居乐业，出现了不少新中农、新富农。这些人是由贫农分到田地、发展生产而上升的。他们对党的感情很深。群众认为没有必要再翻腾了。我到了几个地方，绥德、清涧、米脂等区、乡，情况大致相同。西北局根据这种情况提出复查的口号：抽肥补瘦，填平补齐。

《五四指示》中的许多规定是同全面内战尚未爆发，国共关系尚未完全破裂的情况相适应的。随着形势的发展，特别是国内战争大规模爆发之后，不少地主、富农站在国民党那边，组织还乡团杀害共产党员及土改积极分子。在这种情况下有必要修改"一般不变动富农的土地"等政策。但是在晋西北等地土改的实际工作中出现"左"的倾向。这与康生有关。

康生在七大后主动要求到陇东地区搞土改工作。1947年3月，胡宗南进攻陕甘宁边区，康生回到延安，后经瓦窑堡到山西临县。晋绥分局派张稼夫陪同康生夫妇到临县郝家坡参加土改工作。

这时，毛岸英也随社会部机关撤到山西临县。康生要毛岸英跟他一道去参加

① 《刘少奇选集》上卷，第378—380页，人民出版社，1981年版。

这项工作，说这对他（岸英）是一次参加实际工作、锻炼自己的最好机会，不应错过。毛岸英在苏联虽然已获苏军的上尉军衔，可是自知对中国国情不甚了解，因而对于任何一次锻炼的时机、深入基层、了解情况的机会自然不愿错过，欣然同意了。他那单纯、善良的心怎么会想到康生的邀请是别有用心的呢？

康生虽然受到主席的批评，但是思想方法、工作方法、立场、态度仍然如故，旧习未改。他一到郝家坡就指责当地的土改不彻底，认为为党工作多年的基层干部是压制运动的大石头，群众没有充分发动起来，农民对土地的要求没有得到满足，对封建势力打击不力。他提出“搬石头”的口号，又将肃反、审干那套逼供信的作法搬了出来。因为康生是“七大”的政治局委员，他的这一套观点、做法必然影响晋绥分局。晋绥分局在 6 月份的地委书记会议上提出“群众要怎么办就怎么办”的口号，就与康生有关。毛主席后来在晋绥干部会上的讲话中批评了这个口号。他说：“党和群众的关系的问题，应当是：凡属于人民群众正确的意见，党必须依据情况，领导群众，加以实现；而对于人民群众中发生的不正确的意见，则必须教育群众，加以改正。”[①] 可是在同一个讲话中却表扬了康生，认为晋绥土改中纠正了先右后“左”的错误的原因之一，就是康生在郝家坡帮助工作之下取得的。

主席对康生在整风中的表现是不满的，又批评晋绥在土改中“左”的做法，为何在此又表扬他呢？

1947 年 8 月，我从河西到兴县蔡家崖——晋绥军区的总部，途经郝家坡，住了一夜。第二天动身时毛岸英送我走出村庄，边走边谈。他兴奋地说：这次参加土改，确实是一次绝好的锻炼机会，尤其在康生的指导下学到了不少东西，取得极其宝贵的经验，特别重要的是使他了解了中国的农村社会，康生真有经验，跟他学到了不少东西。

我顺便问他：是否给父亲常去信？

岸英答：差不多两周就给父亲写一封信，报告我在工作中学习，又在学习中工作的经验与心得，而且这一切都是在康生的教导和指示下进行和获得的。康生有极其丰富的土改工作经验，使工作进行得很顺利。我学到了不少知识，积累了极其宝贵的经验。康生对我的关心和帮助是很多的，也可以说是无微不至的。总

① 《毛泽东选集》（第 2 版）第 4 卷，第 1310 页，人民出版社，1991 年版。

之，过若干日我就给父亲写这样一封报告信，讲工作成绩，讲学习心得，讲康生对我的关心、帮助，以及我个人的体验、感受等等。

听了岸英的话，我心里明白了：康生谙熟做官之道，在此方面也用尽了心机。他回国后不久，令江青到主席处帮忙。1943 年为了靠近主席，自己从枣园搬到杨家岭住。没料到江青嫌杨家岭吵闹，要主席迁到枣园。康生一直不愿搬走社会部在枣园门口的传达室。所以一个门口同时存在着中办和社会部的两个收发、传达室。抗战胜利后，康生又搬到枣园后面的新石窑里住。主席从重庆回来因病又离开了枣园，搬到王家坪桃林住。

1947 年秋，康生从晋西北到了西柏坡，出席刘少奇主持召开的全国土地会议。会后，康生调到山东分局担任主要领导工作。不久，从山东传来康生患病的消息。解放后，康生以治病为名住进北京医院。名曰疗养治病，实际上到处跑，搜集古董、陈字古画、笔墨纸砚、文房四宝。经常找陈伯达、田家英和我，因为我们都在主席身边工作，自然不肯放过拉拢的机会。1954 年，高岗、饶漱石事件揭发后，他将自己发病的原因推到饶漱石的身上。说他受华东局书记饶的打击、迫害，以此为自己遮羞、洗刷，真可谓用心良苦，诡计多端。即使如此用尽心机，但他在八大也只当选为政治局候补委员。由政治局委员降为候补委员着实对他震动很大。于是他设法重起炉灶，钻到宣传部门。果然他又飞黄腾达起来。他的拿手好戏是把水搅浑，以便他容易钻空子，诬害好人，打击别人，抬高自己。

毛主席、周恩来等中央领导同志因忙于指挥全国战争及行军作战，并不很清楚在地方上土改中出现的一些“左”的错误。康生在全国土改会议上介绍了他在山西的经验，影响了会议，导致土改中出现“村村点火、处处冒烟”，“搬大石头”，斗争村、区等基层干部，不讲政策，甚至出现乱打乱杀等现象。

9 月，毛主席迁到神泉堡后，环境稍为安定，才有时间考虑土改问题。毛主席和佳县县委书记张俊贤谈话，当时张俊贤也住在神泉堡，与我同住一个窑洞。毛主席对他说：平均分配土地就是要平均，如同地上铺的方砖一样平平整整，公平合理。

这位县委书记回来对我说：毛主席给我出了一道难题。陕北沟沟峁峁很不平，各地的土质、肥瘦也完全不同，无论如何都做不到如此平均公正。而且已经过土改的群众对此根本不感兴趣，不愿这样做。再有天大的本事也没办法做到。我在乡村搞过土改，知道农民对重新土改不感兴趣，我们宣布召集开会，他们迟迟不来；到了九十点钟才来到会场；来了之后有的躺着，有的一个挨一个靠墙坐下，不一会儿，酣然入睡。根本没有听到我们讲什么。这个教训是深刻的。

我劝张俊贤说：主席的用意是好的，你主要从整体上领会他的精神，他是针对全国情况而言，并没有要求你非这样做不可，有机会可向他多介绍些陕北的实际情况。

后来中央逐渐发现了晋绥等地土改中"左"的错误。

任弼时，由于毛主席指定他分管土改工作，他不仅研究文件，而且向山西来的干部进一步了解情况。如绥德地委书记张邦英是从晋西北回到陕北的，就认为陕北土改搞右了。任弼时发现了问题，找他谈话，让他写材料，才了解到晋西北按照康生的办法搞得乱七八糟。安子文的岳父刘少白先生虽是地主，却是开明绅士，同我党合作多年，表现也不错，担任晋西北临时参议会的副议员，也未能幸免。任弼时还将晋绥的负责人李井泉等找到杨家沟谈话。

任弼时把了解到的情况向毛主席汇报，引起了中央的重视，决定采取措施纠"左"。毛主席委托弼时研究并起草关于土改工作的指示文件。于是任弼时开始重新修改——实际上是重写《土地法大纲》。少奇讲过，1947 年秋他主持制定的《土地法大纲》是决定彻底平分土地，而且没有规定区别对待大中小地主、地主与富农、旧富农与新富农之间的政策。① 任弼时身体不好，抱病工作。他从 1947 年 10 月在神泉堡时就开始写，中央搬到杨家沟后他继续在写。那时他住在与杨家沟相距十里路的一个小山村——钱家河。我曾去看过他。他住在这里一方面是为了养病，另一方面就是为了聚精会神地搞好这个土改文件。

自 11 月至 12 月底，中央在杨家沟召开了一系列会议。毛主席在《目前形势和我们的任务》的书面报告中提出了"我们的方针是依靠贫农、巩固地联合中农，消灭地主阶级和旧式富农的封建的和半封建的剥削制度。"② 并提出土地改革总路线和在土地改革中必须掌握的两条基本原则，即"第一，必须满足贫农和雇农的要求，这是土地改革的最基本的任务；第二，必须坚决地团结中农，不要损害中

① 参见《刘少奇选集》上卷，第 388 页，人民出版社，1981 年版。
② 《毛泽东选集》（第 2 版）第 4 卷，第 1250 页，人民出版社，1991 年版。

农的利益。”[①] 在杨家沟，恩来、弼时都对土改中“左”的偏向发表了意见，毛主席都采纳了。

会议最后就关于土地改革和群众运动中几个具体政策问题作出决定：必须避免对中农、中小工商业及一般知识分子采取任何冒险政策，剥削收入占总收入25%以下的应定为中农；对开明绅士应有适当照顾，对地主的大中小、恶霸非恶霸，在斗争策略上应有区别；极少数罪大恶极的要经人民法庭审判判决，坚决不多杀、不乱杀，反对肉刑，不要动手打人。这一决定后来由毛主席总结，写在《关于目前党的政策中的几个重要问题》的决定草案中。这个决定不仅详尽阐明了十二月会议的决议，而且指出“贫雇农打江山坐江山”的口号是错误的。[②]

1948年1月12日，弼时受中央委托在西北野战军前委扩大会议上作了《土地改革中的几个问题》的讲话。在讲话中弼时对如何划分农村阶级、团结全体中农、对地主富农的斗争方法等问题，以及对工商业政策、对知识分子和开明绅士政策、打人杀人等问题做了系统的阐述。任弼时说：“共产党是坚决反对乱打乱杀与对犯罪者采用肉刑的。乱打乱杀与使用肉刑是封建社会的产物。”[③] 中央随即公开发表了这个讲话，作为我党指导土改的政策依据。

后来，毛主席等中央领导同志不断征询各地工作人员的意见，认真调查研究，先后发表了《在不同地区实施土地法的不同策略》、《新解放区土地改革要点》、《新解放区农村工作的策略问题》、《一九四八年的土地改革工作和整党工作》等指示。

所有这些，都对纠正“左”倾错误、将土地改革纳入正轨起了重要作用。

1948年夏秋之交在西柏坡，有一次，毛主席和贺龙在一起吃饭（我也在座），谈到土改问题。毛主席说：“土改”中出现过“左”的偏差，不应当提出消灭富农。

贺龙不假思索地说：“这有多少差别？顺便解决了它不好吗？”

毛主席稍停了一下，说：“你就那么革命，我就不革命，那么喜欢富农？‘左’了就是‘左’了，不对就是不对嘛！”过后贺龙认真地想了想，承认他原来的看法不对，而且找主席谈了自己的看法，而主席也的确原谅了他。

这虽然是件小事，却从中可以看出我们的领袖人物敢于正视自己的缺点错误，承认并改正自己的缺点错误的博大胸怀和光明磊落的精神。

---

① 《毛泽东选集》（第2版）第4卷，第1250页，人民出版社，1991年版。

② 同上书，第1268页。

③ 《任弼时选集》，第434页，人民出版社，1987年版。

从陕北经西柏坡到北平

从容东进

1948 年 1 月我返回西北局，在边区保安处帮助工作。我决心留在西北局工作。3 月 19 日，毛主席突然来电要我迅速赶回杨家沟。到杨家沟后，毛主席同我谈话，要我东渡黄河。我请求允许我继续留在西北工作。我第一次见到他如此不高兴。他不容置疑地说：“不！过河，你先走。”我当然完全听从调遣，先于中央机关一天东渡黄河，并在山西三交等候，以便随同中央一道转移东迁。主席从来做事认真，认真地对待一切。到山西后东进时，他让我坐在他的车上，就这样一直走到代县。

3 月 21 日，中央离开米脂县杨家沟到达吉镇。23 日经川口渡过黄河。24 日经碛口、塞门到达临县三交附近的双塔村，这里是中央后委所在地。

3 月 26 日从双塔出发，经临县城到兴县蔡家崖。这里是贺龙领导的晋绥军区司令部所在地。在这里住了一周，毛主席作了《在晋绥干部会议上的讲话》和《对晋绥日报编辑人员的谈话》。

4 月 4 日离开蔡家崖前往岢岚县。5 日，继续前进，到达神池。在这里休息一天，看到在日寇占领下县城遭受严重破坏和烧杀的遗痕及给中国老百姓留下的不幸和苦难，令人心情沉重。次日，乘车前往代县。我的一家人被安排在毛主席的汽车上。沿途所经过的村庄，看不见几个强壮的男子，而赤身裸体的孩子到处乱跑，甚至十六七岁的姑娘也衣不裹体，有的只穿一件较长的棉背心，勉强遮羞。

看到这一切，毛主席万分感慨地说：“我们要做的事情太多了！”

车子到了宁武，主席下车走上街头，察看了这座历史上的名城。然而，这座古城要塞只留下了断垣残壁，到处弹痕累累，城里人烟稀少，空空荡荡，满目是日寇侵略暴行的罪证。

出雁门关南下，不久就看见代县城廓。城内高大的钟楼，真有“声闻于天”的气势。中央在这里停留了一天多。毛主席同地委一些领导同志，如侯维煜、郝德青、赖若愚等进行了长谈。后来决定把这些同志都调到北京工作。

4 月 7 日，经繁峙县城到达五台山北麓的伯强村，遇大雪，暂停前进。8 日，毛主席在这里写了《再克洛阳后给洛阳前线指挥部的电报》。

天气略有好转后，决定于 11 日由伯强村启程，强行通过五台山。9 日提前启程。但是上山后不久，天气骤变，鹅毛大雪压顶而来，道路已无法分辨，山沟、山坡和道路全都被填平了，车子也直向山沟下滑动。于是，毛主席下车步行，直到山之南麓，才乘车下山。由于雪光照耀，有的同志患了雪盲症，两眼红肿，什么也看不见。过了五台山主峰，到了台怀镇，住进中台下的寺院前院。① 这里十分宽敞，院内整洁，房屋很多。许多屋子都被日本人改造为日本式的住房。

4 月 10 日，毛主席用一整天的时间游览了各处。到了中台山下的贮藏室，看见许多经卷和各种贡品，毛主席叮咛当地干部要好好保护这些文物，不可丢失。

在一座大庙后面，毛主席看见中间的一尊菩萨胸前被挖了一个大洞，于是问向导：“这是怎么回事？”

向导回答说：“这是土改时翻身农民清算寺庙造成的，听人说神像胸腔里藏有黄金，就挖开找金子。”

毛主席听后幽默地说：“原来是菩萨得了心脏病，群众来给他施行手术医疗的。你们要把它好好保护起来，原封不动，以便对日后来参观的群众作解释，说它害了什么病，为什么群众给它施行手术。”

下山走了一二里地，到了台怀镇附近的一座龙王庙前，只见庙内灯火辉煌，香烟缭绕，比起其它颇为萧条的庙宇来，甚是隆盛。

毛主席参观了龙王庙，问和尚：“为什么这个庙保护得这样好，现在还这样

① 《毛泽东年谱》（1893—1949）第 3 卷，中央文献出版社，1993 年版，第 302 页。认为，毛泽东是 4 月 11 日从伯强出发到达台怀镇住塔院寺。

红火？”

和尚回答说：“是农民当年派人保护得好。”

毛主席说：“龙王和你们祈天求雨，给人民办好事，所以群众才保护，不像山上的佛像脱离群众，只知自己享受，高高在上，不替群众办事。你们看，从这里得到的结论是多么明显，群众就是这样认识问题，这样对待问题的。”

下了五台山，很快进入河北。13日，毛主席同中央同志一道到达河北省阜平县的城南庄。① 这是晋察冀军区司令部所在地。聂荣臻举行了欢迎仪式。毛主席在这里召开了几次座谈会，并参加了招待会和华北党政领导会议。

在此期间，获悉4月21日延安收复。我以为毛主席会发贺电，便等在一旁，准备执行任务，可是没有。因为我们已经解放了运城、洛阳、石家庄等大中城市，延安的地位已不像1947年那么重要了。②

在城南庄，毛主席、周恩来、任弼时商议后，一致同意毛主席的提议，准备主席去苏联的事宜，决定恩来、弼时率中直机关全体人员到西柏坡与中央工委会合。他们于23日启程。而毛主席带着江青、师哲、汪东兴、米大夫等人暂时留在城南庄，并留下阎长林警卫排担任守卫工作。我们一边准备，一边去电征求斯大林的意见：是否同意毛主席去莫斯科同他会见、商议大事。

中央撤离城南庄不久，敌机先后飞临城南庄两次，投了炸弹，但未造成任何伤亡。③

为了确保毛主席安全，5月18日傍晚主席及随行人员搬到花山居住。花山是深山区，抗战时期晋察冀军区司令部所在地。住房不多，但是有防空洞等设施。我们随同毛主席搬到花山后的第三天清晨，十余架敌机袭击城南庄，从早到晚，轮番轰炸。我们在花山的山头上看得十分清楚。这次轰炸不仅来势很猛，而且目标选得很准，轰炸目标也很集中。后来查明，原来是隐藏在石家庄的一个敌探在提供情报，做向导。这个敌探当然得到了应有的可耻下场。敌机袭扰持续到深夜，这天大家都没有得到休息，也未能按时吃饭。

在花山我们继续做去苏联的准备，选好了路线：由阜平到绥远，这条路已在

---

① 《毛泽东年谱》（1893—1949）第3卷，第302页，中央文献出版社，1993年版。认为是4月12日到城南庄。

② 4月24日毛泽东致电彭、贺等，祝贺收复延安。

③ 关于敌机袭击城南庄的时间和经过还有其他的说法。

我军控制下，再从绥远乘飞机去莫斯科。

不久，接到斯大林的回电。他说：我们欢迎毛泽东同志来访。但是，目前中国革命发展迅猛、进展顺利，解放战争正处在紧要关头，战争还很激烈，形势发展变化很快。在这个时候，你离开指挥岗位，恐对全局有不利影响，是否还是留在国内指挥战争为宜。如果你有重大问题需要商谈，我们准备派遣一位相当有经验的、老练的、信得过的中央政治局委员前往听取你的意见，如何？总之，我们认为在当前这个关键时刻，你离开中央领导岗位是不适宜的，望再三考虑。如何？望电告。

因此，毛主席取消了苏联之行。5 月 27 日下午，毛主席乘车离开花山，前往西柏坡。一路上汽车一直在太行山脚下行驶，太阳快要落山的时候，毛主席到了西柏坡。

到西柏坡后，毛主席更忙了。这一段值得回忆的事情很多。

下面我所回忆的不过是这许多事情中的一小部分而已。

战略决战

大约 8、9 月间，我各解放区发动秋季攻势，准备在战争的第三年内完成歼敌一百二十八个旅（师）的任务。国民党处于大崩溃的前夕，美国人也想以李宗仁替代蒋介石，转而实施“和平”阴谋。

这时，我们收到苏方转来的一封信，这是国民党政府给苏联政府的一封信，其主要内容系国民政府请求苏联居中调解国共之争，要求首先停止内战。信中说：国共应立即停止内争，同心协力共商国是。国家连遭战祸，决不应再起内讧。当今应息事宁人，共同建国为重，决不可再次掀起内战，危害国计民生。其次，说兄弟阋墙，犹外御其侮。所以决不可同室操戈，致使两败俱伤，更令人痛心者，鹬蚌相争，使渔人得利。这样，对上有负于天，对下有愧于地，我们将成为中华民族的不肖子孙，亦将遗臭万年。况且我中国人民已处于水深火热之中，所以我们应立即消除私恨，相互联合，共商国是，解人民倒悬之苦，切不可继续内争，置生灵涂炭于不顾。如若此，既有愧于祖先，又对不起全国父老兄弟姊妹……信是用文言文写成而后译成俄文的，仍然不失文言文风，可以听其痛哭，观其流涕。苏方只说这封信是国民政府给苏联政府的，现将原信转给你们，供你们参考。未作任何其他说明。

当时，五位书记都在一起，大家传阅后都没有表态，甚至也没有说什么话，只是恩来看完信后说了一句：一看这信，便知是王世杰的手笔，文绉绉的。大家之所以没有发言，显然因为此信不值一提。事情也就这样过去了。

过了几个月的时间，米高扬于 1949 年 1 月底来到了西柏坡。他在这里逗留期间，始终没有人提到过有关苏联转来国民政府给苏方的那封信的事情。如果那封信多少有值得注意的地方，或任何一方对它多少有点重视或感兴趣的话，那总是会提及的。看来，大家都早已把它遗忘了。

国民党政府之所以要给苏联政府写那封信，是由于我军部队已包围徐州一带的国民党部队，正在组织辽沈、淮海两大战役。为了稳住人心，甚至只是为了缓和一下形势，获得喘息之机，于是便以欺骗手段利用苏联，求其居中调解。即使无法达到停火，只要争取到缓息时间，以便策划新的阴谋，以应付局面，国民党政府认为这是对他们有利的。无奈，我们根本不买国民党的账，连理也不理。至于苏方如何向国民政府回答、解释，就不得而知了。

九十月间的一天午后，毛主席邀阿洛夫到他的住处来。他们在院中一棵大树下坐定后，主席向阿洛夫介绍了前方各主要战场的情况，谈了当时战争进展情况和各主要战场上的发展变化，以及今后进展的趋势。主席兴致勃勃地介绍了军事方面的重大收获，同时也指出还有某些难以预料的失误等等。谈话正在展开中，阿洛夫为了安慰主席，急急忙忙地插了话，说："我们苏联有一句谚语——砍伐树木时，难免有木屑飞溅。就是说在胜利中也难免会有小的损失的意思。"但不知道为什么，阿洛夫的这两句话，反倒堵塞了主席的言路，使交谈冷场，以致无趣无味地结束了。

当时我想，如果是孙平，就不会像阿洛夫那样讲出如此扫兴的话，相反，他会设法引逗主席的谈兴。阿洛夫不像孙平那样虚心，那样虚怀若谷。他听不得别人的不同意见，因而我也无能为力。不然，他也许有可能、有机会聆听到主席对时局的更多更有趣味的介绍。

10 月 25 日，傅作义派兵经保定准备袭击石家庄，这个情报中央通过北平地下党很快掌握了。当时，我们在石家庄的兵力空虚，毛主席决定一方面命令部队火速赶到石家庄，另一方面在报纸上公布傅作义企图袭击石家庄的计划，指出我们严阵以待，使傅作义不敢贸然行动。但是，真正迫使傅作义退兵而不敢轻举妄动的，还是另外一着棋：毛主席命令东北野战军火速南下入关。11 月 2 日攻下沈阳后，东北野战军入关，威胁北平（即北京），傅作义慌了手脚，急忙收兵，坚守北京，自己住在中南海，有时住在钓鱼台。

傅作义声言要派骑兵袭击石家庄期间，毛主席命令在西柏坡作好转移准备。中直各机关因此很忙了一阵子，准备随时疏散和搬迁。但是，一切工作仍然照常进行。

东北野战军入关后，党中央采取“围而不打、隔而不围”的方针，同时与傅作义进行谈判，力争和平解放北平。同傅作义的谈判是艰苦的、曲折的。我军在新保安消灭傅作义的主力三十五军，堵死了傅西逃之路，又打下天津，特别是炮兵部队集结到北平周围之时，傅作义才明白大势已去，已到了山穷水尽的地步。我党中央不失时机，经过多方努力，终于打消了傅作义的种种顾虑，使他接受了我方的条件，于 1949 年 1 月 21 日达成协议，和平解放了北平，保护了这座古城及城里的珍贵文物。这里自然有傅将军一份功劳。后来傅作义曾对我说：“蒋介石和阎锡山都曾拉我的后腿，对蒋介石的纠缠，我只要摆脱就是了，也容易摆脱；而对阎锡山则不是摆脱，而是想拉他一起倒戈，一道转到解放军方面来。但阎锡山给我的最后回答是：他这一生已经嫁过四五次人了，时至今日，不想再‘改嫁’了。他已死心了。”

1948 年年底，毛主席曾致电斯大林，介绍了当时中国国内形势以及同国民党谈判的问题。毛主席说：和平谈判我们一定要进行，但我们不同国民党政府谈判，我们只是分别同有实力的地方政府和部队的代表谈判，同他们或者是谈判停战，或者是谈判起义的条件，我们正在同北平的、军事力量雄厚的傅作义进行谈判，而且有希望得到和平解决。如果能和平解决，那么在华北就没有国民党的势力了。

这里顺便提一下所谓“南北朝”的问题。

“南北朝”的提出是在 1949 年 4 月间我们已进入北京一个多月以后，国民党政府的谈判代表在北京谈判时，才提出所谓建立“南北朝”的问题。

我们的回答是：首先必须交出首要战犯（指蒋介石等），在和谈期间，人民解放军暂不渡过长江，但是和谈后，谈成了解放军要渡江；谈不成，也要渡江。毛主席给正在渡江南进的解放军部队赠了一首诗，其中两句是：“宜将剩勇追穷寇，不可沽名学霸王。”表达了我们的决心。

南京政府得知我党的回答后则说：“中共在谈判中的条件每次都在加码，逼人太甚！简直要我们跪下求饶。不干了！”这就是谈判的最后结局——破裂。

有人说，斯大林让我们搞“南北朝”。这是没有根据的说法。苏联人，包括斯大林，有几个人懂得“南北朝”这个词？既然他们连这个词都不懂，怎么会提出搞“南北朝”呢？

在平山县西柏坡共住了十个月。这期间，毛主席接见了许多民主人士和各地来的干部，并应各国共产党情报局机关刊物《争取持久和平，争取人民民主》之约，写了一篇纪念十月革命的文章，即《全世界革命力量团结起来，反对帝国主义的侵略》。

在这里，毛主席、党中央指挥人民解放军同国民党反动派进行了殊死的决斗，组织了辽沈、淮海、平津三大战略性战役，歼敌一百五十余万，摧毁了国民党赖以维持其反动统治的军事力量，奠定了解放战争全面胜利的牢固基础。

这期间，周恩来异常忙碌。他除协助毛主席指挥全国的战争外，还有一个很重要的工作，就是调动人力、物力，支援前线和新解放区的工作。当时，各个根据地（东北、华北、华中）都有自己的货币，互相之间不能兑换，各个根据地刚刚结束战争，千疮百孔，哪里都急需物资。有些同志考虑自己地区的需要多一些，恩来不辞辛劳，苦口婆心，一再地做同志们的工作，要求各自多受艰苦，拿出更多的物资，保证前线的需要。

此外，恩来还亲自组织部署各方民主人士北上，这是一项十分繁重的任务。当时全国尚未全部解放，为了确保民主人士的人身安全，安排必须十分周密，否则就会造成不可弥补的损失。总之，那时的后方、前方工作，甚至党内、党外的一些重大工作都压在恩来身上，他的日常工作负担最重。

斯大林的特使米高扬来访

会见米高扬[①]是毛主席、党中央在西柏坡的一件大事。

1948年5月，斯大林致电毛泽东，准备派一位有威望的苏共中央政治局委员前来听取我方的意见。这位代表于1949年1月31日到达平山县西柏坡中共中央所在地，就是我们早已知其名的A·米高扬。

从斯大林致电毛主席，到米高扬出现在西柏坡，时间过了八个月，为什么米高扬的来访拖了这么久呢？这是因为1948年下半年中国华北地区形势动荡之故。天津方面的敌人还未解决，而张家口和南口方面的敌军又蠢蠢欲动，以及保定、正定方面的敌人扬言要派遣骑兵南侵、奔袭石家庄等地。鉴于此，中央还作了转移的准备，以对付敌人的突然袭击。1949年1月15日天津解放，北平和平谈判胜券在握，西柏坡的安全万无一失，我们才有条件接待米高扬。

米高扬化名为安德列也夫。在他抵达石家庄之前若干天，我和汪东兴持任弼时的亲笔信，奉命到石家庄附近找聂荣臻，说明中央要使用石家庄的飞机场，请他派部队打扫、清理，并派部队守护、警戒。

米高扬从大连苏军机场起飞，直抵石家庄。我和汪东兴到机场迎接，并陪他到西柏坡。

在路途中，米高扬几次要求停车，要到群众家里去参观。我们出于安全的考虑，请他不必去了。但是他一路上还是几次下车在村镇中访问农民，同男女老少攀谈，毫不加掩饰地暴露自己。

我问他："你既然生怕暴露自己，极想保密，为何自己又要到处乱跑，不注意守密呢？"

他作了个奇怪的回答："在你们这里哪能做到保密？！我看明后天我就会在

① 米高扬（1885—1978），全名米高扬·阿纳斯塔斯·伊凡诺维奇，中学毕业后在教会学院学习一年。1915年加入俄国社会民主党（布），1917年在巴库等地做党的工作，1918年任红军旅政委，9月至次年2月被俘。1920—1927年为全俄中央执行委员会委员，1923年起当选为俄共（布）中央委员，1926年为政治局候补委员，1935—1952年为政治局委员，1952—1966年任苏共中央主席团委员。长期负责对外贸易和粮食供应工作。1937年起先后任苏联人民委员会副主席、苏联部长会议副主席、兼任对外贸易部部长。1957年、1958—1964年两度任苏联部长会议第一副主席。1964—1965年任最高苏维埃主席团主席，1965—1974年任主席团委员。

路透社或美联社或其他什么通讯社的新闻消息中出现，而且不只说我访问了中国，或许还会说，俄国鬼子到中国进行破坏活动了。既然如此，躲躲闪闪又有何用呢？”

我回答：“这些都只是你自己的想法。”

后来在1950年代初，米高扬每次见到我时，总要回忆他到石家庄——西柏坡的旅行，并深感内疚、颇为抱歉地说：“至今任何一个外国通讯社，无论路透社还是美联社都没有报道过我那次石家庄——西柏坡之行的消息。这说明你们党深深扎根于广大群众之中，群众相信你们，听你们的话，跟着你们走。你们的力量和影响当然是强大无比的。你知道，这在我们苏联就办不到。如果有一个什么外国人出现在我们的村镇，那立刻就会向全县、全区、全省宣扬出去的。但我仍不能懂得，这是群众觉悟水平高、纪律性强，是你们把群众训练好了，还是有别的什么因素在起作用？”

米高扬暗示是否我们控制得十分严格。这说明他不只一般地不了解中国，而且更不了解中国的漫长历史、古老文化、中国劳动人民的高尚品德和政治觉悟水平。

米高扬在西柏坡逗留了一周，住在后沟。当时朱老总也住在后沟。后沟和西柏坡有一山洞相通。

米高扬同我党中央书记处的毛泽东、刘少奇、周恩来、朱德、任弼时五位同志一共会谈了三个整天。其余时间或是个人会晤、个别交谈，或是休息、游览。

米高扬一行于31日午后一时许抵达西柏坡。毛主席在门口迎接了他们——米高扬和随员伊万·瓦西利基·柯瓦廖夫①、叶夫根尼·尼克拉维奇·柯瓦廖夫②及其警卫员。伊万·瓦西利基·柯瓦廖夫是苏联铁道部副部长，在我东北帮助进行铁路恢复工作。叶夫根尼·尼克拉维奇·柯瓦廖夫是研究中国问题的汉学家。担任米高扬的翻译，我们称他为小柯瓦廖夫。他们到达西柏坡后，毛主席在会客室接见了他们，并把他们介绍给其他几位书记。

---

① 伊万·弗拉基米罗维奇·科瓦廖夫（1901—1993），苏联铁道部副部长，第二届最高苏维埃代表。1943为技术兵中将。1944年后任苏联交通人民委员兼红军军事交通局局长。在卫国战争中保证了铁路运输畅通，俄罗斯军事学院2002年对他的评定是对战争有极大贡献的十大军兵种负责人之一。1945年后任中国长春路苏方负责人，随米高扬到西柏坡，1949年到北京后住在西山，陪同刘少奇访问苏联。

② 叶夫根尼·尼古拉维奇·柯瓦廖夫，汉学家，后任俄罗斯科学院远东研究所高级研究员。

首先，米高扬转达了斯大林和苏共中央全体政治局委员的问候，祝愿我们尽快取得胜利，彻底解放全中国，接着呈上斯大林赠送毛主席的礼品——一块毛料。

米高扬介绍了自己的来意，他说：中国革命形势发展迅猛异常，在这关键的时候，毛泽东同志不能离开指挥岗位；再者，中国境内交通不便，还要通过敌人的封锁线，也要考虑到安全问题；到苏联往返的时间太长，怕影响毛泽东同志的身体健康。因而，斯大林不主张毛泽东到苏联去。斯大林十分关心中国革命形势的发展，派我代表他到中国来听取你们的意见。你们所讲的话我回国后向斯大林汇报。任何事都由斯大林决定。

然后，双方开始各自介绍本国的一般情况和世界各大洲的局势，并对国际形势的发展变化进行分析和估计，彼此交换了看法。

开始交谈时，米高扬想按照国际惯例行事，由小柯瓦廖夫负责俄译中，我负责中译俄。遗憾的是小柯瓦廖夫中文的口语不行，讲不出来，于是改让他担任中译俄，但他几乎听不懂一句中国话，更听不懂主席讲的湖南口音，米高扬又再三再四地催促，急得他满脸发烧、汗流浃背，慌乱之中，更加讲不出汉语来。

米高扬不了解实际情况，不懂事由，只是一味地着急，催促说："叶夫根尼·柯瓦廖夫，你怎么成了哑巴？！"并有些生气地说："要是在别的场合，今天我定要捶你一顿了。"

我只好替小柯瓦廖夫解围，说："他可能听不懂湖南口音。方言难懂些，这是可以原谅的。"只好由我担任会谈中的全部翻译工作。米高扬感谢中国人帮他完成了使命。

这次谈话时间虽然不算短，但只是一般地、海阔天空地交谈和闲聊。

第二天，双方举行正式会谈，主要是毛主席一人讲话。恩来、弼时偶尔插几句话，作些解释。主席一连谈了三个整天，即2月1日、2日、3日。

主席说，到目前为止，中国革命发展较为迅速、军事进展也较快，可能用不了太多的时间，就是说，比过去我们预计的时间会要短些，就能过长江，并向南推进。估计渡过长江后，用不了多少时间，就可以攻克南京，占领上海等大城市和主要市镇。在江南拿下几个重要城镇后，就不会再遇到敌人特别顽强的实力了。

我们军队的斗志是坚强的，士气是旺盛的。我们军队的主要特点是成份好、觉悟高，战士和指挥员都比较年轻、活泼，他们精力充沛，战斗力强，不仅能吃苦耐劳，而且善于发挥自己的特长、主动性和灵活性。只要指挥得当，在战略、策略和战术上都不犯重大错误，我们取得完全胜利是有把握的。

我们的口号、政策都是符合广大人民群众利益和要求的，颇得人民的拥戴。全国工农群众和先进知识阶层是同我们站在一起的。后者中的反动分子大多会跟着国民党走，或到台湾，或出国。对于我们，目前可以说是人心所向，民心所归。这是我们彻底打败蒋介石、国民党的有利条件和良好机会。“时乎，时乎，不再来！”这个时机不能失去。其实在1947年蒋军占领延安后，我们在陕北于10月就提出了“打到南京去，活捉蒋介石”的口号。后来还提出过：“打过长江去，解放全中国！”这都是我们的战略性的指导口号，而且将要在实际行动中逐步实现的。我们撤出延安时就说过：蒋军一打进边区来，我们就可以在蒋管区作战；他们占领延安，我们就可以进攻南京。我们对他们的办法是，针锋相对，寸土不让。

现在我们还面临一些问题。

第一，胜利后，建立新政权的问题。它的性质、形式、组成、名义等等的明确化，已提到日程上来了。这个问题，我党已思考过。

首先，这个政权的性质简括地讲就是：在工农联盟基础上的人民民主专政，而究其实质就是无产阶级专政。不过对我们这个国家来说，称为人民民主专政更为合适、更为合情合理。

其次是它的组成、它的成员问题。我们认为，它必须是个联合政府。名义上不这样叫，而实际上必须是联合的，有各党各派、社会知名人士参加的民主联合政府。现在中国除共产党外，还有好几个各色各样的民主党派，有的已同我们合作多年了。虽然它们的力量都不算强大，人数也不多，他们在工农群众中或武装力量中没有什么联系和影响。但他们在知识界、海外侨胞中有一定的影响。我们准备继续团结他们，照顾他们，给他们在政府部门的各个岗位上留下一定的位置。但国家政权的领导权是在中国共产党手里的，这是确定不移的，丝毫不能动摇的。

这样的一种联合性质的政权，能合得来，能步调一致么？这是一个实际问题、工作方法与制度问题。一方面，制度、秩序可以逐渐建立、完善、健全起来，工作方法也可在工作中逐渐协调和改进。工作中的矛盾、摩擦一定会有的，但也一定可以克服和改善的。总之，将来政府的组成大概就是这样的，中国共产党是核心、是骨干。这样的新政权建立后，需要不断加强和扩展统战工作。

第二，我们一取得胜利、国家一解放，接踵而来的任务就是恢复生产和经济建设。中国连年战争，经济遭到破坏，人民生活痛苦。战争一旦结束，我们不但要恢复生产，而且要建设崭新的、现代化的、强大的国民经济，这不是发出几个口号、几次号召，或作出几项决定就可完成任务的，必须要有正确的政策。我们正在研究苏联所经历的两次（指十月革命成功后与二次世界大战后）经济恢复工作的经验，为的是参考和借鉴其中成功的、对我们有益的经验。

今后对我们最严峻、最重大的考验是群众工作。这不只是发动、组织群众或发起某种运动的问题，我指的是组织、安排群众的生活、就业、教育等各方面的问题。中国五亿多人口，对他们的发动、组织、安排谈何容易。当前摆在我们面前的迫切任务是解决人民的衣食住问题和安排生产建设问题。

国家建设这个课题对我们来说是生疏的，但是可以学会的。有苏联走过的道路，可资借鉴。中国革命成功后的生产建设工作的进展可能会快些，因为中国的处境要比 1917 至 1918 年的苏联好些，敌人是无法围困我们的。

人民群众拥有最强大、最可靠的战无不胜的雄厚力量。我们的工、青、妇组织在战争年代发挥了巨大的作用，在生产建设中也将会发生更充分、更伟大的作用。目前，在全国范围内，群众还没有完全组织起来。这也是摆在我们面前的一项艰巨任务。至于现成的组织形式，工人阶级有职工代表大会；妇女有妇女联合会；而青年，这个几乎占全国近半数人口的群众，除青年团那样的组织形式外，恐怕还得建立发展其他类型的组织，如学生联合会或其他青年组织形式等。

谈到这里米高扬插话了，他说：成立几个不同的青年组织是否会分散、甚至分裂青年层的力量，是否会引起青年工作中的矛盾和摩擦？为了便于对青年们的组织、安排和领导，是否只要一个共青团组织就行了？

毛主席听了米高扬的插话，不高兴地说：中国青年人口总数有两亿多，怎么可以用一个组织把他们圈起来？圈起来怎么做工作？对青年工作的形式和方法应该是恰当的、灵活的，自然，也要保证它们能发挥出自己应有的作用。

米高扬急忙声明：他只是带耳朵来的，没有权利发表意见。自此以后，米高扬再也没有插过话，也没有提出过什么新的问题，而只是静听而已。

第三是军队问题。目前我们的军事力量发展得较快，在不断取得战争胜利的条件下，这大概是合乎规律的。在目前，青年们踊跃参军，加上大批大批地收容和改造俘虏，部队力量的扩充很容易、很快。我军不止俘虏的人员很多，而且缴获的武器、物资也是不少的。现在的战争就是靠缴获的武器来进行的。

目前解放军除完成作战任务外，还得驻守新解放区和城市，维护治安、剿匪，并在条件许可下进行生产自给，改善生活。任务是很艰巨的。

现在解放军中的若干部分，主要是起义部队，须要大力改编改造。这是需要采取适当方式，在一定的时间内，经过逐步整编、调整、改造、改编等一系列工作程序来完成的。这需要花费数年时间。

此外，解放军本身也需要逐步改编，改造和现代化。将来中国无需维持过于庞大的军力，而应实行寓兵于民的方针。

接着，谈了国际关系问题和中国对外政策的总方针问题。毛主席说：我们这个国家，如果形象地把它比作一个家庭来讲，它的屋内太脏了，柴草、垃圾、尘土、跳蚤、臭虫、虱子什么都有。解放后，我们必须认真清理我们的屋子，从内到外，从各个角落以至门窗缝里，把那些脏东西通通打扫一番，好好加以整顿。等屋内打扫清洁、干净，有了秩序，陈设好了，再请客人进来。我们的真正朋友可以早点进屋子来，也可以帮助我们做点清理工作，但别的客人得等一等，暂时还不能让他们进门。

我想，打扫干净，陈设好了，再请客人进门，这也是一种礼貌，不好么？！我们的屋里本来就够脏的，因为帝国主义分子的铁蹄践踏过。而某些不客气、不讲礼貌的客人再有意地带些脏东西进来，那就不好办了。因为他们会说：“你们的屋子里本来就是脏的嘛，还抗议什么？！”这样我们就无话可说啦。我想，朋友们走进我们的门，建立友好关系，这是正常的，也是需要的。如果他们又肯伸手援助我们，那岂不更好么！关于这方面的问题目前只能讲到这里。但我们知道，对我们探头探脑，想把他们的脚踏进我们屋子里的人是有的，不过我们暂时还不能理睬他们。至于帝国主义分子，他们抱着不可告人的目的，一方面想进来为自己抓几把，同时也是为了搅浑水，浑水便于摸鱼。我们不欢迎这样的人进来。

这样办，我们会不会遇到一些困难呢？会的，现在就遇到某些物资短缺的困难。例如，医药和医疗器材的短缺，铁路建筑器材的不足等等。可以设想，在恢复和生产建设过程中会遇到更多的困难，如技术的落后、物资的短缺等。目前，我们已经感觉到了这个问题的存在，一待江南得到解放，那就更会成为迫不及待要解决的问题了。恢复和建设工作，只能在大陆基本上解放后，才能做出全面的规划和安排。现在还只能是修修补补，同时工作的重点仍是为战争服务。

目前，还有多半的领土尚未解放。大陆上的事情比较好办，把军队开去就行了。海岛上的事情就比较复杂，须要采取另一种较灵活的方式去解决，或者采用和平过渡的方式，这就要花较多的时间了。在这种情况下，急于解决香港、澳门的问题，也就没有多大意义了。相反，恐怕利用这两地的原来地位，特别是香港，对我们发展海外关系、进出口贸易更为有利些。总之，要看形势的发展再作最后决定。

比较麻烦的有两处：台湾和西藏。其实，西藏问题也并不难解决，只是不能太快，不能过于鲁莽，因为：(1) 交通困难，大军不便行动，给养供应麻烦也较多；(2) 民族问题，尤其是受宗教控制的地区，解决它更需要时间，须要稳步前进，不应操之过急。

台湾是中国的领土，这是无可争辩的。现在估计国民党的残余力量大概全要撤到那里去，以后同我们隔海相望，不相往来。那里还有一个美国问题。台湾实际上就在美帝国主义的保护下。这样，台湾问题比西藏问题更复杂，解决它更需要时间。

我们的解放战争正在胜利声中向前发展，到目前为止，尚未遇到帝国主义的严重干涉和阻拦。小的冲突是有过好几次的。例如，在天津城外某地、山东青岛市附近都发生过冲突。那都是他们出来试探的，一遭到我方的抵制和打击，就龟缩回去了，接着就逃之夭夭，索性撤走了。在长江以南会遇到什么情况，还不知道。

到现在为止的经验是：美军并不想直接卷入中国内战，只是间接干预，把军火军用物资（第二次世界大战后剩余物资）大量供应给蒋军，指望这些饭桶发挥作用。但这些可怜虫实现不了其美国主子的愿望，只能起运输队的作用。其他帝国主义目前是泥菩萨过河——自身难保，各自苟且偷安，保全自身，谁也不愿，实际上也没有能力出来冒险。目前，我们面临的国际形势就是这样的。这也是有利于我们把解放战争进行到最后胜利的条件之一。这个形势，在往昔，中国是难以得到的。我们绝对不会放过这个机会。

帝国主义同我们国家之间是有几笔大账要算的。第一是他们在我国的一切特权必须全部彻底废除。第二是他们欠我国的一切债务和款项必须偿还。第三是帝国主义的武装部队、警察等必须全部撤离中国。至于侨民居留问题，则按一般外侨居留办法和国际惯例来处理。帝国主义分子历来是看不起中国人的，对他们也得教训教训，使他们的头脑清醒过来。

中国有大批侨胞留居世界各地，特别在东南亚各国、日本、美国都有相当数量的华侨。他们当中有相当数量的进步分子、爱国主义者，如陈嘉庚这样的人。他们不仅关心祖国的命运，而且在实际行动中也想给祖国做出自己的贡献。在这类人中间我们党也享有一定的威望，今后要注意加强这方面的工作，并保护他们的利益。

我们的国家和人民长期遭受内部和外部敌人的压迫、剥削、蹂躏、摧残，弄得十室九空，民不聊生，朝不保夕。各地区一经解放，首先出现的就是衣、食、住与工作问题。要在城市与交通要道上恢复生产与解决就业问题，同时还有一个救济问题。因为在目前情况下，失业不是职工自己造成的，而是由于厂矿停业停工的原因。在城市中的临时救济和安排就业，以维持职工及其家属的生活，就是一个大问题。

在农村，由于战争，农业生产也遭到严重的破坏，缺吃少穿的人也是不少的。不过在农村，随着战争的向前推进和解放，我们紧跟着进行土改和粮食调剂，使农民较易维持生活。要注意照顾的是参军入伍的战士、目前尚在前线作战的战士家属生活问题。对这方面的工作，我们的基层干部已积累了相当丰富的经验。由他们带头在新解放区工作，已是有相当成绩的。

要注意的是土改工作不能同时在所有地区同样地展开。一是要随军事形势的发展而展开，二是要按地区、分阶段来进行。看来，大致要分几个阶段，用数年工夫来完成。先在黄河两岸、中原地区完成土改，再在长江两岸地区进行，然后要在华南及边远地区进行。因为这不仅要把群众发动起来，组织起来，使他们对这个问题有正确的理解，而且还需训练相当数量能掌握政策的干部来领导进行。不可以（即使在我们的政权领导下）用振臂一呼、万众皆起的方式做这件事。土改同时又是一项严肃的政治工作，所以必须把经济与政治这两方面的工作同时都做好。我们较老的干部在这方面有较丰富的经验，他们能较好地完成任务。同时由他们带领、帮助和教育新的工作人员，对其加以训练培育，是可以顺利地完成土改工作任务的。

在停会休息期间，米高扬给大家讲了他在十月革命后初期，1918 年至 1919

年，号召农民进行土改的故事，他说：我读了列宁的土地纲领，十分兴奋，立即写了许多号召的标语和传单，散发张贴出去，以为这样就执行了政策、完成了任务。结果，一天、两天过去了，农民群众还是一动也不动，诧异之余，深入下去了解情况，我才弄明白这本来是一件翻天覆地的革命创举。想要无组织、无领导地乱搞，各自为政来进行是不行的。后来还是由政府出面组织推行才完成。

休息结束后，毛主席接着说，中国民族资产阶级是很软弱的，只有不多几家像点样子，其余许多连中等资产阶级都够不上，更谈不上亿万富翁了。他们虽然属于剥削阶层，但同时也受外国资本家的压迫和剥削，而且在政治上软弱无力，甚至受到压抑和排挤。我们对这部分人采取联合、利用、改造的方针，使其为祖国建设服务。这个政策他们是乐于接受的。我们利用了他们的积极性，也给了他们以施展才能的机会、参与国事的权利和应有的社会地位。他们的能力、物力、财力确实有限，但为发展生产建设，应使人尽其才，物尽其用。总之，在恢复和发展生产中，必须发挥和利用民族资产阶级的积极性。对资产阶级分子的使用，也可能出现某些消极方面的现象，我们也应注意防止和纠正。我们准备成立一个工商联组织，这可以把工商业方面的活动人物组织起来，其主要任务一是使他们较有组织地发挥自己的积极性；二是使他们有监督地自我改造。这样，不仅使他们的思想可逐渐得到改造，也使他们的行为受到监督，不敢过于放肆地违法乱纪。

中国是多民族的国家，有几十个民族，汉族人数最多。其他如蒙、回、藏、维吾尔等民族大多居住在边远地区，比起汉族来，都属于少数民族。人们习惯地把汉族人称中国人，但中国人并非只指汉族，居住在我国版图内的所有民族都是中国人。例如，今天称你们是苏联人，这可以包括苏联所有各民族在内，但如果说你们都是俄罗斯人，显然就不对了。试看在座的三位：一个是亚美尼亚人（指米高扬），一个俄罗斯人（指伊万·柯瓦廖夫），一个犹太人（指叶夫根尼·柯瓦廖夫），三个人属于三个不同的民族，不是吗?！在民族政策上主要是反对大汉族主义。在目前是这样。但从历史上讲，汉族也多次被异族奴役过、统治过，虽然汉族是个大族。总而言之，民族政策必须是端正的，民族压迫必须取缔，民族间的纠纷必须妥善排解。我们提倡各民族互相团结、互相友爱、互相合作，共同建国。民族间出现某些摩擦或纠纷，甚至是矛盾或冲突是难免的，但是今天可以比较容易解决。目前主要的是防止和反对大汉族主义，同时也要反对地方民族主义。这两者是妨碍和破坏民族团结、共同发展的祸根子。我军向前发展，很快就要进入少数民族聚居的地区了。因此，关于对民族问题将会在最近制定出一套相应的方针、政策。

毛泽东还介绍了我党内的状况，其中谈到我党对犯错误的干部的政策。如王明、李立三这些犯有路线错误，给党造成巨大损失的同志仍被选入中央委员会。这点给米高扬留下深刻的印象。1956 年米高扬来华参加八大时，专门提到当他向斯大林汇报到这点时，斯大林没有表态。

一天傍晚七八点钟时，毛主席到米高扬的住处拜会他，在闲聊时讲了下面一段话：

我们党在抗日战争与解放战争的各个阶段执行了独立自主、自力更生的方针、政策。事实证明我们的方针政策是正确的，步骤是牢靠的，虽然遇到的困难不少，而且在前进的道路上将要遇到的坎坷不平或许还会更多。尽管如此，我们仍是充满信心，稳步地朝着我们的既定目标前进，不达胜利，誓不罢休。这是我们党的决心和信心，也是全国人民的决心和信心。这是绝对不可动摇的。

我们认为我们的解放战争越胜利地向前发展，也就越需要更多的朋友，这里说的是真正的朋友，同时也更需要朋友对我们的同情和支持。朋友是有真朋友和假朋友之分的。真朋友对我们是同情、支持和帮助的，是真心诚意地友好。假朋友是表面上的友好。他们口是心非或者还出些坏主意，使人上当受骗，然后他们幸灾乐祸。我们会警惕这点的。

当时米高扬在注意地听，好似忐忑不安，对主席的话似乎觉得高深莫测、不明所以。他没有插话，也没有表态。

在和我的闲谈中，米高扬认为毛主席有远大的眼光、高明的策略，是很了不起的领袖人物。

米高扬离开西柏坡的前一天（2 月 6 日）中午时分，毛主席又到米高扬的住处去了一次。这回完全是为了告别、送行，也是为了驱散前一段的某些窘迫或不和谐的气氛。他们泛泛地高谈阔论了一番，天上地下，不着边际，但双方都感到轻松愉快。

接着，大家在院子里拍了几张像，是米高扬的警卫员拍摄的。后来不知经过什么途径从莫斯科寄来了若干份（主席和我们每人都有一份，每份若干张）。别人的形象我已不记得了。总之，我们都是穿着臃肿肥大的厚棉衣，而我又面黄肌瘦，活像当年流窜各地的白毛子（白俄）。这些照片在“文化大革命”中全都被打砸抢分子抄出抢走，付之一炬了。

2月4日上午，任弼时专门来到米高扬的住处访问。寒暄之后，双方还谈了几个实质性的问题。

一是关于苏联革命初期和卫国战争时期，党对群众的号召、发动、组织等工作安排方面的问题，特别是在这方面所积累的经验和教训。我记得，当米高扬听到我们解放军在执行作战任务的同时，还十分有效地做群众工作，既发动、组织、教育群众，甚至还帮助群众生产或做家务，从而得到群众的大力支持和帮助，十分感兴趣，觉得新奇。因为他们虽然也把这项工作当作政治任务来做，但并未达到像我们那样的规模和程度，也未能收到那样的效果。他们还谈到解放战争的正义性、进步性，认为必须通过广泛而深入的宣传鼓动和政治工作来教育群众和提高群众的觉悟，调动群众的积极性。他们重点谈了工、青、妇方面的工作。

二是关于恢复生产和发展生产方面的问题，即如何把工业企业从战火中抢救出来。重新组织、恢复运转的问题。其中谈到在恢复生产中我们所需要的某些设备，以及可能从苏方得到哪些帮助。谈到当时我们最需要的物资，如新闻纸、药品、布匹等可能从苏联得到多大的供应等等。

三是关于解放战争的发展，革命的进展与转变等问题。任弼时最后说，中国解放战争胜利后将逐渐转入社会主义革命阶段，现在就是为朝这个方向发展而做准备、铺平道路。

当天下午，客人们上山游览、散步时，米高扬对我说，任弼时的谈话给他留下了深刻而美好的印象，他觉得弼时是一个成熟的共产主义者，一位有马克思列宁主义理论修养的领导者，一位很有涵养、有政治修养、有丰富工作经验的难得的领导人。这说明，你们党的领导是坚强的，党内人才济济，这是取得胜利的第一个保证。

任弼时、米高扬谈话后的第二天上午（即2月5日），周恩来到米高扬住处谈话，谈话涉及两个问题：一是如何更好地做好后勤工作，保证前方，有力地支援前线；二是新政权的组成形式与各主要部门（政府各部委）及其职能。

米高扬极其谨慎地回答说，这都是些带有极大灵活性的问题，而且也是必须依实际情况来确定的问题。例如：

（1）苏德战争的规模、进展速度及前方形势的变化都是非常迅速的，因而后勤工作的进展和转变速度也是很迅速的，否则两者就会脱节。进攻柏林时，苏军集中了一万多门大炮，其后勤供应与运输的紧张程度可想而知。如果后勤工作跟不上，配合不好，那一万多门大炮又有何用呢？概括地说，我们的经验主要有两条，一是物资——军火与给养——的筹集，二是运输。要做好这两方面的工作，显然需要军队后勤与地方行政部门良好的协作。中国情况不同，但也无非是要做好这两方面的事情。

（2）将来成立中央政府时，究竟应由哪些部委组成，这是应该及早考虑的问题。但这又是灵活机动的问题，绝非一成不变的。从原则上说，中央政府各部门只在十分必要的情况下才设立。否则，政府部门的臃肿庞大、重叠、复杂，几乎不是人的意志可以转移或控制的。我们数十年来，政府机构每年都在变化，着力于压缩、精简。但结果是，机构一年比一年庞杂、臃肿、笨重、不灵活，工作效率提高不快。卡冈诺维奇曾经说过，机构重叠，不务正业，于是一个部门在解疙瘩，另一个部门却在结疙瘩。表面上看来，他们的工作很紧张，但实际上是无效劳动。这个现象必须防止。我们苏联在这方面的经验很值得参考。总的说来，新政府一成立，无非是要先抓好内政与外交两方面的工作。

此外，他们还谈到了其他一些具体问题。

谈话结束后，米高扬在同我私下交谈中说，你们成立中央政府时不愁没有领导人，周恩来是当总理最合适的人选。从哪儿找得到周恩来这样好的总理？！你们有这样一位好总理真幸运！

2 月 7 日凌晨，米高扬由朱德、任弼时陪同抵石家庄，顺便乘车游览了市容，随后就登机回国了。

客人走后，朱德、任弼时进入市区，约市长柯庆施前来会见。柯市长很惊奇，怎么在他还未起床，两位领导就已到了石家庄？！在交谈中，他才明白，刚才听到的飞机轰鸣声和几天前也曾听到的一样时，才恍然大悟。

中央进入北平　毛主席接见柯瓦廖夫

送走米高扬后，中央就抓紧时间筹备召开七届二中全会。3月5日至13日在西柏坡召开的二中全会上，毛主席作了报告，刘少奇、周恩来、任弼时等都作了重要讲话。

二中全会之后，立即开始了新的行动准备——离开西柏坡向北平进发。

3月23日，毛泽东、朱德、刘少奇、周恩来、任弼时等率中共中央机关及人民解放军总部人员分乘汽车前往北平，当晚住在唐县淑闾村。这是个大镇子。24日到涿县。

25日凌晨，毛、朱、刘、周、任等中央首长和大队人马分手，乘火车直抵北平，到颐和园益寿堂休息。其他人员从涿县乘汽车经卢沟桥进广安门，再出西直门到香山驻地。

下午五时，毛、朱、刘、周、任出席在西苑机场举行的阅兵式，受到北平各界群众代表和民主人士的热烈欢迎。晚上，李克农安排中央机关人员进驻香山，而让毛主席住在颐和园佛香阁的一楼，刘少奇、朱德、周恩来、任弼时等住在万寿山下。佛香阁大而无挡，加上行军的劳累和欢迎会上的兴奋，主席没有睡好。第二天，毛主席搬到香山双清别墅。

中央机关在香山期间，只有周恩来一人几乎每日进城办公，与各方联系，指导工作，处理问题。刘少奇一进京就离开中央去天津视察、参观，[①]忙做一团。朱德总司令忙于参观、游览、访问、谈话。任弼时由于病魔缠身，不多出门活动。

这时，毛主席由于每天要接见各民主党派代表人物和各方面的人士，同时还要指导筹备政治协商会议预备会的工作，所以住在香山，工作很不方便。6月，他决定离开香山双清进城办公。进城后，歇息在中南海丰泽园一个小院的平房里。政协筹备会安排就绪后，同志们鉴于敌机经常骚扰，建议毛主席仍回香山去住，那里比较安全、宁静。但毛主席不同意，说他不回香山去，而且就要住在他当时休息的地方，不再搬迁。这样，丰泽园就成了他办公、住宿、开会与接见来宾的地方。

---

① 刘少奇于4月10日出发去天津、唐山，5月10日回到北平。

中央机关进驻香山不多几天，苏联铁道部副部长、中长路[①]苏方负责人柯瓦廖夫等人就从东北来到了北平。柯瓦廖夫是在北平的苏联人中职务最高的政府官员。苏联驻华大使罗申已随国民党政府迁到广州去了，只在北京留下领事齐赫文斯基。

柯瓦廖夫先是寄居在东交民巷苏联驻北平领事馆里，继而向我方要求在香山给他整修一套住处。不久后，他就搬到香山范围内的一个小山沟里住下了。

在这个时候，柯瓦廖夫使用阿洛夫的电台，不断地向国内报告情况。他还想全部掌握这部电台，以便借此机会更易于接近毛主席。但是他遇到了阻力。因阿洛夫使用的电台，以及电台密码是属于苏联军部的，不能转让。大约七八月间，阿洛夫被召回国，电台也因此取消了。苏军情报组在中国的工作就此宣告结束。

10 月 1 日中华人民共和国成立，2 日苏联第一个承认中华人民共和国。此后，中苏两党、两国政府间的交往就通过正常的外交渠道进行了。

顺便提一下，苏军情报组撤销后，米大夫继续留在中国，后随中央机关迁到中南海，一直做中共中央主要领导同志的医疗保健工作。这个工作后由中央卫生部、中央医院（即北京医院）担任，所有外国专家的医疗保健也由他们负责。米大夫约于 1954 年回国。

柯瓦廖夫搬到香山后不几天就把苏联领事齐赫文斯基带到香山来拜会毛主席。一天傍晚，毛主席在双清别墅接见了他们。

坐定后，齐赫文斯基自我介绍说，他是苏联驻北平总领事馆的负责人。然后，他祝贺中国共产党和解放军已经取得的胜利以及前线正在节节胜利的进展。接着他请毛主席给他们介绍一下我各个战场上的情况，即我军的战略部署、进军计划，以及对战局的展望和对结局的评价；并希望在许可的条件下，把我党的各项基本政策、方针说明一下，同时也把敌人的情况和处境作一些分析和评价，一句话，敌人还能支持多久。

毛主席讲话不多，他极其辽阔、抽象地介绍、说明了一般形势，但明确、肯定地指出胜利是属于我们的。他说：很快你们就可以看见淮海战役胜利的战果。下一步就是渡江南下，解放江南的任务。只要不出现意外变化，或意料不到复杂的形势，胜利是有把握的。至今为止，尚看不出会发生什么特殊的意外。例如：我们不允许美军在烟台登陆，也不许他们的舰队靠岸，结果他们溜走了；在天津

① 中长路即中国长春路，指满洲里至绥芬河及由哈尔滨至大连旅顺的铁路干线。

郊区，美军出城试探了一下，与我们的武装力量发生了一点冲突，打了几下，他们就缩回城里去了；在青岛郊外，美军也出来过几次。但一受冲击，就龟缩到城里去，而且也很快把他们的兵舰撤离了烟台。至于在其他港口，如威海等地就没有遇见美舰。所以，到现在为止，还未看出美军有想同我们交锋的意图，也未看出他们有阻挡我们前进的征候或试探。我们比较有把握地进行着战争，推行着我们的政策。胜利终归是属于我们的！

几天后，齐赫文斯基打来电话，要求到卧佛寺的休养所住几天，说他们曾经付了款，但后因解放军进城，中共中央警卫团部分单位住进了卧佛寺，休养人员便不能进出了。他要求我们给他们的家属出入疗养所提供方便。这件事我立即替他办了。

在香山期间，毛、刘、周、朱还多次同柯瓦廖夫见面、谈话。其中毛主席、刘少奇同柯瓦廖夫谈的次数较多，涉及内容也较广泛，主要是介绍、解释中国当时存在的问题或新出现的某些情况，帮助他了解中国现实中的一些问题，使他对中国革命的性质、特点、意义，以及若干重大政策都有所了解和有比较正确的认识。谈话中，毛主席特别指出，中国革命现阶段的性质任务与“十月革命”不尽相同，但是中国革命不会停止在目前阶段，而是要继续深化、向前发展的。

5 月的一天下午，毛主席应邀到柯瓦廖夫在香山的住地做客。柯瓦廖夫事先做了相当的准备和安排。晚餐相当丰盛，谈话的时间较长，实质性的和事务性的交谈没有几句，主要是海阔天空的闲聊。

不久，中央决定刘少奇出访苏联，由柯瓦廖夫陪同前往，原定于 7 月 1 日出发。出发前，毛主席、刘少奇在中南海特意约见柯瓦廖夫，并同他进行了较长时间的谈话。其主要内容是：(1) 关于解放战争当前发展变化的大概形势；(2) 中国革命现阶段的基本特点和主要任务；(3) 解放战争一定要进行到彻底胜利，尽管发展的道路总是曲折的、迂回的。笔直的道路是没有的，历来也没有的。革命也要分阶段地进行。这是一条较长、较远的路程：由人民民主阶段的各项革命走向社会主义建设阶段。同时这是要有条件的，即：人力与物力，这两者缺一不可。我们目前所要准备的和要争取的就是这两条。

毛主席对柯瓦廖夫说，这次你陪同代表团出国走远路，会辛苦的，不过你也顺便可以同家人团聚一番，也是一次好机会。最后，毛主席问柯瓦廖夫个人有什么要求，或需要我们帮助解决的问题。后来，不知柯瓦廖夫通过什么渠道弄到一罐子水银，足有三四十公斤重，和其他某些东西一起带回苏联去了。

会见结束后，柯瓦廖夫和我先乘车从中南海出来，准备返回香山，再于傍晚出发去东北。车子刚走出中南海的大门，他就说，7 月 1 日[①]本不应该出远门（凡属 1 号的日子，俄罗斯人依旧俗认为是不吉利的日子），不吉祥。话音刚落，车子走到西四拐弯处就撞倒了一个骑自行车的青年，轧伤了他的腰腿，撞坏了自行车，同时将车上的玻璃也碰破了。闯下了车祸，只得停下来处理。中南海派人把受伤的青年送到北大医院门诊部检查治疗，我们耽误了几个小时，傍晚时分才回到香山，结果只好于 7 月 2 日从清华园坐火车离开北京。[②]

我们离开中南海后，毛主席将刘少奇留下长谈，面授机宜。谈话时间很长，少奇也不可能在 1 日出发了。当时，党中央刚刚进城，百废待兴，铁路交通运输刚刚恢复，一切都不那么正规。

在香山期间，毛主席还批转过若干份电报、文件译给柯瓦廖夫看。也许他都发回苏联国内去了，但他对这些问题并不感兴趣。斯大林对他的评价是：柯瓦廖夫是一个铁路工程技术人员，不懂政治，也没有政治经验，或许在政治上完全是个门外汉；他如果钻到政治里，就会像老鼠钻进风箱里一样。这是 1950 年 1 月间斯大林对毛泽东说的话。他的意思是向毛主席道歉、赔礼，并希望得到谅解。

① 据查公安局档案记载这次事故发生在 6 月 20 日。

② 根据中央档案馆的资料刘少奇一行于 6 月 21 日离京。

建国前夕刘少奇访苏

漫长的飞行

4 月 20 日，毛主席、朱总司令发布渡江命令。人民解放军以摧枯拉朽之势，迅速渡过天堑长江，解放了南京等大中城市。此时，我们已基本打败了国民党。全部消灭反动派、解放全中国已指日可待。在建立新中国的前夕，5 月，中共中央决定派以刘少奇为首的中共代表团秘密访苏。

刘少奇访苏的主要任务是：(1) 介绍中国革命的进程、性质、任务，它的发展和前景，中国革命的现阶段状况、特点、历史经验，尤其是武装斗争的重要意义和实践经验等。(2) 中国革命与世界革命的关系及其对世界革命的影响，尤其是对殖民地、附属国的影响，它对世界革命应负的义务和希望得到的国际声援等。(3) 最迫切、最关键的问题是要取得苏联对我国革命的理解以及在各方面的支持和援助。尤其是通过他们争取国际间对中国革命在政治上、道义上的同情和声援。这是中苏两党间第一次进行的高级会谈，意义重大。

为此，中央将王稼祥从东北调回。他到香山后，出国的准备工作即全面展开。邓力群、戈宝权协助他整理材料。由于王稼祥经验多、见识广、洞察力强、看问题深刻而有远见，所以在访苏期间发挥了很大的作用，提出了不少很好的意见和建议。

7 月 2 日，刘少奇、王稼祥从清华园车站出发北上。同车的有戈宝权、邓力群。陪同中共代表团前往苏联的还有柯瓦廖夫和苏驻华使馆参赞费德林[①]等。[②]

代表团第一站到达沈阳，同高岗会合。高岗带了徐介藩作翻译。第二站到达大连。在此乘坐当时的王牌飞机道格拉斯前往苏联。由于国内战争正在激烈进行，为防不测起见，飞机绕了一个大弯子，经朝鲜民主主义人民共和国上空飞抵伯力。由于南北朝鲜对峙，无法保证在飞行期间不会遇到空中强盗，所以航行时忽高忽低，最高时飞到八千米高度。我们的衣服都被冷气打湿了，稼祥身体本来就不好，因此感冒生病。飞机在伯力着陆后，大家才松了口气。

代表团在伯力受到边疆区党委书记的热情接待。他是格鲁吉亚人，朴实而热情。他向少奇表示：希望中国革命能胜利地进行到底，取得民族完全独立，建立一个真正的主权国家。苏联远东作为中国的近邻近亲，将会感到无比的愉快和欢乐。因为有一个好邻居相陪是很幸福的。这是全苏人民的愿望和欢乐。

第二天一早，代表团从伯力出发。为了抢时间，飞机航行在一万至一万三千米的高度。这时舱内的气温降到零度以下。由于缺氧，大家呼吸困难，上吐下泻难以支持。飞机只好降低飞行高度。到达赤塔时，大家如同大病了一场，疲惫不堪。

第三天情况较好，由赤塔飞抵克拉斯诺亚尔斯克时，正是中午。天气晴朗，地面气温很高。第四天到达新西伯利亚，这是我最熟悉的一个城市。州委书记到机场迎接少奇，并在机场附近宾馆设宴招待。我遇见了几位老熟人，有州委书记的秘书，机场负责人等。第五天抵达斯维尔德洛夫斯克——欧亚交界地带。州委书记到机场迎接。我们在机场休息。

第六天中午，我们抵达莫斯科，迎接代表团的是苏共中央对外联络部的领导。负责处理有关代表团事务的工作人员中有1980年代曾任驻中国大使的谢尔巴柯夫。代表团被安置在莫斯科城内奥斯特洛夫斯卡娅街八号公寓里。

八号公寓是沙皇时代某大资本家为著名女歌唱家建造的豪华而舒适的住宅，十月革命后成为苏共的招待所。这里只接待中国、朝鲜党的高级领导人。苏方对

---

① 费德林（1912—2000），全名尼·费德林，俄罗斯著名汉学家、外交家。曾出版《屈原的生平与创作》、《离骚》等著作。莫斯科东方学院毕业后进入外交部，到苏联驻华使馆工作，在同蒋介石国民党打交道的同时，也与中共代表周恩来密切联系。热爱研究中国文化，任文化参赞，50年代任外交部第一远东局局长、外交部副部长，参与毛泽东与斯大林、赫鲁晓夫的两次会谈。1958年任驻日大使，1963年任驻联合国首席代表。苏联科学院院士、莫斯科东方大学高级顾问。

② 根据中央档案馆的材料应是6月21日。

代表团的接待非常奇特：我们的住处、生活、参观游览、会见、会谈，以及一般活动，均由苏共中央对外联络部负责安排，但我们使用的交通工具、同国内的通讯联络却一律由军事情报部门负责。这个情况当时令人难以理解，后来才明白，这是战争的遗痕。因为少奇率领的中共代表团是斯大林的客人，所以只有斯大林一人才有权同中共代表团谈实质性的问题，甚至稍微带有影响性的事情，别人都不能插手，也不敢过问。

现在，从北京到莫斯科乘飞机只需九个小时。人们很难想象四十年前竟用了六七天的时间才从北京飞到莫斯科。①

刘少奇和斯大林会谈

代表团稍事休息后，被邀请到斯大林的夏令别墅（在孔策沃附近）。②以斯大林为首的苏共中央政治局委员伏罗希洛夫、莫洛托夫、马林科夫、布尔加宁、贝利亚、卡冈诺维奇、米高扬等都站在门前迎接客人。宾主相互握手问候之后，斯大林设宴招待少奇和代表团其他同志。双方边吃边谈，无拘无束，十分自然。虽然是随意交谈，但也涉及某些重大的实质性的政治问题。这次宴会持续将近四个小时。③

回到寓所后，少奇召集代表团同志，一起回忆这次会见的情况和谈话的内容，分析谈话中涉及的问题哪些是重点，哪些问题斯大林已经明白，哪些问题他还不很了解，然后拟出下一次会谈的要目，并整理出简报。

王稼祥建议少奇就中国问题写一个书面报告，这既能使会谈有所依循，又可以把问题谈得更有系统。在讨论、研究问题时还可以这份报告作为基础，把问题谈深谈透，使他们对中国的问题有个较全面、较正确的了解。这样能保证会谈内

---

① 据中央档案馆的材料，刘少奇于 6 月 26 日到达莫斯科。

② 据中央档案馆的材料，是 28 日晚。

③ 根据中央档案馆的材料，这次会谈的问题，其中包括：贷款和向苏联学习的内容，请苏联帮助办一个培养建设管理人才的专门学校（即中国人民大学），以及中苏交通问题、文化交流问题、贸易问题，等等。据俄罗斯公布的会谈记录，斯大林说：1. 苏联已决定给中国 3 亿美元贷款，年息 1%；2. 苏联派专家到中国工作；3. 苏联可以帮助清除上海的水雷；4. 建议不要拖延占领新疆的时间，苏联可以派飞机帮助消灭马步芳的骑兵；5. 中国应建立自己的舰队、飞机装配、制造工厂，苏联可提供；6. 建立莫斯科和北平之间的航线，等等。

容既不会重复也不会遗漏。因在国内已有充分的准备，报告很快拟订出来，[①] 在第二次会谈后交给斯大林。后来双方又谈了三四次，每次花去四五个小时。会谈进行得有计划、有步骤，有先后次序、轻重缓急之分。这同稼祥妥善的组织安排是分不开的。

报告首先介绍了中国目前的形势，指出：中国人民革命战争，现在已基本上取得了胜利，不久就要取得完全的胜利。报告以详尽的数字说明三年来中国人民取得的伟大胜利。截至 1949 年 5 月底，中国人民解放军已经解放了二百九十万平方公里的中国富庶地区，占全国总面积的 30%；解放区的人口已有二点七五亿，占全国总人口的 57%。被解放的县城以上的城市，包括最大的城市上海、南京、北平、天津、武汉在内，有一千零四十三个，占全国县城以上城市的 51%。中国人民解放军从 1946 年 6 月起的三年来的战争中，消灭了国民党军队五百五十万人；国民党军队，包括它的后方机关人员在内，现在只剩下一百五十万人左右，其中稍有战斗力的大约只有二十万人。而人民解放军，据最后统计，则已发展到三百九十万人，其中四个野战军二百四十万人。人民解放军在 1949 年夏秋两季，可望继续解放福建、湖南、江西、陕西等省，冬季可望继续解放广东、广西、云南、贵州、四川、西康、甘肃、宁夏、青海等省。这样就可在基本上结束对国民党的战争。剩下台湾、海南岛、新疆和西藏。西藏须用政治方式去解决，台湾、海南岛与新疆须待明年解放。我们完全同意尽可能早地去占领新疆，而最大困难是肃清道路和缺乏必要的交通工具。

我们已取得了在政治上的完全胜利，所有的中国民主党派都站在中国共产党一边。报告认为，帝国主义派遣上百万军队打入中国的大规模的武装干涉似乎没有可能。帝国主义的武装干涉只能推迟中国革命胜利的时间，而不能扑灭与阻止中国革命，这将使帝国主义陷入极大的困境。但是，帝国主义派遣一二十万军队，占领几个海港或做一种扰乱性的袭击，却是可能的。我们对此已做了一些准备。帝国主义对中国实行封锁政策是很有可能的，而且已经开始实行。这将在船舶和对外贸易方面给我们带来困难。但是，不能阻止中国革命的迅速胜利。

报告认为：在中国革命中，有成功地组织反帝民族统一战线的经验，土地改

---

① 报告的题目（中共代表团主任刘少奇给联共中共和斯大林的报告），注明的时间是 7 月 4 日。

革的经验，在乡村中长期进行武装斗争、包围城市，然后夺取城市，及在城市中进行秘密工作与合法斗争以配合武装斗争的经验，以及在中国这样的国家内建设马列主义政党的经验。这些经验，对其他殖民地、半殖民地国家，可能是很有借鉴作用的。

报告的第二部分是关于新的政治协商会议与中央政府。

报告首先指出：我们已决定今年 8 月召开新的政治协商会议，并成立联合政府。现正积极进行各项准备工作。政协筹备会由二十三个单位一百三十四人组成。将召开的新政协由各党派、各地区、各人民团体、各少数民族及海外华侨四十五个单位五百余名代表组成。

新的中央政府的组织成分尚未决定。[①] 除开军事委员会之外，在内阁之下，将成立财政经济委员会、文化教育委员会及政治委员会（管理公安、内务、司法等），并设立各部。在内阁中，准备设立铁道、农业、林业、商业、金属、纺织、燃料、交通、邮电、工业等部。毛泽东为主席，周恩来为总理，刘少奇、任弼时不参加政府。

报告特别阐述了关于中国新民主主义的国家性质与政权性质：它是以无产阶级为领导，以工农联盟为基础的人民民主专政的国家。工人阶级是这个专政的领导力量，工人、农民与革命知识分子的联盟，是这个专政的基础力量，同时，团结尽可能多的能够和我们合作的资产阶级与民族资产阶级及其代表人物和政治派别参加这个专政。中国的人民民主专政，与列宁在 1905 年至 1907 年革命中所提出的“工农民主专政”有其共同点，也有区别点。以无产阶级为领导，工农联盟为基础，这是共同点。中国人民民主专政包括愿意反对帝国主义、封建主义与官僚资本主义的民族资产阶级的代表和派别在内，这是区别点。中国人民民主专政的形式，是人民代表会议制，这不是资产阶级式的议会制，而近于苏维埃制。但与无产阶级专政的苏维埃制也有区别。因为民族资产阶级的代表是参加人民代表会议的。中国人民民主专政，有它的外部矛盾与内部矛盾，有它的外部斗争和内部斗争。所谓外部矛盾与外部斗争，就是它与帝国主义、封建主义、官僚资本主义及国民党残余势力的矛盾和斗争。这在推翻国民党政权以后一个相当长的时期

---

① 1948 年 9 月在中央政治局会议上，毛泽东指出：根本打倒国民党大概要五年左右（以 1946 年 6 月至 1947 年 6 月为第一年），第四年成立中央政府。

内仍然是存在的，并且仍然是主要的矛盾和斗争。所谓内部矛盾与内部斗争，就是人民民主专政内部各阶级间各党派间的矛盾和斗争，这在今后将会逐渐加紧，但与外部矛盾比较，在一个相当长的时期内，将仍然处于次要的服从的地位。有人说："在推翻国民党政权之后，或者说在实行土地改革之后，中国无产阶级与资产阶级的矛盾，便立即成为主要矛盾，工人与资本家的斗争，便立即成为主要斗争。"这种说法，我们认为是不正确的。这将把目前尚能与我们合作的民族资产阶级赶到帝国主义那一边去。这在目前的中国实行起来，将是一种危险的冒险主义的政策。在推翻国民党政权之后，劳资间的矛盾是客观存在的，并将逐渐地加紧起来。因此，工人阶级要向资产阶级进行必要的和适当的斗争，才能保护工人阶级与人民民主专政的利益。但同时，还要和民族资产阶级实行必要的和适当的妥协与联合，以便集中力量去对付外部敌人和克服中国的落后现象。在中国从现在起到实行一般民族资产国有化，还需要经过许多步骤，需要一段相当长的时间。这一段时间到底需要多久，这要看国际和国内的各种条件来决定。估计或者需要十年到十五年。

第三部分是关于新中国的外交问题。

所有帝国主义在中国的控制权，不论是在军事上的、政治上的、经济上的和文化上的控制权，均须彻底地加以摧毁。这个决定是载入中共七届二中全会的，是坚定不移的。

今后的外交活动，根据下列几项原则进行：(1) 和各帝国主义国家进行斗争，以便实现中国民族的完全独立；(2) 在国际事务中和苏联及各新民主（主义）国家站在一道，反对新的战争危险，保卫世界和平与民主；(3) 利用各资本主义国家的矛盾；(4) 在平等互惠的条件下，发展中国与外国的通商贸易，特别是发展与苏联及各新民主（主义）国家的贸易。

各国在华投资企业经第二次世界大战都不甚重要。各国在中国的外交人员，都不承认，只当作侨民对待。各国在华侨民十二万，集中在上海、东北两地。这样执行的结果是使人民感觉得到中国已站立起来，中国共产党是不怕帝国主义的，也使我们免去许多麻烦。

在新的中央政府成立以后，即发生和各国建立正式的外交关系的问题，参加联合国及其他国际组织与国际会议的问题。各帝国主义国家可能有一段时间不理，或提出一些足以束缚手足的条件来作为承认的代价，这当然不能答应。如果各帝国主义国家采取承认中国新政府的政策，我们就准备与之建立外交关系，那时希望苏联能在这些国家之前承认新中国。

对于国民党与外国订立的各种条约和协定，我们准备重新审查，分别处理。其原则是：凡是对于中国人民及世界和平民主有利者，我们都准备加以承认和继承。

有的党外人士曾批评我们的政策是向苏联一边倒，毛泽东同志答复他们说：我们的政策就是要向苏联一边倒，如果不和苏联一起，站在反帝国主义阵营，而企图走中间路线，那是错误的。在经过这些解释后，各民主党派就和中共联名发表了反对北大西洋公约的声明。①

第四部分是中苏关系问题，谈到如何处置苏联和国民党签订的苏中友好同盟条约、苏联在旅顺口驻兵、蒙古独立等问题。报告认为，中苏两党关系，中苏两大民族的巩固的友谊，对于两国，对于世界，都有极为重大的意义。并说，并于新中国与苏联的通邮、通电、通航等问题，希望能迅速办理。

报告表示：我们长期处在乡村的游击战争的环境中，对外面的事情知道得很少。现在要来管理一个如此大的国家，进行经济建设与进行外交活动，我们还需要学习很多东西。在这方面，联共给我们的建议和帮助，是十分重要的，我们迫切地需要这种帮助。

为帮助培养新中国的建设管理人材，除了派专家外，还希望派一些教授到中国讲学，并由中国派一些参观团到苏联参观学习，派一些学生到苏联留学。为密切中苏两党的联系，应该相互派遣适当的政治上的代表，以便处理两党间的有关问题，并增进了解。

毛泽东准备在中苏建立外交关系时公开访问莫斯科，希望苏联考虑时机和方式。

关于苏联给予中国三亿美元贷款的事，按照斯大林同志的意见办，感谢苏联的帮助。②

另外刘少奇给联共中央写了一封信，要求解答关于政府各级机构的组成、职能、相互关系、银行、学校、群众团体、党的组织等各方面组织及工作的详细情况。希望苏联能像1920年代那样办一个专门训练中国干部的学校，并希望苏联

① 此声明于1949年4月4日发表。

② 7月30日，刘少奇与马林科夫在克里姆林宫签订贷款协定。

帮助我们培养海军干部。

7月11日晚10时，以少奇为首的代表团被邀请到克里姆林宫苏共中央政治局会议室。苏方出席的有斯大林、莫洛托夫、马林科夫、贝利亚、米高扬、卡冈诺维奇、布尔加宁、什维尔尼克，列席的有索科洛夫斯基及总参谋长、海军元帅等。柯瓦廖夫是陪同代表团到苏联来的，因而也出席了会议。

斯大林亲自主持了这次会议。他首先说明，这次会议是按照中共代表团的愿望召集的。同时向中共代表团说明，因为代表团的报告中涉及战争和军事部分的问题较多，所以邀请元帅们列席，也让他们了解一下情况。他说：少奇同志的报告写得十分清楚、明确，他们方面的人都看了，没有问题。

然后他说：你们与民族资产阶级合作，并吸收他们参加政府的观点是正确的。中国的民族资产阶级与东欧各国及德国的资产阶级不一样，那些国家的资产阶级在战争中与希特勒合作，自己污辱了自己，后又与希特勒一起撤退，只留下他们的企业。因而在反希特勒战争胜利后，那些国家所处理的，只是他们的企业，而不是他们本人。中国的民族资产阶级则不同，他们在对日作战时未投降日本，后来又未与日寇一起撤退。日本投降后，其中一部分虽在蒋介石的支持下，企图与美建立关系，想取得美国援助，但中美通商航海条约订立，对中国资产阶级不独在经济上而且在航运上也是极不利的。这是对中国资产阶级很大的打击，于是中国民族资产阶级反对美国和蒋介石。中国共产党利用中国民族资产阶级的反美情绪，与他们建立长期合作的政策是正确的。为了使中国民族资产阶级站在反对帝国主义的阵营内这是需要的，就要制订一种对民族资产阶级也有利的政策，例如关税保护政策。

他进一步分析道：劳资间的矛盾是客观存在的。为了使工人斗争不致破坏我们与资产阶级的合作，应当要资本家与工人订立合同，在合同上使工人利益得到保障，要说服资本家变为文明的照顾工人利益的资本家，使我们与资产阶级的合作能比较长期地继续。

斯大林肯定了我国人民民主专政的政体及各项外交原则。斯大林问到买办资本是否包括在官僚资本之内，很注意不要把买办资产阶级与民族资产阶级混淆起来。斯大林建议不忙没收各帝国主义国家在中国投资的企业，通过要各国企业严格实行劳动法的办法来和他们斗争。可以先和各帝国主义国家做买卖，再谈承认新中国的问题。

在谈到中苏关系时，他说：新中国政府一成立，苏联立即就承认。1945 年签订的中苏条约是不平等的，因为那时是与国民党打交道，不能不如此。新中国成立后，毛泽东即可来莫斯科。待毛泽东来莫斯科后再解决这个问题。

他解释说：苏联在旅顺的驻兵是抵制美蒋武装力量的自由力量，既保护苏联，同时也保护中国革命的利益。当时联共中央内部决定，一旦对日和约签订后，美国从日本撤兵，苏联可以考虑从旅顺撤兵。如果中国同志要求，苏军现在就可以撤兵。大连政权应与东北政权统一，现在大连港口应为中苏两国所利用。实际情况也是如此。

1949 年 5、6 月间蒋帮飞机对上海市肆无忌惮地狂轰滥炸，使发电厂、自来水厂，甚至“百老汇”大楼（今锦江饭店）等蒙受了损失。[①] 毛主席曾电请斯大林指令苏空军对我予以支持，对付蒋机的肆虐。于是从旅顺很快调来上海两个飞行中队。此后，敌机便销声匿迹，不再出现在上海上空了，甚至也很少再出现在其他城市的上空。这对于我国 10 月 1 日在天安门广场召开群众大会庆祝中华人民共和国成立的开国大典和数十万人的庆祝大会和游行，不是没有意义的。

他特别讲到各个执政的共产党之间的关系说：各国共产党都要向自己的人民负责，有问题互相商量，有困难互相帮助，密切联系，但不是一个党服从另一个党。

会议决定，组织一个借款条约共同起草委员会，联共方面由米高扬、柯瓦廖夫参加，中共方面由少奇、王稼祥、高岗参加。并决定由高岗代表东北政府签字，在报纸上立即发表高岗率东北商业代表团到莫斯科的消息，以利公开活动。

会议气氛十分严肃，主要是斯大林讲话，苏联其他同志很少发言。

斯大林最后说：现在还要再听听中国同志的意见或说明。

少奇把原来准备好的那些问题提了出来，希望获得解答。问题的内容大致包括如下各点：（1）会不会爆发第三次世界大战？（2）国际局势和前景是朝着什么方向发展？（3）国际共运和工运形势如何以及防止战争和争取和平建设的可能性等。

斯大林解答的要点是：

（1）在最近时期发生大战的可能性很小，因为各国人民反对战争。只要各国

① 解放初期，国民党的飞机经常骚扰、轰炸东南沿海。炸毁上海发电厂是 1950 年 2 月。

人民反对战争，仗就打不起来。各国人民刚刚摆脱了战祸，从灾难中还没有恢复过来，不会赞成战争的。只要各国人民不愿意打仗，战争是打不起来的。我们可以利用这个机会恢复和发展经济建设。这个时期有多长，十五年还是二十年，很难预测。这个时间我们要充分利用来发展国民经济，充实自己。我们确实十分强大了，战争可能就打不起来了。

但是世间也有疯子，有战争狂人。如美国的一位军官竟然轻信苏联红军在阿拉斯加登陆的谣言，跳楼自杀了。要防止疯子和战争狂人，因为他对自己和对人民都是不负责任的！

（2）我们应发动人民反对战争，维持和平。只要人民不受骗、反对战争，战争狂人是很难得逞的。只要我们能争取到二十年的和平建设和发展时间，那时战争的可能性就更小了，如果他们不愿意被毁灭的话。到了那时，战争的挑衅者就可能随时会被消灭掉。我们应努力争取二十年或更长的和平建设时期。

（3）国际间的互助合作是重要的。同各国人民团结起来，友好合作，相互配合，相互支持，是维护和平与安全的重要条件之一。总之，只要人民不愿意打仗，战争就打不起来。

（4）要利用战争的间隙，大力发展和搞好经济建设，发展生产，建设国防。我们的力量愈强大，战争的可能性就愈小。因为弱者、穷者总是会受人欺侮的。

（5）人民力量的强大，历来都是有决定意义的。现在世界人民的力量更强了，而不是比过去弱了。要珍惜和重视人民的力量！

（6）总之，我们不怕战争，反对战争，尽一切努力制止战争。双方还讨论了其他问题。

首先就尽可能提早解放新疆交换了意见。苏联表示愿意作出必要的帮助。所以，7 月底第一野战军第一兵团司令员兼政治委员王震经中央给刘少奇打电报，要求派人做新疆三区的工作。少奇派邓力群秘密从莫斯科到新疆伊犁，为和平解放新疆而效力。①

双方商定苏联在旅顺帮助中国办一所海军学校，苏联表示愿意帮助中国建立海防，还答应帮助从蒙古乌兰巴托到中国张家口修一条铁路。

斯大林主动问，苏联是否可派电影团到前线帮助我们拍摄，可在技术上帮助。

---

① 邓力群于 1949 年 8 月 14 日到伊犁。

我们当然欣然同意。

会后，斯大林请代表团一起看电影，所放映的四部影片是他选择的。放映时，他亲自向代表团作讲解。

少奇在莫斯科期间一共同斯大林会面六次。在一次会谈中，斯大林提到宪法问题，他建议：现在可用共同纲领，但应准备宪法。

刘少奇问：这是否是指社会主义性质的宪法？

斯大林详尽地阐明了这个问题，他说：不是，我说的是现阶段的宪法。敌人可用两种说法向工农群众进行宣传，反对你们，一是说你们没有进行选举，政府不是选举产生的；二是国家没有宪法。政协不是选举的，人家可以说你们是用武力控制了位子，是自封的；共同纲领不是全民代表通过的，而是由一党提出，其他党派予以同意的东西。你们应从敌人手中拿掉这个武器。

我同意你们的意见，把共同纲领变成国家的基本大法。宪法内容应是：第一，全民普选；第二，承认企业主、富农的私有财产；第三，承认外国在中国企业的租让权。我想，你们 1954 年可以进行选举与通过宪法。

对中国来说还有一个问题，你们现在是联合政府，那就不能够向一党负责，应向各党负责，这样国家的机密就很难保证。你们的计划被敌人知道，对你们是不利的。如果人民普选的结果，共产党占了多数，你们就可以组织一党的政府。

如何开展、扩大中苏之间的贸易也是会谈的一个内容。斯大林在同刘少奇谈话时提到，中苏之间在贸易中应采取的原则是以货易货、物物交换好呢，还是像资本主义国家之间那样采取现汇贸易形式好呢？采取后者的办法，对两国来说都有困难，而且也不利。采取物物交换的形式要简便得多，可以不动用外汇，只是要把物价规定得合理，掌握好。在目前，这个办法对双方都有利，是可行的。即使这样，由于中国主要只能提供农产品和原料等初级产品，也仍然会吃亏的。因为按世界价格，农产品、原料与工业品的差价是相当大的。但是苏方会考虑到中方的实际情况。

据我了解，后来的实际情况是，话是这么说了，但下边的工作人员在实际中仍然自行其是，而且他们比中国人懂经济、会算账。

江青敬酒，刘少奇谦让，斯大林做自我批评

在第四次会谈中，斯大林谈到了各国人民之间的团结、互助、合作的重要性。团结、互助、合作的先决条件是各国人民互相信赖、竭诚相待。这当然代替不了正确的策略与政策，但确是朋友间交往的一项准则。

寒暄了一阵后，斯大林邀请代表团去看几部电影，主要是看一部试验原子弹爆炸的现场实况的片子。据说，这是苏联人第一次给外国客人看这样的纪录片。试验地点可能在苏联东北区接近北极圈的荒原地带。影片主要是表现原子弹的投掷，它对目标的命中、爆破的威力、蘑菇云的升起、破坏的范围和程度。

斯大林请看这部影片的涵义恐怕是多方面的：首先可能是告诉代表团，原子弹我们也有。其次是说，别人能造出来的，我们也能制造出来。而别人没有的，我们也会有的。不要只迷信西方。再次是，如果敌人胆敢侵袭我们，他们就会得到相应的报复，而我们的朋友也会得到原子弹的庇护。

看完电影后，斯大林高兴地告诉代表团：科学技术在迅猛地向前发展，其速度有时出乎人们的意料。军事科学也一样，想要停止它、阻止它的发展，恐怕是不容易的。不过关于这方面的事，大家都不说话，而是关起门来秘密地干。从斯大林的话中可以听出，他们正在研究发展更新式的武器，或许已有了新的突破。

斯大林提出，在下次聚会时，他准备请中国方面的女同志也参加。他说："听说在莫斯科住着两位中国女同志，从我们这方面说，这两位女同志我们都愿意邀请。但怎样更合适、更恰当，请你们自己决定。"

这两位女同志是指江青和朱仲丽（王稼祥的夫人）。我到了莫斯科才知道江青住在疗养院内，林利为她担任翻译。王稼祥很聪明，他没请朱仲丽参加聚会。

7 月 27 日，斯大林在孔策沃别墅新建的二层楼上举行宴会，招待代表团及江青。

斯大林首先注意到人们的外观，他说中国同志都这么年轻。相互问好后便就座入席了。海阔天空地讲了一阵诙趣的话。江青表现反常，她十分拘谨，一言不发。（事后我才知道，刘少奇事先和她打过招呼，让她不要多讲话。她为了准备向斯大林的祝酒词，和林利讨论了整整一天。）

忽然，斯大林起立，离开了座位，走到宴会厅的另一角。这时，马林科夫、贝利亚等劝江青向斯大林敬一杯酒。江青立刻表示同意，接受了这个建议。于是，他们请斯大林回到餐桌旁，听取江青的祝酒词。

江青举起酒杯，走到斯大林跟前，说："我请大家一起举杯，共为斯大林同志的健康干杯！斯大林的健康就是我们的幸福！我祝愿斯大林同志永远健在！请大家同我一道为斯大林干杯！"

听了这段祝词后，斯大林开怀大笑，其他的与会者也都喜气洋洋地前来碰杯，一饮而尽。接着，斯大林走近中国的同志们的旁边说：我的健康，竟可成为大家的幸福，这恐怕太高抬了。

他说：中国共产党已度过了它的幼年与青年时期，现在已经是政治上成熟的党、成年的党了。它在斗争中成长起来、成熟起来了！看来，中国党主要的成就是有了在实际斗争锻炼中培养出来的干部，他们经过了实践考验，积累了丰富的经验。中国党是一个在烈火中锻炼成熟的党！

过了一会儿，斯大林离开了大家，忽而又转回来，似乎带着一种隐情，又带着某种伤感说："我们（中、苏）两兄弟之间的友好团结是最重要的，对世界革命是具有重大意义的。斯大林在世，我们两国人民应该是团结的，斯大林不在世了，仍然应该是团结的。团结就是力量！我们之间的团结，是与世界革命和人类命运息息相关的，是具有重大意义的。"接着，大家异口同声地说：斯大林会健在，愿斯大林永远健康！

这时，斯大林举起酒杯，深有所思地面对中国同志说：祝我永远健康的美词和良好的愿望，使人听了快意，但事实上人总有一死的。接着，他动情地说：我从来不喜欢奉承人家，但别人却对我有许多奉承，我也觉得很厌烦。我说的中国马克思主义者成熟了，苏联人及欧洲人要向你们学习的话，并不是奉承你们，不是客气话。西欧人由于骄傲，在马克思、恩格斯死后，他们就落后了。革命的中心由西方移到了东方，现在又移到了中国和东亚。

斯大林建议：在国际革命运动中，中苏两家都应多承担些义务，而且应该有某种分工，就是说要分工合作。希望中国今后多担负些对殖民地、半殖民地、附属国家的民族民主革命运动方面的帮助，因为中国革命本身和革命经验会对它们产生较大的影响，会被它们参考和吸取。苏联在这方面起不到像中国那样的影响和作用。这个道理是明显的，犹如中国难以像苏联那样在欧洲产生影响一样。因此，为了国际革命的利益，咱们两家来个分工：你们多做东方和殖民地、半殖民地国家的工作，在这方面多多发挥你们的作用和影响。我们对西方多承担些义务，多做些工作。总而言之，这是我们义不容辞的国际义务！

他说：关于马克思主义，在一般理论方面，也许我们苏联人比你们知道得多一些。但是，把马克思主义的一般原则应用于实际中去，则你们有许多经验值得我们学习。在过去，我们已经向你们学习了很多。一个民族必须向另一个民族学习。哪怕是一个很小的民族，都有很多东西值得我们学习。我听到中国人特别勤劳的许多事实，这些都是值得我们学习的。今天，你们称我们为老大哥，但愿弟弟能赶上和超过老大哥。这不仅是我们大家的愿望，而且也是合乎发展规律的，后来者居上。请大家举杯，为弟弟超过老大哥，加速进步而干杯！

少奇说：兄长总是兄长，老弟还是老弟，我们永远向兄长学习！他拒不接受敬酒。

这时大家都有些惊奇，苏联同志都异口同声地围上来劝饮，希望接受斯大林的良好祝愿和盛情。他们多数人不懂得为什么中国人不愿意接受斯大林的美好祝愿。须知，这只是祝酒仪式中的盛情和美意的一种表示而已。尤其是按高加索各民族的风俗习惯，每次祝酒都要讲一番美好动听的言辞，如祝愿对方进步、胜利、快乐、幸福、健康、长寿等，以表达自己的盛情和美意。在家庭成员之间，每逢佳节喜事，也同样要有这样一番美好祝愿的敬酒词。这是一种风俗习惯。

斯大林说：难道弟弟不应该超过兄长么？！我的意思是说，弟弟应该加倍努力，力求上进，争取超过兄长，这也是为了你们将来要承担更多更大的国际义务。现在，中国不是孤立作战，这会使将来的发展和进步更快些，应当承担的国际义务也会增多起来的。

就这样，推来让去，少奇始终没有接受这杯祝酒。对方一直是惊异而莫明其妙的。双方由于心理上的差异和习惯的不同，或许还有人情风俗上的隔阂，所以出现了这个互不理解的奇特局面。

斯大林同少奇交换了亚洲各国共产党的情况及看法。斯大林认为，中国加入欧洲情报局不适当，因为中国与欧洲各国情况不同。中国是长期受帝国主义压迫的；中国的民族资产阶级不同于欧洲各国资产阶级。他说，欧洲情报局与过去的共产国际组织完全不同。如果一国共产党不同意，即不能通过决议。他认为，各国共产党不能将自己的意见强加在别人的头上。他说，我们的意见并不都是正确的，各国共产党可以拒绝我们的建议。当然我们也可以拒绝各国共产党的建议。

会谈继续进行。刘少奇谈到关于打倒国民党的问题时说：第一次国共合作时，国民党叛变，我们毫无准备，受了很大的挫折、失败。第二次国共合作时，我们的头脑清醒了。所以抗日战争结束后，蒋介石叛变，我们是有准备的。

斯大林说：这是敌人教训了我们。接着，他突然说："在你们进行斗争中，我们是不是扰乱过或妨害了你们呢？"

少奇回答说：没有。毛泽东可以不去重庆，有恩来就够了。但是毛泽东到重庆后结果是很好的。使我们立即有了政治上的主动权。

斯大林说：毛泽东到重庆去是有危险的，CC 等特务有谋害毛泽东的可能。他又一次问："你们在美国人参与的和平运动中是否受了损失，（我们）妨害了你们？"

少奇答复说：在和平运动中，中共中央的头脑是清醒的，只受了若干不大的损失。但那次和平运动很有必要，孤立了美蒋，使我们后来能够推翻国民党，打倒蒋介石。没有一个人说我们这样做得不对。

斯大林说："胜利者是不受审判的，凡属胜利了的都是正确的。"他接着说："中国同志总是客气的、讲礼貌的。我们觉得我们是妨碍过你们的。你们也有意见，不过不肯说出来就是了。你们当然应该注意我们讲的话正确与否，因为我们常常是不够了解你们事情的实质，可能讲错话。不过，如果我们讲错了，你们还是说出来好，我们会注意到的。"斯大林是以深感内疚和抱有歉意的语气讲了这番话。因为 1945 年 8 月他给中共中央的电报认为，如果中国内战爆发，将导致中华民族的毁灭。历史的发展与斯大林的预见相反。他感到内疚和不安。

这是斯大林主动地向中共代表团公开做的自我批评。当时中共代表团对此感到有点意外，因代表团并没有要求他做自我批评，也没有对他们提出过什么批评意见。他主动做自我批评，表现了一个伟大导师的胸怀，并赢得了更多的尊敬和爱戴。

斯大林与刘少奇依依惜别

第六次会见实际上是一次告别会，参加的人数不多，而且时间也比前几次短些。这次除相互讲了些惜别、祝愿的话以外，双方并商谈了若干问题。根据中方的意见，斯大林确定给中国派若干名当前最需要的专家和技术人员，帮助恢复经济工作，并研究新建项目。会上只是确定给中国派专家，经实地了解情况后，再进一步研究经济援助问题。但是，斯大林要求中方：(1）保证对专家在中国的住宿、生活、工作等提供充分的条件，意即工资、住宿和工作必须要有优厚的条件。(2）来中国工作的专家家属（在苏联境内的）生活费用必须由中方承担。如他们的家属到中国来，中方必须给以住宿与生活上的保障。(3）专家在中国工作的期限，依情况和实际需要而定。(4）苏方人员如果犯了错误，一律由苏方处理，中方无须过问。后来，苏联人也认为他们的专家在华待遇过高。

斯大林虽然于 1925 年到 1927 年写过不少指导、研究中国革命的论文，但是从未到过中国，不熟悉中国国情和风俗习惯。他在交谈中偶尔涉及到的事例，多是 1920 年代中国北伐时的事。可见他对中国共产党和中国革命的实际情况和发展变化更没有切身感受。不过，他从自己国内建设中所积累的经验和向我们提出的参考性建议是很有实际意义的。

关于恢复国民经济和发展生产建设问题，斯大林首先建议中国动员一切力量恢复国民经济，不管过去底子如何薄弱，如何参差不齐、不平衡、不配套，但它是国民过去赖以生存的经济基础。现在不管能够获得怎样优越的发展条件，想一举完全抛弃过去旧的一切，仍然是不可能的、不现实的。发展经济必须从现实的基础上起步，踏踏实实地稳步前进，超越阶段是极其困难的。只要步骤、方针对了，是可以加快发展步伐的。但每一步骤都必须建立在切实可靠的基础上，按部就班、循序渐进。超越阶段，迈过大的步子，会把国民经济搞乱。当然，有时也会造成虚假的壮观局面，但它却掩盖着潜在的比例失调或种种困难。经济发展有自己的规律性。

经济建设会牵涉到社会的各个方面。不仅是物力资源、技术条件、机器设备，而且更重要的是要有经验丰富的领导、有教养的技术干部、熟练的工人等等。这是要花费时间来精心培训的，决不是用口头号召和政治动员就会出现的。利用和发挥旧社会留下来的专家、技术人员的力量和才能为建设服务，是要有一套政策的。只有正确的政策才可以充分发动他们的力量和发挥他们的才能与积极性。在这方面，中国同苏联、西方国家的情况是不大相同的。苏联十月革命后，旧时专家多半较反动，拒绝同无产阶级政权合作，敌视新政权。

每一个具有相当规模的企业，在它的生产活动中，要牵涉到其他各部门的工业及其附属企业、各种设备等等，这已是常识问题。

总之，要重视整顿、恢复原来的经济、工业企业，在原有的基础上扩大、提高、改造、发展。这是比较可靠、也是比较经济的办法，不要轻易地丢弃现有的、虽然看起来是较落后的企业。例如：造船业、机车车辆制造业等要充分利用原有的基础而逐步扩建和发展。有些工业，如航空、汽车、大型机器制造工业则需要新建。即使如此，也不要轻视修理企业，只着眼新建。因为修理、改造也是训练和培养技工、技术人员的一条途径。

没有相当熟练的技工和技术人员队伍，发展新建设、新工业是极其困难的。

他说：我们在第一、第二个“五年计划建设”时期，聘雇过德国、美国、日本的技工，他们按照合同工作两年、三年或更长时间，完成了自己的任务，也给我国工人做过示范、指导，但我们的代价是极其昂贵的。我们当时所想的是为了推动国际经验交流，掌握最新技术，较迅速、较顺利地完成五年建设计划。总之，从我们所走过的道路和亲身的经验来说，恢复和发展国民经济同样重要，必须脚踏实地、稳步前进，一步一个脚印，从无到有，从小到大。这样的发展建设方针，形式上看是慢了，而事实上则是踏实的、较快的发展方针。

继而谈到如何协作、如何互相帮助的问题。斯大林说：每个国家都需要朋友、需要外援、需要合作和互助。我们走在你们前面，但我们吃的苦头、蒙受的牺牲也较大（意指国内战争、外来的武装干涉、封锁、反法西斯战争等等），走在前列，遇到这些困难，也是难免的。从今以后，整个形势变化的特点就是我们的义务增多、负担加重、尤其是国际义务增加了，但这是令人兴奋的、欢快的、鼓舞人心的负担和义务。愿你们很快取得完全的、彻底的胜利！

在会谈中，他特别向少奇解释，为何苏联驻华大使罗申要随国民党政府从南京迁到广州，他说：我们是想看看国民党的动态。

在整个访问过程中，我亲眼看到，斯大林对少奇是信任和尊重的，他从来不主动提出讨论和解决哪些问题，每次会见都聚精会神地倾听少奇的每句话，体会少奇的语意和心情，并对少奇的意见多次表示同意和赞赏。斯大林根据中方要求或愿望进行商谈，提出意见、建议或指出解决的办法。并且他不准别人插手，以免横出枝节。因而在会谈中从未有过误会或不愉快。可以说，历次会见都是在热情洋溢、友好诚挚的气氛中进行的。

自 1949 年 7 月起到 1953 年 3 月斯大林逝世时止，一切涉及中国的问题，都是由斯大林亲自过问，亲自解决。据我们的体会，凡是斯大林亲自交办的事情，苏联有关部门和人员总是完成得既迅速又完满。因而中苏关系发展十分顺利。关于中苏关系问题，在苏共领导人中除斯大林外，莫洛托夫比较清楚。

8月，在离开莫斯科的前夕，少奇又应邀到斯大林居住的孔策沃别墅。这个别墅很大，庭院中有高大青翠的林木，有花园、菜园、果园、鱼池、溪流、小型运动场（主要有滚木球、攻木城等）。他亲自引少奇游览全园景色，特别参观了他自己在园里种植的番茄、豆角、谷子等农作物。他指着谷子说："这谷子的种子是从中国东北引来由我自己栽培的，等谷子成熟了拿来款待你们，多么有意思呀！遗憾的是你们不能久留，很快就要离开我们了。"他们一边散步，一边交谈，高高兴兴地度过了几个钟头。工作人员说：很少见到斯大林这样兴高采烈，以这样的方式接待客人。

参观完毕，宾主回到大厅里进餐。那天参加的人不多，是一种家宴形式，气氛格外的亲切、和谐。

在交谈中斯大林问：你们打算何时宣布成立中央政府？因国民党政府实际上已瘫痪，不复存在了。而你们现在已具备了掌握政权的一切条件。

刘少奇答：我们目前正集中力量解放和解决华南各省的问题，成立中央政府要在明年（1950年）1月（可能是1月1日）。

斯大林说：解决重大问题时固然要稳妥，要掌握时机，但更重要的是不可错过时机。我想提请你们注意防止敌人可能利用所谓"无政府状态"而进行干涉。这是极毒辣的一招，不能不防。

斯大林以上的谈话不仅引起了我们的注意，而且我们立即向中共中央、毛主席作了汇报。国内怎样讨论、研究、决定这个问题的，我们不了解。8月下旬，我们回到沈阳，才知道中央已决定于10月1日宣布成立中华人民共和国中央人民政府，举行开国大典。

刘少奇在莫斯科参观、座谈

在莫斯科逗留期间，少奇参观过一些工厂，如轴承滚珠厂、精密仪器厂、刃具量具厂、汽车制造厂等等。参观时，除了了解工厂的设备情况、生产情况以及工人的劳动情况、生活情况、培训情况之外，还仔细了解了企业行政领导、党委和工会三个方面的职权、职责、工作范围以及如何统一步调，共同保证企业生产任务的完成。

在那些日子里，少奇访问了全苏计划委员会、国家财经委员会、国家银行、财政部、对外贸易部、化工部，着重了解经济计划工作、经营管理工作等方面的情况。

这些活动都是柯瓦廖夫帮助安排的。柯瓦廖夫抱着极大的热情，几乎天天来代表团，有时一天之内来两三次，向少奇汇报或协商许多具体问题。柯瓦廖夫由于自己的身份和地位的缘故——人微言轻，到党中央各机关、政府、各部委联系工作，无不遇到许多困难。有些部门根本就不理睬他，于是他不得不假借中央或斯大林的名义去“撞骗”。后来还是在莫洛托夫、马林科夫的支持下，逐渐打开了局面，使刘少奇同若干主要部委领导人进行了接触、交谈。

其中最值得提一提的首先是外交部部长维辛斯基①,他虽然只是简单地介绍了当时国际形势的趋向和外交斗争中的某些经验，但谈到了国际活动（外交斗争）中的几点重要经验教训，并极其激动地讲到他们长期在国际斗争中孤军作战的苦衷，表示将来要同新中国在国际舞台上密切合作、协同行动、共同发挥力量的迫切愿望。所以他说，他们希望中国革命早日胜利的迫切心情，就无须多言了。

其次是国家银行的行长。他非常认真地介绍了苏联各个性质不同的银行之间的分工、职能、活动情况等，以及银行在国家各建设部门中的活动和所起的作用；尤其重要的是国家银行在各项建设中对各部门、各建设项目、建设单位的经济活力所起的帮助、支持与监督作用。

第三位是国家计委主任萨布罗夫，他介绍了国家建设计划工作的重要性和复杂性两个方面，以及它在社会主义建设中的决定作用。关于这方面的知识，我们几乎是完全没有的，所以当时听了他的介绍和讲解，无不觉得新颖。根据中方的要求，后来他还派财经专家为中共代表团成员作了一次专题报告。

第四是参观斯大林汽车工厂后，同当时的厂长利哈乔夫的座谈。利哈乔夫是一位工人出身的干部，从1927年该工厂奠基之日起，就在那里工作，领导该厂

① 维辛斯基(1883—1954),苏联人。1949年3月至1953年3月任苏联外交部部长。1954年去世。

工作已有三十余年，但前后被撤职五次。他每被撤职一次，工厂就乱一次，蒙受一次损失，迫不得已而又将利哈乔夫请回来，重新委任为厂长。现在，这个汽车工厂已被命名为利哈乔夫汽车制造厂，这也可能是最公正的历史裁决。

该厂工人一万余人，连同他们的家属共约四五万人。其他附属单位和服务行业的人员还不在其内。厂区、工人住宅区和附属单位加在一起，几乎形成了一个小城市。

在这个工厂里我们参观、座谈的时间较长，涉及的各种问题的面也最广。参加这次座谈会的主人方面有：厂长、党委书记、工会主席等。

利哈乔夫不仅是老厂长、年龄最长，而且还是最高苏维埃代表、汽车运输与公路部部长，所以谈话比较有分量。他性格爽朗，心直口快，谈起话来既风趣，又淋漓尽致，话语生动活泼，常夹杂一些诙谐戏谑，引人入胜。他根据少奇同志的要求，首先介绍了工厂的行政领导（厂长）、党委（书记）和工会（主席）三方面的任务、职权、工作范围，及它们之间的分工、相互合作，以及怎样为同一目标和完成共同任务而一致行动。厂长负责全厂行政管理、生产计划和任务的执行与完成，以及有关这方面的一切事宜——这是最主要的根本的环节。而对其他各方面，利哈乔夫作为最高苏维埃代表、部长和厂党委委员，自然也有权，而且也应该关心、过问，但并不负直接的主要责任。

党委书记负责各级党组织和全体党员的政治生活、党组织的活动及党员的思想与政策教育、政治理论学习，监督党员模范地完成本职工作，所有的党、团员都必须过组织生活，参加党、团会议和学习，并负责团结、帮助非党、团员的政治学习，而且尽可能地帮助他们解决所遇到的难题。这就是每个党、团员必须担负的社会、政治活动与党的工作。总括地说，这叫做社会、政治义务工作。这方面的工作不仅党、团员必须做，而且政治觉悟较高、政治上可信赖的非党员、老工人也被动员、组织起来做。对他们来说，这叫做社会义务活动。党委工作包括关于生产方面的合理化建议、某项生产方面的先进经验的介绍、时事报告、专业科学知识的介绍与推广等等。

工厂行政领导（厂长）有权、有义务对党、团组织的活动方针、方向提出意见、建议或批评。反过来，本厂党、团委组织和书记同样可以向工厂行政领导提建议、意见或批评。

工会组织既是团结、组织、教育、培养全体职工的群众性组织，又是帮助工人群众排除困难的权威组织。首先是关心工人群众的生活福利，帮助全体职工解决和排除困难，使生活与工作能得到保障和切实的安排，同时也进行思想教育工作（当然，其要求和标准大大低于党的工作要求和标准）。工会工作与活动都是在同行政领导、党、团组织密切配合下进行的。它同职工群众保持着经常的、最广泛的联系，关心和倾听群众的意见或建议，注意解决有关工人群众的工作条件、生活福利方面的问题，帮助解决有关完成生产任务，以及有关工人群众切身利益等方面的诸种问题。遗憾的是，他们说，工会工作常常受到各方面的冲击、责难、批评，有时甚至是辱骂。其原因是：它常常不能顺利地贯彻上级党和行政方面的政策意图，又不能替广大职工群众切实解决某些迫不及待的实际问题，所以常常像钻进风箱里的老鼠“两头受气”。可以理解工会工作的成效与经济条件密切的关系，经济条件越优裕，问题就越容易解决，麻烦便会减少。

各个单位的业务行政领导、党务工作（包括共青团工作）与工会工作都有明确分工，又密切联系、相辅相成的。有时以行政、业务的安排为重点，有时以党、团活动为中心，有时又给工会活动让路。总之，三方面的工作都是以保证完成生产任务为中心、为最终目的，只是他们所肩负的任务和需要解决的问题，各有侧重而已。但决不是说三者之间没有矛盾，据利哈乔夫说，三者之间经常闹摩擦，发生矛盾，因为三方为了方便各自的工作与活动，都想多占时间、多使用较精悍的人员、抢夺有利条件。这虽是矛盾，却绝非是对抗性的矛盾。

在汽车工厂参观和座谈时，少奇做了简要的笔记。

在座谈中，利哈乔夫说，在他们工厂里曾经工作过的中国同志，有工人，也有工程技术人员，与大家相处甚笃，他特别提到苏联名字叫马斯洛夫的中国工程师。

少奇以极大的热情参观了莫斯科大学、列宁博物馆、列宁图书馆、莫斯科市苏维埃（即市政府）、历史博物馆、建筑材料陈列馆、煤炭工业展览馆等，并同以上单位的领导进行座谈，详细询问他们的工作情况及经验。

总之，少奇自始至终以充沛的精力、振奋的精神，带领代表团的同志进行了多方面的工作，成功地完成了党中央赋予的重大使命，为我国革命事业的发展，为我国建国初期经济建设的发展，做出了杰出的贡献。

7月底，高岗回国，王稼祥住进皇宫医院治病。稼祥一边治病，一边领导戈宝权、徐介藩和几位机要通讯人员着手接收和清理国民党政府留下的驻莫斯科中国大使馆，因国民党的大使蒋廷黻及使馆人员已离开苏联逃到欧洲去了。他们走时没有留下什么文件，只留下各种资料、书籍等。戈、徐等对此进行了清理工作。王稼祥后来担任了中华人民共和国驻苏联的特命全权大使、徐介藩、戈宝权担任大使馆的参赞，其他机要通讯人员都留在大使馆工作。这就是说，中华人民共和国尚未宣布成立之前，我们实际上已开始了建馆工作和某种程度上的外交活动。这些工作当然都是在苏联的大力协作、默契的合作下才可能进行的。外界自然不知道这些情况，所以胡乱猜测，制造流言蜚语，特别是西欧各国。

7月底，中共代表团和国内的通讯联络已由苏联军方转到苏联邮电部门担任。另外，我们的机要通讯人员已在大使馆开始工作。这个机要通讯班子对我们的工作帮助极大，因为它不仅同北京（中央）建立了联络，而且也同新疆地方的组织建立了联系。① 对新疆的和平解放起到了很好的作用。

刘少奇与苏联专家

8月14日，少奇从莫斯科乘火车回国。在此之前高岗早已回国，王稼祥继续留在莫斯科。

根据少奇和斯大林的口头协定及当时中国恢复生产建设的需要，中苏双方议定，由苏方选派两百余名各行各业的专门人才，分期分批来中国工作。当少奇回国时，苏方已选好八十余名专家，和少奇同车到中国来。这批专家大多是司局领导干部，有个别是副部长级干部或资深的高级工程师，一般都有十年以上工作经验并受过战争考验。

他们以共产主义、国际主义精神到中国来工作，一路上兴高采烈，热情洋溢，一再表示不怕苦、不怕累，不怕难，一心一意地帮助中国恢复建设和发展现代化的企业。少奇在旅途中多次看望他们，提醒他们在精神上要有足够的吃苦准备，可能会有种种不便甚至扫兴的事发生。

他们到达中国后，首先被安置在东北沈阳临时工作。为了使苏联专家能够很

① 新疆国民党当局于9月25、26日先后发出起义通电，接受中共提出的八项和平条件。10月20日，中国人民解放军进驻迪化（今乌鲁木齐）。

好地发挥作用，少奇做了一系列细致、具体而周到的工作。他还亲自探望专家，了解专家的住宿条件和饮食情况，总之，无微不至地关心他们。他所做的那一切都是十分感人的。苏联专家无不感动地说："我们像遇到了自己的亲人一样，你们对我们这样亲昵，尤其像刘少奇这样一位高级领导人亲自出面关怀我们，并且一直注意我们的生活细节方面的问题，不能不使我们深受感动。如果我们在这里不能尽心努力做好工作、完成任务、做出成绩，那我们将问心有愧，也对不起两国的劳动人民。"他们迫切希望快点走上自己的工作岗位。

但是，因当时我国经济十分落后，这些高级专家到中国后深感英雄无用武之地，不久相继回国。此后，苏联再派的专家比他们的级别都低。

8 月下旬，刘少奇回到我国东北，并在哈尔滨、长春逗留。8 月 25 日到沈阳后，少奇索性住了下来，认真听取各方面的工作汇报，还专门召开了东北局工作会议，作了时局报告，共同研究了若干迫切问题。此外，又专门召开了一次中国干部与苏联专家的联席会议，还举行了对专家的招待宴会和联欢会，并将苏联专家安置好。少奇在沈阳还进行了参观访问、游览等活动。

不久，得知中央已决定将于 10 月 1 日正式宣布成立中华人民共和国中央政府，于是少奇决定 8 月 28 日离开沈阳，以便尽快返回北京。这时候东北地区已进入雨季，大雨滂沱，有多处道路和桥梁都被冲毁，行动受阻，车子走走停停。当我们的车子到达锦州后，车上服务人员叫醒我们说：车子刚走过去的一座桥梁，不到二十分钟就被大水冲垮了。真险呀！

经过数日的颠簸，我们终于回到北京。

刘少奇回国后，立即向毛主席详细地汇报了苏联之行。随后刘又在中央政治局汇报一次。当他讲到斯大林对江青祝酒词的反响时，主席有意避开，到外面待了一会。中央领导人对斯大林做的自我批评印象深刻，无不为之感动，受到鼓舞。

毛主席接见苏联文化艺术科学工作者代表团

1949 年 9 月末，为参加中华人民共和国开国大典，苏联派来了以苏联作家协会总书记、副总书记著名作家法捷耶夫、西蒙诺夫为首的文化艺术科学工作者代表团，共四十三人。团内有不少著名的艺术家及高级干部，如俄罗斯联邦共和国人民教育部副部长杜布罗维娜。他们于 9 月 28 日到达哈尔滨，在哈尔滨、沈阳、天津均受到热烈欢迎，10 月 1 日上午到达北京，受到会长刘少奇、副会长宋庆龄及总理周恩来的欢迎。

国庆典礼后的一天中午，大约是 10 月 2 日或 3 日，毛主席会见代表团全体成员。在接见期间，毛主席除寒暄、问好、祝愿外，还作了长篇精彩的讲话。他的讲话生动活泼、有声有色。讲话不仅吸引住了听众，而且团员中许多人，如杜布罗维娜等在聆听中，因极受感动，激动得流了热泪。座谈延续了两个多小时。

毛主席说：人家一直叫我“土匪”，前一个时期才不这么叫了。人家一直叫“剿匪”，现在也不这么叫了。我这个“土匪”的名字丢得时间并不长。

他回顾了中国革命的历程，中国人民劳动大众、中国革命在近百年来所走过的艰苦道路、所进行的轰轰烈烈、前仆后继、顽强不屈、坚持到底的革命斗争精神。

他说，这是一条坎坷不平、曲曲折折的道路，自第一次鸦片战争到 1949 年的彻底解放，走了一百多年。中国的劳动人民、革命的进步分子、先驱者，抛头颅、洒鲜血，终于找到了真正有力的战斗武器——马列主义，吸取了十月革命的经验，推翻了压在自己头上的三座大山：帝国主义、封建主义、买办资本家势力。中国人民在解放斗争中所遇到的既有外来侵略者，也有中国统治者。

20 世纪以来世界爆发的革命事件很多，几乎是一波未平，一波又起。但最重要的、震撼世界的大事件，一是 1917 年的十月社会主义革命，二是 1949 年的中国革命胜利。后者解放了五亿人民，并与两亿起先锋队作用的人民相结合，使世界两个阵营的力量对比发生了很大变化。

他说：20 世纪在我国发生的革命事件——辛亥革命推翻了清王朝的统治，但民族未获得解放，未摆脱外国帝国主义的侵略、奴役和压迫，国内的封建势力、官僚豪绅、地主恶霸、买办阶层，仍然爬在人民头上为所欲为、作威作福。中国人民为了摆脱帝国主义的侵略、压迫，在 1920 年代初期，进行了轰轰烈烈的解放运动，即 1925 年至 1927 年的大革命，取得了很大的胜利。但资产阶级买办阶层、土豪劣绅不喜欢，他们同帝国主义勾结起来，把革命人民一巴掌打倒在地，把人民浸泡在血泊中。千千万万的人牺牲了，留在人间的同志从地上爬起来，除去自己身上的泥土和血污，擦干脸上的血泪，埋葬了自己已牺牲的同志和亲人，又重整旗鼓，找寻、联合自己的同志，建立自己能站足之地，这就是上山，建立革命根据地。经过数年的浴血奋战，走了两万五千里，爬雪山、过草地，冲出层层围困，进行了无数次的战斗，终于又找到了立足之点。这前后共历时十年。

我们终于学会了战略战术。紧接着就是抗击外来侵略者，进行了八年的抗日战争。须知，这是在毫无外援、完全依靠自力更生坚持下来的。外国侵略者被打倒了，人民还未得到喘息，甚至还未来得及伸伸腰，蒋介石国民党又在美帝国主义的怂恿和支持下，打响了内战，企图一举消灭人民革命力量，竭力设法巩固反动统治、独霸中国。可是这回，人民由于已经有了以往数十年的多次经验和教训，决心依靠自己的力量进行斗争，解放自己，决心不再受敌人的欺骗、愚弄、出卖，而一定要依靠自力更生，根据独立自主的原则，坚定不移地与敌人进行一次最后的较量，作一次你死我活的决战，把革命进行到底。这是共产党人的决心，也是全国广大劳动人民的意志和决心。

这个坚定不移的决心实现了，中国革命胜利了，才有了今天的中国。但这仅仅是我国人民在长征道上迈出的第一步，而摆在我们面前的任务和应做的事情还是很多很多的。只要不骄傲自满，不丧失信心，集中精力、团结一致，努力前进，为共同目标而奋斗，中国的发展进步将会是较快的。中国具有的优势之一，就是它有一个好近邻，所以中国不是孤立无援的。

客人们不仅屏住呼吸、聚精会神地倾听毛主席的讲话，而且全神贯注地思考、体味每句话的含义。总之，主席的话引起了他们极大的注意，激发了他们的感情，深深触动了他们的灵魂，以至多数人掉下了眼泪，出现了罕见的动人场面。

谈话快结束时，主席建议他们同我们的劳苦群众作些接触和了解，如果作家们能随军到前方去看看，了解了解我们军队的生活、战斗能力、战地实况、军民关系那就更好了。最好是能随同渡江南下的部队一道前行，既可看见旧时劳苦大众的生活情况，又可观察部分战役，甚至前线作战过程。随四野向中南区行军前进，或许还可能遇到一两次像样的战役，但特大规模的战役不会有了。

法捷耶夫因工作关系，要早日回国，故未能成行。后经协商，他们决定，西蒙诺夫留下来并随四野南下。为此，主席专门作了安排。林彪为保障西蒙诺夫的安全，没有让他到前沿部队去。西蒙诺夫后来完成的作品《战斗着的中国》，就是描述他随军南下的所见所闻和体会。

毛主席首次访苏

行程万里

1949 年 10 月 1 日，毛主席在天安门城楼上向全世界庄严宣告中华人民共和国成立。第二天，即 10 月 2 日，苏联政府来电正式承认中华人民共和国，表示愿意立即与我国建立外交关系，并互派全权大使。接着，蒙古及其他人民民主国家也都相继来电承认中华人民共和国政府。

10 月 16 日，苏联大使罗申在中南海勤政殿向毛主席递交国书，周总理等参加了这个仪式。由于我们没有经验，采纳了苏联大使建议，在仪式之后举行宴会。苏联人特地向前门外全聚德订购了烤鸭。可是烤鸭送到勤政殿后全都凉了，已不是皮脆肉嫩，而是咬不动了，使大家兴趣索然。从此，在接国书之后再也没有举行宴会。当时外交部负责礼宾的是余心清，从未请外国人担任过这方面的顾问。

建国伊始，全国人民投入紧张而热烈的经济建设工作。与此同时，中央决定毛主席出访苏联，其主要任务是：参加斯大林七十寿辰庆祝活动；就两党两国之间所关心的问题交换意见；商谈和签订两国之间的有关条约、协定等，并商议与解决有关两国利益的若干具体问题。

开国大典后不久，即着手进行出国准备工作，中央指定党政各有关部门准备和编写有关的资料，并委托中共中央办公厅选定和筹集赠送给斯大林的祝寿礼品。

前者是在毛主席、周总理亲自过问和指导下完成的，后者江青经常插手。她一而再，再而三地向毛主席建议要带些能表明国情的礼品去，而且最好只带农产品和手工艺品。她提出首先要送的是山东的大白菜、大葱、潍坊的大白萝卜；其次是湘绣的斯大林像、景德镇的陶瓷、浙江的龙井茶、安徽的祁门红茶、江西的竹笋、福建的漆器、杭州的纺织品与刺绣等。这些礼品来不及随车带走，而是陆续运到莫斯科的。原因是订货者一而再地改变主意，审查货物的人又无休止地挑剔，致使一拖再拖，耽误了时间。

为什么这次江青胆敢干扰、瞎指挥呢？原因是她于1949年夏季曾去过一次莫斯科，并受到斯大林的礼遇和夸奖，于是昏昏然，不可一世了。她似乎一下子成了里手，左出主意，右提意见，俨然以“参谋长”自居了。

大约12月6日，毛主席偕陈伯达（当时陈的头衔是教授）乘坐的专列从北京出发，将经东北的满洲里，沿着漫长的西伯利亚铁路前往莫斯科。苏联驻华大使罗申、苏联专家总负责人柯瓦廖夫陪同前往。

专列经过天津时，因在铁路线上发现了一颗手榴弹（实际已破旧了），公安部长罗瑞卿在此下车去调查。国家初建，国民党潜伏的特务及反革命残余势力还未肃清，对保卫工作自然也要求甚严。公安人员的责任无疑极其重大。

路经沈阳时，高岗等上车护送毛主席至边境站满洲里。

专列进入苏联境内的第一站奥伦堡时，苏联外交部副部长拉夫伦捷夫已专程前来迎接，并在车站举行了简短的欢迎仪式。毛主席检阅了仪仗队，但因冰天雪地寒风凛冽，气温甚低，只得迅速回到车上。行车一路每至一个大站都有当地主要领导干部出面迎接。

行至新西伯利亚城时，苏联外交部打来电话，询问毛主席的健康状况，并问有什么特殊要求或愿望，以便满足路上的需要，护理好毛主席的健康，安排和照顾好毛主席的生活。

列车行至斯维尔德洛夫斯克车站时，毛主席下车在月台上散步，但几分钟后，他忽然头昏目眩，满头大汗，站立不稳，我急忙上前扶住他，并把他搀回了列车上。几个钟头后，他恢复了正常。这种情况在国内时也曾有发生。

从此，主席不再到月台上散步。在雅罗斯拉夫尔，王稼祥大使登车迎接，并陪同至莫斯科。

两个伟人的首次会面

12 月 16 日中午，车站的大钟正打十二下时，火车徐徐开进莫斯科北站（雅罗斯拉夫车站），这是苏方精心安排的。在车站举行了隆重而简短的（因天气太冷）欢迎仪式。

苏联部长会议副主席莫洛托夫，苏联元帅布尔加宁上车慰问、迎接毛主席。他们知道主席在路上感冒，身体不适，因而向毛主席解释说，在车站上安排了隆重的欢迎仪式，但因天气太冷，一切从简，只有一个仪仗队举行迎接礼，只须绕行一趟，也无须答礼。如愿发表谈话，可以把发言稿交报社发表就行了。

主席在书面发言中首先表示对苏联政府和苏联人民“兄弟般的友谊是永远不会忘记的”。然后指出：“我相信，由于中国人民革命的胜利，和中华人民共和国的成立，由于新民主国家及世界爱好和平人民的共同努力，由于中苏两大国的共同愿望和亲密合作，特别是由于斯大林大元帅的正确的国际政策，这些任务必将会充分实现并获得良好的结果。”①

欢迎仪式结束后，毛主席前往姐妹河斯大林的第二别墅下榻。这是斯大林在卫国战争期间的住所，有一个很大的地下指挥部。主席、机要室主任叶子龙和我住在一层，陈伯达、汪东兴住在二层。

当天下午 6 时，斯大林在他的克里姆林宫办公室的小会客厅会见毛主席。

6 时整，厅门大开了。斯大林和苏共全体政治局委员及维辛斯基外长站成一排迎接毛主席。这是很破例的，因为斯大林一般不到门口迎接外宾。他为了表示对中国人民及其领袖的尊重、信任及特殊的礼遇，所以特地作了这样的安排。会谈时只有我一人作翻译，苏方没有翻译在场。这又是特殊的安排，以表示对中国同志的完全信任和尊敬。

斯大林紧紧地握着毛泽东的手，端详了一阵说：“你很年轻，红光满面，容光焕发，很了不起！”他回过头来，又把自己的同僚一一介绍给毛泽东，大家围站在大厅里，相互问好，互表祝愿。

---

① 《新华月报》1950 年第 1 卷第 3 期，第 579 页。

斯大林对毛泽东赞不绝口："伟大，真伟大！你对中国人民的贡献很大，是中国人民的好儿子！我们祝愿你健康！"又说："你们取得了伟大的胜利，祝贺你们前进！"这时，气氛十分热烈、动人。

毛泽东回答说："我是长期受打击排挤的人，有话无处说……"

不等主席讲完，斯大林立即插话："胜利者是不受审的，不能谴责胜利者，这是一般的公理。"斯大林的这句话使毛主席没有把内心的话讲出来。

大家边谈边徐徐入座。斯大林坐在主席的座位上，苏方官员列坐在他的右侧，毛泽东及我坐在左侧。

正式会谈开始了。斯大林关切地询问毛泽东的健康状况，希望他多多保重。斯大林说："中国革命的全面胜利在望，中国人民将获得彻底解放，共产党的力量是不可战胜的。中国革命的胜利将会改变世界的天平，加重国际革命的砝码。恢复经济和建设国家将是你们头等重要而又艰巨的任务，但你们有最宝贵、最丰裕的资本——人力，这是取得最后胜利和向前发展的最可靠的保障和力量。你们获取全面胜利是无疑的。但敌人并不会甘心，也是无疑的。然而今天敌人在你们面前是无能为力的。我们全心全意祝贺你们的胜利，希望你们取得更多更大的胜利！"

双方的谈话海阔天空，从前线的军事情况谈到经济建设、粮食收获、土地改革以及群众工作等。从一开始就使人感到，斯大林在揣摩毛主席此行的意图和愿望。谈话历时两个多小时，苏方只有斯大林一人说话，其他人都未插话。

斯大林再三问毛泽东："你来一趟是不容易的，那么我们这次应该做些什么？你有些什么想法或愿望？"

毛主席表示："这次来，一是为祝贺斯大林七十寿辰；二是看一看苏联，从南到北，从东到西都想看一看。"

斯大林说："你这次远道而来，不能空手回去，咱们要不要搞个什么东西？"

7 月份斯大林和刘少奇谈话时已表示要等毛泽东到苏联后签订一个条约。这次，我感觉到斯大林似乎不愿先提出自己的想法，以免日后有人说他把自己的意志强加于人；他也可能考虑到过去他对中国革命出了些不正确的主意、有些不妥的做法，因此表现得很谨慎。

毛主席说："恐怕是要经过双方协商搞个什么东西，这个东西应该是既好看，又好吃。"

这话充满了哲理和幽默，但是如果我直译出来，苏联同志肯定不会明白。所以我在翻译时做了解释："好看就是形式好看，要做给世界上的人看，冠冕堂皇；好吃就是有内容、有味道，实实在在。"

然而苏联人仍然不能理解那是何物，全都目瞪口呆，只有贝利亚竟失声笑起来。

斯大林虽不理解东方人的智慧，但他沉着冷静，仍婉转地继续询问。

毛主席不肯明说，他认为苏方较有经验，应该主动提出帮助我们，不提是不诚恳的。他对斯大林说："我想叫周恩来总理来一趟。"①

斯大林表示惊讶，反问道："如果我们不能确定要完成什么事情，为什么还叫他来，他来干什么？"显然斯大林在追根寻底，但毛主席没有再回答。

斯大林和毛泽东都没有猜透对方的心理和意图，因而发生了某种误解。斯大林内心的打算是，不管中苏之间要签订什么条约或者协定，都得由他亲自签署，对方必须是由毛泽东签字，这样才门当户对，冠冕堂皇。这是斯大林内心的最大愿望和如意算盘。但毛泽东却一心要把担任总理兼外长的周恩来请到莫斯科完成这项任务。斯大林虽是总理（部长会议主席），却非是外长。他不能理解，为什么毛泽东不愿意代表五亿人民签署这样的条约？②

这是双方首次会谈遇到的难题，或产生的隔阂和不愉快。

斯大林让步了

从此，两位伟人都沿着各自的方向思考自己的事情。

斯大林忧心忡忡，派莫洛托夫、罗申来主席处访问、交谈，想摸清毛主席内心的想法和愿望。斯大林亲自给毛主席打来电话，与主席直接交谈，问主席有什么愿望或想法，双方应进一步做些什么？是否有新的考虑等等。斯大林还给我打

---

① 早在1949年11月9日，毛主席起草的以中央名义致驻苏大使王稼祥电文中就讲到："至于恩来同志是否随毛主席一道去莫斯科，或于毛主席到莫后再定恩来是否去及何时去，此点亦请斯大林酌定。"（《建国以来毛泽东文稿》第1册，第131页，中央文献出版社，1987年版。）由此可见，毛泽东在国内就已想好要周恩来到苏联参加谈判。

② 根据俄罗斯公布会谈纪录，毛泽东明确提出中苏友好同盟条约的问题。而斯大林认为1945年苏联和国民党政府签订的中苏友好同盟条约是根据雅尔塔协议签定的，决定暂时不改动这项条约的任何条款。由此可见，斯大林拒绝了毛泽东关于中苏签订新约的建议。

来一次电话，想通过我了解毛主席的想法。我当然不好说，况且我也不大了解毛主席在想些什么。

柯瓦廖夫和使馆参赞、中文翻译费德林是陪代表团一起来莫斯科的，他们有时来看看主席。有一次他们来到别墅交谈时，毛主席对柯瓦廖夫发了一通脾气，说："你们把我叫到莫斯科来，什么事也不办，我是干什么来的？难道我来这里就是为天天吃饭、拉屎、睡觉吗？"

其实他们是难得见到，甚至是见不到斯大林的。柯瓦廖夫当年随少奇见过一次斯大林。斯大林问他话时，他十分紧张，像小学生一样，站得笔直，立正回答问题。主席发脾气一事，他们怎敢向上汇报呢。

柯瓦廖夫和费德林离开时，我送他们出门，发现柯瓦廖夫的表情不正常。

他们走后，我去见主席。他情绪很好，高兴地对我说：他如此教训一番柯瓦廖夫，其目的是为了使他向斯大林反映情况（即反映我们的不满）。

我向主席解释说："柯瓦廖夫不会见到斯大林的，也不会反映他受到的训斥。他不能这样说，也不敢这样说。如果他这样说了，他就会受到指斥或处分的，柯瓦廖夫将采取什么办法摆脱窘境，还得等等看。"

不出所料，柯瓦廖夫回去之后写了一封污蔑中国的长信。斯大林收到信后，即刻转交给我们，并说："这是柯瓦廖夫自己写的，不是我们授意的。须知，他不是搞政治的，只是一个技术员，却往政治里钻，这是很不适当的。"

后来，在毛主席和斯大林一次谈话中，谈到派专家的问题。

主席提出是否可把柯瓦廖夫派给我们。斯大林马上说："柯不是专家，不懂建设，我们将给你们派出熟练的专家。"

随后，莫洛托夫来到别墅看望毛主席，意在摸我们的底。毛主席向莫洛托夫海阔天空地谈中国革命的历史、党内斗争等，谈的时间很长。但莫洛托夫却表现出沉默、不感兴趣的样子，只是点头听着，既不表态，也不提出任何问题。

他不理解也不想揣测主席的心思，大概一心只盘算如何完成斯大林交办的任务。

当时凑巧遇到一件预料不到的事：英国通讯社造谣说，斯大林把毛泽东软禁起来了。消息传出后，苏方倒有些着慌。

毛主席访问苏联，这是新中国成立后，党和国家最高领导人同苏联党和政府最高领导人的第一次直接会晤，是最重要的外交接触和谈判，理所当然要引起国际舆论的高度重视。但十几天来竟没有消息报道有什么实质性的进展，这是西方人士不能理解的，当然要引起世人的种种猜测。

大家为此很着急。稼祥足智多谋，不愧为“智囊”。他提出以主席答塔斯社记者问的形式，在报上公布主席到苏联的目的。1950年1月1日，毛主席决定发表这个《答记者问》，1月2日见报。

在《答记者问》中，主席说：“我逗留苏联时间的长短，部分地决定于解决有关中华人民共和国利益的各项问题所需要的时间。”“在这些问题当中，首先是现有的中苏友好同盟条约问题，苏联对中华人民共和国贷款问题，贵我两国贸易和贸易协定问题以及其他问题。”并讲：“我还打算访问苏联的几个地方和城市，以便更加了解苏维埃国家的经济和文化建设。”①

《答记者问》发表后，震动很大，政治空气为之一新。此时，斯大林已不再坚持原有的想法，同意周恩来到莫斯科来。

1950年1月2日晚8点，莫洛托夫和米高扬到别墅来和毛主席谈话，询问主席对签订中苏条约等事的意见。

主席讲了三个意见：（甲）签订新的中苏条约，“中苏关系在新的条约上固定下来，中国工人、农民、知识分子及民族资产阶级左翼都将感觉兴奋，可以孤立民族资产阶级右翼；在国际上我们可以有更大的政治资本去对付帝国主义国家，去审查过去中国和各帝国主义国家所订的条约。”（乙）由两国通讯社发一简单公报，说明两国当局对旧的中苏友好同盟条约交换了意见；（丙）签订一个声明，内容是讲两国关系的要点。如果按乙、丙两个方案做，周恩来可以不来。

莫洛托夫马上说：“甲项办法好，周恩来可以来。”

毛主席追问：“是否以新条约代替旧条约。”

莫洛托夫说：“是的。”

毛主席当即说：“我的电报1月3日到北京，恩来准备五天，1月9日从北京动身，坐火车十一天，1月19日到莫斯科，1月20日至月底约十天时间谈判及签订各项条约，2月初我和周一道回国。”

同时又谈到毛主席外出游览的问题，商定晋谒列宁墓，去列宁格勒、高尔基

① 《人民日报》1950年1月3日。

城等处看一看。莫洛托夫、米高扬提议看一看兵工厂、地下电车（即地铁）、集体农庄及和苏联各负责人谈话。毛主席到苏后还没有出门单独看望过任何一位苏联领导人。

他们走后，毛主席于晚 11 时致电中共中央："最近两日这里的工作有一个重要发展。斯大林同志已同意周恩来同志来莫斯科，并签订新的中苏友好同盟条约及贷款、通商、民航等项协定。"

1 月 11 日，毛主席谒列宁墓并敬献花圈；会见了苏联最高苏维埃主席团主席什维尔尼克。会见什维尔尼克是纯礼节性的。

已决定周恩来到莫斯科后，斯大林第二次给毛主席打电话，征求主席的愿望和意见。

在此之前，还有一件事必须讲到。

12 月 21 日，斯大林七十大寿，在莫斯科大剧院举行庆祝大会。到会的都是苏联的高级干部。斯大林和各兄弟党的代表都在主席台就座。毛主席挨着斯大林和匈牙利的拉科西，我在毛主席身边担任翻译。

毛主席的祝词是费德林代读的，高度评价了斯大林对国际共产主义运动的贡献，反响很大。

在大会进行过程中，斯大林一再侧过脸来同毛主席说话。但无论斯大林和拉科西怎样引逗，都未激起毛主席的一丝微笑，他一直沉默寡言，庄严静思。

大会以后，举行宴会并观看了文艺演出。斯大林和毛主席坐在一个包厢，这是旧时沙皇的专用包厢，演出结束后，观众全都回过头来欢呼："斯大林！毛泽东！""毛泽东！斯大林！"毛主席举手向群众致意，并呼口号："斯大林万岁！""光荣归于斯大林！"全场口号声、欢呼声、鼓掌声响成一片，持续了好几分钟。

祝寿之后，欧洲各国党的代表团都回去了，我们仍留在莫斯科。

在莫斯科期间，为了调节毛主席的生活，我找了几十部俄国和欧洲的历史人物传记影片给他放映，例如《彼得大帝》、《拿破仑》、《库图佐夫》、《涅夫斯基》、《加斯豆斯·加林诺夫》等等。在一次毛主席拜会斯大林时，斯大林对我说："毛泽东真聪明，有空就看人物传记片，这是了解历史的最简捷的办法。"我把这话告诉了毛主席。

毛主席游览列宁格勒

毛主席得知周总理从北京启程的确切日期后，就准备外出旅游。1月14日乘火车离莫斯科北上。

15日，毛主席在王稼祥、陈伯达等陪同下抵达列宁格勒。在火车站，受到当地领导的隆重迎接。当地领导原计划安排主席到斯莫尔尼宫休息。但是毛主席要直接乘车去波罗的海。遵照毛主席的愿望，汽车直奔波罗的海芬兰湾。大海和陆地已被冰冻连在一起，分不出陆地与海洋的界限了。

汽车在海面的冰层上行驰了一个多小时。

十月革命时工人发起暴动的要地——喀琅施达特要塞与我们遥遥相望。毛主席走下汽车，在冰层上来回踱步，举目眺望，满怀激情地说："这里真是千里冰封啊！"

苏联同志介绍说："我们此刻正站在波罗的海海面的冰层上，冰的下面就是海水，冰层的厚度大约一米至一米五。"

毛主席说：我的愿望是要从海参崴——太平洋的西岸走到波罗的海——大西洋的东岸，然后再从黑海边走到北极圈。那时，才可以说我把苏联的东西南北都走遍了。

陪同人员顿时都活跃起来，欢腾、鼓掌，苏方人员尤其为毛主席的豪情和开阔的胸怀深深感动。

在列宁格勒，毛主席下榻于斯莫尔尼宫，即以前日丹诺夫的办公大厦。在市苏维埃主席库兹涅佐夫、书记利亚诺夫的陪同下首先参观了基洛夫机器制造厂。机器震动得地面抖动，隆隆机器声震耳欲聋。这个工厂是十月革命时布尔什维克的重要据点，工人们作出了很大的贡献。

参观后，毛主席在该厂文化宫接受青少年的献礼、致敬，场面十分热烈欢快。主席兴致勃勃，笑逐颜开，愉快地度过了这段美好的时光。在莫斯科，除在园内散步外活动极少，使人感到拘束紧张和乏味。

接着，毛主席参观了艺术馆，即冬宫展览厅及沙皇的寝室、办公室、休息室、客厅、藏书室等。

主人告诉我们说，本来还有一间中国厅可以参观，但目前正在整修，很遗憾。

毛主席侧过脸对我说："其实是不便对我们开放，不好意思让我们看，因为沙俄盗窃中国的东西太多了。"

在列宁格勒郊区，毛主席参观了保留下来的卫国战争时期的防御工事及战场残迹。军区的一位上校参谋向毛主席介绍当年战地情况。他讲了一段后停了下来，问是否需要继续讲下去。

毛主席回答说："可以了。"主席回过头来对我说："听那些背熟了的一套应酬话有什么意思。"

的确，那位上校把列宁格勒这座英雄城当年残酷激烈、千变万化的战斗经过，讲得非常枯燥无味，简直是背诵经书。

毛主席参观了十月革命时炮击冬宫的"阿芙乐尔"号巡洋舰。

晚上，主席到基洛夫歌舞剧院观看列别杰娃主演的一场芭蕾舞《巴亚捷尔卡》。在演出后，毛主席派代表团成员登台给列别杰娃献花篮。台上台下的鼓掌和欢呼声融合在一起。列别杰娃谢幕五六次之多，观众仍不散场。列别杰娃意识到掌声如此热烈非凡的原因之所在，于是面向毛主席鼓掌，用手送吻三四次。由此可见苏联人民对中国革命之热爱，对中国革命领袖的爱戴。毛主席也甚为感动，露出真挚的笑容，不停地向大家招手还礼。

主席在列宁格勒短暂停留，16 日启程，翌日回到莫斯科。仍住在姐妹河斯大林别墅。

关于《中苏友好同盟互助条约》的谈判

1 月 10 日，周恩来率领中华人民共和国政府代表团离开北京前往莫斯科。这是一个颇为壮观的代表团，除随同毛泽东已先期到达的陈伯达及主席身边工作人员汪东兴、叶子龙等以外，随同周恩来的代表团成员有东北人民政府副主席李富春、中央贸易部部长叶季壮、东北工业部副部长吕东、东北贸易部副部长张化东、外交部苏联东欧司司长伍修权、外交部办公厅副主任赖亚力、大连市委书记欧阳钦、工业部计划处长柴树藩、东北电业局局长程明陞、东北外贸部处长常彦卿、中央财经计划局处长沈鸿、外贸部机要秘书苏农官、鞍钢公司副经理王勋、东北机械局副局长聂春荣、东北煤矿局计划处长罗维和警卫参谋何谦等同志。

毛主席返回莫斯科的第二天，周总理从新西比尔斯克打来电话。他们谈了一会儿，因传音不良，毛主席听不清楚，改为到了乌拉尔的斯维德洛夫斯克再通话。这次毛主席同周总理在电话上讲了一个多小时。毛主席把自己的活动、愿望以及将要签订的条约内容都讲了，也征求了周总理的意见。这样，周总理心中有了数，一到莫斯科立即投入了工作。

王稼祥到二百公里以外的雅罗斯拉夫尔去迎接周总理一行。1 月 20 日周总理到达莫斯科，车站也有仪仗队迎接，比迎接毛主席规模小些。

周总理在车站发表演说："我这次奉了中华人民共和国中央人民政府毛泽东主席的指示，来到莫斯科，参加关于巩固中苏两大国邦交的会商。"

周总理住在单独一座别墅里。离毛主席住处较远。周总理一到莫斯科，就来见毛主席，商量如何开展工作。过了一天，周总理索性搬到毛主席二楼的一间房子里住，这样更便于同主席商量问题。

由于事先已有充分准备，在周总理到达莫斯科的第三天（即 1 月 22 日），毛泽东、周恩来与斯大林举行会谈，维辛斯基、李富春、王稼祥等也在座。

毛泽东首先发言，阐述了在新情况下中苏两国的合作关系应以条约形式固定下来的意见。他认为，条约的内容应是密切两国的政治、军事、经济、文化、外交的合作，以共同制止日本帝国主义再起及日本或与日本勾结的其他国家的重新侵略。

斯大林同意这一意见，并谈了签定条约问题，即同盟条约问题，中长路问题，旅大问题，贸易及贸易协定问题，借款问题，民航合作问题等。

毛主席提议中长路、旅顺及大连三个问题写在一个协定中。

斯大林说，"中苏条约应是一个新的条约，对雅尔塔协定问题可以不管它。旅顺口问题的解决办法，一个是限定归还，在对日和约缔结后撤兵；一个是现在撤兵，但过去的条约形式暂不变更。"

毛主席同意前一个办法。

谈到大连的问题时，斯大林说："可由中国自己处理。"

关于中长路，因为我们原无变更中苏共同经营之意，所以只提出缩短年限，改变资本比例由现在的中苏各占一半，改为 51:49 和由中国同志任局长等三项意见。苏方同意缩短年限，但不同意改变资本比例，仍主资本各半（50:50），并提出双方人员改为按期轮换制，轮流担任正副局长。

关于贸易问题，毛主席说，我们准备的出入口货单，并不十分准确，因此与贸易有关的问题只能作出大概的规定。

斯大林还提出不允许第三国居民进入和在中国东北、新疆地区居留的问题。由于这个问题提得突然，谈话有些冷场。

周总理随即反问道："东北住有很多朝鲜民族的居民，他们算不算第三国公民？更不用说外来的蒙古人了。"

斯大林对这一反问措手不及，一时哑口无言，后来说明他们的本意是禁止美、日、英等帝国主义国家的人进入东北活动。

在这个问题上曾出现不愉快的气氛，因为苏方提出的这个问题，干涉了我国的内政。

关于聘请苏联专家的问题，斯大林提出了一些苛刻的条件。这些条件既不符合中苏友好的原则，又带有明显的不平等性质。这些条件对苏联专家待遇的要求过高（后来连专家们自己也承认这一点）。还规定苏联专家在中国犯了错误时，中方不能处理，而应交由苏方审理和处理。在这个问题上，斯大林沿袭了西方帝国主义国家在对外援助方面所执行的方针、政策，同时也表现出了大国沙文主义。他这样做，其实在很大程度上是为了讨好俄罗斯民族，使国内的人们看到他是在为俄罗斯人民的利益着想，为俄罗斯人民办了一件有利可图的好事。所以，包括俄罗斯族在内的人们说：斯大林的大俄罗斯主义精神表现得比俄罗斯族还要强烈。列宁过去在这个问题上对斯大林的批评，看来是十分准确的。

大国沙文主义不仅表现于此，还表现在于3月27日中苏两国签订的《关于在新疆创办中苏石油股份公司协定》、《关于在新疆创办中苏有色及稀有金属股份公司协定》和两国互设领事馆的问题上，可以说苏方承袭了沙皇政府的老政策。所以在斯大林去世后，1954年赫鲁晓夫第一次访华时，主动提出取消所有的四个中苏合股的公司。

在后来的谈判过程中，苏方提出在我国的哈尔滨、沈阳、大连、上海、广州等城市设立领事馆，中国相应地在苏联的海参崴、伯力、赤塔等地设立领事馆；在西部地区，苏方在我国的乌鲁木齐、伊宁、喀什设领事馆，中国相应地在苏联的塔什干、阿拉木图、斋桑设立领事馆。

在这个问题上，双方的实际做法有很大的差距。苏联非常积极地、争先恐后地按协定设立了他们的领事馆，并立即开展了活动。而中方除了在赤塔、海参崴两处勉强设立和维持了不长时间的领事馆外，在其他几个地方根本没有开设领事馆。曾担任驻赤塔中国总领事的徐介藩说：苏方按老习惯，把一切外交人员都当作外国情报人员看待，处处提防，行动极不自由。所以他只在赤塔工作了不多的时间，就不愿返任了。

毛主席对苏联的这些做法是有意见的。

在 1 月 22 日的会谈中，双方决定委托恩来与米高扬、维辛斯基进行具体会谈。后来在会谈时，我方加入了王稼祥、李富春，苏方加入了外交部副部长葛罗米柯、罗申。

从 1 月 23 日起，周恩来、李富春、王稼祥同米高扬、维辛斯基、葛罗米柯、罗申开始就条约和协定的内容进行会谈。有时，毛主席也参加会谈。

在协商《中苏友好同盟互助条约》时，周总理强调："友好同盟"的具体内容自然就包括互助合作在内了，而后者也应该是条约的具体内容。苏联方面对周总理的解释很感兴趣，也相当重视，因此把这次会谈情况向斯大林作了汇报。以后，周总理的这个意思在条约中得到了充分的反映。

开始，苏方按周总理的基本思想和大体内容，写了一个草案给我方看。

周总理看后说："不对，我说得很多，内容没有全包括进去，要修改。"当即把王稼祥、陈伯达叫来商量，同时向毛主席作了汇报。毛主席说："我们自己重搞一个吧。"

于是，周总理花了整整两天多时间草拟了条约文本，我把它译成俄文交给苏方修改。苏方没有改动多少，表示满意。看来，这是出乎他们意料的，他们没有想到我方会提出内容这么充实的条约。所以说，条约文本实际上是我方起草的。

《中苏友好同盟互助条约》规定："缔约国双方保证共同尽力采取一切必要的措施，以期制止日本或其他直接间接在侵略行为上与日本相勾结的任何国家之重新侵略与破坏和平。""亟愿依据联合国组织的目标和原则，巩固远东和世界的持久和平与普遍安全。"

《关于中国长春铁路、旅顺口及大连的协定》规定："苏联政府将共同管理中国长春铁路的一切权利以及属于该路的全部财产无偿地移交中华人民共和国政府。此项移交一俟对日和约缔结后立即实现，但不迟于 1952 年末。""不迟于 1952 年末，苏联军队即自共同使用的旅顺口海军根据地撤退，并将该地区的设备移交中华人民共和国政府，而由中华人民共和国政府偿付苏联自1945年起对上述设备之恢复与建设的费用。”以上两项在苏联未移交之前均由中苏共管。

《关于贷款协定》规定：苏联以年利百分之一的优惠条件给中国三亿美元的贷款，规定中国于1954年12月31日至1963年12月31日十年内分批还清。

另外还发表了《公告》。《公告》指出：1945年8月14日中苏签订的条约、协定均失去效力，“双方政府确认蒙古人民共和国之独立地位，已因其1945年的公民投票及中华人民共和国业已与其建立外交关系而获得了充分保证”。[①]

苏联经济机关在东北自日本所有者手中所获得之财产无偿地移交中华人民共和国。”（其实在苏军从东北撤退时，已搬走了大量的装备。）

《公告》之所以提到蒙古人民共和国的地位问题，是因为1945年8月国民党政府和苏联政府互换了《关于外蒙古问题的照会》，同意外蒙古独立。夏天，刘少奇访苏时已表明：蒙古人民要求独立，根据各民族自治的原则，我们应当承认蒙古独立。

一次，毛主席、周恩来和斯大林会谈，在交谈了若干问题后，周总理提出：“关于蒙古人民共和国的独立地位，中国准备发表一项声明。”

斯大林一听立刻就紧张起来，愣了一下，说：“蒙古问题不是早已解决了吗？并不存在问题，有什么要声明的？！再说，蒙古同志不在，我们谈蒙古问题干什么？我们有什么权利谈论人家的命运。”

总理耐心地解释说：“我们政府必须有个声明。中华人民共和国成立时，我们宣布旧中国的一切国际协定、条约一概不予承认。蒙古独立是国民党经手办的。国内的民主人士提出来，既然国民党签定的一切国际协定、条约都不予承认，那蒙古独立的问题，你们承认不承认？我们必须表明态度。”

斯大林好似放下一块大石头，大大地松了一口气，说：“我们两国都可以发表声明，还是中国政府先发表，苏联政府支持中国的声明，蒙古政府也表个态。”

最后以两国公告的形式解决了这个问题。会谈中提出了如何对待苏联在中国（主要是东北和新疆）的侨民问题。主要是关于他们的国籍问题和居留条件。苏

① 1945年8月7日至14日，宋子文赴莫斯科与斯大林会谈，会谈中宋子文代表国民党政府承认外蒙古独立。8月14日，国民党政府代表王世杰和苏联政府代表在莫斯科签订《中苏友好同盟条约》并互换了《关于外蒙古问题的照会》。10月20日，国民党派代表监督蒙古人民共和国的公民投票。公民投票结果，一致拥护独立。

侨中有人既不愿加入中国国籍，也不愿要苏联国籍。这样就成为无国籍公民，而无国籍公民在中国居住，中国则不能答应。苏方对年轻的苏侨，愿意承认他们的苏联国籍，而对年龄较大，原系革命时期逃离苏联的人则不乐意承认并抱有怀疑态度。这个问题大概到 1955 年才彻底解决。

在一次谈话中，斯大林主动地提出，在盛世才时代，他们帮助新疆人民建立武装力量，训练干部，以对抗国民党的势力，并在那里建立有相当大的军火库，储存了一部分武器弹药。现在决定将这部分物资全部转交中方，望中方指定专人负责接洽、接收。主席当即委托周总理办理。

我还记得《条约》的有效年限开始谈定是二十年，不知后来怎么变成三十年。翻译时，我曾问主席，他说："原来是二十年，不知什么时候改为三十年。"看来，他并不看重年限。

因为斯大林认为中国应在亚洲多发挥作用，斯大林同毛泽东谈论日共和朝鲜情况。斯大林说：北朝鲜同志总是想进攻南朝鲜，对于现时不要进攻的话听不进去。莫斯科离朝鲜太远，情况不甚清楚，希望金日成找毛泽东等中共中央领导人谈谈。

周总理的工作很紧张，一方面要在克里姆林宫谈判条约、协定，一方面还要到李富春率领的那批人的住处，即莫斯科"苏维埃"大旅社指导工作。这时，孙维世从欧洲参加戏剧表演活动回国，途经莫斯科，来看望周总理。孙维世是周总理的养女，我建议把孙维世留下来做些生活方面的翻译工作，周总理同意了，她住在了姐妹河别墅的三楼。

一次会谈时，斯大林将毛、周、王稼祥单独请到另外一个房间里，可能斯大林想谈谈心里话。

主席又一次向斯大林讲起他曾在中国十年内战期间受过错误路线的打击、排挤。斯大林认真地听着。

突然，毛主席指着王稼祥说："就是他们打击我，他就是在苏区犯错误的一个。"弄得王、周十分紧张。

斯大林接着话茬说："啊，王大使！你还这么厉害，你也是犯错误的一员。"

毛立即接着说："他早改正了，而且现在还是得力的干部。"

可是，话刚开一个头，就被别的插话引开了，未能尽所欲言。毛主席始终未能在斯大林面前一倾衷肠，吐出胸中的冤枉和怨气，而斯大林将精力却集中于当前的事务，如谈判、条约、协定上，也许他不想再提中国十年内战期间苏联和共产国际对中国革命有什么错误意见，或者认为关于错误一事，在刘少奇访苏时已谈清了。

在此期间，斯大林给毛主席打了第三次电话，也是最后一次。因我正陪周总理在克里姆林宫谈判，电话是孙维世接的，她一听讲话者是斯大林，就说“我听不懂，听不懂”，吓得把话筒给丢了。于是斯大林把我从会场叫到他的办公室，他说：“我在电话上讲，你译给毛主席听。”

斯大林问：“你最近生活和身体健康状况如何？”

毛泽东答：“还好。”

斯大林又问：“你还有些什么考虑、愿望和要求，我们还应该再进一步做些什么？”

毛泽东答：“周恩来今天已进城去了，正在克里姆林宫商谈呢。”

斯大林说：“我是想征求你的意见，看你是否还有什么新的意见或想法。”

毛泽东说：“我没有什么新的意见，一切由周恩来商谈办理。”从此，斯大林再也没有来过电话。

毛主席、周总理在条约和协定文本的准备过程中，还进行着其他活动。如：2月6日、7日、13日分别参观飞机工厂、斯大林汽车工厂，到国立实验大剧院观看《天鹅湖》，还参观了“光”集体农场。

这些活动中值得详细讲述的是，毛主席看望了在莫斯科大学学习的全体中国留学生和我国驻苏联大使馆的全体人员。

在毛主席步入莫斯科大学的大门正厅时，我请他注意内厅门头正面匾额上的李时珍画像。李时珍已被列为世界著名科学家，可是在解放前，我们中国人知道这位大医药学家的却不很多。在旧中国，很少有人重视他，甚至很少有人谈到他。1949年夏，我们跟随少奇同志来到这里参观时，第一次看到李时珍的画像同世界著名科学家的画像挂在一起，留下了极其深刻的印象。

中国留学生们齐集一堂，热烈欢迎毛主席，并要求毛主席给他们讲话。

毛主席首先对同学们的热烈欢迎表示谢意，祝愿大家百尺竿头更进一步，在学习中获得优良成绩。毛主席说：校方称赞中国留学生很用功、学习成绩一般都好；我们的国家建设正需要专业人才，需要大量的科学家、技术家；你们之中有的是在打基础，有的是在深造。我想说的还是那么几句老话：学习要与实践相联系，理论要与实际相结合；一切理性知识只有与感性知识相结合，经过实践的验证、鉴定、充实和发展，才能真正发挥出它的作用来；总而言之，学以致用，学到的知识必须在实践中运用、考验，使之起到应有的作用；学而无用或学而不用，这种事情虽然很少，但在实际生活中是有过的；我们国家希望有真才实学的人，希望你们今后能在实际工作中为国家建设多做贡献。

同中国留学生一道参加欢迎会的有学校的领导、教师和少数外国留学生。原打算请毛主席参观物理系、化学系等，后因考虑到毛主席的健康，就放弃了这个计划。

在离开苏联回国的前几天，毛主席赴中国驻苏大使馆，看望了大使馆的全体工作人员，并与他们一起座谈。参加座谈的还有商务参赞处的部分同志、医科大学的部分留学生。

又一次误会

1月12日，美国国务卿艾奇逊在美国全国新闻俱乐部发表长篇演讲，散布谎言，混淆视听。他造谣说："苏联正在将中国北部地区实行合并，这种在外蒙所实行了的办法，在满洲亦几乎实行了。我相信苏联的代理人会从内蒙和新疆向莫斯科作很好的报告。这就是现在的情形，即整个中国居民的广大地区和中国脱离与苏联合并。苏联占据中国北部的四个区域，对于与亚洲有关的强国来说是重要的事实，对于我们来说是非常重要的。"①

1月17日，莫洛托夫和维辛斯基来看望主席。主席向他们谈了我国在同资本主义国家和社会主义国家建立外交关系方面，在方法上的区别。

莫洛托夫认为中国的做法十分正确。这样，帝国主义不敢轻视中国。随后他交给主席一份美国国务卿艾奇逊的讲话，并建议中、蒙、苏三国各发表一项官方声明，驳斥艾奇逊的无耻谰言。

当时，主席同意了，没有异议，可是我们没有进一步弄清楚什么叫作"官方"

① 《新华月报》1950年第2期，第855页。

的声明。

1月21日，苏联和蒙古分别以外交部长的名义发表了声明。维辛斯基在声明中指出“中国现在有它自己的人民政府，这个政府知道如何保卫它的国家利益，它的领土，它的人民。中华人民共和国与苏联的关系，有着友好及两国互相尊重独立与领土完整的坚实基础。”声明针对艾奇逊所说“苏联正在夺取中国北部的四个地区”，特别指出：“所谓‘外蒙古’，它作为一个独立、自主的国家——蒙古人民共和国，已经存在三十多年了（这件事实在美、英、苏三国的雅尔塔协定中，曾特别指出过）。这是常识。远在1945年，蒙古人民共和国就为当时的中国政府所承认，而现在蒙古人民共和国和中华人民共和国已经建立了正常的外交关系。”①

毛主席很重视此事，他于19日晨以中央人民政府新闻总署，署长胡乔木的名义起草了向新华社记者的谈话。文章写得简短明了，严厉驳斥了艾奇逊的谣言。为了在21日见报，文章连夜发回国内。在战争年代我党常常以向记者发表讲话的形式表明我们对某一局势的态度，并取得很好的效果。

苏方十分注意这件事。1月下旬的一天，斯大林邀请毛主席、周总理到克里姆林宫晤谈，并说，主人方面只有斯大林和莫洛托夫参加，客人只邀毛主席和周总理，无须再邀请别人参加。翻译也只要师哲一人去。

到达斯大林的客厅后，确实只有斯大林和莫洛托夫两个人。斯大林首先说：“今天请你们来，是想在这个小范围内交换点意见，莫洛托夫有些话要说，我们先听听他的吧。”

莫洛托夫说：“上次我们谈定，关于艾奇逊的谈话，我们应分别发表一项正式声明，驳斥艾奇逊的胡说八道。而且我们谈定，用官方名义发表驳斥声明，请问中国政府是否已经发表了这项声明？”

毛主席回答：“发表了，是用胡乔木的名义发表的。”

斯大林问：“胡乔木是什么人？”

毛主席答道：“是新闻署长，也是以这个身份发表声明的。”

斯大林说：“按照国际上的习惯，任何新闻记者都可以对任何问题发表自己

---

① 《新华月报》1950年第2期，第856页。

的观点、谈话或评论，但他们的一切言论并不代表官方的立场和观点。所以，以个人身份（即新闻记者）发表声明，怎么说都可以，但那是一文不值的。”

莫洛托夫接着发言：“我们原来商谈的是希望中国发表一项官方的正式声明，也就是说具有代表性的、权威性的声明。但是，新闻总署并不是权威机关，它代表不了政府；新闻总署署长对记者的谈话也代替不了官方的观点和意见。中国方面没有按照商定的那样去做，这就违背了我们的协议。这个做法没有获得我们所预期的效果，中国方面怎么考虑的，我们不清楚。但既然是我们双方一致达成的协议，那就必须遵守。信守诺言是我们之间合作的重要一条。这是我们的一些想法，今天也愿意听听中国同志的意见和解释。”

斯大林接着说：“这么一来，我们的步调就乱了。各行其是，减弱了我们的力量。我认为，我们都应该信守诺言，紧密配合，步调一致，这样才会更有力量。来日方长，今后我们相互配合、相互合作的机会和场合是很多的，把这次作为前车之鉴，吸取经验教训，加强今后的合作，正是我们应该做到的事情。这次的事情虽然没有什么大了不起，但我们没有按照原定计划做，乱了步伐，给敌人留了可钻的空子。”

事实是客观存在，有什么可多说的呢。

这次谈话，没有得到任何积极的效果。莫洛托夫的发言无疑完全是斯大林授意的，不管怎样都得讲出来。

这些话在相当程度上激怒了毛主席。他始终一言不发。

周总理作了一些解释，但鉴于已经形成的气氛，他也表现得十分矜持。

这次谈话的时间很短，谈话结束后，宾主离开了克里姆林宫，前往斯大林的别墅。斯大林特地把毛主席、周总理都请到自己的车上，让他们坐在后排主位上，他和我坐在加座上。在车上，大家都沉默不语，气氛像铅块一样沉闷。

为了打开局面，我先同斯大林闲聊了几句，然后问他：“你不是答应过要到我们代表团的住处去做客吗？”

他立即回答：“我是说过，现在也没有放弃这个愿望。”

他的话还未讲完，毛主席问我：“你和他谈的什么？不要请他到我们那里去做客。”

我立刻承认我同他谈的正是这个问题。

毛主席说：“把话收回来，不请他了。”

斯大林好似也懂得我们在谈什么，于是问我 ："他说什么？"

我回答 ："是我们之间的话。"

大家都一言不发，气氛沉重得又像灌上了铅。大家就这样沉默地坐了三十分钟。

在汽车行至离别墅还有几里之遥的地方，斯大林就从车上给守卫人员发出信号，让他们开门迎接。进入别墅客厅时，仍然只有我们四人，莫洛托夫的车落得很远。半小时后，马林科夫、布尔加宁、贝利亚、卡冈诺维奇及维辛斯基、罗申等都来了。他们来只是参加聚餐，并没有别的活动。尽管如此，晚宴的气氛仍旧冷清、无聊，丝毫没有欢快和喜庆。主席仍然沉默着，一言不发。马林科夫、布尔加宁等人都不知道出了什么事，也不敢问举行宴会的目的及兴味索然的沉闷气氛的缘由和经过。

为了打破僵局，饮宴间斯大林离开座位去放留声机，先让大家听音乐，继而邀请大家跳舞。主人们全都离座起舞，而客人们仅仅观看。后来，主人们硬把恩来和我拖进舞场。尽管有三四个人轮番拉毛主席上场，也始终没有成功。宴会和舞会更增添了不快之感和格格不入的气氛，最终还是不欢而散。我们半夜三更才返回住地。

在宴会上，恩来虽然也说也笑，也吃也喝，甚至也歌也舞，但是他的每个举动，每一步骤总是紧跟着毛泽东的步法和情调。然而却不令人感到他是"人云亦云"、"亦步亦趋"。他表现出自己的意志、立场，他的举止符合他的身份及礼节，他没有丧失尊严和原则，也没有损伤自己的形象，更没有表现出迟滞、呆板或失措。他总是想方设法地自然地调节、缓和紧张气氛，以便造成一种较活泼的环境、融洽和谐的气氛。在那天晚上，他的努力有时是成功的，有时不尽如人愿。如果没有总理在场，沉闷、压抑的气氛，定有增无减。总理真不愧为机敏、灵活而有气魄的外交大师。

应该说，斯大林对我们的态度是真诚和热情的。他说过，这种感情是因为我们都是东方民族 ；中国一百多年来受外国欺侮和帝国主义压迫 ；中国是个大国，对世界很有影响 ；中国人民聪明智慧，有古老高超的文化 ；中国党是成熟的党，有大批成熟的干部。在谈判中，他常常只让我一个人翻译，而不像通常苏方一定派出自己的翻译，以表示对我们的信任。他在会谈中经常对我们说，要保护自己国家的利益和自己民族的利益，要保护自己的领袖，人民之间要团结。

斯大林对世界各国的领导人都有些看不起，而对毛主席则完全不同，很尊敬。从 1949 年到斯大林逝世，凡关系到中苏两国两党的事情，在苏联一方可以说无论大事小事都是斯大林亲自过问、亲自处理，任何人都不能插手。斯大林这样做，一方面是表示对中国的重视，另一方面是担心下面办事的人做错了事而影响同中国的关系。

凡是访苏的中国领导人，无论是毛泽东、刘少奇、周恩来或其他人，克里姆林宫里的人一律认为都是斯大林的客人，谁也不敢怠慢。他们对待毛主席就像对待斯大林一样尊敬，而且常说：毛泽东是斯大林的客人。

斯大林很看重毛主席。1950 年 2 月我们回国前，一次毛主席和周总理一同到克里姆林宫拜访斯大林。

在会见中，斯大林主动提出，为了总结中国革命的经验，建议毛主席把自己写的文章、文件等编辑成集出版。

毛主席说他也有此意，希望斯大林派一位理论上强的同志帮助完成此项工作。

斯大林当即答应派尤金[①]来华。并说："这个人你们不熟悉，他有理论修养，我们经常使用他，你看合适不合适？"主席表示欢迎，并说："这样的人最好。"

斯大林又说："这是我们答应了，但尤金愿不愿意去中国还不知道，等他回来我问问。"斯大林是很尊重别人的。会谈时，凡是不明白、不懂的地方都可以问，斯大林总是耐心地予以解答。

尤金参加编辑《毛泽东选集》第一、二卷的工作。我和费德林担任翻译，把书稿译成俄文寄给斯大林。斯大林阅后指示，将《实践论》、《矛盾论》提前在苏联《布尔什维克》杂志上发表。

斯大林意识到自己对东方文化，尤其对中国文化不了解。所以，在某次闲谈时，他询问了中国日常生活中的许多物品、用品、自然现象的称谓、说法等等。他发现中文对如桌、椅、板凳、日、月、星辰，甚至一系列有关科学事物的称

① 尤金（1899—1968），全名帕维尔·费奥维奇·尤金，出生于俄国。1918 年加入俄国共产党（布）。1931 年毕业于红色教授学院，1932—1938 年任该学院院长。1938—1944 年任苏联科学院哲学研究所所长。1937—1947 年任国家出版总局局长。1946—1953 年任《苏联书籍》杂志主编。1953 年当选为苏联科学院院士。1953—1959 年任苏联驻华大使。1952—1961 年当选苏联共产党中央委员。1950—1958 年任苏联最高苏维埃代表。1968 年在莫斯科病逝。

谓等等，都具有自己民族的、独特的、而且丝毫听不出与欧洲语言相同的语音。这时他面向他的同僚们说："听见了吗？让你们欧洲的文化见鬼去吧！"实际上，这时他才真正开始意识到自己的错误之处是想"越俎代庖"，又丝毫不了解中国的事理，中国问题的实质，因而应重新认识中国的社会情况、意识形态、心理状态、人情风俗、生活习惯，以及中苏关系的历史发展，相互关系的各方面，以便重新做出估价。

可以这样说，在 1947、1948 年间，苏联认真地注意了解和研究中国的实质性问题，但所站的立场是模棱两可的；而在 1949 年间才真正意识到中国共产党的领导正确、灵活、巧妙，革命确实在步步走向胜利（这在中苏两党当年来往的电报中反映得很清楚。）所以，他们也彻底地改变了自己的立场、态度，较认真地接近和支持中共了。苏共领导层中大脑比较清醒、认真对待这个问题的只有斯大林和莫洛托夫等几人。其余的人，对中国问题不甚了了，大多是人云亦云，或只会随声附和而已。

1 月 21 日晚，毛主席、周总理应邀出席列宁逝世二十六周年纪念大会。在大会结束后的便宴上，贝利亚、马林科夫、莫洛托夫等人表现得格外活跃。

贝利亚对毛主席说："我们都非常想到中国去看看，你同意吗？不知何时能实现这个愿望？"

毛主席说："欢迎。"

贝利亚睁大眼睛说："这个回答够我揣摩的了。"

马林科夫说，如果你不拒绝，我们就依次报名，排号到中国去。

莫洛托夫见这个场面轻松愉快，就建议把民主德国的格罗提渥总理也请来参加。

斯大林立即反驳说："欧洲人是离不开老婆的，请他来就必须同时也请他的夫人，一个妇女参加到这个场合里来，谈话恐怕有些不方便。"

莫洛托夫这个小小的建议未被采纳。

赫鲁晓夫也参加了这次便宴，但他坐在最靠边的座位上，只顾低头吃饭，一直没有说一句话，不知心里在盘算什么？！

签约　斯大林举行招待会

为举行中苏条约签字仪式，中国代表团被请到克里姆林宫。中方有毛主席、周总理，苏方有斯大林、马林柯夫、贝利亚、维辛斯基等，聚集在斯大林办公室旁的一间客厅里。其余的人（如李富春、赛福鼎[①]、陈伯达等）都在另一间客厅。

斯大林面对周总理和维辛斯基说："你们对今天的仪式、程序都协议好了吗？双方应参加的人员都到了吗？"

维辛斯基答，"还得稍等一等。"

斯大林问维辛斯基："前几天我们外交人员送来的那封信，我转到你那里去了，你先研究，拟出个答案来，我们再谈。这封信你看到了么？你有何看法？"

维辛斯基："我研究过了，至于答案，我想先听取你的意见。"

斯大林一面向一间小屋走去，一面回答维辛斯基："我没有看，没有考虑它，你怎能先听我的意见；我送到你那里是要你先看、先提出意见来。"

这时，维辛斯基躲在斯大林背后作了个鬼脸，对着我的耳朵小声说："我还未读那个文件呢！怎能提出意见呢？！"

我说："你撒了一个小小的弥天大谎。"

维辛斯基说："这是一个缓兵之计，否则如何交卷，如何收场呢？！"

签字仪式开始了。中国方面出席的有毛泽东、周恩来、李富春、陈伯达、王稼祥、赛福鼎。苏联方面出席的有斯大林、莫洛托夫、伏罗希洛夫、马林柯夫、米高扬、赫鲁晓夫、贝利亚、卡冈诺维奇、布尔加宁、葛罗米柯、罗申等。代表双方签字的是周恩来和维辛斯基。

在签字仪式上，毛泽东、斯大林站在最中间。斯大林的身材比毛泽东略低，在记者给他们拍照时，斯大林总要往前移动一两步。这样，在照片和影片上，他就不会显得比毛泽东矮，或许还要高些。各种镜头对着我们，摄影灯在不断地调整，烤得大家汗流满面。斯大林也不得不常常调整一下姿势。

突然，斯大林对我说："你们的翻译工作没有做好，耽误了贸易协定文本的印制。否则，今天在这里可以同时签署贸易协定，那多好呀！"

---

① 赛福鼎·艾则孜（1915—2003），时任新疆省人民政府副主席，于 1950 年 1 月 30 日到莫斯科参加中苏会谈。

毛主席问我斯大林说的什么（同时斯大林也要我翻译给毛主席听）。

我如实地作了翻译。

他听后说："缺点和错误总是中国人的！"

斯大林非常敏感地回头问我："他说什么？"

我回答说："是我们个人之间的私话。"

这样，他就不好再问了。

中苏贸易协定，是苏联对外贸易部在苏联外交部协助下，与中国贸易代表团合作准备的。当时苏方还未准备好。苏方有关人员深恐斯大林斥责，所以就称中方未准备好该协定的中文本，以此搪塞，逃避责任。这种事发生在庄严郑重的签字仪式上，实在使人啼笑皆非。毛主席以他特有的洞察力，一眼就看穿了这件事的本质，同时一针见血。他的话消除了我的顾虑。

签字仪式结束后，斯大林举行招待宴会，中苏官员互相祝贺。斯大林同毛泽东坐在一起。

斯大林指着中国武官边章五问我："他是谁？"我作了介绍。

斯大林接着说："他相貌堂堂，笑容可掬，令人愉快。"

这时，毛泽东对斯大林说："再过几个钟头，也就是今天傍晚，我们要举行答谢宴会，也是告别宴会。希望你，斯大林能莅临。我们希望你能出席一下，如果健康状况不允许，你可以随时提前退席，我们不会认为这有什么不合适。"

斯大林回答说："我历来没有到克里姆林宫以外的地方出席过这样的宴会，而且已经成了惯例。对你们的邀请，我们在政治局会议已讨论了，决定破例接受你们的邀请，也就是允许我答应你们的邀请，出席你们举行的宴会。"

毛泽东再次说："如果身体不支，你可以随时提前退席。"

斯大林说："不会的，既然来了，就要参加到底。"

斯大林破例出席告别宴会招待会

苏联礼节性宴会的时间一般都很短。中午 12 时过后，我们就回到了自己的住处。王稼祥大使立即着手安排告别宴会的工作。这次以王大使夫妇的名义举行的盛大鸡尾酒会，邀请了斯大林在内的五百位客人，其中有苏联党政军领导人、各人民民主国家驻苏大使、苏联知名人士及各国记者。为此，我们租用了克里姆林宫附近的米特勒保尔大旅社的第一层楼。

酒会预定晚上 9 时举行。会前，毛泽东、周恩来、王稼祥夫妇、李富春亲自在门口迎接客人。客人们谁也不知道斯大林将出席酒会。9 时许，斯大林率苏共中央政治局成员到达门口。毛主席和斯大林握手后，便陪斯大林向餐厅的正席走去。不仅外宾，就是苏联的许多高级干部也都没有在这么近的距离看过斯大林。客人们全惊呆了，接着便是热烈的掌声和“斯大林万岁”的欢呼声，直到毛泽东和斯大林穿过大厅就座后才停息。

毛泽东和斯大林成了大家一致注目的中心人物。两位伟大的革命领袖及主要客人被安排在里间小厅里，这间主宾厅与外厅隔着一排玻璃门。外厅的人们不顾礼节纷纷向里间拥挤，连各国驻苏使节也坐不住了，无论是玻璃大门，还是维持秩序的工作人员都阻止不住他们。眼看隔板、玻璃门快要挤碎了，周总理见势不妙，索性让服务人员打开玻璃大门，将两厅合成一厅，让大家都能看到这非凡的历史性的场面。

酒会继续进行，周总理致祝酒词。由费德林担任翻译，他手里拿着周总理的俄文讲话稿。周总理临场未拿稿子，两千余字的祝酒词竟说得与原稿一字不差。

他说，我们两国所签署的条约和协定，将使中苏两国关系更加紧密，将使新中国人民不会感到自己孤立，而且将有利于中国的生产建设和经济的恢复与发展，有利于世界和平。中苏友谊要世世代代传下去，感谢苏联的无私援助，中国要向老大哥学习等等。周总理的祝词深深激动人心，全场响起了热烈的掌声。

经过一轮祝酒后，斯大林起立致词。他讲话很轻松，没有稿子，由我翻译，大意是：今天的这个场面热烈非凡，洋溢着友谊和团结精神，预示着欣欣向荣的未来。中苏友好兄弟情谊要保持下去，周恩来都说过了，也代表了我的意思。讲到这里他环视大厅，看到没有南斯拉夫的大使，于是他说：本来社会主义大家庭也应该像周恩来讲的那样更圆满、更完美些，但遗憾的是南斯拉夫的使节未能出席，因为没有邀请他们。[①] 这个责任在他们身上，因为他们自己脱离开了我们的大家庭，想走自己独特的道路。可这条路是行不通的，南斯拉夫人民迟早要醒悟过来，回到大家庭里来的，他们是有这种力量和信心的。我们可以耐心地等待他们清醒过来。我们应该更加团结一致，迎接新的、更伟大的胜利。

---

① 此时，中国和南斯拉夫没有建交，因而未请其大使。

谁也没有想到斯大林会在此提到南斯拉夫的问题，大家屏息静听。

席间，毛主席举杯祝斯大林健康，并祝中苏友好万岁！斯大林也数次举杯，祝毛主席、周总理健康。宴会持续至午夜，尽欢而散。

酒会结束后，米高扬等留下来继续同周恩来、李富春等洽谈有关双方经济协作、商业贸易等项事宜。

来宾中有不少我所熟悉的人。在社会主义各国驻苏使节中，熟人就更多了。其中特殊活跃的是保加利亚大使布拉葛耶娃和捷克代表斯沃博达，她们站在人群的最前列，带头鼓掌、呼口号，不顾自己的外交身份，以党内的同志方式来表达自己的感情。苏方外交人员抱怨说：热情的“老太婆”有时会带来麻烦的。

我记得，有一次苏联外交部设宴招待中国代表团；周恩来、王稼祥一走进宴会大厅，维辛斯基外长就离开了别的客人。前来与他们握手、问好，并向他们敬酒。当时，萧华将军也在一旁。

布拉葛耶娃突然走过来，加入了我们这个小圈子。她一面问好，一面向周总理说：“萧华是一位少年英雄，我很喜欢他，我要认他做我的干儿子！”

对这突如其来的话语，周总理风趣地说：“这恐怕太便宜了吧？！”

2 月 16 日，斯大林在克里姆林宫欢宴毛主席、周总理、李富春等，为毛主席饯行。

告别宴会后，我们准备启程回国。

周总理了解到给斯大林、苏共中央政治局委员和主要工作人员的礼物都已送到。送给斯大林的是丝绸和屏风，其他人大体都是绸缎和刺绣之类。

2 月 17 日，启程的那天上午，周总理对毛主席住处的全体工作人员作了统计，亲自为他们分别准备了纪念品。全部礼品分配妥当后，工作人员们前来领取自己的那一份，并向周总理握手致谢。最后领取纪念品的是瓦利娅、玛露霞和科什尼亚妮，她们三位同中国代表团朝夕相处时间较长，也是同毛主席、周总理接触最多的人。尤其是瓦利娅，她原在斯大林的餐厅工作。周总理见她做事麻利，常常一个人照顾一二十人的饮宴，而且从容不迫、有条有理、运筹自如，所以在闲谈中多次夸赞瓦利娃轻巧灵活，既能吃苦耐劳，又形如飞燕。

管毛主席房间卫生的就是平时为斯大林打扫卫生的三十多岁的玛露霞，她是格鲁吉亚人。瓦利娅不言不语，而玛露霞则爱说爱笑。一次，周总理的警卫秘书何谦在值班（何谦长得英俊，毛主席叫他拿破仑），玛露霞同他聊起来，尽管语言不通，各说各的，但仍然谈笑风生。毛主席正在睡觉，被他们吵醒了，起身循声而去，发现是他们，也加入了他们的谈笑。

工作人员们帮助中国贵宾把要带的物品搬上汽车，并把毛主席、周总理一直送上汽车。她们连大衣都没来得及穿，站在冰天雪地里目送毛主席、周总理离去。望着望着，她们个个都流了泪，特别是瓦利娅哭得泪人一般，双手捂住自己的脸，泣不成声。看见这种情形，我请求主席允许我下车，代表他向她们再作一次告别。我安慰了她们，向她们再次表示感谢，并再三告诉她们后会有期。我同送行的一位上校说起此情，他说那些服务人员觉得毛主席比斯大林更亲切。管理餐厅卫生的老太太说毛主席关心他们，理解他们，爱惜他们的劳动，不浪费电，注重清洁卫生……毛主席自己把屋子收拾得干干净净，出出进进很有规矩。因而使他们备受感动。

随着与苏方接触的日益增多，我才知道照顾毛主席、周总理的服务人员全都是从斯大林、其他政治局委员身边和克里姆林宫里选调出来的。她们接待外宾，如为中国客人服务，只限于毛泽东，刘少奇和周恩来等。招待其他宾客，即使是苏共中央政治局的客人，服务人员却是另一套人马。瓦利娅、玛露霞都是斯大林的贴身服务人员，无论是在克里姆林宫，在别墅，还是在南俄休养地，我多次遇到的都是她们。而接待毛主席的也正是她们。

毛主席以他的德高望重、慈祥可亲，博得她们的敬重和爱戴。周恩来则以他特有的生动活泼、平易近人的作风和忠厚长者的风度，使服务人员乐于接近他、亲近他。

登上归程

莫洛托夫到别墅把毛主席送上汽车，又先赶到火车站，在那里等候迎接。

汽车驶进城里后，离火车开动的时间还早，于是车队沿着高尔基大街驶至市中心区，并绕了几个广场，才到达基辅车站。在车站举行了欢送仪式，毛泽东发表告别讲话。

这时，车厢里挤满了中苏双方的保卫人员，莫洛托夫想和毛主席再讲几句话，我们好不容易硬挤进去。

他向毛泽东转达了斯大林的话，大意是：望你注意身体健康，多加保重。在路上、在国内都要注意保护身体，切勿大意。另外，要注意搞好保卫工作，不要轻视敌人，更不能麻痹大意。你们的道路是遥远的，行程是漫长的。只要有了健康的体格，才能继续自己的行程。我们祝愿你一路福星，平安到达目的地。

莫洛托夫最后说："回国的路途很远，在苏联如同在家里一样。你如果愿意在苏联境内的某地休息或游览参观，我们都可以按照你的意愿安排好。"

和我们同行的还有胡志明。毛主席、周总理、胡志明各一个车厢。负责送行的苏联外交部副部长和工作人员是一个车厢，中方人员有陈伯达、欧阳钦、叶子龙、汪东兴等人。李富春、叶季壮、李强等均留在莫斯科继续谈判。

列车启动了，毛主席、周总理踏上了归程。在车上，毛主席研究了铁路沿线各地的情况，决定每到一个大站，不论白天黑夜，都下车参观。报纸上公布了中苏条约签字的消息。两个社会主义国家的结盟，大大改变了社会主义和帝国主义两大阵营的力量对比。苏联人民对此欢欣鼓舞，毛主席所到之处都受到了隆重的欢迎和热情的款待。

列车到达斯维尔德洛夫斯克城时，已是深夜 11 点多钟，主人建议在这里参观一家机械制造厂，但到那里时，厂里的工人早已下班了，只有汽锤车间尚有几个工人在操作，大概是专门为了让毛主席一行看看六吨级的大型汽锤工作的情形。我们还参观了联合电力与热力厂及斯维尔德洛夫大学。这所大学的学生们都睡了，学校领导及教授们在乌拉尔地质博物馆专候中国贵宾。这所大学主要是研究乌拉尔地区的矿藏。学校领导赠送给毛主席一个精致的乌拉尔山模型，在这个模型上用宝石标明了乌拉尔山的矿产品种和位置，整个模型五颜六色，非常漂亮。毛主席把它带回北京后，曾陈列在中南海里。

在鄂木斯克，毛主席游览了市容，参观了机器工具制造厂。厂领导特意引导中国客人参观了正在加工中方订货的车间，并说：工人们特别热情地精心赶制这批订货，部分成品正装箱出厂，陆续运往中国。

我们到达新西伯利亚时，已是黄昏。在这里，毛主席参观了契卡洛夫飞机工厂和制造枪炮的兵工厂。这两个厂都是国防工厂，平常从未对外国人开放过。

午夜时分，毛主席、周总理到大戏院观看演出。热情的演员们几乎等了一夜，晚上演出结束后一直没有卸妆。毛主席到后，他们立即演出了芭蕾舞剧《伊戈尔王子》的一个片断。苏方安排毛主席一行到大戏院不仅是看戏，而且也让客人们看看大戏院的建筑，这座大戏院前后用了二十多年才建成。

当车队返回火车站时，主人又邀请毛主席参观车站的新型调度室。这时在调度室值班的是一位二十多岁的姑娘。她的头饰、胸饰明光闪闪、灿烂异常，在强烈的灯光下，耀眼刺目，使人无法睁眼。毛主席走进屋子，女值班员立即热情地起身迎接，和毛主席握手，但未来得及谈话，毛主席就转身退出了房间。他低声对我说，光线太刺眼了。

莫斯科人常常说西伯利亚荒凉无比，只有狼。西伯利亚人如此安排，就是要让世人看看，这里不仅有狼，更有年轻漂亮的姑娘。

22 日，专列抵达克拉斯诺雅尔斯克城，受到当地党政军领导的欢迎。毛泽东一行参观了生产自动推进联合收割机的工厂，晚上观看了俄罗斯歌曲合唱队的演出。其中有一组新编的歌曲，内容是赞颂斯大林、毛泽东和中苏友好的，给我留下了较深的印象。这组节目是专门为迎接毛主席的到来而赶排的。

23 日，毛主席在旅途中致电斯大林大元帅，祝贺苏联红军建军节。

24 日，毛主席在伊尔库茨克逗留了数小时，游览了市容，并参观了茶叶包装厂。当地负责干部向毛主席详细介绍了这家工厂的情况和生产程序，并再三说明该厂是完全依靠中国而存在的，因为它的原料——茶叶全部从中国进口，产品行销全苏。

当专车经过布利亚特蒙古自治共和国的首府乌兰乌德时，当地党政军领导登车看望毛主席，恭请中国客人进城憩息，但毛主席婉言谢绝了。这使他们很失望。上乌金斯克原是中国领土，当地居民基本是蒙古族人。中国历史上著名的“苏武牧羊”的故事就发生在这里。毛主席不在此停留也许有更深一层的考虑。

25 日，毛主席一行在赤塔停留时，参观了一所幼儿园，并欣赏了孩子们的演出。他们的舞蹈和歌唱都是赞扬中苏两国友谊和伟大领袖的。由于赤塔可供参观的地方不多，中国贵宾们很快又登上列车，继续赶路了。

专列离开苏联边城赤塔后，大家再也没有休息。毛主席一直坐在餐室里眺望外景。那天的天气虽然很冷，但阳光明媚。我和陈伯达坐在旁边陪着毛主席。由于无事可做，陈伯达开始说东道西，我也在一旁打趣助兴。毛主席不耐烦地说，你们在胡说什么呢？！这样，才打破了无聊的气氛，开辟了同他交谈的途径。毛主席侃侃而谈，从历史、文化、战争和自己的往事一直谈到今天新的世界。

列车到了边界终点站——奥特堡尔。苏联副外长拉夫伦捷夫登上主席的车厢作最后话别。苏方陪同的其他人员把列车护送到中国境内的满洲里车站，并帮助中方人员做完了换车、装车等全部工作后，才离开了工作岗位。这时，毛主席再三吩咐我们要把苏联同志招待好。

在莫斯科时，斯大林曾送给毛主席、周总理各一辆吉斯小轿车。在满洲里换车时发现送给毛主席的那台车，由于没有放水，水箱被冻裂了。

一进入国境内，毛主席就轻松了许多，我们也轻松了许多。毛主席、周总理在哈尔滨、长春稍事停留，接见地方干部后，在沈阳大和旅社住了几天。毛主席因身体疲劳，只开了一次干部会，也没有在市内参观游览。一天早饭后，毛主席说要出去走走，叶子龙立即要了三台车，毛主席站在旅社的门口等车，我劝主席回屋等候，以防着凉。其实是怕出意外。上汽车后，我才知道毛主席是去看望苏联专家。可专家们大部分都去工作了，临时只找回少数几人。

到苏联专家住所后，毛主席对他们说："现在，我们头上的问题已经解决了，而脚下的问题还没有解决。"

苏联专家们对东方人这种特有的机敏和幽默一时没有理解，他们以为毛主席所说的"头上的问题"是指思想和理论，"脚下的问题"是指实践和实际。

我向他们解释说："'头上的问题'，是指我们推翻了压在我们头上的三座大山，打倒了蒋介石国民党的反动统治；'脚下的问题'是指要建设好我们的国家，造福于人民。"

3 月 4 日晚，毛主席、周总理安抵北京，受到政府和各党派的负责人的热烈迎接和慰劳。这次访苏，从 12 月初到 3 月初，前后近三个月的时间，是毛主席出国访问时间最长的一次。

尤金受邀来华

尤金首次来华　《实践论》的发表

毛主席从苏联回国后，稍事休息，即着手准备《毛泽东选集》的编译工作。大约 4 月间，毛主席致电斯大林，正式邀请尤金到中国来帮助他进行这项工作。5 月初，毛泽东在丰泽园主持召开政治局会议，讨论了斯大林的建议。会议决定成立《毛泽东选集》编辑委员会，指定陈伯达、田家英整理中文稿件，当然最后仍由毛泽东本人审查定稿；责成我同费德林一道建立和组织中译俄的工作。

抗日战争在重庆时，费德林就在苏联大使馆搞汉语翻译工作，后来兼任代办，因而他的中、俄文都很好。1949 年 1 月底南京国民政府迁往广州后，要求各国使馆也随之南迁。费德林和大使罗申一同迁到了广州。人民解放军渡过长江占领南京后，国民党政府大势已去，罗申和费德林就从广州回国。回国后，费德林仍在外交部工作。1949 年夏刘少奇访问苏联时，费德林为维辛斯基当翻译，就在这时我们相识了。新中国成立后，费德林再次来中国，先替苏联专家组负责人柯瓦廖夫当翻译，1950 年后升任苏联驻华大使馆文化参赞。《毛选》编辑工作开始后，费德林向毛主席提出，要求长期留驻中国工作，但毛主席认为他还是以文化参赞身份帮助工作为宜，没有同意他的请求。

班子组织起来后，我们很快就投入了工作。我遵照中央的指示，暂时撇下了手头的一切工作，离开机关，同费德林一道移驻香山，专心致力于《毛选》的翻译工作。开始时工作较顺利。陈伯达也常与我联系，把他们选编整理好的中文稿件送给我们翻译。至 7 月，就已积累了若干篇译稿。编录在《毛选》第一卷中的大部分文章，约有三分之二，已译成俄文。许多篇的中文稿件因毛主席还没有时间审定而未最后定稿。

7 月，尤金应邀来到北京后，就开始看稿。两三周后，尤金到香山看望我和费德林，我们经常联系。9 月，中文稿件供应减缓，妨碍了翻译进度，自然也影响了尤金的工作。毛主席建议尤金到各机关讲学。9 月 21 日，应中苏友好协会总会的邀请，尤金在北京作了第一次讲演，题为“苏联由资本主义到社会主义的过渡时期”。中苏友好协会会长刘少奇主持讲演会。

9 月底，尤金访华时间将结束，但《毛选》编辑工作远未完成。毛主席于 9 月 30 日致电斯大林，请求延长尤金在中国工作的时间。毛主席写道：“尤金在这里工作了两个多月。但是，关于帮助编辑《毛泽东选集》的工作现在还没有完成，还需要相当一段时间。并且我们希望他能到山东、南京、上海、杭州、长沙、广州、汉口、西安、延安、沈阳、哈尔滨等地参观，并向我们的干部作一些政治理论报告、讲演等，以上两项工作，共需四个多月时间。因此，我请求你允许尤金同志在中国工作的时间延长至 1951 年 1 月底或 2 月底，是否可以这样做，请予复电为盼。”

10 月 9 日，斯大林回电毛主席：“来电请求延长尤金留中国的时间已收到。现通知你，尤金留中国可以到今年年底，以便完成《毛泽东选集》的准备工作及在中国各城市党的干部会上的讲演。”毛主席接到电报后，于 10 月 11 日批转刘少奇：“请为尤金组织去各地参观并讲演。在京四次讲演应办理完毕。”

随后，尤金到上海、杭州、广州、汉口、西安等地参观、游览、讲学。他的讲演内容有：《苏联从资本主义到社会主义的过渡时期》、《论苏联逐步过渡到共产主义》、《东欧和中南欧各人民民主国家的社会主义建设》等。这些讲演稿均在 12 月上旬的《人民日报》上陆续发表。

尤金在外地游览、讲学期间，我和费德林继续“攻坚”，突击翻译哲学论文《实践论》，大约于 10 月底完成。

尤金周游讲学回京后，我们给他看了《实践论》等译稿，并征求他对译文的意见。尤金读后，大感兴趣，赞不绝口。

大约11、12月间，尤金同毛主席进行了一次较长的谈话。尤金首先说明他对准备编入《毛泽东选集》第一卷的译文都看了，觉得非常有趣，有许多独到之处。他认为，就他已阅读过的文章来说，都是有价值的。同时指出也有个别篇章，作为理论性的文献，有些语句或许欠严谨。尤金所提意见不多，转弯抹角，吞吞吐吐，并一再声明这是从为了照顾外国读者的角度提出来的，仅供修改时参考。他没有提出什么实质性的意见，只是对一些十分明显的错处、文字表达方面的问题，或语意虽明确，但“难登大雅之堂”的字句提出修改或删节。如：“一屁股蹲下，坐在炕上”、“懒婆娘的裹脚布，又长又臭”、辩证法中的“生与死”的关系等等。至于《毛选》出版时，采纳了尤金哪几点意见，现在都记不清了。

尤金私下同我们交谈时，曾指出某某观点近乎于某某（指伯恩斯坦、考茨基或普列汉诺夫）的观点。

尤金极力推崇毛主席的若干篇文章，特别是对《实践论》、《矛盾论》、《在延安文艺座谈会上的讲话》，陈述了自己的认识和想法，要求毛主席把这几篇文章寄送给斯大林阅读。同时他还建议把已定稿的《实践论》发表在苏联某理论刊物上。毛主席同意了尤金的建议。

尤金曾说过，他对中国的问题并不内行，但经过对毛泽东著作的研究后，增加了不少关于中国哲学、历史、理论、文学方面的知识。对中国的文章结构、文字表达方法也有所了解了，并感到十分新颖、奇特。所以在这次谈话快结束时，谈到尤金再次来华帮助工作一事，尤金表示回国度假后，能再到中国来，并希望携带家眷，能住较长的时间，以完成自己的使命。

谈话后，尤金立即将《实践论》的译稿经苏联大使馆转送斯大林。斯大林阅后交给苏共中央的理论刊物《布尔什维克》杂志社。《布尔什维克》杂志在1950年12月出版的第23期上全文刊登了此文，并转登了中文编辑部的题解。这个题解说明了毛泽东发表这一哲学著作的原因：在中国共产党内，有一个时候曾有过一些教条主义者，也有过一些经验主义者，他们的错误思想，特别是披着马克思列宁主义外衣的教条主义的观点，曾经在1931年至1934年使中国革命受了极大的损失。

随后，《真理报》发表编辑部文章，向广大苏联读者介绍并推荐毛泽东这篇哲学著作。文章认为：“毛泽东同志在其著作中简洁和明晰地概述了唯物论的认识论——反映论。在他的著作中，发展了马克思列宁主义关于辩证唯物论的认识论的基本原则、关于实践在认识过程中的作用的基本原理、关于革命理论在实践革命斗争中的意义基本原理”，“发展了马克思列宁主义关于绝对真理和相对真理的原理，关于客观的东西与主观的东西在认识中的统一的原理”。文章指出：“毛泽东这一著作的特点就是：对复杂的哲学问题的深刻的马克思主义的分析与叙述的形象性和鲜明性结合在一起。”文章最后说：“毛泽东同志的《实践论》这一论文，广大的苏联科学界将带着极大的兴趣来阅读。”①1951 年 1 月，苏联又出版了《实践论》单行本。译者只署名为费德林。

《实践论》在苏联发表后，得到很好的反响。毛主席对此很高兴。1950 年 12 月 28 日，毛主席给新闻总署署长胡乔木写信，要求他将《实践论》和《真理报》编辑部评论文章分两天登报，并嘱可先在《人民日报》发表，然后新华社再用文字广播。12 月 29 日、30 日，《人民日报》先后发表了《实践论》和《真理报》编辑部的评论。

1951 年 1 月上旬，尤金回国。回国前，毛主席在 1950 年 12 月 31 日晚在颐年堂请尤金及费德林等吃饭。随后看了戏。毛主席特地请刘少奇、朱德、周恩来等作陪。

本来，《矛盾论》、《在延安文艺座谈会上的讲话》也要译成俄文提前发表的，但因主席未能最后定稿，影响了及时译出。毛主席一直在修改《矛盾论》。1951 年 3 月 8 日，毛主席致函陈伯达、田家英，讲到“《矛盾论》作了一次修改”，“此件在重看之后，觉得以不加入此次选集为宜，因为太像哲学教科书，放入选集将妨碍《实践论》这篇论文的效力”。1951 年 10 月《毛选》第一卷出版时没有收入这篇文章。到 1952 年 4 月 1 日《矛盾论》才公开发表，并收入同年 4 月 10 日发行的《毛选》第二卷。《毛选》再版时，《矛盾论》才由第二卷移入第一卷。

尤金走后，毛主席全力以赴考虑朝鲜战争的问题，无暇顾及选集一事，许多中文稿定不下来。我和费德林无事可做，毛主席令我陪费德林到各地游览参观。

2 月 7 日我们从北京出发，周游了济南、曲阜、南京、上海、杭州、南昌、井冈山、广州、长沙、湘潭、韶山、武汉、郑州、西安、延安、吴旗、石家庄、

① 《人民日报》1950 年 12 月 30 日。

太原等地。3 月 31 日回到北京，历时五十二天。各地负责同志同费德林谈话，并参观了工厂、农村，同工人、农民、妇女、青年劳动英雄、老游击队员、地下工作者及曾同毛主席接触过的人交谈，一路还搜集了不少报纸、杂志及照片。费德林对这次旅行表示满意，认为这使他对中国有了进一步的了解和较具体的认识。他的兴趣偏重于收集材料、写报道。他准备写关于中国共产党人的短篇报道。

这是我第一次如此广泛地周游祖国各地，我的收获或说这次周游给我的帮助就更大了。在所到之处我都看到，一方面是反动统治者遗留下来的惊心怵目的恶迹；另一方面是蒸蒸日上的新气象，在工厂、矿山、码头、铁路沿线，到处可见体格健壮、心情愉快、有组织、有纪律的工人在辛勤劳作。在田野里，到处可以看到成群结队的互助组、变工队在新分到的土地上耕耘。妇女下地，这在我的家乡——陕西关中是向来没有的新鲜事物。在乡村到处可见土改的标语，“土地回老家，合理又合法”。农民对于土改是以极大的热情来拥护的。

在江西，我们在吉安地委书记李立的陪同下，上了井冈山。李立是永新三湾人，曾在井冈山区打过游击，对情况了如指掌，同群众关系很好，在路上经常有人同他打招呼，所到之处都受到热情款待。

井冈山山高林密，没有公路，只能骑马。有的地方是悬崖峭壁，只能牵着马小心翼翼地走过。村庄里还可看见残垣断壁，战争的痕迹处处可见，很荒凉，路上行人稀少。井冈山地区山多耕地少，平均每人只能分到七分到九分田。打倒了地主，再也没有地主的盘剥，生活一定会好转的。农民们高兴地说：这次翻身搞得对，分了土地，烧了红契，领了地证，并且还镇压了恶霸、特务和土匪头子。不然，就是分了田，烧了契，领了证，还是放心不下的，担心日后还要把土地给人家退回去，更怕地主的报复、杀头。

在毛主席工作和生活过的地方，我们访问了同毛主席熟悉的人，如井冈山的余绍清、柳辛林，长沙的盛庆生、邹树生，韶山的邹香庭，延安的杨步浩等。总而言之，这次出游，使我和费德林对毛主席的生平及其思想有了更高一层的认识。这无疑有助于我们对《毛泽东选集》翻译工作的进行。

1951 年 4 月，毛主席收到尤金的一封信，信中转达了苏共希望我们给国际布加勒斯特基金组织捐款十五万美元的要求。据说，此组织设在罗马尼亚，其任务是将所接受的各国共产党给国际共运的援助，资助给各资本主义国家共产党组织。周总理委托我转交过两次。1951 年转交了十五万美元，1952 年的数额只多不少，具体已记不清了。因为这件事总理让我亲自办理，所以我从人民银行行长南汉宸处取了钱就亲自送到了苏联大使馆。“文化大革命”时，有人因此揭发我“贪污”了多少万美元。

尤金第二次来华

1951 年 7 月下旬，在毛主席邀请下，尤金携夫人柯拉夫季娅第二次来华。他这次来华的任务有三项。一则到东北和华北各地向我们的干部作讲演，二则帮助我们的同志研究东方各国兄弟党的工作，三则看一看《毛泽东选集》的一些文章，并指导毛选的翻译工作。

尤金夫妇在中宣部部长陆定一陪同下，由林利担任翻译到各大城市讲学兼参观、游览。对这次旅行尤金是很满意的，回来后写了一封参观访问印象记式的汇报信给毛主席。

毛主席看了后，表示很满意，但对陆定一等流露出不满。说外国人出游回来还给他写信，报告其所到过的地方、所完成的任务、在各地的见闻以及给他们的印象等等，可是我们的陪同人员却一言不发，不知他们到底看见了什么，还是什么也没有看见。关于这件事，毛主席讲过好几次，不知陆定一同志听说过没有。

9 月，毛主席亲自安排尤金夫妇到青岛疗养，并给山东省委、青岛市委写信，要求他们为尤金在济南、青岛各组织一次学术思想座谈会。

尤金第二次来北京后，住在景山后街。这是原燕京大学校长、美国驻华大使司徒雷登的寓所，有花园、小游泳池，环境幽静。毛主席曾两次拜访尤金，交谈问题，完全把尤金夫妇作为自己的私人客人。

记得有一次毛主席对我说，他准备下午 4 时到尤金住处访问，要求我作好安排，并且到时去接他。可是当我去接他时，他正在勤政殿参加国务会议。怎么办呢？一位十分聪明、有经验的同志告诉我：“你到会议厅去转一下，如果他还没有发现你，那你就在旁边稍坐一下。”因为约定的时间已经到了，无奈，我只得照此行事。毛主席一发现我走进会议厅，马上看了看表，就退席走出了会场。

我们到景山后街尤金家里时，他们早已作好了安排。尤金请来了路过北京的两位苏联作家考涅楚克和瓦西列夫斯卡娅作陪。这可以大大活跃谈话气氛，也减轻了尤金的一些负担。

但是，这次谈话的内容依然是哲学问题，以哲学辩证法的观点来研究物理、生理学方面的现象，即原子、电子、中子、质子等。毛主席和尤金乐于此道，谈得十分欢畅，甚至在宴席上也没有改变话题。考涅楚克和瓦西列夫斯卡娅则被高深莫测的哲学问题所慑服，简直插不上一句话，呆呆地听两位哲学大师侃侃而谈。

毛主席和尤金的往来较多，相互关系也日益密切。另外，尤金带来了夫人，这就便利江青经常出面。这时，江青往往代表毛主席说话，或以毛泽东的名义进行活动。每隔一两周，江青便出面组织、陪同尤金夫妇参观、游览、消遣，共度假日。如游览香山、卧佛寺、颐和园、长城等名胜古迹。每到一处都设法举行招待宴会。每隔若干时日就举办晚会，邀请尤金夫妇观赏京剧《野猪林》、《三打祝家庄》、《大闹天宫》、越剧《梁山伯与祝英台》、《白蛇传》等中国古代传统优秀戏曲，以及现代歌剧《白毛女》等，并看过几部电影。因为尤金家里有台小型放映机。尤金有时也请毛主席到他家去看电影。

江青的招待显得大方、阔绰。其规模、开销往往数倍于招待其他的外宾。不仅如此，在这些场合，江青总是要使尽全身解数，显示她的“知识、才能、灼见”，以及她的权力、交际本领，同时还要尽力把自己装扮成一位文明、慷慨大方和超群出众的人。这一切使得尤金夫人头晕目眩、神魂颠倒。他们不仅极其欣赏、羡慕江青的聪明、智慧，而且也十分钦佩、叹服她的气质、魅力。

1951 年 10 月 19 日，尤金再次启程回国，他走时，《毛泽东选集》第一卷的翻译工作业已完成，第二卷也基本上译完，第三卷已译了个别篇章。[①] 这时，苏方建议把《毛泽东选集》翻译工作转移到莫斯科苏联国家出版局，由他们负责完成。这一方面是为了节省时间，加快翻译进度，免得转来转去。另一方面，也是最根本的原因，是《毛泽东选集》俄文版即将由苏联国家出版局出版，他们对译文必然要负全部责任，所以他们必须按照他们的标准、要求、风格（文风）来进行翻译、校改、定稿。他们的解释是：必须保证苏联读者普遍能读懂，能比较正确地了解作者的原意。这自然是无可厚非的。

① 《毛泽东选集》中文版第一卷 1951 年 10 月 12 日出版发行，第二卷 1952 年 4 月 10 日出版发行，第三卷 1953 年 4 月 10 日出版发行。

苏联对出版物的要求是严格的。他们对一切作品，无论是文艺还是理论作品，也不论是谁的作品，一律都要求经过修辞专家审定，以使每句话都合乎文法标准的要求，既不仅对词汇、语法、修辞、文气要斧正，而且对标点符号也要一一修订，决不含糊。这些修辞专业人员对文法的正确性、准确性、完整性和纯洁性都要负起完全的责任。这是非常好的做法，值得我们借鉴。

1952 年苏联出版俄文版《毛泽东选集》第一卷，轰动很大，引起苏联和东欧各国的广泛注意。随后，苏联又翻译了第二卷。因为字数太多，分为两卷（即俄文版二、三卷）。俄文版的第四卷（即中文版的第三卷）是 1953 年 12 月出版的。

关于译者署名问题，毛主席曾问过我。我说《实践论》有注解，说这篇文章的译者是费德林。主席听后笑了，然后带着安慰的语气说，不必计较这些了！我说：主席，我根本没有把这种事情放在心上。

但是麻烦在后头。大约 1954 年或 1955 年，苏方向中方建议：中苏任何一方都可自由选译对方的著作、论文等文献，并一律由自方付报酬，而不向对方的作者、译者付酬。表面上是双方各自关心自己的作者、译者，很公平，其实是因为中国对著者、译者的稿酬太低，而他们的较高，他们怕吃亏而已。中方接受了他们的建议，也明白他们的用意何在。

应当指出，他们历来也没有给我们付过稿酬，虽然《毛泽东选集》俄译本译者中有我的名字。刘少奇不止一次关心地问我，苏方给的稿费是怎样分配的？并嘱咐必须保证凡参加过翻译工作的人都能得到应得的一份。但苏方实际上没有给过我方一文稿费。

尤金担任驻华大使

1953 年，斯大林逝世，赫鲁晓夫上台。赫鲁晓夫知道尤金颇得毛主席赏识，因而不顾一切地任命尤金为驻华大使。

苏联驻新中国的第一任大使是罗申。罗申在重庆时是做情报工作的，同国民党、民主人士有来往。他担任大使后，约民主人士到使馆谈话。罗申说：今天的谈话要保密，不要告诉周恩来。民主人士当场不作声，回去就报告周恩来。周恩来报告毛主席。毛主席和斯大林有约定，中苏两国互不保密，互相不作情报。周总理找罗申核实。罗申知道自己做得不对，回到使馆马上要求回国。第二任是潘友新，他虽是职业外交官，但健康状况不佳，体力不支，约于1953年3月间回国。继之而来的是库兹涅佐夫，他原在苏联全国总工会工作，对外交是外行。不久，也被调回国，随后由尤金接替。在苏共十九大上，尤金已当选为中央委员。

尤金接任大使后，[1]本应住在大使馆，但他希望仍住在景山后街。我向总理汇报后，总理马上同意。这是很破例的。总理总是体谅他人，并尽力给予帮助。尤金受到外交礼仪的约束，同毛主席往来不像前两次来华那么随便，但是仍同毛主席谈论有关理论方面的问题。自然，中心话题仍是哲学方面的问题。

有一次，尤金去拜会毛主席。谈完公事后，毛主席说，公事毕而后谈私事。把尤金留了下来，谈论哲学问题。这次主要谈的是现象与本质的问题。毛主席说：现象与本质有时并不一致，甚至相反；现象常常掩饰着本质，使人们不易洞察其真实面目。

尤金是个哲学家，自然十分乐意与毛主席谈论哲学问题。他写过不少哲学方面的论文，也著过不少哲学书籍。其中对我国影响比较大的是他与罗森塔尔合编的《简明哲学辞典》。此书1958年由中共中央马恩列斯著作编译局翻译出版。这本书在当时哲学界来说，是一本比较好的工具书。但是其中的错误也不少，有些还是难以原谅的差错。记得在翻译过程中，有一天林利、潘克拉托娃约我一道去找尤金谈问题时，指出他书中有不少差错，并请他解释。

尤金任驻华大使期间，中苏两国政府来往函电很多。起初多由尤金直接转交毛主席。毛主席实在接应不暇，所以常常要尤金去找刘少奇、周恩来，或朱德接见，处理有关电函。

尤金是秀才挂帅，既不会办外交，又不善于处理国事，任职不久，就应付不了了。他实在不是这方面的人才。这位不懂外交的哲学家，书生气十足，也不懂经济建设，经常遭到苏方在华专家和顾问们的抱怨和责难。毛主席和周总理都知道这些情况，然而，我们还是支持他。在我党八大前后，我们总是支持他、照顾他的，但是并没有向尤金本人讲过这方面的事情。当然，他对自己在工作中遇到的种种困难是早已感觉到了的。赫鲁晓夫也了解了尤金的工作情况和对他的反

---

① 尤金于1953年12月出任大使，15日交国书。

映，但为了尊重中国政府的意见而没有撤换尤金。1959 年尤金任期满后才调回国，继续任苏联科学院院士。

尤金任大使期间，苏联专家全由阿尔希波夫[①]总顾问领导。毛主席首次访苏时，曾向斯大林提出要柯瓦廖夫重新来华工作，但斯大林对柯瓦廖夫不满意，认为他是一个技术干部，不懂政治，技术知识也不全面，答应给我们另外物色一个。这个人就是阿尔希波夫。

阿尔希波夫于 1950 年来到中国，这个同志年富力强，精力充沛，有造就、有经验、非常能干、积极，为人正派，认真负责。他本人是冶炼专家、工程师，担任过工厂的工长、车间主任、总机械师、乌克兰克里沃罗日耶市市委书记，有丰富的基层工作经验和党的工作经验。到中国之前已担任了七年的苏联有色金属工业部第一副部长。他的行政管理能力、组织能力都很强，对经济建设有经验，有思想。他两次到中国，前后工作了八年之久。

苏联专家的名单原都放在我这里，后来来华专家人数增多，国务院成立了苏联专家工作指导小组。1950 年，我将名单交给杨放之。我仍时常同阿尔希波夫见面，他常找我了解苏联专家工作情况及表现。一开始我如实地讲，后来发现，只要我讲了 ×× 专家不尊重中国同志，不久这位专家就被调回国了。此后我就不便轻易地谈及他们的问题。阿尔希波夫很尊重中国同志，他也这样要求苏联专家们。他时常同总理、副总理们打交道，相处甚好。1959 年赫鲁晓夫下令将苏联专家全部撤回国，阿尔希波夫回国后仍写文章赞扬中国、怀念中国和中国领导同志。他觉得他与中国同志之间存在着深厚的感情，特别是他认为同陈云同志等能谈得来，相互了解，有共同语言。他自己也给中国同志留下了深刻的印象。说老实话，至今不少同志仍怀念他。

毛主席对尤金是格外重视的。因为毛主席认为他是一个诚实的人。1953 年 12 月下旬，苏联部长会议副主席兼冶金工业部部长捷沃湘来中国参加鞍钢扩建落成典礼。

捷沃湘在东北时，高岗亲自作陪。高利用接待外宾的机会有意识地突出自己，抬高自己的地位。同时高私下进行反对刘少奇、周恩来等领导同志的非法活动。

① 阿尔希波夫(1907—1998)，俄罗斯人。1943 至 1958 年任有色金属工业部副人民委员、副部长。从 1950 年起兼任苏驻华经济参赞，苏联专家总负责人。

毛主席很快洞察一切，并做出自己的结论。此时毛主席正在杭州休养。捷到北京后不久，毛主席就邀请他和尤金到杭州会谈，并指定我陪他们去。1954 年 1 月 2 日，我们离北京飞到上海，而后到达杭州。在杭州我见到上海公安局长王凡，在延安保安处时他是科长。我说：你怎么把上海丢了，到这来？他答：专门让我来保卫毛主席。

第二天，毛主席接见捷沃湘和尤金。稍事寒暄，对若干问题作了一般了解后，便向他们介绍了中国党内和我们国内的一些情况。

毛主席说："我们党内，或许也是国内要出乱子了。自然，我今天说的只是一种可能性。将来情况如何变化，还要等等看。这个乱子的性质用一句话来说，就是有人要打倒我。我们中国历史上曾出现过秦灭六国，秦灭了楚。秦就是他们陕西（毛用手指着我），楚就是湖南（毛用手指着他自己）。这是历史上的事实。那么现在怎么样？还要等等看。"

其实毛主席所说陕西是指高岗，但他没有明讲。捷沃湘和尤金似懂非懂地听完谈话后，回到自己的寓所，两人坐在一起嘀咕了整整一个下午和晚上，十分神秘，不让我听到，对我态度都变了，因为他们误解为是我要打倒毛主席。

这次谈话确实是极其出奇而不寻常的，使客人丈二和尚摸不着头脑。虽然在这期间，请他们参观了杭州丝绸厂，组织他们到各处观光、游览。捷沃湘在北京又受到了各式招待：参加晚会，观看京剧，游览市容，欣赏北京郊区风光，还参加了一些小型宴会。但他们仍然念念不忘地猜测和推敲毛主席讲话的涵义，总想找出这次谈话与他们的瓜葛在哪里。最后还是不得要领，不明所以。不知捷沃湘回国后是如何汇报的。不仅他们，就连我当时也是在五里云雾之中，什么也不清楚。

这次谈话是毛主席有意放的试探气球，也是他的锦囊妙计之一。毛主席是很自信的，在那段时间里，他找了不少人谈话。现在我才知道，1 月 7 日毛主席已在修改决议案，筹备四中全会。

2 月 6 日至 10 日，中央七届四中全会在北京举行，毛主席在外地休假，没有回京出席全会。会议是由刘少奇、周恩来等主持的。会议揭发了高岗、饶漱石的错误和反党行为，通过了《关于增强党的团结的决议》。

约在全会结束之前两三天，刘少奇、周恩来一起在少奇家里召见了尤金。他们从傍晚一直谈到午夜 12 点以后，长谈数小时。谈话内容主要是向尤金介绍高岗、饶漱石反党罪行，即关于高岗反党问题的揭露、四中全会前后及四中全会上的整个斗争过程、高岗问题的实质（性质、内容）和处理方针，并说明对高岗的反党问题不作严肃认真的处理，对党是极其不利的，谈话结束时，周恩来把高岗的罪恶言行归结为十大罪状（原来是十二条罪行）。

尤金只是注意地听，既未作笔记，也没有提任何问题，只是在听话中间偶尔惊叹地说："试想想"，"试能想得到么？！""可笑之至，美男子！"如此等等。也可能这时他才明白了毛主席所讲的"秦灭楚"故事的真正涵义。

朝鲜战争期间的中苏关系

朝鲜战争的开始与逆转

1950 年 6 月 25 日，朝鲜战争爆发。战争爆发后，我们才得到消息。朝鲜人民军英勇作战，一开始打得很顺利，6 月 28 日解放了汉城。美国唯恐他扶植的李承晚政权垮台，在亚洲引起连锁反应。27 日，美国出动海、空军对朝鲜进行武装干涉，同时派第七舰队到台湾海峡，阻止我解放台湾。30 日，美国派陆军第八集团军直接参加地面作战，随后美国控制联合国，要挟英、法、加拿大、土耳其、澳大利亚等十六个国家出兵组成联合国军另加李承晚的军队，以美军五星上将麦克阿瑟为总司令。由于朝鲜人民军英勇奋战，到 8 月初已解放南朝鲜百分之九十以上的领土，迫使敌人退守洛东江以东的大丘、釜山一隅。人们兴高采烈，认为南方指日可下，胜利在望。

主席十分镇定，头脑清醒、冷静，安详地对我说：朝鲜人民军应该作短暂休整，调整军队部署，然后再接再厉，最后一鼓荡平，彻底解放朝鲜全境。过不几天，主席又讲，应防守仁川这个重要的据点，以防不测。

果然数天后，即 9 月 15 日，传来美军在仁川登陆的消息。美军和李承晚军队对朝鲜人民军南北夹击，遂使朝鲜形势急转直下。人民军被迫做战略退却，危机接踵而来。斯大林来电询问我方在沈阳到丹东一线部署的兵力有多少，能否出兵，助一臂之力。

毛主席、周总理等中央领导一直密切地关注着朝鲜局势，为了防止万一，早在7月上旬就决定组建东北边防军，将十三兵团（下辖三十八、三十九、四十、四十二四个军）和炮兵第一、二、八师及特种兵共约二十六万多人调到辽宁凤城、辽阳、安东、通化、本溪等地。

9月30日，李伪军越过三八线。10月7日美军越过三八线，进入朝鲜北部，10月19日侵占平壤，并狂妄地叫嚣在感恩节（11月23日）前打到鸭绿江。

对此，中国政府迅速做出反应。周总理在国庆节庆祝大会上庄严表示："中国人民热爱和平，但是为了保卫和平，从不也永不害怕反抗侵略战争。中国人民绝不能容忍外国的侵略，也不能听任帝国主义者对自己的邻人肆行侵略而置之不理。"①

10月2日，即李伪军越过三八线的第二天，毛主席致电斯大林："我们决定用志愿军名义派一部分军队至朝鲜境内和美国及其走狗李承晚的军队作战，援助朝鲜同志。我们认为这样做是必要的。因为如果让整个朝鲜被美国人占去了，朝鲜革命力量受到根本的失败，则美国侵略者将更为猖獗，于整个东方都是不利的。""在目前的情况下，我们决定将予先调至南满洲的十二个师于10月15日开始出动，位于北朝鲜的适当地区（不一定到三八线），一面和敢于进攻三八线以北的敌人作战，第一个时期只打防御战，歼灭小股敌人，弄清各方面情况；一面等候苏联武器到达，并将我军装备起来，然后配合朝鲜同志举行反攻，歼灭美国侵略军。"

10月3日凌晨1时，周总理紧急约见印度驻华大使潘尼迦，就朝鲜战争问题郑重地说明了中国政府的立场："美国军队正企图越过三八线，扩大战争。美国军队果真如此做的话，我们不能坐视不顾，我们要管。请将此点报告贵国政府总理。"② 当天，印度政府把中国的立场转告美国。

10月4日，中央将彭德怀接到北京，召开会议，讨论出兵援助朝鲜问题。当时，新中国建国伊始，西藏、台湾等地都还未解放；中南、西南、西北等边远地区还有国民党残留的军队上山为匪，残害人民，尚待肃清；新解放区的土改还未实行。另外，中国经过十几年的战争，满目疮痍，百业待兴，人民需要和平安定的环境恢复生产，发展经济，争取财政经济状况的基本好转。在相当一部分群

① 《周恩来外交文选》，第24页，中央文献出版社，1990年版。

② 同上书，第25页。

众中，尤其是中小资产阶级中，存在着崇美、恐美思想，认为美国有先进的武装、强大的战斗力，称霸世界，难以战胜。

中央主要考虑到："首先的问题是中国的军队能否在朝鲜境内歼灭美国军队，有效地解决朝鲜问题。第二，既然中国军队在朝鲜境内和美国军队打起来（虽然我们用的是志愿军名义），就要准备美国宣布和中国进入战争状态，就要准备美国至少可能使用其空军轰炸中国许多大城市及工业基地，使用其海军攻击沿海地带。最不利的情况是中国军队在朝鲜境内不能大量歼灭美国军队，两军相持成为僵局，而美国又已和中国公开进入战争状态，使中国现在已经开始的经济建设计划归于破坏，并引起民族资产阶级及其他一部分人民对我们不满（他们很怕战争）。"因而中央讨论时有两种意见。

另外，我国的空军①还未成立，美国控制着制空权，给我们造成很大的困难。出兵朝鲜要取得苏联的支持和援助，因而也要听取斯大林的看法。

周总理和斯大林会谈

中央政治局会议还未结束，就派周恩来秘密访问苏联。大约是 10 月 8 日从北京出发，②飞机在伊尔库茨克加油停留几小时，可能是第二天或第三天飞抵莫斯科。因紧急而又机密的关系，总理只带了我和机要秘书康一民同志。那时，林彪正在莫斯科养病。到达莫斯科后，总理立即同林彪取得了联系。③

第二天在布尔加宁陪同下，周总理、林彪去南俄靠近高加索黑海边的阿布哈兹区，到阿德列尔斯大林的休养所。苏联政治局其他委员都等候在那里。总理到达后先休息了几个钟头，并进行了参观游览。

午后，开始会谈。我方是总理、林彪，苏方是几乎全体政治局委员，但是发言的主要是斯大林。我和费德林二人担任翻译。开始时气氛有点紧张，因为互相都不摸底，都在放气球试探。

斯大林特意指定波斯克廖贝舍夫任"总司令"主持宴会，指挥一切。然后，

---

① 中国空军是以十四兵团机关为基础，于 1949 年 11 月 11 日在北京成立，刘亚楼为司令员。

② 10月11日斯大林和周恩来联名致电中共中央，当是在会谈之后。由此推断10日周到达黑海边，周到莫斯科时间应是 9 日，离京的日期应是 7 日或 8 日。现存档案 8 日周有一批示，由此推断 8 日离京可能性更大些。

③ 据康一民同志回忆，林彪与周恩来同机到达莫斯科。

他简单地介绍了一下朝鲜前线的情况，指出朝鲜同志由于战争开始时军事进展顺利，疏忽了对情况逆转时的思想准备，也许产生了轻敌思想。但当美帝在仁川登陆反扑后，对朝方压力很大，现在招架不住了。看来，敌人不会就此止步，不会停止前进，如果碰不到强大阻力的话。而且，朝鲜目前已受到极大的挫伤，战场的形势是严重的，对我们都是很不利的。今天想听听中国同志的看法和想法。

随后，恩来开门见山地讲：中国对一般情况是了解的。特别是考虑和研究了国内实际情况及主观因素，认为以不出兵为宜。原因是中国由于长期战争，连年遭受到极其严重的破坏，许多有关国计民生的问题没有解决。如果现在又卷入战争，不仅人民的困苦生活无法改善，而且国家的经济恢复工作也无从谈起。在这种情况下，还要担负战争消耗的重担，实在困难。况且军队的武器装备和接济，无不困难重重。战争不是儿戏，陷入这个漩涡，多年摆不脱身，如何收场?！并且这场战争如果僵持不下，还可能牵涉到各兄弟国家。因而认为不出兵较好。

斯大林听了以后，说：按目前情况，美军已越过三八线，进入朝鲜北部。朝鲜如果没有后援，至多只能维持一个礼拜的时间。在这种情况下，与其进行无望的抵抗，最终会被敌人消灭掉，就不如早点主动撤退，以保持所剩的有生力量，以待他日，或许还有东山再起的希望。我们必须把可能出现的各种情况都设想一下，作出全面的估价，制订出具体的措施和对策。

斯大林见总理不讲话，笑了笑说：无论是自己撤退，还是被敌人消灭掉，这都意味着让敌人占领整个朝鲜，美军和伪军将陈兵鸭绿江、图们江（朝苏边界）。估计那时我们，特别是中国的东北恐怕就不会有安宁的日子了。中国内地情况自然不同一些，但东北的经济恢复工作恐怕谈不上了。他们那时怎样都可以进行骚扰，从空中、陆地、海上随时可来。当然，现在还难以预料以后的一切。如何对付可能出现的这种情况，是必须考虑到的。

其次，如果朝鲜同志支持不下去，眼看着他们白白牺牲，那就不如马上告诉他们作有组织、有计划的撤退，并答应他们把主要力量、武器、物资和部分工作人员、干部撤到中国东北，而把老弱残废、伤病员大部分撤到苏联境内。之所以要把有生力量撤到东北，是为了以后便于重新进入朝鲜。从中国东北要比从苏联进入朝鲜容易得多。总之，我们两家都得承担起这个重担。建议把我们商谈的这个情况，即撤退的意见，立刻电告金日成，不能拖延时间。

讲到这里时，林彪插话说：不必撤走有生力量，而应让他们留在朝鲜境内。

那里多山、有森林，他们可以进入山沟森林，进行长期游击战争，而且可以转战于朝鲜南北各地，以待时机。

斯大林对这个建议十分不感兴趣，回答说：恐怕敌人不会允许游击队存在下去，而会很快把它消灭掉。既然不打算出兵，我们就得具体地筹划，如何安置朝鲜同志和他们的武装人员，保存实力和有生力量，以待时机。对此应该作好准备，不能见死不救，望着他们蒙受无谓的牺牲。

斯大林随后说：我们曾经设想过如何帮助朝鲜同志。但我们（苏联）早已声明过，我们的军队已全部撤出朝鲜了，[①] 现在我们再出兵到朝鲜去有困难，因为这等于我们同美国直接交战。所以设想，中国可以出动一定数量的兵力，我们供应武器装备；在作战时，我们可以出动一定数量的空军作掩护。自然，也只限于在后方和前沿活动，而不能深入敌后，以免被敌人击落、俘获，这在国际上会造成不良影响。曾经设想装备中国的陆军（步兵、炮兵、工兵、坦克部队、机械化部队等）、空军并设法帮助建立海军（这是要花很多的钱和时间的）。讲到这里时，斯大林还根据出兵的设想，提出了一系列具体建议，[②] 如装备多少师团，苏联援助多少坦克、大炮、飞机以及装备机械化部队和特种部队等。言外之意，第二次世界大战后，他们剩余的军火多得很。具体数字，现在记不清了。

他说：中国设想改装部队，使各兵种规范化、整一化、现代化的做法是完全正确的、合理的。但我们的经验是：在战时完成这样的计划，要比平时完成得更快更好，更有成效。同时，部队因为处在战斗中，也可随时发现缺点，随时改进，以臻进一步完善。中方提出的改装部队的意见，交由布尔加宁负责同军部和中方同志共同研究处理。[③] 现在还是应该把我们商讨的结果和建议立即告诉朝鲜同志，

---

① 1945年8月9日，苏军进入朝鲜北部和朝鲜人民抗日武装部队于8月15日解放了三八线以北的国土，1948年12月25日，苏军全部从朝鲜民主主义人民共和国撤退。

② 1949年8月13日刘少奇与王稼祥、刘亚楼同苏联华西里列夫斯基元帅会谈，苏方表示原则上同意中共中央组建空军的设想方案。

③ 1950年10月11日，斯大林和周总理联名致电中共中央，电文中有苏联完全可以满足中国的飞机大炮、坦克等项装备的内容。

请他们不失时机地早日作好撤退准备。鉴于目前形成的局势，只好走这条路了。①

以后的谈话就变成了海阔天空的闲谈、聊天，时而谈些奇闻轶事、奇风异俗，时而谈些历史故事，时而谈世间奇迹、历史事件、奇异人物，加上各种奇异的酒令，如："әксбэрипирэен"的通圈令和各种形式的民间酒令。

在宴席上，为了表示好感，斯大林向林彪敬酒，希望他显示出革命军人所具有的革命豪情与英雄气概来。斯大林再三向他敬酒，而且只是一杯红宝石甜葡萄酒，但是，林彪竟始终不敢用舌尖舔一下。

斯大林无可奈何地开玩笑说："酒里没有毒药，稍饮一口无妨。"可他还是不敢尝一下，即使是作个饮酒姿态，他也不肯。

在座的人都为他难堪。斯大林末了说了一句："不知这位将军如何在前线指挥作战?！"

结果，除林彪一人顽固地不祝酒、不饮酒，而遭到围攻外，其余的人都已醉眼朦胧，酒意酣浓，直到太阳从东方升起，宴席才结束。

中国决定出兵援助朝鲜

清晨，我们在布尔加宁陪同下飞返莫斯科，午后3时许抵达莫斯科。我们回到住地奥斯特罗夫斯卡娅街八号公寓，周总理坐下准备喝茶水。我到康一民的房间去看看国内有什么新的指示。

康一民正在抄报，一见我进去就说：刚刚收到毛主席的电报，你们看看。他大致地讲了讲来电主张出兵的内容。

我大吃一惊。拿起电文一看，电文的第一句是：你们走后，我们继续开会，政治局同志多数人主张出兵。

我急忙转身回到周总理休息的房间，向他报告。

① 1970年10月10日毛泽东和金日成会谈时说：虽然摆了五个军在鸭绿江边，可是我们政治局总是定不了，……总是这么弯弯曲曲的。在那个时候，因为中国动动摇摇，斯大林也就泄气了，说：算了吧。后来不是总理去了吗？是带着不出兵的意见去的吧。周恩来说：两种意见，要他选择。我们出兵，就是要他的空军支持我们。开始的时间，莫洛托夫赞成了，以后斯大林打电话说，空军只能到鸭绿江边，毛泽东说，最后才决定，国内去了电话，不管苏联出不出空军，我们去（朝鲜）。俄罗斯档案，1950年10月13日，冯西（斯大林）致电苏驻朝大使什特科夫转金日成同志："鉴于中国同志的这个新的决定（指出动志愿军），请暂缓执行昨天发给你们的关于在北朝鲜进行疏散和将朝鲜军队撤回北方的决定。"由此可以推断斯大林在和周恩来、林彪会谈之后，曾向朝鲜建议疏散。

周总理不相信，认为我看错了。

我又回到康一民那里将电文的第一页拿给他看。当时，他坐在沙发上。看后，他一言未发，双手抱着头，陷入深深的沉思。因为在几个钟头之前，他所谈的话与这个电文中的意思是完全相反的。他刚刚讲过中国不能出兵援朝，并以极有说服力的话，向斯大林证明了这点。而且也作出决定，立即采取不出兵的准备和安排。但现在，国内来电又说大家——中央政治局的绝大多数主张出兵抗美援朝。电文分析了形势，制定了兵力部署、调动以及进入战斗的作战计划与具体的战术计划。而今又得向苏方重新交涉，校正数小时以前谈过的一切话，而且必须谈明对中国人民志愿军出动，进入战斗后的军火供应、接济等办法应作出相应的计划，并立即采取具体步骤，以便志愿军很快能得到必要的供应，保证军事行动的顺利展开。

后来我才知道：周总理离京之后，毛主席做了政治局委员们的工作，他说：我们不能见死不救。政治局的同志见主席下了决心，自然也就没有什么意见了。10月8日，毛主席致电彭德怀及东北军区和东北边防军负责人高岗、贺晋年、邓华、洪学智、解方：“为了援助朝鲜人民解放战争，反对美帝国主义及其走狗们的进攻，借以保卫朝鲜人民、中国人民及东方各国人民的利益，着将东北边防军改为中国人民志愿军，迅即向朝鲜境内出动，协同朝鲜同志向侵略者作战并争取光荣的胜利。”并“任命彭德怀同志为中国人民志愿军司令员兼政治委员”。规定“中国人民志愿军以东北行政区为总后方基地”。同日，毛主席将此决定电告金日成首相，并请他“即派朴一禹[①]同志到沈阳与彭德怀、高岗二同志会商与中国人民志愿军进入朝鲜境内作战有关的诸项问题。(彭高二同志本日由北京去沈阳)”因为总理正在旅途中，对这一切无从知晓。

现在，我们接到中央新的决定的电文，我督促将电文一页一页地随译随送给他看。

周总理研究了来电后，立即要我译成俄文，首先送给莫洛托夫，要求他立即转告斯大林，并约定时间，举行新的会谈。今天与昨日的情况就迥然不同了，因当时住在莫斯科的政治局委员只有莫洛托夫和布尔加宁二人，而且布尔加宁正在

① 朴一禹时任朝鲜劳动党中央常务委员、朝鲜民主主义人民共和国政府内务相。

忙斯大林交办的那些事情。

晚上，周总理同莫洛托夫会面，首先提到来电的内容，希望把来电转告斯大林，并询问他的意见。

莫洛托夫说，信（即电文）已转去了，尚未见到回话。不过昨天斯大林同志已谈到中国出兵，军火供应没有问题。虽双方未最后谈定，但我大概了解一些情况和你们的希望。莫洛托夫一再表示他不能做主，这一切都必须由斯大林定。但是总理绝口不提再同斯大林会谈的要求。

莫洛托夫将信将疑地探询恩来同志，如果中国方面的考虑是确定的，那么，我们的事情应该如何谈起？

恩来同志把前一天同斯大林谈的需要援助的项目与规模又重新提了一遍。

当提到坦克和火炮的具体数字时，莫洛托夫说，他记得数目没有那么大。于是双方争论多时，然而这并不是主要问题。接着双方详细研究物资运输、接管与集中的方法等问题，特别是关于集中地点、接收、转运、保管和转交手续等一系列办法，特别研究了防空与存放地点和转交等项原则问题。苏方指定的接收终点站是：奥特波尔，中国车辆到此站接运。验收、接管等具体手续和办法，由双方交接人员进一步磋商、确定。

14日，总理得到斯大林的复电后，致电斯大林说“根据毛13日给我来电”提出：“苏联志愿空军在出动十六个团的喷气式飞机之后，可否继续出动轰炸机至朝鲜配合中国军队作战？”志愿军“进入朝鲜作战，当其与朝鲜人民军配合作战时，在双方指挥关系上应如何解决”？并附上中国政府第一批开出的各种炮类及其附属器材的订货单。

我们在莫斯科逗留两三日，将军火一事办妥即飞回北京。值得指出的是：因为形势紧迫，我们和苏联谈判时，只谈到军火的数目，而没有谈军火的价格。

我们接受苏方的军火，是作为他们对抗美援朝的物资供应的贡献而接收的。这件事情一开始，周总理在同我私下谈话时就明确说明了他的这个打算；同时还谈到，为了合理节约使用，避免浪费，对上述这个考虑不可传扬出去。

我说，根据我对苏联的了解，他们办具体事情的人不会同意我们不付钱的想法。

因而在回国的飞机上总理再次提及：准备在下次会见斯大林时，正式提出这个问题，争取作出明确规定来。

遗憾的是，后来没有机会将此事办成。斯大林从没有明确规定一定要我们偿还。但事经七八年以后，中苏两国关系恶化，又恰值我国经济困难，赫鲁晓夫乘人之危，利用这个空子，向我们要这部分军火的款项，有意添麻烦，向我们施加压力。

我们回国后，10 月 19 日志愿军跨过鸭绿江，10 月 25 日第一次战役打响。从此，这天成为抗美援朝的纪念日。

苏联遵守约定，于 11 月将第一批军火交给中国。在中朝军民的奋力反击下，战局迅速得到扭转。在第二次战役中，12 月 4 日，收复了朝鲜首都平壤，很快收复了三八线以北除襄阳以外的全部失地。

中国出兵朝鲜击破了西方的造谣。西方人说中国共产党是民族主义者。由于西方人的造谣使德国总统皮克、捷克的马尔基也对中国产生怀疑。中国一出兵朝鲜，皮克欢呼。

斯大林对苏联顾问与我方争论的态度

彭德怀率领志愿军赴朝参战时，因为朝鲜已有苏联顾问在那里工作，所以毛岸英也随彭赴朝任翻译。这时期的工作比较顺利，似乎没有发生过多少误会。但是，11 月 25 日在敌机轰炸中，毛岸英不幸壮烈牺牲。后来由于翻译不得力，常常引起双方的误会和争吵，而且前方多次要求派得力干部帮助翻译工作，于是决定从外交系统把徐介藩调到援朝前线志愿军司令部任办公室主任兼翻译，才解决了这一难题。彭总对我说，他对徐介藩的工作是满意的，各方面由于翻译的误差而出现的意见分歧、发生的争执、争吵的现象大大减少了。

但是，苏联军事人员时常同彭总发生意见分歧或争吵，因为他们既不能理解，也看不惯我们的作战方针、行动计划等。彭总是伟大的军事家，有自己的战斗经验、作战方针、战略战术。彭总是原则性很强的人，在原则问题上绝不会让步。就其军事才能来讲，这些苏联顾问因陷于西方军事教条主义的束缚而不能自拔，只能望其项背。可是他们没有自知之明，反而不断地将争吵的情况向斯大林汇报，虽然也指不出彭总本人的错误和缺点。

在他们汇报的问题中，有两桩事应当指出：一是，自赤塔到中苏边界线，积压了不少军火和其他军用物资，因中方接运、转运太慢，既堆满了仓库、货栈，又影响了前方供应。二是，中国进入朝鲜的援朝部队，是为了改装自己。部队来后先改换自身的装备，然后送上前线，打一个时期的仗，就撤回国去，又调来一批新的部队到朝鲜来。如此轮番进行，以便拿到新式武器改装自己。

斯大林听了后，只对第一个问题表了态，要求中方迅速大力转运，保证前方供应，而且来电催我们加力速运。而对第二个问题不仅没有表示不满和提出反对意见，相反，他认为这样做很明智，很有远见，这既可以使部队较快地改换装备，又可以立即在实战中加以实施、考验、发现问题及时改正、充实。这是用较快的方法，以较大的规模，迅速改装部队的一条捷径；或许中国军队的相当部分都会采取这种方式完成自己的改装任务。斯大林对这个问题当时所采取的态度是正确的、公正的、实事求是的。

中央之所以决定采取轮番作战的方针，是因为在第四次战役打响后已看出必须消灭大部敌人的有生力量。“敌人不被大部消灭，是不会退出朝鲜的，而要大部消灭这些敌人，则需要时间。因此，朝鲜战争有长期化的可能，至少我应作两年的准备。”毛主席于 1951 年 3 月 1 日致电斯大林这样讲，主席又指出：“为粉碎敌人意图、坚持长期作战，达到逐步歼灭敌人之目的，我中国志愿军拟采取轮番作战的方针。中国志愿军已决定编组三番轮流的部队。”这样可以保证部队得到休整、补充，并可预防敌人再次登陆切断我主力的补给线。

苏联在朝的顾问们，则看不到朝鲜半岛三面环海的地形特点，一味地要求志愿军南攻。在敌人的有生力量没有被大量消灭前，我又无空军掩护，过早逼敌南退不但不利于我分割歼敌，反而会因为补给线过长，补充不上，给敌人造成再次登陆的机会，我就有被拦腰截断或消灭之虞。这些顾问们脱离实际情况，并不懂战略，而斯大林是真正的军事家。

朝中苏决定停战，进行和平谈判

1951 年 6 月，经过五次战役后，朝鲜战场上形成了双方战略对峙状态，无论敌人怎么发动攻势，战线都稳定在三八线附近。

尽管美国当时纠集了十六个国家联合行动，但除美国外，其余国家出兵只是象征性的，而且都只是应付差事，并没有什么积极行动，也无战斗力，在战斗中一触即溃。但朝中两军却愈战愈强。是美军第二次世界大战以来从未遇到过的对手。

美伪深恐朝中部队再次越过三八线向前推进，[①]那时可能弄得美伪十分狼狈，甚至一败涂地，后果不堪设想。于是急急忙忙，积极建议双方停战议和，以便把朝中武装力量阻止在三八线一带。这样，既可保持住自己的体面，也可能维持住自己四分五裂的阵营，以免丢脸和遭受更大的损失，因为在侵朝战争中蒙受损失最大的是美国。

美国心急如焚，寻找各种渠道，前后两次向苏表示，希望苏联能从中斡旋、帮助，并转告朝中方面，说明美方愿意就地立即停火、停止军事行动，然后谈判议和。关于这点，斯大林向我方作了详细的解释和建议。这是美国一个重大的战略考虑，同时也表明它对侵朝战争前途的一种焦急和忧虑。

消息很快传到北京、平壤。6月初，金日成首相来到北京，和毛主席、周总理等一起研究朝鲜战局并协商关于朝鲜停战问题，“谈好目前两个月不进行大的反攻战役”，以进行和谈。

于是中央决定派高岗陪同金日成前往苏联，共同协商朝鲜停战问题，并向苏方表明我双方对停战的意见和态度。我也同行。6月中旬到达莫斯科后，中国同志住在奥斯特罗夫斯卡娅街八号公寓。朝鲜同志住在另外的地方。

斯大林立即接见了金日成、高岗，首先关心、研究朝鲜前线的实际状况，并想弄清以下几个问题：（1）前线上的实际情况如何，战斗行动是否还在继续？（2）南北两方军队所占据的阵地位置（战略据点）的优劣比较，朝中能否坚守住阵地而不动摇？（3）敌方反扑能力与可能性如何？如反扑，能否抵御住？一句话，朝中军队目前占据的是不是有利地位？最后他问：立即停火好，还是再打一下，修正战线地位后，再谈停战好？

这时，朝中两方谈话的人都混淆了各不相同的词汇用语，把停火、停战、媾和（和解）、休战、和约等词汇混杂、交叉使用。

于是斯大林要求先弄清各种概念涵义，他说：不澄清一下，我们就不能明确

① 1950年12月31日发起的第三次战役，志愿军和朝鲜人民军从三八线附近一直打到三七线后，彭德怀司令识破了敌人是有计划地撤退，诱我到不利地区与我决战的企图，于1951年1月8日命令停止进攻。敌诱我企图未逞，即开始对我进行全线进攻，开始打第四次战役。因敌优我劣，我实行积极防御作战，于3月14日主动撤出汉城，将敌阻于三八线附近地区。4月22日，朝中军队发起第五次战役，迫敌退至汉城及其以南地区，随后主力休整并回撤，将敌阻于三八线附近地区。战役于6月10日结束。

我们要达到什么目的。

他指出：你们这会儿在谈话中混同地使用了几个含义完全不相同的词汇，使人听不懂你们的意见，摸不准你们的意图和要求到底是什么。拿你们这会儿在谈话中使用的几个词汇来说，停战、停火、休战、媾和、和约等，它们的含义之间的差别是很大的。

所谓停火，就是在战斗期间，在前线上，由于某种原因而需要短暂的停火（数小时，或一两天；时限一过，又继续交战）。

停战则是较长时间的停止军事行动，但双方仍处在交战状态中，战争并未结束，随时仍可复战，所以并非和平局面。

媾和，亦即和谈、和解，是交战双方为了取得较长时间的缓和或某种程度的和平状态，经过协商达成停战、缓和状态或和平，但尚非巩固的和平局面。

所谓和约（和平条约），这不只是停火、停战、妥协、媾和，即非临时性的和解，而是全部停止军事行动，消除敌对状态，转为和平共处形势，总之，是消除一切战争迹象、战时影响与遗痕。

我想问、想弄明白的是，我们今天所谈的、即你们所期望、所要达成的目的究竟是什么？我们现在商谈的是属于哪一范畴的问题，对此应该使用一个清楚的、准确的概念，否则，像你们在谈话中同时混同地使用几个不同概念，使人越听越糊涂。你们用明确的概念表明你们的意图，才好与对方办交涉嘛。不管怎样，我们自己首先应该用明确的概念表明我们自己的意图。那么，你们的意图、愿望、要求究竟是什么？

这时朝中方面回答说：我们的愿望是停战。

接着，斯大林又问：是就地停战，还是要求双方在作过某些调整后（即防线上的调整或依地理、地形需要作的调整）再停战？有否某方被包围的部队或地方？

对这个问题没有人能回答清楚，而朝中两方面提供的地图标志是过时了的。

斯大林不得不找苏军总参谋部的一位将军携带军用地图来说明当时朝鲜前线的情况。

然后斯大林问，应以某日某时确定为停战期？斯大林不太愉快，因为商谈的人对许多情况不清楚。

当会谈基本结束，大家进入休息室时，斯大林关心地问：停战后的打算是什么？怎样稳住朝鲜局势，恢复和发展经济建设？

在交谈中，斯大林忽然向我方提到发展橡胶园的问题，并说，他听说海南岛、雷州半岛，甚至广州附近都有栽培橡胶林的条件与可能，对这个问题你们是怎么研究的？是否已有试验田？他强调：橡胶是战略物资，重要的战略物资，你们好好研究一下。并表示苏方愿意帮助种植橡胶林。

总之，这次会谈的目的就是为了确定停战方针，并计划开始进行和谈。

6月23日，苏联驻联合国代表马立克在联合国新闻部举办的“和平的代价”的广播节目中发表了广播演说，提出和平解决朝鲜战争的建议。他说“第一个步骤是交战双方应该谈判停火与休战，双方把军队撤离三八线。”

6月25日、7月3日我《人民日报》连续发表社论，强调中国人民是爱好和平的，指出“毫无疑问，作为和平解决朝鲜问题的第一个步骤，马立克的提议是公平而又合理的”。

7月10日，朝鲜停战谈判于三八线的开城举行。

周总理、彭德怀和斯大林会谈

虽然1951年7月10日在朝鲜战场上敌我双方开始谈判，但是，敌人并无诚意谋求和平，所以8月、9月先后发动了夏季和秋季两次攻势，同时在空中对我交通线实行绞杀战。1952年1月敌人又进行细菌战。朝鲜战场一直也未实现真正停战，而形成边打边谈的局面。

在谈判桌上，美国、李承晚的代表乘机刁难、破坏。1951年12月开始“关于战俘的安排问题”的谈判。美国利用战俘问题大做文章，首先以失踪人数为基数向我要俘虏名单，散布我们虐待杀戮俘虏的谣言。然后又提出一对一交换战俘，“自愿遣返”等问题。如果照此办理，我们有许多被俘人员不能回归家园，当然遭到我方的拒绝。

美国为了打破战场上的胶着状态和谈判桌上的僵持局面，压我屈服，从1951年8月中旬起开始大规模地轰炸北朝鲜并中断谈判。

面对敌人的狂轰滥炸，有两种态度，一种为敌人的进攻所吓倒，接受美国方案；另一种是坚持斗争直至胜利。

我党中央的态度是坚持立场，贯彻既定原则。认为只有坚定才能逼敌人转弯。

战争拖下去，对我们确实不利，但困难是可以克服的。而敌则有内外不可克服的困难，最后总要找出和平解决的办法。我们不怕拖，也不怕战，但也不宣告破裂。彭总更是做好了再打两三年的准备，如果必要的话。

1952 年 8 月 17 日，周总理率政府代表团抵达莫斯科，商谈朝鲜战争及第一个五年计划等问题。8 月 21 日和斯大林会谈。周总理首先说明了我党中央对朝鲜战争和国际形势的看法。

斯大林同意我们的谈判方针，并同意帮助装备中国六十个师，但炮弹消耗与敌人之比一比九是不行的，应是二十比九，必须压倒敌人。

他说：朝鲜战争对美国是败血症，实际上北朝鲜和中国都没有损失领土，美国也了解朝鲜战争对他们不利，迫切需要停战。如果宣布苏军继续驻在旅顺口，他将更伤脑筋。美国在朝鲜既没有达到预期目的，在其他地方也就更难以实现自己的想法。停战谈判是一大问题，毛泽东主张忍耐、坚持是对的。我们援助朝鲜是不吝惜的。美国扣留战俘是非法的。

斯大林提出谈判的三个步骤：我方被俘人员以十一万六千人计算，如果敌人扣留我 30%，我们可以扣留敌俘 13%左右做为交换，说明我们不相信敌人所谓我方被俘人员有不愿回来的事实。故扣留其比例的半数，促使敌人改变态度。如不成，第二步可主张先行全面停战，然后再解决双方遣俘问题。再不然，第三步可将所谓不愿遣返的战俘，双方交中立国代管，然后由当事国进行访问，陆续接回。

当时，有人认为朝鲜战争打下去会引起世界大战。周总理针对这种看法说：朝鲜战争推迟了世界大战。毛主席的估计是五年、十年、十五年不可能爆发世界大战。

斯大林高兴地说：毛泽东的估计是对的。但要说明一点，美国没有本领进行大战，他的英法朋友更不行，人民也不愿打仗，斯大林又强调：我们对美国应坚持立场，只有硬，才能解决台湾问题、朝鲜问题。公道对美国是不存在的。美国以原子弹和空袭吓人，是不能解决问题的，决定战争，还是靠陆军。他同意援助朝鲜五个高射炮团，以增强防空能力。他认为中国空军不能出击三八线，出击等于正式参战，因为空军不是志愿军的，而是国家的。不管在战略上还是战役上现在都不要出击，不要破坏谈判局面。

最后，在周总理建议下，斯大林同意彭德怀、金日成、朴宪永秘密访苏。

9月1日，彭总、金日成、朴宪永抵达莫斯科，由苏联军方接待，住在乡下的别墅。

9月4日斯大林约见了彭德怀、金日成、朴宪永，在座的有莫洛托夫、马林科夫、贝利亚、米高扬、布尔加宁、卡冈诺维奇及中国政府代表团全体成员：周总理、陈云、李富春、张闻天、粟裕五人。

斯大林询问了朝鲜战局及谈判的情况。他说：中朝人民是英勇的。中国空军是不能参战的。因为空军参战就意味着国家参战，而中国公开参战，对和平阵营是不利的。但是，朝鲜人民军的空军应积极行动，苏联可以援助朝鲜三个空军师。可给中国和朝鲜各一个师的喷气式轰炸机，给朝鲜再增加五个高射炮团、两千辆汽车。阵地前沿多布地雷。

当谈到士气问题时，斯大林说：军队没有勋章、没有官阶、没有薪金是不正确的。不要将军、元帅是无政府主义的想法。

我方做了解释：原打算全国胜利后逐渐实行从供给制转到薪金制，后因朝鲜战争而推迟了两年，预计1954年完全可以实现薪金制。

关于谈判方案，斯大林认为，没有必要同意美国方案，这是立场问题。应采取按比例也扣敌人一定数目的俘虏，比例可以比他们少一半，也可以和他们扣一样大的比例。

会谈结束后，与会的全体人员被邀请到斯大林别墅会餐。饮宴间，斯大林依次向大家祝酒；忽然他举着一个大酒杯，要彭总也给自己斟满一大杯白酒。

我知道彭总有胃病，不宜多饮酒，便要求不要勉强他过饮。

恩来知道彭总有酒量，立即向我示意不要干涉。

果然，彭总站起身来，同斯大林碰杯后，一饮而尽。从表情上看，斯大林当时很高兴，满意地望着彭总，端详了好一会儿。我不由地想起林彪在斯大林面前的表现。这前后两人的表现，是鲜明的对照，相形之下，斯大林不能不有所感触。看得出，斯大林是喜欢彭总的性格和风度的。

宴会持续了约四个小时。然后，斯大林请大家跳舞、吃点心。

深夜，欢宴结束。大家告辞出门时金日成推总理走在前面，彭总推金日成首相走在前面，因此彭总走在最后。斯大林要我把彭总请到他的身旁，他们离开大家站在大厅的一角，开始交谈起来。

斯大林请彭总转告他对中国人民志愿军的问候和祝贺。并询问了有关俘虏政策及执行情况。斯大林陪着彭德怀在大厅里边走边谈，有说有笑。中国共产党早在红军时代就制订了不杀俘虏、优待俘虏的政策。历来执行俘虏政策是很好的。

令人气愤而心酸的是1959年庐山会议之后，竟给彭总扣上“里通外国”的帽子。彭总于1962年6月给中央的报告中对他各次出国情况一一作了说明，并说这次是我在场担任翻译。

“文革”骤起，彭总惨遭迫害。我也被关在秦城监狱。1970年8月专案人员追到秦城向我盘查此事。我于8月19日如实写了证明，和我今天的回忆基本一样，只是稍简单些。我看着当年写的证明材料，心潮难平，浮想联翩。物是人非，彭总已永远离我们而去。

9月12日，斯大林以家宴的形式宴请彭德怀、金日成、朴宪永。总理、富春、张闻天、粟裕也出席了宴会。席间周总理谈及墨西哥提出的关于朝鲜问题的三点建议。

斯大林说：美国急于找一出路解决朝鲜停战问题。他说：联合国已失去它应有的作用。我要给毛泽东写一封信，请你们带回去。我们应为新的联合准备条件，应设法促成亚洲国家区域联合。如果成功，苏联亦可参加。

周总理回答：我们现在对联合国早已不感兴趣，现在亚洲及太平洋区域和平大会[①]甚好，为亚洲的联合准备群众基础。这样可迫使亚洲国家的某些政府赞成区域联合。

斯大林说：不要急，区域联合是要政府参加的。斯大林很同意亚洲及太平洋区域和平大会应以和平为中心，一切围绕着为争取和平做斗争，能争取日本、印尼、印度、巴基斯坦等国参加很重要。

他说：朝鲜战争是艰苦的，是否不愿东欧各国帮助?

总理笑着说道：没有不愿的道理。后来东欧各国对朝鲜战争做了一些力所能及的援助。

最后，斯大林和中朝同志讨论起中朝两民族的由来。宴会充满亲切、融洽、欢快的气氛。

---

① 亚洲及太平洋区域和平大会，1952年6月3日至6日在中国召开筹备会，同年10月2日至13日在北京举行正式会议，参加会议的有37个国家，378位代表和列席代表，成立了亚洲及太平洋区域和平联络委员会，并通过了《告世界人民书》、《致联合国书》、《关于朝鲜问题》等十二项决议。

这次，斯大林赠给彭德怀一辆“吉姆”轿车，以表示友谊。

经过朝中人民的努力，到 1953 年春，我们开始反攻，开始将战线向南稳步地推进。经过志愿军金城反击战后，美国人不得不认输，1953 年 7 月 27 日朝鲜停战协定在板门店签字。朝中两国人民用鲜血和生命捍卫了社会主义阵营，赢得了和平。

1952年周恩来、刘少奇莫斯科之行

周总理组织安排制订第一个五年计划

1951年7月，朝鲜开始停战谈判。美国妄图以军事配合谈判，发起“绞杀战”、“夏季、秋季攻势”，朝中军队不仅顶住了美伪军的压力，并经过浴血奋战，给敌人以愈来愈大的杀伤，同时把战线牢固地稳定在三八线上，挫败了美国不可告人的企图。

鉴于朝鲜战争在短期内不可能完全结束，亦不可能出现逆转的局势，党中央及时提出了新方针：边打、边稳、边建的战略决策，责成政务院着手研究制定第一个五年建设计划方案。

在周恩来、陈云等同志的领导下，1952年4月，政务院各部门初步作出各自的第一个五年计划的设想或轮廓框架。到8月，这些材料已被汇编成两大册。其实，这两大册也只是偏重说明要求苏联援建的项目和愿望，并非完整的、成型的规划或建设计划。

8月，周总理亲自主持起草《中国经济状况和五年建设的任务（草案）》，内容是：一、中国经济概况；二、五年建设方针；三、五年建设的主要指标和主要项目；四、长期建设的主要工作；五、请苏联援助事项。文件指出：全党的领导和工作重心转到经济建设方面，特别是工业建设方面。今后五年是中国长期建设的第一个阶段，其基本任务是：为国家工业化打下基础，以巩固国防、逐步提高人民的物质生活和文化生活水平，并保证中国经济向社会主义前进。强调：五年建设的中心环节是重工业，并要求扩大国民经济中的社会主义经济比重，保证长期建设在计划经济轨道上前进，进一步巩固国营经济的领导。

由于当时我们没有制订五年计划的经验，在经济建设等方面需要苏联的支援，所以有必要就我国的第一个五年计划的制订和实施问题征求苏联政府的意见，于是我国政府组织一个规模庞大的代表团赴苏联访问。代表团的组成如下：首席代表周恩来总理；代表团成员为副总理陈云、政务院财经委员会副主任李富春、驻苏联大使张闻天、中国人民解放军副总参谋长粟裕；代表团顾问为重工业部部长王鹤寿、燃料工业部部长陈郁、政务院财经委员会秘书长宋劭文、空军司令员刘亚楼、海军副司令员罗舜初、炮兵副司令员邱创成、一机部副部长汪道涵、邮电部副部长王诤、外交部政治秘书师哲、外交部苏联东欧司司长徐以新和亚洲司司长陈家康等共六十余人。

1952 年 8 月 15 日，周总理率代表团离京，17 日抵达莫斯科，受到莫洛托夫、米高扬、布尔加宁、维辛斯基等的迎接。

在机场上，周总理发表了讲话，他指出："中华人民共和国在推翻外国帝国主义和国民党反动统治之后的三年时间中，由于中国共产党和毛泽东主席的正确领导，由于全国人民的努力，又力于苏联政府和人民的热情援助，曾经不断地克服国内外的种种困难，业已在国家建设的各方面，获得了重大成就。"他还说："中华人民共和国政府代表团这次来到莫斯科，是为了继续加强各国之间的友好合作，并商谈各种有关问题。"①

周总理和陈云同志住在郊区国宾别墅，李富春率代表团其他成员住在城内苏维埃大旅馆。

代表团携带大批材料，以便临时查对。显然，那些关于建设规划指标和请苏联政府援建的项目，是不可能在一两次座谈会上谈清或确定下来的。因为那样繁杂的问题既不易在会议上阐明清楚，而且听者也记不住，弄不清，因而就难以深入讨论。既然问题那么多而又复杂，并且牵涉到中苏双方的各方面，那么，设法把问题落到实处，谈得越清楚，就越好。

有鉴于此，我同陈云商量，请他向总理建议，可否不采取在会议上用口头汇

① 《人民日报》1952 年 8 月 18 日。

报方式阐述问题，而是先把已拟好的计划文件译出来，送交斯大林（若干份），然后，由他依情况和需要召集会议，分头研讨计划本身，以及援建项目等问题，同时研究苏联给予具体帮助的可能性和现实性。得到总理、陈云的同意，立即组织力量着手翻译文件材料。这项工作主要是由苏联外交部干部李海秋同志完成的，前后花了十几天时间。

周总理同斯大林及苏联政府代表团分别会谈

苏联政府对中国代表团的到来十分重视，18 日即派费德林（此时已升任外交部第一远东司司长）来询问我们的日程安排。

20 日，和斯大林举行第一次会谈。中方有周恩来、陈云、李富春、张闻天、粟裕等。苏方除斯大林外，仅莫洛托夫、维辛斯基在座。

周恩来首先阐述了我党中央对朝鲜战争和国际形势的看法，然后简述了这次和苏联政府商谈的项目，即（一）延长中苏共同使用旅顺口海军基地期限的换文。（二）中蒙铁路修建问题。（三）中苏缔造关于苏联援助中国种植和割制橡胶的协定问题。

旅顺口问题，因为日本只和美国以及其他资本主义国家缔造和约，而拒绝和中、苏缔造和约，考虑到朝鲜战争的现状，我们提出希望苏军继续留在旅顺口。斯大林说：客人不好要求多留，只能由主人挽留，这个换文发表，将给敌人很大震动。

关于修筑从中国集宁到蒙古乌兰巴托铁路，因为从乌兰巴托至苏境内乌兰乌德已有铁路。这条铁路可将中蒙苏联结起来，比走满洲里近得多。斯大林表示：你们既赞成，我们可同意。当时苏蒙合办乌兰巴托铁路股份公司，由这个公司承建蒙古人民共和国境内的那一段铁路。须签订中苏蒙三方协定。为此，蒙古部长会议主席泽登巴尔于 8 月 27 日抵达莫斯科，后又于 9 月 28 日到中国访问。

苏联准备贷款一亿卢布帮助中国发展种植橡胶，以解决苏联和东欧的需要。斯大林十分高兴地说：你们的志愿军在朝鲜作战和发展橡胶生产两事上也是援助苏联。

对我国的“一五”计划，斯大林说：愿意尽力之所及在资源勘探、企业设计、设备供应、提供技术资料和派遣专家及提供贷款等方面给中国以帮助。关于军事装备和军事工业，他强调中国应自己生产飞机、坦克、雷达等武器。从修理经过装配到制造，从小到大，以利培养干部，掌握技术，否则单有工厂，没有人才，绝对不行。他建议最好中国派人来苏联学习，尤其要注意培养自己的干部、工程师及技术工人等。他笑着说：你们运气好，革命获成功，所以苏联应帮助你们。

斯大林并指定莫洛托夫、布尔加宁、米高扬、维辛斯基、库米金组成苏联政府代表团，与我国代表团商谈各项具体问题。

当天晚上，中苏双方政府代表团进行第一次会晤。

我们将《三年来中国主要情况及今后五年建设方针报告提纲》、《中国经济状况和五年建设的任务》及其他文件、附件送给斯大林后，9月3日斯大林第二次和中国政府代表团周、陈、李、张、粟会谈。这次因重点谈五年建设计划，在座的有莫洛托夫、马林科夫、贝利亚、米高扬、布尔加宁、卡冈诺维奇，维辛斯基、外贸部部长库米金。

斯大林说：中国三年恢复时期的工作给我们这里的印象很好。但是，五年计划规定工业总产值每年递增速度为20%，应下降为15%。要按照一定可以办到的原则来做计划，不留后备力量是不行的。必须要有后备力量，才能应付意外的困难和事变。斯大林总的意思是：留有余地，超额完成，这是一种鼓舞，可增强信心，增加干劲！并表示愿意为中国实现五年建设计划提供所需要的设备、贷款等援助，同时派出专家，帮助中国进行建设。

他说：我们现在还不能说最后肯定的意见，需要两个月时间加以计算之后，才能说可以给你们什么，不给什么。斯大林对周总理说：你恐怕不能久等。

周总理回答：我们来时，预定我和陈云9月中旬就回去，李富春和一部分同志可以留下。

斯大林对五年计划只作了一般的了解，而把整个制订计划的具体工作分配到他们的各有关部门和单位，由双方工作人员直接接洽，具体地、面对面地研究。

周总理把我国代表团工作人员按业务性质、工作关系相应地分成若干个组，让他们分头同苏方各有关部门直接接洽，开展工作。这样做，可以使周恩来、陈云、李富春超脱一些，以便有更多的时间考虑和同代表团各组分别研究解决一些急需处理的重大问题。

对口谈判，绝非易事，尽管苏方领导人很支持这项工作，但是要他们各部委负责人在百忙中指定和抽调出人员专门为我们的事花费精力来考虑、谋划、运筹、出主意，具体办事的人员就表现出了极大的难色。据悉，那些工作人员一怕耽误自己的本身业务工作；二怕不了解中国情况而办错了事；三怕对双方都要负一种力不从心的责任，甚至因不了解情况，掌握不准问题，出了岔子，将来自己会受到批评。后来，经过相当的周折、交涉，才逐渐按系统接上对口关系。

在完成这段安排组织工作中，恩来同志真是呕心沥血，煞费苦心地对每一个组、一项一项地分别进行了安排、指导和帮助。各组的工作人员共有一二百之多，这些就够应付的了，再加上有代表团到欧洲、苏联访问，路过莫斯科也要向总理汇报请示。总理从早到晚日程安排得满满的。每天都是半夜一两点后才休息，但他还觉得比在国内轻松些。他精力充沛，我们几个人都熬不过他一个人。我只负责他和苏联政府谈判一事。他和各组谈话及安排由马列等其他人负责。

同时，周恩来、陈云、李富春、张闻天、粟裕等直接与莫洛托夫、布尔加宁、米高扬、维辛斯基、库米金于8月21日、8月27日、9月1日会谈了三次，具体地讨论了：(一）延长旅顺口海军基地使用期问题。(二）中蒙铁路的修建问题。(三）中苏缔结关于苏联援助中国种植和割制橡胶的协定问题。

9月16日晚，在克里姆林宫，中苏双方签订《关于橡胶技术合作协定》，交换了《关于延长共同使用中国旅顺口海军根据地期限的换文》和通过了《关于中国长春铁路移交中华人民共和国政府的公告》。同时签订中苏蒙《关于组织铁路联运的协定》。随后，斯大林欢宴以周恩来为首的中国政府代表团和以泽登巴尔为首的蒙古政府代表团。

关于中长铁路的公告宣布：1952年12月31日苏联政府将中长铁路移交我国。

关于橡胶协定，应多讲几句。因为帝国主义对苏联等社会主义国家实行经济禁运，像橡胶、钨、锑、锡、钼、铝、锌等战略物资都在禁运之列。我国均产这些稀有金属，建国后，自然只卖给苏联。并代苏到斯里兰卡购买橡胶，以解决苏联的燃眉之急。[①] 由此促进我国和斯里兰卡建交，而相互成为友好国家。

斯大林在世时，非常关心在我国南部气候适宜的地区种植橡胶的问题。他曾

① 1952年10月4日中国和锡兰大米、橡胶贸易协定在北京签订，中国的大米换锡兰的橡胶。

多次询问在我国广东省、海南岛等亚热带沿海地区能否种植橡胶。

有一次，周总理告诉斯大林，从南洋回国的一些华侨带回了一些橡胶树种，在海南岛试种成功，但橡胶树数量少、产量低；当然，那都是私人经营的，如果由国家着手发展种植，情况会大不相同的。

后来，斯大林曾数次建议我国或单独，或同苏联合作在海南岛和广东南部地区试种橡胶树，逐步扩建成橡胶园，并设法推广。斯大林把橡胶称为植物排泄出来的液体金子，它对发展各项现代工业，尤其是对军事工业，具有极为重要的、不可取代的作用。他还说，帝国主义在橡胶问题上卡他们，对他们搞封锁。他希望我们自己培植，能扩种多少就扩种多少，以打破帝国主义的封锁。

根据斯大林的建议，我国于1951年8月做了一个计划，随后在广州召开干部会议，专门研究扩大种胶面积，建立国营橡胶园及苗圃。苏联也派了专家参加这一工作。

1954年，赫鲁晓夫等参加我国国庆五周年庆典之后，专程到广东参观了橡胶园，橡胶树的长势可观，已有小孩子的拳头粗，个别的有成年人的拳头壮了。赫鲁晓夫钻进胶树林里看了一会儿，正想发表什么意见，但被这样一句话挡了回去："这恐怕是你有生以来第一次走进橡胶园吧！"他便不再作声了。

周总理参观斯大林格勒及列宁运河

当各个组的工作大致走上轨道以后，9月10日周恩来率代表团部分成员到斯大林格勒参观访问。一是慰问这个英雄城市的居民，他们在苏联卫国战争中蒙受的损失和灾难也较大，但是，表现得十分英勇顽强，对扭转整个战局做出了巨大贡献，如史诗般的壮丽；二是为了了解当年在这个地区所进行的历史上罕见的、最残酷、最猛烈而具有关键性的战役的实际情况；三是就地实际调查战争带来的后果，以及在战后所进行的恢复和重建工作。

众所周知，斯大林格勒是闻名世界的英雄城市。这座城市不但经受住了德国法西斯匪徒史无前例的野蛮空袭和最猛烈的炮击，而且她的人民和苏军官兵与侵略者进行了你死我活的史无前例的残酷斗争，终于歼灭了敌军的主力，给德国法西斯军队以毁灭性的打击，从而从根本上扭转了苏德战争的局势，使苏联的卫国战争由被动转为主动。斯大林格勒战役是苏德战争的转折点。从此苏军开始向德军步步进逼，变防守为进攻。而德军从此一蹶不振，节节败退，走向最后的灭亡。

卫国战争已结束七年了，城内仍处处留有残酷战争的痕迹，尤其是城内和近郊。未修复的残垣断壁，大片破碎的瓦砾和遍布各个角落的战壕沟渠及被破坏的楼房，所到之处的情景令人怵目惊心。使人联想到当年的战斗是何等的激烈和残酷，苏联人民为保卫祖国母亲付出了多么巨大的代价和牺牲。

周总理参观了伏尔加河岸旧战场、面粉厂区、万人壑（通向伏尔加河的一条沟渠，仅此一处战争双方的伤亡就达万人以上）、化工厂、法西斯匪军指挥大厦地下室和拖拉机制造厂本部、工人文化福利设施、工人新村，第二天乘游艇游览了伏尔加——顿河运河（列宁运河），并在船上过了一夜。

这里特别值得一提的是恩来同志虚心好学的精神和善于调查研究、深入了解情况的好作风。他把参观访问当成一个学习和钻研问题的机会，把游艇变成学习的场所。周总理向陪同参观的当地州、市委负责人详细询问了斯大林格勒保卫战的详细经过，战后城市恢复工作的进展情况，特别是工业生产的恢复情况。在参观拖拉机厂时，周总理对这个厂的重建、扩建和生产情况作了全面的了解。

一路上，除了用餐外，总理从未休息片刻，一直在谈论问题。总理一直精神抖擞兴致勃勃地谈话，我和马列轮流担任翻译，还有些支持不下去的感觉。

在游艇返航途中，周恩来还两次下艇登岸。第一次是参加运河岸边一个小镇上的哥萨克青年举行的传统的青年联欢会。青年们见到周总理乘坐的游艇就聚在岸边热情欢迎他。青年们把这个晚会变成了欢迎会、狂欢节。他们载歌载舞，尽情地抒发自己心中美好的情感。晚会的气氛热烈无比。

周总理第二次下艇上岸是参观一个码头和停泊港。在这个码头上，竖立一尊六十英尺高的斯大林铜像，像体的内部是空的，并安装有电梯，乘电梯可到达这尊铜像的顶部。主人介绍说，这座铜像的靴子的大小和重量与胜利牌汽车相等，这座铜像现已被毁。

在汽艇返回斯大林格勒停靠到码头时，我对苏方陪同人员表示谢意说：“你们辛苦了，也一定很累了！快回去休息吧！”

他们这样回答：“我们一路上受周恩来总理那灵敏的思维，和蔼的容颜，深思、感人的眼神和洋溢的热情所鼓舞，再加上他对我们所表现出的兴趣和关心，早已把一切困乏和倦意都驱赶到北冰洋里去了。”

周总理返回莫斯科后，检查代表团各组的工作，作了进一步的安排，随后指定李富春代理代表团团长职务，领导各组继续谈判工作。9 月 22 日，周总理同陈云、粟裕等一行十七人离莫斯科返国。临行时，在机场发表谈话，宣布中国政府代表团此行“在斯大林同志亲自参加之下业已圆满地完成了有关两国重要政治问题与经济问题的商谈”，“完成了毛泽东主席所委托的光荣任务”，“使中苏两国的友好合作得到了进一步的发展和巩固”。①24 日返抵北京。

在周总理率代表团访苏期间，我紧紧跟随着他，寸步未离，这使我有机会进一步学习和体会他的坚定的共产主义信念及灵活巧妙的工作方式和作风。周总理在执行和贯彻党的路线、方针、政策的过程中，既坚持高度的原则性，又善于发挥最大的机动、灵活性，使两者有机地结合起来。他总是准确地掌握情况、实事求是地分析问题，做出科学的判断。当机立断，做出自己的正确决定。周总理在繁忙的工作和各项紧张的活动中，善于听取和采纳别人的意见与建议，灵活机动，从不一意孤行。他总是与大家充分协商，反复论证，三思而行。从不自以为是，更不采取轻率、武断的态度或抱有侥幸的心理。他常讲八个字：如履薄冰，戒慎恐惧。这八个字表现出他对党和人民的事业高度负责的精神。

刘少奇率中共代表团出席苏共十九大　会见斯大林

以刘少奇为首的中共代表团赴莫斯科参加苏共十九大，是国际共运中的一件大事。在代表团到来之前，周总理已结束工作，安排好政府代表团的任务和活动后离苏回国了。总理回国后，我和康一民搬到了苏维埃大旅馆，和李富春率领的我国政府代表团住在一起，等候参加苏共十九大的中共代表团的到来。这是中国共产党作为执政党第一次公开地和正式地派代表团参加苏共全国代表大会。

10 月 2 日，刘少奇率团抵达莫斯科。代表团成员有：饶漱石、陈毅、李富春、王稼祥、刘长胜。

大会召开的前三天，苏联公布了斯大林的最新著作《苏联社会主义经济问题》。这部著作发表后，反响很大，是十九大的指导思想和理论基础。

苏共十九大与十八大相隔十三年之久，它同前一次代表大会召开时的国际国

① 《人民日报》1952 年 9 月 24 日。

内形势和政治气氛都有着极其显著的不同。

在代表大会上，马林科夫代表苏共中央做工作报告，报告总结了卫国战争的伟大胜利和战后建设的巨大成就。赫鲁晓夫做了修改党章的报告。卡冈诺维奇做了修改党纲的报告。大会更改了党的名称，将苏联共产党（布尔什维克）改为苏联共产党。大会对党的结构做了调整，把中央政治局改为中央委员会主席团，中央委员会执行性质的组织工作集中由中央书记处处理。大会选举斯大林为总书记。大会讨论并通过了苏联第五个五年计划的指示报告。有四十五个兄弟党派代表团出席大会并表示祝贺，其中最引人注目的是中共代表团。

主人将刘少奇安排在主席团来宾席的第一排。刘少奇很谦虚，不肯在第一排就座，说坐在第三排就可以了。匈牙利的拉科西说：你不坐在第一排，我们怎么坐。于是，拉科西陪刘少奇坐在了第一排，位置十分显著。

10月8日，刘少奇在大会上宣读了由毛主席签署的中共中央祝词。祝词又一次肯定了"中国共产党是在伟大的十月革命的直接影响下并以苏联共产党为榜样而建立起来的。"但也强调"中国革命的胜利以及中华人民共和国成立以后三年来的建设事业的巨大成就证明了：根据各个国家的具体情况，正确地运用马克思、恩格斯、列宁、斯大林的学说，正确地运用苏联共产党关于革命与建设的经验，是无往而不胜的。"①

中共中央对苏共十九大的贺词，与其他各国兄弟党很不相同，使大会的代表们感到了一种难以形容的兴奋和欢欣鼓舞。

在10月14日的闭幕大会上，斯大林发表了演说。在一般情况下，斯大林是不发表演说的。但这次由于中国革命取得了胜利，使国际形势大为改观，他跃跃欲试地坐不住了，决定作简要的发言。我离开主席台自己的座位，到中共代表团的座席区和陈毅等同志坐在一起，以便更清楚地听取斯大林的演讲。

他首先对前来祝贺的各兄弟党表示感谢，并说："我们特别珍视这种信任。"接着他说："我们党和我们国家过去和将来始终需要外国兄弟人民的信任、同情和支持。""这种支持的特点就在于：任何兄弟党对我们党的和平愿望的一切支持，同时也就是对他们本国人民维护和平的斗争的支持。"② 他回顾了历史，指出：十月革命以来，苏联共产党是世界革命运动和工人运动的"突击队"，是唯

① 《人民日报》1952年10月11日。

② 《斯大林文选》（下），第651页，人民出版社，1962年版。

一的“突击队”，执行任务是很困难的。他高兴地说：“现在完全不同了。现在，从中国和朝鲜到捷克斯洛伐克和匈牙利，已经出现了人民民主国家这些新的‘突击队’，——现在，我们党进行斗争是比较容易了，而且工作进行得也比较愉快了。”①

在斯大林讲话结束时，全场爆发热烈而持久的掌声、欢呼声。

斯大林对刘少奇的来访非常重视。这一方面因为他们已是老相识、老朋友了，另一方面是由于中国共产党在斯大林的心目中有着特殊的重要地位。少奇在苏期间，斯大林不仅对他谈了苏共党内的情况及有关苏共路线、策略方面的问题，甚至谈及他个人的处境、心情和日常工作中的一些细节问题。

苏共十九大闭幕后的一天下午，斯大林亲自打电话给少奇说：大会一开完，紧接着就要开中央全会，他感到身体疲劳、精神困倦，又无暇休息，因为中央全会要研究解决一系列组织问题和人事安排事项，以及一些有关方针、政策的问题。这些使他忙得不可开交，其他的事都顾不上了。

接着，斯大林询问了少奇的身体状况和代表团的日程安排，问是否准备参观和旅游，或采取某种方式休息若干天。因为我党代表团要求就某些问题同斯大林再会谈一次，可是斯大林一时抽不出时间，他说他无疑准备会见中共代表团，但要求稍等若干天，希望少奇同志利用这个时间安排自己的活动。刘少奇表示同意。

10 月 24 日，刘少奇、陈毅、饶漱石、王稼祥同斯大林会谈。苏共主席团因工作忙，只有马林科夫、布尔加宁、贝利亚三人在座。我担任翻译。

刘少奇介绍了我党过渡到社会主义的方针政策。他说：到一五计划完成时，国营成分在整个国民经济中将占 90%以上。逐步实行公私合营，到那时可以劝资本家把工厂献给国家。国家付给资本家一部分代价，并给他们分配工作。现在，一方面照顾资本家能得到不太少的利润，另一方面动员人民群众反对资本家的各种违法行为。在农业、手工业领域实行合作化。

斯大林认为这些想法是对的。他说：消灭富农要分步骤来进行。我们过去对富农采取了急剧的办法，把三百万富农迁到西伯利亚。他们现在参加了集体农场。

---

① 《斯大林文选》（下），第 652 页，人民出版社，1962 年版。

东欧各国到现在还未消灭富农。苏联十月革命后，经过十二年才消灭了富农。

他再次建议中国进行全民选举。说：现在如果没有准备好，可以召开政协，总之还是全民选举为好。

当谈论到国际共产主义运动，针对亚洲某国共产党因反对中立主义者而造成自己孤立的问题时斯大林说：同人家讲统一战线，同时又骂人家的娘，人家不能接受。

28 日，刘少奇等同斯大林举行了第二次会谈。

在会谈中，斯大林又一次建议我国 1954 年制定宪法，并进行选举。他说："你们目前可以使用共同纲领。但是应准备制订宪法。"

少奇问："共同纲领是否是社会主义性质的宪法？"

斯大林答："不是。"

少奇说："只是现阶段的宪法。"

斯大林讲："你们不制定宪法，不进行选举，敌人可以用两种方法向工农群众进行宣传反对你们：一是说你们的政府不是人民选举的；二是说你们国家没有宪法。在宪法中可以规定：第一，全体人民，包括资本家、富农在内，均有选举权。第二，承认企业主和富农的财产权。第三，承认外国人在中国的企业的租借权。这些事实在中国都是存在的，并不妨害你们搞宪法。我想你们可以在 1954 年搞选举和宪法。"他又说："你们现在的政府是联合政府，因此，政府就不能只对一党负责，而应向各党派负责。你们很难保密。如果人民选举的结果当选者共产党员占大多数，你们就可以组织一党的政府。各党派在选举中如落选了，你们不应当使统一战线破裂，你们应继续在经济上和他们合作。

这些话和 1949 年夏天讲的基本一致。

胡志明也参加了第二次会谈，因而谈话内容涉及越南，还涉及日本共产党、印尼共产党的情况，并研究了他们针对时局所应采取的方针和政策等问题。

斯大林一直认为，中国这个学生应超过先生，并要帮助和教会亚洲其他兄弟党怎样更加卓有成效地工作。所以，当斯大林研究亚洲各党问题时，常常请中国领导人参加。刘少奇当时任书记处书记，负责党的工作，因而参加得更多一些。

斯大林同刘少奇的第二次会谈，也是他同中共领导人的最后一次会晤。过了四个月，即 1953 年 3 月 5 日，斯大林因病逝世。一颗巨星陨落了。从此，国际共产主义运动也发生了很大的变化。

斯大林病逝后，赫鲁晓夫竭尽能事地攻击他。然而无论从哪方面说，斯大林还是功大于过的人。简括地说，在三个最关键、最重大的问题上，他站稳了脚根、把住了原则，表现出他是一位真正的、坚定不移的马克思主义者。

第一，他对列宁是忠诚的。尽管有时也显露出自己的任性，但在列宁逝世后，他一贯地、坚定不移地高举马列主义的旗帜，大力维护了马列主义，坚持走社会主义道路，领导了社会主义建设。

第二，为给社会主义建设扫清前进道路、排除障碍，在城乡大力清除资本主义势力，推行合作化运动，在这个基础上动员、组织劳动人民并且一个接一个地胜利完成了五年建设计划。这是一个极其艰苦的过程，因为那时世界上只有苏联在进行社会主义建设，孤军无援。

第三，1940 年代初，斯大林坚定不移地带领苏联人民奋起抗击希特勒法西斯的侵略。经过四年浴血奋战，终于粉碎了法西斯的侵略，获得了全胜，从而保卫了社会主义苏联，拯救了世界革命，也帮助了一些国家和民族从法西斯的铁蹄下获得了彻底解放。如果没有社会主义苏联的存在，1949 年中国革命的胜利恐怕也是不可思议的。

在苏联实行社会主义制度的数十年间，随着社会主义的发展而“伴生”和滋长的官僚主义、腐化堕落现象，如：脱离群众、严重失职、行贿受贿、贪污盗窃、营私舞弊、假公济私、明争暗斗等违法乱纪行为不断发生。这些问题的出现不能仅仅归罪于哪一个人，更不能归罪于斯大林，只能由此得出这样的结论：社会主义制度需要在实践中不断总结经验，并根据客观形势的变化而不断地改革和完善。

11 月，刘少奇和王光美由林利陪同到南俄疗养。我先行回国了。

少奇同志作为我们党和国家的领导人，不仅和苏共领导人多次会谈，而且同苏联驻中国的大使们，如：罗申、潘友新、库兹涅佐夫、尤金等都有过来往，但谈话较多，且涉及到实质性问题的，是同库兹涅佐夫和尤金。

刘少奇同库兹涅佐夫的相识是在 1949 年夏访问苏联时。那时，库兹涅佐夫是全苏总工会主席，刘少奇曾同他会见，并进行了较长时间的谈话。库兹涅佐夫介绍了苏联工会工作的经验。他是一个道地的俄罗斯人。在库兹涅佐夫于 1953 年 3 月到 12 月任驻华大使期间，少奇曾同他进行过较长时间的谈话。

有一次谈话涉及两个问题，一个是“自力更生”问题。库兹涅佐夫对我党的这一方针不理解，误以为我们不愿争取、利用外援和外部的一切有利条件。他说：科学技术和生产建设的经验可能带有某种地区性和民族性的特征，但它是没有国界的。尤其是现在，在发展国民经济和生产建设中，汲取和借鉴外国经验是重要的。对外国的经验，或许不能照搬，但作为参考却是十分必要的。

第二个问题是关于改造地主、富农分子问题。库兹涅佐夫说：“听说中国对地主、富农的定义或概念与西方国家有些不同。无论就他们的财产规模、政治地位，还是经营方法和生活方式来说都不同于西方。是否正是因为这样，才可以把他们改造为自食其力的劳动者？通过什么途径实现这种改造？最终的改造结果将是什么样的？

对于改造地主、富农问题少奇给他做了非常精辟的解释：在中国，地主、富农的经济地位虽不如欧洲国家的雄厚，但其剥削手法和残酷程度可能有过之而无不及。中国地主存在的历史久远，他们对农民的政治压迫和经济剥削，就其程度、手段和方法来说，是十分残酷、野蛮、骇人听闻的。

其次，由于中国的地主、富农分子数量较大，集中起来相当于欧洲一个中等国家的人口，所以不能采取充军或集中在一个地区进行改造的办法。那样做是个笨办法，是给他们创造造反的条件。所以，那是一个劳民伤财、得不偿失的下策。

我们不让地主、富农迁居移动，而是把他们交由当地农民监督，进行劳动改造。在劳动农民众目睽睽的监视下改造他们，既节省，收效又好。对真正改造好了的地主、富农，给他们摘掉帽子，恢复公民权。

什么叫做改造好了呢？就是看他们的劳动态度和必须做到自食其力（要他们在分得的一份土地上劳动，养活自己）；同时奉公守法，不搞阴谋活动，不反对新政权。改造好坏的程度由劳动农民评定，因为劳动农民最清楚、最了解他们，态度也最公正。

此外，他们还谈到了对改造好了的地、富、反、坏分子的使用问题等。

少奇同尤金的来往和交谈的次数就更多些。1952 年在莫斯科时，少奇不仅在苏共十九大期间的会议上在“学者之家”同尤金见过面，而且还访问了尤金的家。在国内，尤其在尤金出任驻华大使后，他们的往来就更频繁了。

贝利亚被处决

斯大林逝世后三个月，中共中央突然得到莫斯科的通知，贝利亚已被处决。中央派高岗和我到莫斯科了解具体情况。在莫斯科我们还遇到东欧各兄弟党的代表。苏共中央分别向各兄弟党通报此事。

由赫鲁晓夫在克里姆林宫和我们谈话。据他的介绍，情况是这样的：

以通知开政治局会议为名，将贝利亚召到克里姆林宫。当贝利亚走进会议室时，主席团的人均已就座。他一进来，就有人说："我们正在讨论你的问题。"

贝利亚漫不经心地笑着问："讨论我的什么问题？"

赫鲁晓夫打先锋："你是英国特务！"

贝利亚还是笑着："开什么玩笑。"

赫鲁晓夫声色俱厉："大家正在讨论你的问题，什么开玩笑！"

贝利亚这才愣住了。不容他思索，赫鲁晓夫马上按电铃，招来警卫人员："拉出去枪毙！"应声进来四五个小伙子，不容分说将贝利亚押到楼下的地下室，当时就枪毙了。

这是赫鲁晓夫介绍的情况，接着他还解释说：

"事先已由布尔加宁将克里姆林宫的内务部部队担任的岗哨全换成陆军担任，所以配合得很好，没有发生任何抵抗。"

我们仅在莫斯科待了一天，听取了情况介绍后就回来了。当时高岗已调到中央，住在北京。一回国，即向毛主席做了详尽的汇报。

主席认为这种做法粗暴，对此有意见。他说贝利亚是苏共主席团成员、苏联部长会议第一副主席，处理他应名正言顺，理应召开中央全会，由全会做出正式决议。

赫鲁晓夫根本拿不出贝利亚是英国间谍的罪证，无法召开会议。后来，这件事由波兰共产党人透露给西方，在世界传开了。

1953 年 12 月，苏联政府宣布了最高法院于 12 月 18 日开庭审理苏共主席团成员、苏联部长会议第一副主席贝利亚，23 日处决贝利亚等人。苏联这个曾经轰动东西方政坛的事件，近十个世纪以来，一直被蒙上了神秘的色彩，使局外人难以了解事件的真相。仅我听到苏联对贝利亚一事的说法就有五六种之多。但我却相信苏联向我党第一次通报的内容是符合历史真相的。

周总理率团出席日内瓦会议

周总理对苏联的工作访问

1953年7月27日朝鲜实现停战。《停战协定》第六十条规定："为保证朝鲜问题的和平解决，双方军事司令官兹向双方有关各国政府建议在停战协定签字并生效后的三个月内，分派代表召开双方高一级的政治会议，协商从朝鲜撤退一切外国军队及和平解决朝鲜问题等问题。"①

在朝鲜、中国、苏联政府的努力下，苏、美、英、法四国外长会议于1954年1月在柏林召开。2月18日，会议达成协议：建议由苏联、美国、法国、英国、中国、大韩民国、朝鲜民主主义人民共和国及其他有武装部队参加朝鲜战争并愿意参加会议的国家的代表于4月26日在日内瓦举行会议，以期对朝鲜问题取得和平解决并讨论印度支那的和平问题，届时将邀请苏、美、英、法、中及其他有关国家代表参加。

这时，我们国内形势日益好转。第一个五年建设计划进展顺利，各行各业发展迅速，国力大大加强，国际地位因此大大上升。我国已被邀请参加讨论和解决国际问题，特别是关于朝鲜、印度支那两大问题的讨论，非有我国的参加不可。

日内瓦会议，是中华人民共和国建立以来第一次参加的国际会议。中央对此十分重视，专门开会研究制定参加会议的原则、方针等问题。特别是总理兼外长

① 《人民日报》1953年7月28日。

的周恩来，从对邀请我国参加日内瓦会议这个问题有了初步议定之时起，就着手进行各方面的细致而周密的准备工作。周总理在对待一切有关问题上都表现出特别严肃认真和谦虚谨慎的态度，同时采取了应有的步骤和方法：教育干部收集、熟悉、研究朝鲜、印度支那情况及参加会议的各国的态度、动向等必要的材料、问题等，并亲自指导、组织、检查代表团的全部工作，对全团的人事也作了妥善的安排。

周总理的工作十分繁忙，他多次约人商谈参加会议的有关问题；拟定日内瓦会议期间加强外交活动的方针和计划，配合会议所需进行的国际宣传；同时，还同苏联、朝鲜、越南等国协商，力求取得一致的看法，以便采取一致的步骤。

在这段时间里，总理的外交秘书陈浩常常晚上打电话把我找去。我去西花厅时走大门进去，谈完工作后，往往已是后半夜了。陈浩把我从西房后的夹道送出来，边走边解释：大家都睡了，大门已关了，只好走小夹道。① 当年的陈浩是个年轻的女同志，做事十分认真负责、细心周到，给我留下了很深的印象。

一切安排就绪后，总理和少数同志先行到莫斯科，同苏联方面协商有关事项。

在出发之前，李克农和我应约前去西花厅看望邓大姐。她祝愿代表团一路平安、一帆风顺到达日内瓦，并杰出地完成任务。然后，她极其关心地讲了总理的近况、工作与生活习惯。总理时常流鼻血，大姐嘱咐我们对总理多加关心和照顾。我们非常激动而严肃地接受了邓大姐的这一重托，并表示一定尽心尽力而为之。

这次出国活动和来回奔波，前后长达四个月。总理所完成的工作量比任何人都大，所付出的心血比任何人都多，自然，也比任何人都更劳累。对总理的一切，不待言，大家都很关心和照顾。但比较起来，还是总理对大家的关心更多，照顾更周到。相形之下，我们心里不免产生了内疚。

这次出国，原计划在伊尔库茨克稍事停留直飞莫斯科。但因飞机发生了故障，不得不在乌兰巴托作一次意外的降落。我随总理走进机场休息室。

一会儿，蒙古部长会议主席泽登巴尔打电话到机场询问：何人的飞机，为什么飞来飞去，不打招呼？

---

① 不仅工作人员走此夹道，周恩来回来晚了，怕吵着同志，也走此夹道。陈浩称此夹道为“周恩来夹道”。

机场领导向他汇报了情况，然后要我去接电话。我告诉泽登巴尔：是周总理的飞机。本来没有计划在这里降落。因发生故障而不得不作意外的降落。

泽登巴尔说：我们是一个主权国家。照理，降落时应向我们打个招呼，这样也便于我们迎接和招待。

我回答说：泽登巴尔同志，我们是老熟人了，大家都不必客气，一切礼节也可以免去。你们什么时候愿意到北京来都可以，我们都欢迎。关于今天咱们的谈话，我立即向周总理汇报。你还有什么要说的话吗？我向他转达。

泽登巴尔说：我们今天不能去机场迎接周恩来同志了，因为事前我们不知道，也没有准备，现在也来不及了。好吧，请向他问好！

我把上述情况向总理汇报了以后，他沉思了一下，说：我们应找一个适当的机会，对蒙古人民共和国作一次正式访问。7月9日，周总理再次在乌兰巴托做短暂降落时，泽登巴尔亲到机场迎接。日内瓦会议结束后，周恩来正式访问了蒙古人民共和国。

周总理到苏联进行工作访问的主要目的是商议和协调中苏双方对日内瓦国际会议采取的方针、政策，以及对会议进展情况和可能取得的成果进行分析和估价。

4月1日，我们到达莫斯科后，中苏双方一连进行了多次会谈协商。因为会谈是围着圆桌进行的。所以，赫鲁晓夫把这些会谈称作圆桌会议。除赫鲁晓夫外，苏方参加会谈的还有莫洛托夫、马林科夫、苏斯洛夫等，中方是周总理和驻苏大使张闻天。

会谈一开始，双方相互交换了有关情况，并提出了一些新问题。

然后，赫鲁晓夫简单地讲了对会议的设想和看法，指出这是一次带有政治意义的国际会议。但对它不必抱有过大的希望，也不要期望它能解决多少问题，它可能根本解决不了什么问题。结局是我们难以预料的。然而，醉翁之意不在酒，我们是从另一个角度考虑问题的：中国、朝鲜、越南一齐出席这次国际会议，这件事本身就有不同寻常的意义，就是一种胜利。我们利用这次国际会议的机会，阐明对各项问题所持的原则立场和我们的方针政策，对有关事态作些声明、解释和澄清，就是一种政治收获。如果工作进行得顺利，能阐明和解决某些问题，那就算是有益的收效了。对会议不可以有过高的奢望，但也要力争取得某种结果，这是可能的，不是空想。要注意到帝国主义国家的日子并不好过。

莫洛托夫表示同意赫鲁晓夫的看法，同时指出，在国际斗争中和外交场合中，很难预料出现什么问题，尤其不可设想一切都会按照我们的预定方针或计划进行。因此，对任何一个问题、一件事，都不要认为它会依照我们的想法和愿望去发展，尽管我们对一些问题事先有自己的看法、设想、要求、愿望。因此，我们事先只应有一个大致的设想或意欲达到的目标。自然，我们也应该有自己的、毫不含糊的明确立场、态度和原则，但同时必须要有极大的灵活性、预见性、机动性。这样，我们才能做到恰到好处，达到预期的目的。总之，需要边走边看，随机应变，找到对策，灵活运用。

周总理讲话，他介绍了中国方面从另一个角度考虑这个问题的意见。他指出：中国、朝鲜、越南能够一道出席这次国际会议，这就是一件不同寻常的事，是我们的一个胜利。假如我们能够很好地利用参加这次会议的机会，阐明对各项问题所持的原则立场和对若干有关问题作出解释和澄清性的声明，如果能解决某些问题就会有更大的收效。总理是想经过努力，解决一些问题。

周总理再三声明，中国参加这样的国际会议尚属第一次，缺少国际斗争的知识与经验，中苏之间必须保持密切联系，交换意见，互通情报，校正口径，协同动作。中国参加日内瓦会议有其微妙之处，这就是会议要讨论和解决的问题——朝鲜和印度支那和平问题——虽然与中国有切身关系，但却并非直接属于我国自身的事情，所以特别需要小心谨慎，严肃对待。

周总理还指出，我们对苏联同西方国家关于这次国际会议磋商的前前后后和整个经过不太了解，希望苏联外交部作个介绍，并确定协作原则。

我们的这些要求，苏方都给予肯定的答复。周总理对此十分满意。

双方在会谈中还约定，中国出席日内瓦会议代表团提前两三天到达莫斯科，以便听取苏方向我代表团人员介绍国际会议的斗争经验，以及在斗争中必须注意的各项事宜。

经过会谈，双方达成了一致的看法，由苏联同志草拟具体方案。于是，周总理决定回国向中央汇报工作，然后率代表团到莫斯科。

临行前的一天晚上，赫鲁晓夫设宴招待周总理。在宴会上，赫鲁晓夫等人不断地向周总理劝酒。周总理饮酒过量，加之赫鲁晓夫等人同周总理拥抱、旋转，周总理因肝脏有病，不宜饮酒，又因疲劳过度而呕吐。见到这种情况，马林科夫、卡冈诺维奇等一时失神，无所措手足。只有莫洛托夫一人陪同张闻天，把周总理送上汽车。莫洛托夫边走边说："这是我们的过错，没有照顾好你，我们感到内疚！这是我们应当汲取的一次教训，一切责任在我们。"这些话是诚恳的。因为他深知周恩来将作为他的战友，不久以后将在同一条战线上带领一支友军与他协同作战。怎能不关怀友人、同志的健康呢？！

回到奥斯特洛夫斯卡亚街八号公寓，总理已停止了呕吐，但仍然昏昏沉沉。我们让他喝了两口浓茶，把他扶上床，让他安睡。同时，请来了皇宫医院的一位老名医给他诊断、医治。医生检查之后说，他的肝脏可能受过亏损、得过病，所以经不起酒精的刺激。现在应该使他安静地休息，明日他再来探望。然后，给了一点药，就走了。

第二天清晨约8点左右，总理醒过来了。他说自己比昨天好多了，只是还有点头昏脑涨。接着他就问我："我昨天都说了些什么？有没有什么出格儿的地方？我是说了一些话，但具体内容一点也不记得了。"

我回答说："没有什么出格儿的话。讲的都是一般的应酬话，涉及个人的只提到莫洛托夫一人，而且是善意的。你说你在1928年中共召开六大时，见到了莫洛托夫，他对中共代表们讲了话，你们向他学习等等。我想，你指的大概是斯大林，只是错误地说成莫洛托夫而已。"

"还讲了些什么不妥当的话？"

"没有！确实没有！"

总理说："我昨天晚上离开席位，在大厅转了一阵儿就头昏脑涨，不清醒了。"

我答："在外表上看不出来，因为言语、表现都很正常，甚至看不出有多少醉意。否则，早请你回寓所了。"

早8时半，那位医生又来探望总理。医生检查后，说一切正常，但建议好好休息一天，绝不应跋涉长途。总理本来打算当天回国，于是只得留下。上午他在寓所休息，下午进行了参观。次日总理启程回国了。[①]我没有跟他回国，留在莫斯科等候他。

总理回国的主要目的是向中央汇报会谈情况，确定在即将召开的日内瓦国际

① 1954年4月12日周总理抵达北京。

会议上我方的立场、态度、要求和会谈的方针、政策、策略与各种谈判方案，以及中、苏、朝、越四方代表之间的合作、协调等问题，以便更有把握地搞好合作，配合行动，开好会议。

4 月 21 日，周总理率代表团抵达莫斯科。这时，他已是精神抖擞，情绪高昂，谈笑风生。我们到机场迎接他时，他对我说，他向主席作了汇报，承认了错误，主席笑嘻嘻地说，这是常有的事，算不了丢丑！

起初我不明白总理指的是什么，谈完后，我想了一下才明白。我不以为然地说：多喝了一杯酒还值得向中央汇报？！如果这样，那些苏联的酒桶们恐怕得三天两头儿向中央作检讨了。

总理说，那不同，那是他们。

这回，周总理在莫斯科又耽搁了两天，除协调双方的方针、策略和校对口径外，还研讨了需要整理和研究的材料。这时，胡志明、范文同[①]也在莫斯科。周总理和赫鲁晓夫、莫洛托夫、胡志明（化名丁同志）一起研究了印度支那问题。

利用逗留两天的机会，中苏双方举行了各种座谈会，邀苏联外交部的若干人，包括葛罗米柯，到八号公寓来座谈，回答我们代表团提出的各种问题，并介绍在各种国际会议中的斗争经验和应注意的事项等等。

座谈中，我们提出的问题很多，他们回答得也比较细致。给我留下印象最深的是如何保密，如何防止被偷听、被窃取、上钩、上当、走漏消息，或受骗等。

葛罗米柯说，我们的对手是狡猾的，会用一切手段刺探我们的意图和动向。因为他们比我们更了解“知己知彼，百战不殆”的道理，而且要用一切办法把我们置于他们的掌握之中。现代技术已发展到这样的阶段，使各种窃听、窃取成为轻而易举的事情了。因此，我们要行动检点，注意保密，尤其应该随时注意，不论住旅馆、公寓、沙龙或别墅，都难以防止或发现他们事先早已设置的窃听器，或其他窃密装置。

① 范文同（1906—2000），越南广义省人。时任越南政府副总理、劳动党中央政治局委员。

代表团飞抵日内瓦

因为日内瓦会议是我国第一次参加的大型国际会议，为了练兵，我们有意多派了一些同志，共约二百多个工作人员，是第二个大代表团（苏联代表团有近三百人之多）。周总理是中华人民共和国代表团首席代表，张闻天、王稼祥、李克农都是代表，王炳南为秘书长，雷任民、师哲、乔冠华、陈家康、柯柏年、宦乡、黄华、龚澎、吴冷西、王倬如、雷英夫为顾问。张闻天、王稼祥没有参加完会议的全过程。李克农由于不懂外文，而主要负责代表团秘书、机要、警卫、翻译、后勤等内部事务。一切工作安排主要是由周总理亲自负责主持。

代表团名单发表后，苏联人见我的头衔是“政治顾问”，以为我负有特殊任务，与众不同，就派人多方打听。我说：“不要打听了，顾问就是顾问，而且只是对外的。”

其实，我的任务仍离不开本行——俄文翻译。我和欧阳菲（菲菲）与苏联人贾比才是一个小组，将总理的发言、提议等会议文件都及时译成俄文，同苏联代表团交换，再将他们的文件摘要译成中文。此外，还经常进行技术性的磋商（译文中人名、地名一致与否）。开会时，我每场必到，听意译风，听翻译得对不对。如发现差错，马上纠正。在外交斗争中，任何有歧义的词都可能引起误会或纠纷，丝毫马虎不得。

西欧司司长宦乡和乔冠华、陈家康组成政治组，负责起草文件，特别是总理的发言稿，有时一次发言可能起草十来个稿子。既要快，又要符合精神，还要针对会场变化的情况。他们常常是钻在房子里出不来。

宦乡还同杨承芳、浦寿昌组成中译英翻译小组。杨负责笔译，浦负责口译，随周总理一起参加会议。

吴冷西、吴文焘是新华社的负责人，负责新闻报道，同国内新闻机构联系。

情报司司长龚澎和黄华是新闻发言人。每次会后，他们都要召开各国记者招待会。紧张时，在休会间隙也要发布新闻。常常由龚澎、黄华出面，后面起草讲话稿的是乔冠华。每次总理总是细心地告诉他们对什么问题讲到什么程度。龚澎很能干，也是个忙人。

尽管工作如此繁忙，乔冠华、陈家康仍忙中偷闲，常常高谈阔论。大伙给他们起了个雅号“废话公司”。他们见我和总理很熟，称我为老院士。

王炳南是秘书长，出席会议主席召开的各代表团秘书长会议，研究决定会议议程，会务等具体事宜。他的活动能力很强，活动的面也很广。陕西人性情耿直而固执，不善讲方式。我和王炳南都是陕西人。总理认为我俩都不会拐弯，对这点他也感到比较恼火。

马列是总理的外事秘书，懂俄文，担任中苏代表团的联络员，负责同莫洛托夫的秘书联系，安排、接洽中苏两国代表团之间的会晤。5月底，越法双方司令部代表团谈到停火等问题时，应越方要求，中苏越三国的军事顾问组成军事参谋会议，代表团团长中方是雷英夫，越方是谢光宝，苏方是费登科中将。马列是中方代表之一，负责同苏方的将领们联系。

陈浩负责机要、同国内的文件往来。

随代表团出国的还有雷任民、李强，以及他们率领的一大批外贸工作人员。总理计划利用出席日内瓦会议的机会，打开我们同西欧及世界各国的外贸局面，以进一步突破美国对我们的禁运。雷任民所率领的外贸工作人员不算是代表团的人，另住在城里玻利瓦什旅馆和瑞希蒙特旅馆。在总理同英国外交大臣艾登会谈后，雷任民同英国外交部副常务次官卡祺亚等人进行了接触。

4月24日上午，我国代表团离开莫斯科，前往日内瓦。飞机在东柏林短暂停留。民德总理格罗提渥到机场迎送。当我们正在机场中心大楼进餐时，有人通知说，莫洛托夫的专机即将来临，请大家加快进餐。大约在莫洛托夫到达柏林之前十多分钟，我们起飞继续前进。

登上飞机后，我们才发现机舱里多了一位不速之客——一个身着军装的年轻人。经了解，他是一个美国士兵，来执行任务的。原来，东西方之间有个协议，从东柏林起飞的苏联飞机，飞经西柏林和西德领空时，一律得事先照会在西德的美国驻军，西方驻军派一名观察员随机飞行越过西柏林和西德领土上空。那位不速之客，就是执行此项任务的。看样子，他只有二十多岁，红红的脸蛋儿，满脸的稚气，笑眯眯的容貌，惊奇地张望着机舱里的乘客。我们大家谈笑风生，你来我往，亲密无间。他受此气氛的感染，不由得独自笑了起来。他可能是第一次见到东方人，对机舱里任何人的言行表现，无不觉得新奇、惊愕。

飞机平稳地在空中飞行，而我的心潮却上下起伏，不由地想起斯大林在“十九大”的讲演：现在，我们“进行斗争是比较容易了，而且工作进行得也比较愉快了”。中国人民不仅站起来，而且打败了世界上最强的帝国主义国家——美国。今天我国又派出代表团参加如此重大的国际会议。马克思、恩格斯开创的事业，现在正在突飞猛进地发展、进行。

24日下午，我国代表团抵达日内瓦机场。刚一下飞机，各国摄影记者发疯似地拍摄镜头。周总理在机场发表了简短的书面声明。声明说，日内瓦会议“将要讨论和平解决朝鲜问题和恢复印度支那和平问题。亚洲这两个迫切的问题，如果能够获得解决，将有利于保障亚洲的和平，并进一步缓和国际的紧张局势”；“中华人民共和国代表团抱着诚意来参加这个会议。我们相信，参加会议者的共同努力和对于巩固和平的共同愿望，将会提供解决上述亚洲迫切问题的可能”。①

随后，代表团驱车到驻地——城郊莱蒙湖畔查尔索瓦镇的万花岭别墅。

到驻地不久，周总理又带领必要的人员到机场迎接莫洛托夫。这回机场上的气氛更加热烈，不少外国代表团都到机场迎接。莫洛托夫一下飞机，就同周总理握手、拥抱。

莫洛托夫在机场对记者发表谈话。他说：“不能不指出这一重要事实，即：所有的大国——法国、英国、美国、中华人民共和国和苏联的代表最近几年来首次共同参加一个国际会议。苏联代表团在会上将竭力促成用和平的方式建立一个统一、独立、民主的朝鲜，以符合巩固远东和世界和平的利益。同时，苏联代表团认为，尽速恢复印度支那和平，保障印度支那人民的自由和民族权利是日内瓦会议最重要的任务。”②

讲话完毕，他同周总理并肩而行。二人边走边谈，十分亲热。这时，外国记者、摄影师爬满了机场通道的栏杆周围、墙角和窗口上，乱吼乱叫，要求给他们留一个镜头。莫洛托夫对总理说：我们稍微走慢点，站下来，略谈几句话，给他们留下几个镜头。于是，周恩来、莫洛托夫走走停停、边说边笑地并肩步入候机厅。事后外国记者们报道，中苏两国外交代表在日内瓦机场上所表现的姿态，是当代外交史上的创举，是真正兄弟般友好的楷模。

① 《新华月报》1954年第5期，第22页。

② 同上书，第23页。

周恩来的机敏与智慧

4月26日，日内瓦会议在国际联盟大厦开幕。苏联外长莫洛托夫和英国外交大臣艾登轮流担任大会主席。每个会议主席可以选两名助手坐在主席台。当莫洛托夫担任主席时，宣布葛罗米柯和我为他的助手。美国代表一看中国人走上主席台，大惊失色。

出席会议的国家有：中、苏、美、英、法、朝鲜民主主义人民共和国、大韩民国、澳大利亚、比利时、加拿大、哥伦比亚、阿比西尼亚（埃塞俄比亚）、希腊、卢森堡、荷兰、新西兰、菲律宾、泰国、土耳其等十九个国家，其中有十四个国家参加了以美国为首的侵朝的联合国军，再加上大韩民国，都是朝中人民军队的手下败将。他们对中、苏、朝的态度是可想而知了。会议的成员国中承认我们中华人民共和国的国家没有几个。我们在活动中自然受到了限制，遇到些困难。但正是周总理这位杰出的外交活动家，在那样的环境中，却丝毫没有感到什么不方便，也没有受到旧时代外交界遗留下来的那些陈规俗套的约束，他以极其机敏的智慧、超凡的目光、宽阔的胸怀、灵活的手法和无产阶级政治家、外交家的气魄，顺利地打开了局面，不仅使我们没有陷于孤立地位，而且还帮助有些国家代表团打开了局面，争取到不少新朋友，沟通了我国与许多国家的关系。

在日内瓦会议上的论战不必多谈，因为文件都曾发表过了。我只谈几件终身难忘的事情。

会议首先讨论朝鲜问题。为了促进朝鲜和平统一，撤退在朝的一切外国军队，举行朝鲜自由选举，朝、中、苏三方代表在会上同以美国代表为首的一方进行了顽强而艰巨的斗争，提出了一系列和解方案。

但是，美国根本不顾朝鲜人民的利益，拒不从朝鲜撤军，要求根据李承晚的宪法，由联合国监督全朝鲜选举。他们忘了美国是打着联合国的名义参加侵朝战争的。联合国已失去公平处理朝鲜问题的地位。美、韩顽固坚持不解决问题的立场。

美国人依仗美国是金元帝国，在会场上蛮横无理，横行霸道。开会时，他们不顾礼节，将两只脚跷在桌子上。有一次，李承晚的代表卞荣泰讲了一句话，不符合美国的口径。因为卞荣泰想多少解决一些问题。美国代表马上跳起来，当着大家的面呵斥他，如同在家里呵斥自己的孩子一般。弄得卞荣泰尴尬万分，下不来台，真是有强权无公理。

美国国务卿杜勒斯是顽固的反共分子。资本主义各国基本都看美国人的眼色行事，加拿大是跟得最紧的一员。

会场休息室摆了咖啡、糕点、水果。休会时，大家一边吃一边谈，可以随意走动。这也是各国代表交谈、接触的好机会。休息时加拿大的代表悄悄对我们说，他听了周总理的发言，认为很合乎情理。我们对他的态度信以为真，反映给周总理。周总理听了也很高兴，以为他会讲几句公道话。谁知休息过后，加拿大代表发言，又将杜勒斯的提案大加发挥，并重复美国对我们的攻击、污蔑，骂我们挑起朝鲜战争，是侵略者等等。散会后遇见我们，他又主动同我们握手，请我们原谅，说他必须听美国的话，照美国的意图讲话不能越雷池一步。

我们这才知道这些人都是没有灵魂的傀儡，也由此发现他们内部并非铁板一块。我们也随之调整了对他们的政策，采取利用矛盾，分化瓦解、争取多数的策略。

在中、朝、苏三国联合斗争下，美国的恐吓政策失败了。5 月 30 日，杜勒斯就离开日内瓦回国，留下副国务卿史密斯出席会议。史密斯多少有点民主作风，但他不敢破坏杜勒斯不准同周总理握手的规定。休息时，周总理同莫洛托夫谈话，我为他们翻译。史密斯一手拿着咖啡杯子，一手空着，在旁边转来转去。不一会儿，史密斯挤进来，同莫洛托夫握手，然后用手拉了拉总理的衣袖。这样表示既不破坏杜勒斯的规定，又向总理打了招呼。

周总理始终没有主动和他握手。我们早已知道了他们的章法和规定，所以从容不迫地应付了一切场面。

6 月 15 日的大会，斗争十分激烈，出现了戏剧性的场面。会议关于朝鲜问题的讨论已是第五十一天了。这天是由艾登担任会议主席。

首先，朝鲜民主主义人民共和国南日外相提出新的六点建议。①

周总理发言表示同意。周总理说："我们对于和平解决朝鲜问题的讨论已经取得了不少一致和接近一致的意见，我们应该把已经一致和可以一致的意见肯定下来，然后对分歧之点，继续讨论，以便对各项问题达成完全的协议。"②"照目前会议的情形来看，尽管我们现在还不能对和平统一朝鲜的问题达成协议，我们也应该努力对巩固朝鲜和平的问题达成协议。为了朝鲜人民的利益，为了巩固远东及世界的和平，这是非常重要的。"③在讲话中，总理揭露了美国不容许日内瓦会议成功的阴谋，并呼吁"我们没有理由不可能在南日外务相提出的六项建议的基础上达成适当协议。为此，中华人民共和国代表团建议本会议召开中、苏、英、美、法、朝鲜民主主义人民共和国和大韩民国七国参加的限制性会议，讨论巩固朝鲜和平的有关措施。"④

最后，莫洛托夫发言，提议与会的十九国发表关于不威胁朝鲜和平的共同宣言。

这三个建议一下子打乱了美国的阵脚。艾登宣布休会。美国等十五国及南朝鲜紧急磋商。复会后，首先史密斯发言，否决苏联的建议。泰国宣读《十六国共同宣言》，企图强行结束对朝鲜问题的讨论。

周总理再次发言，深感遗憾地说：就连这样一个表示共同愿望的建议，都被美国代表毫无道理地断然拒绝。会议已开了这么久，我们不能功亏一篑，建议"日内瓦与会国家达成协议，他们将继续努力以期在建立统一、独立和民主的朝鲜国家的基础上达成和平解决朝鲜问题的协议"。周总理说："如果这样一个建议都被联合国军有关国家所拒绝，那么，这种拒绝协商和和解的精神，将为国际会

---

① 南日六点建议的主要内容是：(1) 建议各有关国家的政府采取措施，遵照按比例的原则尽速从朝鲜境内撤退一切外国军队。(2) 在不超过一年的期限中，缩减朝鲜民主主义人民共和国和大韩民国的军队力量，双方军队不得超过十万人。(3) 由朝鲜民主主义人民共和国和大韩民国的代表组成一个委员会，来研究创造逐步解除战争状态的条件、将双方军队转入和平时期状态等问题，并建议朝鲜民主主义人民共和国政府和大韩民国政府缔结相应的协定。(4) 认为不论南北朝鲜，同其他国家订有牵涉到军事义务的条约，是同和平统一朝鲜的利益不相容的。(5) 为了创造使南北朝鲜接近的条件，成立一个全朝鲜委员会来拟订建立和发展朝鲜民主主义人民共和国和大韩民国之间的经济和文化关系的措施，并执行已取得协议的措施。(6) 日内瓦会议的参加国有必要保证朝鲜的和平发展，并从而为尽速解决把朝鲜和平统一为一个统一、独立和民主的国家的任务创造有利的条件。

② 《周恩来外交文选》，第 74 页，中央文献出版社，1990 年 5 月第 1 版。

③ 同上书，第 76 页。

④ 同上书，第 78 页。

议留下一个极不良的影响。”①

比利时外长、老外交家斯巴克为周总理的诚意所感动，起而响应，说：周总理的意见有合理成分，可以研究。并说：“周恩来外长的建议和十六国宣言精神不矛盾。希望以后恢复对朝鲜问题的讨论。”

周总理抓住时机第三次发言：“如果十六国宣言和中国代表团的最后建议有着共同的愿望，那么，十六国宣言只是一方面的宣言，而日内瓦会议却有十九个国家参加。我们为什么不可以用共同协议的形式来表示这一共同愿望呢？难道我们来参加这一会议却连这点和解精神都没有吗？如果是这样的话，那么我不能不表示很大的遗憾。”②

斯巴克接着说：“我本人赞成大家接受中华人民共和国代表团这个建议。”

史密斯又气又急，瞪着眼睛看着斯巴克。但是比利时毕竟不是南朝鲜，史密斯不好发作，急忙派人送了一张条子给斯巴克。

这时，艾登主席说：“比利时代表认为中国这个建议表达了本会议工作的精神。如果大家同意，我可否认为，这个声明已为会议普遍接受。”

会场短时间的寂静、没有人表示反对。

美国人气急败坏，狼狈不堪，史密斯仓惶站起来说：“在请示我的政府以前，我不准备表示意见，也不准备参加对刚才有人建议通过的决议。”

总理以缓慢和沉着的语气第四次发言。他说：“我对比利时外长所表现的和解精神感到很满意。会议主席的态度也值得提及。然而我必须同时指出，美国代表立刻表示反对并进行阻挠，这就使我们大家都了解到美国代表如何阻挠日内瓦会议，并阻止达成即使是最低限度的、最具有和解性的建议。”③

会场鸦雀无声，静得让人心跳。周总理停顿了一下，接着说：“我要求把我刚才的发言载入会议记录。”这马上得到会议主席的同意。

周总理的入情入理、机敏智慧的发言，将美国政府顽固好战的立场揭露无遗。

这场舌战真是妙不可言。

---

① 《新华月报》1954 年第 7 期，第 73 页。

② 同上书，第 74 页。

③ 同上书，第 74 页。

后来，史密斯私下向我们表示：会议结束后，他就辞职，不愿再干这个副国务卿的差事了。既不能按照自己的意志办事，又不能根据事实真相办事。

周恩来的才略与印度支那三国问题的解决

出席讨论关于恢复印度支那和平问题会议的国家有中、苏、美、英、法、越南民主共和国和法兰西联邦的三个国家——越南、老挝王国、柬埔寨王国——共九个国家。

这个谈判也是相当艰巨的，谈判的主要问题是停火、划区、监督和国际保证。关键是前两项，先实行停火，然后划区（南北划界），两年后进行全国选举。

这时，谈判的主要对手是法国。当时法国由主战派的拉尼埃主政，派主战派成员皮杜尔外长率团参加日内瓦会议。加之美国千方百计阻挠，日内瓦会议开始后，法国迟迟不愿讨论印度支那问题。

印度支那的越南、老挝、柬埔寨三国，原是法国的殖民地。太平洋战争之后沦入日本之手。1945 年日本投降后，法国为了在印度支那重建殖民统治，发动印度支那战争，先后侵入这三个国家。1945 年 9 月 2 日，越南人民在胡志明领导下建立了越南民主共和国。随后，老挝、柬埔寨的抗法民主力量相继建立了寮国、高棉抗战政府。

但是，法国拒不承认越南民主共和国，以及寮国、高棉抗战政府，而把它们视为叛军，当作交战的对方。在中国、苏联的一再努力下，范文同率领越南民主共和国代表团于 5 月 4 日到达日内瓦出席会议。后经越南代表团提议，在中、苏、越三国努力下，寮国、高棉的代表也到日内瓦进行会外活动。5 月 8 日，日内瓦会议开始讨论印度支那问题。

讨论印支问题会议的前一天，即 5 月 7 日，越南民主共和国人民军取得奠边府战役的辉煌胜利，歼敌一万六千多人。

5 月 8 日，法国代表团带着黑纱，打着黑色领带，哭丧着脸，一扫过去趾高气扬的劲头走进会场，低头就座，一言不发。

越南代表团中有人见此情景，不由笑了一声。皮杜尔听到笑声，气急败坏地说："这么严肃沉重的场合，笑什么？！我们死了那么多人，你们还幸灾乐祸。同你们这些幽灵打交道，真没有什么可讲的。"

范文同的法文很好，不等翻译就立即用法文回答：“噢，难道你们是跟幽灵打仗?！”

一句话使得法国人无言以对，更显其狼狈之态。

由于美国的阻挠，加之拉尼埃政府对停战缺乏诚意，会议进展缓慢。这引起了法国人民的强烈不满。6 月 12 日，拉尼埃政府倒台。主和派孟戴斯—弗朗斯上台。17 日，孟戴斯—弗朗斯组成新内阁，自兼外长，亲自率团到日内瓦谈判，并向法国公民许诺 7 月 20 日若不能就印度支那问题达成和平协议就辞职。所以孟戴斯—弗朗斯一上台，就对谈判采取了较为积极的态度。虽然法国在越南吃了败仗，但是孟戴斯—弗朗斯仍不能放下大国的架子。

尽管美国仍然极力阻挠会议就印度支那问题达成任何协议，但周总理运用统战工作的经验和方略，同英国代表团团长艾登，法国代表团团长孟戴斯—弗朗斯等人直接交往、会谈。这对促进问题的解决起了很大的积极作用。随着会议的进展，本来就存在着的美法之间的矛盾日益增大，美国日行孤立。

这里应特别指出的是周总理 6 月 23 日专程到伯尔尼拜访孟戴斯—弗朗斯，并与他交换意见。会谈中，双方不仅坦率地交换了恢复印度支那和平问题的意见，而且促进了双方的了解和信任。这对印度支那问题的解决起了积极的、决定意义的作用。

会前我们对印度支那的情况并不太了解，只同越南民主共和国有来往，同老挝、柬埔寨没有什么来往。苏方先同意越南保大政权代表、老挝、柬埔寨代表参加，美、英、法不得不同意越南民主共和国范文同到会出席。

老挝的代表冯·萨纳尼空、柬埔寨代表泰普潘第一次在会场上一见面就骂我们是帝国主义。他们只知道我们支援越南民主共和国，因而认为越南民主共和国代替中国侵略他们。我们支援越南是支援他抵抗法国的侵略。实际上我们不仅只支持越南，而且也支持其他印支国家抗击法国侵略的斗争。老挝、柬埔寨代表的上述行为是令人意想不到的，且令人恼火。可是周总理以他博大的政治家胸怀，不仅没有发怒，反而派我和王炳南去做他们的工作。总理说，他们受了法国人的蒙蔽，必须扭转这种局面。

我和王炳南请他们到中心花园里观赏花木，喝咖啡，聊天。他们见我们彬彬有礼，不是青面獠牙的帝国主义，才知自己上当了。进而总理请他们吃饭，推心置腹地谈话，他们的态度一下子改变过来了，斗争矛头不再指向我们，而是指向法国帝国主义者。

我们从他们的谈话中了解到不少印度支那的实际情况，及时地修正了政策。同苏越代表协商后，5 月 27 日，周总理提出折衷方案："关于双方军队集结地区，也就是双方地区调整问题，印度支那三个国家——越南、高棉、寮国的情况不完全相同，因而在双方地区调整原则确定之后，还要根据三国的具体情况加以实施，因而解决办法也会有所不同。"[①] 会议因此决定越法双方军事代表谈判越南问题，外长会议继续讨论老挝和柬埔寨问题。

6 月 24 日，日内瓦会议休会。周总理利用休会机会，应邀访问了印度、缅甸，向两国领导人通报了日内瓦会谈情况。7 月 3 日，周总理在我国柳州同胡志明等越南领导人会谈，达成"7 月 5 日协议"：在越南争取十六度以北的地方划线停火，在老挝争取把靠近中国和越南的桑怒和丰沙里两省划为抗战力量的集结区，在柬埔寨只能政治解决。随后，周总理回到北京向中央详细汇报。7 月 12 日，周总理经莫斯科回到日内瓦，我专程到莫斯科迎接他。

经过多方协调、商议，在越南划分集结区的谈判终于于 7 月 20 日下午达成协议。在解决这个问题时，周总理付出了很大的心血，开导、说服越南同志不要在划线问题上过于纠缠。因为法方已给我方交了底：法国目前只要求给他留个面子，以便体面地摆脱在越南的困境，越南还是越南人的。20 日晚，法国分别同越南、老挝、柬埔寨三国签订了停止敌对行动的协定。

签字的那天晚上，周总理到苏联代表团住处访问，拟会见莫洛托夫，了解情况。但很奇怪，莫洛托夫傍晚 9 时就外出赴会，直到夜间 11 时许，还未回来。总理在他们的会客室等候了好久，仍不见人回来。

苏方代表团的人向总理解释说，印度支那三国的代表们早已聚会在会堂里，但却拒不签字，故意找麻烦，拖延时间。其用意是有意给法国方面的代表们脸上抹黑。原因是孟戴斯－弗朗斯一上台就向法国国民议会许愿，说他一定将在 7 月 20 日以前达成停战协定。因此，印度支那三国代表们，非要把签字仪式拖到当天夜间十二点以后，即 7 月 21 日凌晨不可。这样就可以表示关于印支问题的签

① 《新华月报》1954 年第 6 期，第 82 页。

字，不是在 7 月 20 日完成的，而是 7 月 21 日完成的。

莫洛托夫在签字仪式完成后回到住地时，已经是 7 月 21 日凌晨三四点钟了。总理倦意正浓，昏昏欲睡，忽见莫洛托夫回来了，精神顿时振奋起来。随后，他俩又谈了一席话。莫洛托夫说，在签字仪式上没有发生什么意外，只是印度支那三国代表有意拖延了一段时间。莫洛托夫还说，印度支那三国这一招，可把法国人吓坏了，急得他们团团转，坐立不安，结果是虚惊一场。总理这才放了心。东方既白，我们才回到万花岭别墅。

日内瓦休会周总理回国期间，中国代表团大部分成员继续留在日内瓦，由李克农任代团长。英、美、法、苏等国代表团都留有人员在日内瓦。代表团之间相互也有接触。一天，美国代表团要求同我们会谈一次。要会谈，时间不会太短，起码得准备半小时讲话的内容。应该讲些什么呢？我、宦乡、陈家康等人讨论，由宦乡执笔写了一个稿子。因为总理走后，李克农虽任代理团长，但无权解决谈判中的任何实质性问题。因此，我们起草讲话稿时，拟定了一个原则，即既要保证能讲半小时，又不涉及实质问题，不要把自己拴死。会谈时，李克农看着稿子向美国代表宣读一番，只是海阔天空，泛泛地谈了一些无关紧要的问题。第二天的报纸对此作了报道，说中国代表团的话讲得很好，很有内容，有价值，有水平。

周恩来和莫洛托夫互相合作

在日内瓦会议期间，周恩来常去苏联代表团驻地——这个地方是苏联国家购置的一座别墅，管理精心，保密条件很好——同莫洛托夫协商问题。莫洛托夫也多次为周总理及其随员安排过便宴，热情招待，以示亲近、友好。中国代表团的同志尊称莫洛托夫为“莫老”。

因为中国代表团是首次出席如此重大的国际会议，当时我们这些工作人员差不多没有什么外交活动的常识，尤其没有同帝国主义国家的代表打交道的经验，所以对一切都是抱着体验、考察、学习、研究的态度。

这次会议讨论和解决朝鲜、印支的问题，虽与中国有切身关系，但却并非直接属于我国自身的事，涉及的毕竟是第三国的问题，事态非常微妙，需要我们特别小心谨慎，严正对待。因此，中国必须同自己的朋友经常校正口径，协调对策、合作关系、方式、步骤等等。苏联则既要演带头人的角色，又要起中间人的媒介作用。

4 月 30 日，莫洛托夫宴请周总理和英国外交大臣艾登，介绍他们相识。这是中英两国外长第一次直接接触，是莫洛托夫事先征得了周总理的同意而特意作的安排。宴会后，周、莫、艾交谈了较长时间，相互揣摩，交换意见。以后，周总理同艾登还进行了几次谈话。

艾登也回访了周总理。

莫洛托夫还为中国代表团组织过两次电影招待晚会，除放映苏联影片外，还放映过一次中国片子《梁祝哀史》。这是我国拍制的第一部彩色电影，很成功。

观看这部影片时，莫洛托夫极力对周总理称赞欧阳菲的俄文翻译水平，说她的俄语是道地的、标准的、超级的莫斯科俄语，其清雅、优美、悦耳动听之声大大超过了一般俄罗斯的乡下人。

当他看到影片上的梁山伯、祝英台相遇相处的情节时，惊讶他们互相不苟言笑，不相谐谑。当看到梁山伯访问祝英台的家而发现后者是一位妙龄女郎时，竟不握手、不拥抱、不接吻时，莫洛托夫极其诧异而惊愕地说："我今天才算懂得了中国的礼仪和道德准则：看见了自己心爱和仰慕的情人，竟可以不伸出一个手指头来，不亲吻，不拥抱！"

当天他们招待的客人只有中国一家，范围较大，也很隆重。

在日内瓦会议的整个过程中，中苏双方自始至终密切联系，互通情报，协同步调，互相配合得很好。在斗争激烈、形势紧张的日子里，中苏两国首席代表——周总理与莫老几乎每天都要会面，并约请有关第三方面（朝或越）协商、调整步骤。会议期间，形势变化多端，难以揣摩，如果各行其是，其结果肯定是糟糕的。

正是由于中、苏、朝、越之间的亲密无间的合作，在日内瓦会议上，我们取得了比较完满的结果。我们的对手是十分老练而狡猾的。他们利用他们的一切优势、有利条件和丰富的斗争经验，施展一切阴谋诡计，但最终几乎没有捞到什么好处，特别是美帝国主义。朝鲜问题虽然以无结果而告终，但美国根本不想从朝鲜撤军，根本不想通过政治会议协商和平解决朝鲜问题的侵略者的面目却因此而暴露无遗。在印度支那问题上，我们取得了更加满意的结果，最后迫使法国停战，承认越南民主共和国的合法地位和以北纬十七度线为临时分界线。自然，法国也获得了喘息的机会，得以从越南从容撤走。越南方面并不满意这个胜利，这是可以理解的。

为了便于发言，中、苏、朝三国代表团的座位排成倒品字形，三家紧紧靠在一起。老实说，这也是费了一番苦工夫，经过细心研究和斗争得来的结果。当时，大家异口同声地说：团结就是力量。

莫洛托夫是会议主席之一，平时常和艾登会商，很少到其他国家代表团驻地去，但却到周总理住处和中国代表团总部来过两次。

莫洛托夫说：“长时间都是中国同志到苏联代表团住处来，虽属工作关系，但从外表上看，好像只是有来而无往。你们中国有句古语：‘来而不往，非礼也。’我们很少来拜访你们。这从礼节上说，是不妥当的。所以，我们必须前来登门拜访。”接着他又说：“你们的住处是租赁来的别墅，很难说事先没有人在这里安装窃听器、录音器，甚至拍照设施。这使我们不便畅所欲言。这也是我们很少来拜访你们，而却经常劳驾你们去我们住处的原因。”

但是，当天总理、莫老二人还是在收音机大音量的噪声中交头接耳，进行了较长时间的交谈，对若干敏感问题交换了意见。

中苏两国代表团团长在日内瓦的最后一次会谈，是周总理在张闻天大使陪同下去见莫洛托夫。双方交谈时间不长，用简练的语言概括了一下日内瓦两个会议的经验。

关于朝鲜问题的会谈，由于美国、南朝鲜两家始终没有达成协议的诚意，步步设置障碍，阻挠会议的进展，最后无结果而告终。这是国际斗争中常有的现象，是不足为怪的。

关于印度支那问题，虽然经过种种努力达成了一个协议，但并未彻底解决，留下的麻烦还不少。而且为了实现已达成的协议，仍然需要越南同志继续努力，来解决许多实际问题和做好各方面的工作。特别在勘定划界、人员转移、搬迁和安排、组织十七度线以南人员的撤退及人事、后勤等方面，要做的事很多。还应特别充分估计到帝国主义的动向。法国，由于国内的困难形势，加上其他的麻烦，可能在印度支那不能长期待下去了。但是它走了，别的帝国主义国家，例如美国可能要钻进来。因为它野心勃勃，实际上已开始插手了。要防止前门拒狼，后门进虎。

周总理谈到他很快就离开日内瓦，东归途中打算访问德意志民主共和国和波兰，然后再访问莫斯科。莫洛托夫认为，东归时，莫斯科是必经之地，在莫斯科逗留几天，参观、休息都是很适宜的，并表示欢迎。但莫洛托夫却未理解周总理的意思是要作一次正式访问。所以，周总理访问东德、波兰后，7 月 28 日到达莫斯科时，苏方没有举行隆重的正式接待仪式，只把周总理作为过路客人来迎接、招待。

周总理在莫斯科只待了两天，就动身回国。途中首次访问了蒙古人民共和国。

7 月 31 日，周总理的专机降落在乌兰巴托国际机场上。蒙古部长会议主席泽登巴尔在机场举行了热烈、壮观的欢迎仪式，车队在至宾馆的途中，受到蒙古人民群众的夹道欢迎，乌兰巴托真是万人空巷。周总理拜访了大人民呼拉尔主席团主席桑布，回访了泽登巴尔，参观了工厂、博物馆、展览馆等，听取了各项介绍，出席了他们举行的招待会，8 月 1 日下午回到北京。朱德、刘少奇等到机场迎接。

此后，我再没有正式、公开地陪同周总理出国，但在国内仍不只一次地跟随他进行过外事活动。

周总理对日内瓦会议的总结

7 月 23 日，中国代表团离开日内瓦。在机场周总理发表了声明：“日内瓦会议已经完成了它的恢复印度支那和平的任务。举世渴望的印度支那的停战就要实现了。”它的成就“对于巩固世界和平和安全，首先是巩固亚洲的和平和安全，是一个重要的贡献。它又一次有力地证明：国际争端是可以经过和平协商获得解决的。印度支那和平的恢复，缓和了国际紧张局势，并为进一步协商解决其他重大国际问题开辟了道路。我深信，只要爱好和平的国家和人民坚持不懈地努力，世界和平是可以得到保障的。中华人民共和国愿意与有关各国为达到这个目的而共同努力。”①

① 《人民日报》1954 年 7 月 24 日。

上述声明和总理与莫老在日内瓦最后一次会晤关于日内瓦会议的概括是总理对日内瓦会议的初步总结。在归国途中，利用休息机会，我们又请总理比较详细系统地讲了他对这次国际会议的看法、感想和经验。现在能够回忆起来的，大约有如下几点：

（1）国际间的问题总是靠谈判、协商来解决的。对任何复杂的问题，只要双方都有诚意，能互相谅解，就能找到解决的途径和办法。

（2）会议上的正式辩论，都是照本宣科、不着边际的夸夸其谈，而且多半是为了体面，为了进行宣传，而不是为了解决实际问题，也解决不了实际问题。

（3）会外活动，私下接触，可以冷静地交换意见，互相揣摩，各自逐渐亮底。双方经过协商和讨价还价，研究出解决问题的具体方案，倒是较切实的解决问题的好办法。

（4）为了真正解决问题，历来都需要相互谅解、互相迁就、互相让步、互相照顾，使双方观点逐渐接近起来，并照顾到双方的利益，最后按照“求同存异”的原则达成协议。如果对个别问题双方一时不能达成一致看法的话，暂且搁置起来。这就叫作妥协。

（5）不管怎样，帝国主义国家总是有自己的态度和立场，非到万不得已时，决不肯改变。这就是说，同他们打交道，要特别细心并有耐心。他们由于受到自身阶级利益的支配，决不肯轻易放弃自己的原则立场。这也是值得注意的。

（6）同小国家、弱小民族打交道，应特别注意处处照顾到他们的面子，就是说，不要伤害他们的民族自尊心。我们对这些不仅能理解、体会到，而且作为一个大国，也完全能做到。

这里只谈了几条原则，但在运用的时候，还应该有高度的灵活性。

以上仅是记忆所及，不仅不完全，而且可能还有偏差、错误。尤其我因为工作性质不同，也没有很好地体会和学习总理的这些极其重要的经验总结。

从日内瓦回国后不久，有些单位要求我讲讲关于日内瓦会议的情况和外交活动中的斗争经验。我向总理请示，他表示可以讲，也允许我去讲一讲，但他向我示意，既不要过分强调我们努力的成果和胜利，更不要赞扬他本人的功劳。我记住了他的话，但有一次，在外交部举行的一个小型宴会上，我由于感情激动，举杯为总理在日内瓦领导大家完成了工作任务和为他的健康敬酒时，总理马上接过我的话头，请大家为感谢毛主席对我们的领导和为毛主席的健康干杯！自然，大家都欣然接受了他的提议。

日内瓦会议期间，最忙的就是周总理。一星期中难得有一两天睡足八小时。从一睁眼就是工作，从未片刻休息。他既要参加会议，又要在会外同有关方面进行协商、谈判，还要听取我代表团各方面的汇报，研究情况，作出决策，并向中央汇报。几乎所有的重大决策都是出自于周总理。我住的房间在总理房间的对面，常常是他刚刚醒来，我利用他上卫生间、洗漱的机会跟着他，向他汇报、请示、商量。汇报我们起草的文件和苏联的一致不一致，口径对不对；商量具体的地名、名称如何称呼，译成俄文后准不准。我同他商定后指导翻译。他抓工作具体、认真，一竿子插到底。他常讲："外交无小事。"

周恩来气宇轩昂，不卑不亢，平易近人；遇事从容不迫，对问题深思熟虑，思考得深入细致周全；对各方面照顾周到，工作方式方法灵活多样。周恩来在日内瓦会议中为我们国家争得了荣誉，增添了光彩。从此，全世界对周恩来的外交活动的能力、魄力与灵活性、策略性及调解的技巧无不称赞、钦佩和敬重。周恩来堪称一代伟人。

但是，周恩来又是这样地虚心，从来不准宣传他。他为党为革命忠心耿耿，奋斗一生，为国家、为人民的利益埋头苦干的崇高品德，顽强不屈的斗争精神，一贯严于律己、以诚待人和谦虚谨慎的态度，都是我们应该永远学习的。他的思想、精神、作风，对我们来说都是"取之不竭，用之不尽"的宝藏。

赫鲁晓夫率团来华祝贺我国国庆五周年

赫鲁晓夫上台

周恩来从日内瓦返回国后，过了两个月就是我国五周年国庆节。这年我国在国内、国际大搞和平运动，因而国庆节洋溢着和平安定、庆升平、祝胜利、颂团结、赞友谊的欢乐气氛。在车站、机场、天安门广场、金水桥前摆设了各种各样的鲜花。外宾看到中国团结、和平、安定、繁荣昌盛，对世界和平和人类命运前途也增加了希望和信心。

赫鲁晓夫[①]率苏联政府代表团于9月29日到达北京。代表团成员有部长会议第一副主席布尔加宁、部长会议副主席米高扬、全苏工会主席什维尔尼克、文化部部长亚历山大罗夫、《真理报》总编辑谢皮洛夫、莫斯科市委书记福尔采娃、乌兹别克加盟共和国建材部部长纳斯里金诺娃、苏共中央工作人员斯捷潘诺夫和大使尤金十人组成。亚历山大罗夫是文学家，谢皮洛夫是哲学家，这两个人是赫鲁晓夫在理论、宣传上的左右手。后来他们不同意赫鲁晓夫反对斯大林，认为这种做法不仅诬蔑斯大林，而且诬蔑共产党、甚至列宁。赫鲁晓夫因此将这两个人

① 赫鲁晓夫（1894—1971），全名尼基塔·谢尔盖耶维奇·赫鲁晓夫，出生于俄罗斯，1918年加入俄国共产党（布），卫国战争期间任中将，参与指挥斯大林格勒战役、基辅保卫战。1953年9月3日当选为苏共中央第一书记。1958年兼任苏联部长会议主席。1956年在苏共二十大会上否定斯大林，引发东欧的一系列骚乱。他为大清洗中的受害者平反，积极推行农业改革，使苏联的民生经济得到改善。20世纪60年代，他撤销了对中国的援助计划。1964年10月，“被退休”，从此被迫淡出政坛至逝世。

从中央赶走。他也想赶走苏斯洛夫，但是苏斯洛夫资格老，弄不掉。

1953 年 3 月 5 日斯大林去世，由苏共中央书记马林科夫接任部长会议主席。十天之后，在苏共中央全会上，赫鲁晓夫提议政党分开，马林科夫辞去中央书记的职务，实际上就由赫鲁晓夫负责党中央的工作。

9 月，苏共召开中央全会，在会上赫鲁晓夫当选为苏共中央第一书记。

赫鲁晓夫 1894 年出生于矿工家庭，俄罗斯族。1918 年国内战争期间加入布尔什维克党。从小由于生活所迫，没有受过良好的教育，文化程度较低，马列主义理论水平也很低。他的言谈举止常常流露出愚昧无知、粗鲁野蛮，莽撞无礼。他反而以此做为夸耀的资本。开口闭口常说：我担任 ×××× 地方的第一书记时怎样、怎样。可能他担任某地方单位的第一书记是好样的，并不等于他担任苏共中央第一书记、总理也是好样的。

他头脑混乱、思路不清，只凭主观臆想，而没有政策、策略观点和正确认识，只凭感情冲动，而又诡计多端行事。他常常一边说又一边否定自己，只是触景生情，信口开河。有一时期人们称他为“玉米棒子”，因为他到处宣扬，只要从美国引进玉米良种，在苏联广为种植，不仅可以解决饲料，甚至可以解决部分口粮问题。

这次他访华，毛泽东不止一次地提醒他做事要谨慎，说话要有分寸，要有内外、亲疏、远近之分，不要被敌人抓住把柄，钻空子。

赫鲁晓夫仍不以为然，竟然说：咱们也有嘴巴，也会反咬他几口的。一个泱泱大国的领导人对重大的问题采取如此轻率、浮躁的态度，真是不可思议。越愚昧无知，就越自以为是；越是低微卑下，就越自高自大；越是昏庸，就越想装腔作势；越不学无术，就越想指手画脚地教训他人；越软弱无力，就越想打肿脸充胖子。

资本主义国家利用一切机会、场合，抓住他的缺点、讲话的漏洞、失态丢丑的举止大做文章，广为散布。人民的容忍也是有限度的，1964 年赫鲁晓夫终于下台了。我不想对赫鲁晓夫一生的功过进行评价，这是历史学家的事，以上仅仅就我同他的接触，以及他的言谈、表现，有感而发而已。

赫鲁晓夫不讲原则，不动脑子，不深入思考问题。因而和他打交道要比和原则性强的莫洛托夫容易得多。我认为赫鲁晓夫是个混蛋，也曾向毛主席谈过。对我的话，毛主席既没有反驳，也没有肯定，他只是这样讲：“他们（指苏联）安定下来了，我们的事就好办了。”这话含蓄，但意味深长。

1955 年 7 月，赫鲁晓夫将莫洛托夫、布尔加宁、马林科夫、卡冈诺维奇等人都打成反党集团后，毛主席说：他们只是反对赫鲁晓夫。毛主席智慧过人，常常是言简意赅，一针见血，一语道破天机，给人留下终身难忘的印象。莫洛托夫这些同志参加过十月革命，同列宁是同时代人，又是斯大林几十年的助手，他们反什么党，他们怎么会反党，反谁的党？他们只不过和赫鲁晓夫意见相左而已。

毛泽东和赫鲁晓夫的会谈

赫鲁晓夫亲自率政府代表团参加我国国庆五周年的庆典活动，10 月 2 日参加苏联经济及文化建设成就展览会的开幕式。10 月 3 日开始与我国领导人会谈，10 月 12 日会谈结束，发表了《中华人民共和国和苏联政府关于中苏关系和国际形势各项问题的联合宣言》及《关于对日本关系的联合宣言》，同时签署了七个文件：(1) 苏军从旅顺口海军根据地撤退，1955 年 5 月 31 日之前将该基地交由中国完全支配。(2) 将 1950 年、1951 年创办的四个中苏股份公司中的苏联股份自 1955 年 1 月 1 日起完全交给中国。这四个公司是在新疆境内开采有色及稀有和贵重金属的公司，在新疆境内开采和提炼石油的公司，在大连建造和修理轮船的公司和民航公司。在这些公司中的苏方股份用我国出口货物在数年内还清。(3) 签订中苏科学技术合作协定。(4) 中苏修建兰州—乌鲁木齐—阿拉木图铁路并组织联运的协定。(5) 中苏蒙修建集宁到乌兰巴托铁路并组织联运的协定。(6) 苏联为中国提供五亿二千万卢布长期贷款的协定。(7) 帮助中国新建十五个工业企业和扩大原有的一百四十一项企业的供应范围的议定书。这样在第一个五年计划期间苏联共援建我国一百五十六项大型企业。这一切都已公布于报端，不再详述。

10 月 3 日，在中南海颐年堂举行了中苏两国最高级会谈。中方参加会谈的有毛主席、朱德副主席、刘少奇委员长、周恩来总理及陈云、彭德怀、邓小平、邓子恢、李富春五位副总理。苏方有赫鲁晓夫、布尔加宁、米高扬。我和费德林担任翻译，我负责俄译中，费德林负责中译俄。

在会谈中，毛泽东首先发言。他说，今天我们可以谈谈，交流一下意见。一般地说，我们之间的问题或意见都是随时提出，随时解决，没有积累下什么问题。今天我们有这个极好的机会，再交换点意见。国际形势总的说来对我们是有利的。首先是各国人民积极地行动起来了，抬起头来了。帝国主义的威风被煞下去了好多，不再像以前那样嚣张、盛气凌人、轻举妄动。实际上，他们的日子越来越不好过了。

赫鲁晓夫接着说，帝国主义却没有睡大觉，而是天天在蠢蠢欲动，在图谋不轨，想达到他们的罪恶目的。诚然，他们的气焰的确没有以往那么嚣张，但他们确实还在活动着。

毛主席说，十根指头被切去了一两根，而且切去的是大拇指，手力毕竟不如从前了，大大削弱了，甚至是减去了一半的力量。总之，形势是好了，对我们是有利的。自然，我们在任何时候也不应放松自己的警惕性。我们现在有一个和平建设时期，应充分利用它，进行经济建设，大力发展生产力。不过，这个时期究竟有多长很难说，因为这不是由我们的主观愿望所能决定的。如果我们能有二十年的和平建设时期来发展经济，那么，战争的危险性就会减少很多，甚至可能打不起来了。过二三十年后，如果帝国主义要打，那就是结束帝国主义存在的时候了。但究竟是经过一场大战来结束战争，还是由于人民力量、和平力量强大，从此战争打不起来，这还要看看。

接着，双方分别介绍了自己国内的一般形势、中心工作及其进展、成绩、缺点和生产发展、各项建设等情况，苏方介绍说，他们的工作一般还比较顺利，但没有达到预期的指标和进度。

赫鲁晓夫主动问道：你们对我方还有什么要求？

毛主席答道：关于这方面的事，双方的专家们天天在接触和交谈。他们相互协作，交换意见，协商解决问题，事情能办通。我们对原子能、核武器感兴趣。今天想同你们商量，希望你们在这方面对我们有所帮助，使我们有所建树。总之，我们也想搞这项工业。

赫鲁晓夫听到这里愣住了，因为他不曾考虑过这个问题，思想毫无准备。他稍停了一下说，搞那个东西太费钱了。我们这个大家庭有了核保护伞就行了，无须大家都来搞它。须知那东西既费钱费力，又不能吃，不能用。生产出来后还得储存起来，不久又过时了，还得重造，太浪费了。我们的想法是，目前你们不必搞这些东西，还是集中力量搞经济建设，发展与国计民生有关的生产，改善人民的福利。提高人民的生活水平比搞原子弹好。假使目前要搞核武器，把中国的全部电力集中用在这方面是否足够还很难说。那么，其他各项生产事业怎么办？国计民生怎么办？但如果你们十分想办这件事，而且是为了进行科研、培训干部、为未来新兴工业打基础，那么我们可以帮助先建设一个小型原子堆。这比较好办，花钱也不太多。这是一个比较切实可行的办法。借这个条件培训干部，也可以派一些有基础的人员到苏联学习、实习和深造。你们以为如何？

毛主席回答：也好，让我们考虑考虑再说。

赫鲁晓夫说：我们听说，中国劳动人民在解放后，生活上都有了保障，这是可喜的一面。但人的欲望是无止境的，要求是与日俱增的。我经常想，你们这么多的人口，如果人们在衣食住行方面都伸手向国家要，我看很难应付得了。然而不管怎样，这的确是国家应该解决好的首要问题。在西方，这个问题如果不能摆在首要位置加以妥善解决，那日子是过不好的，甚至是过不下去的。

毛主席说：我们之间在对外方面和国际活动中，多进行磋商，协调步调，一致对外；在对内方面和生产建设上，则互相帮助，互通有无，互相协作，这不很好么！

赫鲁晓夫等苏方客人听后喜形于色，很表满意。他们兴高采烈，气氛也随之活跃起来。

会谈中，服务员端上了湖南腊肉、松烟熏制的火腿、烤面包和茶水等。客人们觉得这些食品的味道既非常独特，又十分鲜美，不一会儿便将它们一扫而光。宾主双方就这样愉快而满意地度过了一个上午。

会谈结束时，毛主席问道：你们是否准备到我国某些地方，特别是南方去看看？

赫鲁晓夫答道：一定要出去走一走，看一看。你们这里的一切对我们都是生疏的、新鲜的。我们想去的地方很多，但看来只能在沿海的南北方走走。

毛主席高兴地说：那你们就到各地去走走看看，随你们的便，愿意去哪都可以，就像在你们自己家里一样。我们也不准备作什么特殊安排。我喜欢自由自在、随心所欲地去活动，不喜欢被别人牵着鼻子走。

毛主席知道赫鲁晓夫对中国不大放心，因而决定对赫鲁晓夫的参观游览不作规定和安排，由他们随意与我方干部往来。

在这次会谈之后，中苏双方又进行了三次会谈。在这些会谈中，双方再三表达了互助合作和团结友好的愿望。两党对国际问题的意见也是完全一致的。正如联合公报中所讲的，“会谈是在真诚友好和互相谅解的气氛中进行的”。在这个时期，中苏友谊确实进入了高潮。

苏联代表团和我党领导人的交往

在中苏友谊的高潮时期，双方也发生过一些小小的误会和不愉快的事情。

赫鲁晓夫率团访华是苏联首次派出最高级领导人到中国访问，周总理对他们备加照顾。一天，周总理到万寿路的宾馆拜访赫鲁晓夫。在谈到赫鲁晓夫一行的活动安排时，周总理征询了他们的愿望和要求，并通知他们我国政府将举行一个大型宴会欢迎苏联代表团。接着，总理对赫鲁晓夫说：为了帮助解决（苏联）代表团在各项活动中可能遇到的问题、困难和便于同我国各有关方面的接洽，打算派师哲住在你们这里或常来同你们联系。

总理的这个打算，事先没向我说过。毫无疑问，总理是善意地关心客人，为了方便他们和帮助他们解决某些事务性问题。但赫鲁晓夫却不是这样想的。他听了周总理的话后，像挨了原子弹轰击一般，以为要我们打入他们的圈子，立刻满头大汗，涨红了脸说：“我们代表团一切都方便，一切都能得到满足，不需要他（师哲）住在这里！”赫鲁晓夫斩钉截铁、毫不客气地拒绝了周总理的善意安排和关怀。总理也觉得很突然，出乎意料之外。接下来的局面有些尴尬，交谈冷场了。后来，总理只是向赫鲁晓夫介绍了一下我方安排的活动和招待计划后就离开了。

归途中，我对总理说：“您今天的建议考虑欠周。我认为不应该那样提这件事，或者根本无需提。他们是十分多疑的，一定是误解了您的善意。”

我觉得不管怎么讲中苏两党两国亲如兄弟，情同手足，但毕竟是两党两国之间的关系，和手足关系毕竟是有所不同的。我们的真诚、坦荡、公正、无私、并不等于是他们的想法和认识。对方对一切事物和问题，包括美好的愿望和真诚的语言都会有自己的考虑或看法。

10 月 12 日，苏联代表团在苏联展览馆（即北京展览馆）举行答谢宴会。这次宴会经他们精心安排，具有相当的规模。宴会前，周总理前去万寿路宾馆拜会赫鲁晓夫，告诉他我方主要领导人，包括毛主席，都将出席他们的招待会。周总理还向他谈了到东北等地参观游览的安排事宜，并征询了他的意见。

离开赫鲁晓夫的寓所后，总理驱车直奔展览馆宴会厅。

车子刚出大门，周总理很有感触和若有所思地对我说：主席说要揭盖子！现在被盖子捂着压着，新生力量和新生事物成长不起来。这样对我国的经济发展和建设事业都不利。所以向他的反面发展，变成绊脚石、拦路虎，妨碍前进的东西，要把它搬开。否则，我们的事业怎么向前发展呢？

我聚精会神地听着，仔细地想着，但还是琢磨不透这番话的意思，不知指的是什么。于是我问总理，盖子指的是什么，被捂住的又是什么？

他说：话是毛主席说的，自然也是有所指的。盖子是指年老体弱，又无工作能力的领导干部，被捂住的是年青的新生力量。

我说：毛主席的话非常正确。老一辈绝不应成为党和人民的包袱，变成阻力和拦路虎。但新中国诞生至今，才只有短短的五年，五岁就要摆脱她的兄长恐怕并非易事。

总理说：这只是一个设想，是一个思想方向，尚非现行政策。我沉思着，但仍然摸不着头脑。①

我们走进大厅，还未来得及浏览，赫鲁晓夫和毛主席的汽车也几乎同时到了。他们在正厅中握手、寒暄，并交谈起来。摄影记者把这个场面摄入镜头，变成了一张艺术高超的照片，广为流传。

当毛主席从门厅进入宴会厅时，迎面走来了福尔采娃、谢皮洛夫、亚力山大罗夫。他们向毛主席问好，然后要求同毛主席合影，毛主席欣然满足了他们的要求。

苏联代表团在外地参观游览

赫鲁晓夫一行同毛泽东等中共中央领导人会谈后，在工作人员准备文件的空当，到华中、华东、华南各大城市参观游览。随团来华的中文翻译费德林不愿陪

① 赫鲁晓夫批判斯大林，毛泽东的态度是一喜一忧，喜的是揭开了盖子，忧的是赫鲁晓夫做法过分，对国际共产主义运动不利。

同前往，我将这个情况向周总理作了汇报，并谈了我的想法：我国的许多地方还没有接待外宾的丰富经验，没有人陪同是否有些不妥？于是我自告奋勇，担任他们的翻译。

赫鲁晓夫一行坐火车从北京出发。同时，天空上有六架专机可供赫鲁晓夫随时调遣。他们乘坐的专列具有很强的机动性，停车和开车的时间、地点均由赫鲁晓夫决定。中央派铁道部副部长武竞天随车同行，公安部副部长汪金祥负责保卫工作。

火车在晨曦中驶入济南站。赫鲁晓夫本不打算在济南停留，但见济南是个大站，因而心血来潮，要求临时下车休息。我对他说，由于事先没有通知市委的同志，我们是不是就不进城了。

赫鲁晓夫一下车就大发议论，对汪金祥说：你们的保卫工作做到家了，比我们的还好。车站上连一个闲人都没有，就连卖小吃的工人也看不见。

汪金祥解释说：我们并没有作这样的安排。这是因为时间还早，大家都还没有上班。

赫鲁晓夫不相信，认为我们是有意封锁消息。他们在车站上这边走那边看，转了两个多小时。

布尔加宁看到专车的押车员，一位十八九岁的姑娘，红黑的脸蛋，圆圆的脸盘，显得十分可爱，便爱怜地抚摸了一下姑娘的脸，把姑娘吓得脸色都变白了。

我急忙走过去对布尔加宁说："不要这样。"

布尔加宁不高兴了，说："她比我的孙女还小。"

我忙解释说："在中国，就是小孙女也不能这样，况且你并不认识她。"

苏联代表团到达上海后，赫鲁晓夫一行便到市区观光。他们遛马路、吃馄饨、进商店、逛公园。上海的青年人一看见他们就自动围上来欢迎他们。苏联客人们，特别是米高扬，极力想和群众接触，他和上海的青年们在马路上跳起舞来，将热烈的气氛推向了高潮。

一天，上海市副市长潘汉年陪同苏联客人们登船游览黄浦江。游船按计划向吴淞口开去，在船刚刚离岸时，赫鲁晓夫问："这里的水有多深？"答："水深三十米。"赫鲁晓夫一听，便毛骨悚然，要求返航。我和潘汉年都劝他到吴淞口看看，他执意不肯。主随客便，只好返航。

赫鲁晓夫一行还参观了上海的百老汇（今锦江饭店）。百老汇有二十层楼，是当时上海最高的建筑。在大楼的顶层有苏联帮助建造、安装的雷达，赫鲁晓夫站在雷达旁边滔滔不绝地讲起来。代表团其他人都不大讲话，因为赫鲁晓夫为人粗鲁，讲话随便，谁都估计不到他见景生情会讲些什么。

在杭州，当地的同志以为苏联客人们至少会住上一天，于是为他们准备好了下榻的地方。而赫鲁晓夫的计划是绕西湖转一圈就走。在他们参观到“三潭印月”时，杭州的同志才知道他们并不打算留宿，于是把事先准备好的礼品送给他们，其中有石刻等艺术品。这些礼品虽然很重，但赫鲁晓夫也毫不推辞，如数收下，并让汽车司机将这些礼物先行送到火车站。

参观完毕，他们计划稍事休息就起飞，但杭州的同志已准备好了午饭。赫鲁晓夫说：不吃饭了。我劝道：你要尊重主人嘛！他同意了。

入座后，我向大家介绍用西湖的鱼烧制的鱼汤，它味道鲜美，味浓而不腻。赫鲁晓夫尝后大加赞赏，其他几位客人也喝了一碗又一碗（碗很小），非常满意。

刚到杭州时，苏联内务部部长谢洛夫不经与中方协商就下令改乘飞机到广州。

我顶了他一句：“主人是你还是我？”他不吭声了。我说：“这要经过组织安排，要事先告诉工作人员。”

赫鲁晓夫听到了我和谢洛夫的对话，当时，他没说什么。饭后，他便宣布坐飞机到广州。上第一架飞机的是赫鲁晓夫、布尔加宁、谢洛夫，上第二架的是米高扬、什维尔尼克和我。

第一架飞机先起飞了。过了三十分钟，米高扬催我说：咱们赶快起飞吧。我说：你着急干什么！因而我们比第一架飞机晚到三十分钟。

陶铸在广州迎接赫鲁晓夫。他认为我会随赫鲁晓夫同机到达，因而没有带翻译。因语言不通，他们相见后比比划划，像哑巴打手势一样。最后只能相顾而笑，急得赫鲁晓夫坐卧不安。我们刚一下飞机，赫鲁晓夫就过来拉住我说，快救救我们吧！

苏联客人们下榻在沙面小岛上，环境幽静，风景优美，对面就是沙基惨案发生地。

赫鲁晓夫第一次到我国南方，椰子、杨桃等他都是第一次见到、第一次吃。陶铸教他们怎样吃，他们兴高采烈地一一加以品尝，乐不可支。

陶铸还请他们吃龙虎斗、龙凤斗，这些都是广州的名菜。龙虎斗是用蛇肉和猫（即果子狸）肉做的菜，龙凤斗是蛇肉加上鸡肉做的菜。他们听了陶铸的介绍，知道这两种菜中都有蛇肉，吓得不敢动筷子。福尔采娃和纳斯里金诺娃两位女宾竟吓得哭了起来，只有谢皮洛夫、亚历山大罗夫吃了一点。苏联人是从来不吃蛇肉的。他们既不知道蛇分为有毒和无毒两类，更不知道只要把毒牙、毒腺取出来，蛇肉就可做成美味佳肴。

在广州郊区，赫鲁晓夫十分仔细地参观了橡胶园，[①] 详细询问了这项生产的发展情况和前途，并同当地的干部就海南岛和雷州半岛的橡胶生产状况进行了交谈。

赫鲁晓夫一行是从广州经汉口返回北京的。在武汉，邓子恢接待了他们。中央指示邓子恢，对苏联代表团的活动不要特别组织，让他们自由活动。邓子恢同我商量怎样向代表团转达这个意思。我说：很简单，就对他们说，你们在这里就像在自己家里一样，想到哪里去，打一声招呼，我们派车接送，组织人陪同。

赫鲁晓夫在武汉提出的第一个要求是到江岸看长江。那年，武汉地区发生了洪灾，长江的水漫过江堤进了城。10 月，洪水虽然退了，但市区街道上防洪用的沙袋墙随处可见。赫鲁晓夫见长江水势凶猛，就未坐船到武昌去，只听老工人介绍了“二七”大罢工的情况后就启程回北京了。

在旅途中，赫鲁晓夫曾谈到他想邀请中国参加东欧经互会组织，说这是沟通欧亚经济合作，互相协助、互相配合、互相发展和加速经济繁荣的渠道之一。他说：从欧亚各国的情况看，无论是经济结构、体系、发展条件及速度，还是具体要求和生活条件，都有相当大的差距。在经济领域互相配合、互相协作的设想是好的，但在实际上应如何具体实现，目前还没有一个成熟的考虑。不知道毛泽东有什么看法，有机会很想同他交换一下意见。

我一回到北京，就把上述情况向毛主席作了汇报。主席听后马上回答说：他这个想法不实际。他们同我们之间的差距太大困难很多，如果稀里糊涂挂上钩，

---

① 广州无橡胶园，可能是香蕉园之误。

将来的麻烦会不堪设想。

过了两天，赫鲁晓夫会见毛主席时，正式提出了他的那个想法。毛主席不容置疑地回答说：没有这个必要，这对中国的发展建设没有多大实际意义。相反，可能麻烦很多，纠缠不清，还会妨碍建设的进展。

赫鲁晓夫听后，立即改变了腔调，完全否定了自己原来的想法。他说：中国是个大国，具备独立发展的一切条件，而且发展前途广阔。不像东欧那些小国，虽然有发展各项经济和工作企业的能力，却常常受到这样或那样的条件限制，如人力和物力资源、销售市场等，无法独立自主地大规模发展若干部门的工业生产，如汽车、航空、航海、大型机器工业。他们只能通过经互会的协作，进行平衡和调剂，互通有无，同舟共济。如果东欧各国都独立自主地发展各自的全套工业，用不了多久，产品就会充斥市场，互相竞争、互相排挤，从而使自己陷入不堪设想的境地。

10 月 13 日上午，赫鲁晓夫一行离开北京回国。途经我国东北时，他们进行了参观访问。访问的第一站是旅顺。在那里，赫鲁晓夫一行首先视察并看望了驻旅顺的苏军部队。

我们把赫鲁晓夫等人送到了旅顺口苏联海军基地。我对汪金祥说：他们到家了，咱们走吧。我们回到了大连，吃完晚饭后正在街上散步，忽见赫鲁晓夫一行的车队开了过来。我们马上为他们安排好了食宿。原来，他们在到了海军基地后，很长时间找不到人接待他们。赫鲁晓夫怒容满面，不得不回到大连找中国主人。

第二天，苏联海军总司令库兹涅佐夫才专程到达，陪同代表团观看苏联海军的海岸炮射击演习，参观海防炮位等。在这里，赫鲁晓夫发现他们的驻军纪律松弛、军容涣散，认为库兹涅佐夫对他不尊重。这也是他后来将库兹涅佐夫撤职的原因之一。

随后，苏联政府代表团在鞍山、长春、哈尔滨等地参观访问，10 月 16 日乘专车从哈尔滨回国。

在回国的路上，赫鲁晓夫等人不断找机会同苏侨交谈，了解情况。一面坡是苏侨的集中地。火车在这里进站时，站上已集中了不少侨民。出于安全的原因，我嘱咐周围的同志不要让侨民接近赫鲁晓夫。但赫鲁晓夫下车后，径自走到侨民中间，同他们攀谈起来。侨民多是些上了年纪的老头和老太太，都是劳动人民装束，这样我才放了心。苏联侨民异口同声地对他说：我们都是劳动者，怀念祖国，愿意回到苏联参加社会主义建设。后来，苏联政府决定接收全体苏侨回国，并把他们安置在西伯利亚、中亚细亚等地区。

赫鲁晓夫行进在中长铁路线上时，看到北满沃野千里，土地十分肥沃，未开垦的处女地也很广阔，于是再次肯定了他南行时在飞机上与布尔加宁谈过的打算，即 10 月 12 日他在北京宣布的赠送给中国建立一个大型谷物农场所需的全套机器和装备。他之所以热心地帮助我们在东北大规模发展农业，其战略意图和根本目的是，要我们把整个北满变成粮仓，他们把苏联的远东地区建成工业基地，然后互通有无地进行物资交换。

10 月 17 日早晨，我在绥芬河送他们出境。赫鲁晓夫率领的苏联政府代表团结束了对中华人民共和国为期十九天的访问。其他还有许多问题，这里就不必多谈了。

朱德出访东欧六国、参加苏共二十大

参加罗马尼亚共产党第二次代表大会

1955年12月上旬，我作为全国人大代表正在上海视察工作。一天下午，突然接到中央办公厅杨尚昆主任打来的电话，要我迅速回京，准备陪同国家副主席朱德出国访问。

这个通知对我来说并不意外，朱老总曾事先向我打过这个招呼。我亦曾向朱老总表示："我已陪同过任弼时、周恩来、刘少奇、毛泽东等四位中央书记出国，而且不止一次了。只是没有陪同过您出国，心里总觉得有些过意不去。您什么时候走，一声令下我就去。这样，我既可以完成陪同五位中央书记出国、从事国际活动的任务，也可以就此结束我多年来在这方面所负的使命，以后我也就不再像过去那样频繁地出国了。"朱老总同意我的这些想法，杨尚昆也点头称是，表示理解我的心情。

翌日，我乘飞机返京，连家门也没有进，径直去了朱老总家。他告诉我，明天就启程，要我回去准备一下。

临行前，我到周总理那里请示，他对我说：这次朱德出访东欧诸国的主要工作就是游览、参观，没有其他任务。

这个代表团既是中华人民共和国代表团，也是中共中央代表团。在参加皮克总统八十寿辰庆典时，代表团的名称使用前者；参加罗马尼亚工人党第二次代表大会时，则使用后者。代表团团长是朱德，团员为聂荣臻、刘澜涛、曾涌泉（我国驻民主德国大使），我任秘书长，其他工作人员有：王雨田（我国驻波兰大使馆参赞）、于桑（警卫）、廖盖隆（秘书）。

12月11日，代表团启程。周恩来、陈云、彭真等到车站送行。送行的还有当时正在中国访问的德意志民主共和国总理奥托·格罗提渥和夫人等。

六天以后，我们到了莫斯科。稍事休息后，便乘火车经基辅到罗马尼亚。12月19日，我们在基辅受到了乌克兰共产党中央委员会第一书记科·伊·基里钦科、乌克兰共和国部长会议第一副主席米·斯·格列丘哈等的热情接待。基里钦科陪同朱德一行在基辅游览、参观。1920年代我曾在基辅读过书，对基辅留下了美好的印象，这次是故地重游，我详尽地向大家介绍了基辅当年的情况。不少著名的建筑都毁于法西斯的战火，许多1920年代的建筑和风土人情连基里钦科也不清楚。

1955年的基辅同20年代相比大为改观，它更加美丽壮观。但是战争的痕迹依稀可见，有的地方仍是弹痕累累。罪恶的法西斯不知毁坏了多少城市，给人们带来了多少灾难。特别是乌克兰人民在卫国战争中付出了巨大的牺牲。经历了两次战争的苏联人民自力更生、重建家园的顽强精神实在令人敬佩。

12月21日上午，中共中央代表团抵达罗马尼亚边境城市雅西。罗马尼亚工人党政治局委员阿波斯托尔专程到雅西迎接，并在火车站举行了群众欢迎大会。雅西州委第一书记盖尔捷拉许致欢迎词，朱德团长致答词。在欢迎的人群中，罗方的一位中文翻译给我留下了较深的印象。他的汉语讲得非常好，后被派往罗马尼亚驻华使馆工作，在北京住了很长一段时间。

当天下午，我们到达首都布加勒斯特，受到罗马尼亚工人党中央第一书记、国务委员会主席乔治乌—德治率领的党政领导人隆重而热烈的欢迎。

罗方对中国代表团的接待规格很高，安排我们住在城里的一所别墅。朱老总被安排住在别墅的主楼里，其他的人各住一幢独楼，楼与楼之间有通道相连。院内有花园，可以散步、赏花，生活上照顾得很周到。

应邀参加罗马尼亚工人党第二次代表大会的还有苏联、匈牙利、朝鲜、捷克、阿尔巴尼亚等共产党代表团。苏共代表团比我们到得稍晚，团长就是在基辅接待我们的科·伊·基里钦科。朱德团长要我向苏共代表团打招呼，通报我们拟在罗马尼亚进行的活动。我向他解释说，我们和苏联人都是罗马尼亚的客人，我们的活动无需事先同苏联人商量，因为两党之间的关系是平等的。朱老总批评我说，你这种想法不对头，是骄傲自大。

在大会召开前夕，乔治乌—德治提出要到中共代表团驻地拜访。同我们联系具体工作的一位罗方人员与我很熟悉，曾同我一起在共产国际工作过，他告诉我：乔治乌—德治的来意是向中国同志亲自通报一下大会的筹备情况和主要议程，而且他只向中国、苏联和匈牙利三党代表团通报。

但朱德不同意乔治乌—德治到我们代表团的住地来，他说："还是我们去拜访他吧！"

我对朱老总说："客随主便吧。乔治乌—德治是来打招呼、通报有关大会情况的，我们不好拒绝。这与您去拜访是两回事。"

聂荣臻和刘澜涛也劝他："你什么时候去拜访他？！人家现在这么忙，不好安排。"

朱老总坚持己见，说："人家是小国，我们是大国，应该处处尊重人家。"大家谁也不便再讲什么。一直到大会闭幕以后，朱德才拜会了乔治乌—德治。

12 月 23 日，罗马尼亚工人党第二次代表大会开幕。在代表们通过了大会议程后，乔治乌—德治作工作总结报告。他在报告中特别讲道："伟大的中华人民共和国对国际生活的影响一年比一年更加有力地表现出来。中国人民在中国共产党的领导下所取得的人民革命的胜利，大大扩大了资本主义制度的裂口。在欧洲和亚洲一系列国家中，在斗争的火焰中诞生的人民民主制度已经彻底巩固了。"[①]

12 月 25 日，朱老总在大会上发表了祝词，他的发言先后数次被代表们热烈的掌声所打断。发言结束时，会场上响起了雷动的掌声，代表们热烈地欢呼"毛泽东"，"乌拉"，"中国共产党万岁"，"伟大的社会主义阵营各国人民的团结万岁"。

在罗马尼亚期间，我们参观了约·维·斯大林火花大厦印刷厂、革命历史博物馆、石油工业中心、斯大林军事学院等单位。所到之处，受到了热烈的欢迎。在布加勒斯特的革命博物馆中，陈列着罗马尼亚共产党的历史文献，其中有一本小册子讲述了中国第二次国内革命战争时期工农民主政权成立的经过，并且称它为当时最具有社会历史意义的事件之一。

---

① 《人民日报》1955 年 12 月 25 日。

当时，罗马尼亚是一个落后的农业国，城市建设也比较落后，比当时我国的上海、南京等城市差得较远，工业建设刚刚起步，到处呈现出一派生气勃勃的建设景象。

12 月 27 日下午，朱德拜会了乔治乌—德治。陪同朱德前去拜会的有聂帅、刘澜涛和我。在亲切友好的气氛中，双方就无产阶级政党在社会主义时期的任务和经济建设问题进行了交谈。

祝贺皮克总统八十寿辰

代表团圆满结束了在罗马尼亚的活动后，踏上赴德意志民主共和国的旅途。我们乘坐的专列是民主德国从布加勒斯特开往柏林的国际列车。一登上专列，我们就感到了一种严肃认真和有秩序的气氛。德国人向来就是以认真顽强，讲求效率和一丝不苟而著称的。

在列车开动以前，车长向我们打招呼说，这是国际列车铁路线，专列在运行时速度高，让我们在精神上有所准备。果然，列车在开动以后迅速加速，越开越快，好像在空中飞一般。聂帅担心发生意外，嘱我去向列车长交涉，希望能将车速减慢一些，以确保安全。但列车长不同意，他说，国际列车速度的快慢是有制度规定的，不可随意改变。

1956 年 1 月 1 日下午 3 时，我们到达柏林，受到德国统一社会党中央第一书记、政府第一副总理乌布利希和其他五位副总理的迎接。就在同一天，毛泽东主席、刘少奇委员长、周恩来总理和中共中央分别向民主德国总统威廉·皮克发来贺电，祝贺他的八十寿辰。

抵达柏林后，德方给我们代表团的每位成员都配备了一辆专车。聂帅和刘澜涛认为这样没有必要，是一种浪费。他们对接待人员说，给朱德副主席配一部专车是应该的，可给我们配专车就没有必要了，一辆汽车那么大，里面坐上三两个人不成问题。但德方没有采纳这个意见。

在接待中国代表团的工作人员中，有一位外交部的女官员，名叫耳尔恩，她原是李德（奥托·布劳恩）的夫人，并曾在共产国际给王明当过秘书，1927 年我就和她认识。在一个外交场合，我一眼就认出了她，并向她打招呼。她也认出了我，一边向我点头微笑，一边使眼色，那意思是说，在这个场合，不能这样随便。

在民主德国，我对德国人精明干练、埋头苦干、严肃认真和一丝不苟的民族素质有了更加充分的体验。德国人办事讲求计划性，并从此获得较高的效率。一次，我们参加一个欢迎会，东道主安排得很周密，从每辆汽车的停放、出发的时间、就座的位置到离场的顺序都做了安排，严格地按照事先制定好的程序办事。在欢迎会上，朱老总在主宾席就座，聂荣臻和刘澜涛在贵宾席，我们工作人员坐在包厢。欢迎会结束时也是按这个顺序退场。

1 月 3 日晚，统一社会党中央、民德政府和全国阵线在柏林国家歌剧院举行庆祝大会，祝贺威廉·皮克总统八十寿辰。在装饰着鲜花和旗帜的大会主席台上坐着民德人民议院主席团主席狄克曼，刚刚访问过中国的格罗提渥总理，第一副总理、统一社会党中央第一书记乌布利希，民德全国阵线主席柯伦斯，苏联代表团团长伏罗希洛夫，中国代表团团长朱德，德国共产党第一书记雷曼等。

在伏罗希洛夫致词后，朱德团长第二个讲话。他热情地祝贺皮克总统八十诞辰，赞扬了德国人民对人类作出的贡献，并祝愿民主德国人民在社会主义建设事业中取得更加巨大的成就。

第二天早上，皮克总统设早宴招待各国代表团。伏罗希洛夫也来了，他平素是个很随和的人，但在这个场合，也不得不摆出一副严肃的样子。因为我们都是客人，必须把主人放在第一位。在主桌就座的是皮克总统、伏罗希洛夫、朱德等。在主宾落座前，朱老总让我陪同他在主桌就座。我说，这得要会讲德文的人出场，我就不去了，让懂德文的同志去吧。陪坐在朱老总身边的年轻的德文翻译，德语讲得呱呱叫，连德国人都称赞不已。这位翻译就是现在的外交部副部长齐怀远。中国代表团在民德访问期间，凡在正式场合，都请齐怀远当翻译。

早宴后，朱德向皮克总统介绍了中国代表团所赠的祝贺礼品：一套中国客厅陈设。在红木石心圆桌上刻有皮克总统就职时的誓言，大挂毯上织有皮克总统的肖像。皮克总统对中国精美的手工艺品备加赞美，他嘱人把这些礼物摆在一个专门的厅里陈列起来，供人们参观。湘绣屏风尤其引起了他的兴趣，中国人那精美绝伦的技艺使他连连称赞，但他并不知道屏风的实际用途。

皮克总统精通俄文，俄语讲得很好。但在祝寿活动中与苏联人接触时，他始终不讲俄语，而由他的女儿当他的俄语翻译。

1 月 6 日上午，我们到莱比锡市附近柏伦镇参观了奥托·格罗提渥人造汽油联合企业和开采褐煤的露天煤矿。下午，到卡尔·马克思大学工农学院同在民主德国学习的中国留学生一百二十多人见面，朱德勉励同学们努力学习，以便学成后在祖国社会主义建设事业中贡献自己的才华。

我们还参观访问了洛伊纳、文化古城魏玛和耶纳。在耶纳，我们参观了蔡斯光学器材制造厂，朱老总对每道生产工序都看得很认真，并详细询问了生产中的各个具体环节。

在莫斯科出席苏共二十大期间，朱德曾拜会民主德国总理格罗提渥，在谈话时，朱德讲德语。他说，我在贵国参观了蔡斯光学仪器制造厂，给我留下了很深的印象。请你们帮助我们在中国建设一个专门生产光学镜片的车间。我在一旁小声提醒朱老总说，咱们没有这个任务。他说，国内需要嘛！当时的中国在高级光学材料的生产方面确是一个空白。格罗提渥拿出小本子记下了中国同志的要求。我回国后，向国家计委李富春主任讲了这件事情，并说："德国人可是很认真的。"富春同志摊开双手，无可奈何地笑了笑。果然，民德的技术专家不久就来到了中国，帮助我国在保定建设了一家生产光学材料的专业工厂。

访问匈牙利、捷克、波兰

1月13日，我们告别了民主德国，翌日抵达布达佩斯。匈牙利劳动人民党第一书记拉科西和部长会议主席赫格居斯等领导人到车站迎接。欢迎的群众不断欢呼"朱德——拉科西"，气氛相当热烈。

在布达佩斯，我们参观了议会大厦。这座大厦以前是皇室召开御前会议的地方，皇帝的御座高高在上，下面是一排大臣们的座席，再往下是一般官员的座位。气势恢宏、等级森严，显示出奥匈帝国的威严和帝位的尊贵。

匈牙利的科学技术比较发达，职业人员的经济收入较高，因而那里人民的生活水平也较高。在匈牙利期间，匈方询问朱老总一行的健康状况，提出要为我们全面地检查身体，若有疾患可以在匈牙利治疗。当时，匈牙利的医疗器械可以称得上是现代化的，医生的医术也很高明。在为我们诊治疾病的匈牙利医生中，有一位上了年纪的女大夫，曾在中国行过医，曾从国民党统治区到了解放区，还到过延安，认识朱老总，也认识我。她极为认真地给我们检查了身体，后又专门到住所看望朱老总和我，并叙了一番旧事。

朱德、聂荣臻、刘澜涛结束了对匈牙利两天的访问，于1月16日晚乘火车离开布达佩斯，前往捷克斯洛伐克共和国首都布拉格。17日下午，专车在军乐声中驶入布拉格中央车站，朱德下车后即同前来欢迎的政府总理西罗基和捷克斯洛伐克共产党中央第一书记诺沃提尼热烈拥抱。他在欢迎会上致答词后，由西罗基总理和诺沃提尼第一书记陪同，乘敞篷汽车驶向别墅，沿途受到群众的夹道欢迎。

捷克斯洛伐克的工业生产较为发达，科学技术水平也较高。政府要求人们尽量使用国货，以促进民族工业的发展。布拉格是一座美丽的城市，市容整洁，街上行人不多。人们彬彬有礼，殷勤热情。捷克的工厂大多采用现代化的生产技术。我们先后参观了玻璃厂、瓷器厂等企业。在参观瓷器厂时，我们看到厂方把自己生产的各种陶瓷精品都陈列出来，同时也陈列着一些中国清朝的瓷器。这些新产品在齐、光、薄、细等质量方面显然胜过那些老古董。厂里的负责人向我们介绍说，捷克的陶器生产技术是向中国学来的，在原来的技术基础上，他们进行了认真的研究和探索，并采用机器进行生产，因此提高了产品质量和劳动生产率。

在捷方的接待人员中，有许多同志是我在共产国际工作时的老相识，整个接待工作做得很好，尤其是警卫工作布置得很周密。代表团的任何一个人出门，身后都马上会跟上一个警卫员，弄得我们挺不好意思。

捷克人性情平和，谦虚礼让，善体人意，丝毫没有类似奥匈帝国遗留下来的那股高傲自大的劲头。

1月27日，华沙条约缔约国政治协商委员会会议在布拉格开幕，会场设在捷克斯洛伐克外交部所在地契尔宁斯基宫。聂荣臻元帅从捷克斯洛伐克休养地卡罗维发利到达布拉格，以中华人民共和国观察员的身份出席了这个会议。我作为顾问，也随同前往。在第二天的会议上，聂帅作了发言。

在捷期间，萨波托斯基总统、西罗基总理、诺沃提尼第一书记几次宴请和会见朱老总一行，并将一个国营农场所需的全套机器设备和捷克斯洛伐克制造的“斯科达1440”新型轿车送给了朱德副主席。

应波兰人民共和国国务委员会主席萨瓦茨基和部长会议主席西伦凯维兹的邀请，朱德一行于1月30日上午抵达华沙，对波兰进行访问。

我们在波兰的一个突出感受就是秩序欠佳。到波兰后的第二天，波方安排我们参观，他们把朱老总和刘澜涛带到了一个煤矿上去参观，由于安排不周，朱老总没有吃上午饭。而且煤矿距市区较远，汽车长时间的颠簸把朱老总搞得精疲力尽。聂帅和我被领到另一个乡间，那里正在建设一座工厂，但工程刚刚上马，工地上只砌了几层砖，看不到什么东西。我们问一位工人，这里正在建设什么工厂，他支支吾吾说不清楚。大概是由于保密的缘故，他不便说出。

我们还碰上了一桩令人啼笑皆非的事情。1 月 30 日晚，我们出席波兰国务委员会主席萨瓦茨基为欢迎朱德一行而举行的盛大招待会，招待会的气氛热烈而友好。在招待会结束以后，我和另一位同志坐上了返回住地的汽车，司机却把我们拉到了一所陌生的宅邸，我们只好走进去，不知所措地坐在了客厅里。

我们问一位秘书模样的人这是什么地方，才得知这是波兰国防部长康·罗科索夫斯基元帅的家。

秘书向罗科索夫斯基作了汇报，他也感到莫名其妙，说："我没有请他们来呀！"

原来是司机同志弄出的误会，他误以为我们和前一辆汽车上的人要去同一个目的地，所以，只顾跟着前面的车走，进入了元帅的宅院。

这些事情从一个侧面反映出当时波兰社会的无秩序。波兰人民共和国成立后，在经济建设中脱离本国实际，过多过快地发展重工业，农业集体化中强迫命令的现象也比较严重，从而影响了人民群众的积极性和生活水平的提高。再加上在党的工作中存在着个人崇拜、官僚主义和缺乏民主的作风，致使波兰在 1956 年 6 月发生了"波兹南事件"。

苏共二十大和我党《关于无产阶级专政的历史经验》的发表

为了参加苏联共产党第二十次代表大会，朱德于 2 月 4 日返回到莫斯科，聂帅和刘澜涛先期回国。中央派邓小平、谭震林、王稼祥、刘晓（驻苏大使）到莫斯科来同朱德一起出席苏共二十大，朱总任中共代表团团长。

苏共二十大是 2 月 14 日至 26 日召开的。在会上赫鲁晓夫作中央委员会总结报告，莫斯卡托夫作中央检查委员会报告，布尔加宁作关于第六个五年计划的指示报告。大会通过与上述报告的相应决议，以及关于修改苏共党章和草拟苏共新党纲的决议。五十五个兄弟党代表团列席了大会。

赫鲁晓夫在报告中提出关于通过议会的多数来实现社会主义的问题。法共多列士、意大利共产党陶里亚蒂在祝词中也同意此种观点。以议会的多数夺取政权，这种观点是在列宁与第二国际修正主义分子斗争中早已批驳过的错误观点。会议的另一个引人注目的内容就是贬低斯大林的功绩和历史作用，在米高扬的发言中比较突出。

在大会开幕前，我们已经感觉到气氛有些紧张。

2 月 6 日，赫鲁晓夫和朱总谈话时，曾谈到苏联农业集体化问题。他说集体化在组织上、技术上很快解决了问题，但是粮食产量长期低于战前旧俄（1913 年）的水平。主要原因是党的农民政策不对，斯大林认为国家已经给了农民土地就算是对农民最大的照顾，可以无穷尽地从农民身上挤出东西来，没有给农民在生产中必要的和可能的物质利益。其所以如此，是由于领导人不了解农民。斯大林除 1928 年到过西伯利亚农村外，再未到过农村。他只是从电影中了解农村，其他政治局的领导人也是如此。

开会的前一天，赫鲁晓夫派负责苏共意识形态工作的政治局候补委员、中央书记波诺马廖夫（他曾担任过季米特洛夫的秘书，因此我们很熟悉）到中共代表团介绍二十大的议程和各国代表团的情况，并希望我国代表在大会上发言。15 日，朱德向大会祝词。他在祝词中介绍了中国进行社会主义革命和建设的进展情况，他说：“大约再有三年的时间，社会主义的革命改革就可以在全国范围内基本上完成。”① 全体到会者再一次起立，热烈的掌声经久不息。

24 日晚间，赫鲁晓夫作了《关于个人崇拜及其后果》的秘密报告，整整讲了一夜，25 日东方既白时才结束。他在秘密报告中全盘否定斯大林。

赫鲁晓夫在作秘密报告时，忘记了从 1938 年起他就是苏共中央政治局候补委员，长期担任乌克兰第一书记，从 1949 年起他被调到莫斯科担任中央书记，主管农业。在斯大林所犯的错误中，他应承担什么责任却只字未提。

赫鲁晓夫作报告时，没有请中共代表团参加。他们事先对中共代表团解释说：我们对中共代表团没有什么秘密可保，但对其他代表团就不一样了；因为其他代

---

① 《人民日报》1956 年 2 月 16 日。

表团不列席这次会议，你们也就不便参加了。

赫鲁晓夫作完“秘密报告”后，立即把这个报告的速记稿送来了。大家看了以后，议论纷纷，意见很多。

朱德说：这讲的是他们自己的事，我们到这里是来做客的。

邓小平坚定地说：斯大林是国际人物，这样对待他是胡来！不能这样对待革命领袖斯大林。

谭震林认为：我们不应该随便同意他们的意见，应有自己的态度。但这是他们的内政，我们不一定能影响他们。

苏共二十大闭幕以后，谭震林留在莫斯科治病。朱老总到苏联南方、高加索等地区游览访问，3 月 2 日，到古比雪夫；随后到达阿塞拜疆的首府巴库、亚美尼亚加盟共和国首都埃里温，3 月 7 日，他抵达格鲁吉亚的首都第比利斯。

秘密报告在苏联国内引起极大的震动，使人民在思想上产生了混乱，甚至引起了不满和愤怒，尤其在斯大林的家乡第比利斯的群众举行集会，反对赫鲁晓夫污辱斯大林。人群聚集在朱老总下榻宾馆的楼前广场上，要求朱德出面讲话，谴责赫鲁晓夫的“秘密报告”。朱老总只好站在阳台上，呼吁大家安心工作，遵守秩序。

朱德同志访问东欧六国，前后历时共约四个月。这次出访加强了同东欧社会主义各国的联系交流，把中国人民同东欧社会主义各国人民的友谊向前大大推进了一步。

我不同意赫鲁晓夫对斯大林的态度。苏联对东欧各国的领导人是严厉的，而对我们中国领导人却非常客气。我们在斯大林面前什么话都可以讲，对不了解的事也可以问。斯大林和毛主席第一次会谈时，称我们为“先生”，我说不对，我们都是共产党员，这个称呼我们听了很不舒服。斯大林马上就改称我们为同志了。有一次他们在文件上打错了一个字，我一向他指出，他马上就接受，立即改正。我认为斯大林是通情达理的，怎么可以说斯大林是阎王，是刽子手呢？他们在肃反中犯了错误，难道只要斯大林一人负责？！

当然斯大林搞个人崇拜也是不对的。列宁一生厌恶别人对他恭维奉承、吹捧颂歌。在他五十寿辰时（1920 年 4 月 22 日），联共中央一些负责同志想为他祝寿，组织了一个晚会，请他莅临。他回答说：如果你们打算在聚会上歌功颂德，那我就不来参加。如果是大家聚集在一起回忆我们当年活动和斗争的史实，总结些经验，这是有益的。我就来参加。大家接受了列宁的要求，于是列宁出席了。在场的人只用鼓掌欢迎，没有讲过多的颂扬的话，列宁也表示满意。当时斯大林也在现场，知道这件事的前前后后，事后他也不止一次赞扬过列宁的这种美德。然而到30年代后期，苏联在一国的社会主义建设中取得很大的成绩，这自然是可喜可贺的，但是在会议上，在群众集会中出现了对斯大林的颂扬，将所有的成绩归功于斯大林一个人。这种作法与日俱增。斯大林对群众和自己同事的态度、对自己的看法与过去发生了变化，结果出现了“差之毫厘、谬之千里”的结局。

28日，赫鲁晓夫接见了中共代表团，同朱德、邓小平、谭震林、王稼祥等会见，气氛热烈而亲切。其用意是要我们大力支持他。

苏共二十大闭幕后，我和邓小平一道乘飞机回国。在飞机上，我几次想同他谈谈对苏共二十大的想法和看法，但他一直表情严肃，默不作声，脑子里显然是在思考问题。气氛很沉闷，我也就不便讲什么了。途中，飞机在伊尔库茨克降落加油，我们在那里休息了一天。为了改变一下气氛，我们就便参观了贝加尔湖附近的一个大水电站。回到北京后，邓小平同志就苏共二十大的有关情况向毛主席作了汇报。事后我才明白，小平同志为慎重起见，闭口不谈自己对“秘密报告”的态度，是要先听听中央的意见，看看毛主席的态度。

针对赫鲁晓夫全盘否定斯大林的“秘密报告”，4月5日《人民日报》发表了以该报编辑部名义写的《关于无产阶级专政的历史经验》一文。这篇文章是由中共中央政治局扩大会议讨论通过的。

文章开宗明义地指出“世界上的一切反动派，在最近一个多月以来，兴高采烈地谈论苏联共产党关于个人迷信的自我批评。”“反动派以为他们现在是抓住了一个能够用来中伤苏联和世界各国共产党的把柄了。可是，反动派毕竟是‘心劳日拙’的。”

文章肯定斯大林的功绩：“在列宁逝世之后，作为党和国家的主要领导人物的斯大林，创造性地运用和发展了马克思列宁主义”，“斯大林所以赢得苏联人民的拥护，在历史上起了重要的作用，首先就是因为他和苏联共产党的其他领导人在一起维护了列宁的关于苏维埃国家工业化和农业集体化的路线。苏联共产党实行了这条路线，使社会主义制度在苏联取得了胜利，并且造成了苏联在反希特勒的战争中取得胜利的条件，而苏联人民的这一切胜利是同全世界工人阶级和一切进步人类的利益相一致的。因此，斯大林这个名字也就很自然地同时在世界上享有很高的荣誉。”

同时，文章也指出并批评了斯大林的错误：“斯大林在他一生的后期，愈陷愈深地欣赏个人迷信，违反党的民主集中制，违反集体领导和个人负责相结合的制度，因而发生了例如以下的一些重大的错误：在肃反问题上扩大化；在反法西斯战争前夜缺乏必要的警惕；对于农业的进一步发展和农民的物质福利缺乏应有的注意；在国际共产主义运动中出了一些错误的主意，特别是在南斯拉夫问题上作了错误的决定。”

文章分析斯大林犯错误的原因是“骄傲了，不谨慎了，他的思想产生了主观主义，产生了片面性”，“脱离了客观实际状况，脱离了群众”。中央认为斯大林犯错误的原因是认识问题。

文章分析了个人迷信产生的社会原因和历史原因，“个人迷信不只在剥削阶级中间有它的基础，也在小生产者中间有它的基础。”“为战胜强大的敌人，无产阶级专政要求权力的高度集中。这个高度集中的权力，是必须和高度的民主相结合的。当集中制被片面地强调了的时候，就会出现许多错误。”文章提出在社会主义社会仍然存在矛盾。这个观点后来在《正确处理人民内部矛盾》中得到进一步阐述。

文章阐述了中共为了防止产生个人迷信而采取的措施，强调要健全集体领导和采取群众路线的领导方法。

文章总结了中国共产党同各种错误路线作斗争的历史经验后，提出共产党人对于共产主义运动中所发生的错误必须采取分析的态度：“我们应当用历史的观点看斯大林，对于他的正确的地方和错误的地方作出全面的和适当的分析，从而吸取有益的教训。”

这篇文章对国际共产主义运动中领袖和群众的关系作了深刻的阐述，对斯大林作出了客观而公正的评价。文章以历史唯物主义的观点，摆事实，讲道理，入情入理，并指明了方向，给人以鼓舞。这篇文章的发表对澄清世界各国共产党的思想混乱，巩固团结，稳定队伍起到了很好的作用，大大提高了中共中央、毛泽东在国际共产主义运动中的地位。

4 月 4 日下午 5 时，新华社将文稿交给我，要我当天夜里翻译完交稿。我组织编译局和外文出版社、《友好报》的八九位同志（其中有两三个苏联专家）翻译。为了赶进度，将文章分成八块，同时工作。我们一直干到第二天上午 9 时才译完，这时大家已头昏脑涨。我匆匆看了一遍全文，也未来得及与原文校对，于下午两三点交给了新华社。

文章译完后，我交给编译局的一位苏联专家看。他看完后说，这是批评我们的。

翻译的技巧和灵活性

翻译是一门科学和艺术，但我历来不喜欢做翻译工作，因为它束缚了我个人的思想、意志和自由。中国人对翻译提倡“信、达、雅”的原则。这无可非议，但它的标准到底是什么？怎样才叫“信、达、雅”？怎么才能做到“信、达、雅”？口译则更需要机敏、准确、灵活、有风韵。

我随毛泽东首次访苏，第一次见到斯大林。斯大林对我说：“现在你有用场了，你是两亿人同五亿人之间的桥梁。”他将翻译工作称之为桥梁是很精辟的。

有一次毛主席对我说，翻译工作不仅要精通两国语文，也还要熟悉它们的文学、艺术、历史、风俗、生活习惯、人情世故，而且要不断学习，汲取新的东西，以充实自己，否则就难以应付局面。他的话是在鼓励我，但是我心里却在想，人们并不这样认为，有人认为：翻译官阶不高，没有出息，多数人也不重视，甚至把这样一座沟通知识的桥梁冷落起来，这实在是由于人们缺乏知识的缘故，我们自己则不要妄自菲薄。翻译，一方面是服务，另一方面也是主人，将交谈的双方都掌握了，责任重大。

翻译要看对象。

我为毛泽东和斯大林作翻译时，总要让斯大林听到地道的俄语（民间语），让毛泽东听到地道的汉语，甚至是乡土话。否则，有些话如果直译，则由于双方语言文字、文化、生活、习惯、历史和语言结构的差异，必然会使双方不甚了了，觉得似乎隔靴搔痒，甚至还会发生误会。

毛泽东讲话一般通俗易懂、简单明了，很肯定，是则是，否则否，逻辑性强，哲理深，也很幽默。他谈话或发言前一般都事先向我打个招呼，并将讲话的主要内容，甚至语意语气，以及要达到什么目的和来龙去脉都告诉我。谈话时，他一般不会变更，也没有模棱两可的语言，所以，我翻译时总是心中有数，十分有把握。跟着毛泽东，我在任何场合都不会怯场的。他十分懂得用人的原理和用人的技巧与方法。

只有一次例外。赫鲁晓夫上台后，毛主席、周总理在北京饭店出席庆祝十月革命节的招待宴会。临开会前，我问他 ：“主席，准备不准备致祝酒词？”总理在桌边听见，赶紧写了几句话，交给主席，主席又递给我，并说 ：“你装在衣袋里”。我以为他同意把它当作祝酒词，就用心把它记了一下。开会了，他走到麦克风前，却完全没有按照稿子讲话。我一听心里着急，也有些紧张，只好认真听，认真地记，认真组织译文。

毛主席这次讲话十分精彩，简明有力，通俗易懂，激起全场格外热烈的掌声。我为这个气氛所鼓舞，赶紧推敲了一下语意，组织了一下语言，译成俄语也很精彩。在座的苏联专家和客人又都更加热烈地鼓掌。主席在讲话中虽然没有点赫鲁晓夫的名字，但话锋都是对着赫鲁晓夫的。毛主席不同意向帝国主义退让、迁就，低头哈腰。他在讲话中指出人民总是要起来把反革命势力打倒，并一扫而光。当时会场的听众格外振奋，情绪也特别高昂，掌声雷动，经久不息。然而在事实上却没有解决任何问题，甚至赫鲁晓夫听了讲话也无动于衷。相反地，他给苏联各报刊指示不能发表毛的讲话全文，而只作简单（约三分之一）摘要的新闻报道。这件事后来毛主席也知道了，但未作任何表示。

有时毛主席主张直译，如“百花齐放，百家争鸣”。我将“百家”译为多数，因为中文百家也是一种多数的比喻，但在外文中如用数字定死，那么一百零一家怎么办？但主席不同意我的译法，执意要我译成“一百家”。这是因为陈伯达怂恿的缘故。现在这个词已在世界上通用了。但是这种例子不算先进，也不可推广，如果都按中国人的口吻死译，外国人甚至会看不懂，反而产生误解，或感到生涩而不顺畅，并因辞害意，甚至难以正确理解。

在一次闲谈中，毛主席对我说，你在谈话中爱做手势。并问这是不是外国人常有的习惯。我马上意识到他大概是在批评“手之舞之，足之蹈之”，对人不恭敬。但我还没来得及开口回答时，他又说，做手势对讲话是有帮助的，可以帮助人理解语意，也可以增强人的记忆。看来，他似乎并不讨厌打手势，而打手势也没有什么不对。从此我也就多注意他的谈话姿势和风度，发现他在私下座谈时并不打手势，可是在作报告、演讲时还是常常爱做手势，而且做得很有力。他还问我外国人在谈话时是否爱打手势。我回答说，一般劳动群众在讲话时往往爱打手势，而在上层、特别是知识界爱打手势的却不很多。他们爱讲风雅，也多注意自己的姿态和风度。

周恩来擅长做外交、统战工作，他讲话的特点是造句复杂，而且比较长，面面俱到。他常常是讲了一大段之后让我译。我译完了他再讲，可是往往又讲到另一个方面去了，与前言接不上。我只能又问总理，他当然不高兴："你没有听懂？"只好又给我解释。另外他讲得很长，我只扼要地用几句话把主要意思译完了事。他问我是否译完了，我说我把你的语意全部转达了，对方懂了就行了，如果一个字一个字地译出来，就容易出现语句不通顺的毛病，使对方反而不易听懂，而且也失掉了重点和中心意思。他曾担心地这样问过我多次，但见我译的话莫洛托夫这些人都能听懂，都能正确地理会他的意思，后来也就放心，不再问了。周恩来的另一个特点是他同别人谈话前或是自己讲话，总是事先不给人打招呼，不将内容告诉我。所以常常使人只能在谈话过程中慢慢揣摩走向和来龙去脉。

为刘少奇当翻译，有时他事先将大致内容和意向告诉我。但是因为他不是第一把手，不能独断，自作主张，有时事到临头，由于对方突然出现某种情况，在谈话中也不得不拐弯抹角，摸索前进，讲话内容不得不有所变更。这种情况是难免的、常有的，不足为奇。

斯大林讲话历来简洁、明确、扼要，所以给他翻译时，你的译文也要符合他的口味和风度。他历来不作长篇演讲，不造复杂冗长的语句。翻译他的讲话，就容易得多了。

莫洛托夫是知识分子出身的人，又长期做外交工作，他的讲话较长，也较委婉、圆滑、灵活机动。

布尔加宁是一个军人，说话简要，要求对问题明确表态，"同意不同意"、"是与不是"都要很明确、很肯定，不能含糊其辞，更不能有模棱两可的答案。

中国共产党第八次全国代表大会的召开

米高扬向大会致贺词　周恩来的谈话

中国共产党第八次全国代表大会1956年9月15日至27日在北京召开。毛泽东致开幕词，刘少奇作《政治报告》，周恩来作《关于发展国民经济的第二个五年计划的建议的报告》。邓小平作《关于修改党章的报告》。

会议是在新落成的政协礼堂举行的。五十多个国家的兄弟党代表到会祝贺。其中，以苏联的代表团人数最多，占的地位也最显著。他们代表团成员中有米高扬、穆希金诺夫、尤金、波诺马廖夫、卡皮托诺夫、沙丘科夫等。

9月17日，米高扬致贺词。他的贺词不同于其他兄弟党代表的发言，以歌颂友谊，赞扬中国革命成就为主，而是用了较多的篇幅颂扬苏联共产党的成绩、十月革命、反法西斯战争胜利的作用，认为西欧革命的原动力来自俄国，革命中心在俄国等等。他在讲话中甚至认为中国共产党的每一个进步，每一项成就都是“根据苏联的经验”而来的。我相信，斯大林要是活着的话，决不会允许他这样讲话，将自己凌驾于一切人之上。

苏共这种大国主义的做法，不仅仅表现在米高扬的发言中，而且还表现在对待兄弟党的态度上。甚至在我党八大期间，他们竟粗暴地对待英共代表团的同志。英共代表团团长是波立特总书记。须知他们是我们的宾客呀！

大会进行期间，由于朝鲜国内发生了某种紧张情况，我党中央派彭德怀等同志、苏共指定当时在中国的米高扬等，共同访问朝鲜劳动党，了解那里的实际情况，并帮助解决问题。事后，我随彭总先行回国，继续参加大会。

米高扬在朝鲜时，周恩来对苏共代表团作了一次拜访，同波诺马廖夫、卡皮托诺夫等举行了座谈，其主要内容大致如下：兄弟党之间必须要有兄弟间的平等关系，而不应是父子关系。长期以来，在大党与小党之间，或在执政的与在野的共产党之间没有建立起正当的、平等的、互帮互学的、相互信赖的关系。这是很不正常的。这对各兄弟党之间的关系的正常发展是极其有害的，是不应有的，也是不能容许的。对我们的兄弟党，不管它大小，也不管它执政与否，都应该一律平等对待。坚持以老子党对儿子党的态度，是不能容许的。

例如，英共代表波立特是应我党的邀请前来我国，参加我党举行的代表大会的，是来庆祝我党代表大会的客人，在我们这里他同其他各党的代表都是平等的。难道他到了我国，还要受别人欺侮么？！

可是有一次，即几天前，我们同英共代表波立特交谈时，他表示在同你们（苏共代表团）来往和会谈时受到了委屈。他遇到了怎样大的困难，我们不知道，但当他转述他们同你们党之间的关系时，悲伤地掉下了眼泪。使外国的同志受到这样的压力和难堪，这是极不正常、极罕见的。我们觉得这是使我们感到极其不光彩的事。所以特地转告你们，请予以注意。

我们想，这种事态不仅在我们这里不应该有，就是在你们那里也是不应该发生的。如果你们那里不重视、不注意遵循各国兄弟党之间的互相尊重、互相平等的原则，那就会严重损害各兄弟党之间互相尊重、互相信赖、互相帮助、互相合作等国际主义原则。

波诺马廖夫和卡皮托诺夫一边听着，一边发傻似地望着周恩来，一言不发，也没有明确表态，只是支支吾吾地解释说，他们对这件事不甚了解，但是注意到了我们提的意见。

我因随彭总一起到朝鲜去了，不在北京，所以不了解大会中发生的这些事情的始末。

毛泽东一吐积郁

在大会结束前几天的一个下午，散会后我刚回到家，就被突然叫到政协礼堂的小会议室（八大主席团的临时餐厅）。我走进餐厅，只见杯盘狼藉，剩菜剩饭堆放满桌，只有毛泽东、米高扬、马列三人围坐在桌旁，正在谈话。我向他们致意后，就坐在一旁。

马列忽然问我："盲动主义"这个词怎么译？

我向他解答了。蓦地，主席回过头来，要我继续翻译。本来我想说，让马列继续翻译，我从旁协助。但我发现谈话气氛有点异乎寻常，而且从主席的神情可以看出，他似乎有不寻常的话要谈，所以我没有讲出口来。

我到达时，毛主席正谈到我党各个时期的斗争、关于党内"左"、右倾机会主义的表现和各种不正之风给党带来的危害，特别是对党的正确路线的干扰与冲击、对正确的同志进行的打击等等。我就是接着这样的话题翻译下去的。以后的话题不时涉及国际方面，包括苏联在内。谈话中，毛主席带着不满的口气说：对当年共产国际和苏共的做法我们是有一些意见的，过去我们不便讲，现在就要开始讲了，甚至还要骂人了。我们的嘴巴，你们是封不住的。

毛主席谈话的主要内容是：

中国党在它发展的各个阶段，由于最初时期的幼稚和缺少经验，老是左右摇摆，时而犯右倾错误，时而犯"左"倾错误，但"左"倾机会主义路线统治时期较长，因而它给党带来的危害和损失也最大。特别是第三次"左"倾路线使我们的革命根据地，即苏区，损失了百分之九十，党组织以及党在白区即国民党统治地区的工作也遭受到严重损失，以至临时中央被迫于 1933 年初撤离上海，迁入江西中央根据地。

这都是由于不相信自己，而一味盲听盲从盲动的结果。也由于国际共产主义运动中出现的好似老子党与儿子党之分的不正常的党与党之间的关系的结果。不管口头上怎么称作兄弟党，事实上一个党竟可以凌驾于其他党之上，形成了老子党与儿子党的局面，破坏了兄弟党之间的正常关系。我发号施令，你得听话、服从，不管我说得对不对。国际共产主义运动中这种要一个平等的兄弟党听从另一个兄弟党的话，服从另一个兄弟党的政策、策略和利益，跟着另一个兄弟党的屁股后面跑的坏习气、坏传统，是一种极为严重的不正之风。试想，怎么可以根据一个党的具体条件、具体需要、具体利益出发而制定出来的方针、政策，就是绝对正确的，而去要求处在另一种情况、环境条件下的党去听从，或照搬、硬套呢？怎么可以以一个党的利益替代另一个党的利益呢？客观实际、血的教训已证明这种做法是极端错误的，对革命是有百害而无一利的。

“左”倾机会主义分子的最严重、最根本的错误是打击、排挤正确领导，否定、抛弃从实际出发制定出来的正确路线，使革命一而再、再而三地蒙受损失，最后不得不丢开了革命根据地，跑了二万五千里。敌人教育了我们党员中的顽固分子。挫折和损失才使他们的头脑清醒过来。符合实际的话，对革命有益的话，过去他们是听不进去的。他们把耳朵拉得长长的，只听外国的话，不相信自己的眼睛和大脑，也不愿倾听其他同志的正确意见和劝告了。

听不进正确意见，这固然是由于他们的愚昧无知、一味盲从、只相信别人，不相信自己，同时也夹杂着许多不正之风：主观主义、教条主义、宗派主义、经验主义，而后者（指经验主义）又作了前者（指教条主义）的俘虏，实际上起了帮凶的作用，亦即起了削弱党的战斗力的作用。

我们党在它的成长过程中，在革命发展的曲折道路上，不仅要对付强大、狡猾而凶恶的中外敌人（帝国主义和国内封建势力与反动派），在极其艰苦条件下进行斗争，而且还要与党内各种机会主义者、投机分子、愚昧无知作斗争，不断端正我们前进的方向。因而我们每前进一步都要付出双倍的努力和代价。

我们党的幼稚、缺乏经验，主要表现为一些人的无知、愚顽和刚愎自用。他们不相信自己而只一味听从别人的、远处的、外来的、奇异的、不切实际而耸人听闻的东西。只要是外来的，不管正确与否，对我国革命有用与否，不分青红皂白，他们都一概当作圣物接受下来，照搬、照套、照用、照行，却不管其后果如何。这种盲从行为的责任当然不能由别人来负，而应由我们自己负责。但对这种盲从、盲目听信别人所造成的后果，却不能不说清楚，讲明白。不说清楚，不讲明白，怎么吸取经验和教训呢？盲目听信和服从别人，这确实是幼稚无知的表现。

披虎皮，拉大旗，借以吓人，是另一种幼稚无知的表现。对此，我们在实际工作中不能不加以注意、不加分析、不加思考，并且还要从中找出所以然来。空吼空叫、虚张声势、讲大话、借势凌人等等也都是幼稚无知的表现。这些幼稚无知于实际毫无补益，只能贻害无穷。他们简直不懂得干革命是要老老实实、诚诚恳恳、脚踏实地、实事求是、埋头苦干，来不得半点虚假，才能做出成绩、获得成功。一切浮夸、说大话、弄虚作假，都是有害无益的。

但是，当我们党一旦克服了这些弱点，走上正确的康庄大道，就可以显示出不可限量的强大力量。这就是我国革命胜利、稳步前进的可靠保障，也是在实践中付出了高昂代价后而获得的宝贵经验。但更可贵的是现在人们开始懂得了这点，重视了这点。这真是用血汗换来的，用无数的牺牲换来的最宝贵、最值得珍惜的收获。固然，要革命就难免有牺牲。但是由于自己的愚蠢、无知和主观上的种种错误而造成的损失，即本来可以避免，而仅仅由于自己的疏忽、盲目轻信而使革命蒙受的重大牺牲，是最令人痛心的。我们今天活着的人，对牺牲在我们前头的人，心里感到特别沉痛的原因也就在这里。

这些教训和经验是不能不予以认真检查和总结的。只有对以往走过的道路、所遇到的事件、所犯的错误或成功作个认真负责的检查和总结，从中吸取应有的教训，得出正确的结论，对革命才会有益，才有助于革命事业的进一步发展。

关于这一切，我们将要在适当的时候、适当的场合，讲明我们自己的观点和以高昂代价得来的经验教训。这就是说，我们要发言，要讲话，还要写文章，或许还要骂人。我是说，假如没有地方讲话，就写文章；假如憋不住气了，就会骂人的。我们有这个民主权利，就要使用它，谁也封不住我们的嘴。我们中国有一句古话，叫做“不平则鸣”。我们要说话，要写文章，也就是本着这个意思而来的。总之，气不平，理不顺，就要出气，就要讲道理。

毛主席讲了很长一段大道理。米高扬没有发表任何意见，也没有表明自己的态度、看法，而只是认真地倾听。他究竟听懂了多少，明白了多少，无从知晓。不过我想，米高扬从毛泽东的一些用语和措词上，如“老子党”、“儿子党”，“一方发号施令，另一方得俯首贴耳、唯命是从”，“往往危言耸听，借以吓人”，以及“过去我们憋了满肚子气，有气无处出；现在就要出气了”等等，总可以体会到什么的。可以肯定，对毛泽东谈话的基本精神，米高扬还是能够领会的。但是，我估计，他既不深知我们两党之间往来关系的历史，也未认真读过《论无产阶级专政的历史经验》一文。

这次谈话的内容和所涉及各个方面的问题自然是毛主席早已筹思好了的。遗憾的是，我在思想上、精神上事先毫无准备，只是在谈话中才揣摩、体会其语意之所指。这次谈话的具体时间是 1956 年 9 月下旬，亦即在 1956 年 4 月 5 日发表《关于无产阶级专政的历史经验》一文之后，又在 1956 年 12 月 29 日发表《再论无产阶级专政的历史经验》之前。我想，这两个文件也可以帮助研究人员联系起来，推敲和探讨毛泽东当时的思想情况，以及他当年所关注的问题。

写到这里，我想起1950年代初期，毛泽东一再地想向斯大林、莫洛托夫谈他的心事，或者说是内心的积郁吧，但都没有如愿。这回同米高扬的谈话很可能包括了他原来想对斯大林、莫洛托夫讲的若干内容。

我党八大同1954年五周年国庆的时间相距并不远，仅仅两年。但是这两年间，在国际共产主义运动中发生了很多重大的事件，政治气氛因此发生了很大、很深刻的变化。这些变化不仅影响中苏两党两国的关系，而且也影响了世界革命的进程和世界政治格局的变化。

波匈事件与刘少奇访苏

苏联紧急通知

1956年是极不寻常的一年。

这年2月，苏共召开二十大，赫鲁晓夫在会上作了秘密报告，全盘否定斯大林。美国人从波兰人手中搞到了赫鲁晓夫秘密报告的复制本，并于6月4日将全文公布。赫鲁晓夫对此矢口否认。我将美国人公布的与苏共给我们的原文对照，一字不差。

美国人将赫鲁晓夫秘密报告公布后，在世界各国引起轩然大波，尤其对东欧国家共产党人造成了严重的冲击，使不少人对社会主义、共产主义的信仰发生动摇、怀疑。波兰、匈牙利的局势甚至开始动荡起来。

6月，波兰波兹南机械厂的工人要求增加工资和减少税收，遭到机械部长的拒绝。工人们举行罢工和示威游行，和警察发生冲突，当地政府又出动警卫部队和坦克镇压，造成死七十四人、伤九百多人的严重事件。这就是著名的“波兹南事件”。

事件发生后，全国哗然，波兰统一工人党受到极大压力。鉴于斯大林以往的做法刚刚受到严厉批判，地方党和政府在这件事情上的处理又明显错误，波兰党政领导人不得不公开出来承担责任。6月30日，他们批准并出席了为事件受难者举行的葬礼，并且宣布退还部分税收，以满足工人们的要求。

为了避免出现类似事件，平息群众中由此引起的强烈不满情绪，波兰统一工人党于7月间迅速召开了七中全会，决定实行经济合理化和政治民主化，并改善人民生活。这次会议及上述决定，很快引起了党内不同意见的激烈争论。许多人甚至公开要求彻底改组党的领导机构，让两年前刚刚被释放出狱、被指责犯有右倾民族主义错误的前总书记哥穆尔卡出来担任党的第一书记。

波兰党内争论的公开化，导致了10月八中全会的召开和政治局的改组。这一事态的发展，引起了苏联方面的严重关切和不安。

10月19日，苏联驻华大使尤金将苏共中央给中共中央的一个通知交给刘少奇。尤金说：波党中央将要召开八中全会，苏共中央在他们准备的过程中知道了。波党中央内部对于一些根本性政策产生了严重意见分歧，而这些政策是关系到苏联、东欧的根本利益的。波党中央一些人还准备改组政治局，要把康·罗科索夫斯基等人开除出政治局。人所共知，作为波兰国防部长的罗科索夫斯基本来是苏联元帅，是苏联方面在1947年波兰人民共和国成立后，把他派回到他出生的这个国家来加强波兰党的。

苏共中央对波兰党八中全会的倾向表示担忧，怀疑波兰有脱离社会主义阵营，投入西方集团的危险。尤金说，苏共中央已于18日预先派了一个代表团到达波兰，代表团由赫鲁晓夫、莫洛托夫、米高扬、卡冈诺维奇四同志组成。尤金没有告诉我们的是，苏联此时已出动了军队，对华沙形成了包围的态势，形势十分紧张。

19日，波党八中全会开幕，增选了哥穆尔卡为中央委员，并决定哥穆尔卡以中央第一书记候选人的身份参加和苏共代表团的谈判。两党代表团从19日上午谈到20日清晨。波兰领导人解释说，他们实行政治民主化只是一种革新，是为了给波兰人民更好的政治制度，并不是要破坏华沙条约，并强调波苏友好是波兰对外政策的基础。鉴于这种情况，苏共代表团也作出让步，同意不干预波党政治局的改组，保证命令部队退回基地。

21日，波党八中全会作出《关于目前的政治和经济任务的决议》。这次会上，罗科索夫斯基最终还是没有被选入政治局。苏共中央对于这一结果显然感到意外。得知这一消息的当天，苏共中央就发来电报，通知我们说，他们到波兰去了，谈判了，波兰情况极为严重，事关重大，东欧各国都极为关心，希望中共派一个代表团到莫斯科去商谈，并希望刘少奇或周恩来去。还有其他东欧社会主义国家的代表也将到莫斯科，准备开个会。

当天，中央召开政治局常委扩大会议，研究、讨论了波兰形势和苏共中央的来电，决定派代表团去莫斯科，由刘少奇、邓小平、王稼祥、胡乔木组成，我担任翻译。

会议结束后，毛主席同尤金进行了谈话，[①] 次日又谈了一次。

主席一面表示将派代表团去莫斯科，一面对波兰的问题谈了些意见。主席说：我们也有一批材料，说明波兰这种事件，既有反革命分子参加，也有广大群众参加，看来还不像马上要脱离社会主义阵营，但是要改组政治局是坚决的。对这件事，苏联方面、社会主义阵营方面所采取的办法和方针，无非是软的和硬的两手。所谓硬的办法就是派军队去，把它压下来，比如武装干涉。软的办法就是劝他们，如果他们不听，则向他们让一步，承认哥穆尔卡为首的中央，经济上还是援助他，在平等的基础上同他合作，这样可以争取波兰留在社会主义阵营里面。

另外还谈到苏共中央批判斯大林的问题。毛主席说：斯大林是需要批判的，但是批判的方式我们有不同的意见。还有若干问题，我们是不同意的。我们认为应该采取的方法是，在保护斯大林的前提下，批判斯大林的错误。这样不至于丢掉斯大林这个武器。对斯大林的评价应该是三七开，或者是二八开，功大于过。错误原因主要是主观主义，而不是个作风粗暴的问题。斯大林的粗暴就表现在不做过细的调查研究。斯大林错误的责任问题，不应推到斯大林一个人身上，其他人也应承担责任。

主席一再讲，斯大林是个武器，可以用来反对帝国主义，反对各种敌人。一个列宁的武器，一个斯大林的武器，是掌握在苏联人民手里面，全世界无产阶级手里面，全世界共产党手里面，是要以此来反对帝国主义的。现在把武器说成不那么很好，斯大林有缺点，可是这把刀子如果根本不要它、毁坏它、丢掉它，结果敌人就会拿这把刀子来杀我们，我们就是搬起石头砸自己的脚了。

尤金用电话将毛主席的两次谈话内容报告给了赫鲁晓夫。

这时，匈牙利也出现了政局不稳的情况，先是10月14日匈牙利党迫于舆论压力，恢复了纳吉的党籍（纳吉曾经是匈牙利部长会议主席，1955年被指责犯有右倾错误，不仅撤销了他的党内外职务，而且开除了他的党籍）。紧接着，又发生了群众集会、游行，一方面声援波兰，一方面提出恢复纳吉的党内外职务，

---

① 此次谈话，刘少奇、周恩来、邓小平、陈云参加。谈话后继续举行中央政治局扩大会议。

彻底改组党政领导，乃至撤走苏军等要求。

赫鲁晓夫只身一人迎接

形势紧迫，任务重大。刘少奇率代表团于 10 月 23 日一早自北京起飞，我作为翻译随团前往。

飞机当日午后抵达莫斯科伏努科夫机场。机舱门刚一打开，我们就看到赫鲁晓夫已等候在那里。他亲自出马到机场迎接外宾是个例外。奇怪的是在机场上又只有他一人，为什么不要别人陪同？

我们走下飞机，只握了一下手，任何寒暄的话都未来得及说，他就把少奇拉到他的汽车上。我随少奇刚一上车，他立刻关上隔音玻璃板，开始“咬耳朵”。在车子行驶中，他的谈话杂乱无章，还夹杂着抱怨、诉苦。他那心慌意乱的样子，看来是在如何处理事变方面完全乱了套。

这恐怕是赫鲁晓夫有生以来第一次遇到如此严峻的考验，落入如此的窘境。他丢开了一切礼节，不顾客人的疲劳，就在车上无休止地对少奇讲情况，谈苦衷。

我们一下子也摸不清他的意图，只好边听边问，耐心地等他把情况介绍完，再作道理。

到了代表团下榻的别墅（姐妹河的疗养地），赫鲁晓夫顾不上让客人盥洗，饮茶，休息片刻，就拉着少奇坐到一张圆桌旁，继续诉说事态的发展变化。他谈到民族问题，东欧问题，也谈到国内党内干部问题。看来其根本的意图是：希望中国党能够支持他，向他表态，给他出主意。

只是在服务员的再三催促下，赫鲁晓夫才请我们去进餐。

据赫鲁晓夫介绍，他们在最初的时候对波兰事件有一些没有根据的怀疑，怀疑波兰要走到美国方面去，脱离社会主义阵营，因此采取了粗暴的办法，调动了军队。但苏共代表团到了华沙，同波兰领导人谈了一天，经过激烈的争论，发现自己的怀疑是没有根据的，所以改变了方针，准备承认波兰的新领导。不过他说：苏联对波兰不大好讲话，你们中国是好讲话的，波兰同志对你们比较信任，对你们好，希望中国同志能够劝劝他们，那样对苏联、对社会主义阵营都有好处。谈话中间，赫鲁晓夫也做了一些自我批评。

虽然苏方出席的只有赫鲁晓夫一人，但中共代表团还是严肃、认真地听取了他的发言。考虑到苏共处理波兰问题的方针，已与中共中央大体一致，刘少奇、邓小平当即表态说：我们支持你们。这一下，赫鲁晓夫心中的千斤石头落了地，立刻喜形于色，挺起胸脯，不无幽默地回过头来问胡乔木："宣传家同志，你同意刚才说的政策吗？它可行吗？你支持我们吗？"他说完就着急想走。

少奇让他坐下，说："话还未说完。"

就在谈话中间，赫鲁晓夫接到匈牙利党中央第一书记、政府总理格罗的电话。格罗说他不想到莫斯科来开会，因为国内离不开，问是不是可以不来。

赫鲁晓夫答应他可以不来。

又谈了一会，朱可夫来电话。他在电话里说：布达佩斯的群众已走上街头，冲进党政机关。警察拒绝保护，人民军派了一个营去维持秩序，结果被群众缴械。因此匈牙利的国防部长给他打电话，要求苏联派红军去援助（在布达佩斯城外百八十里的地方有苏联的军队）。朱可夫对匈牙利的国防部长说："你是国防部长。如果要请帮助，这不是军事问题，而是政治问题，请你们党的中央跟我们党的中央谈判。"

大家听了都感到意外，因为格罗在电话中并没有提到这个问题，只提到他是否可以不来莫斯科。

又过了约一个小时，朱可夫第二次来电话。当时赫鲁晓夫表示，出兵问题主席团要讨论，如果是匈牙利政府请求的话可以考虑。

放下电话，赫鲁晓夫对少奇说：匈牙利这些情况你们完全不知道，我们现在也不征求你们的意见了。明天主席团开会，请你们参加。

在谈话中刘少奇同赫鲁晓夫谈到斯大林问题。刘少奇说：列宁、斯大林是两把刀子，现在丢掉一把不应该。

赫鲁晓夫对此既不理解，也不以为然，临走时说：这把刀子应该丢掉，没有用了。你们今天不知道，斯大林时期在肃反问题上犯了多大错误，杀了一百万。现在匈牙利事情很紧急。说完，就走了。

刘少奇向苏共主席团慷慨进言

第二天（24 日），我们到克里姆林宫参加苏共主席团会议。会议中间，赫鲁晓夫介绍了一下匈牙利的情况，称苏军已经出动，进入了布达佩斯，社会秩序已基本上恢复。只有广播电台、人民报社、一个大旅馆等几个据点没有拿下来，其他问题都已解决了。人民欢迎苏联红军，欢迎苏联的坦克。他希望中国同志理解，这是完全必要的步骤。他说，波兰是党内问题，是正确与错误的问题，而匈牙利已出现了反革命的征兆。因此对匈牙利问题的处理不能跟波兰一样，希望中国同志了解。并说主席团意见是一致的，莫洛托夫、布尔加宁、马林科夫都讲了话，而米高扬已亲临前线某地。

刘少奇作了长篇发言，达两个多小时。讲话义正辞严、有声有色，有事实，有理论，有批评，也有建议，完全是同志式的。批评也是为了引起他们对问题的重视，希望他们能够自己改正。

少奇首先转达了我党中央对波兰事件的意见，就是毛主席对尤金讲过的意见，我们同意苏共中央对波兰采取的方针。接着他说，波兰情况已经稳定下来了，但还是要分析事态的原因，要总结经验教训。

在分析原因方面，少奇指出：社会主义国家之间有一个相互关系的问题，相互之间的关系要依据什么原则来处理？大国的党，较老的党，最先取得政权的党，理所当然应多承担义务，做出较好的榜样。苏联长期以来诚心诚意地帮助其他社会主义国家，包括波兰、匈牙利、中国在内，而且帮助很大。但是关系还是搞不好，波兰还是发生这样的事情，匈牙利也发生这样的事情。因此，就值得研究一下，是不是一切事情已做得尽善尽美，是不是其中还有一些缺点或者还有一些错误。请苏联同志考虑：苏联在斯大林时期，是不是犯有大国沙文主义、大民族主义的错误，致使社会主义国家相互之间的关系处于一种不正常的状态。这也是波兰事件、匈牙利事件发生的根本原因之一。

少奇说，我们中国也要引以为戒。八大时就公开提出了反对沙文主义、大民族主义，在人民中间广泛进行教育。

少奇说，有不少苏联同志处理许多国际事务时有缺点，有错误。有些国际会议不是采取认真协商的方式，甚至于常常把自己的意志强加于人。有时也有协商的形式，但明天甚至当天就要通过决议，人家没有时间考虑。事先既没有个别谈话，又不作集体商谈，只有强加于人，就是要别人听你们的话，不听，你们就要整人。在世界工联、世界妇联、世界青联、世界和平运动中，都有这种情况，特别是世界工联。讲到这里，少奇看着什维尔尼克说：什维尔尼克同志，很多事情我们是不同意你们的，但是我们举了手，举手是勉强的。试问，如果中国代表不举手，你们怎么办？就很难办了吧。

少奇还批评说：你们随便在报纸上发表文章批评外国的兄弟党，如 1950 年 1 月《关于日本形势》一文，批评日共。这种文章是不应该发表的，不适当的。这回《真理报》批评波兰，也在波兰引起很大反感。何必这样呢？这种事情要很慎重，这种方式要改变。必须学会同兄弟党、兄弟国家间协商、合作、协同动作；只想到自己，只考虑自己而不考虑别人的做法，是极其严重的错误，会给我们的共同事业带来极大的害处和恶果。

少奇在发言中建议他们在同各兄弟党之间的来往关系中，多进行磋商，多征求对方的意见，听取各方面的呼声；建议他们主动地作自我批评，主动地设法消除相互关系中存在的不健康成分或某些不良现象，充分表明自己谦虚谨慎的态度，让兄弟党无拘无束地讲出自己的意见，讲出自己的心里话。不要老是自以为是，不要觉得超人一等，凌驾于他人之上。要坚持互相学习，各取所长，补己不足，互帮互助，互相合作，平等互利，不干涉他人内政等原则，要把共产主义、国际主义精神的准则贯彻到兄弟党、兄弟国家间关系的全部实践中去。

少奇的发言具有强烈的说服性和感染力。我翻译时站起来如同自己讲演一样，也慷慨激昂。赫鲁晓夫低下头只顾听，所有的人也都注意地听着，有的还做笔记，似乎有所触动。只有福尔采娃听不下去，坐不住了，想退席，但刚要站起来，就被赫鲁晓夫严厉的目光所制止。是啊，他们哪里听到过这样的批评。

少奇最后讲，无论国际形势有怎样的变化，或者我们之间有什么不同的意见，我们保证中共会跟苏共站在一起。国际共运的中心只能是你们。陶里亚蒂曾提出一个多中心的议论，我们跟意大利同志谈过，我们不赞成这个多中心。中心只有苏联，十月革命四十年，第一个社会主义国家，经验最多，工业化程度最高。帝国主义最怕苏联，不怕中国，不怕波兰。但是，有不同的意见，我们应该讲清楚。两党的团结是压倒一切的大原则，大方向。如果我们两党的关系破裂了，帝国主义就要大加利用，大肆进攻。我们正是从这个大局出发，才在会议上举手同意你们的决议。

少奇的发言讲得在理，赫鲁晓夫等也不能不承认他们过去确实有强人所难和搞大国沙文主义的地方。赫鲁晓夫还当场表示：两党关系不能再建立在这个基础上，否则，长久是一定会破裂的。

这时，少奇主动接过赫鲁晓夫的话茬，笑着说：不会的，就是有更大的问题，我们也还是站在一起的。赫鲁晓夫说：那你们很有礼貌了。少奇说：问题不是这样，有帝国主义在，我们中苏两国站在一起帝国主义就害怕。因为这是决定世界形势的问题。为了社会主义的利益，为了反对帝国主义的利益，我们需要站在一起，这是压倒一切的大原则大道理，其他的争论都是小问题。

他们并不服气，说：那你们是高度的马克思主义了。

最后赫鲁晓夫讲话，表示完全同意少奇所提出的意见，并说他可以举出更多的例子、事实，来证明少奇讲的都是对的。他表示以后还要继续交换意见。

回到别墅后，王稼祥对我说，你今天译得真好、真流利、真出色。我偶然到少奇房间里办什么事，他双手扶着我的双肩说：你真棒，译得真流利。可是过了二十几分钟，他又见到我时，却告诫我：不要骄傲了。

因为赫鲁晓夫表示要就大国沙文主义的问题进一步交换意见，代表团回到驻地后为此做了准备。

25 日等了一天。26 日苏共中央主席团开会，又请刘少奇及代表团同志出席。赫鲁晓夫介绍了波兰、匈牙利的情况，又谈到亚洲一些国家的情况，但却闭口不谈大国沙文主义的问题了。

赫鲁晓夫说哥穆尔卡和他通了电话，要罗科索夫斯基休息两周，大约要撤罗科索夫斯基的职。少奇的意见是，最好不要撤，如果哥穆尔卡要做得漂亮些的话。因为这会牵扯到很多人。最好对逮捕、审判过哥穆尔卡的人不要报复，报复就不好了。

赫鲁晓夫说，这些话他们不好讲。

少奇说，我们中国同志好讲，但问题是要找个什么机会讲。

苏方提议少奇等到华沙走一趟。

少奇表示需要请示北京，看北京是不是同意，还要看波兰是否高兴。

宣言的产生

10 月 29 日，赫鲁晓夫、莫洛托夫、布尔加宁到别墅来看望中共代表团。他们说，最近波兰、匈牙利都要求苏联军队从它们国家退出，而退出的问题涉及整个华沙条约，如果其他国家也要求退出，那整个华沙条约就垮了，这只会对帝国主义有利。

少奇也明确表示：苏军最好不要退出，还是要保持华沙条约。他还谈到要保护罗科索夫斯基，以及警惕反革命等问题。

苏联同志接着谈到少奇去华沙的问题。

说话中间接到北京电话，少奇接完电话后向他们转达了毛主席的意见：希望苏联对其他社会主义国家在政治上、经济上一律平等，更加放开些，驻军也应该撤离，让这些国家独立自主。

赫鲁晓夫解释说，现在一切都是平等的了，如果说经济上不平等，那实在是冤枉得很。如有不平等，就是人家揩我们的油，甚至掠夺我们，是我们吃了很大的亏。我们尽心尽力地帮助他们，还说不平等！讲到同波兰划界的问题，他说，这对波兰有利，使波兰成为了工业国。他任乌克兰第一书记时，就经手过此事。至于大国沙文主义，他说，以前有，现在没有了，已完全平等了。

莫洛托夫、布尔加宁也都表示：大国沙文主义，以前有，现在没有了，完全平等了。

少奇说：一切都平等了，那就好啊。少奇转而提到派到兄弟国家的顾问问题。

赫鲁晓夫对此更是叫苦不迭，说是冤枉得很，我们所有的顾问都不愿去外国工作，完全是凭党性才去的。顾问要撤回来很容易。

少奇最后建议说：你们是不是可以发表一个声明，宣布所有社会主义国家都是平等的，顾问可以撤回，因为人家要求的就是政治上、经济上平等嘛。毛主席讲过，社会主义国家之间也可以实行和平共处的五项原则。

赫鲁晓夫不答复，一直说：如果现在不平等，那就是你受了美国之音的影响。讲完后，他自知失言，又赶快说：这是笑话，开玩笑。

少奇继续说：如果不让步，不撤军，人家退出华沙条约怎么办？比如匈牙利，如果退出华沙条约的政府取得群众的拥护，你们怎么办？这个责任可要加在你们身上。

这次谈话一直进行到夜里两点。他们最终还是同意了我们的意见，表示政治上可以放手，经济上可以放手，军事上也可以放手。华沙条约国家可以召开会议，重新商量，哪个国家不愿在它的国家驻军，他们可以撤回来。他们也同意起草一个宣言。赫鲁晓夫在与刘少奇就发表时机问题交换了看法之后；当场对在座的尤金和谢皮洛夫说，你们马上就起草，明天就讨论。谢皮洛夫这时已接替莫洛托夫担任了外交部长。

30日傍晚他们将宣言草稿送来，宣言的题目是《关于发展和进一步加强苏联同其他社会主义国家友谊和合作的基础》。我边看边翻译给少奇等同志听。宣言的内容基本上是少奇讲的话，甚至有的词句都完全一样。这个宣言是谢皮洛夫起草的。

宣言开宗明义地指出：社会主义国家之间的相互关系只能够建立在完全平等、尊重领土完整、国家独立和主权、互不干涉内政的原则上。在军事方面，苏联政府准备同华沙条约参加国“研究驻扎在上述国家领土上的苏联军队问题”。

因为时间匆忙，我没有念完。

晚上8点，少奇等再度出席了苏共主席团会议。这次会议讨论通过了这个《宣言》。尽管少奇建议等几天再发表，但苏方没有采纳，当场决定晚上就广播。第二天，即11月1日，苏共机关报公开刊登了这个《宣言》。

宣言的后半部分专门谈到匈牙利事件：“匈牙利劳动人民正确地提出了必须消除经济建设方面的严重缺点的问题，进一步提高人民物质福利的问题，以及同国家机关中官僚主义偏差进行斗争的问题。但是黑暗的反动势力和反革命势力很快就混入了劳动人民这个正当和进步的运动中，它们企图利用部分劳动人民的不满来破坏匈牙利人民民主制度的基础，使地主和资本家的旧制度在匈牙利复辟。”宣布“苏联政府同意苏军部队进入布达佩斯，帮助匈牙利人民军和匈牙利政权机关维持秩序。”“一俟匈牙利政府认为必要，即将苏军撤出布达佩斯市。”[①]

提出对匈牙利事件的处理方案

还在10月30日上午，苏方就曾将米高扬关于匈牙利事件的报告送给少奇看。报告上讲，由于纳吉24日出任了匈牙利政府总理，27日要求苏军撤离布达佩斯，苏军坦克部队已于29日撤出。结果，纳吉政府进一步解散了保安部队和保安机关，人民民主专政制度迅速瓦解，劳动人民党也随之解体。布达佩斯乃至整个匈牙利的局势严重失控，大批反革命分子得以出狱或从国外回来，掀起了反苏反共

① 《新华月报》1956年23期，第103—105页。

的浪潮，许多党员、保安部队人员被暴乱分子绞死甚至烧死。匈牙利眼看就要转入西方集团，变成法西斯统治，实行白色恐怖了。因此，米高扬提议，必须从根本上考虑对匈牙利的方针问题了。

由于一直不太了解匈牙利的情况，看了这个报告，中共代表团深感意外。少奇、小平、稼祥、乔木等整整讨论了一天，研究分析了两种办法：一是苏军撤出来，让反革命分子在那里统治，结果是多少万人头落地，那种情况我们是经历过的；二是苏军不撤，参加到群众中去，采取进攻的政策，把反革命镇压下去。由于两种办法都有利有弊，大家讨论了一天也没有结果。因此，晚上少奇打电话请示毛主席。主席表示，可以把两种办法都向苏联提出来，跟他们商量。他倾向于进攻，但以为最好等反革命多暴露一些，在人民看得更清楚的时候再行动为好。

当晚，根据中共代表团的建议，与苏共领导人举行了紧急会议。少奇在发言时明确表示：对匈牙利的局势，是不是还有挽救的机会？不要就这样放弃了，放弃了可能要犯错误。

小平更是直截了当地提出：先要掌握住政权，不让政权落到敌人手里。苏军部队应当回到原来的位置上去，坚决维护人民政权。

代表团的意见很清楚，匈牙利的问题已不同于波兰问题，性质上已是反革命的了，必须想办法加以挽救。

但赫鲁晓夫表示非常为难，他说，出兵就意味着要对匈牙利实行全国占领，那样我们就变成征服者了。我们已经考虑过，大家都认为这样很不利，因此一致主张退让。

鉴于苏方已有一致意见，中共代表团的同志不好再说什么。少奇只是开玩笑说：昨天我们劝说你们从匈牙利撤军，你们不同意；今天你们又来劝说我们非撤不可。会场上的人都笑了起来。少奇接着告诉他们，我们决定明天晚上回北京。

31 日晚上，少奇接到苏方电话，要求代表团成员提前一个小时到达飞机场，同赫鲁晓夫、布尔加宁、马林科夫、卡冈诺维奇、谢皮洛夫再度会谈。

赫鲁晓夫一见面就告诉少奇：今天主席团开了一整天的会，又有了新的决定，准备在匈牙利采取进攻的方针。苏联有那么多的军队在那里，如果在这个时候，在这种情况下撤退，放弃匈牙利，让反革命取得胜利，全世界的革命者、共产党员都要骂我们，说我们是傻子。所以，我们决定采取进攻的政策。

少奇听了笑着说：你们今天的讲话又跟我们昨天的讲话一样了。

赫鲁晓夫说：那个宣言发表是好的，发表了那个宣言，再这样做，并不矛盾。随后告诉我们，他们马上派代表团和波兰、罗马尼亚、捷克、南斯拉夫、保加利亚等国打招呼，再看看情形。那时也就准备好了，再动作。

少奇说：我们很高兴你们这样做。不过，这里还有一个时机问题，什么时候办？一是要有政府邀请才好去；二是要有群众基础，群众赞成才好去。只有纳吉政府的反动面目完全暴露了，群众也有很多人看清了，你们的出兵才容易得到谅解。

说完后，少奇就率代表团登机启程回国了。而实际上，苏联红军这时已经出动了。到了 11 月 2 日，随着以卡达尔为首的匈牙利社会主义工人党临时中央委员会宣告成立，请求苏军援助，苏军的干涉更有了正当的理由。在苏军强有力的干预下，纳吉政府迅即垮台，以卡达尔为首的匈牙利工农革命政府宣告成立。数日之内，匈牙利的形势稳定了下来，结束了混乱的局面。

离开毛泽东身边

转战陕北之后，我任政治秘书室主任，管中央毛、朱、刘、周等人的政治秘书。中央从西柏坡迁到中南海仍是如此。我的政策是尽可能的不去管，因为无论田家英、李琦等这些政治秘书，他们首先的任务是为毛泽东、周恩来等同志服务，直接执行毛泽东、周恩来等中央领导的指示。

到中南海后不久，江青从中作祟，挑拨我和毛泽东的关系。江青到过苏联好多次，每次都要林利给她当翻译。一次我派张国男陪她去，她极不满意，到主席那里告状。

1952 年春间，江青自己联系苏联医生为主席看病。这两个医生带了自己的翻译。机要室的人不了解情况，按惯例办事，来了苏联客人就打电话叫我去。等我赶到丰泽园时看见主席、江青坐在一边，医生和翻译坐在另一边，已开始交谈。我坐了一会儿，看到没有什么事就想走。这时，江青忽然将主席叫到另一间屋子去谈话。他们不在，我不好意思走开。过了一二十分钟，主席、江青出来了。这时主席的态度大为改变了，说 :“师哲，你来翻译。”意思是不要医生带来的翻译，这使我不好意思，于是我对医生的翻译说 :“你是专家，你们两个译。”主席极力表现只让我翻译，不让他译。我心中极不舒服，很尴尬。

过了不久，又从江青口中传出，要把师哲“搞垮、搞倒、搞臭”。这是什么意思？我心里想，你江青有什么资格讲这种话。但这话是有来头的。当年到主席那里去的苏联客人很多，特别如尤金时常和主席见面，这使我越发谨慎小心。

1949 底 1950 年初，毛泽东在苏联访问时，我和主席朝夕相处，寸步不离，他的衣食住行都由我安排。回到国内自然有叶子龙、汪东兴等人管，我要让路。

因而主席认为我同他疏远了。有一次我从主席那里出来，主席亲自送我出来，送到门口。他边走边说：师哲，你到我这里来，不要给机要秘书打电话，我对哨兵也打了招呼，你直接来就是了。我没有也不可能照此去办。心想，你那时如果有客人怎么办，如果丢了文件怎么办？所以我仍然是按照老规矩办事。

又过了一段时间，我又去丰泽园。办完事，主席同我一起从屋里出来说：咱们散散步。我们在颐年堂的院子里散步。主席又说：你到我这里来，对谁都不必打招呼，直来直去，无拘无束。我感到很奇怪，这不符合惯例，要搞什么名堂？

有时我去，他还未起床，有时正在吃饭。吃饭时，叫我坐下和他一起吃，叫警卫员拿酒来，他喝红酒，我喝白酒，不分彼此。但越是这样，我心里越是发毛。

同时，杨尚昆主任找我谈话，说：主席他老人家说了，中央书记处要这个政治秘书室干什么？我怎么不知道这回事？杨尚昆说：从延安出来后就有了，已有五六年了。不久撤销了政治秘书室，免了我主任之职。原来由我管的事交给江青，由江青当主席的政治秘书，负责掌管群众来信。但江青一次也没有管过，实际是由田家英管。还有文艺戏剧等材料也交江青管。江青下去搞武训调查，批判《武训传》就是江青的主意，主席也对我讲过，对外国人也这样讲。

他要把江青捧起来，往上抬。

我除了在中央工作外，还负责筹备组建、领导俄语学院（北京第一外语学院的前身），又担任外文出版社社长，中央编译局局长。

中央编译局编译马列著作，早在延安整风前之前中央就酝酿成立。到西柏坡之后，中宣部部长陆定一曾在下面对我讲，要我负责办理。我说中央没有决定。陆定一将中央交办的有关国际的事情交给我办。1949 年夏，王稼祥到北京来，住在香山，为刘少奇出访准备材料，他对我说：编译马列著作的事你逃不了的。我说：几位中央领导人的事就够多的了，我又没有干部帮忙。王稼祥立即打电话将东北组的俄文翻译班子统统调到北京来，这批人 1949 年上半年到香山，后成为编译局的骨干。总理很重视这件事，亲自写了一个决定或通知：中央决定成立编译局，由师哲负责。1949 年 9 月我随刘少奇出访，回国后，开始着手组织俄文编译局。总理、少奇都很重视此事，想把中共中央、国务院的俄语翻译工作交给我们。乔木和我谈，主席的意思是成立马、恩、列、斯著作编译局。大约于 1952 年底，他拿着主席的批示给我看，正式成立编译局，我任局长，陈昌浩、姜椿芳，后来还有张仲实任副局长。陈昌浩是1949年少奇到苏联把他要回来的，在中央党校任教务长。姜椿芳原在中宣部工作。编译局开始调人调不动。乔木向主席反映，主席说：立刻调。我告诉组织部的安子文，很快将人调来，全国懂俄文的都可以调。1952年底编译局正式挂上牌子。

但是我的工作仍然以对中央服务为主，在中央以为毛主席服务为主。经常陪中央领导人出国，有时一年间就有半年多在国外。总理的事情特别多，我一个人忙不过来，总理从大连找来了马列。我很高兴，这样可以分担我的工作了。马列是个青年人，在延安、大连学会俄文。

1954年2月，七届四中全会处理了高饶反党集团问题。我因是陕西人，有与高岗交往过密的嫌疑，有人也想把我打入高岗集团。这事传到贺龙耳中，把他吓了一跳，从此同我拉开距离。

我多次陪高岗到苏联访问。有一次，走进克里姆林宫时，高岗对我说：我是首长，应由你给我拿着皮包。我顶了他一句：我有个坏习惯，走到哪里就把皮包丢到那里。高岗这个人文化程度不高，做事马虎。每次从国外回来我都提醒他及时向中央汇报，也不知他做没有做。每次我都为他向主席汇报，当然汇报时总要讲他基本完成任务等话。1954年高岗自杀后，主席怪我以前讲高岗的好话。我说："主席，你把他捧得那么高。"主席认为斯大林害了高岗，意思是斯大林支持高岗，把高岗捧得那么高，捧坏了。

大约1954年，我陪主席在颐年堂散步，他突然问我："俄文学校有多少学生？"

我答："四五千人。"

"留苏预备部有多少人？"

"有两千人。"

他说："你培养这么多人，不怕过剩吗？"

我不解其意，说："国务院开会，总理总是把我拉去列席，人家要俄文干部。总理就说师哲在场，向他要。怎么会过剩？"

毛主席见我不开窍，说："今天不谈了。"

在陕北时也是如此。沙家店战役，我们消灭敌人一个师，主席同我谈到局势问题时说：敌人再无力反攻了。我傻乎乎地问："我们只消灭了敌人一个师，为什么胡宗南就无力再进攻了呢？"毛主席一听我问这个问题，马上说："好，暂不谈了，你看局势的发展吧。”因为我不了解全局，一时弄不清。后来局势的发展果然如主席所预料的。

中苏关系，八大时，总理找苏共代表团谈话，主席找米高扬谈话，我才明白所以然。但是我从来也没有想到中苏关系会发展到60年代那样激烈的争论、对立的程度。

1957年1月我给邓小平、刘少奇打报告，要求离开中央到山东、陕西或河南等省做地方工作。小平很快划圈。安子文马上为我办好手续，调我到山东任省委书记处书记。我拿到火车票，去向主席告别。

主席说：师哲，你这么就走了，我可不知道。

我解释：我打了报告，少奇、小平批准的。

主席仍摇摇头：我不知道。

我忙说：如果你不同意，我可以留下。现在我车票已买好了，过两个钟头就要开车了。

主席说：那就不讲什么了。

我又说：那我可以不走。

主席顺势说：不说了，以后再说吧。

事实上，我如果给主席打报告，他肯定不会同意放我走的。

1957年夏，主席到青岛疗养，将我找去，我们在一起畅谈了一个下午。主席知识渊博，谈话历来是海阔天空，漫无边际。其中谈到他准备去苏联参加十月革命节四十周年活动，因为赫鲁晓夫已发出几次邀请了，盛情难却。

我觉得他把我从济南找到青岛是想让我为他当翻译，陪他一起去苏联，我心里也很愿意，但是他自己从不开口，我也不好毛遂自荐，竟主动说：“主席，你把我带去。”我只好一再问：“你是决心去，还是不决心去。”他只讲：“去，决心去。”就是不向下讲了，话题像游龙一样转来转去。就这样过了一个下午，主席将我送出门。

离开毛泽东后，我从此厄运交头。

毛泽东到山东，见了我们书记处同志，先同我握手。看戏时，叶子龙来找我，说：散戏后，让我一个人到主席那去。这种做法引起别人的猜忌，抓住我犯了生活上的错误，将我开除党籍，下放。我悔之不及。

我给毛主席写信，经他批准1959年我搭谭震林的专列回到北京。这时，中央都在庐山开会。习仲勋在北京。我提出到陕西工作，中组部很快批下来。我本想见到主席后再走，没有想到7月下旬庐山会议出了事，批判彭德怀，会议延长。安子文催我快到陕西上任。

由于康生这个阴谋家，正如陈云说的“康生是鬼不是人”。他从中插一杠子，指示：不准师哲住在大城市，不准靠近铁路线。因此陕西省委分配我到扶风的一个农场工作。扶风县城离铁路四十公里，农场离县城十多公里，离法门寺不远。我任副场长，负责政治思想工作。到农场后叶子龙时常来电话，问某某文件的底稿放在什么地方？因此农场对我十分客气，县里干部对我敬而远之。

农场有几十个犯错误的干部，都是县、区、公社一级的干部和中小学教员、校长，在农场劳动，做喂马、磨面等工作。农场将他们交给我管。我每天给他们上两小时的课，主要讲当前政策，并审查他们的问题。

我将这几十个干部召集起来，对他们说：你们要老老实实交代，都犯了什么错误？

第一个站起来的是一个区委书记，他说：赵寿山省长到县里视察工作，在干部会上，县委书记为赵省长倒了一杯茶，赵不喝，说倒杯白开水就行了。我在下面说：这回可没舔上。有人报告上去，我被划成右派。

我根据他们原来错误情节和在农场劳动表现，陆陆续续将这些人放走了。一开始农场不同意。我说：“你们不是交给我管吗？我负责。”我第一个放的就是这个区委书记。

1958年，出现不少问题，我写信告诉叶子龙或者主席的警卫阎长林、李银桥，由他们转交主席。我的信发出五六天，主席的批示就下来了。有的直接批到县里，有的交总理办。省里还不知道下面的情况，总理已打电话来查问了。

1962年，不知是谁下的命令，以渭河为界南北分家。渭河以南的木炭、芦苇不准运到渭北。渭北人少地多，粮食多，不准运到渭南。造成群众生活困难，引起群众不满。我做了调查，将情况搞确实，给主席写了一封信。主席立刻批给总理。在主席、总理过问下，问题很快解决。当地人知道我通天，时常向我反映个人的冤屈。对个人的冤枉我不能管，我只反映政策性的问题，关系到国计民生的问题。

1962年9月底，中央在北京召开八届十中全会。突然陕西省委接到一个通知，要马上把我护送到北京，并说途中不准出任何问题，不准我跑了或自杀等。县里和农场的干部很紧张，嘀嘀咕咕，以为我成了罪犯，把我送到西安。中央派专机将我接到北京。到中组部后，副部长李楚离和我谈话，他只知道中央命令将我调回来，其他的一概不知。他陪着我到万寿路见安子文。一路上，我想：如此兴师动众，可能与这次中央会议有关。

见到安子文，他很客气地说：这次全会，本来都要结束了，有人给主席递了一个条子。快散会时，主席拿出条子一看是康生写的。上面写着："习仲勋、刘景范做后台，让刘景范的老婆写小说《刘志丹》为高岗翻案。"主席说："利用小说进行反党活动，是一大发明。"主席一讲，会场哗然，大家都问：这是谁呀？！不知是谁点出是习仲勋，立刻让习仲勋从会场上走出去交代材料。

他讲完了问我："你同他们是什么关系？"

我说："你指的是什么？"

他说："写小说一事与你无关，但是你和高岗、习仲勋来往多，同习仲勋的关系也很好，他们反党非始于今日。你……"

我一听火冒三丈，打断他的话："你发疯了？！你不也是陕北人吗？你和习仲勋的来往还少吗？你揭发不是更好吗？"

安子文只好讲出这是康生的指示，他只是奉令行事。谈话只能到此结束。

事后安子文老老实实向康生汇报。康生批评他："这种谈话方式是错误的，不应让他知道会议情况。"因为安子文将底都亮给我了，我知道我没有什么问题。

从万寿路出来后将我送回家。第二天我去找中央监察专职委员王世英。他可以参加十中全会。他在上海特科就和康生相熟，了解康生。但他为人忠厚，不同意康生搞阴谋。他一见我大吃一惊，第一句话就是："你跑到北京来干什么？"

我说："是人家把我接来的。"

他一听就呆了，连声说："糟了！糟了！你碰到鬼了。"但是他仍然热情地留我吃饭，我不肯。他见留不住，就拿出一大包水果送给我。当时经济十分困难，干部供应也很紧张，这些水果是南方来的同志送给他的，他舍不得吃，送给我。

这个同志很正派，"文革"结束后，我去找他，他已被迫害致死。1936 年少奇领导的北方局和国民党谈判国共合作。他当时是北方局的负责人，参与此事。江青为了打倒少奇，非说这次谈判是叛敌投降，逼迫王世英作伪证。1966 年王世英中风，半身不遂，1967 年 7 月查出肺癌，住院治疗。9 月江青批准对他"隔离审查”“加紧突击审讯”。从此他失去人身自由。1968 年他病情恶化住进日坛医院，接受化疗治疗。专案组逼他写伪证，他说：“你们要的东西，枪毙了我也写不出来。”“让你们把我拖死了算了。”[①] 掷地有声。在他生命垂危之际，他毫不隐讳地对看守他的两位军人说：“康生有问题。”[②]1968 年 3 月江青在八个专案组会议上大发雷霆：“要狠狠地斗，集中火力，几个人不行，要一二十个人狠狠斗。有的要死，是他自己要死，阎王请他吃烧酒。”[③] 他生命垂危，在吸着氧气，输着液的情况下，还对他进行惨无人道的逼供。他誓死不做伪证，不说违心的话。1968 年 3 月 26 日含冤去世。专家组拿不到证据，1936 年这次谈判没有定为刘少奇叛变投敌。他用自己的生命捍卫了党的原则，永远是我们的楷模。

我从王世英那出来，知道事态严重，想去找叶子龙。还没有来得及，过了一两天，康生下令将我软禁在东总布胡同的一栋房子里。要我揭发西北干部的问题。事后我才知道，十中全会成立了两审查委员会，分别对彭德怀、习仲勋的所谓“反党集团”案进行审查。康生在会上当选为中央书记处书记，负责这两个审查委员会。康生见我在扶风，仍可以通天，先斩后奏，将我关起来，使主席不好讲话。

随之，中苏两党在意识形态的争论越来越激烈，因我在苏联十五年，并在乌贝格工作过，无缘无故地说我是“修正主义分子”，是“苏修特务”，对我管理越来越严了。

党组织可以审查任何一个党员；作为一个党员，应该接受组织的审查。在东总布胡同，审查来审查去就是那些问题，也没有什么可怕的。我可以到院子里走动。后转移到太安候胡同、学院胡同。我利用受审查的时间，校对《列宁全集》中俄本。

1966 年夏，“文化大革命”爆发，我被送进秦城监狱，狱号：6601。由此可见，我是第一个关进来的“犯人”。大楼空空荡荡。看管是公安战线的老工作人员，对我态度和蔼，让我放风、劳动，有时同我一起聊天，劝我想开些。

1967 年底来了许多解放军，接收了监狱。他们态度恶劣，不断地打门，即

---

① 李瑞因：《伪证是怎样造出来的》，《历史的审判》，群众出版社，1981 年版。

② 同上书。

③ 同上书。

使睡觉的时间也要把你唤醒。因为他们两个小时换一次岗，给他们的任务是不准我们死亡，把我唤醒证明我还活着。伙食标准大幅度地下降，只有窝窝头和咸菜。

1968 年夏天，我被关在一间房子里，被命令在墙角站着，站了二十多天，两脚、两腿因瘀血而肿胀以至坏死，脚、腿都烂了。审讯人员暗示我自杀。我曾想过自杀，但想到不能让康生如愿，坚持下来。就在同时，社会上传我已自杀。我的孩子不知我是死是活。

1975 年春天，我被释放，送到东单外交部街公安部的一个招待所。我回到家里看了看，我的女儿都已长大。过了几天我被送到陕西扶风。当时王任重、戎子和等同志也在扶风。我住在干休所。用扶风人的话说我是“坐以待毙”，他们的任务只是“养老送终”。

直到 1979 年十一届三中全会后，我才回到北京，住在万寿路中组部招待所。当时胡耀邦当中组部部长，1982 年给我作了结论：“经十三年审查，没有问题。”补发了 1968 年以来的工资，分配我到社会科学院苏东研究所任顾问。

一天，宦乡邀请我出席一个研究国际问题的会议。我发言说：苏联不是修正主义。一语惊人，大家都不敢讲话，静静听我讲了一天。我将这么多年憋在心里的话一口气都讲出来。从此，这个会议停止召开。因为当时我们国家与苏联的关系还没有改善，仍然认为苏联是修正主义。他们不能违背中央决定，但是又驳不倒我，其实他们内心也认为我讲得很对。

今天我已是暮年垂老之人，回首往事，我从不后悔。这一生一世度过的年代是非凡的，也是很有意义的。我个人境况，一会儿天上，一会儿地狱。我的一生可以用三四句话概括：二十岁以前在国内读书；1925 年后在苏联学习与工作十五年；1940 年回国工作，在毛泽东身边工作十八年；1959 年起受审查、流放充军十九年。在我暮年之际，我的回忆录出版，产生了很大的影响，来采访我的记者、学者络绎不断。学者不仅有中国的，还有俄国的、德国的、美国的、印度的。他们向我了解情况，探讨问题，我的生活仍然充实而愉快。

索引

E

F

G

H

J

K

L

M

N

O

T

X

Y

Z

部分中外人名、地名对照表

A

阿波斯托尔（罗马尼亚政治局委员）	Апостор
阿布哈兹	Абхазия
阿尔泰	Алтай
阿尔希波夫	Архипов
阿拉木图	Алмата
阿丽雅	Аля(Алевтина)
阿钦斯克	Ачинск
艾希	Эйхи
安德列也夫（米高扬化名）	Андреев
安德烈 · 雅科夫列维奇 · 奥尔洛夫（阿洛夫）	Андрей Яковлевич Орлов
安东尼斯库	Антонеску
安娜 · 菲拉托娃	Анна Филатова
奥伦堡	Оренбург
奥洛夫	Орлов
奥木斯克	Омск

B

包斯特列贝舍夫	Постребышев
鲍罗廷	Бородин
贝利亚	Ьерия
彼得 · 弗拉基米洛夫（孙平）	Пётр Владимиров

彼克	Пик
别尔满	Берман
波立特（英共总书记）	Полит
波诺马廖夫	Паномарев
伯朝拉	Печорский
伯朝拉修道院	Печорский Лаврь
伯力（现名哈巴罗夫斯克）	Хабаровск
布多托林	Буторин
布拉葛耶娃	Благоева
布拉托夫	Булатов
布里亚特	Бурятия

C

赤色国际救济会	МОПР
赤塔	Чита

D

达尔尼察（火车站）	Дарница
达雅（王友直女儿）	Тая
黛霞（师哲女儿）	Тэйся
杜布罗维娜	Дубровина

E

耳尔恩（李德的前妻）	Эрн

F

法捷耶夫	Фадеев
菲拉托娃 · 妞拉	Филатова Нюра
菲利波夫（斯大林后用的化名）	Филипов
费德林	Федоренко
佛罗林	Фролин
伏罗希洛夫	Ворошилов
福尔采娃	Фурцева

G

高尔察克	Колчак
高金	Кодин
戈格丹诺夫	Гогданов
戈卢别夫	Голубев
哥特瓦尔德	Готвальд
格贝乌（国家政治保卫局）	ГПУ
格里金斯基	Грядинский
葛罗米柯	Громыко
古罗夫	Гуров
古秋莫夫	Кучумов
国家安全局	Управление Государственной безопасностц

H

哈萨克斯坦	Казахстан
海洋站	Океанская стация
何塞 · 迪亚斯	Хозе Тияс
赫鲁晓夫	Хрущёв

J

基辅	Киев
基斯林科	Кисленко
济纳依达 · 尤金	Зинапдо Юдина
加格拉	Гагры
加卡利宁（华林）	Калянин
加拉罕	Карахан
加伦 (本名布留赫尔 Блюхер)	Гарин
加耶夫斯基	Гаевский
贾比才	Капица
捷沃湘	Тевосян

K

卡尔斯基 · 米哈米尔 · 亚历山德罗维奇	Карский Михацл Александрович
卡马尔尼克	Камарник

卡皮托诺夫	Капитонов
考涅楚克	Корнейчук
柯肖尔	Косиор
科 · 伊 · 基里钦科	Кириченко
科什尼亚妮	Кошня
克拉斯诺亚尔斯克	Красноярск
克列沙特卡	Крещатка
孔采伏	Кунцево
库米金	Кумыхин
库丘莫夫	Кучумов
库西宁	Кусинин
库兹巴斯	Кузбасс
库兹涅佐夫	Кузнецов
库兹涅佐夫中将	Кузнецов генерал - лейтенант

L

拉比诺维奇	Рабинович
拉狄克	Радек
拉夫伦捷夫	Лаврентьев
拉祖莫娃	Разумова
李德（奥托 · 布劳恩）	Лидэ (Ото)
李海秋（利哈乔夫）	Лихачев
利哈乔夫	Лихачев
利亚诺夫	Рянов
列别杰娃	Лебедева
列佛尔多沃	Лефортово
林佛	Линфо
柳克斯（共产国际的宿舍）	Люкс
鲁托明斯基	Рутоминский
罗科索夫斯基	Рокоссовский
罗列尔	Лоллер
罗森塔尔	Розондарь
罗申	Рощин

M

马尔采夫	Мальцев
马尔特维诺夫	Мартвинов
马尔梯	Марди
马季亚尔	Мадьяр
马立克	Малик
马露霞	Маруся
马玛也夫	Мамаев
马斯洛夫	Маслов
马梯雅尔	Мадьяр
马约罗夫	Майоров
玛露霞	Маря
曼奴伊尔斯基	Мануирский
毛岸青（果利）	Мао Аньцин（Коля）
毛岸英（谢尔盖）	Мао Аньин（Сергей）
梅德韦杰夫	Медведев
米·斯·格列丘哈	Гречуха
米大夫（米尔尼柯夫）	Мцпвнцков
米夫	Миф
米高扬	Микоян
米海伊洛夫	Михайлов
米拉	Мила
米勒	Миллер
敏仁斯基	Минженский
莫尼诺（儿童院）	Монино
莫斯卡托夫	Москатов
穆希金诺夫	Мухиндинов

N

内务部	НКВД
那里木	Нарым
纳斯里金诺娃	Наслидинова
纳乌伊奥盖伊基斯	Науиокайдис

娜达莎	Наташа
奈焦诺夫	Найдёнов
尼古拉 · 尼克拉耶维奇 · 里马尔	Николай Николаевич Лимар
尼克拉耶夫（季米特洛夫的化名）	Николаев(Димитров)
牛兰	Hilaire Noulens
诺瓦克	Новак

P

潘友新	Панюшкин
皮克	Пик
普 · 谢尔盖耶夫	П.Сергеев
普罗岑柯	Проценко
普罗柯普耶夫斯克	Прокопьевск

Q

齐赫文斯基	Тихвинский
契卡（非常委员会）	ЧК
恰克塔	Чахта
恰克图（蒙古北部边城）	кахта
秋明	Тюмень

S

塞瓦斯托波尔	Севастопорль
沙丘科夫	Сачуков
上乌金斯克（现乌兰乌德）	Верхний Удинск (现 Улан-Удэ)
舍甫琴科	Шевченко
施拉木	Шламм
什维尔尼克	Шверник
斯捷潘诺夫	Степанов
斯克沃尔佐夫	Скварцов
斯米尔诺夫	Смирнов
斯维尔德洛夫斯克	Свердловск
斯沃博达	Свобода
苏斯洛夫	Кислов

索柯洛夫斯基元帅	Соколовский

T

陶里亚蒂	Тольяти
特雷雅科夫斯基	Трияковский
特里亚诺夫斯基	Триянловский
特沃尔斯卡娅大街	Тверская улица
图哈切夫斯基	Тухачевский
托木斯克	Томск

W

瓦尔加	Валга
瓦利娅	Вария
瓦西列夫斯卡娅	Василевская
维特科夫斯基	Витковский
维辛斯基	Вишипский
魏金斯基（或叫沃伊金斯基）	Войтинский
沃罗别诺夫	Воропенов

X

西蒙诺夫	Симонов
西索夫	Сизов
谢尔巴柯夫	Щербаков
谢洛夫	Серов
谢皮洛夫	Шепиров
新西伯利亚	Ново Сибирск

Y

雅古特（雅库茨克）	Якутия（Якутск)
雅果达	Ягода
亚力山大罗夫	Александров
亚力山大洛夫（斯大林先用的化名）	Александров
野坂参三（冈野进）	Окано
叶夫根尼 · 费澳多罗 · 柯瓦廖夫	Евгений фёдорович Ковалев
叶若夫	Ежов

伊巴露丽	Ibárruri Dolores
伊尔库茨克	Иркутск
伊利英	Ильин
伊万·弗拉基米尔维奇·柯瓦廖夫	Цваи Владимирович Ковалев
伊万诺夫	Иванов
伊万诺沃	Иваново
尤金	Юдин
尤里·费拉索夫（孙平之子）	Юрай Власов
约瑟夫（斯大林的名字）	Иосиф
越飞	Ифей

Z

扎尔佩捷尔	Залпетер
扎柯夫斯基	Заковский
扎维金	Завидин
扎伊罗夫	Заилов
“中国”（国营农场）	“Китай”

大事记（1900—1957）

1900年

春，义和团反帝运动兴起，6月，八国联军入侵中国，次年签订《辛丑条约》，清政府赔款白银四点五亿两。

1905年

6月30日，师哲出生于陕西韩城井溢村。

1911年

10月10日，孙中山领导的辛亥革命，推翻了两千年的封建帝制。

1912年

1月1日，孙中山就任中华民国临时大总统，中华民国成立。

秋，七岁的师哲为躲避土匪的抢劫到韩城县城内读书。

1917年

苏联十月革命爆发。

1919年

2月，师哲到西安入陕西第一师范学习。

3月2日—6日，共产国际在莫斯科举行第一次代表大会，会议邀请侨居俄国的旅俄华工联合会负责人刘绍周、张永奎做为列席代表参加。

5月4日，北京爆发学生群众的反帝爱国运动（即五四运动），很快波及全国各大城市。

1920年

4月，共产国际派魏金斯基及翻译杨明斋到中国会见李大钊、陈独秀等讨论建党问题。

4月，东方劳动者共产主义大学在莫斯科成立。该校简称东方大学，设有中国班。

6—8月，在魏金斯基帮助下，上海开始筹建共产党组织。

1921年

7月，中国共产党在上海召开第一次代表大会，出席代表十二人，代表五十多名党员。

7月19日—8月7日，共产国际第二次代表大会，列宁发表《民族和殖民地问题提纲》。

1922年

1月21日—22日，远东各国共产党及民族革命团体第一次代表大会在莫斯科召开。

4月，第一次直奉战争爆发。

5月，中国社会主义青年团第一次代表大会在广州召开。

6月16日，陈炯明叛变，围攻总统府。孙中山脱险，后到上海。

1923年

1月26日，孙中山和苏联代表越飞联名发表《孙文越飞宣言》。

2月7日，吴佩孚屠杀京汉铁路工人，酿成二七惨案。

2月21日，孙中山离开上海回到广州，设大本营。

6月12日—20日，中国共产党在广州举行第三次代表大会，决定全体共产党员以个人名义加入国民党，建立各民主阶级的统一战线。

9月，苏联政府代表加拉罕到北京。共产国际驻中共代表、苏联政府驻国民党代表鲍罗廷到上海会见陈独秀。10月到广州，后任国民党中央执行委员会顾问、广州国民政府顾问。

1924年

1月，在孙中山主持下，中国国民党在广州举行第一次全国代表大会，确定联俄、联共、扶助农工三大政策。同意共产党人以个人名义加入国民党及改组国民党的具体办法。

春，共产党员魏野畴在西安创建党、团组织，师哲接受革命思想，不久加入社会主义青年团。

5月，苏联军事顾问团到达广东。

5月31日，北京政府与苏联政府正式签订《中俄解决悬案大纲》及《暂定管理中东铁路协定》，废除帝俄与中国签订的一切不平等条约，恢复正常邦交。

6月16日，中国国民党陆军军官学校（黄埔军校）举办开学典礼。

10月，加仑到广州任苏联军事总顾问。

10月，冯玉祥发动北京政变，推翻曹锟、吴佩孚的北京政府，由皖系军阀段祺瑞任临时执政，冯玉祥将所部改称国民军，电邀孙中山北上，共商和平统一大业。

11月13日，孙中山北上。

1925年

1月—2月，鲍罗廷到张家口访问冯玉祥，冯同意国民党宣传人员进入国民军宣传新三民主义。

年初，冯玉祥的国民军二军军长胡景翼率兵南下，在河南西部同军阀刘振华决战（豫西战役）。

年初，师哲离开西安想考上海大学，走到陕西渭南因豫西战役受阻，被迫回到西安。

3月12日，孙中山在北京逝世。国共两党组织各界民众进行哀悼活动，广泛传播孙中山的遗嘱和革命精神，形成一次全国规模的声势浩大的革命宣传活动。

3月21日，苏联政府应国民军第二军军长胡景翼之请，决定援助国民军。

5月30日，上海学生抗议日本纱厂枪杀中国工人顾正红，举行反帝游行。英租界巡捕开枪镇压，酿成五卅惨案，激起全国规模的反帝运动。

5月—6月，师哲参加国民二军，入开封陆军训练处学习。不久被选派赴苏联学习，全军共二十五人，于8月底到达莫斯科。

9月，师哲等二十五个学生赴乌克兰军官联合学校学习。

1926年

7月，广东国民革命军誓师北伐，蒋介石任总司令，加伦任军事总顾问。向湖南、江西、福建等地进发，9月到达长沙地域，10月攻克武昌。

9月，冯玉祥在苏联和中国共产党帮助下领导国民军在绥远五原誓师，向甘肃、陕西进军，同北伐军南北呼应。

10月，在北伐军的推动下，湖北、湖南广大农民组织起来向不法地主和土豪展开了猛烈的攻击。

10月，师哲在基辅军官联合学校加入中国共产党，同时担任中国国民党支部书记。

11月，中山大学在莫斯科成立。1930年夏秋停办。

1927年

2月，联共（布）派以米夫为首的宣传工作者代表团来华，陈绍禹（王明）任译员。先后到广州、上海、武汉等地介绍苏联党务工作经验，考察中国革命情况。

3月，周恩来等领导的上海工人第三次武装起义占领上海，迎接蒋介石率北伐军进入上海。

4月12日，蒋介石在上海发动反革命政变。

4月27日—5月9日，中共五大在武汉举行，共产国际代表罗易和米夫、鲍罗廷、魏金斯基出席大会。6月米夫回苏。

7月15日，汪精卫在武汉正式决定分共、清共。大革命失败。

7月23日，共产国际代表罗米纳兹到汉口，在此前后魏金斯金、罗易、鲍罗廷相继离开中国回到莫斯科。

8月1日，周恩来等领导南昌起义，打响了武装反抗国民党反动派的第一枪，中国共产党开始独立领导武装斗争和创建人民革命军队。

9月，毛泽东领导湘赣边区秋收起义，放弃攻打长沙的决定，率部队上井冈山，在实践中开始走上一条与农民结合，在农村建立革命根据地的正确道路。

秋，师哲同其他中国留学生离开基辅到莫斯科的军校学习。师哲入莫斯科军事工程学校学习并加入苏共（布）。

11月，苏联开展反托洛斯基派的斗争，中山大学校长拉狄克被解职，米夫接任。

1928年

3月，米夫担任共产国际东方部副部长。

6月18日—7月11日，中国共产党第六次代表大会在莫斯科召开。会议指出中国仍然是半殖民地半封建社会，中国革命性质是资产阶级民主革命，当前的政治形势是处在两个革命高潮之间，党的总任务是争取群众准备暴动，而不是立即举行全国性起义，反对盲目实行武装暴动。

六大之后，瞿秋白、周恩来审查江浙同乡会问题，结论是没有什么问题。

7月17日—9月1日，共产国际第六次代表大会在莫斯科举行。提出目前处于“第三时期”的理论，认为资本主义总危机已急剧尖锐化。大会认为国际各个支部主要危险是右倾。

10月，苏联开始批判布哈林的右倾机会主义。

1929年

2月8日，共产国际致信中共中央，要求反对黄色工会。后于6月、8月、10月致信三封，要求中共反对右倾。

4月22日，布哈林被撤销共产国际主席的职务。

7月，发生中东路事件，7月18日中苏断交，东北军进攻苏联失败，数千人被俘。

10月24日，美国纽约证券交易所崩盘，引发美国经济危机，迅速扩散到英、法等国，到1933年，整个资本主义世界工业总值下降40%，倒退到19世纪末的水平，三千万人失业。经济危机严重冲击了资本主义制度。1933年罗斯福任美国总统施行新政才得以缓解。这次经济危机导致第二次世界大战的爆发。

10月，师哲调到西伯利亚边疆区内务部第三局工作。

11月，因陈独秀坚持错误认识，采取托洛斯基的立场，被开除出党。

12月，中苏签订“伯力协定”，恢复中东路事件以前的状态。

1930年

3月，中国工农红军已发展到十三个军六万多人，分布在鄂、豫、皖、湘、赣、桂、粤、闽八省一百二十七个县。建立了江西（中央苏区）、湘赣、赣东北、鄂豫皖、洪湖、陕北等革命根据地。

6月11日，在李立三主持下，上海召开了中央政治局会议。会议运用和发展共产国际过分夸大资本主义总危机的“第三时期”理论，不切实际地提出争取以武汉为中心，附近省区首先胜利，进而在全国推翻国民党政权，建立全国革命政权的“策略总路线”。这个“左”的路线推行使白区及各地红军和根据地遭到不同程度的损失。

7月，师哲向共产国际要求回国，因海路不通，未能成行。

7月、8月，共产国际批评李立三盲动的暴动起义。

9月，瞿秋白、周恩来在上海召开中共中央六届三中全会，批评李立三“左”倾错误，停止了他的危险计划。不久李立三奉命到苏联。

11月—12月，红一方面军在毛泽东、朱德的领导下取得粉碎敌人第一次“围剿”的胜利。

12月上半月，米夫到上海。

1931年

1月，中共召开六届四中全会，会议认为瞿秋白、周恩来犯了调和主义错误，由于米夫的支持，王明等拥护国际路线的同志被选为中央委员，王明被选为政治局委员，会后补为政治局常委，王明实际上掌握了中共中央领导权。

3月，中共中央派夏曦等人到洪湖、中央苏区、鄂豫皖、赣东北等根据地开展“反右倾”斗争，“改造各级党的领导”，打击了各地根据地创建者毛泽东等人，进一步推动了“左”倾冒险主义。

8月，米夫离开上海回到苏联。

9月，王明决定离开上海回到莫斯科。以博古为首的临时中央政治局成立。

10月18日，王明离开上海，11月7日到莫斯科，担任中共驻共产国际代表团负责人，1932年9月当选为共产国际执行委员，1934年1月在中共六届五中全会当选为中共中央书记处书记，1935年共产国际第七次代表大会上当选为共产国际执行委员会主席团委员和书记处候补书记。

9月18日，日军进攻沈阳，由于蒋介石奉行不抵抗政策，日本三个月占领东北。东北民众、中国共产党领导的抗日义勇军联合抗日。

10月，马占山在齐齐哈尔江桥抗战。

11月，师哲回到西伯利亚内务部工作，领到苏共（布）候补党员党证。

11月7日，中华苏维埃共和国临时中央政府在江西瑞金成立。毛泽东当选为主席。

1932年

1月28日，日本军队占领淞沪地区，十九路军奋起抵抗。3月王明在莫斯科发表文章认为十九路军“都是这次战争的反对者”。

2月，日本筹划宣布东北“独立”，成立伪满洲国。马占山到长春，任伪满洲国军政大臣。

春，共产国际派李德到中国任军事顾问。

4月15日，马占山离开长春，宣布成立黑龙江省政府，继续抗日。

10月下旬，马占山与苏炳文在扎兰屯会合。12月初，因寡不敌众，苏炳文、马占山率部四五千人退到苏联。

1933年

1月，因国民党白色恐怖日渐严重，中共临时中央政治局由上海迁到中央苏区首府——瑞金。

1月，希特勒在德国建立法西斯专政，制造国会纵火案，逮捕国际工人领袖季米特洛夫。

2月，南京政府允许马占山、苏炳文率官兵两千五百人经新疆回国。4月15日，马、苏从托木斯克启程。6月5日到达上海。

10月，李德进入中央苏区，到达瑞金，实际控制红军的指挥权。

1934年

2月27日，季米特洛夫获释回到莫斯科，5月当选为共产国际执委会主席团委员，开始筹备共产国际第七次代表大会。7月，季米特洛夫提出应当同社会民主党联合建立反法西斯国际统一战线。改变共产国际过于集中的领导方法和工作方法，只对各国共产党总的政治纲领进行领导，不再过多地干预各国共产党的工作和人事安排。

6月，上海中央局机关遭到破坏，共产国际和中共中央的电讯联系中断。

10月，中央红军开始长征。

12月1日，基洛夫被暗杀，苏联开始肃反。

1935年

1月15日—17日 中共中央政治局在遵义召开会议。会议指出红军第五次反“围剿”的失败主要原因是博古、李德在军事上的单纯防御，会议推选毛泽东为政治局常委，取消长征前成立的三人团（博古、李德、周恩来），仍由周恩来、朱德指挥军事，周恩来为党内委托的对指挥军事下最后决心的负责人。

2月初，政治局常委会，决定由张闻天代替博古负中央总的责任。

3月11日，成立由周恩来、毛泽东、王稼祥组成的三人团，负责指挥全军的军事行动。这是中国共产党第一次独立自主地解决军事、组织问题。“遵义会议后，党中央在毛泽东领导下政治路线是完全正确的，‘左’倾路线在政治上、军事上、组织上都被逐渐地克服了。”①

7月，共产国际第七次代表大会在莫斯科召开，大会决议指出为了战胜法西斯，必须建立广泛的统一战线。在殖民地半殖民地国家，建立反帝国主义侵略的民族统一战线。反对关门主义。规定共产国际执委将工作重心转移到规定国际工人运动基本政治路线及策略方针，一般地不要直接干涉各国共产党内部组织上的事务。

8月1日，驻共产国际中共代表团起草的《为抗日救国告全体同胞书》，以中华苏维埃中央政府和中共中央委员会名义公布，即“八一宣言”。宣言提出组织统一的国防政府、统一的抗日联军。此宣言10月10日在巴黎出版的《救国报》上发表，秘密传入中国，有力地促进了“一二·九”爱国主义运动的爆发。

10月，中央红军胜利到达陕北吴起镇。

11月20日，张浩（林育英）从苏联经蒙古回到陕北，向中共中央传达共产国际代表大会精神。

12月，中共中央政治局在陕北瓦窑堡召开会议，确立了要建立最广泛的抗日民族统一战线。

1936年

春夏，中共中央和共产国际恢复电讯联系。

10月，三大红军主力第一方面军、第二方面军、第四方面军在甘肃会师。

12月12日，西安事变爆发，张学良、杨虎城扣押蒋介石，在蒋介石做出联共抗日的承诺后，25日张学良送蒋介石到南京。苏联政府攻击张、杨的行为是“助日本使中国分裂”。中共中央力主和平解决西安事变，并派周恩来到西安协助张、杨处理此事。

1937年

6月，王稼祥到苏联治伤。

7月，全国抗日战争爆发。

---

① 《关于若干历史问题的决议》，见《毛泽东选集》第3卷，第970页，人民出版社，1991年版。

8月，《中苏互不侵略条约》在南京签订。

8月25日，工农红军改编为八路军。朱德任总指挥，彭德怀任副总指挥。下辖一一五、一二〇、一二九三个师。东渡黄河抗日。

9月23日，八路军一一五师在平型关大捷。

11月，共产国际书记处书记王明和康生自莫斯科飞回延安。行前斯大林和季米特洛夫同王明谈话，斯大林说：共产党人应积极参加到民族解放斗争中去。季米特洛夫提醒王明，要尊重党的国内领导同志，中共党的领袖是毛泽东，不是你。王稼祥任中共驻共产国际代表。

1938年

3月，任弼时到莫斯科，接任中共驻共产国际代表。

3月，中苏签订贷款协定。苏联贷款五千万美元，以便中国向苏购买武器及设备。7月1日又贷款五千万美元，1939年6月再次贷款一亿五千万美元。这些武器经过新疆、兰州运往内地，都给了国民党军队。在太平洋战争爆发之前，苏联是唯一向中国抗战支援的国家。

3月，苏联规定非本国民族的人一律不得在内务部、国防部和外交部等部任职。9月，师哲离开西伯利亚到莫斯科共产国际工作，任任弼时的秘书。

9月，中共中央六届六中全会在延安召开。会前王稼祥传达了季米特洛夫的讲话："要在毛泽东为首的指导下"解决问题，进行工作。会议批判、克服了以王明为首的右倾机会主义路线。

10月，广州、武汉相继失守，中国抗日战争由战略防御转入战略相持阶段。

1939年

3月，联共第十八次代表大会。斯大林在会上作报告，指出肃反运动扩大化的问题。

6月，国民党在冀中、平江、山东等地杀害八路军、新四军数百人，制造反共摩擦。

8月23日，苏德签订互不侵犯条约。

9月1日，毛泽东发表《关于国际新形势对新华日报记者的谈话》。

9月1日，德国入侵波兰。3日，英法对德宣战，欧洲战争爆发。

9月，周恩来到莫斯科治病，并向共产国际作《中国问题备忘录》长篇报告。

12月，国民党发动第一次反共高潮。

1940年

2月，共产国际作出《共产国际执委会主席团关于中共代表报告的决议》。

3月，周恩来、任弼时、邓颖超、陈琮英、冈野进、师哲等离开莫斯科，3月25日回到延安。

3月11日，毛泽东总结抗战以来统一战线中的经验，提出"发展进步势力，争取中间势力，孤立顽固势力"的策略方针，和坚持"有理、有利、有节"的原则。

5月，周恩来离开延安赴重庆。

8月20日—12月初，八路军在华北发动有一百零五个团参加的"百团大战"。

10月19日，何应钦、白崇禧向朱德、彭德怀、叶挺发出电报（即皓电）强令八路军、新四军一个月内开赴黄河以北。11月9日朱、彭、叶复电为顾全大局，可以将皖南新四军移至长江以北。

11月，延安成立“农委”负责对共产国际的电讯联系，师哲负责翻译。

冬，苏方派基斯林科中将率领情报组到延安，1941年2月回国。

1941年

1月6日，新四军军部九千余人奉令北移，在泾县突遭国民党军七个师八万余人的包围，新四军奋战七昼夜，除两千人突围外，大都壮烈牺牲或被俘。这即震惊中外的皖南事变。1月20日中共中央军委发布重建新四军军部的命令。

苏联对国民党的反共行径不满，要求蒋介石坚持国共合作、坚持抗战。苏联停止了对国民党的军事援助。

4月13日，苏联外长莫洛托夫和日本外相松冈洋右在莫斯科签订《苏日中立条约》。

5月19日，毛泽东在延安干部会议上作出《改造我们的学习》报告。

6月22日，希特勒大规模进犯苏联。苏联卫国战争开始。

6月23日，毛泽东为中共中央起草党内指示：（一）坚持抗日统一战线，驱逐日本帝国主义出中国，以此援助苏联；（二）坚决反对大资产阶级中的反动分子的任何反苏反共活动；（三）同英美及一切反法西斯力量联合起来，反对共同的敌人。

7月13日，苏联和英国签订苏英协定。

7月—11月，日本帝国主义加强对解放区“扫荡”和“蚕食”，从此解放区进入空前困难的时期。

9月30日，德军进攻莫斯科。12月6日，苏军开始反攻。到1942年1月粉碎德军的闪电战。莫斯科保卫战期间，斯大林致电毛泽东，要求八路军做战术配合。因八路军实力不够，只做战略配合。

10月26日—31日，在延安召开东方各民族反法西斯代表大会。

12月8日，日本袭击珍珠港。美、英对日宣战，太平洋战争爆发。中国政府正式对日、德、意宣战。

12月9日，中共中央发表《中国共产党为太平洋战争的宣言》。

1942年

1、2月林彪从苏联回到延安，10月到重庆。

2月1日，毛泽东在中央党校开学典礼上作《整顿党的作风》的报告。8日在延安干部会议上作《反对党八股》的报告。4月3日，中央宣传部作出《关于在延安讨论中央决定及毛泽东同志整顿三风报告的决定》。5月下旬成立中央总学习委员会。从此在全党开展反对主观主义的整顿学风、反对宗派主义的整顿党风、反对党八股的整顿文风的整风运动。

5月2日，中共中央召开延安文艺工作者座谈会。

5月11日，共产国际驻延安联络员兼塔斯社记者彼得·弗拉基米洛夫（孙平）到延安。

7月17日，德军进攻斯大林格勒，10

月苏军突破包围，1943年2月2日歼灭德军一百五十万。此次战役成为第二次世界大战的转折点。在斯大林格勒期间，斯大林致电毛泽东，要求八路军派一两个师到蒙古边境接受武装，出击长城。因八路军无空军掩护无法到蒙古边境，八路军开始向长城内外出击。

10月19日至次年1月14日，中共中央西北局召开高级干部会议。

1943年

1月师哲兼任陕甘宁边区保安处一局局长，到绥德、关中工作一段时间。

3月，中共中央召开政治局会议，推选毛泽东为政治局主席、中央书记处主席。

4月3日，中共中央发布《关于继续开展整风运动的决定》，这个决定对于国民党特务分子的渗入作了过于严重的估计，以致导致后来的反特斗争的扩大化。

5月15日，共产国际执委会主席团提出关于解散共产国际的提议书。

5月26日，中共中央作出《关于共产国际执委会主席团提议解散共产国际的决定》，完全同意解散共产国际的提议。6月10日共产国际解散。

6月28日，周恩来、林彪等百余人乘卡车离开重庆，7月9日到西安，16日回到延安。

6月，国民党阴谋进攻陕甘宁边区。

7月9日，延安召开三万人大会反对内战。国民党见阴谋败露，被迫停止。

7月15日，康生作《抢救失足者》的报告。报告前后，大搞逼、供、信的过火斗争。

8月15日，中共中央作《关于审查干部的决定》。

10月，中共中央决定党的高级干部重新学习和研究党的历史和路线是非问题。整风运动进入总结提高阶级。

1944年

4月12日，毛泽东在延安高级干部会议上作《学习与时局》的讲话。

4月，毛泽东决定对被审查的干部进行甄别。

4月18日，日本在豫、湘、桂地区发动进攻，到11月占领桂林、柳州、南宁，打通大陆交通线。这次战役，充分暴露了国民党的腐败。

5月21日，中共在延安召开六届七中全会。选出毛泽东、朱德、刘少奇、任弼时、周恩来组成主席团，毛泽东为主席。决定在全会期间由主席团处理党的日常工作，书记处、政治局停止行使职权。

6月，美国副总统华莱士到中国，向蒋介石要求派观察组到延安。

7月22日，美军观察组到延安。

夏，师哲兼任中央社会部一室主任。

9月15日，中共代表林伯渠在重庆举行的国民参政会上提出废除国民党一党专政，召开各党派会议，成立民主联合政府的主张。

9月，赫尔利以美国总统私人代表身份到华活动，后任大使。11月到延安同毛泽东、周恩来会谈，赞成共产党关于废除国民党一党专政、成立民主联合政府的主张。但是由于蒋介石反对，赫尔利食言而肥。

1945年

春，经过八年抗战，全国已有十九块

解放区，总面积九十五万平方公里，人口九千五百五十万，八路军、新四军已上升为九十一万，民兵二百万。各解放区开始反攻。

2月，美英苏在雅尔塔举行会议，签署有损中国主权的秘密协定。

4月12日，美国总统罗斯福逝世，由杜鲁门继任。

4月20日，中共第六届中央委员会扩大的第七次全体会议通过了《关于若干历史问题的决议》。

4月23日—6月11日，中国共产党第七次全国代表大会在延安举行。会议选举毛泽东为中央委员会主席、政治局主席、中央书记处主席，毛泽东、刘少奇、周恩来、朱德，任弼时为书记处书记。会后，师哲担任中央书记处办公室主任。

7月26日，中美英三国发表《波茨坦公告》，促使日本投降。

8月14日，国民政府接受雅尔塔秘密协定的条件和苏联签订《中苏友好同盟条约》。

8月15日，日本天皇宣布投降。

8月25日，毛泽东、周恩来、王若飞在张治中、赫尔利陪同下飞往重庆谈判。刘少奇等在延安主持工作。

9月2日，日本在投降书上签字。

9月，美国帮助空运国民党军队抢占南京、上海、北平、天津等大城市。在恢复交通的借口下进攻解放区。

9月14日，苏军驻长春的总司令马利诺夫斯基元帅的代表上校卫斯列夫在八路军驻沈阳市卫戍司令曾克林陪同下到延安，同朱德总司令会谈。

同日，中共中央政治局听取曾克林汇报，决定成立东北局，以彭真、陈云、程子华、林枫、伍修权为委员，彭真为书记。

9月19日，中共中央决定在全国战略方针是“向北发展，向南防御”。派两万干部、十一万大军挺进东北。

10月10日，国共双方代表在重庆签订了《政府与中共代表会谈纪要》(即双十协定)。11日，毛泽东返回延安。

12月，因毛泽东生病，斯大林派阿洛夫、米尔尼柯夫大夫及毛岸英到延安。

12月22日，美国总统特派马歇尔到重庆，受到周恩来的欢迎。后在马歇尔建议下成立国民党、共产党、美国三人委员会（又称三人小组），处理停战、恢复交通、受降事宜。

12月27日，苏美英三国外长发表公报，希望中国“停止内战”。

1946年

1月10日，国共签署停战协定，但是将东北除外。

同日，由国民党、共产党、民主同盟等政党参加的政治协商会议在重庆开幕。31日闭幕。

2月1日，中共中央发出《关于目前形势与任务的指示》，提出“从此中国即走上和平民主建设的新阶段”。

3月5日，张治中、周恩来、马歇尔三人委员会到各地巡视，今日到达延安。

4月，毛泽东写《关于目前国际形势的几点估计》。

6月26日，国民党三十万大军向中

原解放区的新四军第五师进攻，全面内战爆发。

11 月 19 日，周恩来率中共代表团从南京回到延安。

1947 年

2 月 27、28 日，国民党政府通知中共驻南京、上海、重庆等地担任谈判联络工作的代表全部撤退，宣告国共谈判的完全破裂。

3 月 13 日，胡宗南率二十三万人进攻延安。

3 月 18 日，中共中央主动撤离延安，开始转战陕北。毛泽东、周恩来、任弼时留陕北行使中央、中央军委权力指挥全国革命战争。刘少奇、朱德成立中央工作委员会到河北平山西柏坡，领导全国土改和建设根据地等工作。中央及军委大部工作机构在山西兴县，组织后方委员会。叶剑英为书记，杨尚昆为后方支队司令。

3 月 25 日—5 月 4 日，西北野战军在彭德怀指挥下，相继取得青化砭、羊马河、蟠龙镇三战三捷。

5 月 20 日，南京、上海、杭州等学生在南京举行“反饥饿”“反内战”“反迫害”示威游行。这一行动扩大到蒋管区六十多个城市，形成人民大革命的第二个战场。

6 月 30 日，刘伯承、邓小平率十三万大军渡过黄河向大别山挺进。

7 月 19 日—9 月 13 日，中共中央工委召开全国土地会议，会议通过《中国土地法大纲》。

7 月 21 日—23 日，中共中央前委扩大会议在陕北靖边县小河村召开。

8 月 20 日，陕北沙家店战役胜利，结束了国民党部队对陕北的重点进攻。

8 月 22 日，陈赓、谢富治率八万大军渡过黄河，向河南西部伏牛山挺进。

9 月 26 日，陈毅、粟裕率十八万大军横越陇海路，形成“中央突破、两翼牵制、三军挺进、互为犄角”的战略布局。

10 月 10 日，人民解放军总部发表宣言，提出“打倒蒋介石，解放全中国”。

12 月 8 日—28 日，中共中央在陕北米脂县杨家沟召开会议。毛泽东作《目前形势和我们的任务》报告。全面阐述了夺取全国胜利的军事、经济、政治等方针的纲领和政策。会议纠正了土改和整党中出现的“左”的倾向。

1948 年

3 月 23 日，毛泽东、周恩来、任弼时率中央机关东渡黄河，经晋绥解放区，4 月底到达晋察冀解放区，和中央工委会合。

6 月 28 日，欧洲九国共产党和工人党情报局在罗马尼亚举行会议，会议决定将南斯拉夫共产党开除出情报局，并号召南共在内的“健全分子”起来撤掉南共领导人。在苏联党内有人认为中国共产党是第二个南共。

9 月—11 月 2 日，辽沈战役歼灭敌人四十七万。

11 月 6 日—1949 年 1 月 10 日，淮海战役歼灭敌人五十五万。

11 月 29 日—1949 年 1 月 31 日，平津战役歼灭敌人五十二万。

三大战役基本解放了长江以北的广大地区，消灭了蒋介石的主要军事力量，全国已处于革命胜利的前夜。

年内，师哲任政治秘书室主任。

年底，苏联将南京政府王世杰要求苏调停国共斗争协议转给中共中央。

1949 年

1 月 31 日，米高扬到西柏坡同毛泽东、刘少奇、周恩来、朱德、任弼时五大书记会面，听取中国介绍情况。

3 月 5 日—13 日，中共中央七届二中全会在西柏坡召开。会议指出，在新形势下，党的工作重心从乡村转到城市。

3 月 23 日，毛泽东等领导人率中央机关离开西柏坡前往北京。

4 月 1 日，周恩来等同张治中等进行国共和谈。20 日南京政府拒绝在《国内和平协定》上签字。

4 月 21 日，人民解放军发起渡江战役，23 日占领南京。

7 月—8 月，刘少奇出访苏联。

9 月 21 日—30 日，中国人民政治协商会议在北京举行。

10 月 1 日，北京军民在天安门广场举行开国大典。

10 月 2 日，苏联承认中华人民共和国。

12 月 6 日，毛泽东启程出访苏联。16 日到达莫斯科。

12 月 21 日，毛泽东出席斯大林七十大寿的庆祝晚会。

12 月，人民解放军解放了除西藏外的中国大陆。

1950 年

1 月 10 日，周恩来离开北京。20 日到达莫斯科。

2 月 14 日，周恩来和维辛斯基签订《中苏友好同盟互助条约》。

3 月，中国人民解放军向西藏进军。10 月 6 日—24 日在昌都歼灭藏军主力，打开进军西藏的大门，为和平解放西藏奠定基础。

3 月，中国人民解放军发起海南岛战役，5 月 1 日解放海南岛。

6 月，中共七届三中全会在北京召开，毛泽东作《为争取国家财政经济状况的基本好转而斗争》的报告。

6 月 25 日，朝鲜内战爆发。

6 月 27 日，杜鲁门命令美国空海部队给韩国掩护和支援，同时，用武力阻止中国政府解放台湾。

7 月，尤金到北京，为出版《毛泽东选集》第一卷做准备工作。年底回国。

9 月 15 日，美军在朝鲜仁川登陆。随后第七舰队开入台湾海峡。

9 月 30 日，韩国军队越过“三八线”，10 月 7 日美军越过“三八线”。同时轰炸中国边境地区。

10 月 8 日，周恩来离京赴苏和斯大林会谈朝鲜半岛局势问题。斯大林希望中国出兵，苏联出武器，援助朝鲜人民反对美国的侵略。

10 月 8 日，中共中央决定组成中国人民志愿军，“待令出动”。

10 月 10 日，中共中央发出《关于镇压反革命活动的指示》。

10 月 19 日，中国人民志愿军出国作战。

10月21日，美军占领平壤。

10月25日—11月5日，志愿军第一次战役，歼敌一万五千人，挫败美军在感恩节前占领全朝鲜的企图。

11月25日—12月24日，志愿军第二次战役，歼敌三万六千余人，收复了“三八线”以北绝大部失地，及“三八线”以南的两个半岛，扭转了朝鲜战局。

12月31日—1951年1月8日，志愿军和朝鲜人民军队第三次战役，歼敌一万九千余人，解放汉城和“三七线”以北地区。

1951年

1月25日，美韩军对志愿军、人民军发动全线进攻，志愿军、人民军实施积极防御作战，4月21日将敌阻于“三八线”附近地区。歼敌七万八千余人。

4月23日，志愿军和朝鲜人民军发起第五次战役，到6月10日，共歼敌八万余人。从此敌我双方转入战略对峙。

5月23日，中央人民政府和西藏地方政府在北京签订《关于和平解放西藏办法的协议》，10月16日，人民解放军进驻拉萨。

6月初，金日成到中国访问。随后中国派高岗同金日成一起访苏，同斯大林会谈。

7月，尤金第二次到华。10月回国。

7月10日，苏联驻联合国代表马立克提出和平解决朝鲜问题的建议。今日停战谈判在开城举行。8、9月美军展开秋季攻势，并大规模轰炸北朝鲜（绞杀战）。从此，朝鲜战争形成边谈边打的局面。

10月12日，《毛泽东选集》第一卷出版发行。

12月1日，中共中央作出《关于实行精兵简政、增产节约、反对贪污、反对浪费和反对官僚主义的决定》。

1952年

1月，美国在朝鲜战争前线、朝鲜、我国东北地区进行细菌战，中、朝开始反细菌战。

1月26日，中共中央发出《关于在城市中限期展开大规模的坚决彻底的“五反”斗争的指示》。

4月，《毛泽东选集》第二卷出版发行。

8月17日，周总理率政府代表团到莫斯科和斯大林商议朝鲜战争及第一个五年计划问题。

9月1日，彭德怀、金日成到苏联。9月4日参加周恩来和斯大林的会谈。

9月18日，中国人民志愿军和朝鲜人民军以军为单位举行全线性战术反击战。

10月5日—14日，联共（布）第十九次代表大会在莫斯科举行。大会决定改党名为苏联共产党。刘少奇率中共代表团出席大会。

10月14日，美军向上甘岭志愿军发动攻势。在四十三天内，志愿军打退敌人九百多次攻击，歼敌两万七千多人。

12月31日，苏联政府将中苏共管中国长春铁路的一切权利以及属于该铁路的全部财产无偿地移交给中国政府。

1952年冬到1953年春，土地改革除新疆、西藏、台湾外，在全国基本完成。

三亿多农民无偿获得七亿亩土地。彻底推翻了封建土地所有制。镇压反革命工作基本结束。

1953 年

1 月，中共中央决定成立马克思、恩格斯、列宁、斯大林著作编译局，师哲任局长。

2 月 15 日，中共中央发布《关于农业生产互助合作的决议》。

3 月 5 日，斯大林逝世。

3 月 14 日，苏共中央全会，解除马林科夫苏共中央书记的职务，由赫鲁晓夫等人组成书记处。

4 月，《毛泽东选集》第三卷出版发行。

6 月 15 日，南斯拉夫与苏联恢复国家关系。随后南与东欧各国也相继恢复国家关系。

6 月 15 日，毛泽东在政治局会议上阐述党在过渡时期总路线、总任务。

6 月—8 月，高岗在全国财经会议上进行分裂党的活动。

7 月上旬，苏共举行全会，决定开除贝利亚的党籍。12 月 18 日经苏联高级法院秘密审判，23 日枪决贝利亚。

7 月 13 日，志愿军和朝人民军发起金城战役，歼敌五万余人，收复土地一百七十八平方公里。

7 月 25 日，朝鲜停战协定在板门店正式签字。

9 月 3 日，苏共中央全会选举赫鲁晓夫为第一书记。

9 月—10 月，饶漱石利用全国组织工作会议支持和参加高岗分裂党的活动。

12 月 15 日，尤金任苏联驻华大使，向毛泽东递交国书。

12 月 31 日，周总理接见印度政府代表团，提出和平共处五项原则。

年底，全国剿匪工作基本结束，消灭国民党残留军队和土匪武装二百四十余万。

1954 年

2 月 6 日—10 日，中共七届四中全会在京召开，会议揭露和批判了高岗和饶漱石的反党分裂活动，通过《关于增强党的团结的决议》。

4 月 26 日—6 月 24 日，周恩来率中国政府代表团出席日内瓦外长会议。

5 月 7 日，越南人民军在中国的援助下解放奠边府，对迫使法国在日内瓦协议上签字起了决定性的作用。

6 月 24 日，日内瓦会议休会，周恩来访问印度、缅甸后，回到中国。7 月初，在柳州同胡志明会谈。7 月 12 日回到日内瓦。

7 月 21 日，日内瓦会议签订了印度支那停战协议。

9 月 15 日—28 日，中华人民共和国第一届全国人民代表大会第一次会议在北京举行。通过第一部宪法。选举毛泽东为主席，刘少奇为委员长。

9 月 29 日，赫鲁晓夫率苏政府代表团访华。

1955 年

4 月 16 日—24 日，周恩来率政府代表团出席在万隆召开的亚非会议。

10月4日—11日，中共七届六中全会通过了《关于农业合作化问题的决议》。

12月，朱德出访东欧各国。

1956年

2月14日—25日，苏共在莫斯科举行第二十次代表大会。赫鲁晓夫作了全面否定斯大林的秘密报告，震动社会主义阵营，朱德率中共代表团出席大会。

4月5日，《人民日报》发表《关于无产阶级专政的历史经验》。

6月27日，波兰发生波兹南事件。

9月15日—27日，中共第八次代表大会在北京举行。会议期间，毛泽东与米高扬谈话。

10月，匈牙利局势动荡，14日匈牙利恢复纳吉党籍。

10月19日，波兰统一工人党召开八中全会，增选哥穆尔卡为中央委员。以哥穆尔卡为首的波兰代表团和苏共代表团谈判。

10月23日，刘少奇率中共中央代表团（成员有邓小平、王稼祥、胡乔木）到莫斯科，与赫鲁晓夫就波匈事件交换意见。

10月23日下午，匈牙利首都布达佩斯群众游行、集会。晚，匈牙利劳动人民党中央决定纳吉任匈牙利总理，全市戒严，请苏军驻布达佩斯维持秩序。

10月24日，中共中央代表团列席苏共主席团会议，得知匈牙利事件爆发。

10月26日，中共中央代表团列席苏共主席团会议，讨论波匈事件。

10月27日，纳吉要求苏军撤出布达佩斯。

10月29日，在纳吉要求下苏军开始撤出布达佩斯，匈牙利掀起反共反苏高潮，许多干部、保安人员、共产党员遭到屠杀。匈牙利劳动人民党瓦解。

10月29日、30日，中共代表团和赫鲁晓夫、莫洛托夫、布尔加宁会谈。

10月30日，苏联政府发表《关于发展和进一步加强苏联同其他社会主义国家的友谊和合作的基础的宣言》，检讨了大国沙文主义的错误。

10月31日晚，中央代表团乘飞机离开莫斯科，次日回到北京。登机前，在机场和以赫鲁晓夫为首的苏共中共主席团举行会谈。双方达成一致看法，苏联拟答应匈牙利政府的请求，派军队进入布达佩斯。

11月1日晚，匈牙利社会主义工人党宣告成立，由卡达尔任第一书记。

11月4日，苏军第二次进入布达佩斯。以卡达尔为首的匈牙利工农革命政府成立，平息了叛乱。

12月29日，《人民日报》发表《再论无产阶级专政的历史经验》，第一次提出两类社会矛盾的理论。

年底，全国农村96%的农户，90%以上的手工业劳动者加入合作社，85%的私营工商业者都实行全行业的公私合营。基本实现了对农业、手工业和资本主义工商业的社会主义改造。提前完成了第一个五年计划所规定的重要指标。

1957年初，师哲离开北京，赴山东任山东省委书记处书记。

九州出版社现当代历史系列

《找寻真实的蒋介石：还原13个历史真相》

杨天石 著

《折戟沉沙温都尔汗》

王海光 著

《刘少奇冤案始末》

黄峥 著

《“四人帮”沉浮录》

金春明 著

《我是一个中国的美国人
——李敦白口述历史》

李敦白 口述　徐秀丽 撰写